理由ある欲望

雑誌『中国青年』からみる
中国社会の階層上昇志向

王　鳳

国際書院

Reasoned Desires:
Examining the Aspirations for Social Mobility In Chinese Society through
the Magazine "China Youth"
by
Wang Feng

Copyright ©2025 by Wang Feng
ISBN978-4-87791-332-8 C3031 Printed in Japan

目　次

第 一 部

序章　理由のある欲望

 1 「欲望の氾濫」という道徳的な見地に立脚する批判的な見方 ……… 12

 2 理由ある欲望という理解的な立場の可能性 ………………… 14

 3 公的文化装置の論理と生活世界の論理 ……………………… 16

 4 研究目的：二つの理解 …………………………………… 21

 5 研究方法と研究枠組 ……………………………………… 22

第1章　改革開放以降の中国の上昇志向に近づくための先行研究

第1節　改革開放後の社会意識の変化に関する研究 ………………… 25

 1 若者（青年）価値観の視点からの意識研究 ………………… 25

 2 伝統から近代へという「社会転型」の視点からの意識研究 ……… 28

 3 先行研究の考察 ………………………………………… 29

第2節　80年と90年代以降の中国社会の文化的状況の変化に関する研究

 ……………………………………………………… 31

 1 80年代と90年代との文化的状況の違い ………………… 31

 2 「現代化」と名乗る文化装置による統制の80年代と「衆神狂歓」の

  90年代 ………………………………………………… 32

第3節　90年代以降の社会的文化的状況に関する研究 ……………… 36

 1 「新イデオロギー」説──「エリート知識人」の視点 …………… 36

 2 「欲望弁証法」──「欲望」をキーワードとした近代社会批判 …… 39

 3 「チャイナ・ドリーム」説 …………………………………… 41

 4 小結 …………………………………………………… 42

第4節　階層意識研究の成果紹介 …………………………………… 44

 1 階層意識研究での主な既存研究 …………………………… 46

 2 階層意識研究の考察 ……………………………………… 50

第5節　上昇志向に関する先行研究 …………………………………… 51

第6節　先行研究の考察 …………………………………………………… 54

第2章　研究資料としての『中国青年』雑誌

第1節　中国の雑誌業界の状況から見た『中国青年』……………………… 60

　　1　中国雑誌業の規模と分類 ………………………………………… 60

　　2　中国の雑誌業全体の特徴 ………………………………………… 63

　　3　政府の条例による雑誌への統制の変化 ……………………… 67

　　4　市場化の過程 ……………………………………………………… 71

　　5　青年雑誌の歴史的変容 …………………………………………… 73

　　6　『中国青年』の社会的影響力の変化 …………………………… 76

第2節　資料としての『中国青年』の利用方法 …………………………… 76

　　1　『中国青年』の読者投書の内容の変化 ………………………… 78

　　2　本研究における「読者の声」の選定と使用方法 …………… 79

　　3　読者の声とする資料の分類 …………………………………… 88

第3章　改革開放以降の経済発展と社会変動

第1節　本研究で採用する三つの時代区分 ………………………………… 93

第2節　1978年以降の社会経済変動 ……………………………………… 94

　　1　1978年以降の社会経済変動 …………………………………… 95

　　2　改革開放以降の所得格差 ……………………………………… 102

　　3　1978年以降の教育の発展及び制度的不均衡 ……………… 106

　　4　社会階層構造の変容 …………………………………………… 113

第4章　公的文化装置による中国社会の語られ方の変容

第1節　雑誌『中国青年』のプロフィール及び先行研究 ……………… 120

　　1　『中国青年』のプロフィール …………………………………… 121

　　2　『中国青年』を含む中国雑誌を対象とした先行研究 ……… 122

3　サンプルの選定理由について ……………………………………… 123

第2節　周年記念の内容から見る雑誌の自己認識の変化 ……………… 124

　　1　政治的価値の表明 ………………………………………………… 124

　　2　読者の承認による価値の定義への移り変わり ………………… 128

　　3　歴史あるユニークなメディアとしての雑誌の価値の表明 ……… 132

第3節　三回の改版に見られる若者との位置関係の変化 ……………… 135

　　1　政治的権威を背景とする指導的・教化的な立場──1995改版以前

　　　………………………………………………………………………… 135

　　2　迎合と教化との間の不自然さ──1995年一回目の改版 ………… 136

　　3　「奮闘」の過程そのものの重視──2003年二回目の改版 ……… 140

　　4　「奮闘」の結果の重視──2008年三回目の改版 ………………… 143

　　5　『中国青年』の三回改版の社会学的意味 ……………………… 146

第4節　『中国青年』雑誌に見る中国社会の語られ方の変化 …………… 148

　　　第 二 部

第5章　教育達成による上昇移動への熱望（1978-1984年）

第1節　1978-1984年における社会経済変動 ……………………………… 155

　　1　大学入試制度の再開と知識重視の風潮の発生 ………………… 155

　　2　知識青年の「返城」による失業の大量発生及び就業形態の変化 … 156

　　3　70年代末から80年代初頭の階層構造 ………………………… 158

　　4　小結 ……………………………………………………………… 160

第2節　「登竜門」とされる大学受験：学業に関する読者の声 ………… 161

　　1　学習効率を上げる方法や受験の注意点などノウハウ型の投書 … 162

　　2　大学受験に対する受験生の不安や焦燥感 …………………… 163

　　3　大学入試の競争激化による中高生のしわ寄せ ……………… 171

　　4　小結 ……………………………………………………………… 203

第3節　職業による社会的地位の不安：職業に関する読者の声の分析 … 205

	1	職業に関する悩みから見る階層ヒエラルキーに対する認知 …… 205
	2	階層の上昇移動を果たそうとする若者の努力及び葛藤 ……… 211
	3	上昇移動のメカニズムに対する見方 …………………………… 238
	4	小結 ……………………………………………………………… 244
第4節		恋愛・結婚に関する読者の声の分析 ………………………… 246
	1	恋愛・結婚に対する『中国青年』の態度及びその理想像 ……… 246
	2	恋愛・結婚の投書から見る階層ヒエラルキーに対する認知 …… 256
	3	小結 ……………………………………………………………… 280

第6章　階層上昇移動における金銭の役割への目覚め（1985-1991年）

第1節		1985-1991年における社会経済変動及び『中国青年』の変容…285
第2節		学業に関する読者投書の分析…………………………………287
	1	大学受験に関する情報提供………………………………………289
	2	進学結果をめぐる受験生の不安…………………………………289
	3	大学進学のプレッシャーから来る中学生の心理的負担…………293
	4	教育達成で失敗した若者の向かう先……………………………302
	5	小結………………………………………………………………308
第3節		職業をめぐる投書に見られる上昇志向 ……………………… 310
	1	階層ヒエラルキーに対する認知 ……………………………… 310
	2	階層の上昇移動を果たそうとする若者の悩み ………………… 327
	3	上昇移動の秩序に対する態度及び解釈 ………………………… 365
	4	小結 ……………………………………………………………… 375
第4節		恋愛・結婚に関する読者投書の分析 ………………………… 378
	1	恋愛・結婚に関する『中国青年』掲載内容の特徴及び その立場 ……………………………………………………378
	2	恋愛場面における農村出身というハンディ ………………… 386
	3	経済収入の重視によって「時代遅れの兵隊さん」とされた軍人の 悩み ………………………………………………………… 393

	4	出身家庭の社会的地位の違いに起因する恋の悩み ………………	397
	5	戸籍や出身など制度的要因による格差を超えていく	
		高収入の魅力 ………………………………………………	400
	6	小結 …………………………………………………………	410

第7章「個人奮闘」の時代という語られ方（1992－2000年）

第1節	1992－2000年における社会経済変動 ………………………………	419
第2節	個人の「成功」願望への注目 …………………………………	422
第3節	学業に関する読者投書の分析 …………………………………	427
	1	幼児教育への目覚め …………………………………………	428
	2	大学入試制度の不正利用に関する訴え ……………………	429
	3	「世界で最も疲れる親」像 …………………………………	432
	4	受験先生に苦しむ中高生の思い ……………………………	444
	5	教師と生徒の権力関係に関する悩み ………………………	450
	6	小結 …………………………………………………………	451
第4節	職業・自己実現に関する読者投書の分析 …………………………	453
	1	階層ヒエラルキーに対する認知 ……………………………	453
	2	若者の上昇志向の在り方及びその悩み ……………………	471
	3	階層上昇移動のメカニズムに対する解釈 …………………	524
	4	小結 …………………………………………………………	542
第5節	恋愛・結婚に関する読者投書の分析 ………………………………	545
	1	恋愛・結婚に関する投書の概況 ……………………………	545
	2	「お金に汚された本当の愛」との批判 ……………………	545
	3	金銭の重要性をめぐる若者のアンビバレントな気持ち ………	557
	4	道徳的立場を強調しなくなる『中国青年』雑誌 …………	560
	5	小結 …………………………………………………………	563

終章　欲望の理由 ……………………………………………………… 567

第1節　それぞれの時代の公的文化装置と生活世界の論理、及びその関係
　　　 ………………………………………………………………… 569

　　1　1978－2000 年における公的文化装置の変化 ………………… 570

　　2　1978－2000 年における生活世界の論理の変化 ……………… 577

　　3　上昇志向をめぐる文化装置と生活世界の論理の関係 ………… 592

第2節　本研究の発見と課題 …………………………………………… 594

　　1　本研究の発見 ……………………………………………………… 594

　　2　本研究の意義と今後の課題 ……………………………………… 596

参考文献　602

索引　607

第 一 部

序章　理由ある欲望

1　「欲望の氾濫」という道徳的な見地に立脚する批判的な見方

　改革開放以降の中国の社会変動について、階層研究を始め多くの研究成果が蓄積されてきた。一方、社会の変動に伴う人々の意識の変化についての研究はさほど多くないが、中国の社会学者、周暁紅は改革開放30年来の「価値観及び社会の心態」の変化を「中国体験（china feelings）」と名付けた。この「中国体験」は、これまで「欲望の解放」による自我（ego）の拡張であると主に語られてきた。このような認識は多くの場合、否定的な意味合いを持っている。たとえば、このような見地に立ち、思想史の角度から「唯我的な個人主義」の由来について考察した文学研究者の許紀霖はそれを、「自我を中心とし、物欲を追求する、公共的責任を放棄した個人主義（egoism）」と描いた（許紀霖 2009）。

　マイナスな意味合いで価値判断が下されている許の上記の見解は、市場経済の称揚による消費主義的神話を内実とする「新イデオロギー」を指摘する文学研究者の王暁明などの中国の知識人の間だけでなく、改革開放後の中国社会に関心を持つ日本の研究者にも同様に見られる（王暁明 2000）。「『唯銭一神教』の蔓延」や「『中国病症候群』の顕在化」、「国民総商人化」などの表現で改革開放後の中国の社会意識について指摘した日本の社会学者・菱田雅晴がその代表者の一人であろう。菱田は90年代の初頭より論文「鄧小平時代の社会意識」を発表し改革開放前後の中国の社会意識の変化に注目してきたが、2005年の文章で菱田は「欲望の認知、解放過程としてのチャイナ・ドリームの実現」によって、「社会主義に代わり『唯銭一神教』が新たな準拠枠となった…（中略）…『唯銭一神教』が完成し、無限定な欲望の解放がここからスタートし…（中略）…『国民総商人化』と称される社会的気風が醸成されるのも、人々の社会意識の中のエコノ・セントリズム＝『唯銭一神教』のゆえであった』と指摘したうえで、中国の社会学者、邵道生の「社会

心態危機」についての議論を引用し、中国の社会意識に存在する問題点に懸念を表明した（菱田・園田 2005）。

このように、現代中国の社会意識について語る際に、「欲望の解放」による自我の拡張というマイナスな認識をもってする傾向が広まっている。社会意識の面から改革開放以降の中国を語る際に、「欲望の氾濫」という言葉が良く取り上げられ、また多くの場合、詳細な考察が伴わないまま、マイナスなイメージが付随している。そのような批判的な見方には、次のような論理が潜められている。即ち、市場経済の時代に入ってから、それまでの社会主義時代のように国家や社会など「公」の利益や「他人」の利益を考えるという利他的な生き方が失われてしまい、人々は自分自身の利益しか考えない「堕落した」人間になったという。このような善か悪かの二分法に立脚する道徳的な見地から下された批判的な見方では、この現象を市場経済の時代に入るにつれて人々の心に歪みが生じた結果だとして、現在の中国社会が「精神的困難」に陥っているという現状認識に立脚して、「価値観の立て直し」こそ問題の解決策になると主張している。

2 理由のある欲望という理解的な立場の可能性

「欲望の氾濫」と描かれたこのような現象を、本当にモラルの低下という個人の道徳的問題に起因すると捉えてよいのだろうか。

上記で述べた、人々の心は堕落したという批判的な見方は、もちろんありうるだろう。中国社会で実際に起こっているさまざまな社会現象を見れば、前の時代と比べると、確かに人々は自分の利益への追求をより積極的に、より赤裸々に表現ようになったと見受けられる。上記で述べた道徳的な見地による見方は、事実の一面、即ち、これまでの時代より、自分の利益への追求を表向きに出すようになったという一面を的確にとらえたと言えよう。しかし一方、このような見方をとることによって生じた限界もある。そこでは、道徳的な価値判断を下すことによって、現実を生きている一人ひとりの意識のさまざまな側面が不問とされてしまう恐れがある。なぜそのように自分の

利益を積極的に求めるということを、表向きに出すようになったのか、また、表象としての欲望の後ろに隠されたのはどのような原動力があるのか、などの疑問に対する探求がそこで止ってしまうのである。

では、改革開放後の人々の欲望について、「心の歪み」「精神の困難」というふうに批判するのではなく、理解的な立場の存在が可能ならば、そこにはどのような「理由（わけ）」がありうるだろうか。

「文化装置論に何ができるか──人に努力させる仕組み」において奥村は、近代社会になってから、出身家庭の出自によって社会的地位が決まる属性主義として「である」原理は、業績によって社会的地位が決まる業績主義としての「できる」原理に取って代わったと指摘し、また、「生まれによる差別を排除したはず」の「できる」原理は、「「できる」かどうか一つで人を序列化」してしまうことにより、人々を努力させることができた」と指摘した（奥村 1997）。この言葉から、「序列」＝自分自身の社会的位置づけへの関心は、人々の欲望につながる可能性が示唆された。改革開放以降の中国では、経済体制の活性化と同時に、それまで政治的資源に加えて、教育的資源、金銭的資源による社会的上昇移動が可能となり、社会的地位をめぐる競争が活性化され、まさに「序列」の編み直しが始まったのである。その中で、人々は自分自身の社会的位置づけ＝身分に対して、多くの希望と同時に、多くの不安も感じることとなるだろう。

従って本研究において、「欲望の氾濫」という言い方によって描かれた中国社会で起こっている現象を、人々の自分自身の社会的位置づけ＝社会的地位に対する不安の、一種の副産物として理解できるのではないかと考えるようになった。そこでは、社会的位置づけの上昇移動を目指す意識、即ち上昇志向のあり方を究明すれば、「欲望の氾濫」と描かれるまで人々が自分自身の利益に対する追求が過熱化されているという社会現象がなぜ起こるのかとの問いに近づけるのではないかと考えている。

3 公的文化装置の論理と生活世界の論理

　本研究において社会的位置づけの上昇移動に関する意識＝上昇志向について考察する際に、政治社会から脱皮してきた中国社会であるからこそ、人々の意識や行動に対して多大な影響力を持つ文化的構築物＝文化装置という要素の存在が大きく考えられよう。

　そして、公的文化装置の論理を取り立てて考えることによって、その対置にある人々の自分自身の体験に基づき感知した生活世界の論理というもう一つの世界も浮かび上がってくるのである。本研究では、この二つの論理について同時に視野に入れて考えることによって、改革開放以降の中国社会を生きる人々の意識に近づきたいと考える。

　以下では、ミルズの文化装置論とアルチュセールの理論である「国家のイデオロギー装置」を踏まえて、本研究の分析枠組みである文化装置論と生活世界の論理を説明する。

　ミルズは、文化と政治の関係や文化に関する政治について論じる際に、文化装置という言葉を分析の道具として提起した。ミルズの言葉を借りて文化装置を紹介すると、人間の意識とかれらの物質的存在との間には、存在に関する人々の意識に決定的影響を与える解釈、というものがある。この解釈の仕組みを用意するものは、文化装置である。文化装置の内部で、人間と出来事の間にあって、人間の生きる世界を限定するイメージや意味やスローガンが組織されたり、比較されたり、維持されたり修正されたり、また消滅、育成、隠蔽、暴露、称されたりする。文化装置の中で、芸術、科学、学問、娯楽、笑話、情報が生み出され分配される。それによって、これらの生産物は分配され、消費される。それは、学校、劇場、新聞、人口調査局、撮影所、図書館、小雑誌、ラジオ放送網といった複雑な一連の諸施設をもっている（Mills 1959＝1984）。

　このうえで、ミルズは次ぎのように文化装置を定義した。「全体として考えると、文化装置は人々がそれを通して見る人類のレンズであるといえよう。人々はその媒介によって自分たちが見るものを解釈し報告する。それは

かれらの同一性と願望の半ば組織された源泉であり、人間の多様性——生き方と死に方——の源泉でもある」と（Mills 1959=1984）。

また、ミルズの文化装置理論を用いて高度成長期の日本社会の「加熱する文化装置」について分析した奥村隆は、次ぎのように文化装置について説明した。人間は、個人的に直接経験するよりずっと多くのことを知っており、ほとんどの経験が、何か媒介された間接的な経験と言っていい。またどんな経験でも、ある解釈をして経験するのであり、その解釈の仕組みは、自分自身が作ったものではなく、他人から引き継いだものである。そうした間接的な経験を伝達するもの、解釈の枠組みを用意するものを「文化装置」という（奥村 1997）。

まとめると、ミルズの言った文化装置は、「ひとが何かを見るためのレンズのようなもの」であり、「ひとが見ているものを解釈し、報告するために用いるメディア」を指す。また、それを通して私たちが社会的な経験（出来事／事件）を意味づけ、理解し、解釈するための媒介として文化的構築物であると言えよう。

一方、人々の意識を形づくる文化的構築物の存在について、アルチュセールは、「国家のイデオロギー装置」との概念を提起した。アルチュセールは、「生産諸関係の再生産はいかにして保証されるか」（Althusser 1995=2005：340）について検討する際に、「生産諸関係の再生産は、きわめて大きな部分が、一方における＜国家（の抑圧）装置）＞と他方における＜国家のイデオロギー諸装置＞という＜国家の諸装置＞における国家権力の行使によって保証されている」（Althusser 1995=2005：340-1）と述べた。アルチュセールによれば、国家（の抑圧）装置は政府、行政機関、軍隊、警察、裁判所、刑務所など「暴力的に機能する」ものを指すのに対して、国家のイデオロギー諸装置は宗教、学校、家族、新聞やテレビなどのメディア、文学や美術のような文化的産物など「イデオロギー的に」機能するものを指す[1]（Althusser 1995=2005：335-6）。

アルチュセールの文脈でいうイデオロギーとはどのようなものであろう

か。「イデオロギーと国家のイデオロギー諸装置」という論文の中でアルチュセールは、イデオロギーについて「一人の人間、或いは社会的な一集団の精神を支配する諸観念や諸表象の体系」というマルクスの定義を引用したうえで、イデオロギーと「人間の存在の現実的諸条件」との関係性では、「純粋な幻想、純粋な夢」、「空想的な構造物」であり、「想像的なでっち上げであり、物質的に自己の存在を生み出す具体的で物質的な諸個人の具体的な歴史の現実である、あの充実し実在する唯一の現実の、『昼間の名残り』によって構成された、空虚でむなしい、全くの夢」であるというマルクスの見方（Althusser 1995＝2005：351）に対して、アルチュセールはイデオロギーの物質性を強調し、「諸個人が自らの現実的な存在諸条件に対してもつ想像的な関係の「表象」である」と定義した（Althusser 1995＝2005：353）。そのうえ、次ぎのように指摘した。すべてのイデオロギーは諸制度の中で、それらの制度の儀式と実践を通して、「呼びかけ（interpellation）」という物質的実践によって具体的な諸個人を主体として構築する。イデオロギーは、物質的なイデオロギー装置の中に存在し、この装置は物質的な儀式によって調整される物質的な諸実践を命令し、これらの諸実践は自己の信仰に従って全く意識的に行動する主体の物質的な諸行為の中に存在する（Althusser 1995＝2005：362）。このように主体を構築することによって、国家のイデオロギー装置は既存の権力システムの再生産に協力する。

　以上では、ミルズの文化装置論とアルチュセールのイデオロギー装置に関する説明を見てきた。

　では、本研究にとって、ミルズの「文化装置」との概念、アルチュセールの「国家のイデオロギー装置」との概念の意味は、どこにあるだろうか。

　ミルズは「文化装置」という概念を用いることによって、さまざまな社会段階や違う社会における一見して必ずしも政治と関係していない文化の政治性を暴いた。またアルチュセールは、「国家のイデオロギー装置」という概念を用いることによって、生産諸条件の再生産に対して、国家のイデオロギー装置による主体の構築という過程の不可欠さを強調した。二つの理論は

それぞれ違う学術的文脈があり着眼点も大きく違う。一方、文化装置によって提供される解釈の枠組み、国家のイデオロギー装置によって提供されたイデオロギー、この二つの理論で共通する点をまとめると、人間の意識形成に重要な影響を与えるものとして、「人間と出来事の間にあって、人間の生きる世界を限定する」解釈の枠組、「諸個人の存在の現実的諸条件」に関する「想像」といったような文化的構築物があると言えよう。個人の内面の意識に近づくには、この文化的構築物に対する考察が非常に重要であろう。

　一方、「諸個人が自らの現実的な存在諸条件に対してもつ想像的な関係の「表象」である」というアルチュセールによるイデオロギーの定義を考える場合に、具体的な個人にとって、「自らの現実的な存在諸条件に対して持つ」想像は、国家のイデオロギー装置や公的文化装置に規定されるもの以外に、人々が自分自身の生活経験から感知したことによって、公的イデオロギーとは別のイデオロギーや想像を形成させることもありうるだろう。本研究において、人々が自分自身の生活体験に基づき形成された、「自らの現実的存在諸条件」に対して持つ想像を、生活世界の論理と呼ぶ。

　では、1978 年以降の中国社会の人々の意識の変化について考える際に、公的文化装置の論理と生活世界の論理という分析枠組みの有効性は、どこにあるのだろうか。

　本研究は、1978 年の改革開放以降の中国社会で起こった、「欲望の氾濫」と言われるさまざまな個人利益の過剰なまでの主張という社会現象がなぜ起こっているのか、人々の社会的位置づけの上昇移動を目指す上昇志向を考察して社会学的に理解しようとするものである。

　今まで、この問題に対する答えとしては、これまでの社会意識研究の成果を見通すと、人々が行動時に依拠する準拠枠の変化に原因を求めるのが代表的な立場である。改革開放政策によって欲望の認知・解放が起こることによって、これまで準拠枠としての社会主義イデオロギーという文化的構築物がその機能を喪失し、唯銭一神教＝拝金主義が変わりに新たな準拠枠となったというのが一般的である（菱田 2005）。この文脈で、「公的価値から私的

価値へ」、「私的領域への逃避傾向」などの言葉がよく提起される。また、この延長線上、人々の道徳水準の下落などいわゆる「精神の危機」という個人のモラルの問題が提起される。

　準拠枠の変化やモラルの問題に原因を求めた上記の結論は、確かに1978年以降現在までのある中国社会の変化を素描したと認めていいだろう。しかし一方、この変化は、人々に対して誘導を試みてきた公的イデオロギー＝社会主義的準拠枠による人々への拘束性の弱まりを意味するに過ぎないとここで指摘したい。前述の理論的考察を想起すると、これは、人々に対して絶えず発信する政治的な文化構築物の変化であることが分かるだろう。

　しかし一方、筆者が個人の体験で感知したように、公的イデオロギーの拘束という要素以外に、個人の内部で何が起こっているか＝生活世界における人々の現実に対する認識や感知をベースとする社会のあり方に関する想像、というものもある。実際の生活の中で、この想像は立派なイデオロギー／解釈の枠組みとなり、人々の行動の準拠枠となっているのである。

　よって本研究では、人々の意識に近づくためには、公的イデオロギー＝国家のイデオロギー装置の提供する存在に関する解釈の枠組みを公的文化装置として重要な位置づけにあると認めながらも、それのみならず、人々が現実世界に対する認知や感知に基づいて形成された彼らなりの世界観＝彼ら自身の人生体験に基づく存在に関する解釈の枠組みという、もう一つの要素があると提起したい。即ち、改革開放以降の中国社会を生きる人々の意識に近づくには、国家のイデオロギー装置の提供する解釈の枠組み＝公的文化装置の論理と、人々が自身の体験に基づいた解釈の枠組み＝生活世界の論理という二つの要素を、同時に視野に置いて考察する必要があると指摘したい。

　そのために、本研究では文化装置という概念を導入することによって、人々の意識を観察する上で既存研究で強調されたた公的イデオロギーの変化を一つの重要な要素として認める。と同時に、公的イデオロギーの変化＝文化装置の内容の変化はあくまでもの重要な要素の中の一つにすぎず、これ以外に、人々が自身の体験に基づき形成された解釈の枠組みという要素も重要

だと強調したいのである。

便宜上、以下では、公的・社会的イデオロギー装置によって提供された解釈の枠組みを文化装置による公的文化装置の論理と呼び、人々が自身の人生体験に基づいた現実世界に対する解釈の枠組みを生活世界の論理と呼ぼう。文化装置による公的イデオロギー及び生活者の想像の実体を、『中国青年』という雑誌の内容に関する分析を通してアプローチしていきたい。

4　研究目的：二つの理解

では、人々が過度なまでに自分自身の利益を求めるようになり、またそのような意図に対して隠すのではなく、表向きに出すようになった現象について、もし「欲望の氾濫」という批判的で閉鎖的な見方ではなく、自分自身の社会的位置づけの不安という理解のまなざしを向ける際に、どのような風景が見えてくるのだろうか。

ここでは、人々が生活世界の中で感じた出自家族や自分自身の社会的位置づけに関する不安から来る上昇移動の衝動と、人々を取り巻く文化装置のあり方という二つの点を同時に視野に入れ、改革開放以降において、この二つの点がそれぞれの時期においてどのような関係性を持っており、どのような過程を経て、現在「欲望の氾濫」と呼ばれるような現象が現れるようになったのかを考察したい。また「欲望の氾濫」という言い方に対しても、その背後にどのようなイデオロギーを持っており、どのような社会的背景があるのかとの問いにアプローチして相対化の作業を行いたい。

総じていえば、本書を通して行うことが基本的に二つある。さらに言えば、二つのことに対して、理解を試みるのだ。

第一に、「欲望の氾濫」と言われた改革開放後の中国社会を生きる人々の意識の有様について、「心の歪み」「精神の困難」などの言葉をもってこれは間違った生き方だという批判的な視線を超えて、理解的な立場をもって、その理由（わけ）を究明したいというのが基本的な立場である。人々が実際の生活世界で自分自身の社会的位置づけに対してどのような不安を持ち、どの

ような欲求を充足したくてそのような現象につながったのか、即ちその背後の理由にアプローチしたい。よって、本研究のひとつの目的は、人々は自分自身の社会的位置づけ＝社会的地位の上昇移動を目指す上昇志向のあり方という点に焦点を当てることにする。改革開放以降において上昇志向をめぐる生活世界の論理を時代ごとに考察して究明する。

　第二に、「欲望の氾濫」という道徳的判断を一種の「文化装置」＝ある現象に対する応急反応／防衛反応として見る。「欲望の氾濫」という評価の仕方の背後にあるイデオロギーが、文化装置として、どのような社会的背景があり、どのようにしてそれが可能となったのかを考察する。改革開放以来、時代が下るにつれて、これまでに何種類かの文化装置が出回った。改革開放以降における社会主義イデオロギーとの政治的流れを汲んだある公的文化装置の、社会のあり方に対する解釈の変化の過程を描き出すことによって、こういった道徳的判断も、一種の歴史的産物としてとらえなおすことができ、その絶対性を脱構築するができる。その生まれる歴史的背景を明るみにすることによって、なぜその時期にそのような見方ができたのかを究明して、それに対する理解が可能となるだろう。

5　研究方法と研究枠組の進み方

　具体的には、改革開放以降の人々の上昇志向について、1978 ～ 1984 年、1985 ～ 1991 年、1992 ～ 2000 年という三つの時代区分をした上で、それぞれの時期に人々はどのような上昇志向を持っており、またその時代の公的文化装置はどのような様相を呈していたのか考察したい。以上の問題意識を解明するためには、本書は、1978 年～ 2000 年の『中国青年』雑誌を研究対象として選定した。そこで行われている作業は、主に次の二つである。

　一つ目に、1978 年から始まった路線転換以降の中国社会において、文化装置としての公式見解がその時代の社会のあり方についてどのように解釈して、人々の、社会的地位の不安を解消するためのエネルギー＝上昇志向についてどのようにして方向付けようとして、またどのように規制していたのか

について分析する。これは主として雑誌の特徴的なコラムの内容分析、表紙の考察などを通して行う。1978年以来、『中国青年』雑誌は政治的色彩の強い機関誌から徐々に文化総合誌に脱皮していったが、その中で、雑誌が読者に提示した社会のあり方の解釈枠組みも何度か変化した。雑誌の表紙や主要コラム、雑誌の位置づけなどについて考察することによって、その時代において人々が身を置かれている社会のイデオロギー、社会的雰囲気＝文化装置を明らかにする。

　二つ目に、社会・経済的状況が変化していく中で、それぞれの時代の中で人々はどのような上昇志向を持っており、自分自身の社会的位置づけに関してどのような不安に直面していたかを究明する。これは、主として『中国青年』雑誌の投書欄に掲載された投書を資料にして行う。人々が生活世界で何を感じてどのような欲求を充足したいのかを反映する投書を代表とする読者の声を考察し、そこで浮かびあがってくる人々の意識に接近する。

　読者の声に対する考察は、具体的に以下の三つの点を中心に進めていく。第一、階層ヒエラルキーの存在に関する認知はどのようなものであるか。第二、どのようにして上昇移動を果たそうとして、そしてどのような悩みを持っていたか。即ち、人々にとっての階層の持つ実存的意味とはどういうもので、上昇志向のあり方はどのような様相を呈しているか。第三、上昇移動のメカニズムや社会秩序のあり方に対してどのような解釈・想像を持っていたか。

　本書の構成は大きく二部に分かれている。

　第一部は序章から第四章まで計五つの章からなっており、それぞれの内容は下記の通りになっている。序章では、本研究の問題意識と研究枠組みについて説明する。第一章では、改革開放以降の中国の社会意識の究明に役立つ先行研究のレビューをする。第二章は、1978年以降の中国雑誌業界における『中国青年』雑誌の位置づけと特徴、及び本研究で主な資料として利用される読者の声の抽出の方法について説明する。第三章では、1978年以降の

中国の社会経済変動について概観する。第四章では、1978年復刊してから2003年まで、『中国青年』はメディアとしてどのような変化を遂げ、特にそのキャッチフレーズの変化を通して社会的イデオロギーの流れを汲んだ中国社会にある一つの公的文化装置の変化の見取り図を整理する。

第二部は第五章、第六章、第七章、終章という四つの章からなっている。第五章、第六章、第七章では、それぞれ1978〜1984、1985〜1991、1993〜2000という時代区分ののもとで考察を進めていくが、雑誌に掲載された読者投書に注目して、その時代において人々が自分自身の位置づけや上昇志向について実際にどのように感じているのかを考察する。終章では、以上の考察をまとめる。

注

1　さまざまな国家のイデオロギー諸装置の中でアルチュセールは、かつての時代において教会が支配的なイデオロギー装置であったのに対して、「成熟した資本主義的構成体において支配的な地位を占めるに至った＜国家のイデオロギー装置＞は、学校的イデオロギー装置なのである」と言い、近代に入ってから、学校装置の支配的役割を強調した。

第一章　改革開放以降中国社会の上昇志向に近づくための先行研究

　本章では、改革開放以降の中国における上昇志向に近づくために、これに関連する先行研究について整理する。

　第一節では従来の社会学分野で行われてきた社会意識の研究、とりわけ若者の価値観に関する研究と「伝統から近代へ」という視点からの意識研究を紹介する。第二節では、社会学分野で行われた社会意識の研究を補うために、文化的状況という視点から社会意識の変容にアプローチする文学研究の成果を紹介する。第三節では、文化的状況のあり方との角度から 90 年代以降の中国社会に関する研究を紹介する。第四節では、改革開放以降における階層意識に関する研究を紹介する。第五節では、日本社会の上昇志向に関する竹内洋と E.H. キンモンズの業績を紹介する。

第1節　改革開放後の社会意識の変化に関する研究

　改革開放後における社会意識の変化に関する先行研究は、大別すると、二つの角度から行われてきた。一つは、80 年代以降の若者（青年）の価値観の変化という角度から意識の変容を捉える研究であり、もう一つは伝統から近代へという「社会転型」の考え方に基づいて意識の変容を捉える研究である。

1　若者（青年）価値観の視点からの意識研究

　社会意識の研究というと、中国本土で行われている社会学研究の領域で一番近いのは「価値観」の研究になる。80 年代以降に中国の社会学が復興し

てから、若者の意識に関する研究——いわゆる「青年価値観」研究——が社会学研究の重要な分野として盛んに行われるようになった（陸建華 1992：23；蘇頌興＆胡振平 2000：35）。

若者（青年）の価値観の変容についての研究は、改革開放前の官製イデオロギーである「社会主義イデオロギー」との関係に着目し、その関係を多く取り上げている。この「社会主義イデオロギー」や国家体制へのコミットメントの度合いから、この分野における先行研究を三つのタイプに分けることができる。

一つ目のタイプは、国家体制を取り上げる際に「官方」という言葉を使い、「社会主導観念」から離れつつある青年価値観の変化を「価値体系が混乱している」と捉え「思想教育」を主張する体制側の見方に批判的な目線を投じて、体制側との間に距離を取るタイプである。他方で同時にこのタイプの研究は、社会統合を重要視する立場をも有しており、社会統合のためにいかにして青年の価値観をまとめればよいか政府に提言する。その代表的な研究に陸建華（1992）中国社会科学院（1993）があげられる。

陸建華（1992）は、改革開放以前の「画一化された、抽象的な、絶対的な価値基準」による価値統合システムを批判する。一方、社会の統合を重要視し、社会（政府）のやるべきことは、多種多様な価値観が存在する中で「自然選択」のプロセスを大事にすることによって青年の価値観の統合はかることだと提言する。それは青年たちに「開放」的で、「寛容」な態度で、「扶助」することであると論じている。

中国社会科学院（1993）は、政治的な価値基準を中心に据えた社会主義イデオロギーに主導されていた 50 ～ 60 年代の価値体系[2]が崩れ、青年価値観の変容は質的な転換点を迎えており、①集団本位から個人本位へ②単一志向より多元志向へ③理想主義的な価値目標から世俗的な価値目標へと変化していると指摘した（中国社会科学院 1993：14）。

さらには、中国社会で価値観の変容が起こった結果、中国の伝統文化に基づく価値観念や 50 ～ 60 年代に形成された社会主義的イデオロギーに加え、

市場経済の発展によってもたらされた新観念や欧米の外来思想が同時に並存している現在の状況が生まれたと指摘している。

一方、青年価値観の新たな傾向について「個体本位、多元化、及び世俗と物質主義への傾斜は人間の発展に合うものであり、この変容は伝統的な観念による人間性の束縛や抑圧から人々を解放し、個人の選択や個人の考え方、個人の需要を尊重する社会に導くだろう」と積極的に評価をしてもいる（中国社会科学院 1993：23）。

二つ目のタイプは、あくまでも「思想教育」や「精神文明」からの角度から、青年の価値観の変化をマイナスな変化として描いており、伝統的な社会主義イデオロギーを主張する体制側との距離を意識して取ることが見られない。代表的な研究に単光鼐（1994）や蘇頌興＆胡振平（2000）、石海兵（2007）等がある。

これらの研究では、人々の価値観が統合されていない現状に関して、「主流社会は、青年にとって求心力と凝集力のある社会総体価値目標を提示していない」と「主流社会」に責任を見いだす一方、青年たちの意識の問題点を指摘し、「問題視」する立場を取っており、「青年たちは、人生の目標に対して戸惑い、理想主義的な追求に欠けており、また社会的責任感と社会服務精神に欠けていて、政治意識も薄い。逆に、実用主義、個人主義、拝金主義、享楽主義は、青年たちに強い魅力をもっており、一部分の青年にとっての最高の価値目標になっている」と指摘した（単光鼐 1994：34）。

上記二つのタイプの研究は基本的に「50〜60年代に出来上がった」社会主義イデオロギーを原点にし、この原点から改革開放後の中国社会を見たときに青年の意識にどのような変化があったかを中心に考察するものである。集団主義から個人主義への変化に関しては、「統合されていない」「混乱している」というような言葉で表現し、どのように評価すべきか戸惑っている感が強い。

三つ目のタイプは、上記の二つのタイプのいずれとも異なり、社会主義イデオロギーとの比較を意識しての視点からではないもの、すなわち議論の内

容が社会主義イデオロギーの要素から自由になっているタイプである。「脱社会主義イデオロギー」的価値観研究とでも命名することができよう。このような研究では、市場経済への適応の度合いという視点から、90年代以降の若者の変化や、消費文化や工業文明による堕落など、消費文化による負の影響を指摘し始める。代表的研究に佘双好（2002）、周国文（2002）、陸玉林（2002）がある。

　佘双好（2002）は、90年代の大学生を対象にアンケート調査を行い、現実への順応な態度という彼らの特徴を指摘した。現実利益の追求を通して、若者は「個人と社会との不可分な関係に気づき、彼らは社会への適応を強調し、自我の発展を強調する」とし、「自分の主体的な選択と社会規範との間に正面衝突が起こるのを避け、個人の発展と社会の発展の統一を重視する。彼らは社会への貢献によって個人の価値をはかるのではなく、市場の需要を無視し個人の志向を絶対視するのでもなく、個人と社会の発展を両立させるような目標を目指す。その中で基本となるのが個人の発展である」と指摘した。

　周国文（2002）および陸玉林（2002）は、都市部青年のアイドルの変遷をまとめ、青年の価値観に消費文化の影響が強くあらわれていることを批判し、「消費文化と工業文明の葛藤」の反映だと指摘した。「消費文化」に流され、「社会生活から身を退け一個人の私生活にしか関心をもっていないようなライフスタイルに溺れ、自我を失っている。『自我中心』主義による個人の発展は、生き生きとした社会生活とのつながりをなくし、個人の生活に閉じこもってしまう」という主体性のない人間として描かれる青年像が登場した。

2　伝統から近代へという「社会転型」の視点からの意識研究

　上記の価値観研究以外に、改革開放以降の中国社会の変化を伝統から近代への「転型」と捉え、近代社会にふさわしい人間像という物差しを持って眺める時に人々の意識にどのような変化があったかを捉える先行研究もある。

代表的な研究に孫嘉明（1997）、肖海鵬（2002）、李興武＆王大路（1993）、厳翅君（1993）がある。

この角度からの研究は、50〜60年代に出来上がった社会主義イデオロギーを軸にはしていない。社会主義イデオロギーを基点にどのような意識の変化があったかについてはあまり議論せず、あくまでも「現代化を達成するには内在的な条件、思想観念の面の条件」が必要だと考え、近代化に向けてどのような価値観がふさわしいかというまなざしを持って意識の変遷をたどっている（肖海鵬 2002：1）。

これらの研究は、アメリカの学者Ａ・イングレスの「人間の近代化」やマルクスの「人間の全面的な発展」を頻繁に引用し、「発展のプロセスの中で、一つ重要な要素がある。それは個人である。その国の国民が近代的な国民でない限り、国家は近代的な国家ではない」という視点から、近代化に相応しい意識の変化は「個人の主体性による選択を基本とする全面的な自己実現」だとして、その必要性を積極的に論じている（肖海鵬 2002：39）。

さらには市場経済の発展によって「市場経済の発展と密接な関係のある価値要因」が生まれた中で、独立した主体としての個人の価値の確認と追求が認められ、人間及びそのニーズが確認され、「個人の尊厳、地位、個人の発展などは否定されてはならない価値を持っている」ことが再認識されていると指摘した（厳翅君 1993：184）。

また、人々の価値観に以下のような変化が見られたと指摘する。①従属意識から主体意識へと変わり、現代人に相応しい素質として主体意識、選択的行為、個人の独立した思考などを持つようになった。②集団意識から公共意識へ、③貴賤意識から平等意識への変化があった（孫嘉明 1997：184）。

3　先行研究の考察

改革開放後における社会意識の研究に関する上記の先行研究を概観すると、以下の二点を指摘することができよう。

まず、上記の先行研究は、改革初期の80年代に起こった価値観の変化を

含めて、市場経済の導入による価値観の変化という時代の流れを的確に指摘した。その変化をまとめると、具体的には次のようになる。人々の価値目標が理想主義から現実主義へと変化し、国家・社会へのコミットメントから個人の生活を重んじる個人本位になるにつれ、世俗・物質主義的な傾向が強くなってきている。またその価値判断の基準は、政治的な基準という絶対的で単一的なものから多元的なものになり、いくつかの種類の価値観が共存している。

また、上記の先行研究には、意識の変化に関する評価基準及び評価そのものの変化が見られる。1990年代の研究である陸の研究などは「50～60年代に出来上がった社会主義イデオロギー」が主張する「思想教育」的な立場に対抗し、青年たちの「混乱している」ように見える価値観は無意味なものではなく、何らかのメッセージを社会に向かって発しているのだと強く主張している。また、80年代以降の価値観の変化についても、社会主義イデオロギーを起点にしてその変化を描いているが、2000年以降の研究では、「消費社会」「大衆文化」の影響を受けている青年たちを、「社会生活から身を退け一個人の私生活にしか関心をもたないようなライフスタイルに溺れ、自我を失っている」とし、消費文化の影響を指摘する論考が出てきた。

しかし一方、これらの研究には限界もあった。まず人々の意識の変容が指摘されていたが、その原因については1978年に始まった経済改革以外にはあまり触れられず、そこには、人々の意識に大きな影響を与えるその時代の文化的状況についての議論が欠如している。改革初期の80年代と「トウ小平南巡講話」の1992年以降では中国社会の文化的状況／時代精神が大きく変わったことを考えると、それぞれの時代の文化的状況についても議論する必要があるように思われる。

要するに、経済的な要素以外にもその社会の文化的状況の変化が人々の意識に大きな影響を与えること、80年代と90年代における社会文化的状況の違いを看過していた点に、上記の先行研究の限界があるとここで指摘したい。

第2節　80年と90年代以降の中国社会の文化的状況の変化に関する研究

　若者価値観研究や「社会転型」の視点による意識研究の限界に対して、文学研究領域では、80年代から1992年以降の中国社会について、「国家・民族」や「近代化」をめぐる社会の文化的状況がどのように変化してきたのか、「新イデオロギー」や「欲望弁証法」などの言葉を道具として盛んに議論され多彩な研究成果が生み出されてきた。以下第2節では、これらの問題に関する文学領域の先行研究について考察したい。

1　80年代と90年代との文化的状況の違い

　先に紹介した社会意識の変化に関する価値観研究では、80年代と90年代以降の社会的文化的状況の変化を念頭においた研究が少ないことを確認してきた。

　一方、文学研究においては、80年代と90年代との違いを指摘し、90年以降の文化的状況の変化を基本的な認識に据えたうえで作品分析や評論を展開する研究がほとんどである。そこでは、次のような論点が提起された。即ち、市場化への指向を基本的とする「近代化」の国家目標は、80年代初期に既に提起されていたが、80年代においては計画経済体制を実験的に調整する程度にとどまっていた。1992年以降になって初めて市場経済の法的地位が確立され、中国経済もグローバル化の流れに加わった。これによって、社会構造に大きな変化が起こり、資本の分配システムも大きく変わり、新イデオロギーが成立し、中国社会の文化的地形図もがらりと変わった（洪子誠 1999：327）。90年代、特に1993年以降の中国社会のもっとも顕著な社会現象は、市場経済の全面的な展開である。

　市場経済は、中国の政治と経済領域だけでなく社会文化全体を支配するキーワードになり、市場経済に相応する価値観や制度なども、政治領域や経済領域を超えて社会文化全体にわたって認められるようになり、市場経済体

制の確立によって、経済面や社会構造だけでなく、価値観や文化的状況も大きな影響をこうむることとなった（李林栄 2002）。

2 「現代化」と名乗る政治的文化装置による統制の 80 年代と「衆神狂歓」の 90 年代

90 年代以降の社会の文化的状況については、代表的な研究が二つある。一つは孟繁華による「衆神狂歓」説であり、もう一つは戴錦華による「文化鏡城」説である。

孟は「文化地図」[3]という概念を用いる。「文化地図」は意識形態、価値観念、偶像および古典的テキストの持続的な表現によって成り立っており、我々の意識を支配するものであると定義したうえで、80 年代と 90 年代以降では中国社会の「文化地図」が大きく変化したと孟はいう。

80 年代の文化的状況について、孟は「現代化」[4]言説の高揚とその状況における国家権力と知識人の役割に着目し、次のように論じた。80 年代に国家権力によって「現代化」という全体的な目標が確立される中で、エリート層の知識人らも自覚的に「現代化」の目標に追随し啓蒙的言説を打ち出す。これによって 80 年代には理想主義や楽観的な精神に満ちた時代となった。当時においては、「現代化」についての意識を共有することによって、近い将来に実現を期待できる約束のもとに人々が統合されていた。また、その中で知識人は、歴史的主体として人民を啓蒙するという自意識のもと、「人間の解放」を呼びかけた。即ち、80 年代においては現代化の実現が中国社会全体に浸透した目標となっており、国家主導の言説にしても知識人言説にしても、「現代化」という国家全体の目標への貢献を基本としていた（孟繁華 19997：33＝40）。孟の議論から、80 年代における「現代化」に関する言説が人々の意識に与えた影響が伺える。

80 年代の「文化地図」について、孟は「80 年代においては、国家権力の言説と知識人の言説とが密接につながっており、それが大きな凝集力となり 80 年代の中国社会のロマンチックで明るい時代精神を作り上げた。これが、

80年代の文化地図であった。…（中略）…大衆文化の台頭も少しずつ見られたが、全体からすれば社会の基本的な文化地図は整合性を持っており、人々は共通の夢と目標を共有していた」と指摘し、80年代の「文化地図」における「基本的な文化地図の整合性」を強調した（孟繁華19997：42）。

「共通の夢と目標を共有していた」という80年代に対し、90年代以降の文化的状況について孟は「娯楽性を売りにする政治的色彩の薄い大衆文化が台頭し、ひいてはそれが一気に文化市場を占領し」、新しいイデオロギーが作り上げられたと指摘した（孟繁華19997：13）。また、この新しいイデオロギーは「消費や享楽、欲望の合法性を主張する文化であり、エリート層の知識人文化による文化的覇権への反抗でもある」と論じる（孟繁華19997：41）。「主流文化」[5]「知識人文化」「大衆文化」といういくつかの文化形態が存在し、それらが相互に融合しながら衝突し複雑に絡み合っている中、大衆文化の台頭によって、国家権力による「主流文化」と知識人文化の「専制的な文化覇権」が解体したのだと孟はいう（孟繁華1997：16）。即ち、80年代の「現代化」言説の高揚とその状況における国家権力と知識人の役割が、大衆文化によって打破されたのだと孟は主張しているわけである。

さらに孟は、90年代を「歓喜に満ちた神々の乱舞」の時代と名づけ、次のように述べる。「90年代以降の世俗化の大きな流れの中で…（中略）…社会の精神を統合する中心的な価値観念がその支配力を失い、作られた偶像は色褪せ、権威はその威厳を失った。市場経済の中で解放された神々は、歓喜に満ちた乱舞の時代を迎えた」と述べ、90年代の中国社会における政治的イデオロギーの影響力の下落を語った（孟繁華1997：13）。

このように、80年代に中国社会の文化の中心であった国家イデオロギーと知識人文化による言説は大衆文化の台頭によって周辺に追いやられ、統一された価値観念は解体した。その結果、90年代以降の中国社会では、80年代に出来上がった文化地図がその有効性を失い、人々に存在証明を提供できなくなった。

以上の孟の論述では、90年代以降の市場経済の確立による人々の意識の

変化を考えるうえで重要な要素が指摘された。すなわち、80年代には社会の価値観念を統合するうえで「現代化」と名乗る政治的イデオロギーが重要な役割を果たしていたが、それが90年代以降に入ってから大きく変化したことである。

これについて戴錦華は、80年代の文化状況について孟と相通ずる見方を表明する。戴は、文化大革命によって生じた危機を乗り越え人々の意識を統合する、という国家権力によるヘゲモニー戦略の成立の角度から、「一種の文化的修辞」として「現代化」言説が80年代において「再び急激に拡張された」と分析し、「80年代におけるもっとも力強い主流意識形態の言説は、国家体制と知識人の間の共通認識として現れた。それは「改革開放」「走向世界」「歴史的な進歩が歴史的循環に勝つ」「現代的な文明による伝統的愚かさの打破」「青い文明への憧れ」「地球村における中国の民族としての資格」という「モダニティ」に関する言説であった」とし、「改革開放」というイデオロギーのもとで、政治的文化装置による影響が強かったと指摘した（戴錦華1999）。

90年代以降の中国社会の文化的状況について、コマーシャルやテレビドラマを材料に詳細な検討を行った戴は、孟の「主流文化、知識人エリート文化、大衆文化」による「文化衝突」よりもさらに一歩進んで、いくつかの文化が同時に並存している中国社会の文化状況は「鏡の城」のようになっていると指摘する。

戴は、孟とは異なる視点から90年代以降の文化的状況を分析している。戴は北京市内で良く見かけられる立体広告ボードの内容を分析し、中国社会において「主流の意識形態の中心からの内部爆発による変容」によって、「政治権力と消費主義との合流」、つまり、国家権力と消費主義に代表されるグローバリズムとの間に共犯関係が結ばれるに至ったことを指摘したうえで、90年代以降の中国社会の文化的空間を「鏡の城」と呼び、その中に国家権力とメディアによる新しい種類の権力などいくつかの権力の中心が存在し、それらが激しく衝突し合いながら時には共犯者として協力するのだと指摘し

ている（戴錦華 1999）。

　90 年代以降の文化状況については、戴は「教条的な社会主義」と商業主義の「住み分け」を描いている。彼女は、「90 年代以降『楽しい消費者』としての中国人像が、『幸せな人民』或いは『怒る民衆』の像に取って代わった。……消費文化の繁栄によって、貧富の差や階層分化などの社会問題が覆い隠されていった」と述べ、商業主義の登場やそれに付随して現れた実体を伴わない「中産階級」言説の一人歩きによって、社会の階層分化の現実や貧富の格差、腐敗などの社会問題が議論の場から抹消される恐れがあると指摘した（戴錦華 1999）。

　ここまで孟繁華と戴錦華の研究から、80 年代と 90 年代の中国社会の「文化的状況」の違いを確認してきた。孟と戴の研究は、第一節で紹介した若者の価値観についての研究や「伝統から近代へ」という「社会転型」の角度からの意識研究では取り上げられてこなかった視点をいくつか提示しているように思われる。例えば以下のことが言えるだろう。

　まず、孟と戴は、市場経済の導入という経済体制の変化に触れつつもさらに深く掘り下げ、「文化的状況」の変化による中国社会の変化を取り上げた。従来の価値観研究や「社会転型」研究では取り上げられていなかった、意識の変化を導く文化的要因＝政治的イデオロギーによる文化装置の影響を提示しており、社会意識の研究に大きく貢献するものと評価することができるだろう。

　次に、孟と戴の研究は、改革開放初期の 80 年代と市場経済の確立した 90 年代以降の違いを重視し、その違いがどのように生じたかを取り上げた。その際に、孟は「国家主流文化」「知識人文化」「大衆文化」などのように「文化」という用語を、戴は「言説」という用語を、それぞれ違う言葉を用いたが、いずれも「文化装置の空間としての中国社会」という角度から、意識の変容のメカニズムに触れたものであると理解できよう。

　「文化装置の空間としての中国社会」という視点を提示したことにおいて、孟と戴の研究は従来の意識研究になかった視点を提示しており、大きく評価

してよいだろう。

しかし一方、このような研究から、社会全体の大きな流れが見えても、実際に中国社会を生きている生身の人間の意識がなかなか見えてこない。これは、「欲望」の後ろに隠されている人々の上昇志向をめぐる意識を捉えたいという本研究の問いにとっては、大きな不足点であろう。

第3節　90年代以降の社会的文化的状況に関する研究

市場経済の確立によって大きく変わった90年代以降の文化的空間についても、やはり二種類の議論がある。一つは「新イデオロギー」説や「欲望弁証法」説を代表とする研究であり、批判的な目線で90年代以降の文化的状況を捉えるものである。もう一つは「チャイナ・ドリーム」説を代表とする、「現実擁護」的な目線で中国社会の状況を捉える研究である。

1　「新イデオロギー」説──「エリート知識人」の視点

まず、90年代以降の中国社会を生きる人々の精神面の状況については、当時の上海大学当代文化研究所教授、王暁明の「新イデオロギー」説がよく取り上げられる。

1999年の文学雑誌『上海文学』第4号において「当下中国的「市場意識形態」」という特集が組まれたが、そこに王は「半張脸的神話（謎の横顔）」とのタイトルで論考を寄せている。王はそこで次のように論じている。90年代以降の中国社会では、コマーシャルや「成功人士という新しい人間像」[6]が「最も多くの人に羨まれる生活を代表しており、人々が未来へのビジョンや人生の欲望を想像する時の文化的符号になって」いる。成功という横顔を見せるだけでもう片方の横顔は隠されているが、まさにその隠されたもう半分の横顔には「政治的権力と商業的権力の結合」などの腐敗が隠されているのである（王暁明1999）。

同特集では薛義も、『成功人士』という抽象的な言葉を使うことによって

第一章　改革開放以降中国社会の上昇志向に近づくための先行研究　37

新富裕階層が誕生した真の歴史的背景や新富人たちの実際の行動が隠されていると論じた。また、「成功人士」という言葉は「欲望の表現であり、精神と魂の自由に関係のないものの象徴、公共道徳や社会的良心と関係のない個人」だけが「富や社会的地位、生きる目標にまで結びつき、この社会のモデルになっている」と指摘し、富裕層の誕生の社会的背景における政治的権力と商業的権力の癒着を批判した。さらに薛義は「私利私欲の追求によって原始的な拝金主義が復活し、人々は個人の利益によって結びつき、政治や道徳、倫理、感情などの伝統的な関係を無情にぶっ飛ばしていった」という文学研究者蔡翔の指摘を引用し、90年代以降の「成功人士」の人間像が代表しているのは精神のない個人主義であり、そこでは個人の自由は欲望の自由や消費の自由だけに還元されてしまうだろうと指摘した（薛毅1999）。

　2000年に発表した論文「90年代与新意識形態」の中で王暁明は、90年代以降の中国社会においては経済利益を評価の基準にする新イデオロギーが社会全体を覆うようになり、このイデオロギーが市場経済の時代にあるべき人間像と生活のビジョンを人々に提供していると指摘した（王暁明2000b）

　王の議論では、「新イデオロギー」の中で生きている「人間像」に関して、「個人の物質的生活の改善」にだけ注目し、個人の物質的生活の改善を人生の最大な目標とする狭い功利意識が、階層にかかわらず全社会で蔓延しているとの見解が示された（王暁明2000b：293）。「社会が利益というものを基本的な基軸に据えた瞬間、金銭と交換不能なもの、たとえば詩、愛情、哲学、良心、尊厳、また80年代に一世を風靡した「ゴールドバッハの予想」なども、人々に見捨てられてしまった」として、金銭至上主義という新イデオロギーを批判した（王暁明2006）。そして、このような金銭至上主義をもって人々をばか者にする陣取りが中国社会で張られていると王は論じて、それによって人々はただのエコノミック・アニマルにされてしまい、消費や経済的な営みにしか興味のない人間にさせられてしまうのだというのである。若者に関しては、このような「支配的な文化」のもとで、若者がどんどん「保守的になっていき」、「個人の考えが実利と物質的現実によっていかに

圧迫され萎縮したか」について批判し、その原因を個人の利益の充足だけを
目的とする「間違った近代化」に求めた（王暁明 2006；2008）。

　王暁明は、90年代以降の経済利益ばかりを追求することによる「人心の
悪化」を指摘し、その理由について、「人と人の信頼感、基本的な価値観、
倫理観、生きる意味など形のないものを無視し、人間の幸せは金で確認でき
るものだと考えるからであろう。金やいろいろな実利以外のものはまったく
重要ではないと考えているのだ」と述べた（王暁明 2004）。

　そのような社会や人間像を目の前に、王は、「生活への敏感な感性と責任
感に基づく知識人の批判意識」や「詩情と美への感動、活気と愛に満ちた
魂、利益以外の何らかの生活価値の確信」によって「市場意識形態」という
市場価値への崇拝観念を打破することを自らの研究目的にしている（王暁明
2000a：303）。

　ここで一度立ち止まって王の議論を考えて見よう。経済の発展と同時に、
「一種の新しい不公平、搾取の勢力が同時にどんどん成長し」、新しく台頭し
てきたこの「成功人士」は「新しい略奪の弁護人、人々を欺瞞するための隠
れ蓑になっており、この『成功人士』の神話と幻覚を打破することが、新し
い抑圧と略奪の体制の一部の打破につながる」と述べているように、王は
「新イデオロギー」という概念を提示することによって社会の不正や腐敗に
立ち向かおうとしている（王暁明 2000b：5）。確かに、「新イデオロギー」
に内在する権力性や欺瞞性を指摘する王の議論は、社会の腐敗、特に体制改
革の過程で行われた国有資産の不正な転移などを指摘するのに有効であろ
う。

　一方、「10年前に『人文精神大討論』[7]を起こした際の立場を離れていな
い」と指摘されるように、王が「新イデオロギー」を批判する際に使う道具
は道徳的な色彩が強い（湯擁華 2007）。この点に関して、同じく文学研究者
の王光明は「（王暁明は）個人が抑圧されている状態を描くことによって歴
史と道徳による権力の構造を打破することが彼の本来の目的であったのに、

結局は道徳的なロジックで論じてしまった」と指摘している（朱合歓 2004）。実際、議論の最後で王暁明は、「市場化の時代において物欲が高まる中、人間の精神的な部分が萎縮している（張志忠 2000）」のに対して、文学鑑賞によってもたらされる感動と審美の感覚に物欲から人々を救う力があると主張している。王暁明の批判は、世俗と物欲の対立という道徳的なロジックのうえに成り立っているわけである。

「新イデオロギー」の具体的な内容[8]については、一次資料や実証的データを通してまとめた説明というよりも、彼の「私は正しいのだ。間違っているのは今の時代だ（葛紅兵 2006）」という主観的な感覚に基づく恣意的で曖昧な定義になっている[9]。

80 年代に対する「文化的想像」を用い、「精神と物欲との対立」から出発し現実批判の態度を取る王の「新イデオロギー」批判は「知識人文化」そのものを体現したものと言えるだろう。しかし、批判という態度を取ることによって、王の「新イデオロギー」説は、現実を生きる人々から目をそらしてしまい、人々を理解する可能性を閉ざしてしまうこととなるのではないだろうか。

2 「欲望弁証法」──「欲望」をキーワードとした近代社会批判

王暁明の「新イデオロギー」説以外に、「欲望」をキーワードに市場化時代の到来を批判する研究もある。

市場経済をもっとも早い時期に批判したのが陳暁明、張頤武、王寧、戴錦華などの文学批評家たちである。彼・彼女らは近代社会を批判するポストモダン理論を駆使し、90 年代以降に書かれた市場化の時代の小説のテキスト批判を通して、市場化された社会現実を批判した（張志忠 2000）。

また文学研究者の張光芒は 90 年代の文化的状況の哲学的文脈をまとめた。張によると、啓蒙的理性への批判的な反省から、個人の自由意志としての欲望が啓蒙的理性や全体主義による個人の抑圧に反対するものとして機能していた。しかし一方 90 年代以降は、「啓蒙の神話」を脱構築した欲望自身が神

話化されていくのであった。このような「欲望弁証法」が90年代以降の中国社会を支配し始めたと張は指摘している（張光芒2005）。

「欲望弁証法」系統の研究では、個人の自由意志としての欲望は1949から1980年代までの30年間は「民族・国家の物語」に抑圧されていたが、改革開放後に初めて解放された。しかし一方で90年代に入ってからは市場経済の更なる発展によって消費神話が誕生し、個人が政治社会の全体主義から自由になる過程へ介入するという、欲望がかつて持っていた積極的な意義が失われ、「欲望言説が逆に抑圧的な力を持ち始め、憚ることなく人々を虜にして」おり、「人々は欲望に溺れ、なかなかそれを超克することができない」という状態となったと指摘している（王宏図2005；李清霞2006）。

このような研究は、「欲望」社会の問題点として、主に二つの点を指摘している。一つ目は欲望の増大による人間の疎外である。つまり、「消費神話」に陥り人間の「主体の疎外、自由の疎外、道徳の疎外が起こるとともに、欲望が人々の行為を主導することによって「無限に増大する欲望のため主体性や生命の意志、精神的なものが放棄されてしまい」、「人間は非人間的なり、一次元的人間になる」ことである（馬航飛2005；李清霞2006）。二つ目は国家の政治への無関心を招くことである。李清霞（2006）はチェコの民主化活動家、ハヴェル（Václav Havel）の「ポスト全体主義」社会を引用し、ポスト全体主義社会では、政府が消費主義を刺激し、「人々が自分の趣味やエネルギーを個人の物質的な生活に傾注する」ようにさせることによって、人々の注意を政治問題や社会問題からそらすことに成功していると指摘する。

さらには、人々の物欲をそらす役割を果たしてきた儒家精神に代表される中国伝統文化や社会主義の価値観が無効になった今、欲望によって疎外され「一次元的人間」となった人々のために「新しい価値システム」や「ある種の精神的アイデンティティ」を構築し、人々に心の拠り所を提供し物欲から救うべきだという指向に結びつくものがこのような立場の研究には多い（程文超2005；馬航飛，2006）。

なお、王暁明の研究では「新イデオロギー」や「市場イデオロギー」と

いった言葉が使われていたのに対し、消費による欲望の増大という面を重視するこれらの研究は「消費イデオロギー」という用語を使う場合がある。

このように、「欲望弁証法」の議論は「モダニティへの反省」的な視点を取っている。これは、物欲による人間精神の矮小化という王のロジックに基づく「新イデオロギー」説とは出発点が異なるが、両者とも同じように90年代以降の市場社会に対する社会批判を展開している。

この二つの議論が合流して、「中国社会の精神的困難（艾偉2009）」を指摘し「世俗時代のアトム的個人は、歴史も精神もなく、物欲に満ちた理性的なエコノミック・アニマル（許紀霖2007）」であるとする「価値観の喪失」の言説が導かれてくる。しかし、これらの議論には自明視されているもの、つまり所与の前提として無批判に想定されているものが存在すると思われる。すなわち、腐敗や不正などの社会問題の噴出によって刺激を受け、精神の物質的欲求に対する優位性を想定しつつ「知識人は社会の良心」[10] と称し社会批判を展開する知識分子の立脚点そのものがそれである。

以上で紹介した「新イデオロギー」説や「欲望弁証法」の議論は、その議論において表明されている人間の欲望への評価から、欲望を「虚妄」とする視点と名づけることができよう。

3 「チャイナ・ドリーム」説

90年代以降の中国社会の文化的状況について、前述した「欲望虚妄説」とは異なる立場から捉える研究もある。その代表的な議論は文学研究者の張頤武による「チャイナ・ドリーム」説である。これはいわゆる「現実擁護」的な見解をとるものである。

張は、80年代と90年代に入ってからでは中国社会の状況が大きく変化したという点については、「欲望虚妄説」を主張する王暁明らと同じ認識を共有している。しかし張頤武は、この時代変化を王暁明らの批判的見方とは違う見方で理解している。

張は、80年代は「『モダニティ』と『個人性』に対する探求（張頤武

1992）」の時代であるとし、90年代以降の価値転換を「新保守精神」と捉えた。さらに、張は「モダニティ」の時代、すなわち「全体主義的な追求と文化に何か究極的な目標を見出す」時代であった80年代に対して、フランスの思想家リオタールの「モダニティ」についての論述を引用しつつ、モダニティは「多くの大きな物語――たとえば、精神の弁証法、意味の解釈、理性的な主体或いは労働の主体の解放、或いは富の創造――に立脚している」と指摘し、さらにそれは「主体」を中心とする意識形態であり、「理性」の正当性を構築し精神／肉体の二元論的な知識体系と文化的立場を作ったのだと論じる。このようなモダニティの諸相は「五四運動」の時代から中国社会に大きく影響を与え人文科学の議論の中心を形成していたと指摘する。

　このような立場から張は90年代以降の社会の変化を「文化商品化の結果であり、『ポスト冷戦』期の世界の新しい局面に対応するための文化的反応である。世俗的で日常生活を重視する意識形態の台頭、消費文化に相応する新しい言説叙述の台頭である」と指摘する（張頤武 1993）。商業主義や消費文化の台頭という点に関しては王暁明らと近い見方をしているといってよい。

　しかし彼はこの変化を問題視しているわけではない。80年代を「ラディカルな文化の変革」を求め「全体主義的な追求と文化に何か究極的な目標を見出すという傾向」のあった時代とする一方で、90年代を「温和で親しみやすい言説」としての「新保守精神」の時代であると特徴づけているのに過ぎないのであって、この二つの時代に対して価値判断を下すことはしていない。むしろ彼は、モダニティ及びその主体観念を無意識に用いていた80年代の人文科学の議論に反省を促しているのである。

　そして張は、その知識人の社会的地位の変化について、「このような全知全能な知識人の存在が根底から疑問視され大衆文化が広まっていくような社会状況のもとでは、伝統的な知識人の役割がそのまま継続するのは困難になった」と述べた（張頤武 1993）。

第一章　改革開放以降中国社会の上昇志向に近づくための先行研究　43

　張が、「チャイナ・ドリーム」について論じ始めたのは近年のことである。張は 2000 年以降の研究で 21 世紀に入ってからの文学の動向を分析し、「新世紀文学」の特徴として、日常生活の凡庸性が文学の新しいイシューになっていることを指摘した。そこで張は、グローバル化の時代において中間層が台頭し、彼らの想像の中では日常生活の意義が往々にして強調されているのだと主張する。日常生活の中の欲望が正当化され、生活の目標になっていく中で、モダニティの大きな物語の中で抑圧され無視されがちだった日常生活の意味が文学の創造の中心になってきた。日常生活の些細な光景と消費の価値が浮き彫りにされることによって、個人の生命の歴史や「生きる」ことそのものに大きな意味が付与された。これはモダニティ的な概念としての「主体」の展開ではなく、個人の実存的な経験の語りであると張は指摘する（張頤武 2006）。

　この議論の延長線上、張は「チャイナ・ドリーム」説を説いている。彼は、中国社会の貧困層の生活や貧富の差などの社会問題を描く文学作品、「底辺文学」を「新文学」（1919 年から 1949 年までの文学）と比較しながら分析し、「底辺」文学の中で描かれた人間像は「底辺」に生きる人々を同情の対象にするだけのものであり、自分の力で運命を変えようとする精神世界や彼らの「夢」が描かれておらず、中国の経済成長によって貧困の状況が大きく改善された現在においては、極めて表面的な理解しか示すことができていないと批判した。また、「新文学」の伝統の中では、貧困と底辺生活は特定の階層と特定の個人の運命ではなく中国全体の悲劇的な運命の投影として描かれており、底辺にいる人々の運命は中国の運命の象徴であるが、しかし「現在の時代では、つまり中国経済が発展し国力が大きく増強された歴史的背景の下では、底辺の生活はもはや国家や民族の運命とは切り離された問題となった。すなわち特定の階層や特定の個人の問題となった」とし、「底辺に生きる人々がいることをもって中国人の奮闘と努力を抹消するのは不公平であり、中国人の夢と目標の追求が歪曲している」と張は強く主張している（張頤武 2006）。

一方、出稼ぎで働いている人々が作者となって書いた作品、「打工文学」の中には、生きていく中で遭遇した困難や社会の不公平への批判と同時に、今後の生活に希望を持ち自分の努力で未来が開けるという信念も強く現れていると指摘して、これらの人々は絶望して反社会に走るのでもなく、今の生活を猛烈に批判するのでもなく、困難の中で励ましあってチャレンジしていく姿がそこには見られると、人々の奮闘の姿を讃えた。「『打工文学』の中で一番良く見られる言葉は『夢』である」と指摘したうえで、張はチャイナ・ドリーム説を展開し、「改革開放以降の中国社会の発展の基本的な原動力は、自分の力で運命を変え美しい暮らしを手に入れようという夢である。この新しい「チャイナ・ドリーム」は、「成功の夢であり、勇気や知恵、創造の精神によって美しい生活を勝ち取る夢であり、希望に満ちた夢である。また、強者の夢であり、誰にでも持てる夢である」と語った（張頤武 2006）。

「チャイナ・ドリーム」の時代に入ったと主張する張頤武は、王暁明と異なり 90 年代以降の社会変化をむしろ肯定的に捉えている。「欲望虚妄説」の社会批判的な視点と比べ、張の主張において新しく指摘されたのは、90 年代以降に起こった階層構造の流動化によって人々が新しい社会的地位を獲得し、「美しい生活を勝ち取り」、「自分の力で運命を変え」るという「夢」を持つようになったという点である。ここでは張の「チャイナ・ドリーム」の捉え方を、「欲望切実」説と名づけたい。

一方、腐敗や貧富の格差などの社会問題についてまったく触れないことや、「中産階級」の小説を書こうと呼びかけていること、また張自身がメディアに登場し「体制に買われて」おり現実を無批判に受け入れていることなどの点において彼はむろん批判されてもいる。

5　小結

上記においては、90 年代以降の中国社会の文化的状況についての研究を考察してきた。

90 年代以降、一般的に「エリート文化の中心からの退場（陳鋼 2001）」や

第一章　改革開放以降中国社会の上昇志向に近づくための先行研究　45

「世俗化」と言われるように、「国家・民族」言説などの政治的イデオロギーが、中国社会の中で支配的な地位を失ってきたと考えられている。しかし90年代以降の文化的状況に関する先行研究の検討を通じて確認したように、「エリート文化」の視点で90年代以降の社会を捉える研究が今なお大多数を占めている。「欲望虚妄説」がその代表と言えよう。このような視点は制度的要因による腐敗などの中国社会の問題点や消費文化の台頭などを認識するのに有効ではあるが、そのような視点を取った瞬間に、現代人の生きかたに「精神的なものに興味がない」「エコノミック・アニマル」などといった批判の目線が投じられ、「間違っている」或いは「正しくない」生き方であるとの価値の判断が下されてしまう。欲望は虚妄であるとする見方は、個人の外側に立って人々を俯瞰する視線だといえよう。そういった視角から、個人が欲望を追求する姿は虚妄なものであり「正しくない」姿だとする。こういった姿勢は、現実を生きる人々の内面世界から目を背け、それを理解する可能性を閉ざしてしまうこととなる。「現実」批判という価値判断をすることにより議論が停止し、現在の中国社会を生きる人々の意識に近づくことが困難になる。

　一方、張頤武の「チャイナ・ドリーム」説は、「欲望虚妄」説で説かれている「正しさ」の論理とは違う論理、奮闘の価値を称える論理を90年代以降の中国社会が持っていることを示唆している。しかし、市場経済が導入されてからの中国においても、社会的資源の配置における政治権力や制度的要因の役割が依然として強くあり、それが引き続き社会的不平等を生み出すことについては、この知見は限界を見せるだろう。

　この二つの知見は、人々の意識を取り巻く社会的文化的状況を理解するのに役立つものであり、「欲望」に対しては否定するか、擁護するかというふうにそれぞれ立場を表明するが、「欲望」そのものの内実、その原動力については、深入りしていない。

第4節　階層意識研究の成果紹介

　改革開放以降の社会意識に関する研究では、階層研究のサブ分野である階層意識研究というのも重要な成果を残している。こうした研究では、階層意識について、（グループとしてのある階層の）集団意識を表す概念ではなく、一定の階層的地位にある個人が社会の不平等状況及び自らの置かれている社会経済的地位に対する主観的な意識、評価、受け止め方（心理と意識状態）を指す」と定義される（劉欣 2001）。それぞれの強調点に違いがあるものの、これらの研究で共通しているのが、①社会階層に対する認知の度合い、②階層区分の主観的判断基準、③階層構造の全体像及び自分自身の判断基準という三つの側面を通して階層意識に接近することである。

1　階層意識研究での主な既存研究

　劉欣（2001）は、武漢市住民を対象とする 1996 年の調査結果を資料として分析し、以下の点を指摘した。1）都市部住民の大多数は、階層の存在を明確に認識している。2）階層の判断基準において人々が最も重要視するのが収入で、その次が権力であり、教育や職業はあまり重要視されていない。社会主義市場経済が展開されている現在でも、人々の意識の中では、権力／権勢の重要性が目立っていると指摘した。3）総合的な階層アイデンティティに関して、47.3％の人が中間層だと自認する。

　劉の研究では、階層区分につながるさまざまな社会的資源の重要性の評価という階層の主観的判断基準では、教育や職業と比べて、収入に次いで権力が圧倒的に重要視されていることを指摘したうえで、その原因について、市場経済の転換期という 1996 年段階の中国では、社会的資源の配置メカニズムとして、権力が非常に大きな役割を占めていると説明した。

　王春光（2003）では、1996 年漢川市の調査結果をベースに、階層意識の三つの側面を所属階層別に見て、主観的な意味づけと階層の客観的存在（リ

アリティ）を比較検討して、その間の相関関係（ズレ）に注目した点にある。漢川市の調査結果では、階層が存在するという意識は総じて低く、「中国に階層は存在する」と認識しているものは、全体の53.3％にすぎないとしたうえで、階層の客観的現実と主観的意味づけとの間に、不一致（ズレ）が生じており、また階層の主観的意味づけを規定する要因は一定しておらず、個々人の経歴に依存していると指摘した。

李春玲（2006）は、階層意識研究は、社会区分に関するさまざまな想像は実際の社会構造のリアリティと高度に関係するものであり、また社会構造の基本的なあり方とそのメカニズムをある程度如実に反映するという考えから、階層区分に関する人々の意識を通してリアリティとしての社会構造の特徴を把握しようとした。

李春玲は、ポーランドの社会学者Ossowskiを引用し、社会構造に関する人々の感知や想像、解釈は、社会の類型や時期によって違ってくるとして、「社会階層に関する人々の想像及びその理論的表現形式、言説構造を研究することは、（リアリティとしての）社会階層構造及びそのメカニズムについて深く理解するのに役立つ」、「階層分化の状況は、どのような社会的政治的結果をもたらすか、社会経済の発展に有利かどうか、社会的不安定につながるかどうか」という二つの研究目的を表明したうえで、2回のインタビュー調査（1995年末から1996年初、1999年末から2000年初と二回に行われた計160人のインタビューデータ）を資料に用いて、比較検討した。

上記に紹介した劉と王の研究と比べて、李研究の特徴は、社会区分の認知、主観的判断基準、階層帰属意識以外に、①社会分層に対する態度（価値判断）＝現存の社会経済的格差について合理的だと考えるかどうか、公平だと思うかどうか、②社会秩序に関する人々の解釈の枠組み／論理（闡釈系統／）、即ち、階層区分に関する認知及びそれに対する態度（価値判断）の後ろに隠されている社会構造（のあり方）や社会秩序に関する系統だった解釈＝現状を批判し、否定し、現実を変えたいという態度なのか、それとも現状肯定し、現状擁護する態度なのか。という二つの側面を追加して考察した。

1995-1996年の調査結果と1999-2000年の調査結果を比較検討した上で、李は次のように分析した。

社会区分に関する認知では、1995-1996年と比べて、1999-2000年の時点では、人々は社会階層について明確に認知しており、階層区分の基準は収入と権力であり、階層構造の全体像もほぼ描けていた。また主観的階層帰属意識もその客観的階層帰属とほぼ一致している。

社会区分への態度（価値判断）では、1995-1996年と比べて、1999-2000年の時点では、収入の格差に関していうと、収入格差そのものに対する容認の度合いがかなり高く、特に不満がない。一方、収入格差をもたらすメカニズムの一部の要素、具体的には権力と、計画体制的な要素に対しては、二つの時期ともに強い不満がある。

社会区分への態度の基底にある信念体系では、a「運命」をもって社会階層の存在を合理化する伝統的な地位等級の論理、b「職業の違いがあって良いが、貴賎があってはいけない」として、格差そのものを認めても格差の度合いの大きさに不満を持つ共産主義的平等意識による論理、c 経済分化を肯定する自由主義市場論理、という三種類の信念体系を析出した。それぞれの社会的影響力でいうと、自由主義市場論理が最も優位を占めている。この論理の所持者は、経済界、政治界、知識人の中の青年エリートであり、いわゆる改革の勝利者である。

上記の分析結果に基づき、その研究目的＝リアリティとしての社会構造の特徴をより良く把握すること、現存の社会階層区分に対する人々の態度はどのようなもので、社会的不安定につながるかどうかという点に着目し、李は次のような結論を出した。

第一に、90年代中期以来、人々は社会階層の存在を明確に感じ取り、収入などの経済力と権力が社会分化をもたらす最重要の二つの要因だと考えている。こうした階層意識は、90年代中期以降中国の社会経済的格差がどんどん拡大し、リアリティとしての等級分化された社会構造が徐々に形成されつつあり或いはこうした等級分化がすでに構造化されており、さらに階層分

化のメカニズムが比較的単一であることを意味すると結論した。即ち、この
ような階層意識の存在は、中国の社会構造の特徴は「破片化」や「多元化
fragmentation of stratification」ではなく、「構造化」の特徴を有することを
意味するという結論を出した。

　第二に、大多数の人々は、構造化されつつある現在の階層区分に対して肯
定的態度を持つ。ひとびとの不満を持つ対象は、社会経済的格差そのもので
はなく、格差をもたらした一部のメカニズムである。権力や計画体制的な便
利を通して経済収入を得ることに強い不満を持つ。

　また李培林（2005）は、経済が急速に発展する現段階の中国社会で起こっ
ているさまざまな社会的矛盾、社会的衝突の原因へのアプローチという視点
からの研究であり、2002年末に行われた31の都市の住民を対象とする「中
国都市部住民の社会観念」のインタビュー調査に基づくものである。当研究
は、社会衝突には物質的衝突（低賃金など物質的利益に起因とする衝突）と
価値的衝突（信仰や価値判断の差異に起因する衝突）との二種類があり、物
質的衝突は社会制度の改善に良い影響をもたらし現存の社会制度の合法性の
基礎を脅かすことはないのに対して、価値的衝突は、現存の社会制度の合法
性、人々の行為を規範する主要な価値観や制度への懐疑につながり、現存の
社会の生存を脅かすことになるとしたうえで、現段階中国の社会的衝突を研
究する際の重要な視点として、収入格差などの客観的階層構造の状況より
も、主観的階層意識を重要視すべきだと指摘した。

　階層帰属意識から見る中国の階層構造の特徴について、李は下記の通り泊
を指摘した。

　第一に、その全体像は階段式になっており激しく対立する階層構造ではな
い。主観的階層帰属はそれぞれ次のデータであり、中層が最も多く、
46.9％。中下層は26.5％。下層は14.6％。中上層（10.4％）と上層（1.6％）
は少ない。多くの人々は社会階層構造の中間に位置していると考えている。

　第二に、中国社会は、中間層を主とする階層構造を有していない。欧米諸
国や韓国日本などの先進国との比較から見て、中間層と自認する人の割合が

低く（比較的低い韓国は51％、中国は46.9％）、下層と自認する割合が高い（比較的高い韓国は9％、中国は14.6％）。一方、上層と自認する人の割合は、欧米諸国とほぼ同じ水準にある。先進国と比べ、階層構造が下に偏っているという特徴を見せている。

　また、主観的階層帰属と客観的階層的地位との関係について、李は、主観的階層帰属意識と客観的階層帰属（職業、収入、教育と消費）との間には、明確な相関関係が存在するが、相関の程度は高くないと指摘した。人々の主観的階層帰属意識に影響を与える社会的・個人的要素に、父親の社会的地位との相関関係が最も強い。また、相対的剥奪感との関係も強い。

　さらに、社会的衝突に直接結びつくのは客観的階層の位置づけではなく、主観的階層帰属であると李は指摘した。社会に対して強い不満を有するのは、客観的階層構造の中の貧困層ではなく、階層構造の下に位置すると自認するグループ、相対的剥奪感の強い人である。現在の中国社会では、格差の拡大という現象自体は直接社会衝突に結びつくのではなく、格差の拡大という現象に対する人々の態度、価値判断（不公平感、不満）こそが、社会衝突に結びつくのである。従って、社会公平（social justice）の構築は、社会整合の重要な手段である。

　以上紹介した階層意識の研究のほかにも、職業評価に関する階層意識の研究も多数ある[11]。本研究の資料を理解するうえで参考となったが、職業に関する意識に特化しているため、ここでは省き、本文の中で必要に応じて随時紹介とする。

2　階層意識研究の考察

　これらの階層意識研究は90年代、特に90年代後半の状況に集中して考察したものであり、また研究者によってその研究目的、或いは結論の食い違いが見られたが、90年以降における社会区分に対する人々の認知度、社会的地位の上昇につながるさまざまな要素の重要性の評価（例えば権力の重要視されること）、また社会経済的格差そのものではなく、社会経済的格差をも

たらす一部のメカニズム（例えば権力や計画経済的体制）に対してこそ人々は強い不満を持つなどの点において、本研究で利用される読者投書の資料を理解するのに大きな示唆を与えてくれた。

しかし一方、これらの研究は、階層研究のサブテーマとして行われたため、リアリティとしての階層構造との関係に注目しており、言説空間で起こった出来事に焦点を当てる本研究の主題とは離れている。

その中で李春玲研究は、このような階層意識を通して、階層区分に関する認知及びそれに対する態度（価値判断）の後ろに隠されている「社会構造（のあり方）や社会秩序に関する系統だった解釈＝現状を批判し、否定し、現実を変えたいという態度なのか、それとも現状肯定し、現状擁護する態度なのか」という、「社会秩序に関する人々の解釈の枠組み／論理」の考察に触れた。この点は本研究の着眼点と重なる部分があるが、もっとも李の研究目的はあくまでも階層意識を通してリアリティとしての客観的階層構造をより良く把握することにあり、公式イデオロギーの文化装置による社会秩序の解釈枠組みと一般人の意識の中にある解釈枠組みとの間の距離関係の時系列的な変容という、言説空間で起こった出来事を究明する本研究とは、その着眼点が根本的に相違すると言わなければならない。

第5節　上昇志向に関する先行研究

上昇志向に関する研究では、日本社会を研究対象にした竹内洋とE.H.キンモンズの研究も大きな示唆を与えてくれた。

欧米では、過熱化した学歴獲得レースが見られないように、メリトクラシーのエートスを内面化しての大衆的競争状況は見当たらない。それに対して、日本は激しい大衆的受験競争があり、またホワイトカラーについても「普通」のための「猛烈」といわれ、激しい競争はノン・エリート・サラリーマンにまで及んでいる。このような状況に対して、竹内は「マス競争への焚きつけ」がどのようにして発生し存続しているのか、上昇志向の強く過

熱された大衆的競争状況がどのようにして起こるのかについて、日本の選抜システムの構造の中に探索した。そして、日本の受験戦争を選抜システムという視点から考察し、細やかな学校の序列に見られるようなノン・エリートにも選抜のまなざしを注ぐ傾斜的選抜システムの実態を明らかにし、こうした傾斜的選抜システムこそが自己準拠化した受験社会を立ち上げ、そこに受験過熱メカニズムがあることを指摘した。また、入社後の大卒ホワイトカラーの選抜システムを解明して、内部労働市場における選抜の仕組みが小刻みな選抜という点で受験戦争と相同構造であること、従って、競争への焚きつけのメカニズムが極めて酷似していることを指摘した（竹内 1995）。

　一方、E.H. キンモンズは、『立身出世の社会史』という研究において、『西国立志編』『穎才雑誌』『成功』など当時人気を博した出版物を資料に、明治初期から昭和初期にかけて、社会階層間の上昇移動を遂げようとする若者たちが教育を受けて俸給生活者になるという立身出世（self-achievement）の理想像がその後の数十年間に、一部の士族層から一般へと広がっていく中で生じたさまざまな変化を描き出した。当研究は、日本のインテリ、知的エリートの予備軍が、学校へ行き、職を得る中で共通に見につけたエートスを扱うものであるが、そこでは、日本のサラリーマンの歴史が析出されただけではなく、これらの時代における若者たちの強烈な立身出世の欲求は、日本のエリート選抜システムと関連付けて説明された。E.H. キンモンズによると、日本社会では、英米社会ほど志願者の配分に属性的な基準が用いられなかったために、一層多くの人々が機会を求めて殺到した。（女性に対する制限を除けば）日本では属性的要因による差別がないことで、すべての若者が、エリートの地位を目指す競争に参加するようになっていた。その中で青年たちが直面したのは、何よりも、官僚制的な状況や労働市場の状況など、自分自身の社会的上昇移動に関連した圧力であった（Kinmonth 1975＝1995：340）と。

　その中で、一心に競争で勝ち抜くことを考える若者の意識と、立身出世に関する読み物の目標のズレというものが生じた。これらの読み物は、「伝統

的束縛から個人を自由にし、時代遅れの制限を取り払うことによって、個人が最大限に国家の役に立つように能力を発揮できる位置に進ませること、個人が集団の目標により貢献できるようにする」というふうに個人の国家や社会への貢献を指向するが、若者の側の反応は、社会階層間の上昇移動を遂げようという立身出世にあったのである。

　人の意識に対する公的イデオロギーの影響も重要であるが、社会的移動を遂げるための「損得の収支の差」（Kinmonth 1975=1995：310）に対する個人の欲求は、人々の行動を規定する上で非常に重要な役割を果たすことを示唆した。

　この二つの研究は、上昇志向をめぐる文化装置による誘導と生活世界の論理との関係を主眼とする本研究にとって、どのような意味があるのだろうか。

　人々の上昇志向がどのように焚きつけられているのか、という竹内洋の着眼点は、本研究と重なる部分がある。竹内洋は、日本社会はメリトクラシー社会であるという前提に基づき、選抜構造そのもののあり方に原因を求めた。

　同様に、日本の選抜システムに対してE.H.キンモンズは（少なくとも明示されたルールという面において）属性的要因による差別がなく、業績主義の貫徹されたメリトクラシーであると考えている。

　一方、中国は、日本や欧米諸国のようなメリトクラシー社会であると言えるだろうか。1977年に大学受験制度の再開、義務教育制度の確立、80年代官僚選抜における学歴の重視、計画経済から市場経済への改革を通して企業経営における能力主義の導入などを見ると、1978年以降の中国社会は、能力による選抜を「正当化根拠」とする社会＝メリトクラシー社会に移行しつつあるように見える。しかし一方、戸籍制度に基づく農村部と都市部の隔たりなど、さまざまな制度的要因による社会的格差が存在しており、中国では競争機会の不平等が密輸されるのではなく、さまざまな制度的要因やによって明示された形で行われているのである。即ち、上昇移動の秩序のあり方で

いうと、中国の場合は必ずしもメリトクラシーではないのである。このような状況によって、上昇移動の秩序に関する人々の意識も当然影響される部分があろう。

本研究の着眼点は、上昇移動の秩序のあり方をめぐって、公的イデオロギーがどのように説明しようとするかという文化装置の論理、また人々が自分自身の体験からどのように感知しているかという生活世界の論理という二つの部分に近づくことである。

第6節　先行研究の考察

以上では、なぜ人々は「欲望の氾濫」と言われるまでに自分の利益を積極的に求めるということを表向きに出すようになったのか、また表象としての「欲望」の後ろに隠された原動力としての上昇志向に近づくために、関係する先行研究を整理してきた。

そこから、以下の点が分かったと言えよう。

まず、市場経済の導入による人々の意識の表出の仕方に変化があり、人々の価値目標が理想主義から現実主義へと変化し、国家・社会へのコミットメントから個人の生活を重んじる個人本位になるにつれ、世俗・物質主義的な傾向が強くなってきている。またその価値判断の基準は、政治的な基準という絶対的で単一的なものから多元的なものになり、いくつかの種類の価値観が共存している。これらの研究を落として、人々が自分の欲望の表出により自由になったことが理解できた。

また、意識の変化を導く要因として、経済体制の変化以外の側面、人々の意識に影響を与えるファクターとしての社会的文化的状況の変化が重要であることが分かった。

また、E.H. キンモンズの研究から、人の意識に対する公的イデオロギーの影響も重要であるが、社会的移動を遂げるための「損得の収支の差」（E.H. キンモンズ 1975＝1995：310）に対する個人の欲求は、人々の行動を

第一章　改革開放以降中国社会の上昇志向に近づくための先行研究　55

規定する上で非常に重要な役割を果たすことを示唆した。

　しかし、以上の先行研究から、分からなかった点もある。

　まず、国家・社会へのコミットメントから個人本位になったというのは文化装置の変化であり、人々が自分の欲望を表出させる環境が備わったことを意味するが、なぜ「欲望の氾濫」と言われるような過度なまでに自分自身の利益への執着につながるようになったのかについて、相変わらず謎である。

　また、上記の研究の多くは、人々の意識を取り巻く経済的環境、或いは社会的文化的環境という外側の視点を取っており、「欲望」に対しては否定するか、擁護するかというふうにそれぞれ立場を表明するが、「欲望」そのものの内実については、深入りしていない。本研究の問いである、「欲望」の後ろの隠されている人々の原動力については、答えを出していない。

　階層意識に関する研究を通して、人々の主観的階層意識のあり様、客観的階層的リアリティに関する理解も深まったが、階層研究の性質上、文化装置の変容など、言説空間で起こった出来事については触れていない。

　このようなわけで、本研究では、次のようなステップを踏まえてこの問いにアプローチしたいと考える。改革開放以降の時期を 1978 - 1984、1985 - 1992、1992 - 2000 という三つの時代区分をした上で、それぞれの時期に人々はどのような社会的位置づけ＝身分の不安を持っており、またその時代の文化装置はどのような様相を呈していたのかを考察したい。

注

2　その内容に関しては、次のように説明している。「この価値体系の三つの内容は、①一元化された政治体制を基礎とする政治権威や、政治目的を最高の価値判断の基準とする。②計画経済を基礎とする対平等主義。③社会主義イデオロギーを基礎とする集体主義と利他主義」。中国社会科学院 1993 p23

3　「文化地図」という概念について、孟は次のように定義している。「我々のライフスタイルと行為方式は、我々個人の意志や趣味によるものではない。人々に内在する文化的な指令が、見えざる手のように、我々の意識や人間全体を支配して

いる。つまり、我々は文化地図が指し示す方向によって制限されており、無意識の暗示と呼びかけに答えながら我々は存在や行為の根拠を見つける。はっきりとした方向を示してくれる文化地図が存在する場合は、我々はさまよいや喪失感を感じずに済むのである」（孟繁華 1997：27）。

4　「現代化」とは「工業の現代化、農業の現代化、国防の現代化、科学技術の現代化」という「四つの現代化」の略であり、60 年代に中国政府が提起された国家戦略目標である。文化大革命中に終了後の 1979 年に、鄧小平によって「20 世紀の末に、一人当たりの GDP は 1000 ドル、そこそこに豊かな生活水準に達する」と具体化された。

5　孟は「主流文化」について次のように定義している。「国家の正当なイデオロギーを表現する文化であり、その特徴は権威性である。中国では、『主旋律』と呼ばれる文化作品が主流文化の代表であり、共産党の優位性や革命の伝統を強調し、『社会主義精神文明』を唱えることがその目的である」（孟繁華 1997：27）。

6　「成功人士」について、王暁明は次のように描いている。「90 年代中期以降、沿海地方や大中規模の都市部に現れた、商業広告とメディアによって作り出された新しい人間像であり、一般的には健康的な顔色をし、背広をまとい、いかにも『総経理』に見える中年の男性像のことをさしており、豊かな物質的な生活を基本的内容とする『成功した』人生を示している。」（王暁明 2002）

7　『上海文学』1993 年第 6 期に「旷野上的废墟——文学和人文的危机」として王暁明らの談話録が掲載されている。市場化の進展によって人々は生きる意味など人間としての精神的な部分に興味を失い「人文精神」が失われたとそこでは訴えられている。その後この議論について雑誌『読書』で特集が組まれ、国内外から学者が参加し大議論が繰り広げられた（洪子誠 1999（2008 修正版）：330；王暁明 1996）。

8　新イデオロギーは次のような見解を内包しているものであると王暁明は定義している。①何よりも個人の物質的生活の改善を求めるべきである。これこそ「近代化」の原動力である。②市場経済の改革を進めていくと、いずれは欧米の先進国に追いつく。③現在は各種の社会問題が発生しているが、これはまだ近代化が不十分なためであり、改革を進めていけばこれらの問題は解決する。④近代化が実現すれば、だれもが中産階級（ミドルクラス）になれるし、マイホームとマイカーを手に入れられる（出所：王暁明「从"淮海路"到"梅家橋"—从王安憶小説創作的転変談起』『文学評論』2002 年第 3 期）。しかしこの四つの言説を見て

も「新イデオロギー」の内容を解明するのは困難であり、物欲批判ありきの定義をしている感が強い。

9 王のこの批判的な立場を理解するには、戴錦華の次の指摘が有用であろう。「80 年から始まった中国社会の資本主義化過程は、必要な社会的戦略として、その呼び名を（「改革開放」に――引用者注）改められた。このことによって、現代化中国に対する文化的な想像は、一部はユートピア的な民主政治を核とし、富裕や自由、人権を内容としながらも、その他の部分では今までの社会主義的経験に基づいており、階層分化や市場、拝金主義、欲望など（の資本主義経済の必然的な付加物）についてはまったく考えていなかった。……「自由」に美しい憧れを託したが、自由と工業化時代における労働力の売買との関係や、自由と画一化され疎外された社会空間との密接な関係などについては無視してきた。……このようなわけで、1992 年以降、中国の現代化過程がさらに進み、その市場や金銭との関係があらわになった時、中国の文化人はショックを受けたのである。」戴錦華 1999『隠形書写：90 年代中国大衆文化研究』江蘇人出版社 p 5510 物欲社会を生きる知識人のあるべき姿として、陳思和は「知識人にあるべき尊厳や人格、知識への深い敬意と誠意、知識人の良心、知識人の全体像に責任を持つべきだ」と指摘している（陈思和 1993：140）。

11 これらの研究を例に挙げると、許欣欣 2005「叢職業評価和択業取向看中国社会結構変遷」『社会学研究』2005 年第 3 号；蔣来文 1991「北京広州両市職業声望研究」『社会学与社会調査』1991 年第 4 号；陳嬰嬰 1995『職業結構与流動』東方出版社などがある。

第二章　研究資料としての『中国青年』雑誌

　本研究で使用する資料は、『中国青年』という雑誌である。これは、どのような雑誌であり、メディアとしてどのような特徴を有するだろうか。

　中国では、中央から各地の省、自治区、直轄市に至るまでの共産主義青年団組織やその他の青年組織が、概ね何らかの形で雑誌を発行している。これらの雑誌はメディア業界では青年雑誌と呼ばれ、「青年新聞雑誌協会」という組織によって緩やかな形で網羅されている[12]。その歴史をさかのぼると、1923年10月に中国共産党の若者向けの下位組織である中国共産主義青年団中央の機関誌として、『中国青年』雑誌は上海で創刊した。当誌は、その後の戦争の時代に2回休刊したが、1948年に中国共産党中央の方針によって復刊された。そして1953年になって、ほぼ全国すべての省において青年雑誌か青年新聞が立ち上げられ、山西省の『山西青年』、遼寧省の『遼寧青年』、福建省の『福建青年』、陝西省の『当代青年』などがそれである（高江1992）。その中で、政治的ランクの最も高いものが共青団中央の機関誌としての『中国青年』である。

　これらの青年雑誌は、1966年に「文化大革命」の勃発で青年団中央や地方の青年団組織が打倒されたことによって一気に廃刊となったが、1976年に文化大革命が終息してから徐々に復刊を遂げた。1978年9月に『中国青年』がいち早く復刊した。「階級闘争」を中心とする政治路線が終息を告げ、改革開放の国策を打ち出した中国共産党第11回3中全会以降、各省において青年雑誌が徐々に復刊を遂げた。これと同時に、新しく創刊した青年雑誌も多く現れた。

　青年雑誌の一つである『中国青年』雑誌のメディアとしての位置づけや特徴はどのようなものであるだろうか。以下第1節では中国の雑誌業界全体の発展やその特徴、青年雑誌全体の歴史的変容を紹介する。第2節では、『中

国青年』に掲載された読者の声は本研究の主要な資料であるが、その利用の仕方について説明する。

第1節　中国の雑誌業界の状況から見た『中国青年』

上記の以下では、雑誌業界における『中国青年』雑誌の位置づけを見るために、現在の中国の雑誌業界の状況を見てみよう。

1　中国雑誌業の規模と分類

1978年から2008年まで、30年間における中国雑誌の種類が大幅に増加した。中国雑誌協会[13]の統計によると、1978年の930誌から、2008年の9851誌と増加した[14]。

下記の図から、改革開放前及び改革開放後の雑誌種類の増加の状況が伺える。

『中国出版年鑑（2008）』によれば、年現在の時点で中国で公式的に出版されている雑誌は9851種類あるが、分野別による分類で見ていくと、それぞれの種類の雑誌の占める割合は表1と図3から伺えるように、自然科学・技術誌が全体の半分を占めており、その次が哲学・社会科学誌で25％、さら

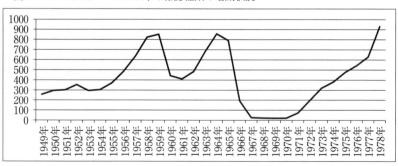

図2-1　1949～1978年の雑誌種類の増減状況

出所：『中国出版年鑑』（1985）データより筆者作成

図 2-2　1978 ～ 2008 年雑誌種類の増加

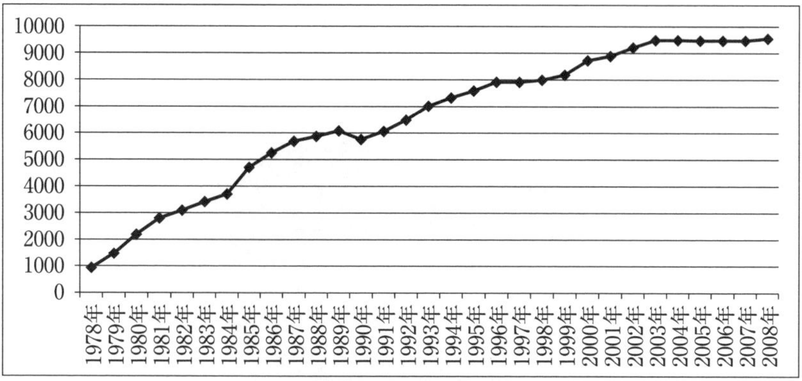

年	値

出所：『中国出版年鑑』（1980 ～ 2009 各年版）データより筆者作成

には文化・教育誌で 12％、文学・芸術誌で 6％、総合誌 5％、児童向け雑誌
で 1％、絵・写真誌で 1％という状況である。その中で、『中国青年』などの
青年雑誌の入る雑誌は、5％を占める総合誌に属する。

　一方、出版産業の観点による分類もある。徐昇国（2006）は出版産業の観
点から雑誌業界の分類を試みた。徐の分類では、商業的雑誌、業界誌、専門
誌を「業界誌」としてまとめられ、2005 年時点では業界誌が 4984 誌あり、
全体の 50.95％を占めている。その次に多いのがアカデミック誌で 3522 誌あ

表 2-1　2008 年中国雑誌全体の分類及びそのタイトル数、比率

雑誌の類別	タイトル数	全体に占める比率	前年比
総合誌	479	5.02％	0
哲学・社会科学誌	2339	24.49％	0
自然科学・技術誌	4794	50.2％	1.72％増
文化・教育誌	1175	12.3％	0
文学・芸術誌	613	6.42％	0
児童向け雑誌	98	1.03％	0
絵・写真誌	51	0.53％	0
全体	9551		0.86％

出所：『中国出版年鑑』（2009）より筆者作成

図2-3　中国雑誌全体の分類及びその比率

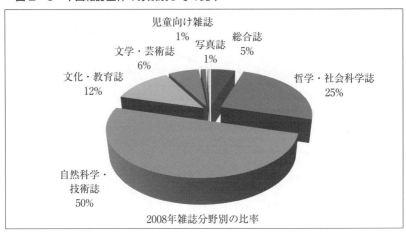

出所：『中国出版年鑑』(2009) データより筆者作成

り、36％を占めている。それ以外の大衆消費者個人の好みに合わせて作られる雑誌を消費類雑誌（consumer magazine, B2C 雑誌ともいう）と名付けたうえで、現在中国で発行されている消費類雑誌は1276誌あり、全体の13.04％を占めていると指摘した[15]。

図2-4　消費類雑誌の内訳とその数

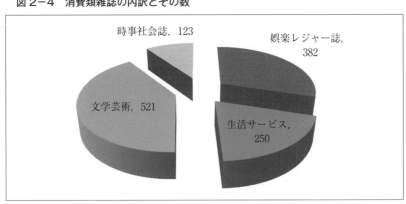

出所：徐 (2006)「期刊品種結構分類研究」より筆者作成

本研究で取り上げる『中国青年』雑誌の属する文化総合大衆誌は、徐が指摘した消費類雑誌に当たる。これらの消費類雑誌に関して、徐はさらに娯楽レジャー誌、生活サービス誌、文学芸術誌、時事・社会誌と四つの種類に分けたが、その中で青年雑誌（94 種類）は娯楽・レジャー誌に属すると指摘した。

2 中国の雑誌業全体の特徴

以上では、青年雑誌の歴史的変容、現在中国の雑誌業界における青年雑誌の位置づけなどを見てきた。青年雑誌の特徴に近づくために、以下では、中国の雑誌業の全体としての特徴を見てみよう。

第一に、誌社の運営資金から見れば、全体として市場化の程度が低い。

『中国出版年鑑（2009）』によると、2008 年に登録されている 9549 種類の雑誌の中に、大学の学報、政府の各部門による公報、政報、年鑑など、1742 種類を含むとの説明があったが、これらの雑誌は事実上、雑誌社自らの経営活動のよる利益で運営している雑誌ではなく、国の財政援助によるものが多い。なお、「休眠誌」といって、名前のみで実際に流通していない雑誌が 3000 タイトル前後あるという見方がある（神田高志・山村正一 2004）。実際の雑誌業界の規模は 9549 種類という数字を大幅に下回ることが想定できる。これに関する正確なデータが公表されていないが、中国人民大学メディア学院喩国明教授は、中国の雑誌業界はその市場化の程度が非常に低いく、党や政府部門によって発行されている業務指導型の雑誌、教育やアカデミック類の雑誌を含めて、中国雑誌全体の 75％は市場化されず、財政資金の支給をもって運営されており、それに対して、発行利益や広告収入等の雑誌社自らの経営による利益で運営されている雑誌は 25％しかなく、2000 誌前後にとどまっていると指摘した（喩国明 2005）。

市場化の程度が低いという特徴は、平均印刷部数の最も多い雑誌ランキングからも伺える。公表された 2006 年のデータを例に見ると、2006 年毎号平均印刷部数 top20 ランキングの中では、党の業務指導型雑誌、小中学生向け

図 2-5 2006 年毎号平均印刷部数ランキング上位 20[17]

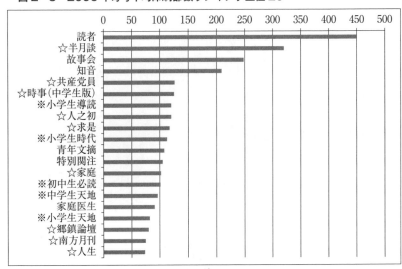

出所：徐（2006）「期刊品種結構分類研究」より筆者作成
（☆印は党刊及び政府各部署の業務指導型雑誌、※は中小学生向け教育誌）

の教育雑誌、大衆総合誌と三つの種類に大きく分けることができるが、図2-5（2006年毎号平均印刷部数ランキングtop20）から伺えるように、前二者、つまり公費による購読が雑誌の発行方式の一つになっており、公的機関から購読が指定、或いは推奨されていることを筆者が確認できた読み物[16]は11種類（党による業務指導型9種類（☆印）、小中学生向けの教育誌5種類（※印））、個人の購読による大衆総合誌は6種類というわずかしかない。

第二に、大衆雑誌の運営は、発行収入主導型と広告収入主導型と二つの陣営に分かれている。

喩国明の研究によると、全体から見れば、雑誌業界の総売上高は約154億元であるが、その中の広告収入が15.2％であり、発行収入が80.5％である。近年、雑誌広告の売上高が急速に増えたが、雑誌広告の売上高がメディア全体に占める割合は、2％しかない（喩国明2005）。

市場経済のシステムを導入して運営している雑誌＝市場化された消費類の

第二章 研究資料としての『中国青年』雑誌

図2-6 中国雑誌広告収入ランキング上位20 (2009)

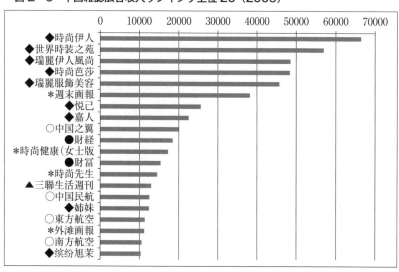

出所：『梅花網広告監測』(2009) 中国媒体広告市場研究 (2001)

雑誌では、雑誌の発行収入を主な収入源とする雑誌社が多く、広告収入で雑誌運営をしている雑誌社が少ない。この点は、表2-6 (中国雑誌広告収入ランキング上位20) から伺える。

表2-6から伺えるように、中国雑誌広告収入ランキング上位20 (2009) に登場したのは、ファッション誌 (◆印、9誌)、財経雑誌 (●印、2誌)、時事生活雑誌 (▲印、1誌)、写真誌 (＊印、2誌)、航空機内無料雑誌 (○印、3誌、) が殆どであり、特にファッション誌が9誌も登場しており、半分近く占めている。これらの雑誌は、いわゆる広告収入を主な運営資金とする雑誌である。これらの雑誌はそれほど発行部数が多くなく、『時尚』などの雑誌はほぼ25万冊前後である[18]。一方、毎号平均印刷部数ランキング上位20に登場した8種類の大衆誌は、このランキングには全く登場していない。これらの大衆誌は発行部数による売上高を主な収入源とする雑誌が殆どである。

このように、中国で発行されている大衆文化総合雑誌は、発行収入で運営

されている雑誌——雑誌従業者や研究者によっては「伝統的雑誌」＝旧スタイルで運営されている雑誌と呼ぶ場合があるが——と、広告収入で運営されている雑誌——「伝統的雑誌」に対して「近代的雑誌＝国際通用のスタイル」と呼ばれる雑誌と二つの陣営に大きく分かれている。この二種類の雑誌にそれぞれ典型例がある。前者にはダイジェスト雑誌の『読者（READER）』がある。ピーク時の発行部数が600万部、最も発行量の多い雑誌である。その発行部数は、雑誌全体の発行部数の20％を占めている。発行部数はファッション系と経済誌よりダントツ多いが、広告の売上額は、発行量の少ないファッション雑誌と経済誌よりずっと低い。後者には、ファッション誌の『時尚』雑誌グループによる『時尚伊人』誌。同誌は、連続数年にして中国雑誌広告収入ランキング1位になっており、その市場シェアは35％ある（喩国明2005）。

　第三に、中国の大衆文化総合誌の価格は三つのランクに分けることができる。

　20元以上[19]のランクでは、ファッション誌を代表とする雑誌が20元以上のものが多い（例『時尚』シリーズ雑誌、『瑞麗』シリーズ雑誌）。

　6-10元のランクでは、時事政論誌、経済雑誌、また一部分のファッション誌などがある（例『三聯生活週刊』『財経』）。

　5元のランクでは発行収入を主な収入源とする雑誌はほぼこのクラスである（例『読者』5元、『青年文摘』4元）。

　以上中国の雑誌業全体の特徴から見てきたが、その中で本研究で取り上げる『中国青年』はどのような状況だろうか。名目上政治的機関誌であるため、多少の財政支援はあるが、その運営資金の多くは、発行量による収益や広告収入から来ている。その中で広告収入よりも、特に読者の購読である発行量を主な収入源とする。ただ、その購読数の中には、政府機関による強制購読や半強制的購読という部分が入っている。

3 政府条例による雑誌への統制の変化

改革開放以降の政府条例による雑誌の統制は、二つの段階に分けることができる。以下は政府より公布された法律、条例を手掛かりに確認したい。

第一は、1978年〜1992年の段階である。この段階においては、社会主義イデオロギーを宣伝する「党と人民の喉と舌」の役割を果たす道具として、要求される。これに対する管理も、行政的手段による管理を主とする。

1980年5月に、中央宣伝部より、『関于加強対刊物管理工作的通知（刊行物の管理強化に関する通達）』が公布された。その主な内容としては、①重大な問題に関して、メディアの立場や物の言い方において党中央の方針と一致しなければならなく、立場で迷っていて中央の指示が必要な場合は、必ず早急に中央と連絡を取らなければならない。②刊行物に関して、現在までの（中央、省、市、県の四つの）階級に分けて管理する方式を援用する。

1982年2月、中央書記処によって、十一回三中全会からの出版事業について議論をした。

それによって1983年6月、中共中央、国務院より『関于加強出版工作的決定（出版工作の強化に関する決定）』が公布され、新時期における出版工作の性質、作用、方針と任務について明確な規定を行い、「出版事業は必ずや人民に服務し、社会主義に服務することを根本的な方針としており、マルクスレーニン主義、毛沢東思想を宣伝し、経済と社会の発展に有益な科学技術と文化知識を伝播し、人民の精神的生活を豊富なものにすべき」だとされた。

この中で、改革についても言及があった。「出版事業を発展させるには、改革の精神を貫徹し、時代の要求に合わない古いしきたりを打破し、新しい規則を作り、ポジティブな要因をすべて利用し、生産力を開放し、編集、印刷、発行業務における能力を増強させ、出版業の新しい局面を切り開く」というふうに、改革に伴う出版事業の刷新が提起された（方厚枢 1991）。

実はこの時期に、2回の大きな整理整頓キャンペーンが行われた。以下では、その詳細を見てみよう。

一回目は 1985 年に行われたが、その標的は「資産階級の腐朽思想」「封建的迷信」及びわいせつ、風俗的な内容である。その始まりは、1985 年 2 月に頒布された『関于加強報刊出版発行管理工作的通知』であるが、この通達の冒頭は次のように述べている。「最近、内容の低劣な新聞や雑誌が市場に出回り始めている。これらの報刊は、わいせつ、風俗的なもの、凶悪暴力的もの、低級な内容をもって読者を引き付け……青少年に大きな被害を与えている」と述べたうえで、「資産階級の腐朽思想と封建的迷信」の内容が入っている場合、批評教育、停刊整頓、廃刊する、出版物そのものは押収するとの措置をとるという（方厚枢 1991）。

　同年 5 月に、中央宣伝部（1986）『関于整頓内容不健康報刊的请示』においては、報刊の任務は「有益な精神的成果を人民に提供することである」と強調し、宣伝してはいけない」と強調した。ここで、メディアの社会的な影響を省みずに、経済的な利益を追求するために、「資産階級と封建主義の腐朽思想」を主とする低級内容を扱う新聞や雑誌を批判した。

　さらに、同年 6 月に中共中央弁公庁、国務院弁公庁転発中央宣伝部『関于整頓内容不健康報刊的请示』を頒布した。この中で、「内容の不健康で、西側の腐朽な生活スタイル、封建思想、風俗的な内容を鼓吹し、低級な趣味を扱うもの」を批判したうえで、これらのものの被害としては、「人々の思想を腐食する」だけではなく、「生徒の身体の健康と志」を侵食し、意志の脆弱な青少年を犯罪に導く可能性があると青少年への危害を指摘した。

　このように、一回目の整理整頓は、メディアに登場する「風俗的な内容」が「社会主義精神文明」に合わない、社会主義の体質上「不健康」な内容が標的であった。

　これに対して、二回目の整理整頓は、おもに「資産階級自由化」を鼓吹する内容、いわゆる「政治的な方向において間違っているメディアを標的にしていた。時期的には、1987 年から始まり、1989 年にピークに達した。

　1987 年 1 月に、『中共中央関于当前反対資産階級自由化若干問題的通知（資産階級自由化に反対することに関する幾つかの問題に関する中共中央の

通達)』の中で、メディアについて、次のように言及した。「党の新聞や雑誌は、党と人民の喉と舌であり、必ずや党の指導のもとで、党と政府の路線、方針、政策を無条件に宣伝しなければならない」とし、「政治的な方向性が間違っており、質の低い新聞雑誌は決心してやめさせよう」と政治的方向性の正確さを強調した。

　その後、1989年6月24日、党的十三届四中全会が開かれ、政権が江沢民総書記の時代に切り替わったが、その中で、中共中央は、「新聞社や雑誌社、雑誌社を社会主義思想の陣地にし、風俗的な内容、精神的なゴミ、クズ」を一層するために、出版業界に三つの任務を提起した（方厚枢1991）。①書籍、新聞、雑誌、音楽、映像を含むメディア市場を整理する。②新聞や雑誌、出版社を圧縮する。③出版業界の思想建設と組織建設を充実なものにする。

　続いて、1989年6に、『「期刊管理暫定規定」行政処罰実施方法（「期刊管理暫定規定」の行政処罰の実施細則)』『新聞出版署関于検査、整頓書刊市場的緊急通知』、9月に『中共中央弁公庁、国務院弁公庁関于整頓、清理書報刊和音像市場、厳厉打撃犯罪活動的通知』が公布され、整理整頓のキャンペーンが正式にはまった（『中国出版年鑑』1992）。後者の文書の中で、今回の整理整頓キャンペーンの目的について次のように記した。

　　　　近年……資産階級自由化を鼓吹するもの、政治的に厳重な間違いを犯している新聞や雑誌、音楽や映像製品がどんどん増えてき、またわいせつな内容、凶悪犯罪、封建的迷信を扱うメディアも氾濫している。これらの精神的ドラッグ、文化的クズによって社会的な雰囲気が汚され、人々の精神を侵食し、青少年の魂を腐食し、社会主義的精神文明建設と物質建設を妨害し、犯罪などの社会的不安定を引き起こす、大きな被害をもたらしている。

　この文書の冒頭に使われた「資産階級自由化を鼓吹するもの、政治的に厳

重な間違いを犯しているもの」という文言は、1985年の整理整頓キャンペーンでは使わなかった言葉である。この目的のもとで、7種類のメディア製品を取り締まることを明記した。①資産主義自由化、或いはその他反動的な内容を鼓吹するもの、②厳重な政治的な間違いを犯したもの、③風俗的内容のものを扱うもの、④風俗的な内容が入っている低俗なもの、青少年の心理的な健康を損なうもの、⑤封建的迷信を宣伝し、凶悪暴力の内容が入っているもの、⑥表紙、イラスト、広告或いはその他の宣伝品に上記の問題が存在しているもの、⑦違法出版したメディア製品、が挙げられた。

さらに、1989年9月に、『中共中央関于加強宣伝、思想工作的通知』、10月に『関于圧縮報刊和出版社的通知』が頒布され、①政治的に方向が間違っているもの、②思想的傾向の良くないもの、③多すぎて質の低い新聞と社会科学系の雑誌という三種類のものを圧縮するとのことである。

1989年11月に、新聞出版署による全国雑誌の整理整頓プロジェクトが終了し、「1989年の第四季から、風俗の内容が入っているもの、資産階級自由化を公に宣伝する新聞雑誌は消え、全国の新聞雑誌は大きく変わった」。

1985年と1989年に行われた二回のメディア整理整頓キャンペーンから見て、「資産階級自由化への反対」と拝金主義への反対が、1980年代の中国のイデオロギー統制の中で二つの大きなテーマであったことが伺えるだろう。

第二は1992年以降のポスト冷戦時代である。この時代において、政府による出版業界の統制は、改革を推進するための規則作りに切り替わった。市場化を国家主導で引っ張っていくプロセスと言えよう。

1994年の『中国出版年鑑』は、「堅持方向、深化改革、実現新聞出版工作的階段性転移」という前書きが付された。この中で、「新聞出版の最も重要で、根本的な任務は、党の総任務、総目標に精神的原動力、知的サポート、思想的保証及び良好な世論環境を提供することにある」と相変わらず新聞出版のプロパガンダ的な役割を強調し、また、「改革開放によって海外からの影響と金銭の力によって享楽主義、拝金主義、極端な個人主義に染まった人もいる。その中で、この不健康な社会的風潮による侵蝕を防ぐために、新聞

出版業はもっと多くの精神的産品を提供すべきである」と指摘し、また、その問題点として、金銭的利益に目がくらみ、拝金主義や享楽主義、極端な個人主義を鼓吹するメディアがあると挙げられた。

　一方、出版業界の改革も重要な一面として提起された。具体的内容として、三つの点が指摘された。①新聞出版業の特徴は、量の増加から質の向上に切り替わった。②管理手段から言うと、具体的な行政管理から法による管理に切り替わった。③伝統的な事業管理から産業としての管理に切り替わり、現代的な企業制度の構築を模索する。その中で、出版単位の経営システムの転換を図る点においては、社会主義市場経済に対応する経営システムを樹立し、人事、労働、待遇との三つの方面から改革を行うことを表明した。中国の雑誌業界も、市場化の過程に入った。

4　市場化の過程

　改革開放までの新聞雑誌は、「党と人民の喉と舌」と言われるように、プロパガンダの道具という色彩が極めて強かった。ゆえにその運営資金は財政によって全額支給される場合が多かった。改革開放政策の実施によって、市場化の波はメディアの分野にも及んできた。これは規制緩和を主とする国家主導型の改革である。新聞や雑誌の市場化は、二つの段階を経てきた。

　まずはプロパガンダ誌として「思想宣伝の道具」から「商品」へとの変容である。

　1978年末、『人民日報』など中央クラスの8つの新聞社が合わせて「事業単位、企業管理（国所有という性質が変わらないが、新聞社としては企業式の経営システムを行う）」という内容の管理システムに切り替えようと財政部に申し入れをした。1979年に財政部の許可が下りた。これをもって、中国政府は、メディアに対する基本的な態度として国有という点が変わらないが、メディアへの財政的な支援を徐々に減らした。当時の制作によると、新聞社は国家所有の「事業単位」という性格が変わらないが、ある程度の経営活動が許可され、その収入の一部分は従業員の待遇や福利厚生の改善、新聞

社の技術設備の導入等に利用できるとなっている。「事業単位」を強調するのは、メディアへの国家の統制を維持し、メディアの政治的属性を強化し、イデオロギーにおいて党中央との一致を保ち、世論を誘導する役割を求める。「企業管理」を強調するのは、その経済的職能を果たさせ、経済利益を産出させる。

1983年6月に公布された『中共中央関于加強出版工作的決定』では、「社会主義の出版事業は、精神世界に影響を与え、社会の実践活動を指導する社会的効果をまず重要視しなければならないが、と同時に、出版物を商品として販売することによって生まれるその経済的効果も重要視しなければならない」と述べたが、ここでは、出版物はイデオロギーの道具だけではなく、商品でもあるという政府の立場が初めて表明された。

ある程度の経営活動が許可された一つのシンボル的な例は、広告の掲載である。1979年1月4日に、『天津日報』が商業広告を掲載した。1982年に国務院より『関于加強広告宣伝管理的通知』、1985年に国家工商局、広播電視部、文化部より『関于報紙、書刊、電台、電視台経営、刊播広告有関問題的通知』が公布され、事実上メディアによる広告の掲載と経営の資格を認可した。

また、新聞社による自主的な新聞の発行を許可した。それまで郵便局による一括的な発行が新聞雑誌の発行の唯一のルートであったが、1985年から新聞社による自主的な発行が始まった。さらに、新聞雑誌の定価に関する規制も緩和し、それまでの国による一括的な定価管理から、中央クラスの新聞7つと雑誌1誌は新聞出版署と国家物価局によって決められ、中央と地方党政部門による新聞は主弁部門によって定価を決め、その他の新聞雑誌はそれぞれ自分で確定する。

さらに、1988年から、各メディアはその他の多種多様な経営を行うことが許可された。1988年に新聞出版署より『関于報刊、期刊社、出版社開展有償服務和経営活動的暫行弁法』が施行された。これによって、新聞社や雑誌社、出版社は各種の経営活動が許可され、その中で会社の経営も入ってい

る。これが出版部門による大規模な経営活動の原点となった。

次は市場化の全面的な展開との段階である。

1990 年『関于加快発展第三産業的決定』が公布され、新聞雑誌の経営は第三産業として位置づけられた。1992 年以降、中共中央 14 回大会において「社会主義市場経済」の体制を決定され、1993 年 3 月に憲法に書きいれられ、改革が深まった。メディアの市場化が進み、メディアの産業的な部分が認められ、メディアの市場が急速に発展を遂げた。メディア産業は「文化産業」と位置づけされた 2002 年に開催された十六回党大会では、「文化産業」の概念が提起された。2005 年に『関与深化文化体制改革的若干意見』が公布され、同文書では、同大会で党主席の江沢民による報告では、文化単位を二種類、「文化事業」と「文化産業」に分け、文化体制改革の方向と目標を明確にした。「文化事業」では、公益的事業、つまり社会に公共サービスを提供するものであり、それに対し「文化産業」は経営的産業であり、文化的商品を生産する。

方漢奇（1994）は、1992 年以来のメディアへの見方の変化について、世論の道具としての政治的属性からその文化的属性と商品としての属性を認識するようになり、と同時に、メディアの機能についても、その「党と人民の喉と舌」だけではなく、情報の伝達、娯楽、世論の監督などの機能についても認識するようになったと指摘した。

5　青年雑誌の歴史的変容

1978 年以降に起こった雑誌業界の変動に伴って、政治的プロパガンダ誌として青年雑誌も市場化の波を受け、大きく変化した。

陳剛（2004）によれば、雑誌のコンテンツ、運営資金、表紙やサイズなどの外見、発行ルートなどの面から、青年雑誌の歴史は五つの段階に分かれるという。

第一期は、1950 から 60 年代中期の文化大革命の勃発までであるが、この時期は青年雑誌の萌芽期と発展期であり、代表的な雑誌は『中国青年』であ

る。この時期の青年雑誌は、そのコンテンツから見れば、政治的色彩が強く、政治教科書とも言える。先進人物を讃える内容が多い。表紙は大体、プロパガンダ用のポスター、青年の先進人物、英雄人物を主とする。その発行ルートは、国家や地方の行政機関の青年団組織のネットワークを主体として、公費で購読される場合が殆どである。雑誌社の運営資金もそれぞれ国家や地方の財政から支給されている。

第二期は 1976 年から 1980 年代中期までであるが、この時期の青年雑誌のコンテンツは、第一期と同じく相変わらず政治的意味のある人物、ストーリを主な内容とするが、若者の生活に関する内容が現れ始め、若者によって書かれた文学作品、知識の勉強に関する内容が現れた。代表的雑誌に「雑誌による通信大学」というコラムを持つ『山西青年』がある。外見はそんなに変わっていない。今までの公費購入以外に、個人の読者による購入部数が爆発的に増えた。これによって雑誌社は発行量の拡大による利益及びその他の収入が増えた（たとえば『山西青年』は「通信教育」を行うことによって多くの収入を得た）。ただ、その運営資金の大半は、相変わらず財政に頼っている。この時の青年雑誌は、典型的な事業体であり、自主経営権を有していない。

第三期は 1980 年代中期から 1990 年代初期までである、80 年代中旬から、中国で雑誌の種類が急速に増えた。青年雑誌、特に地方の青年雑誌は、青年団ネットワーク内部及び地域による制限に不満を持ち始め、雑誌名を変更したり市場の争奪戦に加わった。青年雑誌はその黄金時代を迎えた。公費による購読部数が下がり始め、個人の読者による購読数が徐々に大半を占めるようになった。雑誌の発行部数の拡大によって生じる利益で大半の運営資金を賄っている。財政資金による政府からの資金援助が年々減っている。また、今までとは質的な違いを見せたのは、広告収入が重視されるようになったことである。内容は、プロパガンダ的な内容が減り、全面的に世俗生活に関する内容に傾き始めている。社会的に注目されているホットな話題、恋愛や結婚、映画や芸術の情報、有名人や芸能人情報などが新たな注目の焦点となっ

ている。この点を最も典型的に現れたのが、表紙のデザインである。美術や雑誌の装丁も質的な飛躍を見せた。雑誌の魅力を高めるのに表紙が重要視されるようになって、表紙に美人写真が多く登場するになった。国際的に通用している大きい16開サイズの雑誌が現れ、雑誌のコラム設置もにぎやかになり、写真が多用されるようになった。この時期の青年雑誌は全国で発行されていたいろいろな種類の雑誌の中で最も売れ行きが良く、その全盛期に入っている。殆ど20万部以上の発行部数を有している。『青年一代』は200万部以上の発行量に達した。

　第四期は、1990年代初期から中期までである。90年代初期に入ってから、青年雑誌は衰退の一途を辿った。この状況を打開すべく、青年雑誌はさまざまな試行錯誤を行い始めた。運営資金から見て、大多数の雑誌社は企業として運営され始め、財政による援助がほぼなくなった。発行量による利益が主要な運営資金になった。一方、広告収入の成長が遅く、多くの雑誌社は破綻寸前の境地に陥った。また、その読者は大都市や中規模の都市から中小都市に移っていった。

　第五期は90年代中期に入ってからである。その特徴は世界で通用する雑誌のスタイルに近づくことである。ターゲットとする読者層の違いによって青年雑誌が細分化され、雑誌名を変更してしまう雑誌も多く現れた。広告収入が主な収入源となり、発行量による収入が減った。ブランドビルディングが雑誌社運営の最も重要な事柄となり、雑誌名や雑誌名のフォーマット、色彩など特許化、ブランド化が行われ始めた。美術の装丁と印刷技術に質的な飛躍があり、発行の回数が増え、週刊誌が多くなった。芸能界情報に加え、ファッション、消費、ショッピングの誘導、スポーツ、レジャー、心の健康などがホットな話題に。五代目の青年雑誌が現れたことによって、伝統的な意味合いを持つ青年雑誌は消えた。

　以上では、青年雑誌全体の歴史的変容の五段階を見てきた。政治的プロパガンダ誌として誕生して国の財政援助を長らく依存してきた青年雑誌であったが、市場経済が導入されてからその運営環境に大きく変わった。徐々に自

主経営が余儀なくされた中で、青年雑誌もその外見や内容、発行ルートなど さまざま調整を行い、文化総合誌に変身することでこの変化に対応しようと していた。

　青年雑誌の抱えている課題について、中国青年新聞雑誌協会会長の胡春華 は、「旧有の計画経済の体制から社会主義市場経済の体制へと向かう現在に おいて、……青年向けの新聞や雑誌が大きな課題にぶつかった。それは、社 会主義市場経済のもとで、青年団の機関誌としての新聞や雑誌がどのように すれば生き残れるか」として、青年新聞や青年雑誌の政治的な属性を保持し ながらもいかにして読者の需要に応えられるかというのが難題だと指摘し た[20]。

　政治的ランクの最も高い機関誌としての『中国青年』も、同じように、市 場経済が導入されることによる洗礼を受け、市場化の波に浴びせられる中 で、政治的プロパガンダ誌から文化的総合誌への変身という過程を辿ってき たのである。現在、最も人気のある雑誌は、女性向けファッション誌、時事 生活週間誌、経済ジャーナル、或いは車雑誌など細分化が起こっている。そ の中で、『中国青年』などの青年雑誌は周辺化されているといえよう。

6　『中国青年』の社会的影響力の変化

　文化革命直後の中国社会には、文学雑誌や大衆的な読み物が少なく、人々 は精神的に飢渇状態にあり、また若者がたくさんの疑問や不安を抱えていて いた。その中で、70年代末80年代初期の青年雑誌は、「官製イデオロギー」 に染まっていたとはいえ、改革開放政策のもとで長く束縛されていた思想 （の表出）が解放された中で、若者の心理的需要にうまく応え、読者の需要 を掴んだと言えよう。そして、雑誌自身も50年代や60年代のプロパガンダ 誌との政治的色彩から大きく変化し、総合雑誌の性格を帯びるようになっ た。これらの理由により、青年雑誌全般は当時の若者に広く読まれていた （高江波1992；李静2005；呉新宇2005）。その中で『中国青年』雑誌も1980 年の初めにその全盛期を迎え、一時は350万部の発行部数を誇っていた。

一方、1990 年代に入ってから、雑誌業界の市場化が進むにつれて、婦人雑誌やファッション誌、男性向けの時事政治、経済ジャーナルなどの新興大衆誌の台頭、インターネットの普及、読者層の細分化などによって、青年雑誌全般の発行部数が十数万部にまで年々減じており、多くの雑誌社が経営難で市場から撤退する危機的な状況に陥った（陳笑 2003；鄭鳳媚 2007；範国平 2010）。このように、『中国青年』を含む青年雑誌は、90 年代に入ってから読者数を減らし社会的な影響力も落とされた。

その発行部数から見ると、青年雑誌の発行部数の変化を確認すると、1980年から 2003 年まで『中国統計年鑑』の「毎号平均印刷部数 50 万冊／ 40 万冊／ 25 万冊を超えた雑誌ランキング」コラムの中で、青年雑誌で長年継続的に登場していたのが『中国青年』、『青年文摘』、『青年一代（上海）』、『山西青年』、『遼寧青年』、『深圳青年』、『福建青年』（のちの『青年博覧』）の 7誌であるが、図 2-7 からわかるように、1980 年に 350 万部の発行部数を誇っていた『中国青年』は、2003 年前後になると当統計の枠内に入らなくなった。印刷部数が 25 万部を下回ったことと想定されるだろう。この時点において、ファッション誌をはじめとする大衆誌と競合しながら細々と続いているのは『青年文摘』という青年向けのダイジェスト誌と遼寧省青年団の機関誌『遼寧青年』のみである。現在、若者の中で最も人気のある雑誌は、女性向けファッション誌や時事生活週刊誌、経済ジャーナル、或いは車雑誌など、細分化された雑誌である。このように、青年雑誌の影響力の全般的な下落の中で、『中国青年』雑誌は、雑誌業界でかなり周縁化されているといえよう。

しかし、その社会的影響力が大幅に落ちたとはいえ、『中国青年』は政治的権力との関係が密接であるがゆえに、政治中心の社会から改革開放へという社会状況の変化の流れを最もよく反映していると考えられる。また、同誌は機関誌としての性格を有しながらも読者の好みに合うような雑誌作りをするという目的のもとで度重なる改版を行っており、政治権力との関係を意識しながら脱皮していくという雑誌のこのような変身ぶりは、中国社会の変化

図2-7 『中国青年』雑誌を含む主要青年雑誌の毎号印刷部数の変化（単位：万部）

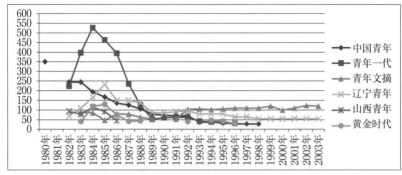

出所：『中国出版年鑑』1980〜2003各年版より筆者作成（1981年のデータなし）

の一側面を如実に物語っているとも考えられる。これらの理由により、一般文化総合誌ではなく、共青団機関誌である『中国青年』を資料として選んだ。

現在の『中国青年』は、青年団中央の機関誌であるとともに、社会問題や若者の生活全般に関する報道内容が多く盛り込まれた文化総合雑誌でもある。個人の読者による購読以外に、主に各地の青年団組織による公費での購読もなされている。

第2節　資料としての『中国青年』の利用方法

本研究は、『中国青年』雑誌を研究資料とする。中でも、改革開放以降の1978年から2000までに発行された『中国青年』雑誌を資料とする。

文化装置を観察する際に使用する資料は、『中国青年』雑誌の表紙や主要コラムである。また、生活世界における人々の上昇志向を究明するのに使用する資料は、『中国青年』雑誌に掲載された読者による投書など、読者の声である。

1　『中国青年』の読者投書の内容の変化

『中国青年』に掲載された読者の声に関する研究は、「読者投書」欄の投書

を対象に、呂海燕（2004）による「『中国青年』雑誌の読者投書に関する内容分析」がある。

呂海燕（2004）は、1950－2003年に発行された『中国青年』雑誌に掲載された読者投書を母集団に、1953年－1957年、1962年－1966年、1978年－1980年、1984－1988年、1993－1997年、2000年－2003年という六つの時期に掲載された読者投書をそれぞれ、1950年代、60年代、70年代、80年代、90年代、00年代を代表するサンプルとした。

呂海燕（2004）は、読者投書を、青年団の知識、政策や政治的観念の是非、仕事や勉強など個人の発展、結婚や恋愛、健康（身体の健康、心理的健康）、人間関係と処世術、生活や生産に関する知識、その他という八つの種類に分かれたうえで、違う時期におけるそれぞれの占める割合の変化に注目した。

違う時期におけるそれぞれの種類の割合の変化を通して、呂は若者の注目点や関心の変化が反映できるとして、①政治的投書の割合の減少、②個人の発展に対する関心の高まり、③恋愛・結婚に対する関心の高まり、④健康問題への注目、⑤人間関係、処世術への関心というデータの変化をもとに、この50数年以来中国社会の政治的雰囲気が徐々に薄らぎ、個人の発展空間もどんどん広がり、若者たちは個人の幸福と自己実現をより積極的に求めるようになったとの結論を下した。

2　本研究における「読者の声」の選定と使用方法

本研究では、階層区分に対する人々の認知と態度、社会経済的格差をもたらすメカニズムへの態度及びその背後にある、社会のあり方に関する想像の究明を研究目的とするため、以上8種類の投書の中で、仕事、勉強、恋愛・結婚という、階層区分や社会上昇移動に関する人々の考え方が相対的に明確に観察できる読者の声に注目するのが基本である。

また、呂海燕（2004）とは違い、本研究において「読者投書」というコラムを研究対象とするものではなく、あくまでも『中国青年』雑誌に掲載され

表2－2　違う時期における読者投書の内容の内訳（％）

	1950 年代	1960 年代	1970 年代	1980 年代	1990 年代	00 年代
青年団の知識	13.5	14.0	9.8	2.4	0	0
政治政策、政治的観念の是非	35.4	42.7	19.6	11.6	11.6	4.1
仕事、勉強などの個人の発展	26.0	19.6	35.3	17.1	14.0	21.9
結婚、恋愛	4.2	4.2	11.8	23. 8	20.9	24.9
健康（心理的健康及び身体的健康）	12.5	1.4	7.8	14.0	18.6	23.1
人間関係と処世術	3.1	4.9	3.9	15.2	14.0	2.4
生活、生産活動の知識	3.1	4.9	3.9	10.4	14.0	2.4
その他	3.1	4.9	3.9	5.5	4.7	3.0
n	(96)	(143)	(51)	(164)	(43)	(169)

出所：呂海燕（2004）のデータを基礎に筆者作成

た投書を含めた読者の声を、研究目的を達成するための資料として、利用するものである。そのため、「読者投書」と題するコラムに限らず、読者の声を掲載した他のコラムも視野に入れる。

　以上の研究目的を達成するために、読者の声に当たる資料を整理するに当たって、本研究では、以下の作業を通して行った。

　以下では、資料の選定について紹介する。

2.1　読者の声となる資料の母集団の選定

　本研究で主な資料として用いられる読者の声に当たる内容の選定や処理は、非常に悩むものであった。理念的には、『中国青年』雑誌の「読者投書」コラムに掲載された読者による悩み相談を主とするが、1978 年－2000 年の『中国青年』雑誌を概観すると、読者の悩み相談を掲載するある固定のコラムが一貫してあるのではなく、読者の声を扱うコラムの名前や形式が常に変

わるうえに、読者の利用の仕方、扱い方も時代によって変化してきた。

　従って本研究では、読者の声に当たる資料の母集団を選定することが資料整理の第一歩となった。読者の声は、下記の通り三つのリソースがある。

　まずは読者の声を掲載する投書コラムである。読者の悩み相談及びそれに対する回答を専門的に扱うコラムは、ここで「古典的コラム」と名づけよう。基本的には、読者の悩み相談を受けて返答をするという形を取るが、時には悩み相談の質問文が掲載されず、返答文のみ掲載される場合がある。また時期によってコラムの名前が「青年信箱」「答読者問（読者の質問に答える）」など変わったりするが、このようなコラムに掲載されたすべての投書が、投書の一つのリソースとなる。

　次に擬似コラムＡである。読者の悩み相談を掲載する投書コラムの他に、読者による悩み相談の質問文が掲載されたり、読者本人ではなく第三者による原稿が掲載されたりするいわゆる非典型的なコラムがある。このようなコラムには、1978年〜1984年の時期を例にすると、青少年の権益保護を主旨とする「青年の呼び声」コラムがあるが、ある公的なことについて意見を述べたり、事件解決のサポートを求めたり、問題告発をしたり、地元の良いことを宣伝したりする文章が掲載される。また、当事者本人による原稿もあれば、記者やその他の第三者（例えば地元の青年団支部）による原稿もある。また、当事者本人による原稿の中にも、自分自身の出遭った納得の行かないことに関して問題告発する原稿もあるし、地元の良い事を宣伝するプロパガンダの色彩の強い原稿もある。

　この類のコラムの場合、本研究では、当事者本人による当事者本人の悩み相談に関する原稿のみを資料として見なすと判断するが、ここでは「擬似コラムＡ」と名づけよう。

　1978年−1984年の間の雑誌にあった擬似コラムＡは、「読者来信」「青年呼声」「鼓与呼」などのコラムがある。また、1985−1991年、1992年−2000年の時期では「私の秘密」「成長の悩み」「青年広場・青年権益保護」コラム、「青年広場・青年の声」コラムなどがあり、これらのコラムでは、読者

の自分自身の経験について反省する文章もあるが、一方で単純に自分自身の悩みを述べる文章もある。そこでは、悩みを述べる読者本人の文章のみ、資料として計上する。

さらに、擬似コラムBである。読者の声のもう一つのリソースは、いわゆる「問題討論」系のコラムである。『中国青年』では、雑誌編集の手法の一つとして、ある個別の読者からの手紙で提起された問題をめぐって、読者に問題討論の参加を呼びかけて、一定の時期に連続して意見表明の読者の声を掲載する、という手法が慣用される。このようなコラムできっかけを作った読者の投書及び、議論参加の文章の中の、単なる抽象的、理論的な意見表明ではなく、個人の体験談が述べられた投書は、本研究の読者の声として使用する。このようなコラムを「擬似コラムB」と名づけよう。

また、擬似コラムBの場合、一つの話題について何号かにわたって連続して読者の意見を掲載するのが大多数であるが、ここでは、一つの話題を1件として計上する。

以下表3には、年代別に、投書コラム、擬似コラムA・擬似コラムBに属する読者の声の全体の文章の数を提示した。

表2-3　年代別「投書コラム・擬似コラムA・擬似コラムB」の読者の声の文章数母集団

年代　／リソース	投書コラム	擬似コラム A	擬似コラム B
1978-1984	298 件	83 件	10
1985-1991	176 件	86 件	11
1992-2000	117 件	29 件	5

出所：『中国青年』の掲載内容をもとに筆者作成[21]

2.2　1978-1984年　読者の声を掲載するコラムの紹介

1投書コラム

1978-1984年読者の声を掲載する古典的コラムは、時期の違いによって「青年信箱」「答読者問」「為你服務」「思想通信」「婚恋難題諮询」「服務台」「你会自我分析吗？」「青年修養問題征答」「難題征答」「婚恋参謀」「生活与

法律諮询」「問答之页」と 12 個のコラムが登場していた。これらのコラムに掲載された読者の悩み相談のすべてが、本研究で資料である読者の声のリソースになる。

「青年信箱」コラムは、読者による悩み相談の本文を掲載せず、タイトルでその悩みを表現して、その上で返答文を掲載するという形が 1978 年、79 年に多用されたが、その後の時期において、質問文が掲載される場合もある。返答文のみ掲載の場合、投書者の氏名や出身地などの情報が不明となる。このようなコラムは、ほかに 1984 年の「答朋友問」がある。

それに対して、「答読者問」コラムは、読者による悩み相談の質問文が掲載され、その上で返答文があるという形をとる。読者の氏名と出身地という個人情報が明記される。「答朋友問」「思想通信」「你会自我分析吗？」「婚恋難題諮询」「婚恋参謀」「生活与法律諮询」などコラムはも同じような形をとる。

「青年修養問題征答」「難題征答」コラムは、読者による悩み相談の文章を掲載して回答を読者に募集するが、その後の号に読者による返答を同時に多数掲載する形を取る。本研究で投書の数の統計に関して、一つの悩み相談の投書に多数の返答文がある場合、1 件として計上する。

「為你服務」及びその後の「服務台」コラムは、その内容から言うと、特に生産や生活の知識に関する悩みを答えるコラムである。1980 年第 10 号「」コラム、「どこに通信教育の学校があるのだろうか」、1982 年第 3 号「疥疮が流行っていますが、どのように直すのでしょうか」。

2 擬似コラム A

1978 年 – 1984 年読者の声を掲載するもう一つのリソース、擬似コラム A は、「青年呼声」「鼓与呼」「読者来信」がある。これらのコラムに掲載された記事の中から、読者の声となるものをそれぞれ以下の判断で選び取っていく。

「青年の呼び声」「鼓与呼」コラムは、青年の正当な権益が損なわれたことを訴える内容が中心であるが、読者本人による悩み相談の投書があれば、第

三者（例えば地元の青年団組織）や記者の書いた文章もある。前者では、後者では、本研究では、当事者本人による悩み相談のもののみ、資料として計上する。

「読者来信」コラムで掲載された文章は、4つの種類が見られる。①ある社会的なことに関する意見、不満、アドバイスを提供する文章。例 1979 年第 1 号「汚い言葉を使わないように青年を教育すべきだ」1980 年第 2 号「若者の青年団への入団を重視すべきだ」。②悩み相談ではなく、あることに関する自分自身の体験談について述べたり、過去の過ちを反省したりする文章。例 1979 年第 2 号「ダンス踊りは心身の健康に良い」、1982 年第 3 号「おじいちゃんからもらった精神的糧に感謝」1983 年第 1 号「生産参加こそ最高のハニムーンの過ごした方」、「占いばかり信じていたが、今は早道はないのだと分かった《这条捷径不能走》」。③当事者・読者本人による悩み相談。例 1980 年第 5 号「彼女との結婚は、良い結婚となるだろうか」、1980 年第 8号「男女の間で、友情があってはならないのでしょうか」。④当事者本人による、自分自身の遭遇した不公平なことに関する訴え。例 1982 年第 3 号「どうして合格したはずの私が採用されずに、試験に参加しなかった人が採用されたのでしょうか」、1982 年第 6 号「大学卒業生の仕事の配属、（権力を振りかざして）邪魔しないでください」。この中で、当事者本人による悩み相談の原稿、③と④が本研究の資料として計上する。

3 擬似コラム B

1978－1984 年読者の声のもう一つの重要なリソース、擬似コラム B は、「問題討論」「大家談」がある。編集部が読者の声を取り上げて、討論を行うコラムであるが、当コラムで話題として利用された投書＝読者が自分自身の悩みについて述べた質問の文章や、読者自身の経験や悩みが記載された文章のみ資料とする。

2.3　1985－1991 年読者の声を掲載するコラムの紹介

1 投書コラム

第二章　研究資料としての『中国青年』雑誌　85

　1985－1991年読者の声を掲載するコラムは、「青年信箱」「友人に答える」「難題の解答」「心理診療所」「どうすればいいだろうか」がある。その中で、1986年「心理診療所」コラムは、読者の心理的悩みを答えるコラムである。1991年「どうすれば良いだろうか」は、「友人に答える」と同じように、読者の悩み相談に答えるコラムであるが、いずれも「どうすれば良いだろうかか」という文章で質問文をくくっている。

2擬似コラムA

　1985－1991年読者の声を掲載するもう一つのリソース、擬似コラムAは、「青年広場」「私の秘密」「愛情の船」がある。

　「青年広場」コラムは1985年第4号から始まり、「日々の中の喜怒哀楽」に関する読者の声を掲載するコラムであるが、記者や地元の青年団組織などの第三者による、地元のよい事を賛美したりする報道記事もあれば、「1985年第5号「賭博という悪習を止めなければならない」のように当事者本人による過去の過ちへの反省文章もあり、その他の経験談を述べる文章もある。また1985年第4号「死に掛けているこの半分の命、どのように生き延びることができるだろうか」（恋の悩み）のように悩みの訴えもある。本研究では、プロパガンダ的色彩の強い第三者による報道記事を除き、また当事者による文章の中でも経験談や反省文章などのものを除いて、当事者本人による悩み相談のみ、資料として計上する。

　「私の秘密」コラムは、1988年第2号のコラム紹介では、「同年代の人々が自分たちの感情を交流しあう場所であり、内心に秘めた秘密を打ち明けし合うことによって、心中の遺憾な気持ちと悩みをほぐす」とその主旨が紹介されたが、1989年第4号「一生忘れられない彼女とのキス」、1989年第6号「悪夢が醒めた（天安門事件への参加への反省）」のように読者による自身の体験談や反省などを述べるコラムであるが、第三者による社会問題を告発する文章もあるし、ごく稀ではあるが、1989年第1号「愛の神様に対する悩み」のように、単純に悩みを訴える文章もある。本研究では、悩みを訴える文章のみ、資料としてふさわしいと判断する。

「愛情の船」コラムは、読者の恋愛に関する心情を打ち明けるコラムであるが、極稀ではあるが、恋愛結婚に関する悩みの投書がある。悩みを訴える投書のみ、資料として計上する。

3 擬似コラムB

この時期の擬似コラムBは、「問題討論」「議論紛紛」がある。これも同様に、討論のきっかけとなった投書を資料として計上する。

2.3　1992-2000年　読者の声を掲載するコラムの紹介

1 投書コラム

この時期の投書コラムは、「答朋友問」「怎么办」「総編集長当直室」「心理諮询」「書記信箱」「青年信箱」がある。

「総編集長当直室」コラムは1994年、95年のコラムであるが、読者の悩み相談に答えるコラムである。これと同時に、読者の心理的悩みに答えるのが「心理諮询」である。

1996-1999の4年間は、読者の悩み相談のコラムがなくなり、2000年に「青年信箱」の形で回復された。

2 擬似コラムA

この時期の擬似コラムAは、「青年広場・青少年権益守護」「青年広場・青年喉舌」「私の秘密」「成長の煩悩」「通信販売情報」「通信販売信箱」「編者と読者の交流」がある。

「青年広場・青少年権益守護」「青年広場・青年喉舌」これらのコラムに掲載された記事から、当事者本人による悩み相談を資料として計上する。

「私の秘密」コラムは、1992年の「成長の悩み」コラム同様、読者からの原稿募集コラムであるが、ごく少数のもの以外に、自分自身の過去の過ちを反省したり、ある悩みを乗り越えた過程が記された、文学的要素の入った文章が殆どである[22]。これは、誰かの返答をほしがるような悩み相談ではなく、自分自身のさまざまな思いを文学的に書くものであった。本研究の資料として計上しない。一方、その中でも、本研究で資料となる、読者自身によ

る悩み相談を内容とするものがあった。1992年第4号「成長の煩悩」コラム「小さな家政婦の悩み」、1993年1月「私の秘密」コラム「知識の価値は本当に下落したのだろうか」のように、当事者によって悩みを訴えられるもののみ、資料として計上する。

　1993から始まった「通信販売情報」、1996年からの「通信販売信箱」コラムは読者による投書の形を通した、『中国青年』雑誌社自身が行われ始めた「通信販売」のための広告であり、「沐浴しながらできるダイエットの神器」（93・1）が一例であり、その品はダイエット用品、洗剤、書道の練習状などがある[23]。本研究の資料として計上しない。1994年4月に「中国青年」雑誌社に郵便販売を専門的に扱う部署、郵便販売部の成立を告知が、1992年4月号に掲載された。

　1996年からのコラム「編者と読者の交流」、1997年の「読者からの手紙」では、雑誌の編集に関する意見やアドバイス、雑誌の文章に対する感想が述べられるコラムであるが、本研究の資料として計上しない。

3擬似コラムB

　この時期の擬似コラムBは、「われわれの精神家園」「問題討論」がある。これも同様に、討論のきっかけとなった投書を資料として計上する。

　以上では、読者の声を拾い方を紹介したが、本研究は、ある一定の「読者投書」コラムに対する分析ではない。また「読者投書」という名前のコラムが一貫した形で『中国青年』雑誌に存在していたわけではない。年毎に変化するのである。従って、読者の悩み相談を扱う専門的なコラム以外に、その他コラムで取り上げる読者による文章が使用される形での掲載の場合も使用する。特に、読者投書の専門的コラムが設けられていなかった96-99年では、このような補充は特に重要であろう。また雑誌自身の認識において読者の声を掲載するものと位置づけられたコラム（例「読者の廊下」コラムなど）に属すると扱われる投書でも、例えば、「通信販売情報」というような区分のものは、入れない。

　強調したいのは、「読者投書」コラムを対象とする分析ではない。あくま

でも、読者の自分自身の生活に関する声を集めるのが目的である。

また、雑誌掲載時の具体的なコラム名については、表4-表8「年代別の
コラム名紹介」を参照されたい。ただ、このような量的整理はあくまでも全
体の状況を把握するための参考であり、量的変化は本研究の主要な目的では
ない。

3 読者の声とする資料の分類

階層区分に対する感知や態度、社会秩序のあり方に対する想像の究明とい
う研究目的を達成するには、社会階層的要素が明確に観察されるような読者
の声が必要となる。そこで、本研究では、上記に紹介した呂による投書の分
類方法を参考に、①勉強、②職業・自己実現、③恋愛・結婚、④政治（青年
団知識と政治的観念の是非を含めて）、⑤人間関係や心理的な悩み、⑥生産
活動や日常生活に関する知識（身体の健康を含めて）、⑦権益やその他の意
見表明というふうに、三つのリソースからなる読者の声の母集団を7つの種
類に分けた。

そのうえで、社会階層的要素が比較的に観察されるような種類として、①
学業、②職業、③恋愛・結婚、という三つの分野の読者の声に集中した。読
者の声のタイプ分けについては、投書のタイトル及び投書の内容によって筆
者の判断で行われた。

表2-4 1978-1984年 三つの話題に関する読者投書の数（本）

1978-1984	勉強	職業・自己実現	恋愛・結婚
投書コラム	29	30	54
擬似コラムA	3	6	18
擬似コラムB	3	5	1

出所：雑誌『中国青年』の内容を元に筆者整理・作成

表2-5 1985-1991年 三つの話題に関する読者投書の数（本）

1985-1991	勉強	職業・自己実現	恋愛・結婚
投書コラム	14	36	39
擬似コラムA	9	21	40
擬似コラムB	2	7	1

出所：雑誌『中国青年』の内容を元に筆者整理・作成

表2-6 1992-2000年 三つの話題に関する読者投書の数（本）

1992-2000	勉強	職業・自己実現	恋愛・結婚
投書コラム	15	39	21
擬似コラムA	7	10	1
擬似コラムB	4	7	3

出所：雑誌『中国青年』の内容を元に筆者整理・作成

　学業、職業、結婚・恋愛という三つの種類以外に、政治や心理的な悩みの投書もある。このような投書について幾つかの例を挙げると、次のような投書がある。

◎政治（青年団の知識や政治的観念の是非）

　　1981年第8号「両親が宗教の教徒ですが、その子供は青年団に入れるでしょうか」

　　1979年第1号「私のやっていることは、階級の境界線を紛らわしくしたと言われましたが、本当にそうでしょうか」

◎人間関係の悩み、心理的悩み

　　1983年第10号「（いつも人の愚痴を言っているので）友人たちがどんどん離れていき、一人ぼっちになりました。どのようにすればいいのでしょうか」

　　1981年第10号「何かあるとすぐに恥ずかしくて顔が赤くなります。治るでしょうか」

◎生活、生産活動の知識

　　1979年第2号「晩婚晩育は、必ず難産になるのでしょうか」

上記であげたような投書、即ち、④政治（青年団知識と政治的観念の是非を含めて）、⑤人間関係や心理的な悩み、⑥生産活動や日常生活に関する知識（身体の健康を含めて）、⑦権益の主張やその他の意見表明などに関する投書は、本研究で触れないとする。

本章では、本研究で使用する資料、『中国青年（1978-2000）』雑誌について、第1節ではメディアとして中国の雑誌業全体の発展やとその特徴、青年雑誌全体の歴史的変容を紹介した。第2節では『中国青年』に掲載された読者の声の利用の仕方を紹介した。これをベースに、第二部以降では、学業、職業、恋愛・結婚という三つの面から『中国青年（1978-2000）』に掲載された、投書を中心とする読者の声を考察していくことになる。

注

12　陳剛（2004）の中で、「青年雑誌通常国際的に使われている雑誌のカテゴリーの中にない分類であり、雑誌をめぐる縦型構造の中国の行政管理体制の下で出来あった中国特有の雑誌の種類である」と指摘した上で、「青年団組織の機関誌との性格を持つ青年雑誌」であるとした。

13　1992年5月に成立。1999年1月に国家新聞出版署の許可を得て、北京印刷学院と共同で雑誌研究所「期刊研究所」を設立。2002年から隔年か毎年『中国期刊年鑑』（2002）を出版している。2007年に 国際雑誌連盟総会を中国北京で共催した。

14　『中国期刊協会通信』2010年第4号15　徐（2006）では、分類の基準及びそれぞれ包括する雑誌名が明示されていない。

16　表5、6「2006年毎号平均印刷部数ランキング上位20」に登場した党の業務指導型雑誌（☆印）、小中学生向けの教育誌（※）計13種については、いずれも、公的機関から購読が積極的に推奨されていることが確認できた。具体的には、資料1を参照。また、内容からすれば「総合誌」に入るが、公的機関による購読の推奨或いは半強制的な購読が確認できた場合、ここでは総合誌からはずし、「業務指導型」雑誌に分類した。例『人之初』『家庭』2誌。前者は国家人口と計画生育委員会所管で、その外郭団体である中国人口と計画生育協会の機関誌であ

り、後者は広東省婦人連合会の機関誌である。両誌は大衆総合誌として知られる
が、それぞれ人口と計画生育委員会系統の公的機関による推奨、婦人連合会系統
の公的機関による推奨が確認できた。

17　中国には、ABC、BPA などのような雑誌の発行部数を監査する機関がなく、
これらの部数はおそらく自己申告によるものであると思われる。2003 年 11 月に
アメリカの発行部数監査機関 BPA（Business Publication Audit of Circulation）
のラインセンスによって「汎華東方媒体顧問有限会社」という新聞発行部数の認
証販売代理が成立し、中国で 30 余りのメディアが参加している。中国独自の発
行部数監査機関として 2005 年 4 月に「国新出版物発行データ調査センター」が
設けられたが、2005 年現在の時点でその認証を受けているメディアは『読者』
『人民日報』ぐらいで、まだごくわずかである。

18　『中国出版年鑑』各年版のデータを参照。

19　2014 年 11 月 4 日現在の為替レートでは 1 人民元 = 18.597731 円。20 元は約
370 円相当、6 - 10 元は 110 円〜 190 円相当、5 元は 90 円相当。

20　中国青年新聞雑誌協会会長の胡春華による 1998 年の講話。1998「胡春華同志
在中国青年報刊協会第 16 届年会上的講話」中国共青団網、www.gqt.com

21　分類時に、以下の点に留意した。1）一部の「青年信箱」コラムでは、回答文
のみ掲載される場合がある。本研究の資料として認める。2）ある号に悩み相談
の原文を掲載してその後の号において回答文を掲載する場合は、1 件として数え
る。1980 年に掲載された「どうして私はぼうっとしてしまうだろうか」との相
談に対して、1981 年第 3 号に読者による回答文 7 篇が掲載されたが、このよう
なケースの場合、1 件として計上する。

22　1993 年第 1 号に、「私の秘密」コラムの原稿募集の知らせが掲載された。「誰
もが秘密を持っている。（中略）若い人ならなおいっそうであろう。秘密を心に
秘めておくと、一人で悩むことになるが、皆さんの前で打ち明けると、何かの解
脱、希望、啓発が生じるかもしれない。友人の皆さんにあなたの秘密を書いてみ
ませんか。（略）要求：自身の経験に基づくもの、生き生きとした言葉遣い、
1300 字以内。」「剽窃した文章をそのまま発表した後に」（93・5）、「やさしいお
母さんを騙していた」（93・7）が例である。このコラムはのちに、1994 年では
「青春の思い　原稿募集コンテスト」《青春心緒征文》に引き継がれた。

23　1993 年第 1 号 p62 に掲載された読者の投書の一例を紹介しよう。投書は下記
になっている。「編集同士、ほっそりとしたスタイルの良いクラスメートがとて

も羨ましいです。きれいな洋服が着れて、格好よくて。でも私は、太ももが太くて肌も荒れていて、夏でもスカートがはけません。周りから「太った子」と呼ばわりされ、つらくて泣いてしまいます。お母さんからダイエットの薬を買ってきたが、どうも合わないようで。どうしたらいいか分からないです。助けてください。」この読者の需要にこたえるように、回答文では「ほっそり入浴剤」を紹介したほかに、「本誌では「ほっそり入浴剤」の通信販売を行っている。1ボトルで160 g、64元」とのように通信販売の情報を追加した。

第三章　改革開放以降の経済発展と社会変動

　1978年～2000年の中国社会における人々の上昇志向をめぐる文化装置と
生活世界の論理との関係を考察するに当たって、本研究では、1978年～
1984年、1985年～1991年、1992年～2000年という時代区分を採用している。
以下では、その理由や、それぞれの時期に起きた社会経済的変動について述
べよう。

第1節　本研究で採用する三つの時代区分

　近代中国経済史の研究において、1978年以降の経済変動について、1978
年～1984年経済体制改革の探索段階、1984年～1992年経済体制改革の全
面的な推進段階、1992以降社会主義市場経済の構築を目標とする経済体制
改革という、三つの段階に区分するのが一般的である（董輔礽1999）。

　周知のように1978年以降の改革開放という中国社会の市場化過程の最も
基本的な特徴は、政府主導によるものである。ゆえに、国家政策の変化は直
接的に社会全体の経済状況と文化状況に反映されてしまう。文化装置と生活
世界の関係性を通して1978年以降における人々の上昇志向のあり方の変容
を究明するというのが本研究の目的であるが、市場化過程が違う段階に入る
につれて、その時期の文化装置及び人々の生活世界のあり方に違う特徴が表
れることが予想される。

　従って、本研究もこの経済史の視点を取り入れ、1978年の農村部改革を
主とする改革開放政策の始動、1984年の都市部改革の開始、1992年「トウ
小平の南巡講話」を標識とする市場経済の全面的導入という市場化過程にお
ける三つの画期的な政策の施行を区切りに、1978年～2000年までの期間を
三つの時期に分けて、文化装置及び生活世界の変化にアプローチする。

また、本研究で用いられる主要な資料の『中国青年』雑誌は、中国共産党の下位組織の青年団中央の「機関紙」の性格を有するため、国家政策を忠実に伝達する一面があり、誌面で取り上げる内容やキーワードも国家政策の変化によって明確な区切りが観察されている。さらに、『中国青年』雑誌のメディアとしてのあり方及びその位置づけも、国家政策の主導によって引き起こされた社会状況の変化の中で、時期的に多少遅れをとっているものの、同じようなリズムで変化し、度重なる改版をしていた。例えば1984年の後半や1985年の誌面の変化、1992年から表紙とコラムの設置に大きな変化が生じた。

以上の理由をもって、1978年-1984年、1985年-1991年、1992年-2000年という時代区分を採用するのが、本研究の目的を達成するのが有効だと思われる。

第2節　1978年以降の社会経済変動

本研究は、人々の上昇志向のエネルギーをめぐって、文化装置と生活世界の論理の関係性の究明を目的とする。そこでは、『中国青年』雑誌というメディアに反映される文化装置による社会のあり方の意味づけ、また読者投書に反映される個々人が自分自身の生活世界で形成された社会のあり方に対する意味づけという内側の世界で起こった出来事を理解するには、1978年以降の中国では、ひとびとの現実世界＝外側で起こったことを確認する必要がある。

本章では、三つの時期における個人の上昇志向のありようを明確にすることを目的に、個人を取り囲む社会経済状況や社会構造の変化を、1978以降の社会経済変動、改革開放以降のグループ間の所得格差、教育の発展及び教育における制度的不平等、階層構造の変化、などの面からレビューしていく。

1 1978年以降の社会経済変動

1978年から始まった中国の経済改革は、一般に三つの段階に分けられる。1978年～1984年まで改革の中心は農村部にあり、人民公社の解体と農民による生産請負制の実施を特徴とする。1984から都市部を中心とする工業体制の改革が始まり、国有企業の自主権の拡大、集団所有制企業や私営経済の発展を特徴とする。1992年以降の改革は、「近代企業制度」の樹立を目標に国有企業内部の経営体制の改革を主な内容とする。以下では、『中華人民共和国経済史』（董輔祊1999）、『中華人民共和国史』（何沁1999）の内容を引用しながら、1978年以降の経済変動のレビューを行う。

1.1 1978-1984年 経済体制改革の始動段階

1978年12月に開催された中国共産党第11回三中全会において、国家の活動の重点を「階級闘争」から経済発展へ移行することが決定され、経済改革・対外開放の国家路線が打ち出された。国民経済近代化の実現を中心とする経済発展が国家の中心的な任務となった。

この時点では改革の重点は農村部に置かれており、主として人民公社体制を解体させ、家庭生産請負制の実施を始めた。政府は農産物の定価を引き上げたほか、農民の自主権を保障し、平均主義を廃して各自の裁量の余地を認め、農民のインセンティブを引き出すことに努めた。

都市部の経済改革は、経済管理体制を改革して企業自主権を拡大するという企業と国家との関係を整理することから始まった。人、モノ、資金に対する企業自主権の拡大、経済責任制の実施などの企業改革も始動した。

所有制の面では、単一的な公有制の制限を打破するため、その他の所有制形式の発展を許容し始めた。

1978年以降、「上山下郷」で農村部に行かされた「知識青年」が大量に都市部に戻ってきたため、これらの若者の就業や、都市部で新たに増えた若年層の就職難を解決するために、「国家の指導の下で、就業部門の紹介を通じて就職する、自分たちで集まって起業する、個人で就業する」という三つの方針を提起した。1981年までに2000万人の就職問題が解決された。その後、

個人経営の発展を促進するための政策が打ち出された。

これをきっかけに、都市部における集団経済と個人経済の発展が促進された。1978 年から 1982 年まで、集団経済の就業者数は 603 万人増え、個人経済の就業者数は 15 万人から 147 万人増えた。集団経済と個人経済での就業者数の、都市部就業者数全体に占める割合は、1978 年の 21.7％から 24.5％に増えた（何沁 1999：312 - 318）。

これらの施策は経済の迅速な発展をもたらした。農村改革によって農業経済は奇跡的な超高速成長を遂げ、農民の収入が大きく増加した。工業生産の回復と発展によって、都市部住民の収入も高まった。1980 年代の半ばになると、生活必需品に対する需要は満足され、配給制による消費スタイルは自主的な消費に取って代わった。（董輔礽 1999：116）

また対外開放政策の実施によって、1970 年代末に深セン、アモイ、汕头，珠海との四つの経済特区を指定して、外資の導入を始めた。

1.2　1985－1991 年 都市部を重点とする経済体制改革の推進段階

1984 年 10 月に開催された中国共産党第 12 期三中全会において、「経済体制改革に関する中共中央の決定」が採択された。決定では、商品経済は「社会主義経済発展の避けて通れない重要な段階であり、経済の近代化を実現する必要不可欠な条件」とされ、計画経済と商品経済と対立するものだとの考えを否定し、経済体制の全面的な改革の理論的な基礎を構築した。また、決定では、企業の活力の増強こそ経済改革の中心であること、政府と企業を分離させ指令性調節（行政的指令による直接統制）を縮小して指導性調節（市場を通してのマクロ的間接統制）を拡大する、公有制以外の多種多様の経済方式を積極的に発展させる、経済責任制を発展させて労働の成果によって分配を行うとの原則を実行する、などの改革の方向が示された。この決定によって、都市部を中心とする経済改革が全面的に展開された（何沁 1999：350 - 354）。

この段階の企業改革は、企業と国家の関係という企業の外部環境を整理することによって、生産計画権、商品の定価権、労働人事権、給料奨金の分配

権など、生産経営企業における企業の自主権を拡大するとの動きが続いた。

1983 年に実施し始めた「利改税」の改革はさらに進み、経営利潤が増えた分、企業はより多くの利益を得るようになり、その発展能力につながった。1978 年と比べて、1987 年に入ってから、国家に譲渡した分を除いた国営企業に留保された利益は、利潤全体の 40％以上と大きく増えた。企業のインセンティブが引き出されて、国家に依存して「大釜の飯を食べる」という状況の打破につながった。

企業内部の経営システムの改革もはじまった。所有権と経営権の分離との原則の下で、さまざまな形の請負制が実行され、企業の生産経営システムが強化された。請負制が実施された中で、企業の経営は収入と直接関わるようになり、工員のインセンティブが引き出された。「大釜の飯」と言われる平均主義の打破が強調され、「労働の成果によって分配を行う」という成果主義が取り入れられた（何沁 1999：128）。

企業のリーダー制度及び給料制度の改革では、国家と企業との関係、企業と従業員との分配関係を調整して企業の活力を高めることは、経済改革の重要な内容である。

1984 年から、政府の計画的指導ではなく、「工場長責任請負制」が段階的に実施され始めて、1988 年現在では、工場長責任制を実施する企業は国営企業全体の 83.2％になり、企業の管理と経営における工場長の中心的な役割が強調された。

また、給料制度の改革も始まり、1985 年の「国営企業職工の給料の改革に関する通知」では、労働者の給料総額は企業収益の一定の割合にそって上下するとのやり方が決定された。1986 年にはいって、国家の決められた給料総額の範囲内では、企業での給料と奨金の分配権を政府から企業自体に渡し、分配の形式と具体的やり方は企業で自由に決定するとの方針が公布された。これを受けて、各企業ではさまざまな評価体制を取り入れ、企業の経営状況及び個人の労働貢献によって給料を決めるようになった。この政策のもとで、従業員の給料収入が大幅な成長を見せた（何沁 1999：135）。

非公有制経済の発展についてであるが、この時期に、公有制を主体とした
多種類の所有制が共存する局面が現れた。1980年代半ばまで、私営経済、
外資経済などの非公有制経済の全体の規模は比較的小さく、1985年給料総
額に占める割合は0.4％である。しかし、企業全体の数といい、個別の企業
の規模といい、非公有制経済の発展は非常に迅速であり、給料の年平均増加
率は５１％であり、1992年の時点では給料総額に占める割合は２.７％と上
昇した（何沁1999：358）。1987年の全国の工業総生産を見ると、1978年と
比べて、全民所有制企業の比重は77.6％から59.7％に下がり、集団経済は
22.4％から34.6％に上昇した。また個人経営、私営企業、外資や合弁企業な
どの「三資企業」を代表とする非公有制経済の比重は、ゼロから5.6％に上
昇した。1987年非公有制経済の従業員は1978年の15万人から569万人に
増えた（何沁1999：359）。その中で私営企業の従業員は72万人ある。（董
輔礽1999：429）1988年4月に公布された憲法修正案では、「国家は、法律
の規定範囲内における私営経済の存在と発展を許容する。私営経済は社会公
有制経済の補充である。国家は私営経済の合法的権利と利益を保護し、私営
経済に対して誘導、監督、管理を行う」との内容が盛り込まれ、私営経済の
合法的地位が認められた（何沁1999：350－355）。
　これら一連の改革を通して、飛躍的な経済成長が遂げられ、1988年の国
民総生産の総額は14015万元にのぼり、年増加率9.6％の成長となった。都
市部住民の平均給料は1978年の615元から1988年の1747元に増加した
（何沁1999：356）。
　しかし一方、1988年経済の過熱が重大な問題となった。その中で最も顕
著なのは、インフレの激化、物価の急騰である。これには、経済構造の歪
み、流通分野の経済秩序の混乱などさまざま原因があるが、市場要素を導入
した価格改革もその原因の一つである。1988年に、小売物価の指数が数年
連続して上昇した後に、物価は前年より18.5％上昇した。1988年後半に、
全国各地で買占めが起こった。1988年9月から、インフレ問題を解決する
ために、中央政府による経済の整理整頓が始まり、経済成長の速度が大幅に

低下し、1988年の経済成長率は11.3％から4.4％となった（董輔礽1999：
327）。そのうえ1989年の夏に天安門事件が起こり、社会全体が政治的不安
定な局面に入った。その後も経済の低速成長が続いた。こうして1988年後
半から1991年にかけて中国の経済改革はいったん停滞した。

1.3　1992－2000年　社会主義市場経済の樹立を目標とする市場経済の全面的導入

1992年に入って、トウ小平の力強い指導のもとで、ひとたび停滞してい
た改革が再開された。1992年の1月から2月にかけて、トウ小平は、湖北
の武昌から広東省の深圳、珠海、上海を視察し、各地でのちに「南巡講話」
と呼ばれる重要談話を行った。その主な内容は、改革・開放のいっそうの促
進、そして計画経済も市場経済はともに手段であり、社会主義と市場経済は
矛盾しないという、社会主義と市場経済の整合性を合理化するものであっ
た。同年10月に開催された中国共産党第14回大会において「社会主義市場
経済体制を経済体制改革の目標」であると提起された。これをきっかけに、
中国の経済改革は第三段階に入った（何沁1999：405－414）。経済資源の配
置における市場の基礎的な役割が強調されるようになった。

第一に、国有企業の改革による人員削減である。1985年から1995年まで
の国有企業の改革は、その特徴は「放権譲利」で、国家と企業との間の利益
の配分関係を調整するものであり、国有企業の体制に対して抜本的な改革を
しなかった。この間、国有企業で働く従業員の数は増える一方で、10年間
で2271万人増えた。

中国共産党第15回大会では、「近代的な企業制度」を樹立することは国有
企業改革の方向であるとされ、これを機に国有企業の改革は新しい段階に
入った。企業の自主権がより拡大された。また、市場経済化が加速される中
で、国有企業が抱える余剰労働力の問題が顕在化・深刻化した。1992年に
公布された『全民所有制工業企業経営メカニズム転換条例』に基づき、企業
では適正人員で職場を組織することを目的とする労働組織の合理化・最適化
の施策が実施された。1995年より、経営方式の転換を中心とする国有企業

表3-1　1998-2001 国有セクターにおいてレイオフされた従業員の数

年	1998	1999	2000	2001
本年末までレイオフされた従業員の人数合計	876 万 9314	937 万 1765 人	911 万 3104 人	741 万 7000 人
国有企業	594 万 7907 人	652 万 5157 人	657 万 1845 人	515 万 4000 人
都市部集団企業	251 万 4286 人	258 万 9115 人	234 万 1404 人	207 万 10000 人
その他	30 万 7121 人	25 万 7493 人	19 万 9855 人	19 万 2000 人

出所：鄭杭生、李路路 2004 p 248 表「1998-2001 年全国企業下崗職工情況表」より
筆者整理

の体制改革のもとで、リストラされ、帰休される従業員が大量に出た。1995 年以降、国有セクターの従業員の量は持続的に減少した。『中国労働年鑑 (1998)』の統計によると、1997 年の年末まで、国有セクターの従業員は 1274 万人減った。さらに、1998 年から 2001 年まで、新たに 2316 万人がレイオフされたが、その中の大部分は国有企業従業員であった（鄭杭生・李路路 2004：242-247）。

　第二に、就業形態の変化である。国有企業の体制転換に伴って、労働力調達の市場化も起こった。改革開放以降、国有企業を中心とした経済体制の転換に伴い、統一募集、統一配属の就業制度が次第に労働力の契約制にとって代わられ、計画経済的労働制度が市場経済的労働制度へと大きく変わろうとした。改革初期の就職難を解決するために、1980 年に政府は、「国の統一指導のもとで、労働部門の紹介を通しての就職、自らの起業及び職探しを結び付けよう」との方針を打ち出し、それまでの就業における国家の統一募集制度を打破した。

　その後の 1983 年に、労働人事部は、『労働契約制の積極的な推進に関する通知』を公布し、全国範囲で労働者の契約制を推し進め、1986 年に国有企業が新たに工員を募集する際に、労働契約制を採用することが定められた。

　さらに、1992 年に始まった市場経済の加速化より、1993 年、1994 年に可決された『会社法』と『中華人民共和国労働法』において、従業員全員の契

約制が確立された。市場を通しての労働力の合理的移動が認められ、労働者と企業の間で双方が選びあうことが可能となり、労働者の企業参入と退出の自由度が高まった（蘇樹厚 2000）。

こうして、就業の市場化と賃金の市場化を中心内容とする労働雇用制度の形成は、「国家計画による終身的雇用から市場メカニズムによる雇用への完全なる転換が完成されたことを意味している。就業の市場化において、「市場による労働力配分の導入、あるいは社会全体に対して能力主義的な競争秩序を持ち込むこと」を意味する労働契約制が本格的に実施された。その実施により異なる資質や技能を持つ労働者が労働市場の中で異なる労働の機会を与えられ、このような就業機会の格差はさらに収益の格差や生活機会の格差をもたらし、結果的に労働者の階層化に結実している（孫立平 2006）。

第三に、非公有制経済の更なる発展である。1989 以降、経済秩序の整理が全国規模で行われ、個人経営、私営経済もその影響を受け、大幅に減少した。1989 年末には私営企業の数は半分減少した（董輔礽 1999：439-430）。1992 年に改革が再開されてから、非公有制経済は再び大きく発展した。1997 年の第 15 回共産党大会において個人経済、私営経済、外資経済などの非公有制経済は「社会主義市場経済の重要な部分」だと認められた。1992年に個人経営、私営経済を合わせた従業員は 2468 万人であったが、1995 年に 5441 万人に増えた。その中で特に私営企業の発展は著しく、1995 年に国家工商局によって選ばれたトップ 30 の私営企業はその販売額はいずれも一億元を超えている（董輔礽 1999：431）。

（4）単位制度の変容

計画経済の下では、国有企業を中心とする「単位」制度が成立した。特に 50 年代を中心に、広く社会保障機能を保持し、従業員と其の家族も含めた都市部の社会成員のほとんどすべてをその中につなぎとめながら「単位」制度が進展していった。「単位」制度の確立に伴って、個人の「単位」に対する、「単位」の国家に対する全面的な依存関係が生まれた。住宅の提供、養育、医療、養老などの福祉厚生は勤め先である「単位」により提供された。

1978年から実施された改革のもとで、特に1984年から始まった企業体制改革により、国有企業を土台とする単位制度も大きく変わり始めた。1992年に始まった市場経済の加速化により、経営方式の転換を中心とする国有企業の体制改革のもとで、リストラされ、帰休される従業員が大量に出た。社会福祉システムという面も有していた「単位」制度は、その機能を失いつつあった。2000年には、北京市は公有住宅の払い下げの終了をもって、住宅の職場配給制度の終焉を告げた。「単位」制度の解体を受けて、社会保障制度の整備も開始された。

　これ以外に、金融、財政、税制などの改革が深まっていき、2000年前後になって、社会主義市場経済体制は基本的に形づくられていった[24]。

　また、この期間において、中国は世界貿易機関（WTO）加盟を果たし、国際社会との連動が一層強まり、外国からの直接投資が急激に増加した。

　この期間において、GDP成長率も何年間にわたり二桁以上の高度成長を続けることとなった。

2　改革開放以降の所得格差

　改革前の所得分配に関する研究によると、当時の中国人の収入は平均的に低く、所得格差は主に都市と農村間、農村地域間に存在していた。都市や農

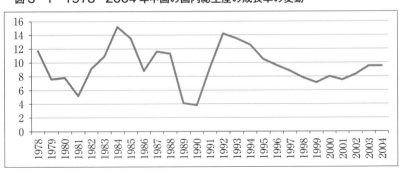

図3-1　1978-2004年中国の国内総生産の成長率の変動

出所：『中国統計年鑑2005』より筆者作成

村の内部では、異なる職業、異なる学歴間の格差は非常に小さく、特に文化大革命の10年間、幹部や専門技術者と一般労働者との格差は小さかった。

表3−2　改革開放以降の国内総生産額の増加率（1978−2004年）

年度	国内総生産額	第一次産業	第二次産業			第三次産業		
				工業	建築業		運輸通信	商業
1978	11.7	4.1	15.0	16.4	− 0.6	13.7	8.9	23.1
1979	7.6	6.1	8.2	8.7	2.0	7.8	7.7	8.8
1980	7.8	− 1.5	13.6	12.7	26.7	5.9	5.7	− 1.3
1981	5.2	7.0	1.9	1.7	3.2	10.4	1.9	30.0
1982	9.1	11.5	5.6	5.8	3.4	13.0	11.7	3.9
1983	10.9	8.3	10.4	9.7	17.1	15.2	10.0	21.9
1984	15.2	12.9	14.5	14.9	10.9	19.4	15.0	21.5
1985	13.5	1.8	18.6	18.2	22.2	18.3	13.5	28.9
1986	8.8	3.3	10.2	9.6	15.9	12.1	12.8	10.6
1987	11.6	4.7	13.7	13.2	17.9	14.4	10.0	13.5
1988	11.3	2.5	14.5	15.3	8.0	13.2	13.3	14.3
1989	4.1	3.1	3.8	5.1	− 8.6	5.4	4.7	− 8.3
1990	3.8	7.3	3.2	3.4	1.2	2.3	8.6	− 4.8
1991	9.2	2.4	13.9	14.4	9.6	8.8	11.2	4.5
1992	14.2	4.7	21.2	21.2	21.0	12.4	10.5	13.1
1993	13.5	4.7	19.9	20.1	18.0	10.7	12.4	6.6
1994	12.6	4.0	18.4	18.9	13.7	9.6	9.5	7.7
1995	10.5	5.0	13.9	14.0	12.4	8.4	12.0	5.9
1996	9.6	5.1	12.1	12.5	8.5	7.9	11.4	5.4
1997	8.8	3.5	10.5	11.3	2.6	9.1	10.8	8.5
1998	7.8	3.5	8.9	8.9	9.0	8.3	10.6	7.7
1999	7.1	2.8	8.1	8.5	4.3	7.7	11.3	7.2
2000	8.0	2.4	9.4	9.8	5.7	8.1	11.5	8.2
2001	7.5	2.8	8.4	8.7	6.8	8.4	9.5	7.5
2002	8.3	2.9	9.8	10.0	8.8	8.7	7.9	8.1
2003	9.5	2.5	12.7	12.8	12.1	7.8	6.3	9.1
2004	9.5	6.3	11.1	11.5	8.1	8.3	14.9	6.3

出所：『中国統計年鑑』2005

パリッシュはこうした現象を「反階層化」と呼んでいるが、改革前の 10 ～
20 年、中国には明確な経済格差は存在していなかった（趙人偉等編 1999）。

改革・開放以降、中国における所得格差は絶えず拡大している。その拡大
傾向は多くの研究資料によって実証されているが、中でも有名な数年間にわ
たる研究の成果によると、経済改革が始まる 1978 年の時点で、全国でのジ
ニ係数は 0.30 だったのが、1988 年には 0.38、1995 年には 0.45 に上がってい
るという（趙人偉等編 1999）。また世界銀行の統計資料によると、1981 年の
中国のジニ係数は 0.29 と世界の最低ラインにあったのが、1995 年には 0.42
に上昇し、東欧や南アジア、高収入国のレベルを超え、所得格差の大きい国
家になっているという（世界銀行 1999：198）。1995 年以降、所得格差は継
続的に拡大しているという推計もある（李強 2000：191）。

このように 20 年に及ぶ経済改革によって所得格差が拡大し、人々の経済
的地位の分化が生じている。李春玲（2003）は、経済改革以降、中国社会で
発生した所得格差を含む経済格差の進展は、個人間の格差としてより、グ
ループ間の格差として現れていると主張して、階層分化の視点から経済格差
について捉え、ここ 20 年間の経済格差は、異なる社会グループが経済的地
位を上下する点に最も大きな特徴が見られるのであって、個人が相対的に安
定した階層構造で上下している点にあるのではないとした。

2.1 階層間の経済的地位の変化

以下では、李春玲の視点を取り入れ、階層間の経済的地位の変化をレ
ビューする。

まず、経済改革の最初の 10 年の 1980 年代と後半 10 年の 1990 年代との間
では、その格差の分布及び格差をもたらすメカニズムの変容があった。

次に、経済改革の最初の 10 年に当たる 1980 年代において、所得格差は広
がり始めた。私営企業家や個人経営主といった新興階層の経済的地位は高
く、他の階層との経済格差も大きかった。個人経営主の平均収入水準はその
他の階層の 2、3 倍、私営企業家の収入は 5 倍から 7 倍であった。また農業
労働者や商業・サービス業従業員、労働者といったブルーカラーの経済的地

位は上昇し、国家・社会管理職層や専門技術職、事務職といったホワイトカラーの経済的地位は相対的に低下した。事実、国家・社会管理者の経済的地位は 60-70 年代の第 1 位から 6 位に、事務職は 2 位から 8 位に、専門技術者は 3 位から 7 位に下がっている。即ち、1980 年代の経済格差は、体制の内部と外部の間で生じていた。少ない体制資本を持っている者、或いは体制の中心から遠く離れている者ほど、高収入を獲得できるチャンスに恵まれているのである。3）ところが、1990 年代に入って経済格差がさらに広がり、階層間の経済的地位に再び変化が生じるようになった。組織資本と文化資本を持つ階層の経済的地位は上昇し、持たない階層の経済的地位は低下した。組織資本を持つ国家・社会管理職層の経済的地位の上昇は顕著だが、月収も彼らの地位を十分に表していない。彼らが享受している待遇を考慮に入れると、実際の経済的地位は月収水準を遥かに超えたものとなる。文化資本をもつ専門技術職の経済的地位も明らかに上昇した。「頭脳と肉体が逆転した」現象も見られない。多くの経済資本を持つ私営企業主層は、依然として高い経済的地位を保っているとはいえ、組織資本と文化資本を持つ階層との格差は徐々に縮小している。また零細経営者の経済的地位は低下している。事実、零細経営者のみならず、私営企業家の一部も、その経済的地位を低下させている。組織資本と文化資本の経済収益率が急速に上がっているため、経済格差に及ぼす経済資本の影響力は弱まってきている。

2.2　グループ間の所得格差の原因

　この 20 年間におけるグループ間の所得格差のありようの違いに対して、李は次ぎのように述べた。

　改革が始まって最初の 10 年、市場化と工業化の主要な推進役は体制外にあった。農民や無業者、中小企業職員や管理者といった社会の中下層が市場化と工業化を牽引した。所得格差をもたらした最も重要な要素は、体制の内部と外部、計画と市場の違いであった。体制から離れているか、体制の周辺にいたグループの経済的地位は明らかに改善され、彼らの一部は、新たな資産者（経済資本を持つ私営企業家と零細経営者）となり、改革の最大の受益

者となった。

これが後半の 10 年になると、事情が一変する。1990 年代になってから、体制内の主導階層である国家・社会管理職層が市場化と工業化の主な担い手となった。彼らは従来の体制を改革し、市場化を推し進めた。そのため、組織資本を持つ彼らが、最大の受益者となった。一方、工業化が進む中で、科学技術を身につけた人たちが、工業化の重要な推進役になったため、文化資本を持つ階層の経済的地位が上昇することとなった。また、市場経済化が進む過程で、経済資本を持つ階層も、経済資本を持つ階層もその経済的地位を不動のものとしていった。

中国政府は長い間、「共同で豊かになり」、社会経済的平等が達成されることを最大の目的としてきた。所得格差の現在の状況から見れば、この目的は現時点では達成されていないようである。

3　1978 年以降の教育の発展及び制度的不均衡

教育達成は、人々の上昇志向を実現し社会的地位の移動を遂げる重要な手段とされるが、1978 年以降の経済改革に伴い、教育改革も実施され、また社会上昇移動における教育達成の状況も大きく変わった。以下では、教育事業の発展と教育における制度的不均衡という二つの面から紹介する。

3.1　教育事業の発展

1978 年改革開放政策の実施される直前の中国は、10 年間の「文化大革命」を経て、教育達成という社会移動のメカニズムは大きく遮断されていた。大学入試制度の廃棄、政治運動による学校教育の実質上の荒廃などによって、文革期間中に中国では 100 万人以上の大学卒業生、そして 200 万人以上の中等専門学校卒業生が減少した（董輔礽 1999：584）。また、多くの専門家や大学教授は「ブルジョア知識人」「反動学術権威」として批判され、向上や農村、幹部学校で再教育にされた（何沁 1999）。それによって、知識人の政治的身分が大きく下落し、ゆえに、その社会的地位も大きく下がった。

文化大革命の終息に伴い、国家政策の重点が政治運動から経済の発展への

変更をきっかけに、1978年4月に開かれた「全国教育工作会議」では、「教育近代化」「教育は社会主義建設のために行われければならない。社会主義建設は教育を基盤としなければならない」との方針が打ち出され、教育の目的は「階級闘争」との政治目的から経済発展のためへと転換された。工業化を進めるための人材が必要だという現実的な需要によって、中国の教育事業の発展が進められた。

経済改革と共に、教育制度の改革も行われた。これらの制度の実施によって、競争性の高いエリート教育システムが構築された。

まずは、全国統一の大学受験の再開である。1977年にトウ小平の支持のもとで、10年間も停止されていた大学の正式な入学試験が回復された。工員、農民、下放の知識青年、復員軍人、幹部、高等学校の新卒のいずれも大学受験の資格を与えられ、大学入学の年齢制限も30歳に引き上げられた。1977年の冬の初回の大学入試には570万人が受験し、そのうち27.8万人が、また1978年夏の試験には590万人が受験し、そのうち40.2万人が入学を許可され、受験者数も入学者数も史上空前であった。1978年から、大学院や通信大学、夜間大学などの学生募集も徐々に始まった。大学入試の回復は教育機会を奪われた若者たちに希望を与え、中国社会全体に「知識を尊重し、教育を重視する」雰囲気を作り出していった。1979年から学力レベルや学歴が官僚、企業リーダーを選抜する際の重要な前提条件になり、さらに政府は、1983年から短大やそれ以上の学歴を昇進の指標に入れた（陳意新1999）。

また、経済発展のために人材を提供するという目的によって、小中学校でのエリート教育が指向された。1977年5月に鄧小平は「教育は両足で歩かなければならない。教育の普及とレベルアップは同時に行わなければならない。重点小学校、重点中学校、重点大學を作る。厳格な試験を通して、最優秀な人材を重点の中学校、重点高校、重点大學に集めなければならない」との講話が行われて、この方針によって中小学校における重点学校が設置され、より多くの教育資源がこれらの重点学校に集中されるようになった（鄧

小平 1994：40）。学校は重点学校と非重点学校に区分され、重点学校には全国重点、省重点、市重点、区（県）重点などの区分がある。これらの区分は、小中学生の受験競争を過熱化をもたらし、彼らの勉学負担を重たくした。エリートの選抜システムの構築以外に、義務教育の普及など、政府は教育の規模の拡大に力を入れた。高等教育を見ると、教育規模の拡大は二つのことに反映された。一つは多くの大学を建設することであり、二つ目は学生募集の規模を拡大することである。統計によると、1978 年〜 1988 年の間に、普通大学は 598 校から 1075 校に増え、79.8％増えた。中等専門学校も 2760 校から 4022 校に増え、45.7％増えた。

その他、もともとあった非正規教育に加え、新しい形の社会人向けの高等教育も迅速に発展した。テレビ大学、職工大学、通信大学、夜間大学などの教育機関が多く現れた。1980 〜 1991 まで、中国の大学卒業生は 500 万人。中等専門学校卒業生は 1000 万人を超える。正規教育以外に、毎年 100 万人が社会人向けの高等教育を受けた。この時期において、この二種類の卒業生は、仕事は国家の配属という待遇を受け、幹部の身分を持っていた（陸学芸 2004：85）。

また、教育上の対外開放も行われた。1978 年から、文革のために停止された留学生の派遣が再び開始され、派遣数も文革前より大きく増えた。1981 年に私費留学が認められたことをきっかけに、中国社会では留学ブームが起きた。（楊東平 2003：241）

80 年代後半経済上の大きな発展に伴い、中国社会では商業ブームが起こり、肉体労働者の収入が研究開発や教育に携わる研究者よりも高くなり、特に個人経営や自営業に従事する人々の収入が知識人より数倍か数十倍高いなどの現象が生じた。その中で、知識の価値と教師や知識人の地位が低下して、新たな「読書無用論」が一時的に流布した（楊東平 2003：263）。

90 年代に入ってから、中央政府から民間にいたるまで、経済活動が最も重視されるようになった。教育領域では、社会主義市場経済の建設に応じて、卒業生の就職における配属制を取り消し、大学学費の引き上げ、学生募

集規模の拡大などの改革が実施された。1999年に「高等教育の大衆化」という目標が国務院によって提起され、大学の学生募集規模の拡大が開始された。（楊東平2003：291）。1998年に全国の普通大学の学生募集数は合計108.36万人だったが、2001年になるとその数は268.28万人に上がり、1998年より1.5倍も増加した。それに伴って、中国の大学粗入学率は1990年では3.4％であったが、2000年には11%、2002年に15.0％、2005年に21.5％上昇し、大学教育はエリート教育の段階から大衆教育[25]の段階に入った。

　それとともに、大学卒業者の就職難も顕在化し、新たな社会問題として浮上している。

表3-3 中学校、高校、中等専門学校、大学の進学率（1978-2002年）(%)[26]

年	中学	高校	中等専門学校	大学
1978	87.7	40.9	2.6	5.9
1980	75.5	39.7	4.9	4.6
1985	67.5	25.8	6.7	31.5
1986	68.8	24.3	6.4	25.5
1987	68.2	22.8	6.4	25
1988	69.4	21.1	6.7	26.7
1989	70.5	21.3	6.5	24.5
1990	73.5	22.5	6.6	26.1
1991	74.4	22.5	7.2	27.8
1992	78.2	21.3	8	33.3
1993	80.3	20.1	10.1	39.9
1994	85.1	21.1	10.6	43
1995	89.3	22.3	11.3	45.9
1996	91	22.1	11.9	47.1
1997	92.1	22.4	11.2	45.1
1998	92.6	22.8	10.6	43.1
1999	92.9	24.9	10.3	60.7
2000	93.6	29.4	8.3	73.2
2001	94.2	32.7	7.5	78.8
2002	95.8	36	8.3	83.5

出所：『中国統計年鑑2003』より

図3-2 1978-2002大学進学率の変化（%）

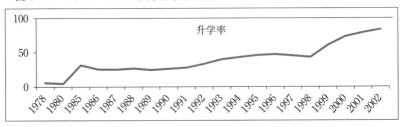

出所：『中国統計年鑑2003』より筆者作成

表3-4 大学募集の定員枠の増加（万人）

年	大学
1978	40.2
1980	28.1
1985	61.9
1986	57.2
1987	61.7
1988	67
1989	59.7
1990	60.9
1991	62
1992	75.4
1993	92.4
1994	90
1995	92.6
1996	96.6
1997	100
1998	108.4
1999	159.7
2000	220.6
2001	268.3
2002	320.5

出所：『中国統計年鑑2003』より筆者作成

図3-3 1978-200年大学募集定員枠の増加（万人）

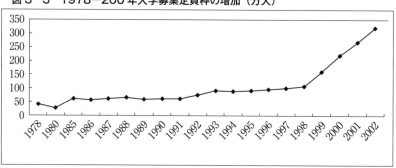

出所：『中国統計年鑑2003』より筆者作成

3.2 教育制度における不均衡

工業化と市場化の発展する中で、中国の教育は大きな発展を遂げた。また高等教育を受けた証明としての学歴は、上昇移動を果たすための文化資本となっている。しかし一方、教育体制にはさまざまな制度上の不均衡がある。

1）教育資源の配置における不均衡

まずは、全国各地の中小学校における重点学校制度が設置され、より多くの教育資源がこれらの重点学校に集中されるようになった。学校は重点学校と非重点学校に区分され、重点学校には全国重点、省重点、市重点、区（県）重点などの区分がある。学校教育はエリート志向の選抜システムとなり、エリート人材が選抜されたと同時に、それ以外の生徒が大量に淘汰されてしまう（楊東平 2003：303）。このエリート教育システムの実施は、農村部、貧困地域及び都市部の貧困家庭出身の子供にとって不利な影響をもたらした（李春玲 2004）。

また、都市部と農村部では、教育資源の配置が極めて不平等である。これは、小中学校教育などの基礎教育の分野ではより顕著である。1997 年の都市部と農村部の中学校の状況から見ると、農村人口は全国人口総数の 70％を占めるが、中学校の農村出身の生徒は全体の 56.85％でを占め、高校段階になると、それが 14.5％になった。途中で学校を辞める中小学生は、主に農村部で起こっているのである（楊東平 2003：303）。

さらに、教育改革の中で、「教育の産業化」が進められ、もともと中央財政によって負担していた教育経費は、政府以外の担い手によって分担されるという教育投資の多元化が提唱された。政府は一部の重点学校の経費のみ負担し、その他の大多数の学校は地方財政によって賄うようになった。これによって、教育の地域間の格差がより広がった。経済力のある地域と都市部の学校は、貧困地域や農村部より多くの教育資源を有し、より多くの教育機会を提供することができる。また、一部の教育経費は学校自身で賄うことになり、学校はさまざまな経済活動を通して利益を儲けることが許可された。実際にこの部分の経費は、学校によるさまざまな名目の経費を通して、各家庭

に転嫁されてしまい、結果的に学費の上昇とその他の教育経費の上昇をもたらした。教育の市場化は、地域間及び階層間の教育機会の不平等を拡大した（李春玲 2004）。

2）教育政策及び教育規則の不平等

　教育政策及び教育規則の不平等は、主として大学受験、大學の学費などの面に反映される。現在の大学入学制度では、地域（省）によってその合格ラインが違い、また同じ地域では都市部と農村部の合格ラインが違うように設定されており、もともと存在していた地域間の不平等、都市部と農村部の不平等をより拡大させた。1999 年の大学合格ラインを例に例えると、湖南省、湖北省、山東省などの地域は北京より 100 点も高いように設定された。これは、計画経済時代に形成された「都市優先」の政策指向に由来するとされる（楊東平 2003：305）。

　また、この都市優先の指向は、試験内容と試験科目にも反映される。今に使用される全国統一の教材では、都市部生徒の学力を規準に制定されるものであり、教育資源の欠乏する農村部の生徒にとっては非常に不公平だとされる。

　さらに 1999 年から、大學の学費は三年連続して引き上げられ、既存の不公平を拡大した。1998 年の四年制大学の学費は 2000 元であったが、1999 年は 3000 元に上昇し、2000 年には 4500 元になり、年増加率は 20％から 30％である。その結果、数多い「貧困大学生」が現れ、また農村部高校生の大学進学志向にマイナスな影響を与えた（楊東平 2003：306）。

4　社会階層構造の変容

　経済改革の進行に伴い、政治体制やその他の体制改革も行われてきた。現代中国の社会学界では、1978 年以降の中国社会の変化を記述・説明するに当たって、「社会転型（social transforom）」という用語が広く用いられるが、この社会変容の過程において、「伝統的農業社会から近代工業社会への移行」と「計画経済体制から市場経済体制への移行」という二重の転換、即

ち工業化と市場化が推し進められた。それによって、都市化や階層構造の再編などの社会全体の変動が起こった。社会の階層構造の転換について、中国社会学界の研究者らが熱心に注目しその全体の特徴を捉えようとして、2000年以降多くの成果を残している[27]。

　改革開放政策が実施されることによって、全体社会であった中国における社会的資源の配置のメカニズムが変化した。「自由に流動する資源」と「自由に活動する空間」の出現に伴い、階層分化における政治的制度や行政的制度などの制度的分割要因の重要性が大幅に低下した（孫立平等1994）。階層移動のルーとも多様化した。政治的資源による達成以外に、教育達成と経済的成功による社会的地位の上昇という二つの社会上昇のルートが再開され、人々の上昇志向も多岐になっていく。

　その結果、社会全体の階層構造も大きく変わった。農民層と労働者層の分解、また自営業者層、私営企業主、ホワイトカラーなど新たな社会階層の出現など、階層分化が著しく起こった。

　陸（2002）によれば、1978年以降の中国の階層分化は、次のような特徴を有するという（陸学芸2002）。第一に、工業化の進んだその他の国と同じように、工業化の進展によって、職業は階層間の格差をもたらす重要なメカニズムとなっている。肉体労働者と非肉体労働者との違い、管理権力を持者と管理権力を持たない者の違いによって、人々の社会的経済的地位が大きく違ってくる。第二に、計画経済時代にあった制度的障害（戸籍制度、人事制度、社会保障制度、資源配置における政府の力強い影響力）、つまり中国社会特有の制度的要因は、人々の社会的位置づけを決めるのに依然として大きな影響力を持っている。第三に、生産資料／資本の所有は社会階層の分化を影響する重要な要因であるが、その他の資本主義国と比べるとその影響力は相対的に弱い。第四に、経済体制の改革は進行中であるため、大部分の人の収入と生活レベルは徐々に向上していくが、その中で社会的地位がより下の方に移動する階層も現れるだろう。

　改革開放以降の階層構造の変化に対してさまざまな研究が行われたが、最

も代表的で知られているのが中国社会科学院社会学研究所の「中国社会構造変遷研究」プロジェクトチームが示した10の階層区分である（陸学芸2002）。これは、職業分類をもとに、組織（権力）資本、経済資本、文化（技術）資本の占有状況によって区分したものである[28]。

陸（2002）によれば、改革開放以前の制度的要因に代わって、現在の中国の階層分化のメカニズムは、労働分業、権威等級、生産資料の所有権、制度的要因による分割など、多角になっており、この四つのメカニズムによって、人々の基本的な社会経済的地位、即ち、人々の所有する組織的資源、経済的資源、文化的（技術）の量が決まる。所有する上記三種類の資本の量に基づいて、国家と社会管理層、企業管理職層、私営企業主層、専門技術職層、事務職層、零細経営者層、商業・サービス業従業員層、労働者層、農業労働者層、無職・失業層などの十の階層に分ける。

改革開放の20数年間を経て、上記のとおり、中国の階層構造に大きな変化があったが、一方、この過程に注目した研究者は、80年代と90年代の相違を強調した。

孫は、90年代後半以降、中国の階層構造はほぼ安定しており、階層間の入れ替わりが少なく、社会移動が途切れている「断裂社会」であり、各階層の権利が著しく平衡を失った「失衡」社会と名づける（孫立平2003；2004）。これは80年代と90年代の社会的資源の配分のメカニズムの相違によるものだと孫は指摘した。

孫の説明によると、80年代においては、計画経済一色の経済体制に加える改革によって、国とその周りにいる限られた人たちに握られた資源が、社会の中心から拡散していく「資源拡散の時代」であり、体制に周辺化されていたグループ、たとえば農民、国家機関や国営企業に入れず失業中の知識青年から転身した個人経営者、新たにできた奨金制度による収入増を果たした労働者などがそうである。80年代の時代では、社会の絶対的多数の人々が経済成長から大きな利益を受け、「全員裕福」の状況が現れた（孫2004：59）。一方、90年代になると、いったん拡散されていった資源が再び体制の

表3-5 1952-1999 中国社会階層構造の変容

年	1952	1978	1988	1991	1999
総計	100	100	100	100	100
国家と社会管理者	0.50	0.98	1.70	1.96	2.10
マネージャー人員	0.14	0.23	0.54	0.79	1.5
私営企業主	0.18	0.00	0.02	0.01	0.60
専門技術人員	0.86	3.48	4.76	5.01	5.10
事務員	0.50	1.29	1.65	2.31	4.80
個人経営者	4.08	0.03	3.12	2.19	4.20
商業サービス業従業員	3.13	2.15	6.35	9.25	12.00
商業サービス業従事者の中の農民工	-	0.80	1.80	2.40	3.70
工業従事者	6.40	19.83	22.43	22.16	22.60
工業従事者の中の農民工	-	1.10	5.40	6.30	7.80
農業従事者	84.21	67.41	55.84	53.01	44.00
失業者半失業者	-	4.60	3.60	3.30	3.10

出所：陸学芸 2002『当代中国社会階層研究報告』p44

中心にいる限られたグループに集中していくという変化が生じ、「資源の再び集まる時代」となった。こうして90年代になってから、20数年の改革を通して総体性資本を所有する階層ができた。彼は文化資本、政治資本、経済資本など、総体的に資源を所有している。総体性資本のエリート集団が形成される一方で、農村の貧困層、都市に新しくできた貧困層（失業者など）による規模の多い下層ができてしまった。その結果、今の構造としての「断裂社会」が出来上がった。この状況の下では、経済の更なる成長は、国民一般の生活の向上につながらず、逆に貧富の格差をより大きくした。

注

24　陸学芸 2004『当代中国社会流動』社会科学文献出版社

25　高等教育普及に関する国際的基準によれば、入学率が15％以下はエリート教育段階、15〜30％は大衆教育段階、50％を超えると普及段階とされている。

26　ここで言う進学率は、卒業生の数に対する合格者の割合を指す。

27 これらの成果は、『社会構造の変遷』（陸学芸等著 1997 中国社会科学出版社）『当代社会階層研究報告』（陸学芸編 2002）、『当代中国社会流動』（陸学芸編 2004）、『社会衝突与階級意識』（李培林等共著 2005）、『中国社会分層』（李培林、李強、孫立平共著 2005）、『転型与断裂――改革以来中国社会結構的変遷』（孫立平 2004）、『中国社会結構変化趨勢研究』（鄭杭生 2004）、『中国社会発展報告』（陸学芸・李培林 編 2007）などがある。

28 陸学芸（2002）研究において、組織（権力）資本は、政府や党を介して社会的資源（人的資源や物的資源を含む）を支配する能力を指す。経済資本とは生産手段に対する所有権や使用権を指す。文化（技術）資本は（諸所や資格認定により）社会が認める知識と技能を指す。

第四章　公的文化装置による中国社会の語られ方の変容

　1978 年以降、中国では「改革開放」といわれる国策が採られたが、これによって中国社会はそれまでの「階級闘争を要とする」政治社会から「経済建設」を中心とする社会へと切り換わった。30 年あまりの月日を経て社会構造には大きな変化が起こり、人々の意識の表出の仕方も大きく変わった。これまで、改革開放による中国社会の変化を捉えようとする研究においては、階層研究をはじめとして多くの優れた成果が蓄積されており、階層構造の変化によって人々の実際の社会生活での位置づけがいかに変化してきたのかがある程度、解明されてきた。一方、社会のあり方に関する解釈の枠組み＝文化装置の論理の変化という角度からの研究はあまり見当たらない。90 年代以降中国社会で社会的現実が語られる際に用いられるディスコースは、「階級」、「革命」のパラダイムを脱却し、社会科学的な語り方がなされるようになってきたと言われる。では、社会のあり方に対する解釈の枠組み＝言説がどのように変化し、いかなる時期にどのような様相を見せただろうか。

　これを解明するために本章では、雑誌『中国青年』（1978 年～ 2008 年）の中から、数冊を選び出しサンプルとした。『中国青年』は中国共産党の下位組織に当たる共産主義青年団中央の機関誌という政治的色彩の強い雑誌であるが、90 年代以降市場経済の時代を生き延びるために度重なる改革を行った。本章では、既存研究を踏まえたうえで、同誌がどのように自らを位置づけていたか、また、どのように社会の状況を解釈していたかを中心に検討し、この時代を記録してきた一つのメディアのあり方の変化という視点から、改革開放後の 30 年間の中で、時代の状況を語る際に使われた複数ある解釈の枠組みの一つとして、政治的な流れを汲んだ文化装置の論理にどのよ

うに変化してきたのかに着目してアプローチしていきたい。

　本章は、時代を生きる人々の意識の変化というよりは、人々を取り囲みむ「外側」＝文化装置のほうに目を向けており、社会のあり方に対する語られ方の変化に注目している。

　本章は次のような構成になっている。まず問題の所在を述べたうえで、第1節では『中国青年』に関する先行研究のレビューとサンプルの選定理由について述べる。第2節では七回の周年記念号（5周年記念5回、10周年記念2回）から、『中国青年』がそれぞれの時代にどのように自らを位置づけていたのかを整理する。第3節では改革開放以降の『中国青年』の三回の改版を整理し、そのつど変化した読者との位置関係を捉える。第4節では以上の分析を通して、時代の状況や社会のあり方を語る際に使われている解釈の枠組み＝文化装置の論理の変化を考察する。

　ただし、実際には「奮闘によって運命が変えられる」という言葉を明確に打ち出したのは2003年の改版が契機であるが、物質重視の社会的風潮に対抗して「理想主義」を代表とする精神の価値を強調するという雑誌社の立場は、2001年あたりから徐々に変わり始めたのである。その象徴として、2001年第4号から原稿募集を始め第10号から始まった若者の多種多様な生き様を描く新しいコラム「私や私のそばの若者の生き様」、またその次の12号に掲載された文章、「これは、個人奮闘の時代」から伺える。また、表紙も2001年から変化があり、それまでに無名の若者（女性が多いが）の写真に内容の掲示という形式であったのが、2001年から名前の知られる成功者の写真を掲載するようになった。従って、雑誌のサンプル分析では2003年まで考察したほうがより明晰にその流れを掴むという考えで2008年までとしたが、本研究で取り上げる期間は、2000年までとする。

第1節　雑誌『中国青年』のプロフィール及び先行研究

　本節では、本研究で使用される主要な資料である『中国青年』の概要を紹

介するとともに、先行研究を考察して問題意識の再確認を行い、サンプルの
選定理由について説明する。

1 『中国青年』のプロフィール

中国では、中央から各地の省、自治区、直轄市に至るまでの共産主義青年
団組織やその他の青年組織が、概ね何らかの形で雑誌を発行している。その
中で政治的ランクの最も高いものが 1923 年に創刊された共青団中央の機関
誌である『中国青年』である。1980 年初頭の青年雑誌は、50 年代、60 年代
のプロパガンダ誌から大きく変化し、総合雑誌の性格を帯びるようになり広
く読まれていた。『中国青年』も 1980 年初頭にその全盛期を迎え、一時は
350 万部の発行部数を誇っていた。中国の数多くメディアの中でも、共産主
義青年団中央の機関誌として党の政策や路線を伝え、共産主義イデオロギー
をもって若者を教化する「赤い雑誌」であることが『中国青年』の最も大き
な特徴といわれている。1990 年代に入ってから、青年雑誌全般の発行部数
が十数万部にまで年々減じており、多くの雑誌社が経営難で市場から撤退す
る危機的な状況に陥った。その原因は、ファッション雑誌や時事ニュース類
の雑誌の創刊、インターネットの普及、読者層の細分化のなどであると言わ
れている（鄭鳳娟 2007；範国平 2010）。

このように、『中国青年』を含む青年雑誌は、90 年代に入ってから読者数
が激減してその社会的な影響力も落ちた。1980 年に 350 万部の発行部数を
誇っていた『中国青年』は、2003 年前後には平均印刷部数が 25 万部を下
回った。現在、若者の中で最も人気のある雑誌は、女性向けファッション誌
や時事生活週刊誌、経済ジャーナル、或いは車雑誌など、細分化された雑誌
である。このように、発行部数のみを基準に見れば、雑誌市場における『中
国青年』雑誌の位置づけは周縁化されたものとも言える。

一方、発行部数の激減と共にその社会的影響力が大幅に落ちたとはいえ、
『中国青年』雑誌は政治的権力との関係が密接であるがゆえに、政治中心の
社会から改革開放へという社会状況の変化の流れを最もよく反映していると

考えられる。また、同誌は機関誌としての性格を有しながらも読者の好みに合うような雑誌作りをするという目的のもとで度重なる改版を行っており、政治権力との関係を意識しながら脱皮していくという雑誌のこのような変身ぶりは、中国社会の変化の一側面を如実に物語っているとも考えられる。これらの理由により、一般文化総合誌ではなく、共青団機関誌である『中国青年』を資料として選ぶことにする。

現在の『中国青年』は、青年団中央の機関誌であるとともに、社会問題や若者の生活全般に関する報道内容が多く盛り込まれた文化総合雑誌でもある。個人の読者による購読以外に、主に各地の青年団組織による公費での購読もなされている。

2　『中国青年』を含む中国雑誌を対象とした先行研究

『中国青年』を含む中国雑誌についての日本語の先行研究は、管見の限りでは極めて少ないのが現状である。最も有名な研究としては、村田雄二郎編集の『「婦女雑誌」からみる近代中国女性』がある。そこでは30年代〜40年代に発行された中国雑誌『婦女雑誌』について、雑誌研究や女性史研究、ジェンダー研究などの角度から多角的に分析が行われている（村田2005）。

宮顥麗（2005）は、メディア出版の角度から中国の80年代〜90年代初頭の雑誌出版について大まかな紹介をしている。また黄昇民（2005）は「中国の活字メディアの現状──2002年〜2002年」で2002年から2003年前後に行われた活字メディア業界の改革について紹介した。しかしながら、これらの研究はメディア出版という視点からの研究であり、本研究で試みるようなメディアのテキスト分析ではない。

中国語の先行研究でも、改革開放以降の社会意識の変化を明らかにしようという本研究の目的と関係のあるものはそう多くはない。李巧寧（2004）と蘇宝俊（2007）は主に『中国青年』に反映されていた50年代の理想的な青年観、青年の思想教育の特徴を中心にして論じている。趙楠（2003）は、メディア編集学の角度から雑誌の編集理念とその市場運営手段を中心に検討し

ている。しかしながらこれらの研究は、本研究で取り上げる改革開放以降の時代におけるディスコースの変化については触れていない。他方で、呂海燕（2004）と向海欣（2008）は、数十年間にわたる『中国青年』の内容の変化に注目して、この間、政治的雰囲気が薄らいできたことと、個人が自分自身の価値の実現により積極的に関心を持つようになってきたことを指摘し、改革開放以降の時代を含む通時的な中国社会の変化を指摘した。しかし、これらも、政治的な雰囲気が薄らいだ後の中国社会に具体的にどのような変化があったのかは深く追及していない。

　上述のような先行研究の到達点を踏まえて、本研究では、『中国青年』（1978年～2008年）からサンプルを抽出し、同誌がどのように自らを位置づけてきたか、また、どのように社会の状況を解釈してきたかを中心に、メディアのあり方の変化を検討することを通して、改革開放以降、中国社会の捉え方＝解釈の枠組みにどのような変化があったのかとの問いにアプローチしていきたい。

3　サンプルの選定理由について

　1978年から2008年までの30年あまりの間に発行された『中国青年』の中からサンプルとなる号を選定した。『中国青年』は1923年10月に創刊されており、5周年、10周年等の記念すべき年の10月号には周年記念の内容が盛り込まれている。これらの記念文章を時系列的に見ていくことによって、それぞれの時代のコンテクストに照らして『中国青年』という雑誌が自らの歴史をどのように位置づけ振り返っているかが分かる。こういった理由から、サンプルは選定した年の10月号とした。

　以上の要素を踏まえ、次の通りサンプルとなる号を確定した。すなわち、文化大革命終息後の復刊号に当たる1978年10月号（第2号）から、5年ごとに10月号を選び、計7号を抽出した。ただしそのうち、1998年10月号の第10号は、1999年からの改版（月2回発行、上半期号は総合版、下半期号はダイジェスト版）のダイジェスト版の試刊号であり、ページ数が48

ページから 80 ページに変わっているのみならず、ダイジェスト版とあって内容もほかの雑誌からの引用が殆どであるため、サンプルとしては不適切と判断し、その代わりに、創刊 75 周年に関する内容も一部含まれている 11 月号、即ち 1998 年第 11 号をサンプルに選んだ。

サンプルとしたのは具体的には下記の号となる。

・70 年代：1978 年 10 月号（第 2 号）
・80 年代：1983 年 10 月号（第 10 号）、1988 年 10 月号（第 10 号）
・90 年代：1993 年 10 月号（第 10 号）、1998 年 11 月号（第 11 号）
・00 年代：2003 年 10 月号（第 19 号[29]）、2008 年 10 月号（第 19 号）

それぞれのサンプルの表紙とタイトルは下の通りである。

第 2 節　周年記念の内容から見る雑誌の自己認識の変化

本節では、1978 年〜 2008 年の間に見られる七回の周年記念に関する記事を整理し、雑誌として何をもって自らの価値を定義しようとしているのかという点を中心に、雑誌の自己認識の変化を確認していきたい。具体的には、本研究のサンプルとして抽出した号、すなわち 55 周年に当たる 1978 年 10 月号、60 周年に当たる 1983 年 10 月号、70 周年に当たる 1993 年 10 月号、75 周年に当たる 1998 年 11 月号、80 周年に当たる 2003 年 19 号、85 周年に当たる 2008 年 19 号が資料となる。結論を先取りすると、80 年代前半に見られた政治的価値の表明から、読者の承認による価値の定義へと少しずつ移行してきており、90 年代後半に至っては読者の承認をもって雑誌の価値を定義し、2003 年以降は歴史あるユニークなメディアとして雑誌の価値を定義するなどの特徴が明確に観察されるようになった。以下ではこの点を詳しくて見ていきたい。

1　政治的価値の表明

創刊 55 周年の 1978 年、60 周年の 1983 年の記念行事に関する記事を見る

第四章　公的文化装置による中国社会の語られ方の変容　125

① 1978年10月号（第2号）表紙「青春を新たな長征に捧げる」
② 1983年10月号（第10号）表紙「灤河の水を引く工事に参加している戦士」
③ 1988年10月号（第10号）表紙「中国共青団五四奨章」
④ 1993年10月号（第10号）表紙タイトルなし
⑤ 1998年10月号（第10号）表紙タイトルなし
⑥ 2003年10月号（第19号）表紙「国際的に著名なバイオリスト、呂思清氏」
⑦ 2008年10月号（第19号）表紙「北京五輪音楽総監督、卞留念氏」

と、この時代の『中国青年』は、政治的プロパガンダ誌としていかに優れて
いるものであるかという点をもって雑誌の価値を定義しようとしていたこと
がわかる。

まずは創刊55周年記念の記事を見てみよう。

1978年10月は創刊55周年の月になるが、1978年第2号に当たる10月号
にはその記念として、27ページの「革命伝統」コラムに「『中国青年』の創
始者代英」と題する文章が掲載されており、元国家総理の周恩来によって
1953年に複写された惲悽代英が獄中で書いた詩作とともに、同誌創始者で
ある惲代英の「革命者」の側面が中心的に紹介されている。また、前号の9
月号＝1978年第1号でも復刊にあたっての記念が大々的にうたわれた[30]。
1978年第1号の裏表紙2には、「敬愛なる周総理がわが編集部をお尋ねにな
られた」と題して、元首相の周恩来が『中国青年』編集部を見学し、「重要
な指示」をしたという写真が掲載された。内容ページの2、3、4ページには
元国家主席である毛沢東、元党中央副主席、元中央軍事委員会副主席の葉剣
英、当時党中央軍事委員会副主席の聶栄臻を含む国家指導者3名による復刊
を祝う直筆の題辞が掲載された。さらに、内容ページの24ページと25ペー
ジとの間に、通常のページ以外の内容7ページが挿入され、当時の国家主席
である華国鋒による直筆の題辞と毛沢東の写真と詩作3首（直筆と印刷二つ
のバージョン）が掲載された。

また、1983年10月号、創刊60周年の記念号を見てみよう。

1983年10月は創刊60周年に当たる月だが、10月号には60周年を記念す
るための内容が大々的に盛り込まれた。

裏表紙2には、『中国青年』創刊者の惲代英の写真と記念文章、元国家主
席の毛沢東によって四回にわたって書かれた『中国青年』という四文字の題
字、1959年19号に掲載されていた当時の国家総理である周恩来の題辞との
3点が掲載された。また裏表紙3には、数号分の表紙の写真が組み合わせて
掲載されていた。右上の目立つところに、創刊号の目次ページの写真が掲載
され、「1923年10月20日に『中国青年』創刊第一号が上海で出版された」

第四章　公的文化装置による中国社会の語られ方の変容　127

と説明の説明が加えられている。

　内容ページでは、4～17ページと計14ページの誌面を割いて、元中央軍事委員会副主席である徐向前、元中央軍事委員会副主席である聶栄臻、元中央軍事委員会常任委員である王震、「早期の読者」であ民主党派九三学者の創始者である当時全国人民代表大会常任委員会副委員長の許徳珩、元全国政治協商委員会副主席であり詩人でもある肖華、元中央党校顧問である宋振庭などによる題辞や記念文章が掲載されたが、彼らはいずれも中国共産党中央の高級幹部である。

　国家指導部による記念の内容のほかにも、同誌編集部による記念文章や60年来の雑誌の歴史紹介の文章が掲載された。編集部による記念文章は「青年の忠実なる友人になりますよう」と題されているが、そこでは、「戦争の時代」、「国家建設の時代」、「復刊してから」というように、国家建設の歴史の中でどのような役割を果たしてきたかとの視点から同誌の歴史を振り返り、「『中国青年』の歴史は、中華民族の数世代の青年がマルクス主義という科学的な思想体系を受け入れていく成長の歴史であり、革命の先達たちが後輩に愛情を持って手を差し伸べた友情の歴史であり、半世紀以上にわたる中国の革命青年の奮闘の歴史である」と、「マルクス主義」および「革命」との関わりが強調されている。そのうえで、中国で特色ある社会主義の近代的強国を建設するという新しい政治的使命の前で、どのようにすれば、時代的な特徴のある、質の高い精神的糧を青年に提供する」ことができるかが重要であるといったように、いかにしてプロパガンダ誌としてよりよく国家建設に役立つことができるかとの点が強調して述べられている。また、同誌出版社による「『中国青年』六十年概況」が掲載されている。そこでは、1923年に創刊してからの同誌の生い立ちについて整理したうえで、党の仕事の重心が経済建設に移行するという大きな政策の転換があった中で、『中国青年』は「四つの現代化を実現することが新時代の青年の主要な任務である」と提起し、現代的な科学文化的知識を学習し、国民経済の回復と発展に貢献するように青年を動員したことが述べられている。そして、新時期の『中国青

年』は、「青年が積極的に祖国に献身し、四つの現代化に向かって集中する
ための集結の信号になり、青年が努力して奮闘し、高度の物質文明と精神文
明を建設するよう彼らを励ます栄養豊かな精神的糧になるべきである」と、
新時代における当誌の政治的自覚を述べている。

　以上、創刊55周年の記念記事（1978年総刊号と第2号に掲載）と創刊60
年の記念記事（1983年第10号に掲載）を見てきたが、当時の『中国青年』
は主に、国家指導者による題辞や文章をふんだんに盛り込み、国家政権の樹
立及びその後の政治生活の中でどのような重要な役割を果たし、またそのよ
うな貢献によってどれほど国家指導部に認められてきたかという点を強調し
てきた。出版社による歴史紹介の文章でも革命期に果たした役割を中心にア
ピールし、改革開放以降の新時代に向けて、若者を教化し激励するために何
が出来るかという点を中心にして雑誌の価値を定義した。即ち、プロパガン
ダ誌として、国家政権によって定められた国家規模の中心的なミッションに
貢献してきたという政治的価値をアピールするなど、常に政治的自覚を有し
ていたことが窺えた。即ち、この時期の『中国青年』は、雑誌の政治的価値
を積極的に表明していたのである。

2　政治的価値の表明から読者の承認による価値の定義への移り変わり

　前項では、80年代初期の『中国青年』が政治的価値の表明を積極的にし
てきたことを確認したが、その後、1988年の周年記念の内容からは、政治
的な価値の表明が続くのと同時に、読者に愛読されることによって雑誌の価
値を定義するという特徴も現れてくる。ここでは、創刊65周年＝1988年10
月号、創刊70周年＝1993年10月号、創刊75周年＝1998年11月号を中心
にこのプロセスを追ってみたい。

　まず1988年10月号を見てみよう。

　1988年は『中国青年』の創刊65周年に当たる。10月号においては、次の
ような記念記事があった。

　まず裏表紙2のページに、これまでの周年記念号と同様、国家指導者によ

る題辞が掲載されている。当時全国政治協商委員会主席であり、元国家総理の周恩来の夫人としても有名な鄧穎超、当時国家副主席であった烏蘭夫、当時国家副総理であった李鵬、当時党中央総書記であった胡耀邦、当時全国政治協商会議副主席であった陸定一、計5人のメッセージが一つのページに載っている。これは、今まで同様、国家指導部の題辞によって、国家の政治生活の中で重要な役割を果たしているというプロパガンダ誌としての自信と価値を表明したものといえよう。だが、それまでと比べて政治的指導者の題辞に割かれるスペースがかなり縮小した。これはそれまでと大きく異なる点である。このほかに、別の特徴も見られる。たとえば、内容ページの2ページに掲載された同誌の総編集長、肖東昇による記念文章、「新時代に新しい貢献を」の内容を見てみよう。この文章では、同誌の「青年の思想的な旗印、青年の知己」としての「光栄なる歴史」を振り返り、「新時代においては新たな貢献をしなければならない」と提起している。その新たな貢献については五点が挙げられているが、そのうち三点が若者の読者に関する内容である。これは、1978年や1983年には見られなかったものであり、初めて「読者」を意識した発言である。「青年とのつながりを第一に」し、「青年の代弁者」となり、「青年が興味を持つホットな話題を報道の中心に」し、「青年の関心の変化に追い着き」「青年に好まれるため」に雑誌作りを考えるとの言葉から窺えるように、この時点で『中国青年』は、若者を教育・指導すべき対象としてのみではなく、自らの立場から独立した「読者」として意識するようになった。社会主義建設の跡継ぎとしての「青年団員」としてではなく、今まであまり取り上げなかった「読者」としての一面を若者の中に見出し、雑誌の中で取り上げ始めたのである。

　また、1993年10月号、創刊70周年の雑誌内容を見てみよう。

　1993年10月号は『中国青年』創刊70周年の号である。1993年創刊70周年を記念する内容を見ると、10月号では青年団中央総書記、李克強による祝辞が述べられ、また11月号には当時の党総書記兼国家主席である江沢民、国家総理である李鵬をはじめとする国家指導部による題辞が掲載された。こ

れは、それ以前と同様、『中国青年』が政治的システムの中で大きな役割を果たしており、それゆえ非常に重要視されているということをアピールするものである。

　しかし、以前は国家指導部による題辞のために利用されていたスペースである裏表紙2には、「著名な画家が『中国青年』創刊70周年記念のために描いた絵」と題して、画家による祝賀の絵6点が掲載された。いずれもタイトルがついておらず、花や山水画などイデオロギー性の薄い絵という印象を与える作品である。また、内容ページ16〜17ページには、1.5ページにわたる記念ページが設けられた。16ページの上半分に、「本誌創刊70周年に際して、90歳以上の創刊号の読者から、現在の若い友人たちまでが、祖国の各地域から祝福の気持ちを伝えてくれた」と記されているが、ここでは、「読者」「友人」という言葉が目立っており、青年が「読者」として同誌にとって重要なファクターであることが認識されるに至ったと理解できよう。また、17ページには歴代の社長や元編集者による祝辞に次いで、「読者と作者からの祝福」と題して、読者や執筆者からの祝辞が掲載された。さらにはその右に「北京の読者より」と記された12行の詩が掲載された。ここで「読者」が初めて言葉を持つ存在として「祝辞」を述べるスペースが与えられた。

　このような変化をどのように理解すればいいのだろうか。1993年においては、雑誌の価値を定義するにあたっては、政治的な価値の表明と同時に、画家や文化人から関心を寄せられているということを示すことによって雑誌の文化的価値を高めたいという意図が窺えた。また、何より重要なのは、これまで『中国青年』にとって政治的な意味合いしか持たなかった「青年」が、「読者」になり、メディアとしての雑誌の価値を判断するのに重要な要素であることが認識され始めたことであるといえよう。

　さらに、1998年11月号75周年紀念の内容を見てみよう。

　1998年10月号には、75周年の記念として1923年10月20日に出版された創刊号の「創刊に当たって」の文章が掲載された。そして次号11月号の

第四章　公的文化装置による中国社会の語られ方の変容　131

1ページ目、「青年論壇」コラムには、「刷新は新時代の要求」と題された出版社による記念文章があった。そこでは「知識が絶えず更新され、競争に満ちている社会においては、読者の興味を惹き、社会の変化に適応することが、メディアが生き残っていくためのポイントである」というように、メディアとして生き延びることが読者の興味に大きく依存していると述べられている。ここでは、競争の時代においてメディアとして生き残っていくためには青年の好みを重視すべきだと明確にその方針を示している。一見、単なる「形式的な言葉」の羅列のようにも思われるが、同号の重点コラムである「社長による話」を見ると、読者の重視は、一方ならぬ危機感の切実なる表現であったと理解できる。

　同号の扉ページに位置する「社長による話」は60周年にまつわる内容であったが、『中国青年』1923年の創刊号を所蔵する読者、上海高橋化工工場組合幹部の馮建中との対話を中心に展開されている。馮の話──「貴誌が現在の風格と特徴を持っているのは偶然ではなく、その英気と気骨は先達たちから由来している」というもの──から、同誌の歴史的影響や伝統を再認識させられたというストーリであるが、文章は、「読者の馮建中さんに感謝する。創刊75周年の記念に良いヒントを提示してくれた」と括られている。

　過去の記念号と比べると、75周年記念の内容の特徴が明らかになる。まず、国家指導者による祝辞が掲載されていない。また、読者の話をもって雑誌の価値を再認識するというこれまでになかった読者を重視する姿勢が見られる。1998年は、雑誌の購読部数が大幅に減る中で、機関誌でありながらどのようにすれば読者の好みに合うような雑誌作りが出来るかという問題意識を念頭に度重なる調整を行い、それがようやく落ち着いてきた年である。その中で、「青年のための雑誌として青年と運命を一つに」して刷新する意欲を読者に示し、そのうえで読者の談話によって雑誌の価値を再認識したという姿勢を見せたのは、メディアとして同誌が置かれていた状況に由来していることが分かるだろう。読者を中心に75周年記念の内容が組まれたのは、政治的な役割を強調するよりも、むしろプロパガンダ誌としての色彩を薄く

し、市場経済での競争に生き残るために読者の好みを重視する姿勢を全面的に打ち出すためと理解して良いだろう。即ち、雑誌の存続にとって、政治的な力よりも、読者の好みに合うかどうかという市場経済的な要素がさらに重要になってきたということである。

本項では、1988年、1993年、1998年に発行された周年記念号のテクストを確認した。そこからは、80年代前半に見られた政治的価値の表明から、読者の承認による価値の表明へと、少しずつ移行してきたこと、そして90年代後半に至っては、読者の承認をもって雑誌の価値を表明するに至ったことが明確に観察された。

3 歴史あるユニークなメディアとしての雑誌の価値の表明

前項では、政治的な価値の表明から、読者の承認による価値の表明に変化したプロセスを整理した。2003年の周年記念の内容は、それまでとはまた違う特徴が見られる。そこでは、歴史あるメディアとしての実力をもって雑誌の価値を表明しようとしているのである。

まず、2003年10月号（同年第19号）を見てみよう。

2003年10月は『中国青年』創刊80周年に当たる月である。第19号、およびその前後の第18号と第20号に80周年を記念する特別コラムが設けられ、3回にわたって「『中国青年』の伝説的な歴史」という題で文章が連載された。このシリーズの記念文章は、タイトルのページは、同誌の中国政治における「紅色雑誌」としての特殊な地位を象徴するように、ビジュアル的に迫力のある赤色で一面が塗られている。創刊80周年の記念として、第18号、第19号、第20号と三号にわたり記事を連載をするというのは今までになかった大掛かりなものといえよう。1983年の60周年の際にも第10号に雑誌の歴史を詳しく紹介した「『中国青年』六十年概況」と題する文章があったが、この文章で強調されていたのは、党の政策や路線を貫徹させていくという政治的な任務を前にして、青年を教育する政治的機関の一つとしてどのようにそれに貢献してきたかという点であった。一方、2003年に連載

第四章　公的文化装置による中国社会の語られ方の変容　133

されたこの記念文章には、1983年の文章とはまた異なる特徴が見られる。
一言でいうと、この一連の文章は、中国の社会発展にメディアとしての『中
国青年』がどのように関わってきたかという点を中心に据えたものとなって
いるのである。

　具体的に述べると、第一に、青年教育を行う政治的機関としての歴史より
も、メディアとしての発展史を強調している。第18号と第19号の文章は、
1983年の文章と同様、革命時期の雑誌の役割について触れているが、それ
もメディアとしての雑誌の発展史の一部として位置づけられている。90年
代以降の市場経済に入ってからは、メディアとして生き残るために雑誌の位
置づけを見直し、雑誌作りのモチーフを「理想主義＋ロマンチックな情念」
から、「奮闘によって運命は変えられる。夢があるからこそあなたは特別な
存在」に改めた。記事ではこのプロセスを紹介し、メディアとしての存続に
関わる難題に挑戦し、時代とともに変化し続け、「喧騒な時代に夢を追い続
ける」雑誌としてアピールしている。第二に、第18号の文章では、創刊し
たばかりの1923年〜1927年の間に『中国青年』が中国共産党の宣伝機関と
して機能していた歴史について、「炎のような赤色の流行」というサブタイ
トルが付けられている。雑誌の発展史を整理する中で、「革命」を「赤色の
流行」という言葉によって相対化したわけである。ここで革命ということば
は、雑誌の価値を浮かび上がらせる飾りとしての意味を持っており、「消費
されるもの」という意味合いさえある。以前は政治的に高い価値を持ってい
る「革命」に奉仕する雑誌という従属的な位置づけであったのが、今度は
「革命」をメディアの価値の飾りとして使い始めたのである。これはまさに
大きな逆転といえるだろう。第三に、第19号に掲載された文章は、「どの足
跡も理想と激情に満ちている」というサブタイトルが付されており、「『中国
青年』の歴史は青年の探索と前進の歴史であり、中国社会が直面したいずれ
の重要な転換点においても若者の思想の足跡を忠実に記録し」、「80年間の
中で時代の価値観念と社会の発展に影響を与え、どの時代においても困難に
負けずに大きな勇気を持って前進してきた」というように、『中国青年』が

メディアとして中国社会の発展に緊密に関わり、そのうえで大きな役割を果たしてきたと強調している。

この一連の記念文章には「『中国青年』・伝説的な雑誌」というタイトルがつけられている。また、少し小さめの文字で「これは伝説的な雑誌であり、これは雑誌の伝説ある」という前置きがあった。1983年の記念文章と比べて明らかになった三つの特徴を見たが、では総じていうとこの一連の80周年記念文章を通して何が強調されていたのだろうか。「伝説」という言葉が何度も使われていることからもわかるように、『中国青年』が豊かな発展史を持っている非常にユニークなメディアであると、メディアとしての存在の大きさをアピールしようとしているように思われる。即ち、2003年の80周年記念の内容は、政治的な存在として党の任務の遂行に貢献をしたという価値の表明でもなく、また読者に人気のある雑誌であるという価値の表明でもなく、メディアとして社会の発展に大きく関わり、またメディアとして時代の発展に取り残されることなく何度も脱皮に成功したユニークな雑誌であるという価値を表明しようとしたものである。

2008年は『中国青年』の創刊85周年になるが、特別な周年記念の内容が見当たらなかったため、考察の対象から除外する。

以上、七回の周年記念に関する記事を整理し、『中国青年』の自己認識の枠、即ち、何をもって自分自身の価値を証明しようとしてきたのかを見てきた。具体的には、政治的価値の表明の時期、政治的価値と読者の承認による価値の表明の時期、豊かな発展史を持つユニークなメディアとしての価値の表明の時期、という三つの段階を見た。この作業を通して、時期によって、『中国青年』は自らの位置づけに関して異なる価値の定義の仕方をとってきたことを明らかにできたと思われる。

では、それぞれの時期において『中国青年』はどのような雑誌作りをし、雑誌のターゲットである若者とはどのような位置関係にあり、時代の状況をどのように解釈していたのであろうか。次節では、三回の改版を整理してこの点を確認していきたい。

第3節　三回の改版に見られる若者との位置関係の変化

本節では、1995年以前の『中国青年』の特徴、及び1995年、2003年、2008年の三回の改版の特徴を整理することを通じて、『中国青年』が読者といかなる位置関係にあり、時代の状況をどのように解釈してきたかを確認していきたい。

1　1995年改版以前：政治的権威を背景に指導的・教化的な立場をとる

（それぞれ1978年第10号、1983年第10号、1988年第10号、1993年10月号の表紙である）

上に1978年、1983年、1988年のそれぞれ第10号の表紙を並べたが、これらのサンプルから分かるように、1988年までの表紙は、政治的符号（青年団の徽章及び青年団員としての若者、軍人、「五四青年奨章」の徽章）が誌面全体を占めており、機関誌としての同誌の性格がはっきりと現れてい

る。一方、1993年第10号の表紙は女性モデルの写真になっている。内容面でも1992年第4号から「熱心読者」のコラムが設けられた。1992年に計画経済から商品経済への改革が国家主導で行われ始め、ここから若者を政治的存在としての「青年」としてだけではなく、「読者」として惹きつけようとする傾向が見られるようになってくる。ここに見られる表紙の変化も、雑誌のデザインから少しずつそれに向けた努力を始めた証と言えよう。

　一方、読者の需要に目を向け始めたとは言え、内容から見れば、この時期の『中国青年』は、ある意味ではまだ政治的権威を持って指導的立場から若者と関係を取り結ぼうとしている。その目指すところは、四つの現代化のために「又紅又専（思想的に党と人民に忠誠を持つとともに、専門的技術を有する）」の人材になるべきであるというもの、また改革に順応できる近代的素質や考え方を持つべきであるというものと、時期によって違いがあったが、いずれも上から権威的に指導する姿勢であったことに違いはない。

2　迎合と教化との間の不自然さ──1995年一回目の改版

　1993年10月号と比べると、1998年11月号の表紙やコラムの設置には大きな変化があった。表紙は女性モデルの写真ではなく、主要な記事のタイトルによって埋められている。また、目次ページでも、その号の内容が写真付きで紹介されている。これは、記事の内容で読者の目を惹くための努力であろう。

　どのようなプロセスを経てそこに至ったのだろうか。以下ではこの5年の間に行われた度重なる誌面の調整を確認していきたいと考えている。結論から言うと、これは、メディアとして市場経済の時代を生き延びるために、読者との距離を縮めようとすさまじい努力をした過程であったといえる。同時にそれは、メディアとしての自覚を持ち始め、若者に対して指導的・教化的立場から脱皮するプロセスでもあった。しかし一方、あまりにも力んでしまったため、読者に迎合するような態度も見られるようになった。

2.1 改版の背景

1995年の改版は、「機関誌としてどのようにすれば市場の海で泳げるようになるのか」という課題を解決するための調整であると同誌の担当者は位置づけており、市場経済改革が進められる中で、自主経営を余儀なくされた「青年雑誌」の変身の一つのパターンとされる（晋雅芬2008）。この改版について、当時の雑誌社社長の石国雄によると、彼が社長に就任した1994年には、同誌の月発行部数は40万部を下回っていたという。80年代初期のピーク時の発行部数300万部以上と比べると、大きく下落していたと想定できる。1993年当時の『中国青年』は、財政的支援が大幅にカットされた経営環境の中で、メディアとしていかに生き残ってゆくべきかという危機的な問題に直面していたことが窺える。

2.2 「理想主義」と「人間の正しい道」

市場経済に適応するために行われたこの一回目の改版時のモチーフは、1995年当時は「精神服務（精神面でのサポートをする）」と表現されていた。この発想について、1995年第1号に掲載された雑誌社による新年あいさつ、「『中国青年』から中国の青年の皆さんへの約束」では、市場経済が導入されることによって社会が大きく変化する中で、「素直で美しく崇高なる魂、進歩と光明を追い求める本質」を持っている青年が、物質的なものの追求によって「無情に蔽われ、無視され、或いは悪い方向に誘導され、歪曲される」危険にさらされていると論じ、改版のモチーフを、そのような青年を「精神面でサポートをする」ことに見いだしている。この「精神面のサポートをする」というのは、社会背景にてらしていうと、「現実的な利益に駆り立てられた人々は日常生活の平凡でささいなことばかりに目を奪われており、比較的レベルの高い、純粋な精神面の生活に目を配る」ことができなくなっているため、それができるよう手助けするということだという。1997年第8号に掲載された「編集長手記」では、編集長の彭波が、初めての今回の改版のモチーフを「理想主義＋ロマンチックな情念」と定義している。そして『中国青年』が特徴として守ろうとする「理想主義」とは、「強烈な社

会的責任感、国家と民族とともに生きていくという使命感、思想の旗を高く掲げ、時代の先を駆けるようなこと」であると述べる。また、「物欲が横行し拝金主義が氾濫している昨今の状況の中で、理想主義は相変わらずわれわれ『中国青年』の最も鮮明な特徴である」と紹介している。理想主義と対比されているのは、やはり物質的欲望の氾濫である。その後、1998 年第 3 号から第 12 号までの「主要内容の紹介」ページの上のスペースには、「『中国青年』を読み、人間の正道を歩もう」との言葉が印刷された。

　総じて言うと、1995 年の改版は、市場経済体制の樹立によって存亡の危機にさらされた『中国青年』が、市場経済によって取り残された「精神的なもの」を樹立する——すなわち市場経済によって引き起こされた問題点に注目し、それに対抗する——という道徳的な雰囲気を醸し出しながら、自らの立脚点をそこに見いだそうとするものであった。

2.3　読者参加コラムの大幅な増加

　改版後の『中国青年』では、読者参加のコラムが大幅に増加した。1995 年の改版直後には、読者のためのコラムが四つ設けられた。「青年広場」、「社長の話」／「総編集長の話」、「読者と編者の往来」（のちに「読者からの声」）、「熱心読者」（1992 年から始まったコラム）がそれらである。その後、1996 年と 1997 年に多少誌面の変化があったが、読者のためのコラムは継続的に存続していた。その一つである「青年広場」コラムは、目次ページの前に設けられた新しいコラムであり、「雑誌として最も重要なのは読者の声を発し、読者の情を伝えることである」とあるように、雑誌作りについての意見を含めて普段考えていることを発表する場を読者に提供することを目的としたものである。ここにも、目次の前のスペースという誌面での位置や編集者の言葉遣いから、読者との交流を大事にするという姿勢が見られる。

2.4　雑誌社指導部による読者への直接的な語りの増加

　改版後の『中国青年』の著しい特徴として、読者との交流を非常に重視していることをあげることができる。そのための努力を一つずつ確認してみよう。

第四章　公的文化装置による中国社会の語られ方の変容　139

　1995年第1号には、当時の副編集長の彭波から読者への新年挨拶が「編者と読者」コラムに、読者からの雑誌への意見3通に続いて、あまり目立たない位置に掲載された。「親愛なる読者の皆さん、新年おめでとうございます」との丁寧な挨拶ののち、今回の改版について紹介し、読者の意見に基づいた改版であると強調している。言葉遣いから語り口まで少し丁寧すぎるのではないかと感じられるほどに読者の気持ちを気遣い、読者とは平等な立場であり、読者の好みが雑誌を作るにあたっては非常に重要なものであるという雑誌社の姿勢をアピールしている。また、1997年2月号より、同誌の主要な責任者によるコラム「総編集長手記」と「社長の話」が設置され、その目的として、「雑誌作りにあたっての考え方、或いは読者の皆さんが関心をお持ちの問題について答える」ことをあげている。1998年まで「社長手記」／「総編集長手記」は続いたが、いずれも読者に関係する内容であった。これも読者の「心」を引きとめ、読者とのつながりを強くしようという努力の一つであったといえよう。

　ここから分かるように、1995年改版以降、『中国青年』の姿勢は非常に謙虚になったといえよう。中でも、「読者至上主義」というポリシーのもとでの総編集長の彭波の言葉遣いは、読者に意識的に迎合しているではないかと思われるほどに非常に丁寧なものとなっている。「私にチャンスをください。その代わりに奇跡を見せてさしあげます」(1997年年「総編集長手記」連載4回目タイトル)、「良いニュースが続出する中、恐縮の気持ちは変わっていない」(1997年第11号「総編集長手記」タイトル)、「我々は能力は限られているが、誠の心がある。誠の心があれば、信頼してもらえると信じる。一生懸命こつこつ頑張れば、いつかは収穫の時期が来るだろう」(1997年第11号「編集長手記」本文)、「そのような幸せは言葉で言い表せないもの」(1997年第12号「総編集長手記」タイトル)などの言葉遣いからは、読者に認めてもらうように努力している姿勢が窺える。しかし一方、メディアとして豊かな内容を提供し、内容によって読者の心を掴むのがメディアの本分とするならば、ここでは雑誌づくりの裏舞台、即ち「努力」している「姿

勢」、読者を大事にしている「姿勢」そのものによってアピールをしている。また、社長の石国雄による文章の言葉遣い、特に「社長手記」の幾つかには、明らかに青年団機関誌の責任者、「官僚」としての指導的な目線が所々見られる。総じて言うと、それまで若者を政治的な存在としての「青年」としてのみ見てきたため、時代の変化で「読者」に変わった若者との距離のとり方をうまく掴めないでいることが看取できる。

　その後も、1）雑誌購読の際に優遇措置を提供する、2）姿勢を低くして丁寧な語り口で購読広告を出す、3）雑誌としての多くの社会活動を展開し、読者に参加の機会を提供する、などの手段によって、『中国青年』は読者とのつながりを強化しようとした。この努力は、1994年に始まり、1995年、1996年、1997年にピークに達して、その後少しずつ弱まっていったが、それは2003年の改版まで続いた。読者とのつながりを確保しようとすさまじい努力を見せたわけである。このように、1995年の改版は、メディアとしての自覚を持ち始め、読者とのつながりを強化しようとしたことによるものといえよう。当時の編集長の彭波と社長の石国雄の語り口の温度差からは、青年団機関誌という政治的立場からの指導的な態度が依然として見られるものの、読者を神として拝む姿勢を見せ始めた。政治と市場という二つの解釈の枠組みの狭間に位置するこの時期の『中国青年』は、若者に対しても、迎合と教化という二つの態度の間で揺れているといえよう。

3　「奮闘」の過程そのものの重視──2003年二回目の改版

　90年代後半に入ってからは、ファッション誌や経済誌、ニュース系の週刊誌など新しいジャンルの雑誌が台頭するなどし、『中国青年』を代表とする青年雑誌の発行部数は低迷した状況からなかなか回復できずにいた。

3.1　2003年改版までの微調整

　そういった状況の中で、五つ目のサンプルである1998年第10号と六つ目のサンプルの2003年第10号との間にも、『中国青年』は発行部数を拡大するためにさまざまな調整を行った。

第四章　公的文化装置による中国社会の語られ方の変容　141

まず、1999年より、月刊誌から月二回発行の雑誌となった。上半期の号はそれまでと同様の総合版で、下半期の号はダイジェスト版となっており、「情報の整理」が改版後の『中国青年』の特徴だとアピールしていた。なお、2000年よりダイジェスト版を取りやめ、上下2冊とも総合版に変わった。

この間、雑誌の位置づけを表すモチーフも何回か変わった。1995年の改版に際して編集長の彭波氏が何度も述べた新しい編集方針、「理想主義＋ロマンチックな情念」そのもの自体は、実はモチーフとして雑誌の誌面に登場することはなかった。誌面に初めて登場したモチーフは、1998年第3号から第12号までの「主要内容の紹介」ページの上のスペースに印刷された「『中国青年』を読み、人間の正道を歩む」との言葉であった。その後の2001年第13号から「青年の生存状態に注目し、青年の人生の需要に服務する」という言葉が登場した。そして2002年第14号からは、「奮闘によって運命が変えられる。夢があるからこそあなたは特別な存在」が掲載されるようになった。

3.2　迎合から付き添いと励ましへ——2003年の改版に見られる読者との関係

2003年1月から、雑誌はフルカラーの誌面に変わった。2003年6月上半期号の第11号から、目次欄の誌面が変わり、これを機に目次ページの右下に、「奮闘によって運命が変えられる。夢のある人間こそ特別な存在」というモチーフとともに、「中国NO.1の励志雑誌」との宣伝文句が打ち出された。ここから、『中国青年』は「夢」に向かって「奮闘」している若者を励ますことを雑誌の主旨にしていることをより明確に打ち出してゆくこととなる。

2003年10月上半期号となる第19号では、2004年度の購読を呼びかけるための広告が3ページ目に掲載された。片手に背広を持ち、片

2003年10月号に掲載される
購読広告ページ

手に鞄を持つサラリーマン風の外国人らしき長身の男性が、一面の砂丘を駆け上がる写真がページの中心にあり、「中国 NO.1 の励志雑誌」、「奮闘によって運命が変えられる。夢のある人間こそ特別な存在」の言葉とともに、次のような文句も赤色の大きな文字で書かれていた。

　もしあなたが教師なら、あなたの励ましを必要とする生徒さんがいるはずです。
　もしあなたにお子さんがいるなら、その子はあなたの期待の言葉を待っているはずです。
　もしあなたが部下を持つ上司なら、部下を励ますことが求められるはずです。
　もしあなたが若者なら、自分の夢を叶えるために誰かのサポートを必要とするはずです。
　もしあなたが今恋をしているのなら、あなたの恋人は共に成長できるパートナーを求めているでしょう。

　この広告のフレーズは、若い人は自分の夢の実現のために、また教師が学生のことを、親が子どものことを、上司が部下のことを、恋をしている人が恋人のことを考えているなら、この雑誌が役に立つだろうという趣旨のものであるが、ここで重要なことは、「学生」も「子ども」も「部下」も「恋人」も、さらに上へとレベルアップする（「励まされる」「期待される」「奨励される」「ともに学ぶ」）ことが重要だと強調していることである。レベルアップするために頑張っている＝「奮闘」している若者をサポートするという雑誌の趣旨がここで再び強調されているわけである。
　上では、2003 年の改版について宣伝フレーズの変化を中心に見てきたが、ここから、『中国青年』で用いられている社会に対する解釈の枠組みの変化が窺えるだろう。1995 年の改版時は、市場経済の導入によって人々は精神面よりも物質面の追求に目がくらんでいるという時代解釈のもとで、理想主

義や「ロマンチックな情念」をもって物質主義的な傾向に対抗しようという姿勢を示していた。その後も、「中国青年を読み、人生の正しい道を歩む」というフレーズを提起する。即ち、ある時代の流れの中で、『中国青年』はある方向が「正しい道」であると決めて、若者をその方向へと誘導しようとしていた。そこでいう「正しさ」とは、それまでの政治的指向性を基本とする「正しさ」ではなく、物質的な追求によって人々に忘れられているある道徳的な「正しさ」であると言えよう。

その後、「青年中国に注目し、中国の青年に注目する」（2000年第5号より）「青年の生存状態に注目し、青年の人生の需要に服務する」（2001年第13号より）などの宣伝フレーズが登場したが、市場経済が社会の各領域に浸透してゆく中で『中国青年』も少しずつ「正しさ」の代表という自意識から離れ、現状肯定の立場を強めて市場経済を生きている若者の真の需要に目を向け始めた。その結果として、2002年第14号から「奮闘によって運命が変えられる。夢があるからこそあなたは特別な存在」を掲げ始めた。これは、ある意味では、『中国青年』にとって、道徳的「正しさ」を諦める過程でもあった。「理想主義」や「人生の正道」などの言葉に見られたような、奮闘の手段が正しいものであるかどうかという視点は、ここでは不問とされた。「奮闘」そのものに価値を置くようになったのである。

この時代状況については、奮闘すれば自分自身の運命を変えられるという解釈の枠組みをもって臨んでいた。この枠組みの中で、指導するのではなく、また迎合するのでもなく、自分自身の運命を変えるために奮闘する若者に、ただただ付き添うという姿勢を見せていた。

その裏づけに、この時期の誌面では、普通の読者である若者が自分自身の体験談や心情を語る「四季風鈴」のような投稿文が大幅に増加した。

4 「奮闘」の結果の重視──2008年の第3回改版

2008年に入って『中国青年』は3度目の改版を行った。まずその具体的な変化を確認しよう。

4.1 読者参加の内容の大幅なカット

2008年の改版に関する告知では、「先駆者の品格、リーダーの魂」を
キャッチフレーズに、優秀な青年を対象とする人気雑誌を作るとされている
が、設置されたコラムからもこのような意図が窺える。全体では「脈動」、
「天下」、「先駆者」、「学養」、「品のある人生」、「編集者と読者」の六つのブ
ロックがあり、各ブロックの下に合計30以上の小さなコラムがおかれてい
る。「脈動」の下には「ヒエラルキーの高い人物の語録」、「中南海瞭望」、
「民声」、「観察」などのコラムがあり、内容は政治や経済の専門家による解
説が中心である。「天下」ブロックではグローバルな視点から中国と世界と
の交流にフォーカスがあてられている。「先駆者」ブロックは、各業界の優
秀な人物のドキュメンタリー記事が中心となっている。これらの三つで、全
体64ページの三分の二を占めている。タイムリーな話題を扱うものが多く、
雑誌の主要な内容となっているといえる。「学養」、「品のある人生」、「編者
と読者」ブロックは散文、感想文、人生についての雑談、漫画など、よりソ
フトな内容になっている。こういった内容から分かるように、政治的、或い
は文化的、経済的に高いクラスにいる人間の視点による記事が多く、一般の
読者である若者の投稿で成り立っているコラムは大幅に減っている。

4.2 雑誌の位置づけとモチーフの変化

2007年11月の上半期号、第21号は試刊号として発行され、読者へ改版
を知らせるページがあったが、そこでは同誌の位置づけについて「優秀な青
年、エリート、社会のリーダーに当たる人々に全面的に情報を提供しサポー
トする」とし、その内容の特徴は「社会のホットな話題に注目し、情報の整
理を重んじ、思想的なレベルを高め、権威のある観点を提示する」ことにあ
ると自己定義している。2003年から2007年まで使われていた「奮闘によっ
て運命が変えられる」というモチーフとあわせて考えると、今回の改版は、
ターゲットとする読者と目指す目標に大きな変化があったことが窺える。即
ち、ターゲット読者層を「奮闘」の若者から、「優秀な青年、エリート、社
会のリーダーに当たる人々」に移し、また雑誌の位置づけを、人々に付き添

い励ますというとことから、高いレベルの権威のある観点を持って再び指導する立場をとるというところへと変化させているのである。

　続いて、この改版を手がけた当時の総編集長の語りや雑誌の表紙、記事の内容からこの点を確認しておこう。2008年の改版は、1995年、2003年に続いて三回目の改版となるが、その直接の原因となったのは、やはり購読部数の下落である。『中国出版年鑑』の統計によれば、2003年の『中国青年』の購読部数は25万部であるが、2003年の改版以降も、購読部数は毎年10％の勢いで減っていたという（晋雅芬2008）。実際、『中国出版年鑑』の統計コラム「毎号印刷部数が25万部を超える雑誌のリスト」には、2003年以降『中国青年』が登場しなくなっており、このことからも同誌の発行部数は25万部以下に下落していることが分かる。改版当時の構想について、総編集長の胡守文は次のような考えを表明している。胡によれば、雑誌の発行部数の80％は青年団の公費による購読であるので、青年団による公費購読こそが大きな市場であるが、購読するかどうかを決めるのは青年団機関の組織と幹部である。そう指摘した上で胡は発行部数の低迷の原因を「青年の中のハイレベルなグループ、先進的な人物、エリートと一般の青年とを混同したことで、雑誌の特徴と魅力をなくしてしまった」ことに見いだし、その対策として、「そこらの道端で売っている品の低い雑誌」との差別化をはかり、雑誌の機関誌としての性格とその特色を守り、党の事業の後継者を養成するという歴史的な使命を堅持し、「人を発見し、養成し、成功へと導く」ことを中心に取り組むという方針を強調した。そのために、「青年に注目し、青年の注目することに注目する」という雑誌の主旨を改め、「先鋒品格、棟梁気魄（先駆者の品格、リーダーの魂）」へ方向転換する。これをもって、雑誌がターゲットとする読者は一般の青年よりも「リーダー」、「先駆者」であるということを強調した（胡守文2009）。

　胡によるこの語りは、中国共産党の下位組織である青年団の「機関誌」であるがゆえの政治的な「思想レベル」の語り、政治的な「権威」についてのものというよりは、青年団を雑誌の購読部数を拡大するための手段として利

用しようという割り切った態度が窺えるものとなっている。また、ここでは機関誌としての特色を守るために、青年団幹部を代表とする「青年の中のハイレベルなグループ、先進的な人物、エリート」をターゲットとすべきと述べているが、胡の文章の趣旨は、いかなる内容に誌面を改めれば雑誌の発行部数をあげることができるかというものであり、それを考えると、機関誌であるがゆえ「党の事業の後継者を養成する」任務をよりよく果たす必要があるというのは、本音というよりも、むしろ建前／レトリックであるといえよう。実際、2008年改版前の『中国青年』は、「奮闘によって運命は変えられる。夢を持っている人間こそ特別な存在」をそのモチーフとしており、いわば「頑張っている途中」の若者を激励することを中心とする姿勢が窺えた。これを考えると、2007年〜2008年前後の中国では、「頑張っている途中」の一般の若者よりも、「頑張り抜いた成功者」＝社会階層の上部にいる若者、つまりエリート向けの雑誌、エリートの好みに合い、或いはエリートの価値観を称揚する雑誌を作ることが時勢に合うと編集部が判断したと理解できよう。『中国青年』はこのようにして、市場経済の社会の中で再び指導的な立場を手に入れようとした。ただし、ここで依拠しているのは政治的な権威ではなく、市場経済社会の中でいかに経済的な成功者になるかという成功の権威である。

5 『中国青年』の3回の改版に見られる社会学的意味

　以上、『中国青年』の1995年以前の特徴、及び1995年、2003年、2008年に行われた三回の改版のプロセスを詳しく見てきた。それを中国社会の変容と結びつけて考える際に、どのような社会学的な意味が見いだされるのだろうか。一言で言うと、これは、『中国青年』が社会についての解釈の枠組みの変化につれて、政治への「忠誠」から離れ、また「理想主義」、「人間の正道」などの道徳的な「正しさ」から離れて、「奮闘」に価値を見出だし、その後、経済の「成功」の価値へと向かっていくプロセスであった。これは、改革開放以降30年間の中国社会の時代的ディスコースの変化の一面を反映

第四章　公的文化装置による中国社会の語られ方の変容　147

したものであると言えよう。

　まず、1995 年以前は、表紙のデザインを女性モデルの写真にするなどし
て、少しずつ市場の需要、読者の好みに眼を向け始めはしたものの、政治的
に忠実で専門的知識を持ち、四つの現代化に貢献し、改革に順応せよと若者
に対して政治的立場から教化する態度を取っていた。次に、1995 年の改版
は、購読部数の大幅な下落から生じた危機感に基づき、それまでの政治主導
の雑誌作りから脱却して、市場の需要＝読者の需要に目を向け始める第一歩
であった。その際には、「機関誌」の性格を守りながら「読者に近づき読み
やすいものにする」というのが改版のポイントとされていた。読者の声を掲
載するコラムを増やし、改版に関して読者と絶えず意見を交わしていたこと
も特徴の一つであろう。また、1995 年第 1 号に掲載された編集部の文章
「『中国青年』が中国の青年の皆さんに約束を」を始め、雑誌社のトップ責任
者＝雑誌社社長や総編集長、さらには各コラムの担当者＝編集者、記者が直
接読者に語りかけて改版について説明していた。これは「われわれの市場は
読者である」、すなわち市場＝読者という考え方によるものであろう。こう
いった中にあって、「迎合」と「教化」という態度の変わり目でかたくなな
姿勢を見せながらも、1995 年の改版によって、『中国青年』は「理想主義」
や精神的なものをもって市場経済によって発生したとされる社会の問題点に
対抗しようする道徳的「正しさ」の論理を持ち始めたのである。2003 年の
改版では、「奮闘によって運命が変えられる。夢があるからこそあなたは特
別な存在」との言葉がモチーフとして掲げられるようになった。1995 年改
版後の趣旨は、市場経済によって引き起こされた問題点に対抗する姿勢を見
せるというものであったのに対して、2003 年改版後の趣旨は、市場経済の
ルール＝夢を持って奮闘するということを認め、それを提唱する姿勢を示す
ものとなったといえよう。ここでは、「奮闘」の過程そのものが重要である
という認識を持ち始めたといえる。

　2008 年改版後のモチーフは、「先駆者の品格、リーダーの魂」である。こ
れは、市場経済のルールを守り、勝者となったもの＝「先駆者」「リーダー」

に注目する雑誌を作ることをアピールするものだと言えよう。改版後の内容やコラムを見ても、一般の若者による投稿や読者コラムが大幅に減り、指導者としての雑誌の立場を改めて示しているのが観察された。とはいえ、ここでは政治的な指導者の立場ではなく、現代社会の「成功」に関する指導者の立場を取っている。この時期に同誌によって用いられる論理においては、「成功」そのものの価値が強調されているといえよう。そこでは、成功するまでの手段が正しいかどうかという「正しさ」の問題も、成功するまでの「奮闘」の過程も、あまり注目されなくなった。

第4節　『中国青年』に見る中国社会の語られ方の変化

以上、七回の周年記念の記事（5周年5回、10周年2回）、及び3回の改版のプロセスを整理してきた。要点を改めて確認しておこう。

第2節では、周年記念の内容から見る雑誌の自己認識の変化について論じた。周年記念の記事の整理を通して、『中国青年』がどのように自らを位置づけてきたのかを考察し、1978年〜2008年の30年間に、『中国青年』は政治的価値の表明、読者の承認による価値の表明、豊かな歴史を持つユニークなメディアとしての価値の表明という三つの仕方を通して自らを位置づけてきたことを示した。

第3節では、『中国青年』の青年への態度、同誌と青年との関係の変化をめぐって、1995年改版以前、及び1995年、2003年、2008年に行われた三回の改版の特徴を整理し、次のことが明らかになった。まず1995年改版以前の時期は、政治的な仕組みの中で、「祖国」に忠実である上に、「四つの現代化」や「中華民族の振興」という国家目標のために「青春を捧げる」べきだという政治的「正しさ」を掲げて、青年に対して上の立場から教化する態度を取っていた。そこでは、1984年前後を境に「知識の習得」から「改革への協力」へというように、政治的「正しさ」への指向性の中での微調整も見られた。次に、1995年の改版では、市場経済の導入によって引き起こさ

第四章　公的文化装置による中国社会の語られ方の変容　149

れた社会の問題は拝金主義の氾濫によるものであると仮定したうえで、「理想主義」＝精神的なものをもってそれに対抗するという道徳的な意味合いでの「正しさ」によって、青年を誘導しようとした。それ以前は政治的に指導する対象であった青年の「読者」としての一面を重視し、教化的な態度から誘導の態度へと切り換えたわけであるが、そこには「迎合」と「教化」の間で揺れ動く不自然さも見られた。さらに、2003年の改版では、市場経済という現実を積極的に受け入れ現状を肯定したうえで、市場経済の社会を生き抜くルールとして、「夢をもって奮闘し運命を変える」という指針を青年に提示し、「奮闘」している若者に付き添うという姿勢を示した。1995年と2003年の改版は、市場経済の導入によって国家による財政的支援が打ち切られ、自主経営を余儀なくされた雑誌社が、激しい競争を生き抜くために懸命に読者の要求に考えをめぐらし、それに適応しようとしたことの証であるといえよう。続いて2008年の改版では、市場経済を導入した後の社会において勝者となったもの＝「先駆者」「リーダー」と称される成功者に注目し、「成功」という新たな枠組みを承認・奨励しつつ再び指導的な態度をもって青年と向き合い、保守的、権威的な態度を取り始めた。それ以前の段階においては、雑誌の発行に関して「青年団」とのつながりによるメリットの存在は認めないというほどに、政治との関わりではなく、メディアとしてのユニークさと実力を訴えていたが、ここでは、発行部数を伸ばすために、メディアとしての実力ももちろんのこと、政治とのつながりも積極的に利用しようとした。ここにも、手段に拘らずに「成功」を手にしようとする思考、まさに同誌がこの時期に依拠している解釈の枠組みそのものが反映されていた。

　以上の二つの作業を通して、市場経済が確立される過程で『中国青年』が時代の状況を語るために用いる解釈の枠組みが具体的にどのように変化してきたかを確認できた。即ち、1978年から1990年代前半までは、「四つの現代化」の実現という国家目標に青春を捧げるべきであるという政治的「正しさ」の論理を掲げ、青年に対して指導的で強硬な態度を示しており、雑誌自

体についてもこの政治的「正しさ」に依拠して政治的な価値の表明をしていた。1995年の改版では、「理想主義」や精神的なものをもって市場経済によって発生したとされる社会の問題点に対抗しようする道徳的「正しさ」の論理を示し始め、この時期には読者の承認によって雑誌の価値を表明しようとしていた。2003年の改版では、市場経済を導入した社会の現実を積極的に肯定し、その社会の中でいかに「奮闘」して「運命」を変えられるかが重要であるという論理を示し始め、それに対応するように、雑誌の価値についてもメディアとしてのユニークさと実力をアピールすることによって表明しようとするようになった。その際には運命を変えるという成功者の論理も重視されていたが、「奮闘」そのものに価値が置かれていた。一方、2008年の改版では、「先駆者」や「リーダー」といったエリート＝成功者になるが重要であるとの論理を示し始め、青年に再び指導的、権威的な態度を取り始めた。これに対応するように、メディアとしての実力よりも政治的なつながりを利用して発行部数を上げようといった考え方が見られるようになった。

　このプロセスの中で、若者に対する認識が、政治的な存在としての「青年」から生活者としての「読者」に変わり、さらにその「読者」が「奮闘している若者」から「先駆者」「リーダー」と称される成功者へと切り換わったのである。

　90年代以降、中国社会で社会現実を語る際に用いられるディスコースは、「階級」、「革命」のパラダイムから社会科学的な語り方へと変化してきたと言われるが、雑誌『中国青年』を資料にして考察を行った本章は、これをより詳細に確認し、さらには社会科学的な語り方をするようになってから、どのよう解釈の枠組みに依拠してきたのかを明らかにした。つまり、「又紅又専（政治的に忠誠である上に高度の専門知識を有する）」から「理想主義」へ、「奮闘」から「リーダー」へというように、政治的「正しさ」から道徳的「正しさ」の論理へ、さらには「奮闘」の過程そのものを重視する論理からから「奮闘」の結果＝「成功」を重視する論理への変化があったのである。言い換えるならば、本章では中国社会を語る際にメディアで使われる社

第四章　公的文化装置による中国社会の語られ方の変容　151

会科学的な語り方が、どのよう論理に依拠して、時期によってどのように変化してきたのかを明らかにした。これにより、改革開放後における中国社会の言説構造の変化の一面を発見することができたと思われる。

注

29　1999 年から『中国青年』は月刊誌から月 2 回刊行（biweekly magazine）に切り換わり、上半月は通常の総合版、下半月はダイジェスト版となった。2000 年からは 2 号とも通常の総合版の発行となったので、9 月号は第 17 号、18 号の 2 冊が発行されている。2003 年と 2008 年のサンプルは、10 月号の上半月版に当たる 19 号を選んだ。

30　復刊という出来事も雑誌にとっては自らの価値をアピールする重要な場面だという判断から、ここでは復刊号の 9 月号も視野に入れて整理した。

第 二 部

第五章　教育達成による上昇移動への熱望 （1978 - 1984 年）

本章では、1978 - 1984 年の中国社会における人々の上昇志向、及びその時代の公的文化装置について考察していきたい。

第 1 節　1978 ～ 1984 年における社会経済変動

若者の上昇志向について知るためには、彼らを取り巻く社会的環境を知る必要がある。これを説明するに当たって、二つの重要な事柄を取り上げたい。一つは大学入試制度の再開とそれに伴う知識重視の風潮の発生、もう一つは「上山下郷」された知識青年の大規模な「返城」による失業の大量発生である。

1　大学入試制度の再開と知識重視の風潮の発生

1977 年 8 月に、鄧小平の司会のもとで「科学と教育座談会」が開かれ、文化大革命によって 10 年間にわたって実際上廃止された大学入試制度の再開が採択された。当年 11 月 28 日～ 12 月 25 日までに、全国で約 570 万人の若者が大学入試に参加し、27.3 万人が合格した[31]。翌年の春に行われた二回目の入試では 610 万人参加し、27.8 万人が合格した。全体では計 1180 万人が参加し、40.1 万人が合格した。合格率が 1 ／ 29 で、4.7 ％であった。

1978 年から通信大学や夜間大学などによる学生募集も始まった。

大学入試制度の再開は、親の政治的身分＝出身や社会関係に代わって、学力を測定する試験をもって人材を選抜するという大きな制度の転換であった。知識の価値が再び肯定され、一般人に自分の運命を変える機会が提供さ

れ、「知識を尊重し、教育を重視する」という雰囲気が醸し出されたのである。知識と能力を持つ人間が「人材」として再び重要視されるようになった。今まで政治的な出自によって人々の運命が決められていたが、大学入試制度の再開によって社会階層の上昇流動が再び始まったといえよう。

大學入試制度の再開に伴い、社会全体で知識重視の風潮が次第に高まった。

1977年10月3日に、新華社によって「赤とともに専も重要（政治的忠誠のみならず、経済建設に役立つ専門的科学技術の知識を身につけていることも重要)」の模範として、「ゴールドバッハ予想」を証明した数学者の陳景潤が模範事物として宣伝された。1978年3月に、全国科学技術大会が開かれ、「科学は第一の生産力」との論断を発表した。1979年の第五回人民大会第二次会議の政府報告では、わが国の階級状況についての内容が含まれており、知識人は社会主義国家の主人公であることを明記した。知識人の政治的地位の上昇が果たされたわけである。

1979年より、学力レベルや学歴が官僚、企業の責任者を選抜する際の重要な要素の一つなり、さらに政府は、1983年から短大とそれ以上の学歴を昇進の指標に入れた。

このように、昇進や幹部の選抜において、知識の重要性が強調されるようになり、社会全体で知識重視の風潮が形成された。

2 知識青年の「返城」による失業の大量発生及びそれに伴う就業形態の変化

1950年代半ばから、毛沢東の呼びかけのもとで、「知識青年の上山下郷」が行われ、大量の都市部出身の若者が農村に行かされた。文化大革命終了後の1978年までの10年間の間に、約1700万人の知識青年が動員された。1980年に中央書記処から「当年の夏休みから現役の卒業生は「上山下郷」しないこと」との通達が公布され、知識青年の「上山下郷」運動に終止符が打たれた。

第五章　教育達成による上昇移動への熱望（1978－1984年）　157

表5-1　1980 ～ 1985 年に待業と就職者数（万人）

年	仕事の配分を必要とする人間の数	当年就職者数	年末決算時の失業者数	歴年就職者数合計
1980	1309	900	409	900
1981	1125	820	305	1720
1982	969	665	304	2385
1983	899.3	628.3	271	3013
1984	957.5	721.5	236	3734.8
1985	1068.9	813.3	255.7	4547

出所：『中国統計年鑑1985』、『中国統計摘要1986』

　一方、大量の若者が一気に都市部に戻ると、70 年代末から 80 年代の前半にかけて、中国の都市部では深刻な失業問題が引き起こされた。

　中国でいち早く失業問題の研究に取り掛かった馮蘭瑞氏の調べによると、1979 年中国の都市部での「待業者[32]」＝失業者は 1538 万人でありピーク時に達したが、その中の大半は中学校卒業の教育レベルのもので、農村部から都市部に戻ってきた知識青年が殆どである。

　1979 年に政府の努力で 902.6 万人が就職したが、この「統一募集、統一配属」の制度をもって、大量の失業者を全員就業させるのが不可能であった。1980 年の 8 月に「全国労働就業会議」が開かれ、就業に関する新たな政策が打ち出された。それは、今までの国家による統一的な配属に加え、「国家の統一的計画的な指導の下で、労働部門の紹介による就業、自ら人員を組織し集団的経済組織を作ることによる就業、自ら個人経営を行うことによる就業」という三つの新しい方式を可能にするという「三結合」と呼ばれる政策であった。この政策を取ることによって、1980 年で 800 万人が職を手に入れた。

　上記の表から分かるように、1981 年から 1985 年までに、失業者数は年ごとに減り、都市部での就職状況はやっと好転した。「上山下郷」から都市部に戻ってきた知識青年の大半は就職した。1984 年から就業問題の中心と成っ

たのは毎年の夏に中学校や高校を卒業した中等教育の卒業生になった（馮蘭瑞 1988）。

一方、「三結合」政策という労働政策のもとで、若者の就業形態にも大きな変化があった。即ち、これまで全民所有制（国有）の企業事業単位に勤めるという「鉄のご飯茶碗」とは別に、「民弁集団企業」と「個人経営」という新たな就業形態が生まれたわけである。この三つの就業形態のどちらに付くか、当時の人々にとっては仕事の安定性、給料、延いては社会的地位が大きく違ってくるのである。

一方、多くの若者とその親にしてみれば、何よりも良い就職先はやはり「鉄のご飯茶碗」と呼ばれる国営企業であった。個人と仲間で集団企業を起こすよりも、個人経営よりも、国家による統一配属のほうが望ましかったのである。そのために、この期間中に、多くの親が退職の年齢になる前に退職してしまい、その子女に職を譲ることを選んでいた。この傾向は、1980 年代の半ばまで続いていた[33]。

80 年代初頭の就労に関する若者の意識について、馮蘭瑞は次のようにまとめた。全民所有制の企業や大規模な集団企業に就職することを望んでいる。個人経営を忌避している。社会的に尊敬され、評価の高い業種への就職を望んでいる。社会的地位の低い職種を忌避している。技術職、知識的な職種への就職を望んでいる。3K のような重労働を伴う仕事を忌避している。大都会での就職を望んでいる。農村部や辺境地域での就職を忌避している。一言でまとめると、個人の前途、利益を優先的に考えていたのである（馮蘭瑞 1988）。

3　70 年代末から 80 年代初頭の階層構造

新中国建国後から改革開放までの間、中国社会に階層分化が存在したかどうかについては定説がないが、一部の社会学者はこの時期の中国社会の階層分化は身分制或いは政治的身分によるものだと指摘している（李強 1993；1999）。

第五章　教育達成による上昇移動への熱望（1978－1984年）　159

　李春玲（2005）はこの時期の社会成員を幹部、労働者、農民との三つのグループに区分できるとしたうえで、その社会的経済的地位を指標に、幹部を上層、労働者を中層、農民を下層に分けることができると指摘した。

　李によれば、この時期において社会上昇移動を達成するには、戸籍制度による身分制の障碍、档案制度による身分制の障碍、政治的身分による障碍という三つの構造的障碍を越えなければならない。その中で、戸籍制度による身分制の障碍は最も越えがたい障碍であり、1949－1979年の間には、この障碍を越えて労働者になった農民は5.2％しかなかった。また、档案制度による身分制の障碍も厳しく、この制度によって非農民の就業者は幹部と労働者に別れており、労働者の身分から幹部になるのが非常に困難であった。さらに、幹部身分の人々にとって、政治的身分による障碍が重要であり、専門技術者がそれを超えて党・政府管理幹部や国家企業の管理職になるのが難しい。一般的にはさまざまな努力を持って党への忠誠と共産主義への固い信仰心（良好なる政治的パフォーマンス）を表明して、厳しい政治考査を通過して初めて可能になるが、1949－1979年の間、このような上昇移動を遂げた専門技術者は1.5％しかなかった。この三つの障碍は、人々の社科いて経済的地位の違いや階層分化の結果によってできたものではなく、国家の特殊な制度によるものである。国家は、これらの行政的手段を持って人々に固定的な身分とそれに付随する社会保障と福祉に関する待遇を与えていた。人々を都市部住民と農村部住民に分けた戸籍制度、都市部就業者を幹部と労働者に分けた档案制度、また幹部を専門技術者と党・政府管理者、国家企業の管理職に分けた政治的身分制度という三つの制度は、社会の上昇移動の達成にとって大きな障壁を作った（李春玲2005）。

　李の上記の論述は、改革開放が始まる前の中国社会の階層構造の縮図と言えよう。一方、80年代初頭に入ってから、就業形態の変化によって、この三つの制度的障壁に加えて、労働者グループにも大きく分化し始めたと言えよう。それは、前述で紹介した勤め先の所有制の違いによる分化である。80年代の初頭には、これまで全民所有制（国有）の企業事業単位に勤めるとい

う「鉄のご飯茶碗」とは別に、「民弁集団企業」と「個人経営」という新たな就業形態が生まれたわけである。この三つの就業形態のどちらに付くか、当時の人々にとっては仕事の安定性、給料、延いては社会的地位が大きく違ってくるのである。

4 小結

　この節では、1978 年～ 1984 年において、若者を取り囲む社会的環境を、大学受験制度の再開と労働就業形態や若者の就業の意識の変化、当時の社会階層構造のあり方という三つの面から紹介した。この中から、上中下に分かれてくる社会階層構造が事実上に存在していることや、大學受験制度の再開や就業形態の変化など社会的環境の変化によって、人々はこの既存の構造の中で上昇移動を求めさせる原動力が強く触発されたことと言えよう。

　そして、このような背景の下で、「四つの現代化」の実現という国家目標に貢献すべきだという論理によって個人の努力が正当化されたが、その論理からはみ出しそうな若者の、自我実現を目指す上昇志向というエネルギーを前にして、努力の動機は「公」のためか個人の私的生活のためかとの動機の選別が行われたことがわかった。

第五章　教育達成による上昇移動への熱望（1978-1984年）　161

第2節　「登竜門」とされる大学受験——学業に関する読者の声

　1978年～1984年の『中国青年』雑誌の関係記事を見ると、文化装置として『中国青年』雑誌は、次のような二つの方向を打ち出している。まずは、「四つの現代化」という国家目標を設定し、その中で若者はこの目標の実現に貢献すべく、知識の習得に努力すべきだという位置づけをもってその役割を期待された。一方、この論理を通して個人の努力が奨励されるようになったが、その努力の動機は国家という「公」のためか、それとも個人の生活という「私」的なもののためか常に選定が行われており、「私」的な動機は批判・規制されていた。すなわち、若者の上昇志向に関するエネルギーは、この文化装置によって国家目標の実現という公的なものに収斂されようとしたである。また、階層の存在、社会構造的に不平等があるということ自体が否定されていた。

　しかし一方、若者はこのような社会地位の上下関係の存在を敏感に感知していたのである。そして、自分自身の社会的地位上を改善しようと、強い上昇志向を表した。

　以下第2節、第3節、第4節では、『中国青年』に掲載された若者の投書から、『中国青年』のような公的な文化装置とは違う論理で動いている若者の生活世界にアプローチし、当時において彼らは社会区分についてどのように認識していたか、その認識に基づきどのように上昇移動を果たそうとして、またその中でどのような悩みを持っていたかなどの点を確認したい。そこには、「売店の店員」など平凡な仕事を続けることに感じるもどかしさ、（大学入試を通して）教育達成できない場合に生じる不安などに悩まされる若者たちの姿があった。

　本節では、『中国青年』に掲載された読者の声を「学業」「職業」「恋愛・結婚」という三つの分類にしたうえで、①階層ヒエラルキーの存在に関する認知はどのようなものであるか、②どのようにして上昇移動を果たそうとし

て、そしてどのような悩みを持っていたか。即ち、上昇志向のあり方はどういうものであるか、③社会秩序のあり方に対してどのような解釈・想像を持っていたかなど、三つの面から考察していきたいと考える。

1978年〜1984年までの『中国青年』では、読者の声を掲載するコラムが同時に幾つか存在していた。「青年信箱」「読者からの手紙」「服務台」「鼓与呼」などがあるが、本研究で資料となった読者の声の抽出の仕方については、前述第二章を参照されたい。

1970年代末1980年初頭の時代においては、大学入試制度の再開によって、大学進学を通じて社会上昇移動を遂げることに対する情熱が一気に高まった。この時期の『中国青年』雑誌には学業に関する投書が大量に見られたが、これらの投書はその内容から分類すると、学習効率を上げる方法や受験の注意点などのノウハウ型の投書、大学受験に対する受験生の不安や焦燥感を反映する投書、大学入試の競争の激化による中高生への心理的負担のしわ寄せに関する投書という三つのタイプに大別できる。

1　学習効率を上げる方法や受験の注意点などのノウハウ型の投書

この類の投書は、大学入試の前後の過程をめぐって、いかにして学習の効率を上げることができるか、または大学受験に挑む際に注意すべき点が何であるか、さらには大学生活への適応などが中心とする。

（1）学習の効率を挙げるための疑問

1978年第1号「どのように効果良く脳を利用できるだろうか。」
1980年第3号「一冊を良く理解すれば、ほかのものは全部理解できる」
1980年第12号「どうして私はよく集中できないのだろうか」

投書5-1　「どうして私はよく集中できないのだろうか」（1980年第12号）
　　　　　私は中学生です。授業中は集中できず、いつも上の空でいます。本当は先生の授業をよく聞きたいです。でもいつの間にか、

第五章　教育達成による上昇移動への熱望（1978－1984年）　163

気が散ってしまうのです。何を考えていたのか、自分でも良く分かりません。目を大きくして先生をじっと見るようにしていますが、授業の内容は一向に耳に入りません。克服したいと思って、いろいろ試してみました。手で頭を打ったり、メモを取ったりするなど、でも、あまり効果は見られませんでした。そろそろ高校を卒業しますので、焦っています。苦しいです。アドバイスをいただけたら嬉しいです。

湖北省　丁振君より

（2）試験に挑む際の注意すべき点
1979年第6号「試験の時にどのようにすれば実力が発揮できるだろうか」
1981年第10号「どのようにすれば試験の際に慌てずに済むだろうか」
1983年第5号「試験となると、いつもの実力が発揮できなくなる。どうすればよいだろうか」

（3）大学生活への適応
1979年第3号「どのように大学生活を早く適応できるだろうか」
1979年第9号「趣味と専攻の食い違いがあるが、どのようにすればいいだろうか。」
1983年第9号「大学に入ってからの危機」

　これらの投書から、大学受験という社会上昇移動につながるルートについて、人々は非常に重要視しており、いかにすればよりよく利用することが出来るかと苦心していることが伺えるだろう。

2　大学受験に対する受験生の不安や焦燥感
　この類の投書では、大学受験という社会上昇移動のルートに対して、若者が大きな心理的負担を抱えながら向き合っていることが伺える。それには、社会階層の存在を非常に明確に認知しており、より高い階層へ上昇移動したいという強い気持ちが表されている。

一方、これらの問題への編集部による回答は、階層の存在自体を否定しようとする公式の説教が垣間見える。

以下では、志願選びから見えるホットな専攻への集中、大学受験を控えている際の緊張や不安、落第した際の悩みや迷いなどの面から紹介しよう。

（1）志望校選びから見えるホットな専攻への集中

大学受験に関する悩みは、受験の志望校選びから始まる。1979年第5号の「青年信箱」では、「大学受験に際してどのように志願を選ぶのか」との読者の質問への回答記事が掲載された。

そこでは、各大学の特徴や人材養成の目標の確認、重点大学への集中の回避などの技術的なこと以外に、受験生の志願がホットな専攻ばかりに集中しているという傾向を指摘して批判した。その一部を確認しよう。

記事5-1（抜粋）

　　しかし志願選びは、決して単純なテクニッカルなことではない。ここ二年以来、全国の受験生の大学選びは次のような傾向が目立っている。一つ目に、自動化、計算機、電子、物理、数学などの専攻を選ぶ人が多く、農林、石炭、石油、地質などの大学や専攻を選ぶ人が少ない。二つ目に、大都会、地域性の大学を選ぶ人が多く、全国性の大学を選ぶ人が少ない。三つ目に、普通大学を選ぶ人が多く、軍事系大学を選ぶ人が少ない。18箇所の農林系大学の統計によれば、1977年に合格した大学の新入生7118名のうち、農林系専攻に志願したのは3248人しかいない。この数字は、新中国が成立して以来、農林系専攻に志願した最も少ない人数である。全国重点大学である華東石油学院の場合、1978年に北京で53人の募集計画があるが、第一志望で志願したのは一人しかいなく、第6、7志望で志願したのは少し増しだったが、石油採取、測量、貯蔵と運輸などの専攻に志願したのは一人もい

なかった。また、合格したとしても大学に来ない人もいる。

　ここでは、当時大学の志願選びに存在していた、当時に若者に人気のある専攻への集中との問題が指摘された。その原因についても、回答者は次のように指摘した。

◎計算機、自動コントロール、電子などの専攻に志願したのは、先端技術を身につけたいからあるが、一方、農林、石炭、地質、石油などの専攻は「勉強する価値がない」「人前に自慢できない」ことであり、ホットの専門のほうが「四つの現代化」への貢献が大きい。

◎地元を離れたくなくて、大都会に就職したい。条件の悪い地域に仕事が配属されてしまうことが忌避されている。

◎子どもを自分の財産だと思い、なかなか親離れさせたくない親の影響が大きい。

　ここから、当時若者たちが大学受験に際して、自分が感知した社会への解釈によって選択を行っている状況が伺えるだろう。当時、軍事系大学、農林系、石油、石炭、地質などの伝統的な産業に指向する専攻よりも、近代化との関係がより密接な専攻、計算機、自動コントロール、電子技術などのほうに人気があった。後者に志願した理由は、「四つの現代化」により大きく貢献できるからだという説を回答者が取り上げているが、それよりも、前者の専攻が「人前に自慢できない」というのが本心であろう。当時大学卒業後の就職は国家による配属制であったため、物質的な「条件の悪い」、辺鄙な田舎で働くような職種、職業に就きたくないということも考えられる。

　著者は、「どのような専攻を選んだとしても、同じように四つの現代化に貢献できるような科学技術を身につけることができる」、「理想あり、抱負ありの青年なら、条件の悪い地域、祖国が最も必要とする地域で自分の青春を捧げることを志とすべき」などの論理で説得していたが、社会主義の国家イデオロギーに立脚したこれらの言葉は、当時の若者の心に届くことがなかっ

ただろう。

（2）大学受験を控えている際の緊張感や不安、落第した時の悩みや迷い

　当時若者にとって、大学合格がまさに「登竜門」であった。大学に入れ
ば、「天の寵児」と呼ばれ、良い就職も手に入り、順風満帆な人生が送れる
という信念が人々の中にあった。一方、進学率が非常に低く、4％前後しか
なかったため、大学受験に際して、多くの若者が大きな緊張感や心理的負担
を抱えていた。

　若者たちは、「落第」への可能性に対して大きな心配を持っている。1978
年第1号の「青年信箱」欄には、「大学に合格しない場合、人生に希望があ
るのか」と題する回答文が掲載された。これはある若者の疑問に対する返答
という形をとっており、若者の投書そのものの内容が掲載されていないが、
大學受験で落ちた若者への助言が述べられた。そこでは、「祖国の四つの現
代化に貢献するとの雄大な志を持っていれば、頑張って独学するとの意志と
決心があれば、どんな仕事でも必ず得るものがある」というふうに、国家的
論理を持って激励した。

　また、1979年第7号の「青年信箱」コラムには、「志は学歴にあらず」と
題する文章では、次の読者への回答があった。

投書5-2　「志は学歴にあらず」（1979年第7号）

　　　暁寧さん

　　　　お手紙拝見しました。大学受験で合格できることを目指して今
　　　は一生懸命勉強しているとのこととか。そうすれば、仕事も、理
　　　想も、前途もすべて順風満帆になりうまくいく、もし受からな
　　　かったら、すべてがパーになると。本当の気持ちを率直に話して
　　　くれて、うれしかったよ。私の心の中では、あなたは理想あり、
　　　抱負あり、一生懸命勉強する青年だ。このような青年にとって、
　　　大学に受かるか受からないかを自分の人生の前途にかかる一大事

と見ていることは、全く理解できる。またこれをめぐってあれこれ考えるのも良く分かる。でも、私にも率直に言わせてもらうと、あなたの考え方にすべて同意できないというしかない。

　回答文の続きには、中国の中等教育の現状からして大学進学率が非常に低いのが否定できない事実であり、大学に受かるどうかが「人材に」なる唯一の道ではないこと、大学に受からなかったが独学を通して副教授になる李慰萱氏、独学で農薬づくりに成功した厳洪華氏、中卒の学歴で医学の領域で成果を出した瀋幼棠氏などの事例を挙げ、「勇敢に奮闘すれば、大学に受からなくても科学の高峰にのぼることができる」と励ました。これは、プロパガンダ誌常套の手段で、架空の読者の手紙に回答する形で、一般に存在するとされる、社会にとって「都合の悪い」考え方を説得するために編集部の精神を伝えるということの踏襲かもしれない。しかしそれでも、当時の若者が大学受験ということに対して、受かったら「仕事も、理想も、前途もすべて順風満帆になりうまくいく。もし受からなかったら、すべてがパーになる」という、非常に緊張している精神状態が垣間見えるだろう。

　大学受験での失敗に対する緊張感から、受験に挑む若者の精神状態はぎりぎりまで追い詰められていた。次の投書を見てみよう。

投書5-3　「篩にかけられてこそ、真の黄金が残される」（1983年第5号）

　　　　　ぼくは今年卒業する高校生です。試験を目の前にして、僕の生活は緊張感に溢れています。大学受験という形のない篩（ふるい）によって自分が落とされてしまうのではないかとはらはらしていて、時には夜の12時になってもなかなか落ち着かなくて寝つけられません。このようにして僕の体はだんだん弱ってきており、精神的にもだめになりそうです。とても心配しています。このままだと大学受験まで持たないでしょう。周りのクラスメートに聞いてみると、彼らも同じような悩みを持っているそうです。

脳に滋養を与える「補脳汁」を飲むと良いという人もいたり、睡眠薬を飲んだほうが良いという人がいたり……ぼくは小心者でまだ何もしていませんが、でも、とても不安です。どうすればよいのでしょうか。

湖南　易興華より

　この投書から、大学受験の失敗を心配して焦燥感に満ちて精神的に限界まで来ている若者の像が見えるだろう。

　これに対して、回答者は大学受験の合格率の低さを数字で提示し、同読者の心配も無理がないと付き添ったうえで、大学受験という篩は実は人材を測る客観的な指標ではなく、合格した人の中にも大学に入ってから良く勉強せずに退学させられ手しまう人もいれば、大学に行かなかった人の中にも多くの人材が輩出されたと実例をあげながら励まして、説得した。

　さらに、このような状況の中で、受験して落第した場合、諦めをつけることが若者にとってなかなか困難なことであった。

投書5-4　「二回も不合格でした。どのようにすれば良いだろうか」（1981
　　　　年第9号）

　　　編集者同志、こんにちは。ぼくは1979年卒業の高校生であり、すでに2回も大学受験で失敗しています。初めて失敗した時に、家族は同情の気持ちでぼくのことを見てくれて、いくら疲れていても、家の事は一切ぼくに触れさせませんでした。先生も励ましてくださって、復習クラスで勉強を続けさせてくれました。僕自身も集中して、体が痩せてしまうほどに一生懸命勉強していました。しかし二回目の挑戦もうまく行かなくて、たったの3点の差で不合格という結果でした。面子が丸つぶれです。本当に惜しいことでした。今も勉強を続けていますが、心の中はずっと迷っています。続けて受験に参加するのか、それとも諦めるのか、なか

なか決心がつかないでいます。ご意見を聞かせてください。

江西玉山県古城公社　張国水より

　これに対して、回答者は「たったの３点で落第した」との具体的な状況に
触れ、もう一回大学受験に挑戦しても良いと答えた後に、４％の低い合格率
や試験制度の変化などの理由からもう一回落第する覚悟もしないといけない
と指摘した。しかし、「落第した受験生はすべて成績の悪い子とか、大学に
受からないと明るい前途が訪れないとかいうふうに考えてはいけない」とし
て、大学以外の手段で勉強を続ければ、四つの現代化建設に貢献できると励
ました。

　また、不合格した場合、その不合格の原因もについてもいろいろ詮索せず
にいられなかった。1980年期第６号の「青年信箱」コラムに「顔つきで人
の運命が決まるのか」との投書が掲載されたが、そこでは次のような悩みが
打ち明けられた。

投書５-５　「顔つきで人の運命が決まるのだろうか」（1980年第６号）

　　　　編集者同志、こんにちは。

　　　　　ぼくは1976年卒の高校生ですが、連続して３年間大学受験に
　　　　参加し、三回とも落第しました。ここ数年以来、映画を見る暇も
　　　　惜しんで一回も行っていなく、800以上の夜をロフトの書斎で本
　　　　を読んで勉強して過ごしてきました。しかし、これだけ心血を注
　　　　いだのに、学業のほうは一向に上達しませんでした。ぼくの頭が
　　　　おかしいのか、それとも別の原因があるのか、いろいろ考えてい
　　　　ました。人相を見る先生によれば、将来のある人間は、「頭の
　　　　てっぺんは平で、額は広く、目の両側はふっくらとしている」と
　　　　の顔つきをしているそうです。そして、「人間は頭の骨の重さが
　　　　大事であり、700グラムなら絶対に「状元」になる」と言ってい
　　　　ました。また、「頭がオリーブのような形をしている人間は、官

僚への出世が困難だ」とも言っていました。それ以降、新聞やテレビで官僚、専門家、学者などが現れるたびに、気になってよく見ていました。彼らは確かに、頭のてっぺんは平で、額は広くふっくらしていると気づきました。鏡を持って自分の顔を見ると、頭のてっぺんが尖っており、額が狭くて低いことに気づいた。ぼくは頭が小さいから知識が入らないので、だから、成績が悪い原因は、このついていない顔つきにあるのだ、と思っています。悲観的になり、前に進もうとする気力がなかなか沸いてきません。編集者の方、ぜひ教えてください。本当に、顔つきで人の運命が決まるものなのでしょうか。

浙江呉興　彭永兵より

　この投書に対して、回答者はこの考え方は「科学的な根拠がない」と否定し、「脳の大小や顔つきの有り様で知力が決まる」というのが迷信だと指摘した上で、同読者が「大学に受かることを人生唯一の目標としている」ことに問題があるとし、大学受験に合格しなくても四つの現代化の建設に貢献できる道があると説得した。

　この部分では、大学受験に関する読者の投書について分類し提示した。大学受験という身分を問わず上の階層へ昇進できる機会を前にして、勉強の仕方、参考資料の利用の仕方、志願選びなどテクニカルなことから、受験の不合格への心配、不合格した後の悩みについて、若者たちは多くの投書を『中国青年』に寄せてきた。これを通して、当時の若者が社会階層の存在を明確に認知しており、より上の階層へ這い上がろうと必死になっている状況が伺えるだろう。

　万が一の失敗を考え焦燥感や不安に苦しんでいる若者に対して、大学受験に合格しなくても国家建設に貢献できるという国家イデオロギーに立脚している論理が説かれているが、非常に無力なものだと言えよう。

3 大学入試の競争の激化による中高生へのしわ寄せ

上記では、投書の事例をあげながら、受験生たちの悩みを確認してきたが、一方、大学入試の競争の激化により、受験生ではない中学生や高校生へのしわ寄せも大きく存在していた。

以下では、「中学時代」という中学生向けのコラムの投書や評論を中心にこの点を確認してみたい。

この間の『中国青年』で取り上げている中学生問題は、下記の通り計4回の話題が組まれた。1980年第4号に進学によって家庭の中で追い詰められた子供たちに関する話題、「わが子の進学問題についてこのように対応してはいけない」と題する一組の読者投書が掲載されたが、その一年後の1981年第9号にもう一回取り上げられ、議論がなされた。

二回目の議論は、1981年第20号に始まった「私たちどのよう成長すべきなのか」と題するものであるが、進学率によって追い詰められた生徒たちの苦しみに注目し、受験制度の問題点を反省すべきだとする話題であった。

三回目の議論は、1982年に第6号に始まった「競争の中に友情が生まれるのか」と題する問題討論であり、第8号、9号、10号まで続いていた。これは、激化した進学競争の中での生徒同士の関係に関する話題である。

四回目は1983年第8号に始まる「ぼくが別冊に配属されたことに気づいた時に」であるが、第8号、9号、11号、1984年第1号まで続いた。これは、進学率を求める結果として、成績の優れない生徒に対して試験に参加させないなど乱暴な扱い方をすることに関する話題、いわゆる受験制度の問題点を指摘する話題である。

以下では、（1）家庭の中で進学によって追い詰められた子供たち、（2）学校の中で追い詰められた成績の優れない生徒の存在、（3）進学によって失われた友情、（4）進学によって緊迫感に満ちる生徒の日常、という四つの面から確認していく。

（1）家庭の中で進学によって追い詰められた子供たち

激しい進学競争は、家庭を戦場と化した。そこには、自分の子供に進学競争に勝って欲しいと期待する親たちのプレッシャーに喘ぐ子どもがいた。

1980年第4号には、「わが子の進学問題にこのように対応してはいけない」と題する議論が取り上げられ、そこには、進学に成功して欲しいと精神的な圧力をかける親たちの態度で極度に不安を感じている高校生の訴えが掲載された。その後、1980年第9号にもこのような議論が展開された。

投書5-6 「涙のお別れの手紙」（1980年第4号）

　親愛なるお父さん、お母さん、こんにちは。

　　これが、最後の手紙になるでしょう。

　　勉強の成績が悪いから、生きていても全く面白くないのです。国に対しても何一つ貢献できません。今回また試験の成績が不合格でしたから、家に帰ったらまた文句を言われるでしょう、叩かれるでしょう。これまでにどれだけひどい目に合わされてきたか、どれだけ涙を流しただろうか、あなたたちは知っていますか。あなたたちはよく言っていましたね、「死ね！あなたが死んだら私たちも負担が一つ減るし」と。こうして書いていると、涙が止まりません。涙で目が見えなくなり、書けなくなりそうです。私には死ぬという道しかないのでしょうか。

　　私が死んでも、お父さんお母さんは悲しくなんかないでしょうね。親愛なるお父さん、お母さん、安心して。ストレートチルドレンなんかになりませんし、死んでからも家族に負担をかけるつもりもありません。死んだ後の体は、あなたたちに迷惑をかけるより、魚に食べさせたほうが楽です。もし、私に対して少しでも優しい気持ちがまだあるのなら、死体を見つけてくれたら火葬にしてください。灰は、私からの国への貢献として、肥料にして畑に撒いてください。私のことがどうでもいいと思っているのな

ら、かまわなくても良い。魚に食べさせてくれればいいです。魚に食べられるのも、人類のへの貢献の一つになりますから。

　私が死んだ後に、いつかあなたたちは、どれだけひどいことを娘の私に言っていたかを思い出す日が来るでしょう。こんな結果になって、意外に思わないのでしょうか。

親愛なるお母さん、お父さん、永遠に、さようなら！

娘 ○○[34]

投書 5-7 「家から追い出されるしかないのか」（1980 年第 4 号）

　編集者同志：

　　私は、今年卒業する高校生です。あと数ヶ月したら、全国大学受験に参加する予定で、現在は時間を惜しんで復習しています。最近、両親からよくこんなふうに言われています。「大学受験に合格しなかったら、もうこの家でご飯を食べないで！この家に戻らないで！」と。普段から脅かすような、冷やかしの言葉を浴びさせられていますし、私はいつもはらはらしていて、落ち着くことがありません。合格の人数は限られていることを知っているので、万が一受からなかったら、どうすれば良いのでしょうか。周りのクラスメート何人かに聞いてみましたが、みんなも私と同じような環境にいるらしいです。彼女たちも同じような悩みを持っているようです。何かアドバイスをください。

江西南昌にいる女子高校生○○より[35]

投書 5-8 「不安です。心配しています。怖いです……」（1980 年第 4 号）

　編集者同志：

　　私は、そろそろ卒業を迎える高校生です。今は、悲しく、怒る

気持ちでこの手紙を書いています。

　高校に入ってから、母親はぼくの勉強に対して非常に厳しい態度をするようになり、娯楽の活動について全く触れさせてくれません。少し新聞か漫画、短編小説を読む時でさえ、はらはらします。注意深く周りを良く見てから出して、読む時も心臓の鼓動が速くて……ざっと読むだけで、読み終わったら何を言っていたのか全く分かりません。もし母に見つかったら、それはもうたいへんなことになります。ある日、「神聖なる使命」という小説集を借りてきて、機会があったら読みたいと家に持ち込んできました。都合のいいことに、その日の昼にお客さんが来たので、自分の部屋にこもってこっそりと読み始めました。夢中になって読んでいた時に、誰かに頭をひどく叩かれました。やばいと思って、本を隠そうとしましたが、既に遅れました。母は私の本を奪っていきました。私は一生懸命お願いしました。「私を叩くなら、どうぞ叩いてください。でも本は借り物なので、返してください。友達に返さないといけないから」と涙を流しながら、お願いしました。母は気が狂ったように、私の顔を平手打ちしていました。頭を下げて一生懸命お願いしましたが、本はやっぱりちりちりになるまで破られていました。あまり泣いたため、目が赤く腫れてしまいました。このようなことは、日常茶飯事です。

　今年の春節は、八十年代に入ってからの初めての春節でした。ほかの人はみんな楽しく映画を見に行ったのに、私だけどこへも行ってはいけないと言われました。

　さすがに私も怒りましした。元日母が麻雀に行ったので、友人の家にテレビを見に行きました。次の日に、母は私のことを罵倒しました。「お前には顔が要らないのか？まったくだめなやつだ！大学受験で失敗したら、もうこの家に帰らないで！出ていけ！少しでも意地があるなら、毒でもたべて死なさい！そうした

ら我が家の負担も一人分減るし！」と。母の話を聞いて、ショックでした。怖いです。合格しなかったら、私には死ぬという道しか残されていないだろうか。

　　毎日はらはらしていて、落ち着かないため、成績が下がっています。クラスの１番、２番から、第５番、６番にまで下がってきています。

　　不安です。心配しています。怖いです……

　　大学受験で落ちたら、社会主義国家としての中国でさえ、私の居場所がなくなるのでしょうか。

　この三通の投書から、大学受験に際して、高校生たちが受けている親からの圧力が伺える。普段の勉強生活から娯楽の時間が追放されたうえで、失敗したら家族での居場所がなくなるという将来への不安が限界にまで来ている。その中で、投書１のように「死ぬ」ことを考える高校生もいた。これは、大学受験で合格するという目標を前にして、当時の親たちが鞭を打って自分の子どもたちに期待していたことを意味する。これも、大学受験が人生の分かれ道であり、より上の階層に這い上がれるきわめて限られた重要な手段の一つであることを、親たちが身に染みるほど体感しているからであろう。

　これに対して、『中国青年』編集部は、「このように「鉄」を恨んでいると、いくら頑張っても「鋼」にはならないよ」とのタイトルの文章で、「子どもの進路についてこのように対応してはいけない」と呼びかけた。

記事５−２

　　そのように、「合格したら竜になる、不合格だったら虫になる」という、大学に入ることを子どもの人生の唯一の出口と見ている考え方は間違っている。各種の「高圧政策」を取って子どもたちにプレッシャーをかけて、「家から出て行け！」「受からなかった

ら死ね！」などの言葉を言うのも、言うまでもなく大きな間違い
である。

　編集部は、このように親たちのやり方を批判するとの立場を表明したうえ
で、親を説得していた。そこでは、中等教育の目的、大学受験合格率が低い
との現状が述べられた。

記事5-3

　　　物分りの良い親ならどなたでもご存知のように、わが国の中等
　　教育の目的は、大学などの高等教育機関に相応しい人材を送るの
　　が一つであり、もう一つ、より重要な目的かもしれないが、青年
　　の世代全体の文化的科学的レベルを向上させ、労働の予備軍を養
　　成することである。現在の状況では、高校を卒業してから大学に
　　入れる人間はやっぱり限られています。その他の多くの人は、生
　　産の現場に入る。大学に入り高等教育を受ける機会を手に入れる
　　と、四つの現代化に貢献できるのはもちろん、大学に入れなくて
　　も、それぞれの仕事の現場で頑張っていれば、優れた業績を出す
　　こともできる。これはもう目に見えるほどはっきりとした事実で
　　ある。

　また、親が子に取るべき態度として、次のようなアドバイスがあった。①
子どもの実際の状況に合わせて啓発するようなやり方で手助けをすべきであ
り、②大学受験に際して子どもたちがそもそも緊張しているので、良い精神
状態を持って受験に挑むように必要な学習条件、適当な娯楽活動、適宜な飲
食などの面から支えてあげるべきだ。
　投書の読者に対しては、次のようなアドバイスがあった。

記事5-4

第五章　教育達成による上昇移動への熱望（1978－1984年）　177

　　　勉強は頑張るべきであるが、死ぬことなど全く考えなくてもい
　　い。親の不正確な態度と手段に対して、落ち着いて説明してあげ
　　るべきであり、また必要な場合には各方面（共青団組織など―著
　　者注）の手助けを要請するのも一つの手だ。良い子には東西南北
　　どこにいても人材になれる。どのような職業でも、どのような職
　　種でも、大いに活躍する機会が待っている。皆さんに四つの字を
　　送ろう。「努力、奮闘」。

　ここでは、国家論理と個人の生活論理の食い違いが見られるだろう。「合
格したら竜になる、不合格だったら虫になる」「大学に入ることを子どもの
人生の唯一の出口」と考えている親に対して、国家の中等教育の目的や、学
歴を問わずに誰でも四つの現代化に貢献できるという国家論理をもって説得
していた。社会階層の存在を認知して自分たちの子どもに乗り遅れないでほ
しいと必死になっている親たちにとって、このような説得は痛くもかゆくも
ない言い方に過ぎなかっただろう。
　一年後の５月、大学受験に備えて志願選びの時期になるが、1981年第9
号の「読者來信」コラムには、「子どもの進学問題について正確に対処しよ
う」との話が組まれた。下記の通り、編集者メッセージが述べられた。

記事5-5

　　　次の二通の手紙を読んだら、親の皆さんは深く考えさせられる
　　だろう。今の現実では、大学に入学できる人数が限られており、
　　絶対的多数の高校生はさまざまな仕事に付くことになるだろう。
　　わが子がこのような現実を受け入れさせ、（大学合格と落第とい
　　う）二つの可能性があることを覚悟しなければならない。わが子
　　の進学と志願選びに対して、親としては自分の意見を述べてもい
　　いが、わが子の実際の状況や趣味やその個性を真剣に考えるべき
　　だ。わが子の意志をないがしろにし、思うがままにわが子にプ

レッシャーをかけて、良くない結果を招くようなことをしてはいけない。

　この編集者メッセージでは、わが子の実際の状況を省みず、大学受験を通して社会階層の上昇移動を遂げて欲しいと一心に望んでいる親たちの姿が伺えるだろう。この点は、同時に掲載された2通の投書で裏付けられた。ここでは、第一回目の問題討論に出たような、成績の悪い子供に対して「死ね！」と厳しい態度を取る親とは違う親の姿が映し出された。即ち、子ども自身が進学にあまり熱心ではないか、或いは進学とは違う道を歩こうとする際に、その子供を勉強に集中させるために極めて「親切」な態度を取るか、或いは直接違う道への入り口を遮断するかという親の態度によるプレッシャーが映し出されている。

投書5-9　「大学受験の時期が近づいているが、どうすればよいか迷っている」（1981年第9号）
　　私たちはみんな今年卒業する高校生です。大学受験の時期が近づいていますが、心の中は焦っています。正直言って、私たちの成績は良くないです。基礎があまりにも弱いから。前に授業で勉強した多くの知識についてあまりよく分からなかったので、今復習しろと言われてもどこから着手すればよいか分からなくて、頭の中は整理が付かずごちゃごちゃになっています。
　　しかし私たちの親は、私たちの勉強の実際の状況について何も分からず、大学に入ることだけ願っています。そのために、何の家事もさせてくれませんし、洗濯物も全部妹や弟にしてもらっています。しかし私たちは本当は焦っていて、どうすればよいか分からなくて迷っています。親に心配をかけまいと、これらの気持ちは心の中にしまっています。しかし、いくら隠しても隠し切れないだろう。大学受験で失敗したら、先生やクラスメートに会う

顔もないし、親の期待を考えると申し訳ない気持ちでいっぱいになりそうです。これらのことを考えると、もうくじけそうです。何か明るい道を教えてください。

重型機械工場子弟学校　黎輝より

投書5−10　「母は、私が軍隊に入ることを止めています。これで良いだろうか」（1981年第9号）

　　私は、小さい時から軍隊に入ることを夢見ています。この夢を持って学校に入りました。中学の時に、兵隊の募集がありましたが、男子のみの募集であり、女子の募集はありませんでした。私の夢は何度もパーになったわけです。やっと、空軍軍医学校看護婦トレーニングクラスに受けてみたら、成績も体の状況もパスし見事に合格しました。入隊の通知書をもらったときは、嬉しくてたまりませんでした。長年の願いがやっとかなえ、数日後には汽車に乗って活気溢れる大家族に入ることを思うと、興奮して寝られませんでした。しかし、次の日の午前中に、母は私に内緒でこの通知書を返してしまいました。天国から一気に地獄に落ちた気分でした。私の夢は、現実に砕け散りました。通知書を母に預けたことを後悔しています。母が言うには、私は背が低いから、軍隊に向いていないとか。また、「大学に入りたくない人間は、気骨のない人間で、将来のない人間だ」とか言っています。大学、大学ばかり言って、大学に行くほかには全く生きる道がないとでも言っているように。

　　夢が散って、私は勉強する気力もなくなっています。前のように真面目に一生懸命勉強する気力は、もはやないです。朝から晩まで勉強するのはいいが、体や目を悪くしたら、今後万が一軍隊に入るチャンスがあっても、体の状況で落ちてしまいます。どのようにすればよいか分かりません。何で母は理解してくれないで

しょう。

湖北省武漢市　林氷より

　この二つの投書では、大学受験よりも別の道（成績が悪く大学受験に興味がない子、軍隊に入りたい子）を歩きたい子どもに対して、親のほうが大学に入ることに執着している例である。

　これに対して、編集部は次のようなメッセージを発していた。

記事5-6

　　　この二つの手紙は、深く考えさせられるメッセージがあった。目下の現実では、高校を卒業して大学に入れる人間はごく少数に限られており、大多数の卒業生は就職しなければならない。わが子にこの現実を言い聞かせて受け入れてもらう必要がある。わが子の進学と志願選びに関して親がアドバイスするのはもちろん良いが、その際は子どもの実際の状況、趣味、特徴に合わせて考えないといけないだろう。実際の状況や子どもの好き嫌いを全く省みずに、安易に粗末にプレッシャーをかけるだけでは、良くない結果を招くだろう。

　ここでは、前と同じように、大学受験の合格率の低さをもってわが子の大学受験に関して過熱気味の親を説得する編集部の姿勢があった。

　このように、大学受験の合格率の低さからきた競争の激化、それに対して過熱気味の親たちの態度によって生じる高校生の精神的負担などの問題は、その後も顕在し、続けていた。

（2）学校の中で追い詰められた成績の優れない生徒の存在

　進学率を重視する風潮の中で、生徒の成績のいかようによってクラス分けを行い、成績によって生徒に対して違う扱い方をしたり、受験にさせなかっ

たりするとの問題が、起こっている[36]。学校の中では、成績の優れない生徒が非常に生きにくい状況に置かれたのである。

この問題について最初に取り上げたのが1980年第4号の「青年信箱」に掲載された1通の投書であった[37]。

投書5-11　タイトルなし（1980年第4号）

　　　　編集者同志

　　　ぼくは1979年卒業の高校生でしたが、そのとき、学校では大学受験の資格すらもらえませんでした。このことは、今となっても思い出すと悔しくなります。学校の指導部は、進学率を上げるためにどんな方法でも尽くしました。成績の良くない子が前もって卒業させられました。一部の子は、大学受験への申し込みをやめるよう動員されました。最後になって学校全体で大学受験に参加したのが23人しかいませんでした。その中で13人が合格したので、進学率は57%という高い数字として現れ、市全体の中で一、二位を争う結果となったのです。進学率は確かに上がり、校長先生も教頭先生も当然喜んでいました。しかし、私たちはひどい目に合ったのです。むやみに学校から追い出されたのですから。

　　　今、ぼくの弟の身に同じようなことが起こりました。ちょっと前に、大学受験を迎えるためにクラス分けの試験が行われましたが、弟はたったの数点の差で速クラスに入りませんでした。速クラスは40人ほどしかいないのに、遅クラスは90人もいるので、（普通のセッティングでは）教室に入りきれないので、一列目をうんと前に移動させられていて、黒板まで十何センチの距離しかありません。勉強については言うまでもなく、ある担当の先生が平気にこう言っていたのです。「遅クラスは捨てられたものだ」と。とにかく、何でも違うのです。授業も粗末にやっています。

弟が家に帰ったあとに、母に卒業の手続きを代わりにしてくれと
泣きながらお願いしました。もう学校はいやだと。

　「四人組」の破壊によって、われわれ多くの青年はあまり良く
勉強できませんでした。でも今はやっと目が覚めて勉強したく
なったのに、このような目に遭って、二回も傷つけられたような
気がしてやみません。これで自暴自棄になって犯罪に走る子もい
ました。よく分からないです。進学率ばかりにしている学校のや
り方は、四つの現代化に役立つ人材を育成するのに良いことで
しょうか。学校を作る目的は、数人の大学生を合格させることだ
けなのでしょうのか。

　これに対して、「中学校教育は全体の学生を対象に平等に行うべきだ」と
の回答がなされ、『中国青年』が政府の立場を代弁した。

　三年後の1983年第8号に、似たような投書が掲載された。「自分が「別
冊」に入れられたと気づいたときに」との投書では、「希望なし」とのグ
ループに振り分けされた高校生の気持ちが綴られた。

投書 5 - 12　「自分が「別冊」に入れられたと気づいたときに」（1983年第 8
　　　　　号）

　　　私は高校二年生で、プライドの高い女の子です。今学期の中間
　　テストでは良い成績が出していなく、特に数学は 60 点しか取れ
　　ませんでした。周りのクラスメートの進歩を見ると、複雑な気持
　　ちでした。自分の成績を上げるために、今後はプライドを捨て
　　て、分からないところがあったら質問しようと決心しました。あ
　　る日、数学の問題について聞くために教員の事務室に入りまし
　　た。数学の先生がいなかったが、その机の上に生徒のランク付け
　　表がありました。その表には、「希望あり」「一般」「希望なし」
　　と三つのグループがあり、そして、自分の名前が「希望なし」の

第五章　教育達成による上昇移動への熱望（1978-1984年）　183

グループで見つけました。その瞬間、頭の中に何かが爆発したようで、顔に血があがってきた。涙を精一杯で堪えて教員室を飛び出ました。

　家に帰る途中、いろいろ考えました。「先生までわたしが希望なしと思っているから、いくら努力しても意味がないのだと思いました。もう終わりだ」とか。「希望なしのやつ、生きていてもしょうがないだろう」との思いも、ふと頭の中をよぎりました。それきり、勉強の意欲が全くなくなりました。自分の成績をもって先生に認めてもらう、戦おうとも思いましたが、「希望なし」との文字が幽霊のように私に付きまとっており、私の力をなくし、私の意志を弱くしています。編集者同志、私のような、先生に「希望なし」とされるものは、本当にもう希望のない人間なのでしょうか。どのようにすれば、この逆境から抜け出ることが出来るのでしょうか。

聶攀より

　これに対して、編集者メッセージでは、これが代表的な問題であり、似たような手紙をたくさんもらったと紹介したうえで、「聶攀さんがふたたび勉強意欲を挙げてもらうために、ほかの生徒さんも普段の生活や勉強の中で出会った困難から立ち直り、積極的に自分自身の知力を開発するよう、また、生徒の自尊心を大事にしてその向上心を励ます良い教育法を見つけるよう」に、これについて問題討論を行うとした。

　その後において、1983年第9号では2本、第11号では4本、1984年第1号では5本の文章と編集者メッセージが掲載され、議論が交わされた。そこでは、教師に向かって生徒の自尊心を尊重しようと呼びかけたり、または生徒に向かって逆境にいるからこそ強くならなくてはいけないと励ましたり、投書に見られたような心理的に脆弱な生徒の存在から、知育偏重の教育を反省しようと呼びかけたり、さまざまな意見が見られた。

その後、この議論に終止符を打った1984年第1号に掲載された編集者メッセージでは、学校関係者への批判は少し触れたのにとどまったが、意志の強く、視野の広く、未来に希望と信念を持つ人間に育ってもらうために、徳育を強めようと呼びかけた。また、困難に出会う際に正しい態度で立ち向かい、順境と逆境を問わず、前向きに頑張ろうと生徒に呼びかけている。

このようにして、進学競争の強い風潮の中で、敗者である成績の優れない子供たちが、学校では非常に生きにくい境地に置かれているのである。

（3）進学競争によってこじれた生徒同士の友情

進学率の低さによる熾烈な競争は、高校生の人間関係にまで影響を及んでいた。競争による嫉妬などの感情が生まれ、お互いに警戒しあうようになったとの問題である。

1980年第9号の「青年信箱」では、「クラスメートを敵にしないで」次の投書があった。

投書5-13　「クラスメートを敵にしないで」（1980年第9号）

　　　編集者同志

　　　　私の成績は、同じ寮に住んでいるクラスメートと同じ程度です。最初私たち二人は仲が良くて、勉強上の問題をよく一緒に議論したりしていました。しかしその後、緊張した勉強生活の中で、なぜか二人は暗黙のうちに競争しあうようになり、ある時期ではお互いに邪魔しあったり相手が損するように意地悪をしたりしていました。普段の生活での付き合いも少なくなりました。その結果、お互いの勉強に悪い影響が出ました。もともと仲の良かった友達が、勉強の強い敵となったのです。このままだと、私たちがどうなるだろう、考えるだけでも怖いです。人を嫉妬するのがは低級の趣味だと分かっているし、その友人もこのままにしたくありませn。でもどうすればよいか、二人とも分かりませ

第五章　教育達成による上昇移動への熱望（1978-1984年）　185

ん。とても悲しいです。ぜひ助けてください。

華南師院　魏羽中より

　これは「華南師院」という大学で勉強している大学生からの投書である
が、これについて回答者は、この問題は中学生にも存在すると例を挙げた。

　　　君の手紙をもらってから、隣の中学生に見せた。まだ読み終
　　わっていないのに急いでこう言ったのだ。「これは火を見るより
　　明らかなことだ。卒業クラスでは、大学に入れるのが4%しかな
　　いから、競争しないでそうするの？百メートルのリレーと同じだ
　　よ。チャンピンになるためには、相手を後ろの遠いところに落と
　　してしまいたいのも分かるよ……」と。実は、最初に君の手紙を
　　読んだ時に、自分のクラスメートに向かって「敵」だなんて言葉
　　を使うのはいかがかなと思ったが、この子の話を聞いてから、あ
　　なたが言っていた現象は、大学生だけでなく、高校生や中学生の
　　間にも存在するんだと改めて知らされた。

　このように、競争のためにクラスメートを「敵」として見なしてしまい、
友情を損ねてしまう現象について、大学生や高校生、中学生にも存在するこ
とだとした上で、回答者はアイシュタインの例を挙げて、真に目標に向かっ
て努力する時には、友人同士が刺激しあい励ましてあってこそ成功につなが
るんだと言い聞かせた。

　同級生同士の競争に関して、一年後の1981年第14号に、「自分の嫉妬心
をどのようになくすことが出来るか」という心理レベルの個人の悩みとして
再び登場した。投書は次のようになっている。

投書5-14　「自分の嫉妬心をどのようになくすことが出来るか」（1981年第
　　　　　14号）

　　　　　私は一人の高校生です。本当は全力を尽くして勉強すべきなの

に、いまの私にはなかなかできません。どうしてかというと、嫉
妬心があるからです。ほかの人に追い抜かれるのが心配でたまり
ません。自分にしかできないことが、ほかの人に取られてしまい
そうで心配です。だから、ほかの人と勉強の問題について一緒に
議論したりしたくありません。最近、私の成績が落ちてきまし
た。とても悩んでいるのです。自分の嫉妬心から来ている問題だ
と分かっています。どのようにすれば、このような状態から抜け
出ることが出来るでしょう。

　この投書から、進学率をめぐって激しい競争の中を生きている高校生たち
の心の悩み、不安が伺える。回答者は、「人を嫉妬するのが、高尚な行為で
はない」としたうえで、ほかの人の長所からきたプレッシャーをバネにして
頑張るべきだと提案した。

　4％の合格率という激しい大学受験の競争によって、高校生同士の友情の
挫折や悩みは、単発的な投書ではなく、問題討論として1年後の1982年に
雑誌の話題に大々的に登場した。

　1982年第6号の『中学生』コラムでは、「競争の中で友情を育てることが
可能なのか」と題する問題討論が掲載された。編集者メッセージでは、今回
の問題討論について次のように紹介した。

記事5-7

　　　　　ここでは、中学生からの手紙を2通掲載する。彼らが文章で提
　　　　起された問題は討論の価値がある。陳澤さんは「人間同士の間に
　　　　競争がなく、みんな愛情を持って相手と付き合う日が来るのを期
　　　　待している」と言った。劉偉薇さんは「競争は「大鍋の飯」の時
　　　　代より間違いなく進歩だ」、「競争は本当にクラスメート同士、友
　　　　達同士の関係を悪くしてしまうのか」と言っている。
　　　　　大学受験制度の再開は、優秀な成績を持って学生を募集すると

の原則が再び貫徹され、それまでの「勉強してもしなくても同じ、良い成績と悪い成績は同じ」との良くない雰囲気を一掃した。一部の人々の体に滞っている倦怠や現状に安んじる怠け根性も歴史の淘汰を受けている。人々はこのような変化を歓迎し、われわれの事業の発展に有利な競合（競争と言ってもいいが）を歓迎している。しかし一方、競争の要素が入ってきた後に、人間同士の間にはどのような関係を持っていれば良いのだろうか。「羊腸のような細い道での競争」の中で、同級生同士がお互いに対して警戒し合い、対立し合い、または冷淡な関係になってしまうのは、果たして不可避のことなのだろうか。競争は、同級生の皆さんが同じ目標と前提のもとでお互いに思いやり、愛し合い、助け合いながら、みんなで共に前に進んでいくことを促進する有利な要素にならないのだろうか。

　ここでは、大学受験生の再開によって、学校の同級生同士の間に学力の競争関係が生じており、それによって同級生同士の関係がギクシャクしてしまい、または「警戒し合い、対立し合い、または冷淡な関係になってしまう」現象を提示した。

　また、このメッセージから、編集部の立場としては、競争は良いことであり、見方を変えては、「同級生の皆さんが同じ目標と前提のもとでお互いに思いやり、愛し合い、助け合いながら、みんなで共に前に進んでいくのを促進する有利な要素」になるという立場を取っていることが明らかであろう。このような言い方は、社会的階層の存在を否定する文化装置＝公式見解の一部であり、競争に苦しんでいる中学生の心にはなかなか届かない言葉であろう。

　以下では、今回の問題討論にあげられた投書の内容を紹介しよう。

　投書1は、高校一年の読者陳澤さんによる「わたし」と題する投書であり、そこでは次のようなことを話した。陳さんは小学校卒業時に成績が悪く

て正式な中学校に入れなくて、最終的には某重点中学の「二部」に入った。「二部」で勉強しているということで差別される場面に多く遭遇することにより、成績を上げようと努力するが、これによってクラスメートとの関係がギクシャクし、友情を感じることなく孤独な中学時代を過ごした、という辛い経験であった。その一部を抜粋しよう。

投書5-15（抜粋）「わたし」（1982年第6号）

　　　（某重点中学校の「二部」に入ってから、）生活ががらりと変わりました。私は毎日のように落ち込んでいました。学習環境が悪いからでなく、なんだかほかの人より地位がずっと低いと感じたからです。外で遊ぶのをやめました。外で遊びたくないわけではなく、外に出す顔がない、昔の友達と会う顔がないと感じたからです。彼らの親もまた、私が「二部」に入ったことでもうあいつと遊ぶなととめているらしかったです。親戚の態度も冷ややかなものとなりました。その後、私たちは授業の場所が本校に入りましたが、実質も名前も「二部」のままでした。体育の授業でいたずらの子が居たら、先生がこのように叱っていました。「「二部」のものだろう！何生意気するんだ。生意気はいいけど、ここはどこなのかよく見ておいてからにしろ！」と。クラスメートみんなが頭を深く下げました。「二部」という言葉は、本当にでいやでした。「二部」に関する話を聞くと、或いはどこで勉強しているかと聞かれると、心が針で刺されるように痛かったです。

　　私たちはほかの子どもたちと同じ人間ですよ。何で人間同士の間にあるべき美しい感情と暖かさを得られないのでしょうか。周りの人たちの冷やかしの言葉を耳にし、親戚たちの冷淡な目つきや黙りながら涙する母を見ると、私は何度も泣きました。私は自分のことを恨んでいました。でもこの私でも、人の同情や慰めに頼って初めて生きていける人間ではありません。人より低いなん

第五章　教育達成による上昇移動への熱望（1978-1984年）　189

て、絶対信じない。頑張らなくちゃ！一生懸命に！と思いました。

　それ以降、私は今まで経験することのなかった、辛くて孤独な奮闘の道を歩み始めました。学校に行く以外はどこにも行かず、また歩いている時はいつも頭を低く下げて速いスピードで歩いていました。知り合いなんかに合いたくなく、重点クラス、重点学校に通っている子に会いたくなくなりました。家に帰ったらすぐに本の世界に閉じこもり、勉強、勉強、勉強一筋でした。

　たまには、クラスメートの助けがほしくなる時もありました。でも、自分を超えてしまうのではないかとの心配で「知識保護」したり嫉妬し合ったりクラスメートを見ると、声を掛ける気がなくなりました。私自身も彼らを警戒するようになりました。

　このように、勉強机のそばで寒い夜の冬や、暑い夏を一人で孤独に過ごして今氏tた。脳は一生懸命働いていたが、心は空っぽで、寒かったです。目の前は黄色い灯、体の後ろはさびしい影。思わず小さい頃の（友達と楽しく遊んでいた頃）場面を思い出した。

　　……

　何の心配もなかった、楽しい少年時代は終わったのです。やっぱり現実を直面しなければならなりません。三年間の努力の結果、私は、自分の好きでもない重点高校に入学できました。でも、心の中に新たな心配がありました。

　学校で勉強しているである以上、今後もたくさんの試験が待っているでしょう。毎回の試験で勝つことができるのでしょう。人生には競争に満ちており、周りのみんながクラスメートであり、友達であり、競争相手でもあります。競争を勝ち抜いたものは人々に羨まれますが、失敗者は差別されるのです。失敗者にすごく同情します。と同時に、自分が永遠に失敗しないように祈らず

にはいられません。いつか競争なんかなくなってほしいです。人々はお互いのことを愛し合いながら生きていて、みんなが頭をあげて生きていけるような世界になってほしいです。

　投書者の高校生は、自分自身の中学時に「敗者」として差別された経験があり、そこから「人生には競争に満ちており、周りのみんながクラスメートであり、友達であり、競争相手でもある。競争を勝ち抜いたものは人々に羨まれるが、失敗者は差別されるのだ」との結論を出して、「失敗者にすごく同情する。と同時に、自分が永遠に失敗しないように祈らずにはいられない」と自分が人生の勝者になることを祈った。

　また、投書2は、身分の明示がなされていない読者劉偉薇氏による「われわれはこの形のない厚い障壁を突き破ることを熱望している」と題する文章であるが、劉氏は張澤さんの境遇に理解を示し、次のように話した。

投書5-16　「われわれはこの形のない厚い障壁を突き破ることを熱望している」（1982年第6号）

　　人間であれば、——ごく普通な人間でも、——孤独や冷めた雰囲気の中で生きたくないでしょう。「いつか競争なんかなくなってほしい」という陳澤さんの肺腑からのこの言葉は、人間同士が暖め合う純真な友情と真摯な愛に触れたいという美しい願いを表していると思います。

　　競争は客観的に存在しているものです。「大釜での飯」を食べる時代より、競争の出現は間違いなく進歩でしょう。その価値も事実によって既に証明されています。しかし、競争は消極的な影響を生み出す可能性があります。競争で失敗したものは落ち込みます。親友だった二人は引き裂かれ、の関係を悪化させてしまいます。私の同級生に、仲のいい女の子が二人いました。彼女たちは同じ重点高校に入ろうと努力した結果、二人とも受かりまし

た。しかし、その後、もともと成績の良かった人が立ち遅れてし
まいました。これきり、彼女たちが一緒に助け合いながら勉強す
る光景が見られなくなりました。彼女たちはお互いに秘密主義に
なり、嫉妬し合い、次のような信念を持つようになったらしい。
つまり、ほかの人の成功の機会が一分増えていれば、自分の機会
が一分減ってしまうのです。この一分の機会こそが、自分と友人
の分かれ道になるかもしれないと。その後彼女たちの付き合いは
まったくなくなりました。すれ違っても話さないで、黙って通り
ます。本当に胸を痛む話です。
　　競争は、必ずクラスメート同士、友人同士の関係を悪くしてし
まうのでしょうか。自分の真心を持って人の心を温め、競争を甘
くて楽しいコンテストにすることが出来ないのでしょうか。

　これは、自分の同級生のことを嘆く投書であるが、「ほかの人の成功の機
会が一分増えていれば、自分の機会が一分減ってしまう。この一分の機会こ
そが、自分と友人の分かれ道になるかもしれないと」との言葉が、嫉妬心に
苦しんでいる生徒の心底を代弁しているだろう。
　その後の1982年第8号、第9号、第10号と連続して3回にわたって討論
が行われた。討論の中で「正しい目的を持っていれば、競争の悪影響は防げ
る」や「競争の過程で警戒感などが生じるが、それは当然のことであり、を
気にしないで頑張るべきだ」という競争の存在を肯定する立場、「競争で勝
つという目的に振り回され、生徒同士、クラス同士、学校同士、地域同士が
常に全力を尽くしてフル回転する状態にあり疲弊困備してしまう」という競
争の悪影響を指摘する意見が述べられたが、第9号の同コラムでは、「「警
戒」は社会主義競争の必然的な産物ではない」との文章が掲載され、資本主
義社会の競争は残酷なものであるが、社会主義社会での競争は社会全体の共
同利益のためになされるものであるので、幼稚な虚栄心を捨て、私利私欲の
個人主義の束縛から自分を解放すれば、中華の振興という同じ志を持ってい

る友人に対して警戒どころか、友人の成功から励まされるだろうとの主張が
なされた。第10号では、「競争の中で友情の橋を架けよう」との記事が掲載
され、江蘇省南菁高校三年6組の生徒がいかにして競争しながら助け合い、
友情を育てたかを描いた。

　この問題討論を振り返ってみると、問題討論のきっかけとなった投書は、
高校生たちが身を置かれている激しい進学競争による生きづらい環境を伺え
る重要な資料だといえよう。一方、その後の討論では、生きづらさを訴える
投書に対して、『中国青年』雑誌の行った作業、これらのマイナスな気持ち
に対して「説得」する作業だと言えよう。その主とする論理は、競争によっ
て友情を失いそうで辛く感じるのはなんらかの間違いであり、「集団主義を
核心とするプロレタリア道徳観」や「正しい目的」を持っていればそのよう
なことはないと思想教化のラインに沿ってなされるものである。

　そこから、公的文化装置による止まない心の管理と人々の実際に感知した
世界のずれがあることを伺えるだろう。

（4）進学競争によって緊張感に満ちる教育現場
　——教育問題としての「進学ばかり追い求める」傾向への批判
　この時代では、激しい進学競争によって、教育現場全体が緊張感に満ちて
いた。

　1980年代の初頭、大学進学率が4％しかなかったことにより、大学受験
をめぐる競争が非常に激しかったことが想像できよう。この状況の下では、
一人でも多くの生徒を合格させるために、高校教育の現場では生徒の負担が
重たい、「速いクラス」と「遅いクラス」と分けるように成績によって生徒
の扱いが違う、などの現象が現れ、いわゆる「進学率ばかり追い求める」傾
向が現れたのである。

　この傾向を是正しようとして、政府も度重なって通達を地方教育機関に知
らせたが、あまり効果がなかった。1979年全国高校、中学校、小学校思想
政治教育座談会では、教育の対象は全体の学生であり、「学習、思想、体育」

という三つの方面から教育を行うという党の教育方針を堅持し、進学率ばかり追い求めるとの傾向を克服しようとの談話を、教育部によって発表された。

また、1980年全国重点高校、中学校会議にて、進学率ばかり追い求める傾向を是正するための5つの措置を教育部によって発表された。①全国各省、市、自治区の行政機関による大学受験の成績での高校のランク付けを断固としてしない、地域、県の行政機関によるランク付けも断固としてしない。進学人数の指標を学校に押し付けない。進学率をもって学校を評価する唯一の基準としない。進学率を持って学校や教師を賞罰したりしない。②学校や学生を頻繁な試験から解放する。学校は生徒の勉強状況を見極め、教学を改善するために試験を実施するが、中間テスト、期末テストのみに限定する。進学試験と卒業試験以外、教育部門は統一試験を行い学生の実力を測定してはいけない。③全体の学生に責任を持つこと。卒業クラスを重視し火卒業クラスをおろそかにしてはいけない。卒業クラスでは「できる子」だけ注目して、ほかの大多数の学生を無視するようなことはしてはいけない。④教育計画をその通りに実施する。一学期の内容を早めに終わらせようとしてむやみに省略したり早めたりしてはいけない。大量の問題集を学生に配ったりしてはいけない。⑤生徒には9時間の睡眠時間、1時間の体育時間を確保する。夏休み、冬休みを確保する。学生の負担を重くしてはいけない。

一方、これらの通達は公布されたものの、あまり効果が見られず、「進学率のみ追求する」との傾向がひどくなる一方であった。

このような時代背景の下で、『中国青年』1981年第20号に、「大学受験という羊腸のような細い道での競争に、息が切れてしまいそう——高校生の声」とのレポートが掲載され、大学受験をめぐって生活全般が緊張しているという、高校生によるメッセージが掲載された。編集者メッセージによれば、これは『中国青年』雑誌によって9箇所の高校で座談会やアンケート調査を行った結果である。このレポートが掲載されたのをきっかけに、「私たちはどのように成長すれば良いのか」と題する問題討論が行われ始め、続い

て1981年第21号、22号、23号、1982年第1号、第2号計6回、教師、学生、親、文化人、教育部の官僚、地方教育局の官僚などによる19本の文章を19ページの誌面を割いて継続して掲載があった。この問題討論は、その後「人民日報」「光明日報」に転載され、また中央人民ラジオにも放送された。さらには、議会に当たる第5回人民代表大会第四次会議にも取り上げられ、当時の国家総理である趙紫陽による政府報告に登場した。社会的影響の大きい議論であったと言えよう。

　この討論は具体的に何をめぐって繰り広げられていたのかというと、「編集者の話」の一部を引用して確認しよう。

記事5-8

　　大学受験制度の回復によって、高校生の皆さんの勉強への情熱に再び火が付けられ、また、高校教育に従事するみなさんも人材の養成に多大な尽力をしてもらっている。これらは祖国の教育事業の発展を促進させている。人々はわが国の大学受験制度を支持し、教育分野の皆さんが祖国の未来のために貢献してきたことに感謝している。

　　しかし一方、喜ばしいことばかりではない。最近、進学率ばかり追い求める傾向が日に日に強くなってきている。その被害は深刻なもので、早く歯止めを掛けないと、6千万人の中学生、高校生の健やかな成長を脅かすだろう。今日の教育の指導的な考え方が間違っていれば、数年後に人材の不足、欠乏を引き起こす。何百パーセントのために、そのほかの九十数パーセントをなくしてしまうのは、後代の子孫にどのようにすれば説明が付くだろうか。

　　進学率ばかり追い求める傾向を、教育分野に実際に存在する「指揮棒」だと喩えている人がいるが、一理ある言い方である。今の状況を見ていると、少数の重点高校はにぎわっており、その

他の大多数の普通の学校は逆に全然人気がない。またある学校は
あまりにも早い段階で文系と理系を分けて教育を行い、進学の指
導ばかりし、基礎からの訓練を怠っている。大量の問題集を学生
にやらせ、夜遅くまで自習させる。このようなことは、わが党の
教育方針からずれているのみでなく、教育の本来のあり方に背い
ている。この問題は、教育部門の問題だけでなく、社会の各方面
に影響を与え、特に親たちの神経も尖らせている。「大学受験と
いう羊腸のような細い道での競争に、息が切れてしまいそう」と
は、高校生たちの心からの精一杯の声のである。社会の各方面
は、この問題を重要視し、自分の姿勢について反省すべきではな
いか。

　総じて言うと、この討論は「大学受験という羊腸のような細い道での競争
に、息が切れてしまいそう」という高校生の声をきっかけに、「進学率ばか
り追い求める傾向」について、「今の状況を見ていると、少数の重点高校は
にぎわっており、その他の大多数の普通の学校は逆に全然人気がない。また
ある学校はあまりにも早い段階で文系と理系を分けて教育を行い、進学の指
導ばかりし、基礎からの訓練を怠っている。大量の問題集を学生にやらせ、
夜遅くまで自習させる」などという学校現場の状況を批判し、教師、親、教
育当局などを巻き込んで行われたものである。

　『中国青年』の姿勢は、国家の教育当局を代表する立場にあり、この傾向
によって高校生たちがどれだけ被害を受けているか、延いては厳重な社会問
題——「何百パーセントのために、そのほかの九十数パーセントをなくして
しまう」のでは、「数年後に人材の不足、欠乏を引き起こす」との危機感を
表明した。

　1980年第4号に掲載された問題討論「わが子の進学問題にこのように対
処してはいけない」と比べると、前回は大学受験に関して親からのプレッ
シャーを扱ったのに対して、今回は高校生の学校生活、学校での取り扱われ

方に重点があると言えよう。「進学率ばかり追い求めている傾向」への批判、いわゆる教育問題として浮上してきたのである。

その後の連載では、教師代表、生徒代表、親の代表、文化人の代表、国家教育長の官僚、地方教育局の官僚などによる文章が次々と掲載され、それぞれの立場から「点数ばかり追い求める」傾向を批判し、是正した。

以下では、この討論に見られたさまざまな立場を確認しよう。

第一、共通して見られる社会側の批判的立場及び、社会側と当事者の温度差である。

「進学率ばかり追い求められる傾向」に対して、この討論を主催した『中国青年』の姿勢に見られるように、当事者ではなく、政府や文化人を代表とする第三者として社会側はこれを問題視しており、共通して批判的な立場を取っており、或いは、批判的な立場を表明していることで一致している。その理由はさまざまな角度から検討され、「何百パーセントのために、そのほかの九十数パーセントをなくしてしまう」のでは「数年後に人材の不足、欠乏を引き起こす」との危機感によるものであり、或いは、「高校や中学、小学校教育はあくまでも国民的な基礎教育[38]」という社会主義国家の教育ポリシーに反する行為であること、このほかに、過重な学業の負担によって生徒の心身的健康が損なわれることも重要な理由の一つである[39]。

政府の立場として、1982年第1号の討論コラムの最初に、国家首相の趙紫陽による、第5回人民代表大会第四次会議に対する政府報告が引用された。次のようになっている。

記事5-9

　　　　われわれの現代化建設は、各分野、各レベルの専門的人材や熟練労働者を大量に必要としている。……中学校教育の面では、普通高校が多すぎて、職業高校が少ない現状を改善し、中等専門学校の発展に力を入れ、技術労働者と中級の専門的人材を養成し、就職の状況を改善し、労働者の文化的、政治思想的レベルを向上

させる。と同時に、生徒の心身の健康を保護し、学業での成長を見守り、進学率のみ追求してはいけない。最近、人民大会代表の葉聖陶代表による「私のよびかけ」との文章が発表され、高校、中学校及び一部の小学校が進学率ばかり追求するとの間違ったやり方を批判した。行間に著者の真摯な気持ちが滲み出ており、生徒、教師、親及び一般の民衆の皆さんの声を代弁している。関係の方面の方々には、この問題について真剣に検討し、実際の行動をもって改善してほしい。

　ここで政府は、中等教育の現状を改善することによって、「進学率ばかり追求する」傾向を是正する決心を表明したといえよう。

　その次に、国家教育部副部長の張承先の「青年生徒の進路から学校運営の方向性についてお話しよう」との文章が掲載された（1982年第1号）。文化大革命以降における高等教育の現状と発展について紹介した後に、「中国の革命的歴史の中で、長期にわたる社会主義建設の中で、大きく貢献した人の中に、全部が全部大学の学歴を持っている人ではなかった」と言い、高卒後に大学に入らずに就職した若者も尊敬すべき存在だと主張した。また、進学率ばかり追い求める現象に対して、教育部としてこれまでに取った措置について紹介して、総合的な社会現象としての進学率の問題を解決するには、教育分野だけでなく、高校生や中学生の卒業後の進路の可能性を多くし、中等教育の構造的改革を行う必要があると指摘した。

　当時著名な文化人で教育家である葉聖陶氏は「私の呼びかけ」との文章では、「大学受験の進学率ばかり追い求めている」ことの悪い影響を改めて知って驚き胸を痛めていることや、教育部の指導者、各地方の教育局、大学の教職員、小学校の教職員、中学校や高校の管理職や教職員、生徒の親、マスコミ、各出版社にメッセージを発して、みんなで協力して「大学受験の進学率ばかり追い求めている」との傾向を是正しようと呼びかけた（1981年第22号）。

教育部という公的機関、或いは文化人から、「進学率ばかり追い求められる」の渦中にいる当事者に対して忠告やアドバイスが送られた。勉強ばかりしたら「点数が高いが能力が低い」人間になる恐れがあると自分自身の経験をもって説得したり[40]、或いは大学に入れなくても「自分の好きなことと社会の需要を良く結び付けていれば」、自分の長所をより良く発揮でき、社会に大きく貢献できると主張したりした[41]。その代表的な論理の一つは、大学受験で合格することが人材になる唯一の道ではないというものである。当時著名な文化人で教育家である葉聖陶氏が文章で進学率ばかり求める傾向の是正を呼びかけたが、彼が根拠としているのは、大学に入るかどうかが、社会主義建設に役立つ人間、つまり人材になる分かれ道ではないということである。彼は次のように述べた。

記事 5-10

　　　　大学受験で合格することが人材になる道の一つであるが、唯一の道ではない。大学に入れたとしても、よく勉強するかどうかでまた違ってくる。この意味では、大学には入れるかどうかが同じだ。大学に入らなくても、自分で勉強するなら、同じように人材になる。人材になるということは、わが社会の状況でいうと、社会主義建設に役立つ人間になることである。大学に入れるのはもちろん良いが、大学には入れなくても、ほかの道を通して同じようにこの目標に到達するだろう。

　人材になるには、大学に入るのが必要条件ではないという葉氏の議論は、『中国青年』雑誌で一貫している姿勢と同じだと言えよう。しかし、親や受験生当人にしては、彼らが気に掛けているのは「人材」になることではなく、「誰もが羨む大学生になる」か、「一介の待業青年に落されてしまう」かという天と地の差なのである。
　このような親や受験生当人の感覚に対して、山西省副省長の王中青氏によ

る文章では、当事者たちのこの考え方について批判的な立場で次のように触れた。

記事5-11

　　大学に入ることが「登竜門」とされている。中等専門学校や技術学校に入るのが「農業の門を出る」こととする。また農村では、「登竜門を通ったら、三代まで幸せになる」とも言われている。大学に受かったら、ただちに身分の高い人間として扱われるようになり、婚約など縁談の話を持ちかけてくる人も後を絶たないぐらい、人気者にされる……

と述べて、「登竜門を通ったら、三代まで幸せになる」という考え方、「大学に受かったら、ただちに身分の高い人間として扱われるようになり、婚約など縁談の話を持ちかけてくる人も後を絶たないぐらい、人気者にされる」という現象を、思想レベルの低い人間の持つ考え方であると批判した。

　この議論から、階層の存在を感じて一生懸命大学受験を通して上昇移動を果たしたいと必死になる親や受験生など当事者の立場と、大学に入るかどうかが、社会主義建設に役立つ人間＝人材になる分かれ道ではないと主張する葉聖陶氏などの文化人、国家を代表する立場との温度差が伺えるだろう。

　第二に、当事者としての生徒やその親の葛藤である。

　「進学率ばかり追い求められる傾向」の渦中にいる当事者としての生徒は、どのような思いで過重な学業の負担、生活全般が大学受験によって強く支配されている感覚になぜ耐えるのだろうか。天津の某重点高校の生徒李克敏氏は、高校では好きなことや趣味を育てる時間が全くなく、生活全般が大学受験という競争に巻き込まれているとして、大学受験について次のように述べた。

投書5-17（抜粋）「弟や妹らには、私たちと同じような大学受験に振り回

されてばかりの人生になってほしくない」（1981 年第 21 号）

　　<u>私の運命を決める指揮棒の動き方によっては、誰もが羨む大学</u>
<u>生になるかもしれないし、一介の待業青年に落されてしまうかも</u>
<u>しれない。なので、私は勉強以外の娯楽本を読むことを我慢して</u>
<u>いるし、この指揮棒に言われるとおりに自分の生活を組み立てて</u>
<u>おり、一日、また一日と続いている。</u>

　ここでは、「誰もが羨む大学生になる」か「一介の待業青年に落とされて
しまうか」というふうに運命がかかっている不安の中で、過重な学業負担に
耐えるのが辛いが、自らの意志で「我慢」して暮らしているという葛藤を抱
えている生徒の気持ちが伺えるだろう。

　これと同じように、親たちも大きな葛藤を抱えてわが子を進学競争に参加
させていることが次の投書から伺える。翌年で中学校に入る息子を持ってい
る読者の呉為氏は、白熱化した進学競争に喘ぐ子どもの苦労を嘆き、親とし
ての立場の難しさを次のように表明した。

投書 5-18　「わが子がこのような形で彼らの黄金時代を過ごすのをこのま
　　　　　　ま見過ごしてはいけない」（1981 年第 23-24 合併号）

　　大学進学に関して、親には同時に二つの可能性を覚悟しなけれ
　　ばならないとどこでも言っているが、実際にはどこの親もこのよ
　　うにしているのではないだろうか。進学できる人数は限られてい
　　るので、誰でも入るわけではないし、親なら誰でもその次のこと
　　を考えているよ。問題は、どこでも競争しているので、わが子に
　　羊腸の細い道から降りてもらえれば、ほかに広い道が待っている
　　と思っているのか。そんなことはまったくない。……どの親も
　　「二つの覚悟」をしていると言えばしているし、していないとい
　　えばしていない。いわゆる「二つの覚悟」というものは、どれも
　　受動的に結果を受け入れるということに過ぎない。わが子が合格

したら、万歳、苦労した甲斐があったと。落第したら、まあしょうがない、「待業」するしかなないと。こんな感じだ。

この語りから親の苦悩が伺える。苦学しているわが子を見て心を痛むが、しかし、「どこでも競争しているので、わが子に羊腸の細い道から降りてもらえれば、ほかに広い道が待っていると思っているのか。そんなことはまったくない」との文章から、進学競争の激しさを知っているものの、それでもあえて力を尽くしてわが子を進学させたいのは、進学という教育ルートを除いては、「ほかに（社会上昇移動をもたらしてくれる）広い道」がないと思っているから、という親の心底が伺えた。

親たちのこの感覚は、大学に入らなくても社会に貢献できる道はたくさんあるとの公式見解との間では、大きなずれがあると伺えよう。問題は、「社会に貢献する」「人材になる」との公式見解の論理と、親たちの生活論理、＝わが子により良い機会を掴み、より良い生活を送ってもらい、それは即ち、より上の社会的地位に上がってもらいたいとの間の大きな隔たりがあることを表している。その時代の公式見解は、人々のこのような生活論理に全く届かなかったし、見ようとも思わなかったと言えよう。逆に人々のそのような見方は「間違い」であり、批判すべきものとの立場を持っている。

第三に、当事者としての教師の葛藤である。

一方、この教育問題のもう一方の当事者としての教師たちもまた葛藤を持って進学率の競争に加入している。そこでは、進学率が学校を評価する際の極めて重要な基準という現実を前にして、進学率を上げるために、成績によって生徒をクラス分けするなどさまざまな措置を取らざるを得ないという教師の心底が伺えた。「このような圧力のもとでは、「ここ数年の経験では、高い進学率を確保するためには、一年中いつでも油断してはいけないし、どの学年も油断してはいけない」と教師の負担が非常に大きいと訴えられた[42]。

また、被害を受けている生徒の姿を提示し、生徒への責任から生徒全体を

平等に取り扱おうと決心する立場がある一方で、この問題は軍縮と同じでどの学校も進学率へのこだわりを辞めようと言っているが、実際にはなかなか実行できないと冷ややかな立場もあった[43]。

1982年第1号では、高校教師の李恒氏は『元の計画を改めた』との文章では、この討論を読んだ後の自分の変化について話した。彼は次のように、自分の「元の計画」について話した。

投書5-19『元の計画を改めた』（1982年第1号）

　　　　私は、某高校の卒業クラスの担任である。去年多くの生徒が落第したので、今年も大学受験で「丸坊主」の結果になるのがもう御免だとの気持ちで、夏休み明け早々、全学年の成績によって生徒をランク付けしした。総評価点数が85点以上の生徒は第1グループ、75~84点の生徒を第2グループ、74点以下は第3グループというように。それに、このランク付けを各課目の先生に渡し、次のように話した。つまり、第1グループの生徒に関しては、力を入れてよく見てあげて、翌年の大学受験で合格させることが目標である。第2グループは、中等専門学校に入ることを目標とする。第3グループは、諦めるつもりでいると。特に第3グループの生徒の一部に関しては、成績が良くないし、あまり努力する気がないし、退学させる気でいた。そうしたら、自分たちの負担も減ると思って。

このように生徒を成績によってランク付けして違う扱い方をしていたが、『中国青年』で行ったこの問題討論を読んで、自分のやり方はまさに「（進学できる）4％のために（進学できない）96％を諦める」ことをしており、党の教育方針に反していると反省し、今後は生徒に対してランク付けすることをやめて、クラス全体の成績が良くなる方向に向けて努力すると決心を表明した。しかし、「進学率が学校を評価する際の唯一の基準」となっているよ

うな状況では、生徒への責任感から来るこのような決心は、持続的に行っていくのが非常に困難だというのは、容易に想像できるだろう。

討論は、1982年第2号に掲載された『中国青年』による「高校生、中学生への手紙」をもって終止符が打たれたが、そこでは、進学率への偏重による圧力を受けている生徒たちの置かれている状況に理解を示すうえで、「点数を求める奴隷ではなく、勉強の主人になろう」と生徒たちの自助の努力が呼びかけられた。

以上では、「進学率」の偏重に対する社会側の批判的な態度、また当事者である生徒、親、教師の抱えている葛藤との面から、今回の問題討論の全貌を見てきたが、そこでは、大学進学という社会的地位の上昇をもたらす重要な手段をめぐって、教育現場全体が大きな緊張感に満ちていることが伺えるだろう。

4 学業に関する投書分析の小結

以上では、1978年～1984年の『中国青年』雑誌に掲載された学業に関する読者投書について、学習効率を上げる方法や受験の注意点などのノウハウ、大学受験に対する受験生の不安や焦燥感、大学入試の競争の激化による中学生や高校生への心理的負担のしわ寄せとの三つの面から確認した。

では、①階層ヒエラルキーの存在に関する認知、②上昇志向のあり方、つまり、若者はどのようにして上昇移動を果たそうとして、どのような悩みを持っていたか、③上昇移動のメカニズムや社会秩序のあり方に対してどのような解釈・想像を持っていたか、という三つの面から考える際に、何が見えてくるだろうか。

1978年–1984年の時期において、農村部の人々は大学受験を「農業の門を出る」ための「登竜門」とみなして、都市部の若者が大学受験を「誰もが羨む大学生になる」か「一介の待業青年に落とされてしまうか」の分かれ道とみなしていることから、人々は、農村部と都市部の間に存在する超えがたい制度的な隔たり、また都市部の中においても職業などによるさまざまな階

層ヒエラルキーの存在を明確に認識していると言えよう。

　また、まさにこの階層ヒエラルキーの存在という認知から、人々はより上の階層に移動したいという上昇志向のエネルギーに強く触発されており、大学進学という手段に大きな熱望をもって取り組んでいる。４％の大学進学率という教育資源が極めて限られている中で、受験生や中学生、また生徒の親たち、教育現場全体にさまざま不安や緊張感を感じることとなる。このように「知識」を身につけることによって社会的地位の上昇が果たされるという夢の中で、「大学進学」という場面に、人々から大量のエネルギーが注入されていることが伺えよう。

　さらに、この時期の学業に関する投書を概観すると、受験生や中学生、またその親たちは、受験戦争の熾烈さに圧倒され苦しい思いをしているが、農村部と都市部の制度的要因による格差の存在、また大学受験制度や知識による上昇移動の秩序に対して不満を持っておらず、逆にそれを逆手にとってこの制度の中で上昇移動を果たしたいと考えていた。その中で、「ほかの人の成功の機会が一分増えていれば、自分の機会が一分減ってしまう。この一分の機会こそが、自分と友人の分かれ道になるかもしれない」との言葉のように、非常に厳しい競争に満ちている社会だというのが、社会のあり方に対する解釈が形成されてしまう。総じて言うと、上昇移動する方向が明示されて、希望もあるが、それを手にするには、非常に厳しい競争で勝たなければならないというものだと言えよう。

　「大学受験」に関して人々の感じている悩みや不安に対して、『中国青年』の回答に見られた公式見解は、あくまでも「大學に入らなくても社会主義建設に貢献できる」という論理を持って説得しようとする。これは、人々の生活世界で感じた論理、「誰もが羨む大学生になるか」「一介の待業青年になる」かという、大学受験が自分の将来の社会的に地位を決めるきわめて重要な機会であるという認知との間に、大きな隔たりがあった。矛盾する二つのメッセージは、心の混乱につながるだろう。

第3節　職業による社会的地位の不安：職業に関する読者投書の分析

以上第2節では、大学進学の激しい競争をめぐって若者が遭遇している悩みを確認してきた。では、当時の若者は職業の世界において、その上昇志向のエネルギーをいかにして発散しようとして、いかなる悩みを持っているのだろうか。以下第3節では、職業や進路、自己実現をめぐって若者が『中国青年』雑誌への投書を手引きにこの点を確認していきたい。そこには、職業による社会階層の存在を感知し、社会的ステータスの不安（焦燥感、フラストレーション）に突き動かされ、より上の地位を手に入れようとして必死になる若者の姿があった。

1　職業に関する悩みから見る階層ヒエラルキーに対する認知

この時期において、国家イデオロギーによる文化装置の公式見解では、すべての職業は四つの現代化に貢献するもので平等であるとされていた。1984年第3号に掲載された、「平凡な仕事、綺麗な心」と題する絵は、当時の国家イデオロギーを明確に語っているだろう。絵の登場人物は清掃の作業をしている意気揚々の若い女の子であり、その職業は清掃員であるが、「青春の最も美しい火花を咲かせよう」というタイトルとなっており、清掃員のような職業でも、ほかの職業と同じく国家や社会に貢献する職業であり、「美しい」職業だというイメージを伝達しようとする。

しかし一方、若者は職業の違いは社会階層の違いをもたらすことに、敏感に感知しているのである。以下では、幾つかの投書を見てみよう。

（1）「一般の労働者」と「科学者や作家」などの頭脳労働者との隔たり

　文化大革命が終了し、大学受験制度の回復をはじめ、人々には社会階層の上昇移動を遂げる機会が提供され、中国社会は少しずつ活性化されていった。しかし、機会は希望をもたらすと同時に、前へ進めない人たちには焦燥感をもたらした。その原因について、さまざまな詮索がされたのである。

投書5-19　「頭の良い両親がなければよく出来る子どもはないのでしょう
　　　　　か」（1980年第10号）

　　編集者同志：

　　　私の学生時代は、文化大革命の最中に過ごしました。私は、それによって被害を受けたもので、あまり良く勉強できませんでした。四つの現代化建設の需要を知って、よく自分に自問自答していました。——祖国は科学技術の得意な人材を必要としていますが、私には何が出来るのでしょうか。悩んでいるときに、（貴誌に掲載された『あなたの成功を願う』との文章を読みました。著者の王通訊氏と雷楨孝氏が「あなたの成功を祝う」文章で言っていました。「今生きている中国の人であれば、「被害者」ではない人間が果たしているでしょうか。被害を受けた中国は、被害を受けた人間によって改善するものだ」と。本当によく言ってくれました。私は、勇気をもらい、元気付けられました。私は思ったのです。私は今年で22歳であり、今から志を立てていればまだ間に合うと。それで思い切って決心し、学業を進めていこうと思いました。しかし、勉強を再開したもの、難しい問題に出会うと、頭がいっぱいになり淀んでしまいます。私は、自分の頭はあまり切れていないほうだと思う。このように言っている人もいました。「それは当たり前だろう。きみの両親は一般の労働者であまり才能がないから、息子の君はいくら頑張っても出世できないよ。もういい加減にあきらめろ」と。この話を聞いて、私は元気

第五章　教育達成による上昇移動への熱望（1978－1984年）　207

がなくなりました。植物は、どのような花を開くかその木の種類で決まり、どのような実をなるか種の種類で決まるのです。人間も植物と同じで、頭の良い親がいなければ、頭の良い子に育たないものでしょうか。

黒龍江省虎林県青年工人　黄朝富より

　ここには、「あなたの成功を祝う」との『中国青年』に掲載された文章を読みもともと抱いていた上昇志向が刺激され「志を立て」て「学業」を通して努力すると決意したが、勉強が不得意で挫折を味わってしまい、困惑してしまった工具の若者の姿があった。その挫折に関して、周りの解釈は「きみの両親は一般の労働者であまり才能がないから、息子の君はいくら頑張っても人材にはならないよ」であった。不条理に感じた若者がこの観点の正否を確認する意図で投書しただろうが、この話から、当時大学受験の再開によって台頭してきた「知識尊重」の雰囲気の中で、世間一般はあまり教育を受けていなく知識のない「一般の労働者」のことを「才能がない」人間だと、階層ヒエラルキーの下層に位置づけられていたことが分かるだろう。

　国家イデオロギーの代表である回答者は、もちろんこの観点を否定していた。そこでは、次のようなことが述べられた。

投書5－20の回答

　　勉強で困難に出会うと、自分の頭が良くないのではないかと疑い、その原因を親に帰しているんですね。だけど、「両親に才能がなければ、その子どもも人材になれない（出世できない）」というのが間違っています。「才能」とは何でしょう。人間が持っている、何かの活動に従事する際の能力の意味を指しているのです。あなたの両親は科学者や作家ではないということは、彼らは頭がよくなく、才能がないということとイコールではないのです。彼らはもしかして畑の名人なのかもしれません。或いは手先

の器用な工具なのかもしれません。どの場合でも、頭が聡明で才能のあることですよ。ただいる環境が違うので、仕事で必要とされるものが違っており、その才能の表現が違うだけです。

　ここでは、世間で言われている、知識の持ち主で才能があるとされる「科学者や作家」と、頭が良くなく才能がないとされる農業従事者＝農民、工具という対立軸が浮かび上がっているが、これは、その当時の中国社会で一般の人々の頭の中にある社会階層のヒエラルキーの一部と言えよう。投書の若者はまさに、下の階層から上への移動を目指して「学業」を再開したのである。ここで言う「才能」「人材にある」という意味に関して、投書の若者にとっては、学業を通して普通の工具から幹部、技術者など肉体労働から離れる職業に付くことを意味するが、しかし回答者はこれを無視して、職業に刻印されている地位の違いについて、「いる環境が違うので、仕事で必要とされるものが違っており、その才能の表現が違うだけ」という論理を持ち出した。

（2）「一般の労働者」として人生の価値を感じない都市部の男性工具

　このように、教育達成を通じて手に入れる文化的資源や政治的資源の有無によって、肉体労働者と頭脳労働者との巨大な隔たりが存在する中、「一般の労働者」である工具の一部若者は、自分の仕事に対して誇りを持てず、また実際の生活において他者から尊敬されないという感覚を持ってしまうのである。

投書5-21　「売り場で仕事をしているが、これは（四つの現代化）役に立
　　　　　たない仕事でしょうか」（1978年第1号）
　　　　編集者同志
　　　　　ぼくは店員をしている若者です。新時期の党の総任務を勉強し
　　　　四つの現代化の燦爛たる未来を展望して、心の中は思わず興奮し

てしまい、多くの貢献をしたいと思いました。しかし、売り場に入ったら、物を売ったり会計をしたりするばかり、貢献しようと思っても自分の力を出せないと感じています。ほかの青年の人たちが科学の高峰に登っている光景を見て、悩んでしまいます。私は、どのようにすればよいのでしょうか。

魏暁明より

投書 5-22 「船でコックをしていますが、美術を勉強してで将来を切り開こうと思っています。うまく行きそうしょうか」（1980 年第 12 号）

　ぼくは 20 歳の男性です。両親は船の運輸会社に勤めていたので、ぼくはその仕事を継いで就職しました。ぼくは色盲なので、船でのキチンの仕事を会社に任されて、コックとして働いています。ほかの人が自分の気に入る職場に就くのを見て、ぼくだけは鳥かごの中に閉じ込められている小鳥のように、いつまでも外の世界に出られないという惨めな気分になってしまうものです。働き始めて数ヶ月経ちましたが、いろいろと揶揄されたり、冷ややかに嘲笑されたりして、恋愛でも差別されてしまっています。本当に悩んでいます。毎日鍋やご飯ちゃんとばかり付き合うと、一生コックの仕事で終わりそうで、何も出世できませんし、まして後の世の中に何が貢献できるでしょうか。船でご飯を作っている人はいずれも年寄りばかりです。でもぼくはまだ若いです。そんなに上手ではないですけれど、こう見えながらも高卒ですよ。向上心はあります。四つの現代化の実現を、他人事のようにただ見ているだけでは良くないでしょう。新聞で紹介された青年のことをとても敬服しています。彼らは勉強が好きで、いろいろな分野で専門家になっっています。自分の黄金時代も無駄にしたくないと思って、早く次の進路を決めようと思っています。ぼくは美術

が好きで、美術の書籍を買ってきて、絵画と書道を専攻したいと思っています。美術学校に入って勉強することができないのなら、今の勤め先で美術関係の仕事ができるならば、それでもこの人生の無駄にしなかったことになります。編集者同志、この道は行けそうですか。アドバイスを聞かせてください。

投書5-23 「学歴で僕の価値を高める」（1983年第6号）

　僕はプライドの高い青年です。僕の職業は、人々から「三等公民」と言われる船員です。「職業の違いは分業の違いだけであり、貴賎の区別はない」とか、「どんな仕事でも祖国に必要とされている仕事」とかの言い方を良く耳にしますが、だけれども、僕はこの職業で「人より地位がワンランク低い」と思われているという事実や、これが原因でたびたび恋愛で相手に振られてしまったという事実などが変わりません。

　それで、自分の社会的地位を高め、自分の存在価値を高めようと思っています。私は、独学で奮闘していく道を選びました。すべての余暇の時間を割いて勉強に使っていて、今年の高等教育独学試験に参加したいと思っています。学歴を手に入れれば、ぼくの価値に相応しいポストに転職することができるのじゃないでしょうか。

江蘇省運河航運公司　恵松林より

　上記三つの投書では、職業に関する悩みが書かれていた。当時の国家イデオロギーによる文化装置では、投書2に書いてあったように、「職業の違いは分業の違いだけであり、貴賎の区別はない」、「どんな仕事でも祖国に必要とされている仕事」というのが公式見解であるが、しかし実際の生活では、前者の若者は、船のコックさんとして「働き始めて数ヶ月経ちましたが、いろいろと揶揄されたり、冷ややかに嘲笑されたりして、恋愛でも差別されて

しまって」いるし、投書3の若者も「職業で「人より地位がワンランク低い」と思われている」という悩みや、これが原因で数度か恋愛で相手に振られてしまった」と訴えている。若者はその職業によって、社会的地位が低いとして尊重されないことや、恋愛相手に振られてしまうことなど、現実の壁にぶつかったのである。職業による社会的地位の差異の存在がはっきりと映りだされた投書と言えよう。

このようにして、都市部の若者たちが自分自身の生活経験や他者のまなざしを通して、「一般の労働者」と「科学者や作家」などの頭脳労働者との隔たりの存在を敏感に感じ取っていたのである。

上記の内容では、「すべての職業に貴賎がない」との公的文化装置による公式見解とは裏腹に、当時の若者が自分自身の経験や他者のまなざしから、職業に「貴賎」があり、職業と階層ヒエラルキーと密接に関係していると感じていたことが伺える。

2　階層の上昇移動を果たそうする若者の努力及び葛藤

職業による階層ヒエラルキーの違いを感知した若者たちは、「自分の社会的地位を高め、自分の存在価値を高めよう」として、自分自身の階層ヒエラルキーの上昇につながるさまざまな試みをしたのである。

（1）教育達成以外の手段で農民の身分から抜け出そうとする農村部の若者

学業に関する読者の声を通して、農村の若者にとって大学受験で合格するという教育達成の道が、農村から都会人になる唯一の手段であり、「登竜門」とまで言われた。しかし、教育達成で失敗したからといって、彼らの都市への憧れが消えたわけではなかった。農村の若者は、農民から抜け出して都市部の人間になろうと、「兵士」「女優」「作家」になろうとさまざまな試みを考えていた。これらの職業は、大学進学できない若者にとって、階層ヒエラルキーの中で最下層とされる「農民」との階層を抜け出せる、限りある方法

である。一方、農村と都市部の隔たりは容易に超えるものではなく、若者たちはこれらの職業に手が届かず、挫折を味わうことになる。

投書5-24 「女性の兵士になりたいな」（1982年第6号）

　　　私は、どこにでもいそうな、農村で暮らしている平凡な女性の青年で、今年は19歳です。光栄な人民解放軍の戦士になりたいです。そうすれば、革命の大溶炉でより強い人間に成長し、四つの現代化のためにもっと多く貢献できると思っています。兵士になりたくてなりたくて、病気になりそうです。でも聞いたところでは、女性兵士の募集は農村の女性の青年が対象外とされているそうです。私は女性の兵士になるのがそんなに難しいことなのでしょうか。ぜひぜひお力を貸してください！

陝西省長安　軍蕾より

　これに対して、「毎年女性兵士の募集は人数が限られているうえに、その対象は大都市や中規模の都市の、都市部出身の高校卒業生に限定している」と、農村部の女性は軍隊募集の対象外となっていると説明して、「四つの現代化に貢献し、自分を鍛えるためには、軍隊に入らなくても良い。農村も人を鍛える大きな溶炉」だとして説得をした。

投書5-25 「映画女優になりたいな」（1982年第1号）

　　　編集者同志

　　　私は女性の農村青年で、今年17歳です。私はとても映画が好きで、映画を見る時はいつも、俳優さんや女優さんの動作や表情を良く観察しており、見た後の夜はなかなか寝付かなくて、俳優さんや女優さんの顔が目に浮かびます。時には女優になり、映画の撮影に参加したとの夢を見たこともありました。目が覚めると、自分のベッドに寝ていることが分かって、思わず涙がこぼれ

第五章　教育達成による上昇移動への熱望（1978-1984年）　213

てしまいました。私、本当本当に映画の女優さんになりたいです。周りの群衆や親戚や友人からも、きっと女優になれるし、中でも女優の陳沖さんのように素敵な女優になれるとか、綺麗な外見や生き生きとしている表情をしているが、残念なことに女優の募集をしているところがないのでどんなに才能があっても無駄だとか言われています。これらの話を聞くと、悲しくて泣いてしまいます。編集同志、私は女優さんになれるのでしょうか。この私を女優さんとして雇ってくれるところがないのでしょうか。あなたたちの助けがほしいのです。

湖南桃源　高衝より

　これに対して、『中国青年』は編集者メッセージで、当時知られている女性の監督張暖昕氏にこの手紙を回したことを話して、張氏の反応について次のように語った。

記事5-10

　　　（張氏は）笑いながら言った。「高衝同志のような手紙は、私のところにたくさん届いた。ある女の子は、私に手紙を送るために、自分の辮髪を切って売ってまで切手を買ったと聞きました。とても感動しました。仕事が忙しいから、全部が全部お返事できませんので、貴誌をお借りして青年の友人のみなさんにお詫びすると同時に、貴誌の誌面を借りて、高衝同志への返事をもってみなさんへのお返事とします」と言った。

　張氏による手紙では、女優になる条件について、次のように語った。

記事5-11

　　　女優さんになるには、いろいろな条件が必要です。外見はあく

までもその一つだけで、主要な要素ではありません。そのほかにも文化的教養、経験、パフォーマンス力、理解力、表現力などなどがある。先天的な条件と後天的な条件両方大事でして、外見はその中の一つの要素に過ぎない。とても綺麗な外見をしているかもしれませんが、その他のもっと重要な条件が備わっていなければ、スクリーンに出る機会があっても、いいパフォーマンスができるはずがありません。

　張氏によるこの話は、女優になるには外見だけでなく、ほかの内面的な要素も重要だと強調した。これは、「綺麗な外見や生き生きとしている表情をしている」と自負している投書を送った、農村出身の投書の女性にとって、断念させるのに大きな説得力を持っているだろう。農村部にいることは、「文化的教養、経験、パフォーマンス力、理解力、表現力」などの文化的要素とは程遠いことになるのである。張氏は、俳優を養成する大学「北京電影学院」への進学について示唆したが、「試験に参加する若者が大勢いて、受かる可能性がすくない。全国で十数名しか募集しないし、その中で女性は六、七名しかいないのだ」と、その可能性があまりないことを話した。この話は、職業から来ている、あまりにも大きな社会的地位の隔たりを物語っている。

　また、当時文学者＝小説家になるのも、教育達成以外の重要な社会上昇ルートの一つであった。「知識」重視の風潮の中で、小説家にでもなれば農民の生活から抜け出せるし、文字が活字になれば、回りから「才能のある人」と見なされ、さまざまな形で抜擢されるのである。1982年第5号「難題征答」では、小説家になりたがる夫のことで悩む女性の投書があった。

投書5-26　「夫がどうしても小説家になりたくて……私はどうすればいいのか」（1982年第3号）

　　　　編集同志

第五章　教育達成による上昇移動への熱望（1978-1984年）　215

　恋愛は甘くて、結婚生活は幸せなものだとよく耳にします。しかし、私が経験したのは尽きない苦い味でした。

　私は今年 28 歳です。1978 年 5 月は人の紹介で、隣の公社の青年と恋愛した。彼は何年間軍隊にいたし、ある程度の思想の教養と文化の教養があるので、戻ってきてからずっと新聞の通信員であった。放送から彼の名前を聞いたり、新聞で彼の文章を読んだりすると、確かにとても嬉しかった。1979 年に結婚されてから、二人は積極的に生産活動に参加し、まあまあいい暮らしをしていた。

　しかし二年目に入ってから、私たちの生活はどんどんだめになっていった。私は女の子を出産して畑で働けなくなった。三人の生活は全部彼一人に肩にのしかかり、一年の最後のときに余ったお金は 50 数元しかなかった。

　50 数元というのは、三年家族にとって本当に少ないお金です。冠婚葬祭や親戚、友人との付き合いとかの出費だけでも足りないです。しかし、このような状況でも、夫は何かの信仰に取り付かれたみたいで、文学創作にはまってしまったのです。積極的にニュースの原稿を書くよりも、古い文学の資料に突っ込んでしまったのです。原稿料が減ったうえに、農作業はあまり積極的にしなくなったので、労働単位[44]があまり取れなくて、毎月のお醤油や塩などの調味料を買うのもぎりぎりでした。しかし、夫は人からお金を借りて新聞を購読したり、山西省の通信教育大学にも参加した。一回だけで 20 数元のお金を使いました。彼はこれを知力のための投資だという。彼は毎日、生産隊の畑仕事をするだけで、ほかの家事などの事は一切しません。毎日本ばかりかじっていて、時にはご飯を食べることも忘れてしまうほどです。労働に遅れたり、仕事に専念しなかったりすることで、時々お叱りを受けています。でも彼は全然に帰しなくて、小説を書くから

と言って一晩寝ないことはよくありました。詩を書くからと言って一日ずっと机の前にいる日もあります。原稿を出す時は、自分で郵便局に持っていきます。労働のない暇な日となると、彼の興奮ぶりは気が狂ったのではないかと疑うほど高まるのです。何を見てもそれを紙に書いてしまうのです。或いは文化館の先生に原稿を見てもらいに言ったりします。彼の目にはいつも血筋だらけで、痩せていく一方です。でも最後に、何を手に入れたのでしょうか。次々とやってくる原稿不採用の知らせ、或いは何の返事もない沈黙です。

　私はとても怒っています。彼のやっていることは何の意味もないと思っています。特に田舎では、これは全くの意味のないことです。ほかの若者を見てごらん。自分の生活をとてもよくやりくりしています。生産隊の仕事が終わったら、外に出かけて何かの副業をしたり、或いは小さな商売をします。でもうちの夫は家に閉じこもってばかりで、何もしません。頭にくると、彼の原稿用紙を破ったり、彼の本を捨てたり、彼を罵ったりします。そうすると彼も激怒するので、夫婦喧嘩になります。時々、夜中まで続く時もあります。離婚してやると言って私を引張って裁判所に行くときもありました。私はしょうがないから、涙を飲んで我慢するしかないのです。『紅楼夢』を書いた曹雪芹のように、家の財産を使い果たしても物乞いになっても文学者になろうと一生頑張ると言っています。さらに、「30歳までに自分の文章が掲載されなければ自殺する」との志を立てました。本当にそうなったら、私はどのようにしましょう。

　若者には理想があったほうがいいと私も思います。また、たくさんの挫折を経験しても挫けないというところに対しても同情心があります。時には、自分の態度が悪かったと申し訳なく思ったり、反省したりします。でも、目の前には厳しい現実がありま

第五章　教育達成による上昇移動への熱望（1978-1984年）　217

す。このままでは、彼の行為を許して、彼を支えることができません。一家の暮らしの重たい負担は、私一人では無理なのです。これを考えると、心が苦しくなります。彼と結婚するではなかったと後悔の気持ちが生じます。私は今、人生の十字路に立っています。前に進むのか、それとも後ろに後退するのか、決められません。アドバイスがほしいです。お願いいたします。

陝西省勉県　白蛾より

投書5-27　「龍の退治など高望みのことを考えるより足元をしっかり固めよう」（1984年第2号）
　　・僕は大学受験で落ちた後に、独学で人材になる道を行こうと思って、文学の本をたくさん買ってきて、家にこもって勉強して文学創作をしていました。でも、あまり業績を出していません。両親は、家のお金を無駄遣いしたとして、「道楽息子」と呼ばわりされたうえに、父親に散髪の技術を学べと言われた。でも、私には私の志がありますよ。独学で人材になりたいと思うのは、どこが間違いでしょうか。

山西省　李瑾より

　この二つの投書は、投書した人の立場がそれぞれ違う（文学者になろうとする人の家族とその本人）が、文学創作で出世しようと思っている若者の熱気が高くて、周りの家族がその負担に耐え切れず、苦言せずにいられないほど、大量のエネルギーに注入していることが伺える。
　農村の若者たちが、農村と都市の隔たりを越えて農民の身分からから抜け出そうと、教育達成以外の限りある社会上昇ルートを試みて、自分の理想とする職業に付こうと力を尽くしていることが伺える。

（2）「独学」を通じて職業の上昇移動を試みる都市部の若者

「知識重視」の風潮の中で、より良い仕事やより良い境遇を得るためには、最も多くの若者にとって最も有効なルートは、知識を身につけることであった。都市部で既に就職している若者の場合、その多くは本職との兼ね合いを鑑みながらの独学である。彼らはその中でさまざまな悩みにぶつかった。以下では、これに関する投書を見てみよう。

青年工具が、独学を通して出世しようとすると、仕事をしながら独学をすることになるので、仕事との兼ね合いや勤め先との調整など、いろいろな問題が発生していた。

① 本職と独学との兼ね合いによる悩み

1981 年第 4 号の「読者来信」コラムでは、「青年の独学のためにより多くの緑信号を」との特集が組まれたが、そこでは、余暇の時間に独学するが、勤め先から処罰を受けたりする遭遇のあった若者の声が綴られていた。以下では、幾つかの投書を紹介しよう。

投書 5-28 「独学の道に「赤信号」が多い」（1981 年第 4 号）

　　　　国家と政府は人材を養成するために、成人教育の学校を多く設置し、われわれ仕事をしている人間に有利な学習の条件を整えてくれた。われわれのような、歴史に時間を無駄にさせられてしまったが、立ち遅れたままの境地に安んじない若い人たちにとって、これらの機会を利用して自分の無知の状態を変えようとする願いは、どんなに強いものだろう。しかし勤め先の上司はわれわれ青年工具の心を理解してくれない。よく働いてさえくれれば、良い工具だと認められるが、しかし少しほかのものを勉強しようとなると、「仕事に専念していない」とのレッテルが貼られてしまう。試験に参加するための紹介状をお願いに行くと、その顔は馬の顔のように長く垂れていて、「そんなのを勉強してどうする

第五章　教育達成による上昇移動への熱望（1978－1984年）　219

の。よく働いて手当てをより多くもらえ、家庭を持てばいいよ」
と言ったりして。幸いなことに紹介状をもらったとしても、口止
めされてしまう。ほかの人に知られたら、試験に参加する人が増
えるからとか。でも、私が思うには、成人教育を受けて余暇で勉
強する人が増えるのはいいことではないのかな。

　夜間学校に行けたとしても、最後まで続けるのにもっと多くの
困難に出会う。授業の時間とグループ会議の時間が重なったりす
ると、上司が許可を出してくれなくて、授業に行くと手当てが切
られてしまうのだ。また、学校によっては一週間に一回、平日の
半日を利用して授業に当たるところがあるが、人より早く出勤し
て遅く退勤することによって仕事の定額を完成し、その間の時間
を学校に行きたいが、融通の利くことなのに賛成してくれないの
だ。また、夜間学校は学費が高いのが一般に言われていること
だ。一つの学年で 100 元がかかるうえに、一回で全額払いのとこ
ろが多い。これに対して、勤め先はまったく払ってくれない。給
料の高くないわれわれ青年工具には、無視できない一つの困難で
ある。

　私が思うには、工場の指導部は、青年工具が各種の余暇の勉強
に参加するのを積極的にサポートしていくべきだと考えている。
本職を全うできさえすれば、回りの条件も整っていて、時間のや
りくりができるならば、融通の利くやり方を取るべきだと思う。
もちろん、勉強の旗を掲げながら実際によく勉強しない人間に対
して、何かの措置を取るのも良いものだが。

北京　李力より

投書 5－29　「余暇時間の独学は、どんなに難しいことだろう」（1981 年第 4
　　　　号）

　私は、測量の仕事をしている青年工具だ。自分の仕事が好きだ

が、普段から自分の知識の量が足りないと痛感している。それで、頑張って独学を始めた。毎朝の6時にラジオの放送を聞いて外国語を学び、夜の9時から国語、数学の勉強を始める。独学が原因で仕事に支障をきたしたことは一回もなかった。逆に、言われた仕事は毎回手際よく完成していた。しかし、意外なことに、某リーダーの人から「本業をおろそかにしている」と言われてしまった。去年給料の調整が行われた際に、グループ長から、いくら勉強ができても役に立たないとみんなの前で言われた。また、某幹部から、独学が良く出てきているのは、労働の態度が悪いことと裏表だと言われた。私にはどうしても理解できないのだ。独学を続けるのが、どうしてこんな難しいことなのか。李白が生きていたら、その詩を次のように改めるだろう。独学は難しい、青天に登ることよりも難しいと。

投書5-30 「白専（政治に関心がなく、専門知識ばかり持っている）の帽子が怖い」（1981年第4号）

　　私は、音楽の好きな青年で地方のある文芸団体で仕事をしている。文化大革命によって知識を豊富に身につける機会がなかった。志のある中国の青年の一人として、これが原因でいつまでも落ち込んではいけない。「四人組」が打倒されてから、私は独学で音楽理論、作曲、声楽などの基本知識を学び、一部の地域の民間の音楽資料を収集した。また、何名かの著名な作曲家を先生として学び、音楽の創作のうえでは彼らのアドバイスや教えをいただいた。しかし、意外なことも起こったのだ。一部のリーダーと同志に、「ルールに反している」ことをしていると見られており、「出しゃばる」とか、「只専不紅（専門知識は持っているものの、国家と党に忠誠心がない）」などの言葉を時々耳にしている。最初は気にせずに、余暇の時間を利用して音楽の創作をしていた。

というのは、十年間こんらんしていたのだから、その風潮をすぐにひっくり返すのが困難だと思ったのだ。しかし、私の独学への反発はエスカレートし、徐々に私は、「白専（専門知識は持っているものの、国家と党に忠誠心がない）の道路を歩く典型的な人間」とされてしまい、「白専分子」の私は攻められてしまった。とても辛くて、困惑しているのだ。知識を渇望し研鑽するのは白専道路を歩いていることだろうか。

投書5-31 「勉強ができなくなったどころか、処罰を受けてしまった」
（1981年第4号）

　私は、末端の税務署の幹部だ。省財政局が各県で外国語の人材を選抜していた際、うちの県には応募するひとは人もいなかったと聞いた時に、英語を一生懸命勉強し、この空白を埋めようと決心した。当時はちょうど、テレビで英語の講座を再放送していたので、ほかの三人の同志と一緒に、毎日のお昼の50分間の余暇の時間を利用して英語講座を見ようと思い立った。これについてリーダと話したら、明確な答えがなかったものだから、自分たちで勉強を始めた。しかし、このために、所長と一部の人の不満を買ってしまった。ある幹部の人が、私のお昼の勉強によって自分の昼寝が邪魔されたといって、テレビを強制的に消してしまった。またあるリーダーの方が、「昼にテレビをつけるのが電気の無駄使い」と言った。納得がいかなくて頭にきたので、喧嘩しました。その後、何の調査もなしに、私の間違いだと上司に言われて、反省文を書かされてしまいました。さらに、新しいルールが宣告されたのだ。「英語を勉強するのが１００％正しいことでもない。今日からテレビにロックをかける。水曜、土曜日の夜にしか見てはいけない」と。納得がいかなくて、反省文を書かなかったので、態度が悪いといって一か月分の手当てが切られてしまい

ました。よくわからないのだ。勤務中に小説を読んだり、おしゃべりしたり恋をしたり居眠りをしたりする人がいっぱいいるのに、なぜ余暇の時間を利用して英語を勉強するのがいけないのだろうか。

編集同志、公平の立場から何か言ってください。学習の機会と条件が再び私たちに訪れるように。

これらの投書から、余暇の時間を利用して知識を取り入れて「無知の状態」を改善することによって、より上の階層に登ろうと懸命になって仕事をしながら独学している若者と、勤め先との摩擦が記されている。当時、「余暇の学校が雨後の竹の子のようにたくさん現れ、北京、天津、上海などの地域では、高等教育独学試験を試みていたり」して、学習への若者の意気込みが大いにあったと想定できよう[45]。

② 余暇の勉強と本職との両立の困難

青年工具にとって、独学と仕事を両立しようとした際に、勤め先のサポートが重要であることが上記の投書で確認できた。それ以外に、若者本人の中にも葛藤が生じる場合がある。1981年第16号に掲載された以下の投書を見てみよう。

投書5-32 「余暇の趣味と本職が衝突しています。どうすればよいのだろうか」(1981年第16号)

ぼくは余暇の時間を利用して独学していますが、一つ悩みがあります。つまり、いつかの専攻を同時に勉強しているので、まるで何人かの女の子を同時に愛しているように、どれも諦めたくませんが、全部自分のものにするのもできないので、どうすればいいか困っています。ぼくは前後にして余暇大学文学部と世界語通信教育を受講しており、また日本語ラジオ放送の受講生でもあり

第五章　教育達成による上昇移動への熱望（1978-1984年）　223

ます。また、少し基礎のあるロシア語と英語を勉強し直そうと計画しています。時には、幼いときから好きだった美術、音楽、書道、撮影などの古い「恋人」に時間を当てています。

でも、ぼくの本職は統計で、主要な時間を経済管理の勉強に当てなければならなりません。毎日書類や数字、グラフなどのことで忙しくしています。

余暇の勉強と本職との間に衝突が起こっているように感じています。今のぼくは、乗ってしまった虎の背中から、降りようと思ってもできないような気持ちでいます。割愛したくてもなかなかできないでいる。ある同志は「同時に幾つかやると深くまで勉強できないので、少し減らそう」とアドバイスをくれたが、でも、どれを諦めましょうか。これらの専攻、全部「愛している」のに、彼らはお互いに衝突しています。悩みながら、意地を張って頑張っています。成功者はいたのでしょうか。ダ・ビンチ、蘇阿芒……彼らは特殊な材料で出来た人間でしょうか。

ぼくは負けたくありません！ぼくは諦めたくありません！同じ悩みを持っていたが、この悩みを突破して成功した友人のみなさんにアドバイスを聞かせほしい。ぼくはどうすればよいのでしょうか。

湖南省機械化施工公司　黄峪峰より

投書の若者は、統計の仕事をしながら、文学、世界語、日本語を独学で勉強しているうえに、美術、音楽、書道、撮影などにも関心があり、時間の配分で悩んでいるとのことである。「悩みながら、意地を張って頑張っている。成功者はいたのだろう。ダ・ビンチ、蘇阿芒……彼らは特殊な材料で出来た人間だろうか」などの文章から、若者は成功した有名人をモデルにして目標に向かって頑張っている。「ぼくは負けたくない！ぼくは諦めたくない。同じ悩みを持っていたが、この悩みを突破して成功した友人のみなさんにアド

バイスを聞かせてほしい」などのように、成功に向けての向上心が非常に強くあることが伺えるだろう。

これ以外にも、「「仕事は適当に、天職とするものは一生懸命に」との考え方は正しいのだろうか」との投書があった。

投書5-33 「「仕事は適当に、天職とするものは一生懸命に」との考え方は
　　　　　正しいのだろうか」（1983年第6号）

　　　私は、就職したばかりの教師です。自分の仕事が好きで、余暇
　　の時間に小説を書いたり、文学創作をするのも好きです。しかし
　　今、二つのことが調和できないような矛盾があると気づきまし
　　た。仕事で文学創作の時間が取れなかったり、文学創作で仕事の
　　準備時間がなくなったりしています。ある友人から言われまし
　　た。「教師はあなたの本職であり、文学創作は一生やっていきた
　　いこと。仕事より、一生やりたいことのほうが重要だよ。仕事は
　　適当に、やりたいことは一生懸命にしたほうがいいよ」と言われ
　　ました。ちょっとおかしいところもありますが、良く考えると、
　　理にかなる部分もあるように思えてきました。あなたの意見を聞
　　かせてくださいませ。

　　　　　　　　　　　　　　　　　　　　　吉林省通化市　李碧より

そこでは、教師になったばかりの若者が、余暇の時間を利用して文学創作をしたいが、時間の配分がうまくいかなくて悩んでしまっているとの話であったが、当時の若者が本職をしながら、より良い社会的地位に向かって条件作りに励んでいる情景が伺えるだろう。

③ 余暇の勉強をしていない若者に対する「志がない」との批判

　多くの若者が上昇志向を持って仕事の合間に独学する中で、本職に専念する若者が「志がない」と言われ、プレッシャーを感じることになる。

第五章　教育達成による上昇移動への熱望（1978-1984年）　225

投書5-34　「本職に専念することは、志がないと意味するのだろうか」
（1979年第12号）

編集者同志：

　ぼくは祖国の化学工業戦線で働く新人です。工場に入って三年
たちましたが、党の教育のもとで、師匠と同志のみんなに教えて
いただきながら、ぼくは少しずつ、どのような態度で革命事業に
臨むかを心得ました。ぼくは操作のテクニックを頑張って身に付
け、また毎日休まずに出勤して自分の本職を全うようまじめに頑
張っています。これ以外では、日記を毎日書いて、文学作品を読
んでいます。私の生活リズムは、ご飯——仕事——勉強——睡
眠。一日に一日が続き、あっという間に三年が過ぎました。私は
時間の無駄遣いしていません。しかし父親から、ぼくには大志が
ないと言われました。納得がいかなくて窮屈な思いをしていま
す。悔しいです。まじめに本職の仕事を全うしようとするのが大
志のないことでしょうか。余暇の時間に本を読んで知識を増やす
のは、おしゃべりや道でお散歩するなどのことに時間を使うより
だいぶ良いのではないでしょうか。編集者同志、ぼくのように毎
日を送っているのは、胸に大志がなく、青春をただむやみに送っ
ているとは言えるでしょうか。

蘭化有機場　李浩虹より

　ここで投書の青年は、前の投書者とは違い、うえの階層に目指そうと何か
の目標を持って勉強していなく、「自分の本職を全うようまじめに頑張って」
いる。余暇の時間に日記を書くことや文学作品を読むことは、勉強というよ
りも娯楽として楽しんでいる。しかし、父親からは「胸に大志がない」と言
われ、不安になって投書し、自分の行為が「大志がない」と言えるかどうか
確認しようとしたわけである。

　ここから、当時の若者にとって、目下の生活に安んじて「胸に大志がな

い」と言われるのがかなり刺激的な言葉であり、批判的な言葉であると言えよう。裏返しにすれば、うえの階層、より良い仕事を手に入れることを目指すのが当時の社会の雰囲気の中では評価されることだと言えよう。

　回答者は、「大志の実現は、まじめにこつこつ頑張ることを前提にしている」として、若者の労働態度を肯定した。父親の態度については、「親なら、誰でも自分の子どもがより良い業績を出すことを望んでいる」として、父親への理解を若者に求めた。あまり正面には出していないが、父親の「自分の子どもがより良い業績を出すことを望んでいる」との思いは、自分の息子の若者を①②で見た、余暇の時間を利用してよりより仕事に就くことを目指して勉強する若者のようになってほしくて、現状に満足して「食事――仕事――勉強――睡眠」の生活を送っている若者に不満を持っていたと考えられよう。

　「志」について、1981年第6号の投書にも登場した。これは受験にまつわる話であるが、「志」に関する当時の人々の考え方が伺える一場面として、ここに紹介しておく。

投書5-35　「試験で負けて自殺したのは、「志がある」ということでしょうか」

　　　　　先日、母親の共をして病院に見舞いに行ったら、その病室には毒を飲んだとして救急の措置を受けている生徒さんがいました。聞いた話では、ご自分の弟さんと同じ学校で勉強しているのですが、それまでの毎回の試験ではいつもお兄さんの勝ちで、弟さんの負けでしたが、前回の中間テストで、弟さんは2番目、お兄さんは5番目になったそうです。それで、お兄さんは人に会う面子がないと、劇毒の農薬を飲みました。幸いなことに、家族に早く気づかれたから、助かったのです。同じ病室の人はみんな、この子は志があるねと言っています。母も私や弟、妹に言いました。「ほら、この子を見て、志気があるね。将来は必ず出世するわ」

と。私は 1979 年の高校卒業生で、二回も大学受験で落第したのです。母の話を聞いて、分からなくなりました。お聞きしたいのですが、この若者の行為って、志気のある行為でしょうか。小さい試験で弟に負けたとして毒を飲んで自殺を試みたのですが、大学受験で落ちた私は、どのようにすればよいのでしょうか。

河南省南皮県寨子公社　肖嵐より

　この投書では、弟に負けたことが悔しくて自殺を試みた中学生は、「志気がある」子と賞賛された。2 回も大学受験で落第した若者がそれを聞いて困惑してしまい、自分はどのようにすればよいかと投書を送ったわけである。ここでは、「志気がある」ことは、負け嫌いで、上を目指して全力を尽くすことと理解してよかろうが、投書の若者はこの「志気がある」との周りの雰囲気にすっかり取り込まれており、同調してしまっていることが伺えるだろう。

　その後、1981 年第 16 号には、この投書に対する読者からの回答、文章 4 本とメッセージ 4 つが掲載された。そこでは、自殺は「志気がある」どころか、むしろ卑怯な行為であり、若者が抱える祖国と人民への義務と責任を忘れている行為だとされ否定され、逆境を生きる中でも「生活の強者、奮闘の勇士」であるべきだと指摘された。これらの回答では、自殺への反対の意向が表明されたが、投書の若者の身に振りかかる競争の重圧そのものは、くみ上げられることができなかった。

（3）政治的資源によっての上昇移動をめぐる「嫉妬」という気持ちの発生

　上記では、自分の社会的地位を変えるために努力して独学していた光景を紹介してきた。一方、教育達成以外に、政治的資源を手に入れて社会的上昇移動を果たすという上昇移動のルートも用意されていた。それは、それぞれの職場で「先進人物」に評価されることである。これをめぐって競争が生

じ、嫉妬などの気持ちが生まれたのである。

　これについて『中国青年』で最初に触れたのは、1980年第2号に掲載された「どうして「塀の中で開いている花なのに、どうして塀の外だけがいい香りをするのか」」との文章であった。そこでは、次のような現象が述べられた。

記事5-13

　　　才能のある同志が、一生懸命勉強したり苦労を問わずに働いたりした結果、たいした業績を出して、ある分野の専門家になったり或いは先進人物になり有名になった後に、その勤め先でいろいろと非難をされたり、非常に困難な境地に置かれてしまっている場合もある。これがよく言われる「塀の中で開いている花なのに、どうして塀の外だけがいい香りをするのかな」現象である。

　その原因について、新聞での宣伝において、実際の状況以上にその人物が美化されてしまったため、周りの人々に反感を買った以外に、「一部の同志の霊魂の深いところに嫉妬の影を隠している」と嫉妬の存在を指摘した。先進人物に対して、「粗捜し」したり「うわさを流布」したりするなど、嫉妬の表現の仕方について次のように描かれていた。

記事5-14

　　　このようなことがよく見られる。まだ頭角が現れておらず、誰も知られていない時は、お互いに平和にしていたし、その人は「おとなしい」「周りとの関係がとても良い」などのほめ言葉さえもらえる。しかし、何か業績を出して表彰されたら、冷ややかな言葉を浴びせられることになってしまうのだ。「特にすごいことはないよ！」「たいしたことはない！」「同じような環境にいたら、もっといい成果出せるよ」とか。口先だけではまだ良いほう

第五章　教育達成による上昇移動への熱望（1978-1984年）　229

で、公開的に或いはこっそりとして粗捜しをしたり無責任にうわ
さを流布したりして、その名誉から引きずりおろされることにな
らなくても、顔がつぶされることになる。総じて言えば、気持ち
よくしていられなくさせるのだ。

　これはどのような心理だろうか。嫉妬だ。この心理は愚昧、狭
隘、私利私欲から来ている。人が自分より先に進んでいるのを見
て、自分が遅れをとってしまったと考えずに、人の進歩によって
自分の顔がつぶされると考えてしまう。嫉妬の心理の強い人は、
個人の地位や名望、栄誉、利益を特別に重視し、自分を超えた同
志には、うわさまで流布したり、誹謗や抽象したりする。

　この「嫉妬」の心理に対して作者は、「ほかの人が自分を超えていくこと
を何よりも喜ぶべき」だという意識を持つべきだと主張して、次のように説
得した。

記事5-15

　　　われわれは、次のような良好な社会的雰囲気を提唱しなければ
　　ならない。つまり、祖国と民族の振興のために、人々は向上心を
　　持って奮闘し、人材になるために努力すべきであると同時に、人
　　材の成長のために環境づくりに尽力し、ほかの人が自分を超えて
　　いくことを何よりも喜ぶべきである。先進の同志に対して、自分
　　も同じ業績を出したいと考え、その人を積極的にサポートし、謙
　　虚な気持ちで学んで、その上でその人よりもっと大きな業績を出
　　すことを考えるべきだ。彼らの欠点や不足点を見つけたら誠意を
　　持って助けてあげ、彼らが困難にぶつかったら、力になってあげ
　　るべきである。完璧を求めるがために責めてしまうとのやり方を
　　克服し、小生産に由来する嫉妬という意識を克服して、人材の
　　人々が、心の広く誠意のある、無私なわれわれの気持ちに見守ら

れながら、健やかに成長していく……

　その後、1981年第16号から、嫉妬という主題について、「なぜ先進分子は孤立されたり打撃を受けたりするのか」というタイトルの問題討論が組まれた。1981年16号から、19号、20号、21号、22号、23号とのように、6号の雑誌を通して、半年以上の時間をかけて議論が行われた。

　1981年第16号では、この「編集者メッセージ」に続き、8本の文章を掲載し、先進人物になったことで孤立されたり、悪質な苛めに出遭った事例を8つ紹介した。問題討論の第一弾として先進的人物がいろいろな場面で不正な処遇をされていることを提示してから、1981年第19号では、問題討論の第2弾が組まれた。そこの編集者メッセージでは、「先進人物」が孤立されたり攻撃されたりするのは、かなり広い地域で見られる現象であることが書かれた。

記事5-16

　　　本誌の今年第16号に提起された「先進分子」がなぜ孤立されたり打撃を受けたりするのか」との問題に対して、各地の読者から熱烈な反応が見せられた。北は黒龍江省から、南は五指山まで、たくさんの手紙が編集部にまで届いている。これだけ多くの青年の素直な呼びかけがあつまり、また社会各方面から注目されていることは、一部の地域、一部の職場ではこの問題が確かに目立っており、無視できない社会問題になっていることを物語っているだろう。と同時に、速く解決できることを人々が願っていることでもあろう。

　その後、第19号～22号では、「先進分子」が孤立されたり打撃を受けたりするような現象が生じる原因、対策について議論が行われた。原因については、メディアによる事実に合わないような過大評価、先進人物の所属先の

指導者に媚びるような態度などさまざまな理由が挙げられた。また対策については、先進分子として精神的に強くなるべきことや先進分子としてあるべき素質を見につけるべきだとの意見、先進分子に打撃を加えた人間に対して党性の教養を強め心理学を学び、狭隘な度量を大きくしようとのアドバイス、人々の不満をなくすために手当て制度の改革についての提言などがなされた。

1981年第23号では、先進分子としての苦悩が述べられた。自分の意志とは裏腹に頻繁に会議で表彰されたり報道機関に過大評価されたり、模範にされたことによって「模範らしく」振舞わなければならないと期待されたりして、「最も素朴な布生地の服を着て、いつも先を争って力仕事をやり、各種の紀律を厳しく守り、ブルジョア思想のある彼女と別れ……」るなど、指導者からも一般群衆からも指摘されないためにはロボットになり、自分の思想を捨ててしまっているがゆえに、本人も悩んでいるし、はたから見ても苦しそうだとのことや、先進分子も血肉のある普通の人間であり優しくしてあげるべきだ、などの意見が述べられた。

以上ではは問題討論の概況を紹介した。では、「先進分子が孤立されたり打撃されたりする」現象について、社会階層の上昇志向との観点から何が見えるだろうか。筆者は、次のようなことが言えるのではないかと考えている。

まず、社会上昇移動の観点から見れば、当時では、独学を通じて専門的人材になり、或いは大学受験を通って学歴を手に入れる以外に、党や国家機関に評価され「先進人物」になり政治的資源を手に入れるのは、当時の人々にとって限られた上昇ルートの一つであった。先進分子になれば、より上の社会的地位につながる資源を手にしやすくなる。

次に、一般の民衆は、この点を敏感に感じ取っていたと指摘したい。当時青年団関係の最高責任者であり、元共青団中央書記処書記の陳昊蘇氏が文章で述べたように、当時の公式見解では「先進分子は歴史の進歩と人民の利益のために自己犠牲をする人々であり、一般群衆としては先進分子を尊重すべ

きである」としている。しかし、「先進分子」になることが、より上の社会階層に近くなり、少なくとも、より上の社会階層に上がるための社会資源を手に入れることを意味すると、一般の人々が敏感に感じ取っていった。これこそ、嫉妬の気持ちや「孤立」「打撃」などの行動につながる原因である。この点は、「官僚になることに興味がある」「権力を狙っているため」「一夜で英雄になりたい」「でばしゃる」「上を狙っている」「ボーナスをより多くとるため」「命よりもボーナスばかり考えている」「党員になりたいから」「先進人物になりたいから」など、先進分子が攻撃された時に使われている言葉からも伺えるだろう。一般民衆の意識の中では、先進分子になると、各種の物質的資源や政治的資源を狙っていることになっているのである。

　このように、政府による公式見解が大きな抑圧力として存在しているがゆえに、人々の不満や不安が陰湿な攻撃につながる。「先進分子」の個人が孤立されたことに関する具体的な理由に関する人々の見方は、事実に合うかどうかは別として、人々の想像はその社会そのものの姿を物語っており、当時の社会の文化装置の存在を浮き彫りにすると言えよう。

（4）仕事と恋愛の狭間に苦しむ「女強人[46]」

　強い上昇志向に突き動かされ、若者はより上の階層ヒエラルキーを目指して、教育資源、政治的資源を手に入れようとして必死に努力する場面を見てきたが、女性の場合を見ると、男性をサポートすべきだという女性に対する社会的期待と彼女たち自身の上昇志向の間に葛藤が生じたのである。彼女たちは、この時代を生きる中で、一方で仕事への強い向上心が触発されるが、もう一方で、仕事で立派な業績を出していることは必ずしも良い人生につながらないという場面にしばしば遭遇する。女性は男性の若者とは違う悩みを持っており、「強く」なることによって恋愛や結婚の場面において逆に不利をこうむることであった。1982年第9号の「難題への回答」コラムに掲載された次の投書を見てみよう。

第五章　教育達成による上昇移動への熱望（1978−1984年）　233

投書5−36　「女性ですが、仕事への向上心が強くあります。これは良くないことでしょうか」（1982年第9号）

編集者同志

　私は小さな新聞社の女性の記者で、23歳です。私は自分の仕事がとても好きで、雨や風の中、外を駆け回るのが日常茶飯事です。徹夜して仕事することもよくあります。たくさんの休みの時間が取りあげられてしまいましたが、生活が充実していて、とても楽しかったです。若いうちに経験を積み、より多くのことを学び、たとえ苦労をしても仕事を頑張りたいと思っています。なので、服装や化粧への気遣いなど多くの女性がよくやること、女性として普通興味を持っていそうなことをする暇がありませんでした。時間が流れて私も年齢が増して、私の生活に恋愛という新しい経験現れました。それが、仕事との間に葛藤が生じているように今感じています。

　彼氏と三回ほど合ってから取材で出かけました。私の頭の中では、私が書いたものが新聞に掲載される度に、私に対する彼の愛情も一分増えるだろうと想像していました。しかし、戻ってきてから、取材時に見聞したことや記事を書く中で考えたこととかについて興味津々に話したら、彼は全く興味を持ってくれなくて、「時間の無駄遣いと思わないか。殺風景だと思わないか」とまで言いました。悲しくてたまらなかったです。また、彼と何かについて話す時には、自分の気持ちを殺して彼の言うとおりにするなどの妥協はせず、自分の考えていることを分かってもらいたくていろいろと主張したりします。そのせいか彼は、わたしのことを「キュリー夫人のような女性だ」とよく言っていました。最後に、私たちは別れました。その後考えました。自分には女性特有の優しさ、従順さが足りないのかなと。「女性は、仕事への思い込みが強いと良くない」とよく言われています。本当にそうなので

しょうか。

　フランスの思想家ルソーは『エミール』の中で、「むしろ私は、素朴で初等で浅い教育を受けた女の子を好きで、学問いっぱい持っている女性が好きではない。というのは、このような女性がいると、私の家は彼女によって司会され議論が行われている文学の講壇にさせられるからだ」と言いました。今、一部の人の中では、女性の党員、女子大学生は生活の伴侶として相応しくなく、彼女の身に存在すべき豊かな感情は仕事によって奪われてしまっていると考えているらしいです。

　キュリー夫人のことを敬服しています。彼女は仕事と家庭、母親との役割を完璧にこなしていました。もちろん私も本の虫になりたくないのですよ。余暇の時間にバレーボールをしたり、歌を歌ったり、二胡を引いたり写真を撮ったりするのが好きで、仕事以外の趣味を積極的に養成しています。私は、妻が夫の仕事のために必要な部分の家事を分担したりすることに反対しません。ですが、これらのことをこなした上で、女性は自立して向上心を持つのはなぜだめでしょうか。彼女たちも、仕事での業績を追い求める中で生まれた楽しさや喜びを楽しむ権利があると思います。

　女性は仕事に関して強い向上心を持っているのは良いことでしょうか。悪いことでしょうか。仕事への向上心が強いと、幸せな家庭を築くのに支障をきたすのでしょうか。仕事への向上心の強い女性は、どのような人を夫にすべきでしょうか。回答をお願いいたします。ありがとうございます。

湖北省宜昌市　許平より

　投書の女性は、仕事に対して強い向上心を持っておりプライベートな生活よりも仕事に多くの時間を割いている。これが彼氏と別れる原因の一つになり、仕事での強い向上心は恋愛・結婚に不利なのではないかと悩んでいると

いう。

　この問題に対して、『中国青年』は1982年第11号において、著名な男性作家蕭乾氏、有名なダンサー陳愛蓮氏とその夫魏道凝氏、青年女性作家張辛欣氏に原稿を依頼して回答した。それぞれの意見を簡単に紹介すると、蕭乾氏は女性解放の視点から女性は男性に尽くす必要がないし、「家庭の中での男女平等を手に入れたいのなら、仕事で負けん気を出さなければならない」と主張した。陳愛蓮氏とその夫魏道凝氏[47] は、夫婦同士でお互いに協力し合うのが家庭円満の秘訣であり、女性の仕事への向上心が強いのは悪いことではないとした。以上の二者は、どちらかというと、投書の中に出てきた男性像、──自分の都合で女性に要求ばかりする──に対して批判的な立場を取っており、むしろ女性の向上心を肯定する立場であった。

　一方、女性作家の張氏のスタンスはそれとは少し違っていた。張は自分の体験や内面について話し、女性として生きている中で「自分の脆弱さと生まれつきの、誰かに頼りたいと思う気持ち」を痛感しているし、女性にとって家庭と仕事の両立は容易に出来ることではないと感じていると話して、しかし一方、「現実の生活の中では、誰でも自分ひとりで自分の生活に立ち向かわなければならなく、いくら夫でも、友人でも肩代わりすることができない」ので、「どんな困難にぶつかってもたゆまず努力するのみ。泣くのも待つのも意味がないものだ」と、女性とはいえ、強くなることの必要さを強調した。「もう人間になったんのだから、猿に戻ることができません」として、仕事への強い向上心はこの時代の女性特有の心理的特徴だと指摘し、葛藤の中で体当たりで経験することの大事さを強調した。

　1984年第12号にも、同じ悩みの投書があった。

投書5-37　「「女強人」の出口はどこにあるのか」（1984年第12号）
　　　　　　わたしは強がりの女性です。学校に行っていた頃、成績はいつもトップでした。下郷した2年間は、毎年「先進知識青年」に表彰されました。

1977年9月に、文化大革命以降に行われた一回目の大学受験に参加しましたが、成績も健康診断も合格だったのに、下ろされてしまい、大学に行けたのがわたしではなく別の人でした。1979年の初めに、野外地質探査隊の厨房での夜勤の仕事に付きました。18歳でした。

1980年に地質隊で始めての文化考査が行われて、技術系の工員を募集しました。わたしは七十名近い参加者の中でトップの成績を取ったので、野外地質隊の会計に抜擢されました。一年後に、地質局によって職員学校経済管理クラスという短期研修クラスが成立されましたたが、5万名に近い試験参加者の中で、私は高い点数で受かりました。同時に受かったのが、中学校の時の同級生の男性がいました。中学校時及び下郷された数年間の中でかかわりがあったので、これで二人の（恋愛）関係は正式に決まりました。しかし一年後に、仕方がなく別れました。40数人のクラスの中で、私の成績順位はいつも上位にありました。また、「女性は（妻としてカール・マルクスを献身的に支えた）ジェニーになるか、それともキュリー夫人（のように仕事ですばらしい業績を出す女性）になるのか」について何人かの同級生といつも議論していました。結局これらのことが原因でした。別れた時、「許してください。僕はただの普通の男なんだ。僕が必要としているのが良妻賢母のような妻ですが、あなたは強い人です。あなたの将来は明るいものになるでしょう。さようなら！」と言われました。

それから二年、クラスで別の理想的な男性と出会いましたが、一緒になることがありませんでした。卒業前に、「負けん気の強いその性格、何とかしたほうがいいよ。女性はあまり勝気でいないほうがいいよ。恋愛と仕事の二つは、断じて一人の女性の身の上で統一することはないよ」と言われてしまいました。

第五章　教育達成による上昇移動への熱望（1978－1984年）　237

　卒業後、吉林市の某地質隊で会計の仕事に回されました。最初
は、分隊長は上司に向かって「てきぱきとして働き者の会計が必
要だ。こんなか弱い女の子が要らない」と叫びましたが、半年後
にこの分隊長は「うちの会計士さん、本当にたいしたもんだよ。
普通の男性でもかなわないよ」と口癖のように言うようになりま
した。私の努力を認めてくれた嬉しい言葉ですが、しかし、これ
が私の悩みの種でもありました。半年以来、何度も彼氏を紹介し
てもらいましたが、いずれも失敗しました。仕事への向上心の強
い青年は、「僕が必要としているのが良妻賢母のような女性で、
仕事で対等に働く女ではない」と言っていましたし、一般の男性
は、「幸せな家庭がほしいのだ。一心に仕事ばかり考える女性と
結婚すると、それが実現できなくなる」と言っていました。
　今年の五月に、工業大学で地質探査とコンピューター専攻の募
集があると聞いて、喜んで志願しました。しかし上司は医学院に
しろと執拗に言ったので、それに従いました。合格通知書が届い
たら、上司はまた大学に行かせないと言い出しています。大学に
受からないのは当然悲しいことですが、二度も受かったのに二度
とも諦めなければならない悲しさ、考えてくれる人がいるので
しょうか。仕事のために、恋愛を諦めるのはいいです。恋愛で何
度も挫折していたことは、まあ我慢できます。しかし、なぜ仕事
の面でもいつも不運に出遭うのでしょうか。大きな声で叫びたい
です。どうして「女強人」になってはいけないのでしょうか。
「女強人」の出口はどこにあるのでしょうか。

　　　　　　　　　　　　　　　　　　　　　吉林　林玲より

　投書の女性は、勉強も仕事も努力してきた「女強人」であるが、それに
よって恋愛で何度も挫折してきた。その中で、仕事を唯一の支えとしていた
が、大学に受かったのに今の勤め先に無理やり入学がとめられたことによっ

て、人生に閉塞感を感じ、投書をしたわけです。この投書に書かれた女性の悩みは、当時の大学入試における不正の問題などと絡んでおり、単純な「女強人」の問題とは言えないが、勉強や仕事への向上心が強いことで恋愛の場面で何度も挫折し、ゆえに自分自身の生き方に疑問を感じたという面においては、彼女の問題は「女強人」の悩みの部類に入ると言えるだろう。

　回答者は、「良妻賢母になるような女性」が好きで、「女強人」を妻にしたくないという考え方は、相当な数の男性にある考え方であり、それなりに道理のある考え方だとして、中国女性の伝統的な善良、優しさ、淑やかさなどの美徳は、新しい世代の女性にも発揚してほしいと指摘した。

投書5-37の回答

　　　　　仕事で奮発すると同時に、良妻賢母になることができるのか。その答えは肯定的なものだ。生活を創造する人間は、生活を最も愛する人であるはずだ。優しくて淑やかな妻は、同時に仕事での強者であることは全く可能だ。そのためには、負けん気の強い女の子たちは、生活についてより多く知り、生活について学び、精神面と能力の面において「生活のための素質」を増やすのだ。そうしたら、恋愛の神様がきっとあなたを訪れるよ。

　今回の回答者のスタンスは、1982年の投書時の回答とは違い、「女強人」は男性の姿勢を意識して自分自身を変えるべきだと主張した。

3　上昇移動のメカニズムに対する意見方秩序

　若者たちは輝かしい未来を信じて頑張る中、ふと空しく感じることがある。それは、努力することと「理想的な前途」＝良い仕事や社会的地位とは必ずしもつながっていないことに気づいた瞬間であった。

第五章　教育達成による上昇移動への熱望（1978-1984年）　239

（1）「良いお父さん」を持つ者に敵わないと傷心の若者

投書5-38　「前途は運命によって決められるものか」（1981年第15号）

　　　　僕は社会人になってから、それなりに頑張ってきましたが、い
　　　つも運が良くなくて、個人の理想がなかなか実現できません。自
　　　分の運命はついていないものだと嘆いています。それから、がっ
　　　かりして元気をなくしてしまい、頑張りたくなくなった。一方、
　　　あまり努力しないのに、ふと理想的な前途と幸福を手に入れるこ
　　　とができたのをよく目にしています。これらのことについて友達
　　　と話すと、彼らがいつも次のように言っています。人の運命は天
　　　に決められるものであり、個人の努力は無駄だと。編集者同志、
　　　人の一生は、本当にみんながみんな運命に決められているもので
　　　しょうか。

　投書の若者は、自分の努力が実らなかったのに、「努力しないのにふと理
想的な前途と幸福を手に入れることができた」人たちを見て、人の運命は努
力とは関係なく、「天に決められている」ものだと考えてしまい、落ち込ん
でしまい、やる気がなくされている。「努力もしないのにふと理想的な前途
と幸福を手に入れることができ」たことについて、明記されていないので、
その理由が曖昧になっているが、しかし、「頑張る」ことは必ずしも「理想
的な前途と幸福」につながらないことに気づいた瞬間がここにあったと言え
よう。

　回答者は、「超自然の天神によって決められる運命なんてものが存在して
いない」としたうえで、人間が生きているには何らかの制限を受けることが
あるとした。その例として、農村家庭出身の青年を取り上げた。

投書5-38の回答

　　　　わが国には10億人がいて、その中の8割は農民です。農民の

家庭に生まれ育った青年は、その殆どが農業に従事することになるでしょう。これは一時的には変えられない「運命」かもしれない。

　しかし、このような客観的な制限を認めたうえで、自分の努力で困難を乗り越えていくことが重要だとして、現実に合うような目標を持っているのなら続けて頑張ってほしいと励ました。「君の手紙の中で言っていた、ある先決条件によって理想的な前途と幸福を手に入れた現象については、ないとは言いません。ただ、これはあまりうらやましく思うようなことではないと思います。僥倖で幸せを手に入れたとしても、主観的に頑張らなければ、最終的には長く続かないと思います」とした。

　次の投書では、上記の投書で言っていた「努力もしないのにふと理想的な前途と幸福を手に入れることができ」た原因＝回答者の言う「先決条件」とは何かについて示唆が与えられた。

投書5-39　「冷たい空気から自由になってただただ上を目指して歩ければいい」（1982年第4号）

　　編集同志、僕はすでに若くない青年の一人です。小学校がまだ終わっていないうちに文化大革命になり、「下郷」、返城、待業、工員募集で仕事に付く、などを経験した。私には、この世代の青年の身によく見られる特徴があります。それは、無知です。とても悲しかった。自分の知識の足りなさ、頭が真っ白な状態であることをつくづく感じています。未来への憧れがあって、私は独学の道を選びました。

　　僕は英語と経済学を独学で勉強しています。独学する中で、たくさんの困難にぶつかりました。仕事でくたくたになる、資料がない、分からない時には教わる人がいない、とか。でも、これらの困難は全部乗り越えてきました。しかし、思想の上では一つの

影があり、私は時々、その影に揺さぶられている。それはつまり、独学は、本当に役に立つのでしょうか。

論理的に言えば、青春の時間を無駄にしなく、充実に過ごしている人のほうが幸せだと言われています。でも、現実の中では、「(最も役立つと言われている)数学や物理、化学(などの理科系)をよく身につけるよりも、良いお父さんを持つことには敵わない」というようなことがしばしば起こっています。そこから見れば、平々凡々で才能のない人間には必ずしも美しい人生が送れないとは限りませんし、あまり学問に熱心でなく何も分からないのは必ずしも恥ずかしいことでもありません。(勉強を通して)ただたんに知識を豊富にしたり、心を充実なものにしたりするのは、あまり必要ではないし、するに値しません。それは、ただ空しい慰めや全く役に立たないプライドであるにすぎないのです。もしかして、知識が増えることによって、悩みや哀れな気持ちが増えるだけかもしれません。この世の中を生きるというのは、まあまあそんなもんでしょう。いい加減に毎日を送ればいいです。

編集同志、このような心理があるから、私の勉強に対するやる気がどんどんなくされてしまっています。これから勉強を続けていくのか、それともすっかりやめるのか、私は迷いの十字路に立ってさまよっています。アドバイスをください！

湖南省楽化　郭翔より

投書の若者は、「未来への憧れがあって」、さまざまな困難を克服して独学を続けてきたが、あることによってやる気がなくされている。それは、「数学や物理、化学(などの理科系)をよく身につけるよりも、良いお父さんを持つことには敵わない」ことである。「数学や物理、化学」とは、この言い方は当時の中国のかなり広い範囲で流行っていた言葉であり、当時「科学立国」の雰囲気の中で教育立身の道で最も役立つとされる理科系の課目のこと

を指すが、「良いお父さん」とは権力者、或いは権力に近い社会的位置にいて、わが子の進学や就職を意のままに良いようにできる父親、或いはその出身家庭全体を指す。

これは明らかに、政治的権力の濫用を指していると理解してよかろう。個人として頑張ることは、良い家庭出身に敵わないとの場面をこの若者がしばしば目にしていて、頑張ることへの気力がなくされていたのである。ここには、出身によって不公平が生じることへの不満が滲み出ているといえよう。

出身によって社会的地位の上昇競争での優位に立つ現象については、回答者の文章から確認できた。若者の投書に対して、回答者はこのような現象は確かに存在していると寄り添った。

投書5-39の回答

　　　あなたが国家、民族と共に頑張っている時に、確かにこのような人たちもいる。彼らには新しい生活を創造する情熱や勇気がなく、真の才能もなく、「えらい親御さん」の権力に頼ってばかりで、「関係学」で良い仕事と良い待遇を求めてばかりで、公的利益を持って自分を肥やす。その中で、才能のなく、のらくらしてなすところのない人間は歓迎されたりうまい汁を吸ったりして、向上心を持って奮発しており、学問を持っている人間よりも一歩先に生活の花を摘んでいる。

回答者は、このような現象が確かに存在していると認めたうえで、「どのような認識するか肝心だ」として、これは暫定的な現象に過ぎなく、これらの「陳腐なものは今後、われわれの社会生活と個人の運命を根本的に、広い範囲で決定してしまうようなことは今後ありえない」として、「冷たい空気から自由になってただただ上を目指して歩ければいい」という魯迅の話を引用して、頑張って独学を続けていくべきだと主張した。

第五章　教育達成による上昇移動への熱望（1978-1984年）　243

（2）大学卒業生の就職における不公平感

　不公平感については、大学卒業生の就職の場面にでも良く見られた。当時、大学卒業生の就職は、国家による配属制であるため、個人の希望があまり反映されない中、権力者との関係に頼って希望の仕事を手に入れることが良くあった。1982年第6号の「サービス台」コラムには、「大学卒業生の仕事の配属を邪魔しないでください」と題する次のような投書があった。

投書5-40　「大学卒業生の仕事の配属を邪魔しないでください」（1982年第6号）

　　編集者同志

　　　僕は鄭州大学物理学部無線専攻の1981年の卒業生であり、今年25歳で、共青団員です。卒業時には、大学は、国家の配属政策と私の状況を見て、優秀なものだと認められ河南省放送事業局に配属してくれました。通知書をもらってから、1982年1月18日に受付登録に行きました。しかし、僕には、地位の高い、権力を持っている父親がいないため、結局はほかの人に取って代わられ、僕は絞り出されてしまいました。私の同級生である趙○が鄭州市、劉○が南陽地域の仕事に配属されたが、彼らはこのような結果に対して満足できず、受付登録をしなかったうえに、父親の地位に頼って、河南省放送事業局に入ったのです。

　　　卒業生の仕事の配属に関して、党と国家は何度も何度も裏口を禁止すると繰り返して言ったはずです。しかし趙と劉の二人は父親の権力を利用して、大学生の仕事の配属について赤裸々に干渉して、党の群衆の中での威信に泥を塗りました。この件について厳しく追及して，党の風紀を正そうと強く要望します。

　　　　　　　　　　　　　　　　　　　　　　　鄭州市　李旭陽より

　この投書に対して『中国青年』は「調査記」との返事をして、雑誌社が鄭

州大学、花音賞人事局、河南省放送事業局を訪問して調査した結果を報告した。ことは李旭陽氏の投書に書いてあったことにほぼ合っており、趙と劉はそれぞれ河南省党委員会宣伝部宣伝処副処長、河南省党委員会組織部党政幹部処処長の父親を持っており、その父親の人間関係を利用して不正を行ったとのことであった。

4　小結

以上では、若者の上昇志向のエネルギーがどのように発散されていたかとの視点から、1978 ～ 1984 年の『中国青年』に掲載された職業に関する読者投書に対して、1）職業に関する悩みから見る階層ヒエラルキーに対する認知、2）階層の上昇移動を果たそうする若者、3）上昇移動のメカニズムに対する不満及び社会のあり方に対する解釈・想像という三つの面から整理して考察した。

この時期において、国家イデオロギーによる文化装置の公式見解ではすべての職業は四つの現代化に貢献するもので平等であるとされていたが、若者は職業の違いは社会階層の違いをもたらすことに、敏感に感知していた。若者はその職業によって、社会的地位が低いことを理由に尊重されないことや、恋愛相手に振られてしまうことなどさまざまな現実の壁にぶつかっており、職業による社会的地位の差異の存在がはっきりと映りだされたのである。

そして、職業による階層ヒエラルキーの違いを感知した若者たちは、「自分の社会的地位を高め、自分の存在価値を高めよう」として、自分自身の階層ヒエラルキーの上昇につながるさまざまな試みをしたのである。農村の若者たちが、農村と都市の隔たりを越えて農民の身分からから抜け出そうと、教育達成以外の限りある社会上昇ルートを試みて、自分の理想とする職業に付こうと力を尽くして、女優や軍人、文学者などになろうとする。また、都市部の若者にとって、「知識重視」の風潮の中で、より良い仕事やより良い境遇を得るためには、最も多くの若者にとって最も有効なルートは、知識を

身につけることであった。彼らは「独学」を通じて職業の上昇移動を試みるが、仕事をしながら独学をすることになるので、仕事との兼ね合いや勤め先との調整など、いろいろな問題が発生していた。また、教育達成以外に、政治的資源を手に入れて社会的上昇移動を果たすという上昇移動のルートも用意されていたが、それはそれぞれの職場で「先進人物」に評価されることが重要視されていた。これをめぐって競争が生じ、嫉妬などの気持ちが生まれたのである。

　さらに、仕事と恋愛の狭間に苦しむ「女強人」の姿もあった。強い上昇志向に突き動かされた女性の場合を見ると、男性をサポートすべきだという女性に対する社会的期待と彼女たち自身の上昇志向の間に、大きな葛藤が生じた。彼女たちは、この時代を生きる中で、一方で仕事への強い向上心が触発されるが、もう一方で、仕事で立派な業績を出していることは必ずしも良い人生につながらないという場面にしばしば遭遇する。女性は男性の若者とは違う悩みを持っており、「強く」なることによって恋愛や結婚の場面において逆に不利をこうむることであった。ジェンダーによる男性と女性の境遇の相違が観察された。

　最後に、上昇移動のメカニズムに対する不満及び社会のあり方に対する解釈・想像という点においては、社会的上昇移動を果たす際に「良いお父さん」という言葉に代表される政治的権力の濫用への訴えが、この時期に就職の場面に見られた。努力することと「理想的な前途」＝良い仕事や社会的地位とは必ずしもつながっていないことに気づいた時に、若者は落胆し強い怒りと不信感を覚えるのであった。

第4節　恋愛・結婚に関する読者投書の分析

社会階層の存在に対する認知、それによって上昇志向のエネルギーが絶えずに触発されていることは、恋愛・結婚というプライベート性の高い場面に関する読者の声から、最も明確に観察された。

1　恋愛・結婚に対する『中国青年』の態度及びその理想像

まず、この時期の『中国青年』において恋愛・結婚に対する態度及びそれの理想とする恋愛・結婚とは何かを整理しよう。

（1）恋愛・結婚の位置づけ

文化大革命時は、人間の身にあるエネルギーはすべて革命に捧げるべきだとでも主張するような政治社会の頂点であった。その中で、恋愛や結婚というプライベート性の高い領域に関しては、禁欲的な態度が取られた。そのような時代における私生活の部分への完全な閉め出しに対する反省から、『中国青年』は恋愛・結婚に関する部分を積極的に掲載するようになった。1978年10月に復刊した当誌は、第1号に「青年の恋愛・結婚問題に関心を持ちましょう」との文章が掲載された。この文章は、「青年の恋愛・結婚問題に関心を持つのは、青年団の職務の一つである」とした。文化大革命時に恋愛・結婚問題にかかっていた社会的統制について、次のように描いた。

記事5-17

　　　　……（四人組は実生活では破天荒な私生活をしているのに、）
　　　　表では「頑なに封建的態度を見せつけ、男女の間に生まれたすべ
　　　　ての感情を邪悪なものとし、「小説などの作品では男女の愛の描
　　　　写があってはいけないし、国内外の名著は「禁書」とされ読んで
　　　　はいけないものにされてしまった。また新聞は恋愛・結婚（のあ

るべき態度や作法）に関する指導的な文章の掲載も許されなかった。もちろん映画では、男女の愛に関するシーンは一切許されなかった。青年団も、青年の生活の場面にかかる問題に触れてはいけないことにまでなった。などなど。さもないと、「政治に重心をおいていない」、「ちっぽけなことばかり目を取られている」、「低俗」、「低級趣味」などのレッテルが貼られてしまうのだ。その影響で、一部の青年や青年団の幹部は、その年齢になっても彼氏や彼女を作り恋愛するのが怖くてしていない。恋愛することはあまり名誉なことではなく、世論に批判されることのように考えている。

こうして文化大革命時の恋愛・結婚への政治的な統制がかかっていた状況を批判した後に、著者は「恋愛や結婚によって仕事や勉強が影響されてしまう」という見方は間違っているとして、恋愛・結婚は「社会の道徳や青年全体の健康な成長にかかる重要な問題」として、青年の恋愛・結婚問題に眼を向けて関心を持つのは青年団の重要な職務とした。具体的にはどのように青年を指導するかについて、正しい恋愛観を教育し指導することが大事であること青年団組織として青年の恋愛・結婚に出会った実際問題の解決に協力するとの二点を主張した。

この文章では、恋愛・結婚問題は、「思想やイデオロギー、世界観と密接に関係する問題」であるので、「プロレタリア思想をもって青年を教育し、正しい世界観と恋愛観を樹立させる」ことが重要であるとした。若者の生活全体における恋愛・結婚の位置づけについて、恋愛・結婚＝プライベートな領域と仕事＝公的領域との関係に中心をおき、次のように説明した。

記事 5−18

　　　青年には、彼らの生活において男女の愛情を正しい位置に置くように教育すべきだ。愛情生活は、個人の生活の一部分ではある

が、主要な部分ではないし、ましてや全部ではもちろんないのだ。一人の青年にとって、生活の中で最も重要なのは革命であり、勉強であり、仕事であり、社会と人民に多くの貢献することである。人生の意味や最も大きな幸福もここにある。男女の愛情も幸せを感じさせることもできるが、でも（この幸せは）あくまでも従属的なものである。勉強と仕事に頑張らないで、せっかくの青春を恋愛や遊びに無駄遣いし、何の業績も出せない凡庸な人間になっては、つかの間の愛情生活の幸せが楽しめたとしても、一生のむなしさは埋まることがないだろう。したがって、男女の愛情を「（人生で）最も大きな幸福」とする観点は間違っているし、恋愛や家庭生活にいつまでも目が眩み、革命の事業や仕事、勉強を忘れたのでは、革命青年としてはあるべきではないことだ。

　こうして、恋愛・結婚などのプライベート領域の生活は、あくまでも公的領域＝勉強や仕事の従属的補完的な部分であると強調した。

　また、恋愛・結婚におけるあるべき態度については、「正しい態度を樹立し、共産主義道徳原則」を遵守するよう指導すること大事であると主張し、「パートナーを選ぶ際には、その人の政治的思想的品質や、労働態度を重要視すべきであり、金銭や物質的なものを重視すべきではない」と強調した。

　恋愛・結婚の従属的な位置づけやパートナー選びにおける「金銭や物質的なものを重視すべきではない」との２点は、ある時期までは『中国青年』を貫き通した立場であった。

　特に後者に関する指導や強調は、『中国青年』に掲載された恋愛・結婚関係の記事の一大特徴となっており、まさに本研究の中心テーマに関係する部分である。後に展開する投書の分析で詳しく確認していきたい。

　このようにして、共青団機関誌としての色彩が強かったこの時期に、『中国青年』はこの文章をもって社会建設における若者の恋愛・結婚問題の位置

づけを明確にし、今後雑誌の内容として多く取りあげることを宣言した。

（2）恋愛・結婚関係の記事の概況

この時期では、雑誌全体の内容からして、人々の私生活の場面に関するソフトな記事としての恋愛・結婚関係の内容はその全体として量が少なく、掲載された誌面も雑誌の最後尾か中間の位置にあり、従属的な地位にあることが伺える。

また、これらの記事（小説類は除く）の機能から、おおよそ次の４つの種類に分かれることが出来よう。一つは、よいモデルをもって教化するための文章であり、雑誌の最後の部分に位置するコラム「生活・思想・学習」がこれである。このコラムの文章は、恋愛・結婚の場面において相手の男性が仕事に専念させるため、或いは相手の男性の家庭の貧しさや身体の障害など結婚相手としての条件の悪さを考えずに、献身的に男性に尽くす女性が多く登場した。二つ目は、「鼓与呼」や一部の「青年信箱」の記事のように、若者の自由恋愛の権利や被害に遭った女性の権利を守ろうとするコラムである。三つ目は、「結婚・恋愛の難題」や一部の「青年信箱」のように、恋愛・結婚の相手との付き合い方に関する心理的な悩みを取り上げて回答する。1982年第11号から設置されたコラム「結婚・恋愛の難題」はそのようなコラムであり、例えば「夫のことはもう愛していない……」（1983年第6号）。1983年第9号より「あなたは自己分析できますか」コラムが設けられた。4つ目は、恋愛・結婚の問題に対して専門家の意見をもって誘導する記事である。1984年第12号「大男大女（婚期ヲ逸した物を指す言葉）は要領よく、小男小女はゆっくり」、1982年第8号「法律を無視し（重婚）た者への裁き」、1984年第10号「愛情の過ちの幾つかの例」などがそうである。

（3）『中国青年』の理想とする恋愛・結婚

上述されたように、恋愛・結婚などのプライベート領域の生活はあくまでも公的領域＝勉強や仕事の従属的補完的な部分だというのは、この時期の

『中国青年』の姿勢である。

　この論理の中で、「革命事業」という「共通の理想」に向かって努力することを人生の至上価値に据えたうえでの恋愛・結婚は「純粋で高潔な愛情生活」とされ、と同時に、相手の外見や家庭出身や財産などの物質的な条件を見て結婚相手を選ぶ行為は批判されるのであった。また、女性は男性の仕事や革命事業を無条件にそして献身的にサポートすることが期待・提唱された。

　1978 年 10 月の復刊号に掲載された「青年の恋愛・結婚問題に関心を持ちましょう」の次に、恋愛・結婚関係の記事が再び誌面に登場したのが 1978 年第 4 号に掲載された「愛情の歌—— K. マルクスによるジェニーへの手紙を読んで」である。当文章の掲載について、読者からの要請があったことを伝えるべく、「希望とアドバイス」と題する読者の投書らしきものが掲載された。

投書 5 - 41　「希望とアドバイス」（1978 年第 4 号）

　　編集者同志：

　　　「四人組」が倒されたから、現実の生活に目を向けた作家が、今まで禁断の領域とされていた男女の愛について大胆に触れるようになり、何が真の愛である、革命者の愛の純粋さと節操の固さを見せてくれました。崇高なる共産主義的道徳の感化を受けました。

　　　一方、『愛情の位置』の中の亜梅のように、一部の青年は恋愛・結婚・家庭生活において非常に凡庸な振る舞いを見せ、男女の愛に含まれている美しく純粋な感情が全く分からないみたいです。彼らの身には、金銭、洋服、家具などを追い求める小市民のような匂いがしているのです。ですので、青年の中で、共産主義道徳や観念を提唱すべきであり、道徳的な美や善を宣伝すべきです。尊敬する先輩革命家の偉大なる事跡を紹介すると同時に、彼

第五章　教育達成による上昇移動への熱望（1978－1984年）　251

らの純粋で高潔な愛情生活という人生の側面を紹介してくれるの
はどうしていけないのでしょうか。たとえば、私たちの良い首相
（＝周恩来）に対して、人々は彼を敬服し称揚し愛しています。
これらの感情は、周総理が愛情に対する節操の固さ、潔白で汚点
のない態度に由来する部分も大きいのでしょう。何が愛の真髄な
のか、周総理は身をもって答えてくれました。また、K・マルク
スと妻のジェニーとの愛情も、プロレタリ的愛情の美しい歌を残
してくれたのではありませんか。

　もちろんなんとも思わない人がいるかもしれません。革命者に
とって、彼らが従事していた革命運動とは比べると、その愛情生
活はあまり重要ではないとか、革命者の輝かしい姿に傷をつける
と言う人がいるかもしれません。でも、私たちが思うには、これ
らの最も個人的、最もプライベートな側面である男女の愛という
中に、人間としての心と道徳の崇高さが最もよく表されます。
「情のないものは真の豪傑とは限らない」。私たちの革命者はカト
リックではなく、苦行の僧でもありません。彼らには豊かで熱烈
な感情があります。男女の愛は、彼らの生活とは無縁のではな
く、逆に彼らの身において最も綺麗で完璧に表されるのです。

　ですので、先輩革命家の愛情の側面を青年に紹介してほしいと
熱烈に希望しています。青年の世代がそこから勉強になり、より
純粋で健康で熱烈な愛情の花を開かせるために。

青年工員　李梅・王英姿より

　この投書は、『中国青年』雑誌に革命家の「純粋で高潔な愛情生活という
人生の側面」について紹介してくれとの要望を語るものであるが、その理由
については「一部の青年は恋愛・結婚・家庭生活において非常に凡庸な振る
舞いを見せ、男女の愛に含まれている美しく純粋な感情が全く分からないみ
たいです。彼らの身には、金銭、洋服、家具などを追い求める小市民のよう

な匂いがしているのです」と当時の若者の一部を批判した。相手の物質的な条件を見て結婚相手を選ぶという風潮に対する批判はこの時期の『中国青年』の恋愛・結婚の記事の重要な視点の一つであった。

当号に掲載された「愛情の歌——K.マルクスによるジェニーへの手紙を読んで」では、K・マルクスの妻であるジェニーが上流階級の出身、絶世の美貌、優れた才能の持ち主であるにもかからず、出身家庭の反対を押し切って、出身階級の低いが大きな革命的抱負をもつK・マルクスと結婚し、結婚後においても困難を極めた中で、K・マルクスが革命事業に専念できるように人生のパートナーとして献身的にサポートしていたという献身的で完璧な女性の姿が語られた[48]。そして、二人の愛は「共産主義事業」という共同的理想という頑丈な基礎があるゆえにさまざまな試練を乗り越えてきたと強調し、「K・マルクスとジェニーの革命的な人生とその愛の物語は、共同の理想と志は愛の基礎であると教えてくれた」と指摘した。また、この時期には、有名人の恋愛話の使い方として、K・マルクスとジェニーの物語り以外、中国でよく知られるソビエト小説「鋼鉄はいかに鍛えられ たか」の主人公パーベル・コルチャーギンもよく登場した[49]。

この時期の恋愛・結婚関係の記事の中で、相手の外見や物質的な条件を考えず献身的に男性をサポートするという女性像が良く登場した。1979年年第1号から登場した新しいコラム「生活・思想・学習」は、『中国青年』での恋愛・結婚関係の内容の中で、特に教化的な態度を取っている。このコラムに掲載された文章は、ほぼ全部女性に向けて語っている。女性への期待語られている。相手の金銭や物質的なものを省みず、一生懸命働く女性の献身的なサポートが称揚されていた。例「若い娘の心」では、山東省臨朐県寺頭公社（郷）の事例を取り上げ、村の工事中に負傷して右足を切断された青年を、身障者になったからと言って結婚相手を捨てるのではなく、「金銭や外見ばかり気にしていて、恩義を忘れて自分の値を上げるものこそ馬鹿だ」と人目を気にせずに結婚した若い女性のことを語った。同コラムに登場していた、似たような記事は、「この炭坑工員が好きになった」（1979年第4号）、

第五章　教育達成による上昇移動への熱望（1978－1984年）　253

「特別な愛情」（1979年第11号）、「あなたという兵隊さんが好きになったの」（1980年第3号）、「歩哨での結婚式」（1981年第11－12合併号）、「お見合いで断られたお婿さん」（1981年第19号）、「若い娘の心」（1982年第10号）、「妻」（1983年第7号）などがある。

（4）恋愛・結婚に関する投書の内容紹介

　この時期に掲載された恋愛・結婚に関する投書はその主題から、概ね次の五つの種類に分類される。

　第一に、恋愛・結婚に関する近代科学知識や結婚に関する法律の普及である。例として、「干支が相克だから結婚できないというのが本当なのか」（1979年第6号）、「晩婚に晩育だと難産になりやすいか」（1979年第12号）、「既に恋心の通じたいとこ同士は結婚できるのか」（1980年第2号）、「恋愛関係が中断した場合、金銭や贈り物に起因する揉め事はどうすればいいか」（1981年第13号）、「私たちの婚姻関係は有効なのか」（1982年第2号）、「占いで言われた結婚の先行きって、信じられるものなのか」（1983年第8号）、「このように夫婦関係に戻るのが合法的なのか」（1984年第9号）などがある。

　第二に、男女の付き合いにまつわる権利の侵害である。

　これには、三種類の内容があり、男女の正常な付き合いに関する噂による悩みや、女性の名声に関する侵害、セクハラ問題、素行問題などである。

　まずは男女の付き合いに関する噂による悩みについては、「禁欲の時代」が終わってまだ間もない頃で、70年末80年代初頭の中国社会では男女の付き合いというのは敏感な領域であった。そのため、男女の問題で噂をされると、当事者、特に女性の名誉にとりわけ重大な傷となる。1980年第8号には、「男女の若者の付き合いと友情を正確に対処しよう」との特集が組まれて、仕事や勉強で男女の接触が多いと勤め先の上司や周りの人間に冷やかされたり批判されたり不当な評価されたりすることで悩んでいる読者の投書4通が掲載された。『中国青年』は「編集者メッセージ」をつけて、「青年男女

の正常な付き合いと友情に対して、大人、特に各級のリーダーのみなさん、青年団幹部を含めて、彼らをサポートし守ってあげるべきであり、彼らが無理な批判や干渉されたりする際には、身を乗り出して青年のために何かを言うべきだ」と言い、若者同士の正常な付き合いをサポートしよう呼びかけた。1982年第3号には、「一通の手紙からきた悩み」でも、新しくきた若い男性の同僚の振る舞いを正そうとして手紙を渡したが「男女の仲」があるのではないかと噂され悩む女性の投書があった。

　また、1984年第2号には、「被害を受けた女性は何の罪があるのか」と題する投書で、リンチされた女性の若者が家族から冷たくされたり行動が制限されたりする境遇が書かれてあり、「女性の合法的権益」は守られるべきだと呼びかけた。1984年第3号には、「女性青年の名誉を守ろう」と題する特集が組まれ、男女関係で汚点があると噂され被害を受けている女性の投書4通が掲載された。1984年第11号には、「被害を受けた女性の青年三人の声」では、勤め先でセクハラやリンチを受けた女性三人の投書が掲載された。『中国青年』は「女性青年の合法的な権益は守られるべきだ」と文章を受けて呼びかけた。

　第三に、結婚の自主権に関する若者の権益を守る内容である。

　これには二つの側面があり、まずは、「青年の婚姻自主権を守る」ことである。当時の社会、特に農村部では自由恋愛よりも親が決めた相手と結婚するのが一般的だったため、それに若者が同意しない場合は自殺したり関係者同士で揉め事が起きたりするというような事件がたびたび起こり、『中国青年』では、「封建勢力との戦い」「青年の婚姻自主権を守る」との視点で取り上げていた。

　「封建的専制主義」を批判し、結婚や恋愛における若者の権益への保護は、1980年9月10日公布1981年1月1日に施行された改正婚姻法によってよりいっそう強化された。新婚姻法の施行に合わせて『中国青年』は1981年第1号に「結婚は自分の意志で自主的に決める」との文章が掲載され、「幸せな家庭を作るには、自分たちの合法的な権利をしっかりと守り、若者は勇

敢に結婚の自由のために戦うべきだ」と呼びかけた。

その後もこの類の内容が掲載された。1981 年第 22 号では、「青年の婚姻自主権を守る」と題する文章では、事実の調査記録と共に、自由恋愛が両親に許されずいろいろ苦しめられたため自殺した農村の女性に関する投書があった。1982 年第 2 号から、「この結婚は親の意見に従うべきか」と題する大討論が行われ、1982 年第 4 号、第 5 号、第 7 号と連続 4 回して続いた。1982 年に「自分の気持ちに背いて結婚の約束をした後に」では、売買婚を承諾したが本心では悩んでいる女性の投書があった。1983 年第 2 号にも「積極的な態度で封建的な勢力の干渉を振り切ろう」との特集が組まれて、評論と共に、迷信などで結婚の自由が干渉されたという読者の投書 4 通が掲載された。「人よしのお節介でくっついた結婚」(1983 年第 7 号)。1983 年第 7 号では、「若者の結婚を勝手に決めたり干渉したりすることを粛清しよう」との特集が組まれ、読者の投書 7 つの寄せ集めが掲載された。それぞれが「私はただ恩返しのための道具だった」、「身障者であることで恋愛が彼女の母親に干渉された」、「好きな彼が兵隊さんだから恋愛が許されない」、「母親の干渉で結婚式の 10 日前になくなった関菊さん」、「彼が農村の戸籍だから恋愛が許されなかった」、「同じ苗字だから恋愛が許されていない」、「両親が決めた彼女で苦しんでいる僕」などであった。「雲に蔽われている結婚」(1984 年第 4 号)、「交換婚による悲劇」(1984 年第 8 号「結婚・恋愛」コラム)など。

第四に、当時あるべき恋愛・結婚のあるべき心理的態度／心理的な悩みの解消に関する内容である。

恋愛・結婚に関する投書の大きなウェートを占めているのは、心理的な悩みの解消である。例えば思春期の悩みでは「私の心の中の秘密」(1982 年第 2 号)、結婚難の訴えでは「若い女性たちよ、まじめに仕事をしている人間を忘れないでよ」(1984 年第 3 号)、恋愛の悩みでは「同時に二人の人に恋をしてしまった。どうすればいいのかしら」(1980 年第 1 号)、夫婦関係の悩みでは「妻は怒りっぽい人。ぼくはどうすればいいのか」(1983 年第 8

号）などがある。

第五に、階層ヒエラルキーに関する要素の観察される読者の声である。

以下の分析で資料として詳しく紹介されるため、この種類の投書の詳細に関する紹介はここで割愛する。

以上、恋愛・結婚に関する読者の声を内容別に見てきたが、その中で、①②③④の心理的な悩みに関する投書は、当時の若者が恋愛・結婚に関してどのような悩みを持ち、恋愛・結婚に対する社会的雰囲気を知るのに価値ある資料であるが、本研究は階層ヒエラルキーに対する認知及びその認知を取り入れての人々の対応を見るのが目的であり、従って、これらの投書を全部考察の対象にするのではなく、階層ヒエラルキーへの認知が反映される分類で、即ち、心理的な悩みよりも、階層的要素が明確に観察されると思われる第五の内容に対してのみ考察を行う。

2　恋愛・結婚に関する悩みから見る階層ヒエラルキーに対する認知

上述されたように、恋愛・結婚などのプライベート領域の生活はあくまでも公的領域＝勉強や仕事の従属的補完的な部分だというのは、この時期の『中国青年』の姿勢であり、そこでは、「革命事業」という「共通の理想」に向かって努力することを人生の至上価値に据えたうえでの恋愛・結婚は「純粋で高潔な愛情生活」とされ、と同時に、相手の外見や家庭出身や財産などの物質的な条件を見て結婚相手を選ぶ行為は批判されるのであった。また、女性は男性の仕事や革命事業を無条件にそして献身的にサポートすることが期待・提唱された。

この論理のもとで、『中国青年』に掲載された恋愛・結婚関係の記事に登場した「良い女性」「良い妻」は、ほぼ全部次のような「長所」が強調されていた。つまり、恋愛・結婚相手の男性の出身家庭の貧しさ、身体的障害や病気、或いは農業従事者になることを全く気にせずに愛してあげることである。

一方、相手の物質的な条件で態度が変わる女性が批判されていた。1982

年第 6 号の「風刺」コラムでは、物質的条件で恋愛相手を選ぶ女性が冷やかされた。

記事 5-19

> 彼女：本当に、あたしのことが好きなのかしら。
>
> 彼：もちろんとも。天に誓うよ……
>
> 彼女：じゃ、あたしへの愛、何で教えてくれるのかしら。
>
> 彼：おれのこの、純粋で誠意溢れる心をもって……
>
> 彼女：ごめん。Byebye。
>
> 彼：どうして?!
>
> 彼女：あなたは完全な唯「心」主義者っぽいけど、でもあたし
>   は、徹底的な唯「物」主義者なの。

しかし一方、実際には、「三大社会的隔たり」といわれる階層区分の存在、即ち農村と都市の間に、農民と労働者との間に、肉体労働と頭脳労働との間に容易に渡れない社会的な隔たりがあった。このような社会区分の存在を人々は敏感に感知して、またこのような認知から、恋愛や結婚相手を選ぶ際に、相手の出身家庭や物質的条件を見ることが多く見られる。これには、恋愛・結婚関係に身を置く若者本人の親、延いては当事者の若者本人の考え方によく見られた。

2.1　農村部と都市部の超えがたい隔たり

社会区分の存在を感知した人々にとって、さまざまな要素の中で最も敏感なのは、戸籍制度による農村部と都市部との超えがたい隔たりであろう。

（1）「農村戸籍」によって親に許されない恋愛

片方が都市戸籍で、片方が農村戸籍である場合、この恋愛はしばしば親から反対されていた。

投書5-42 「彼が農村戸籍だから恋愛が許されていない」（1983年第7号）

　　　　　私は県の町で仕事をしている女性で、半年前にある農村の青年
　　　　と知り合いました。彼は一生懸命働きますし、勉強が好きで向上
　　　　心もあり、正義感の強い方です。私たち二人は理想や趣味、思想
　　　　も非常に合っており、お互いのことが大好きで、離れられなくな
　　　　りました。
　　　　　しかし母にこのことを知られてから、極力反対されました。そ
　　　　の理由はひとつだけ：彼は農村戸籍だから。私がどんな説明して
　　　　も、どんなにお願いしても聞き入れてもらえませんでした。どう
　　　　すればいいのでしょうか。

　　これは、「県の町」という都市部で仕事をする女性と「農村戸籍」の青年
の事例ですが、女性の母親から戸籍のことを理由に反対された。

投書5-43 「好きになってしまった彼が兵隊さんだから」（1983年第7号）

　　　　　私は高校のときに男の子のクラスメートと知り合いました。卒
　　　　業後、彼は軍隊に入り、私は仕事に就きました。ここ数年、私た
　　　　ちは手紙を通じて気持ちを通わせ、去年になって正式に恋愛の相
　　　　手として付き合うようになりました。今年彼が休みで実家に帰っ
　　　　てきた時に、このことを両親に話しました。しかし両親は固く反
　　　　対しました。一つは、彼の外見が気に入らないと。二つ目は彼が
　　　　復員した後に正式な仕事が見つからず、農村に戻るのではないか
　　　　と心配だとか。この日から、私は一日も静かに過ごすことができ
　　　　なくなりました。仕事から家に帰ったら、いつもひどい言葉で罵
　　　　られました。私はどうすればいいのでしょうか。

　　当時、農村の男性の若者にとって軍隊に入るのが、農村から抜け出す可能
性を手に入れることを意味し、軍隊に入る男性は、農村の結婚市場ではむし

ろ歓迎されるほうであるが、しかし、都市部の親から見れば、復員してから都市部で仕事が見つからず、農村に戻る可能性もある。この事例では、まさにそれが危惧されて結婚相手として女性の両親に排除されたのである。

　恋愛・結婚に関する投書の中で、種類の③番目、「結婚における若者の自主権を守る」部分では、若者自身とその両親が結婚相手を選ぶ際の行き違いの理由は四つあったが、その中の一つは、両方の出身家庭や、職業が釣り合わないことに来ている場合である。農民と工員、一般工員と幹部家庭、健常者と身体障害者などの間に大きな隔たりがあるため、親たちは階層にまつわる要素に強く拘ることになる。恋愛相手を選ぶ際に階層的要素にこだわる親と若者自身との間の葛藤は、時には命が取られる事件にまでエスカレートする場合もある。1980年第1号の「通信員[50]の手紙」コラムでは、江蘇省句容県合作飲食センター長の盧幹生氏が娘の恋愛対象である楊玉平氏に暴力を振るって死なせたとの報道があった[51]。その反対理由は、楊氏は「その実家は農村であるうえに、農業戸籍」であることとされた。その当時、農業戸籍と都市部戸籍の隔たり、大きさがこの例から窺い知ることが出来るだろう。

（2）都市部での職業を持つかどうかを重視する農村の若者

　戸籍が農村か都市かという出身以外に、職業などの物質的な条件も恋愛相手を選ぶ際の重要な条件であった。1984年第3号には、「僕はキューピットを恨んでいます」との投書があったが、そこでは、「「8時間」働いて「お給料」をもらうような仕事」を女性から期待される農村青年の悩みがあった。

投書5-44　「僕はキューピットを恨んでいます」（1984年第3号）

　　　　　僕は今年22歳で、大学受験で落ちた後は文学創作を続けており、この道で何かできればと思っています。今まで、誰かから結婚の話をふられても、あまり気にせず、一笑に付しました。でも今はもう「笑わない」。周りを見ていると、同じ年齢のものはもう結婚して子どもまで生まれています。私だけが独り身で残され

ています。両親に催促されて、やむなく結婚のことを考え始めましたが、もう遅いみたいで、周りの年頃の若い女性は既に人に「取られてしまった」みたいです。いろいろ探し回って、25キロ離れているところで、「才色兼備」なんて言われる女性に出会いました。初めて会う日に、まだそんなに話していないのにこんなことを聞かれました。「あなたは仕事を探す気がないのか」と。「仕事を探す？」と僕は一瞬分かりませんでした。僕は昼間畑で働いていて、夜は勉強する。これって、仕事ではないのか。あっ、分かりました。彼女の言っている「仕事」とは「8時間」働いて「お給料」をもらう仕事を指すのだ。僕は「失恋」しました。茫然としていました。

　今農村の良い環境の中では、一生懸命働けば前途があるはずです。でも一部の人間は、「農村の門から出る」ことばかりに興味を持っています。それ以降、僕は何名かの女性と接触しましたが、状況は一回目よりもひどかったです。彼女らが見ているのは、相手の志や人間性、今の仕事ぶりなどではなく、彼女たちが良いとする「高級」職業や金銭、社会的地位などであです。僕はキューピットに恨みを持ち始めた。あなたからの愛の矢は、なぜ僕に向けてくれないのでしょうか。

　ぼくはやっぱりものを書くのを頑張りましょう。でも、時々この何回かの「求婚記」を思い出しては筆をとめています。もしかして本当に「お坊さん」になってしまうかもしません。農村の広い天地で知己に出会えればいいなと期待しています。

甘粛省　碧竹より

　この投書では、若者は自分の見合い歴を話し、見合い相手の女性たちは「相手の志や人間性、今の仕事ぶりなどではなく、彼女たちが良いとする「高級」職業や金銭、社会的地位など」ばかり重視するゆえに、大きな不満

第五章　教育達成による上昇移動への熱望（1978-1984年）　261

を持っていると語られた。当時農村と都会との間に、生活レベルや社会的地位の大きな隔たりがあるため、農村部の女性は恋愛相手を探す際に、農村ではなく、都市部、せめて町で働くことを重要な条件にしていたのである。

　このように、農村では恋愛・結婚相手を選ぶ際に相手の社会的地位が重要視されていることにより、婚約した場合でも、一方の社会的地位に変化があると、その関係が切れてしまうことも当時良く見られる現象であった。以下の事例は、もともと読者による投書ではなかったが、ドキュメンタリー記事が掲載されたのを切っ掛けに読者による討論が組まれた。

　1979年第10号「彼はなぜ気持ちが変わったのか」とのドキュメンタリー記事が掲載され、浙江省永康県珠山公社の某小学校臨時教師の陳月斎氏は四年前に同公社出身の男性で一般の軍人であった徐広元氏と婚約を結んだが、徐氏が大学生になってからは、徐氏から婚約の解消を迫られたとのことが語られた。記事では、二人の関係の変化について、徐氏の「社会的地位の変化」に帰している。徐氏が大学に受かったことによって徐氏の中で生じた二人の関係の変化について作者は、「この一枚の大学合格通知書は、彼ら二人の関係を、鍬を持って畑で農作業する農民と才色兼備（相対的に言うと）の臨時教師との恋愛から、大学生と土臭い田舎娘との恋愛に変身させた」とのように解説した。

　また、記事では徐氏の手紙を引用し、彼が女性との関係を終わりにしようとする動機について説明した。

記事 5-20

　　　　　私たちの愛情はなぜ中断しなければならないのかな。……社会の各部分に大きな的地位の隔たりが大きいからだ。現在、（わが国では）三大差異[52]が客観的に存在しているので、認めないといけない。あなたと結婚したら、経済的な収入が低いので、私たち二人とも良い生活を送ることができない。それだけではなく、その影響は後の子孫まで及びだろう。子孫のためには、心を鬼に

して私たちの愛情を中断しなければならない……

　この叙述から、徐氏は二人の婚約を解消したい理由を二人の社会的地位の隔たりが大きいことに帰している。これに対して、文章の最後は徐氏への批判で終わった。

記事5-21

　　　共産党員であり、復員軍人であり、政治学部の大学生である徐は、こんなに胸を張って経典を引いてきて自分の醜い行為を弁明している。これはいったいどうしたのだろうか。社会的差異の存在はパートナーを捨てる理由になるのだろうか。社会的地位が変わると顔色も変わり、心も変わるのが当たり前のことだろうか。愛情は、地位と金銭の同義語なのだろうか。

　その後の1979年第12号では、読者の投書の寄せ集めが4ページにわたって掲載された。

　編集者メッセージでは、これらの手紙は「例外なく徐広元氏の不道徳な行為に怒りを表し、陳月斎氏の不幸な遭遇に真摯な同情を示したが、その同情の中にも忠告が含まれていた」とした。これらの手紙を通して、「人々は共通の気持ちを表した。つまり、不道徳な思想と行為と戦い、結婚と恋愛における高尚なる情操を守り、青年が健康的に成長していくように、この事例のような悲劇が再び繰り返さないようにしないといけない」として、徐氏行為を批判した。

　読者の投書では、徐氏の行為に対する批判のほかに、社会的地位の変化で元の恋人と分かれようとしていたが、このドキュメンタリー記事を読んで自分の行為の醜さに気づき、恋人との関係を修復したとの投書、また大学生になった恋人から恋愛関係の中断を迫られたが、この文章のおかげで仲直りができたとの投書があった。さらには、一方の社会的な地位が変わったが、恋

人との関係を大事にし、社会的地位の変化によって二人の関係を中断しな
かった投書３つ掲載され、それぞれが全国重点大学の大学生の男性と農村の
女性、幹部家庭出身で大学生の男性と一般家庭出身の女性工員、幹部家庭出
身の大学生の女性と体の病弱で中学校教師の男性との恋愛関係が紹介され、
これこそ「真の愛情」だと賞賛した。

　読者投書の寄せ集めの編集は、「何が真の愛情か」をめぐって展開されて
いたが、「愛情をお互いに尊重し合い、理解し合い、気持ちの通じる感情と
の土台に基礎を置くか、それとも社会的地位と金銭という秤に置くか、これ
こそ高尚なるものと醜いものとの分岐点である」との語りのように、この討
論では、「社会的地位」「金銭」で恋愛・結婚相手を選ぶことは批判されるべ
き行為だとしている[53]。

　1980年第１号では、当事者の徐広元氏はその後大学から除籍され、党員
資格も失われたとの後続報道があった。恋愛というプライベートな場面で社
会的地位を理由に相手との関係を解消したということが、当人の政治的経歴
に不利をもたらしたのである。このようなことは道徳的に非常に悪質な行為
であり許されないものだという当時の公的文化装置の見方を、この行政的処
罰によって物語られただろうが、これも、社会階層区分の存在を人々が感じ
ており、またある程度この認識を持って恋愛・結婚の場面で対処しているこ
との裏返しであろう。

（３）恋愛相手の政治的出身を気にする農村の若者

　恋愛相手を選ぶ際に重要視する階層にまつわる要素は、その具体的な中身
はいろいろあるが、70年代末80年代初めの中国社会では、階級闘争を重要
視する雰囲気から脱皮したばかりで、政治的出身が重要視されていた。よっ
て、恋愛相手の政治的出身で迷う場面があった。1980年第５号では、「彼女
と結婚していいのか」では、元地主の孫娘と恋に落ちた若者が、このような
出身の彼女と結婚したら「自分と家族の前途がマイナスな影響を受けること
になるのだろうか」との投書があった。全文を紹介しよう。

投書 5-45 「彼女と結婚していいのか」（1980 年第 5 号）

　　編集者同志

　　　私は農村で暮らす青年です。同じ村に住んでいる女性がいて、
　地主家庭の出身なんです。学校で勉強していた時は紀律をしっか
　りと守り、一生懸命勉強していました。卒業してから村に戻って
　農業をしていますが、毎日しっかりと働いています。私たち二人
　は幼いときからよく一緒に遊んでいて、特にここ二年は深い感情
　を築いてきました。去年、両方の親の許可を得て、正式に婚約を
　しました。

　　　しかし意外なことに、私たちの結婚は、軍隊にいる二番目の兄
　に強く反対されました。兄が言うには、彼女は地主の孫娘だか
　ら、家庭の歴史に汚点があるので、このような人と結婚したら、
　家族全体がマイナスな影響を受けると。私との婚約を解消するよ
　うに兄は彼女と彼女の両親にプレッシャーをかけていました。兄
　の反対を見て、親戚の人たちも口をそろえて彼の意見に合わせて
　います。

　　　編集同志、答えてください。地主の孫娘と結婚すると、私自分
　自身や家族の前途に本当にマイナスな影響が出るのでしょうか。

　　　　　　　　　　　　　　　　湖南省桑植県　王兆祥より

　　回答者は、投書者の兄の態度を「左翼的な毒素」が残っていると批判し、
「党の現在の政策」では、地主の孫娘でもほかの人々と同等の権利を持って
おり差別してはいけないと説明した。投書の内容からして、特に最後の文章
から、投書した若者自身も「自分自身や家族の前途に本当にマイナスな影響
が出る」かどうかで迷う側面が伺えるだろう。

　　似たような投書が 1984 年第 10 号にもあった。「彼女の父親は「三種類の
人間[54]」の中の一種類に当たるが、僕は彼女と結婚していいのか」と題する
この文章では、投書者の投書そのものが掲載されておらず、答えのみになっ

第五章　教育達成による上昇移動への熱望（1978－1984年）　265

ているが、「彼女の父親は「三種類の人間」の一種類に当たると知ってから、あなたはひどく迷っており、愛情の十字路で徘徊して」おり、「自分の進歩が妨げられるのではないかと心配されているそうだが」との叙述から、当事者の男性の若者が恋愛相手の女性の出身家庭で、結婚を迷っていることが伺えるだろう。回答者は相手の女性はその父親とは別の独立した人間で、父親の政治的問題の責任を持つ必要がなく、「血統論」という社会的偏見から解放すべきだと説明した。投書者の出身は明示されなかったが、都市部と農村部を問わず、このような現象が存在していたと想定できよう。

2.2　相手の職業や職種を重んじる都市部での恋愛事情

　前述では、農村部の若者が恋愛の場面で出遭う悩みを通して、戸籍制度による農村部と都市部の超えがたい隔たりの存在、また政治的身分の重要さを見てきたが、一方、恋愛の双方が都市部の人間の場合でも、一般労働者か幹部家庭かなどの階層区分が重んじられていた。

（1）「一般の労働者」と「幹部家庭」との社会的隔たり

投書5－46　「私たちの結婚はどうして自分たちで決められないのか」（1981
　　　　年第9号）

　　　編集者同士

　　　　私は22歳の女性です。現在は学校の代任教師です。二年前に小さい頃の同級生、炭鉱の工員の虎新民さんと恋愛しました。でも、虎さんの父親は普通の工員ですし、虎さん自身も普通の工員です。ですので、私たちの恋愛は、私の両親から乱暴な干渉をされています。

　　　　父親の房継増は石炭井鉱務局三鉱の党委員会の副書記であり、権勢をもって抑圧しています。「保衛組の人と声をかけたよ。お前らに結婚証明に出さないようにと」。事実そうでした。父親の

権力は明らかにそこにありますから。私と虎とのことで、母親は
よく暴力を振るっていました。ある日、もう寝たのに、母は部屋
に入ってきて、虎とさんと絶交しろと責めてきました。私はどう
してもうんと言わなかったので、母はプラスチックの靴をもって
私の頭や背中などを叩きました。頭がふらふらしていて、背中も
腫れていて血痕が出て、針に刺されたように痛くてしょうがあり
ませんでした。また、彼女は、ひどい言葉でののしっていて、
「虎のやつはただの工具目で、地位もないし、才能もない。ただ
の炭鉱工具目なのに、高望みして幹部の家庭と関係をつなげよう
なんて」。これ以外にも、「親子の縁を切る」と言って脅かしてい
ました。

　どうしても虎さんと結婚したいと言ったら、母（もちろん父も
そうだが）は虎さんの家に大量の結納をもらってくるようと言っ
てきました。千元ほどのカラーテレビ、「四種の神器」は全部そ
ろわないといけない、一年を通して着る春夏秋冬の服、箪笥、勉
強机、ソファーなどの家具セット。またそれだけでなく、それま
で私にかかっていた養育費（18年間、毎日0.5元で計算する）も
返してと言ってきました。それから、結婚のプレゼントに葬式に
使う花輪をくれると。このような両親、世の中にあるものでしょ
うか。

　両親は、私の働いている学校に邪魔にきました。ある日、母は
父の使っている公用車に乗って学校に来ました。私を事務室に引
きずり出して、いきなり叩いてきました。ひざを地面につけて座
るようにとまで言いました。両親が叩いたりののしったりするの
で、私は家に帰るのが怖かったです。ある日風邪を引いたので、
虎さんの家に二日間泊まりました。母がこのことを聞いたら、校
務局の保衛組の人を連れてきて、私を事務室に呼び出してきまし
た。彼らは目を大きくして、腕を出して、「今日は思い切り叩い

てやるよ。そんな度胸があるかと。」それでも私は、結婚は自分の意志で決めるものだし、私には人心の自由があると言い張っていました。父は、「自由か。今日の夜、自由にしてやる」と言っていました。母も、「家に帰ったらよく聞かせるんだから」と言っていました。どんなことをされるか分からなくて、怖くなって帰り道で逃げました。

　肉体的な、精神的な面で苦しめられて、私は何度も死にたいと思いました。でも、死んだら、虎さんに申し訳ないと思っています。今、私は帰るいえもないし、勤め先にもいくのも怖くて出来ません。彼らはいろんなところで私を捜していますから。法律の保護を希望します。私の生活に出口を探しています。上級組織に調査にいらっしゃるよう、お願いいたします。

石炭井鉱務局農場学校　房永玲より

1979 年 12 月 5 日

　石炭採掘工場の管理職＝鉱務局党委員会の副書記という「権勢」のある幹部家庭の娘と、「普通の工員」で「ただの工員目」とされる若者との恋愛は、女性の両親から強く反対される事例であるが、出身家庭の地位の違いや恋愛相手の男性本人の仕事の地位の低さで、この恋愛は、「ただの炭鉱工員目なのに、高望みして幹部の家庭と関係をつなげようなんて」と思われ、非常に不釣合いな恋愛だとされた。

　この投書に対して、寧夏回族自治区婦人連合会、青年団委員会が共同で調査に入り、介入した。その結果を投書の載せられた誌面の下に書いてあった。同時に、今号の社説は「封建的余毒を粛清し、青年の権益を守る」と題するものであり、女性の親が公的権力を濫用して子どもの結婚の自由を干渉するとのやり方を批判し、それに代表される「封建的専制主義」に断固として反対しようと呼びかけた。

（2）「自分の前途や今後の生活」を考えて恋愛相手を選ぶ都市部の女性

　恋愛相手の階層的地位を重視するのはもちろん若者の親のみならず、都市部の若者自身においても、仕事の社会的声望やその出身家庭の条件などが重要視されていた。1982年第11期では、「前に進めず、後ろにも後退できず、私はどうすればいいのか」という女性の投書が「恋愛・結婚難題のカウンセリング」コラムに登場した。その全文を紹介しよう。

投書 5 - 47 「前に進めず、後ろにも後退できず、私はどうすればいいのか」
　　　　　　（1982年第11号）

　　　私は邹萍と言います。26歳の女性です。恋愛のことで、前にも進めず、後にも後退できないような状況に陥っています。あなたたちの助けと指導をお願いいたします。

　　　四年前、私はまだ教師の家族として代替で臨時教師をしていた頃、仕事を通して、本校のある男性教師と知り合い、恋愛関係を持ちました。両親に固く反対されましたが、私たち二人は毎日一緒にいる中でぴったり息が合い、お互いに対する愛情がますます深まってきました。正直に言うと、三年前から夫婦のような関係をもってしまい、その後も何度か同棲の関係を持ちました。去年の六月に正式の教師になってから、母親はいろいろ聞きまわって結婚相手を探し始めました。最近、知人に頼んで病院のお医者さんを紹介してくれました。身長や顔と言い、仕事や出身家庭と言い、いろいろな面で今度のお医者さんのほうが今の彼氏より良いのです。社会的な雰囲気や、周りの同級生の状況を見ていると、結婚相手を決めるときに、相手の条件を考えない人がいるでしょうか。いません。誰でも、各方面の状況が完璧で申し分のない男性と結婚したいでしょう。誰でも、自分の前途と今後の生活のために考えるでしょう。映画で見せられたことや書籍で書かれたことは、それはあくまでも仮のもので、真実ではありません。です

のので、基本的には、今の彼氏と別れることを心に決めました。ただ、彼はとても良くしてくれています。ここ数年彼は本当に優しくしてくれて、自分の全力を尽くして助けてくれたりしました。そして、27歳から31歳まで待ってくれました。これらのことを思うと、どうしても別れようと言うのに忍びません。特に、三年もの長い間夫婦のような関係をもってしまったし、二回も堕胎しました（ほかの人は誰も知らない）。このような状況の中で、今の彼氏と別れるのは、婚姻自由の精神に合うのでしょうか。今の彼氏がこれをもって訴訟を起こしたら、私はどのような責任を問われるのでしょうか。

山西省高陽県　郑萍より

　投書の女性は三年間付き合っていた彼氏がいるが、母親の知り合いの紹介で「身長や顔」「仕事や出身家庭」などの「条件」の良い医者を結婚相手として紹介されて、「自分の前途や将来の生活」を考えて前の彼氏と別れると決めたが、元の彼氏の優しさへの未練や、分かれる場合に直面するだろう代価＝法律違反なのか、元の彼氏が訴訟を起こした場合どのような責任を取られねばならないかなど＝を思うと心が乱れるというと不安が滲み出る投書であったが、さまざまな投書の中でも、この事例のように赤裸々に本心をさらけ出して、「映画や本」などの文化装置で提唱される考え方と周りの現象とのギャップを提起して、自分自身の欲のままに選ぶと明言するようなものは少なかった。

　女性は、映画や本で描かれている男女の愛は相手の外見や仕事など物質的な条件で相手を選ぶべきではないとの論理が公式見解であることを心得ている。しかし、「社会的な雰囲気や、周りの同級生の状況を見ていると、結婚相手を決めるときに、相手の条件を考えない人」がいないとして、「映画で見せられたことや書籍で書かれたことは、それはあくまでも仮のもので、真実ではありません」と自分の中で判断の基準を入れ直し、今の彼氏と別れる

ことを決めたわけである。

　投書者のこの姿勢に対して、公式見解の代表である回答者は、批判的な態度を取った。未婚で同棲したことが違法行為だと明確にしたうえで、「物質的経済的条件が少し強いぐらいの人と出会うだけで三年間も付き合っていた彼氏と別れてしまう」ことから、女性を「恋愛や結婚に対して真面目で厳粛な態度に欠けている」とし、そのやり方は「愛情は専一なものであるという原則」や「社会主義の婚姻道徳と婚姻自由の精神に」に背いていると厳しく批判した。

（3）「物質的条件」を重視すべきか精神的要素を重視すべきかとの討論

　このような時代背景の中で、外見や職業によって代表される物質的な条件を重視すべきか、それとも精神的な要素を重要視すべきかに関して、80年代初頭においては議論を呼びやすい話題であった。1982年第2号から、「みんなで話そう」コラムに「この結婚は親の意見に従うべきか」と題する大討論が行われ、1982年第4号、第5号、第7号と連続4回して続いた。大討論は娘の結婚で悩んでいる母親のからの一通の投書で始まっている。

投書5-48　「この結婚は親の意見に従うべきか」（1982年第2号）

　　編集者同志

　　　私は今、非常に焦っている気持ちでこのことをあなたたちにお話ししています。

　　　私の娘は今年で25歳で、4年前中学校で教師をしていた時に、ある男性と付き合い始めて、その時からお互いに対する気持ちがかなり燃えていたそうです。彼らの恋愛関係に対して、私もお父さんも最初から固く反対しています。私たちの理由は非常に十分なものです。この男は今年で36歳で、うちの娘より11歳も年上です。こんなに離れている年齢の差異は、（この関係に）大きな欠陥がないとは言えないでしょう。まあこれはまだ肝心な問題で

第五章　教育達成による上昇移動への熱望（1978−1984年）　271

はありません。もっとひどいのは、この男は 1974 年に胸部腫瘍の手術を受け、1977 年に下腹部の手術を受けて、睾丸の一つが切除されました。1980 年も上腹部に繊維腫瘍ができて手術で摘出されました。

　彼らが知り合ったばかりの頃、男は手術を受けたばかりのころだったので、うちの娘は同情心で彼を看病していました。しかし結局、うちの娘はこの男に情を持って惑わされてしまい、何もかもかまわずに恋愛に落ちてしまいました。私たちはとても心配で、繰り返して娘にこのことの利害関係を説明しました。つまり、若い人は幼稚で無知なところがあり、衝動な感情に駆られやすく、長い目で物事を考えることができないと。娘は黙っていました。その後娘の仕事は工場に移りました。これで二人の関係はきっぱり切れたと思いましたが、実は裏ではまだつながっていました。去年の春に二人はまた一緒に公の場に出てきました。娘は相手のために喜んで自己犠牲をしたいと何度も口にしています。二人が内緒で結婚登録をしたと聞いた時には、お父さんは焦りに怒りが加えて、もう少しで命を落としてしまうところでした。私もどれほど涙を流したかわかりません。娘には、愛情史上主義というブルジョア階級の毒に深く影響され、二人の間に愛情さえあれば十分だと思っているらしいです。でも、周りの人間はみな、この二人はお互いを潰しあっていると言っています。男は結婚後長く生きられないでしょうから、若い娘は一人残されたら、その後の人生はどうなるか、考えるに忍びないぐらいです。

　編集同志、娘のこの恋愛観は正しいものでしょうか。まだ若いのに、愛情だけのために生きていていいのでしょうか。母親として、自分の娘がもうすぐ死ぬ人間に嫁ぐと思うと、心が痛くなります。結婚は当人の意志で決まるものとはいえ、人の子どもとして親の意見ぐらい耳を傾けてくれてもいいのではありませんか。

親なのに、この状況に目をつぶって何もしなくていいというのでしょうか。

　娘たちはそろそろ結婚式を挙げます。母として、毎日どうしたらいいか気持ちばかりが先走って焦っています。娘を助けてください！

　　　　　　　　　　　　　　　苦しんでいる一人の母親より

　投書の母親は、娘が11歳も年上で病弱の男性との結婚を釣り合わないものと感じて強い抵抗感を持っており、何とかしてこの結婚を止めて「娘を助け」たいと編集部にその悩みを打ち明けた。続きの1982年第4号、第7号の編集者メッセージから、この話題は大きな反響を呼び、三月末には読者からの手紙6300通以上、6月末には7300通以上届いたと書いてあるように、この討論は当時の人々の関心を引いたものだと言えよう。討論は、1982年第2号に始まり、第4号に読者の投書の寄せ集め8通と娘の女性による手紙、第5号には読者の投書5通、第7号には編集部によるまとめの文章「天下の親には子どもの心が分かってほしい」、計3号にわたって行われた。

　そこでは、読者の立場は大き三つの立場に分かれた。一つ目は、母親の立場に賛成で、幸せな結婚は裕福な物質的条件や安定的な環境、健康な体を必要とすると主張する。二つ目は娘を支持する立場であり、「幸せかどうかの基準は精神的なものであり、物質的なものではない」として、「病人も愛すると愛される権利を有しており、彼らの権利は尊重されるべきだ」と主張する。三つ目は、恋愛・結婚は「社会の安定に服従すべき」だとして、従属的な位置づけにあるとして、恋愛至上主義は社会や家庭に負うべき責任を捨てていると批判し、男女の愛より「もっと重要なのは祖国、社会主義事業、人民を愛すること」だと主張する。この立場に据えて、病気の人と結婚してしまうと、家事の負担が大きくて社会への貢献が少なくなるから良くないものだという意見も登場した。

　1982年第7号に編集部による「天下の親に子どもの心が分かってほしい」

第五章　教育達成による上昇移動への熱望（1978-1984年）　273

と文章が掲載された。文章では、母親と娘の立場のすれ違いの焦点を「結婚を考える際に何を最も重要視するか」であるとし、次のようにまとめた。

記事5-22

　　　　「母親」はまず考えたのは年齢、健康のことであり、とくに男性のほうががんにかかったことがあったことや三回手術をしたことで娘の結婚を固く反対している。一方、「娘」がまず考慮するのはお互いに対する愛であり、男性の「精神的な風貌」「仕事に対する情熱」であり、どうしても結婚したい。この二つの立場は、実際には、今の時代の人々が結婚と恋愛における二つの違う観点と傾向を反映し、代表している。即ち、一つの立場では、「実在の幸せ」、つまり物質的な要素を重んじており、例えば年齢や健康、外見、給料、財産、住居、及びこれに関係する社会的地位やその他の条件。もう一つの立場では、感情、精神的な要素を重んじており、例えば思想、志、性格、趣味及び文化的教養など。

　このように文章は「年齢や健康、外見、給料、財産、住居、及びこれに関係する社会的地位やその他の条件」などの物質的な要素を重視する立場と、「思想、志、性格、趣味及び文化的教養など」などの「感情、精神的な要素」を重視する立場に分かれた上で、結婚にはある程度物質的な条件も必要であるが、それ以上重要なのは男女双方の「政治的思想的一致、志の協調、感情の共鳴、精神の調和」として、前者のみ重視する立場を批判した。

　この時の『中国青年』は、復刊当時の恋愛・結婚観の中の、恋愛・結婚は社会に対して従属的なものであるという立場を捨てており、そのような説教に全く触れていないが、一方、社会階層にまつわる物質的要素よりも当事者双方の精神的な調和を重要視すべきだという立場は、持続していた。若者に恋愛に関する正しい考え方を教化する役割を持つ『中国青年』においてこの

ような議論が行われ、また物質的な要素より精神的調和を重視すべきだということが強調されたのは、実際の社会の中では、物質的要素を重んじる現象が無視できないほど多発していたことの裏返しであろう。

このように、階層区分の存在を認知している都市部の若者とその親たちはこの認識をもって恋愛や結婚の場面で対処しており、戸籍や職業、まして「年齢や健康、外見、給料、財産、住居、及びこれに関係する社会的地位やその他の条件」などの物質的な要素を非常に重要視していた。恋愛・結婚の場面において恋愛相手を選ぶ際に、その人が社会の階層ヒエラルキーのどの部分に位置づけられているかを重要な要素として考えていたことが伺える。

（4）物質的な条件を重要視することで結婚難の女性

一方、このように職業や外見などの物質的な条件を重要視することで、なかなか意中の人が見つからない結果も生まれている。1984 年第 3 号「恋愛結婚参謀」コラムでは、友人の紹介でお見合いの相手と会ったが、身長が低いなどのことで家族に反対されて今後の付き合いをやめたので、新しい相手を紹介してくれと友人にお願いする女性の投書が掲載された。全文は次のとおりである。

投書 5-49 「心の中の志を忘れないで」（1984 年第 3 号）

　　王禾さん

　　　ここでまずお詫びします。心を尽くして力を貸してくれたのに、（このような結果になって）とても恥ずかしいです。私がこのような選択をしたのは、あなたの苦心に添えなくて悪かったと思っています。ぜひ許してください。

　　　あなたの紹介で、楊さんと会いました。初対面の印象はよくて、来週もう一回会おうと思っていました。しかし家族に強く反対されました。彼の身長が低いことが気に入らないみたいで、それに加えて彼が卒業するのが三年後のこと。私もやめようと思っ

ています。あなたはがっかりするでしょう。でももうこれ以上説得しないでね。自分でよく考えて出した結果です。

もう深夜一時になっていますが、でも、なかなか寝られません。このことで一生懸命考えているから、頭が痛くて、辛くて焦燥感に満ちている。この辛さは、一言では言い切れないものです。母の反対で、家族全体が不安になり、それぞれ言い合っていて、不愉快な雰囲気で終わりました。長女として、私が感じた辛さは言葉で言い表せるものではありません。一人でいるときは抑え切れなくていつも泣いてしまいます。人生でこのような難題に出会うとは思いませんでした。今後の人生はもっと辛いものになりそうです。私は福のない人間です。恋愛の問題ではあまりにも弱くて無力です。家族も私のために何かをしてくれる余裕もありませんので、自分の力でなんとかするしかないのです。どうしようもないので、ぜひもう一回助けてくださいね。相手に対する要求はこんな感じです。身長は170センチより低くてはいけなく、外見は中の上ぐらいでよくて、年齢は30歳を超えてはいけないかな。仕事は技術的な仕事や研究職に従事している人のほうがよくて、おとなしくて、良い品格を持っている。教養があり、勉強が好きで、思想がある。頭の簡単の人ではよくありませんね。精神、生活、情趣の一致を追い求めているので、物質的な条件は二の次です。あなたはきっと力を貸してくれると信じています。

　　心より祝福を

友人　小孟より

　この投書は、女性は身長が170センチ以下で、仕事に就くのが三年後の卒業した後になるという男性を恋愛相手として選ばずに、新しい人を友人に紹介してくれとの手紙であったが、その条件として、「身長は170センチより低くてはいけなく、外見は中の上ぐらいでよくて、年齢は30歳を超えては

いけない。仕事は技術的な仕事や研究職に従事している人のほうがよくて、おとなしくて、良い品格を持っている。教養があり、勉強が好きで、思想がある。頭の簡単の人ではよくない」とのように、身長、外見、年齢、仕事、品格、教養、勉強、思想などに関して自分の要望を出したが、「精神、生活、情趣の一致」を重要視し、「物質的な条件は二の次」だとしている。この矛盾点に対して、投書の続きに掲載された友人の返信では、「あなたは精神、生活、情趣の一致が大事だと口先で言ってばかり」いるが、これらの一致は、ほかの物質的な条件が満足した後に初めてこれらの一致を考えるのではないかと指摘され、投書の女性が恋愛相手を選ぶ際に、精神的要素を重視すべきだという公式見解と物質的条件による「実在の幸せ」を求めたい欲求とのすれ違いを指摘した。

（5）「人から低く見られたくない」と豪華な結婚式にこだわる都市部の青年工員

恋愛・結婚の場面における人々の社会的地位の執着は、豪華な結婚式を行うことにも表される。豪華な結婚式をしようと、女性の実家が相手の男性に多くの結納を要求し、それが原因で男性のほうで大きな債務を蒙ってしまったり、両家の関係が悪化し事件にまで発展したりするようなことが当時よくあった。

これを「封建的な因習」として、青年団中央は若者に質素な結婚式をしようと呼びかけていた。その中で、1981 年第 20 号から、「結婚式を、怨念を伴わないものにしよう」と題する問題討論が行われた。第 20 号の焦点は、「豪華な結婚式を行い、知り合いから多くの礼金を取り豪華な宴席を設けることの背後に、何があるだろうか」という点におかれている。問題討論の起因は、結婚式に送る礼金に関して北京の読者李華氏の投書から始まった。李氏の投書は次になっている。

投書 5-50　タイトルなし（1981 年第 20 号）

編集同志

　ぼくは青年の工員であり、工場に入って8年間経ちました。1978年以来、わが工場では、結婚する際に宴席を設けて礼金をもらうという風潮が流行り、ここ三、四年間の中で私が知り合いの結婚式に出した礼金は400元以上あります。今僕も結婚式の準備をしていて、ほかの人のように宴席を設け、礼金をいただこうと考えています。

　しかし、最近の新聞では、宴席を設けたり礼金をもらったりするのが間違っているとして、市の青年団委員会も工場の労働組合もこのような風潮に抵抗しようと青年工員に呼びかけていています。そのために、僕自身の結婚式をどうすればいいのか、悩んでいます。礼金をもらっておくか。僕は青年団員で、職場の組長でもあるので政府の呼びかけに呼応しないのはまずい。礼金をもらわないことにするか。でもこれまでに僕は400元も出したんですよ。全くもらわないのなら、損をするのではないか。

　客をもてなして、礼金をもらうのはあまり良くないことかもしれませんが、一方、大きな危害のあることでもなさそうです。結婚は一生に一度だけのことだから、宴席を設けてにぎやかに行うのも人間の情というもので、当たり前のことです。宴席を設けるのはお金がかかるという人もいますが、しかしこれは良く分からない人の考えです。実際、宴席に使われるお金とお客さんからいただく礼金はちょうど同じぐらいの金額になるので、誰も損することはないのです。礼金もいわゆる一種の「互助会」の形式だと言えましょう。つまり、あなたが結婚する時にほかの人が礼金という形で宴席の費用を援助してあげる代わりに、今度人が結婚する時にもあなたが援助する。これは一石二鳥のことではないでしょうか。編集同志、ぼくが言ったことはまったく理に合わないものとはいえないのではないでしょうか。僕はそろそろ結婚式を

行います。私はどのようにすればよろしいのでしょうか。教えて
ください。

北京　李華より

　投書した若者は、自分が知り合いの結婚式に礼金で出したお金が惜しく
て、「市青年団中央、工場の労働組合」による「宴席を設け、客から礼金を
もらう」をやめようとの提唱に抵抗感を覚えて、投書したわけであるが、そ
の後の討論では、話題の重心が移り、若者はなぜ豪華な結婚式を設けたいの
かという点に集中した。1981年第23号の投書では、次のような意見が述べ
られ、「人から低く見られたくない」との理由があった。

投書5-51　タイトルなし（1981年第23号）
　　編集同志
　　　貴誌の第20号に掲載された「結婚式を、怨念を伴わないもの
　　にしよう」との文章を読んで、深く感動し、結婚式が行われる際
　　にして現れてきた良くない風潮について認識が深まりました。し
　　かし、僕はやっぱり自分の結婚式を簡素なものにするつもりはあ
　　りません。僕は思想が立ち遅れていて、時代の流れに遅れた人間
　　だと言われるかもしれませんが、ぼくには僕なりの理由がありま
　　す。
　　　まず、結婚という人生の一大事を非常に重要視しています。私
　　たちの民族は昔からそのような伝統があって、結婚に対して非常
　　に真面目な態度で臨み、絶対粗末にしません。解放前の貧乏人
　　だって、少しでも余裕があれば、結婚は楽隊を呼んだりお輿に載
　　せてあげたりしていました。人生で一度だけのことですよ。結婚
　　式を機会に、すべての人に、僕は人生の転換点を迎えたと。結婚
　　式をきっかけに、ぼくは成人し、自分の家を持つことになりま
　　す。これから僕はこの家に暖かさ、安らぎと慰めを求めます。こ

第五章　教育達成による上昇移動への熱望（1978-1984年）　279

れを思うと、幸せな気持ちでいっぱいになります。この日のため
なら、どんなにお金をかけても、一生の美しい思い出を作るため
だったら、やるに値します。

　結婚式を質素なものにしたくない2番目の理由は、人に低く見
られたくないことです。こういうと虚栄心が強いとか批判されそ
うですが、僕は自分ではプライドだと思っています。文化的教養
のない両親の家庭に生まれた工員の子どもは、実際やっぱり低く
見られているんです。幹部の子どもや知識分子の子どもの結婚式
は、われわれ工員ほど見栄を張って派手にやらないのは容易に理
解できます。彼らは普段から裕福な生活をしているから、結婚式
ぐらい比較的に質素なものにしても、みすぼらしいとか、貧相だ
とか言われることがありませんし、逆に風雅だと思われるでしょ
う。しかし、私たちが簡素な結婚式をしたら、冷やかに嘲笑され
ます。嫁をもらう結婚式でさえ貧相なものにしか出来ないのな
ら、その後の生活もよいものとならないだろうと思われてしまい
ます。運命の寵児とでも言えるような人たちがいて、彼らの一生
の中では、中心になる機会が多い。しかし僕のような人間は、一
生の中でヒロインになる出番が結婚式ぐらいでしょう。このとき
だけ、自分の意志のままで、みんなの前で格好をつけて現れま
す。なので、この特別な日、自分で宣言する機会を格別に重要視
せずにはいられないのです。

　これが私の理由です。

　編集同志、あなたたちの意見を聞かせてください。

北京　程志山より

　投書の若者は、結婚式を簡素なものにしようとの呼びかけに抵抗感があ
り、自分がなぜ見栄を張って派手な結婚式にしたいのかについて二つの理由
を説明した。その理由の一つに「人に低く見られたくない」というのがあっ

たが、その際に、「文化的教養のない工員の家庭に生まれたもの」としての自分と「幹部の子どもや知識分子の子ども」と比べて、普段から「低く見られる」感があることにより、結婚式を質素なものにしたら、「みすぼらしいとか、貧相」だとより低く見られることを避けようと、盛大に結婚式を挙げたいといっている。投書した若者は、文化的教養のない工員と文化的教養のある幹部、知識人との社会的地位の違いをしっかり意識しているといえよう。

回答者は、「一日の幸せと一生の幸せ」との文章で、派手な結婚式をすることによって、大量の出費が無駄遣いされその後の結婚生活に悪い影響を及ぼすとして、やめるようにと説得した。

第23号には、大量の出費で結婚式を派手に行うことに対して悩んでいる読者の投書の寄せ集めがあり、『中国青年』はこの風潮に反対しようと呼びかけている。その後の1982年第4号に、男性はたくさんの結納を女性の実家に要求されることにより爆薬で女性の父親と心中したとの報道があり、「娘を商品のように扱う」ことを批判した。

3 恋愛・結婚に関する投書分析の小結

1978年〜1984年の『中国青年』雑誌に掲載された恋愛・結婚に関する投書を見てきたが、次のようなことが言えるだろう。

『中国青年』によって代表されている政府の公式見解では、恋愛・結婚というプライベートな領域は、あくまでも公的領域＝仕事や勉強の従属的補完的部分であると強調され、また恋愛・結婚に対するあるべき態度として、相手の「政治的思想的品質や労働態度を重要視すべきであり、金銭や物質的なものを重要視すべきではない」とする。

しかし一方、若者やその親たちは、戸籍制度による都市部と農村部の社会的隔たり、また都市においては一般労働者と幹部の社会的地位の違いなど階層ヒエラルキーの存在を明確に感知しているため、このような認知から、恋愛や結婚相手を選ぶ際に、相手の出身家庭や物質的条件を見ることが多く、

第五章　教育達成による上昇移動への熱望（1978-1984年）　281

時には世代間の激しいバトルにつながる。これは、恋愛・結婚関係に身を置く若者の親、延いては当事者の若者本人の考え方によく見られた。

　社会区分の存在を感知した人々にとって、さまざまな要素の中で最も敏感なのは、戸籍制度による農村部と都市部との超えがたい隔たりであろう。片方が都市戸籍で、片方が農村戸籍である場合、この恋愛はしばしば親から反対されていた。農村では恋愛・結婚相手を選ぶ際に相手の社会的地位が重要視されていることにより、婚約した場合でも、一方の社会的地位に変化があると、その関係が切れてしまうことも当時良く見られる現象であった。

　また、70年代末80年代初めの中国社会では、階級闘争を重要視する雰囲気から脱皮したばかりで、政治的出身が重要視されていた。よって、恋愛相手の政治的出身で迷う場面が見られた。

　さらに、戸籍が農村か都市かという出身の要素以外に、職業などの物質的な条件も恋愛相手を選ぶ際の重要な条件であった。恋愛の双方が都市部の人間の場合、一般労働者か幹部家庭かなどの階層区分が重んじられていた。その中で、恋愛相手の「政治的思想的品質や労働態度を重要視すべきであり、金銭や物質的なものを重要視すべきではない」という公式見解の虚偽さを見抜き、「自分の前途や今後の生活」を考えて物質的条件を重要視しながら恋愛相手を選ぶ都市部の女性がいた。一方、職業や外見などの物質的な条件を重要視すぎて、なかなか意中の人が見つからない人もいた。

　これ以外に、恋愛・結婚の場面における人々の社会的地位の執着は、豪華な結婚式を行うことにも表されるのである。社会階層の存在に対する認知から、「人から低く見られたくない」と豪華な結婚式にこだわる都市部の青年工員がいた。

　公式見解と個人の考え方の間に大きな隔たりがあるというこの時代背景の中で、出身や職業によって代表される物質的な条件を重視すべきか、それとも精神的な要素を重要視すべきかに関して、80年代初頭においては議論を呼びやすい話題であった。

注

31 具体的な実施の仕方が模索中であったため、1977年冬に行われた大学入学試験は全国統一的 に実施 されたのではなく、省ごとに実施されたのである。各省、地域に一つの試験場を設けていた。

32 社会主義国家には失業がないという認識から、当時の公式書類では「失業」ではなく、「就職する、仕事を配属してもらうのを待つ」という意味で「待業」という言葉が用いられていた。

33 1986年7月に、国務院により「労働制度の改革に関する四つの規定」が公布され、当年の10月1日より国有企業が新たに工員を募集する際に、労働契約制を行うことが定められた。これによって、工員の退職に伴いその子女を一人雇用する慣習や、工員の子女などの関係者のみに向けて募集を行うなどのやり方に代わって、募集を社会全体に公開し、優秀なものを採用するというやり方が多くの企業で取られるようになった。1993年と1994年に可決された『会社法』、『中華人民共和国労働法』において、従業員全員の契約制が確立された。市場を通しての労働力の合理的移動が認められた。

34 雑誌原文では投書者の名前が匿名となっている。

35 雑誌原文では、投書者の名前が匿名となっている。

36 1982年第1号には、山西省教育庁による文章、「速クラスと遅クラスの区別を取りやめるのが全体の学生に向けて平等に教育を行うことに有利である」では、当時多くの地域で行っていた、進学率をあげるために生徒の成績によって「速クラス」と「遅くクラス」に分けて違う扱いをしているとの現象を取り上げ、次のような指摘がなされた。「速クラスと遅クラスに分けるのが、歴史的な背景があった。十年間の文化大革命によって、その世代全体の学業が荒廃しており、生徒の文化レベルが全体的に低かった。学力の違う生徒に合わせるために、彼らの実際の学力の水準によってクラス編成を行うようになった。当時においてはそれなりに役に立ったが、特殊な歴史の条件の下での特殊な措置であった。しかしその後、一部の学校では、これを進学率を上げるための良い方法だとして、頻繁にクラス分けをしていた。生徒が入学してから卒業するまで、毎学年一回か、或いは数回も成績によってクラス分けをされていた。重点中学校から入学してきた優秀な学生も例外ではない。ある学校では、一つの学年に生徒の成績によって「特急クラス」「準急クラス」「中クラス」「遅クラス」など十数クラスに分けていた。生徒からは、「飛行機クラス」「汽車クラス」「自動車クラス」「牛車クラス」……

第五章　教育達成による上昇移動への熱望（1978-1984年）　283

と笑い飛ばされたが……」という。

37　この投書にはタイトルがついていない。

38　1981年第22号同コラム掲載、山西省副省長、王中青氏の文章。

39　1981年第21号に掲載された読者胡愈三氏の文章では、学校教育で受ける重たい負担による逆効果について懸念を表明された。1982年第1号には上海少雲高校の教師陳敬旭氏は、隣の家に住む小学校4年生の女の子のことを紹介し、憧れていた近くの杭州市の旅行を誘われたが、その女の子は「今回はやめて、この願いは大学に入ってから適えていい」と言ったとし、大学進学で子どもたちが精神的にどれだけ被害を受けているかと訴えた。

40　1981年第22号同コラム文章、1981年第23号高校で副校長をしている関宝珍氏による文章。

41　1981年第23号同コラム文章、「大勢の人が争って丸木橋を渡る必要がない」。

42　1981年第22号同コラム掲載、重点高校北京第8中高一貫学校の教師王魯軍氏の文章、「進学率が一つの学校を評価する唯一の基準となっている」より。

43　1981年第22号同コラム掲載された読者投書の寄せ集め。

44　当時は人民公社での集団労働制度が実施されており、集団労働に参加した量によって単位が記され、その単位で現金や食料が分配される。

45　やる気満々の若者と勤め先のこの摩擦について、『中国青年』雑誌は次のように説明した：「赤信号をつける原因はいろいろあるが、その中で最も重要な一つは、青年たちが余暇の時間での独学について正しく理解していないことだ。一部の同志は視野が狭く、現在の仕事をこなすには今の文化レベルでは十分で、勉強なんかしなくてよいと思う人がいたり。また、勉強と勤務とを対立させてしまい、若者が独学するのが「本職を愛していない」「正業をおろそかにしている」「出しゃばる」と批判したり、「仕事に専念していない」「白専道路を歩く」とレッテルを貼ったりしている。これらのことは、独学することに対する若者のやる気に悪い影響を与えてしまっている」。このように、『中国青年』雑誌は「仕事を持っている若者が独学することは、わが国にとって人材を育てる重要なルートである」としたうえで、青年の独学をサポートしていこうと呼びかけた。

46　ここは中国語の言葉「女強人」をそのまま借用している。仕事への向上心が強く、優れた業績を出したと一般に認められた女性のことを指す。

47　陳氏は有名なダンサーであり、その夫の魏氏は普通の工具であることで、一般的には釣り合わない夫婦とされる。

48 K・マルクスと妻であるジェニーの物語はこの後も「ジェニーの物語」と題して登場し、「どうして彼に嫁いだのか」(1981 年第 17 – 18 合併号)、「あなたはウェストレン男爵お嬢さんなのか」(第 19 号)、「困難の中の微笑」(第 20 号)と三回にわたって連載した。

49 1979 年第 5 号『パーベルの三回の恋愛による示唆』では、「個人の運命より革命事業全体の利益を重要視するので、失恋という不幸に見舞われたときも革命への情熱は一向に減らなかった」、「革命の友情に基づく愛こそ真の幸せをもたらす」などの理念を説いた。

50 地元の番外記者を指す。

51 次号の 1980 年第 2 号には、盧幹生氏が死刑に処されたことが報道され、これは「青年の男性と女性が結婚の自由を求めることに対する大きな支持であり、権力を濫用し子どもの結婚を干渉する人間への警鐘となるだろう」とした。

52 労働者と農民の差異、都市部と農村部の差異、頭脳労働と肉体労働との差異を指す。

53 1980 年第 1 号では、当事者の徐広元氏はその後大学から除籍され、党員資格も失われたとの後続報道があった。恋愛というプライベートな場面で社会的地位を理由に相手との関係を解消したということが、当人の政治的経歴に不利をもたらしたのである。当時の公的文化装置において、このようなことは道徳的に非常に悪質な行為であり許されないものだという主張を、この行政的処罰によって物語られただろう。

54 「三種類の人間」とは、文化大革命の終息直後になされた分類で、文化大革命時代に林彪、江青の集団に属する造反派の人、派閥思想が強いとされる人、人に厳重な身体的被害や物的被害を与えたとされる人を指す。

第六章　上昇移動における金銭の役割への目覚め（1985 - 1991 年）

　本章では、1985 年～ 1991 の『中国青年』の掲載内容及び読者の声を掲載する文章への考察を通して、この時期の若者の上昇志向についてアプローチしていきたい。

第1節　1985 年～ 1991 年における社会経済変動及び『中国青年』の変容

　1984 年 10 月に開催された中国共産党第 12 期三中全会において、「経済体制改革に関する中共中央の決定」が採択された。決定では、商品経済は「社会主義経済発展の避けて通れない重要な段階であり、経済の近代化を実現する必要不可欠な条件」とされ、計画経済と商品経済と対立するものだとの考えを否定し、経済体制の全面的な改革の理論的な基礎を構築した。

　また、決定では、企業の活力の増強こそ経済改革の中心であること、政府と企業を分離させ指令性調節（行政的指令による直接統制）を縮小して指導性調節（市場を通してのマクロ的間接統制）を拡大する、公有制以外の多種多様の経済方式を積極的に発展させる、経済責任制を発展させて労働の成果によって分配を行うとの原則を実行する、などの改革の方向が示された。この決定によって、都市部を中心とする経済改革が全面的に展開された。

　これによって、企業と国家の関係の改革、と企業内部の経営システムの改革もはじまった。所有権と経営権の分離との原則の下で、さまざまな形の請負制が実行され、企業の生産経営システムが強化された。請負制が実施された中で、企業の経営は収入と直接関わるようになり、工員のインセンティブが引き出された。「大釜の飯」と言われる平均主義の打破が強調され、「労働

の成果によって分配を行う」という成果主義が取り入れられた。

国家と企業との関係、企業と従業員との分配関係を調整して企業の活力を高めることは、経済改革の重要な内容である。

また、この時期に、私営経済の合法的地位が認められ、公有制を主体とした多種類の所有制が共存する局面が現れた。

1984年に経済改革が深まることによって、人々は商業活動を通して収入を得ることに多大な興味が涌き、大学入試という教育達成のほかに、社会的地位の上昇を果たす重要な手段として、金銭の獲得が重要視されるようになった。その中で、若者の上昇志向に関わるエネルギーも非常に強い度合いで触発された。

一方、この時期の『中国青年』は、読者の好みに近づくように雑誌の表紙や誌面の内容について微調整を行い、また社会問題を取り上げるコラムを新たに設置するなど、文化総合雑誌への変身が観察されたが、一方、総じていうと「機関誌」としての政治的色彩が濃厚であり、国家の政策や方針を若者に伝達し誘導することが相変わらずその中心的な任務であった。このような基調のもとで、若者の上昇志向に関しても、国家的視点からから取り扱っていた。具体的には、改革イデオロギーの提起、経済活動の提唱及び新たなモデルとしての「企業家型」人材への重視、改革に相応しい「新観念」の強調、物質的利益の合理化、政治的「正しさ」へのこだわり、などを提唱し、若者の上昇志向を方向付けした。即ち、この時期の中国社会では、計画経済から商品経済への改革が新たなイデオロギーとして強調され、若者の上昇志向に関わるエネルギーに対しても、進取精神などの「新観念」を身につけた、改革に適応できる人材になろうとの論理で方向付けようとした。一方、「改革」イデオロギーの中で個人の物質的利益が合理化されたものの、政治的忠誠が相変わらず常に要求されており、「個人としての奮闘」という角度は相変わらずあまり使用されていなかった。

第六章　上昇移動における金銭の役割への目覚め（1985-1991年）　287

第2節　学業に関する読者投書の分析

　以下第2、3、4節では、『中国青年』に掲載された若者の投書から、その上昇志向及び苦悩について分析する。公的な文化装置とは違う論理で動いている若者の生活世界にアプローチし、当時において彼らは社会区分についてどのように認識していたか、その認識に基づきどのように上昇移動を果たそうとして、またその中でどのような悩みを持っていたかなどの点を確認したい。

　具体的には、『中国青年』に掲載された読者の声を「学業」、「職業」、「恋愛・結婚」という三つの分類にしたうえで、階層ヒエラルキーの存在に関する認知、上昇志向のあり方、即ちどのようにして上昇移動を果たそうとしてどのような悩みを持っていたか、上昇移動メカニズムや社会秩序に対してどのような解釈・想像を持っていたか、という三つの点を手がかりに、考察していきたいと考えている。

　1985-1991年の『中国青年』では、読者の声を掲載するコラムが同時に幾つか存在していた。「青年信箱」「読者からの手紙」「服務台」「鼓与呼」などがある。

　また、本研究で資料となった読者の声の抽出の仕方については、前述第2章を参照されたい。

　前の時代に引き続き、この時期においても、大学進学を通じて社会上昇移動を遂げることに対する情熱が依然として高揚しており、教育達成は依然として若者が上昇移動を求めるための重要な手段である。投書のタイトルと掲載号等の詳細は、表2-15「1985-1991 勉強に関する読者の声掲載文章一覧」を参照されたい。

　当時において、「大学生」の学歴パワーが依然として強くあったことは、当時比較的に人気のあるもう一つの教育達成のルート、「中等専門学校」に

入ることとの比較で容易に理解できるだろう。1985年第3号には、中学を
出た後に高校ではなく、中等専門学校に入ったことを後悔する若者に対し
て、彼を教えていた中学校の教員による回答文が掲載された。読者による質
問文が掲載されなかったが、回答文の前半から若者の気持ちの一部が伺え
る。

投書6-1（抜粋）　タイトルなし（1983年第4号）

　　　　風が清く月が白い夏の夜を覚えていますか。高校に入って大学
　　に受験しようと私は勧めたが、君はどうしても中等専門学校に入
　　りたいと、月の光に照らされた花壇を見ながら、「早く苗を植え
　　れば、早く収穫できるから」と言ったのね……
　　　　今となって、昔のクラスメートたちが大学に受かったのを見
　　て、自分が人より劣ると恥じた。中等専門学校卒業では「大きな
　　ことができない」として、天の寵児と呼ばれる大学生のように、
　　「並々ならぬ面白い戦場を駆け巡って、並々ならぬ大きな業績を
　　立てる」ことができないと。自分は「生きていく術があるが、人
　　生の楽しみは全く味わえない。人生の苦い結果を食べさせられて
　　いる」と。「中等専門学校に入るのは大きな損だ。あまりにも情
　　けないのだ！」と、自分には大学生並の高レベルの文化水準がな
　　いし、大学の高い学歴を持っていないことを悔しく思うのね。

　このように若者は、中等専門学校に入ったことを「大きな損」だととら
え、大学生になることは、「並々ならぬ面白い戦場を駆け巡って、並々なら
ぬ大きな業績を立てる」ことになると強い憧れを持っていた。この時代の多
くの人にとって、大学合格という教育達成は、依然として上昇移動の最も重
要な手段として見ているのである。
　その中で、この時期の学業に関する読者の声は、前の時期より量が少なく
なったが、なお数多く存在していた。

これらの投書はその内容から分類すると、学習効率を上げる方法や受験の注意点などのノウハウ型の投書、大学受験に対する受験生の不安や焦燥感を反映する投書、大学入試の競争の激化による中高生への心理的負担のしわ寄せに関する投書に大別できる。

1 大学受験に関する情報提供

大学受験に関するアドバイスや情報提供の投書は、この時期になり全体的に数が少なくなったが、前の時期の延長線上という位置づけで存在していた。特に1987年第5号には、前年の北京市の理科系の大学受験で首席をとった二人に自分の復習経験を紹介してもらい、よりリアルな情報を伝えた。

1985年第3号「社会人向け大学受験に関する回答」
1986年第3号「社会人向け大学受験の統一試験に緊張する必要がない」
1987年第5号「大学受験のための復習の鍵をあげよう」
　　　　　　「大学受験はどのようにすればうまく参加できるのか」
1990年第5号「なぜ仕事をして二年後にならないと大学院入学試験に参
　　　　　　加できないのか」

大学受験に関する情報提供の投書は、その数からしてだいぶ少なくなった。一方、社会的地位の上昇移動を達成させる貴重な転機として、大学受験は当時の若者にとって依然として重要な手段となっており、進学率が低いことによって受験者の不安や焦燥感もなお強くある。

以下では、受験者本人の心理状態、緊迫した親子関係や同級生との関係、大学受験のプレッシャーの中学生へのしわ寄せなどから簡略に見ていく。

2 受験結果を巡る高校生の不安

この時期の高校生は大学に入ることを目標として目指すことになるが、大学受験で合格することが、社会上昇移動を遂げるのにこの上ない重要な意味が付与されたため、彼らの感じるプレッシャーも尋常なものではなかった。

投書6-2 1987年第6号「大学受験前の緊張感をどのようにすれば克服できるか」

　　　僕は、今年卒業する高校生です。大学受験が近づいてきていますが、僕は正体不明の恐怖感にとらわれてしまっています。今年の受験生が多いから、万が一人との競争で失敗して、大学受験で落ちたら、先生やクラスメールに会う顔がどこにあるでしょう。考えれば考えるほど怖くなり、授業中にぼっととしていて先生がどこまで講じていたか分からなく、先生に質問されても、違うことを答えることもありました。実際、僕は普段の成績はまあまあ良くて、両親も友人も生まれつき大学に行く運命の人だと言ってくれています。でも逆にこれで思想的なプレッシャーはもっと重たくなりました。最近学校では模擬試験を行っていたので、親戚の人たちが会うと「成績はどうだったか」と聞いてくるのです。このようなことが聞かれるのが非常にいやです。（最近になって）ますますいやになってきて、何か鎖を掛けられたように身動きができなくなりそうでした。もう何も考えたくないと思いました。そうしたら、ますます緊張になってきて、本を手にしても何も読めません。頭が固くて、ぼんやりしています。夜になるとあれこれ考えたりして、眠れないのです。今の僕にとって、大学受験ほど重要なことはありません。なのに、僕は全く自信をなくされていて、もう希望がないと思っています。試験を考えるだけで吐き気がして、体全体がだるいです。とてもとても焦っています。僕は何か心理的な病気にかかっているのでしょうか。どのようにすれば、この恐怖の気持ちから脱出できるのでしょうか。教えてください。

四川省安岳高校　呉成林より

　大学受験を前にして高校生のこの心理的な緊張感に対して、回答者は「こ

第六章　上昇移動における金銭の役割への目覚め（1985-1991年）　291

れは社会や親による潜在的な圧力及び同年齢のもの同士の激しい競争から来ている」と指摘した。

投書6-2の回答

　　　　まず認めなければならないのは、わが国の現在の状況の下では、大学に受かるのと受からないのとでは、確かに違う。でもこの違いは、一部の親や親族によって大げさなまでに拡大しているし、絶対視している。大学受験を「運命の大作戦」とか、「成功したら龍、失敗したら虫になる」というふうに喩えて、人生には大学受験という唯一の道しかないと考えている。応援したい気持ちや励ましの気持ちに託して、彼らはこのような考え方を子どもたちに伝えると、その子どもたちは大きなプレッシャーを受けることになる。また、同級生同士の競争もこのような緊迫とした雰囲気を強めている。

　そのうえで、このような緊張感をどのようにほぐすかをめぐって、①「受からなかったら前途がない」という間違った認識を捨てること、②試験に臨む際の態度や意志も重要だから自信をもつこと、③絵を書くなどの方法を借りて焦りや焦燥感を晴らすこと。④スポーツをして体の状態を整えること、⑤効率の良い時間帯を選んで暗唱したり、過去の試験の失敗をまとめたりするなど科学的な勉強方法を利用することなどのアドバイスを挙げた。
　この回答文は、これまで同様、「大学受験が唯一の人材への道ではなく、仕事を良く頑張れば同じように人材になるのだ」と言っているが、それまでの回答文と違うところがあった。それは、「まず認めなければならないのは、わが国の現在の状況の下では、大学に受かるのと受からないのとでは、確かに違う」というふうに、大学受験の結果によって、社会的地位など大きな違いが生じることを明白に認めたのである。そのためか、回答文では、「仕事を良く頑張れば同じように人材になるのだ」という論理をもってこの緊張感

をなくすのではなく、この緊張感を認めた上でそれをほぐす方法をアドバイスしたのである。この時期になって、それまでどのような職業も平等だという建前から、社会全体が徐々に自由になってきたと言えよう[55]

受験結果への心配による緊張感以外には、成績が良くないと周りとの人間関係もうまく行かなくなったという悩みもあった。

投書6-3 「幼稚から成熟まで」（1989年第11号）
　　　編集者同志：
　　　　高校に入る前は、私は人生に対して色とりどりな夢を持っていました。でも全部パーになりました。中等専門学校への受験、失敗しましたから。仕方がないから、一般の高校に入りました。意外なことに、高校に入ってから成績が下がって一方で、頑張ってみましたが、あまり効果はありませんでした。先生から冷たい目で見られるし、クラスメールからも嘲笑されるし、両親からも冷やかな言葉をかけられます。本当につらい海に落ちたみたいで、楽しいことは一つもないのです。この命を終わらせようと思う時さえあります。どうすればよろしいのでしょうか。

勉強の成績が悪いことによってクラスメートと先生から冷たくされ、両親からも冷やかにされ、命を捨てたいほどに悩むという投書であったが、上昇移動における教育達成の重要さによって、勉強の成績は、周りのまなざしを通して、受験生の自分自身の自我意識に大きな影を落とすことになることが伺える。

受験生たちやその親は、大学受験の緊張感をどうにかするために、いろいろな手段を掛けてみた。1987年第7号には、「巫女の占いのせいでひどい目に遭った」では、次のような投書があった。

投書6-4 「巫女の占いのせいでひどい目に遭った」（1987年第7号）

僕は高校二年生です。来年大学受験に参加します。そのため、親はとても焦っていて、母親は占い師を家まで招いてきました。占い師は僕のことを「文曲星」だと言って、生まれつき大学に行く運命だから、勉強してもしなくても大丈夫だと言っています。占い師の言うこと、信じてもいいものでしょうか。

湖南省麻陽県第2高校　向斌より

　この投書の回答文では、占い師のいうことを信じたせいで勉強しなくなったり、また自信をなくしたりして二回も大学受験に失敗した経験が述べられ、「自分の運命は自分でひり開くものだ」とのアドバイスがなされた。

　また、受験生や親たちのこの不安に付け込んで、詐欺も多く発生した。1987年10月の「青年広場」コラムに、「記憶器の詐欺」「記憶器を信じてはいけない」との文章が発表され、記憶の効率アップを上げるのに効果的だといわれる記憶の補助器＝「記憶器」に関する詐欺が報道された。同報道によると、同機械は河北省ある農民卢炳其氏によって工商部門の営業許可がなく違法的に売り出されたものであるが、実際にあまり効果がない。1987年の初めから高校生や中学生向けの新聞や雑誌で頻繁に広告を出したら、三ヶ月のうちに3万人近くの中学生が計38万元の代金を送ったという。報道では、商売で失敗した卢氏は、「大学受験を控えている高校生たちの焦った気持ちを利用して、「記憶器」という項目を選んだ」と説明した。『中国青年』雑誌の編集部による文章、「科学を迷信してはいけない」では、「頭は自分の力で磨き、記憶は自分の努力で強めるべきだ。何かのすごい薬の力を借りて、一夜のうちに頭がよくなると思わないでほしい。勉強は自分の力で手間をかけて頑張って始めてできるものだ！」と詐欺にかかった生徒立ちにカツを入れたが、根底には、高校生たちの大学受験に対する不安があるだろう。

3　大学進学のプレッシャーから来る中学生へのしわ寄せ

　社会上昇移動につながる大学受験のプレッシャーは、受験生のみならず、

中学生にも大きな緊張感をもたらしたのである。

（1）受験から来る緊張感

　中学生たちは、高校に入る前に大学受験の緊張感にとらわれている。1986年第4号の「少年の心事」コラムには、このような緊張感を反省する投書が掲載された。

投書6−5　「もうすぐ切れそうな弦」（1986年第4号）

　　　　私は静かだが楽しい女の子で、県と学校の試験で一等賞を得た経験がある。そのときの生活はどんなに楽しかっただろう。

　　　　しかし、中学三年になってから、先生はいつも「高校に受からなかったら、あなたたちは前途がないよ」とか、「われわれのこの重点高校に入ったということは、片足大学の門に入ったことだ」とか言っている。親も毎日耳元で「ゼッタイに高校に入れよ。まあ技術学校とか、中等専門学校でも良いからとにかく進学してくれ。ではないと、14歳の娘が学校をやめると何するの」とか言っている。父や母の心配そうな顔、先生の焦っている目つきを見ると、私も焦ってきて、毎日気が動転しているみたいで、重たい勉強のストレスで呼吸ができなくなりそうだ。時には悪夢から目覚めると、一人で広い荒野に立っているようにさびしくて、耳元に先生の言葉が響いてきている。「北には清華大学や北京大学、南には復旦大学……」と。私は泣いた。私のような人間は、どこにそのような力があるだろうか。今すごく悩んでいる。糸があまりにも張り切っているために、今にも切れそうだ……

　　　　　　　　　　　　　　　　　　　　　　　江蘇省　李紅より

投書6−6　「試験の前の悩み」（1986年第4号）

第六章　上昇移動における金銭の役割への目覚め（1985－1991年）　295

　　卒業試験が目前に迫っているのに、私は深く悩んでいる。

　　試験が近づければ近づくほど、わがクラスの二極分化はますます明らかになってきている。成績の良い子に対して先生は個別で補修をしたり試験ペーパーを優先的に見てあげたり、当番も労働もあまりしなくて済む。成績の悪い子に対して、試験ペーパーを見てあげなかったり、クラスの雑事を任せたり、たまに過ちを犯す子がいると、それはもうきつく非難する。私たちの学校は、成績の良い子のための学校になっているみたいだ。私は、成績の良い子をうらやましく思い、成績の悪い子を同情する。私もあまり成績の良くない課目があるので、全体の復習の機会を借りて先生に補修してもらいたかったが、でも先生の軽蔑しているような顔を見ると、勇気がなくなってしまうのだ。

　　今、クラスメートのみんなはますます頑張るようになった。朝の五時から深夜まで頑張って勉強している。一年間近くの間、体育の授業が回ってこなかった。祝祭日も、休日もなく、夏休みも冬休みもだいぶ短縮されている。気が散るからとか言って、クラスで取っていた新聞や雑誌も先生に取り上げられてしまった。学校にいると、世の中とのつながりが絶たれたような気がするのだ。

　　学校は進学率ばかり気にするから、私たちは活力をなくされ、麻痺されている。私はよく、抑圧感を覚え、さびしく感じたり息ができなくなりそうだと感じている。

　　　　　　　　　　　　　　　　　　　　　　　山東省　鄭玉より

投書6－7　「友情と情熱によって私たちの魂を溶けさせよう」（1986年第4号）

　　僕のいる学校は、進学率が80％もある重点中学校だ。子どものような天真で純真な気持ちをもって、楽しい生活への憧れを

持って入学してきた。

　でも、実際に生活してみると、この学校の先生もクラスメートも「進学」のことばかりに関心を持っていて、ほかの事に対して興味がないのだ。大学に入るために、勉強以外のすべてのことは全部関心をなくしています。勉強、成績、点数が唯一重要なことだ。高い点数が取れれば、ほかはすべてお構いなし。宿舎では洗面用のボールが散らかしており、だれも並べようとしないし、地面にはごみがそのまま置かれていて誰も片付けようとしない。教室の当番は、黒板さえ消しない人もいる。この学校の人は、世の中で最も重要なのは勉強だけのようだ。クラスメート同士は全く知らない人間のようで、クラスのことに対しても全く関心がないし、成績の良し悪しばかり気にしている。徐々に僕も、活力を失い、自分のこと以外に何も興味がなくなりそうだ。

　でも、僕は人生が楽しく過ごされるべきだと思っているし、歌うことも、絵を描くのも、自然の多いところで遊ぶのも好きだ。自分（やほかのクラスメート）が勉強のことしか知らない人間になってほしくない。

　自分の心に思っていることをここで打ち明けたのは、大人の皆さんが中学生のことに感心を持ってもらって、また同世代の中学生の皆さんから理解してもらいたい。と同時に、友情と情熱が早く私たちの間に戻ってくるようになってほしい。友情と情熱によって私たちの魂が溶けられるようになってほしい。

河北省　丁鐘より

以上三通の読者の声から、中学生たちは「進学」によるプレッシャーを強く感じており、成績のみが重要視される学校生活に対して強い抑圧感を持っていたと言えよう。

第六章　上昇移動における金銭の役割への目覚め（1985－1991年）　297

（2）受験競争による緊張感の中での人間関係

　激しい受験競争は、生徒同士の人間関係に影響を与えている。嫉妬によって友人関係が損なわれ、またわが子の成績を心配する親との関係に亀裂が生じている。

　1990年第7号「私の秘密」コラムでは、卒業間近になったときに、勉強のために、友人で成績の良いクラスメートを自分の家に宿泊させていたが、本棚にある自分の『中学生学習新聞』を読んでいる友人を見て危機感を覚えて、次の日『中学生新聞』を隠して『農民新聞』を入れ替わったとの経験が述べられた。これと似たような、受験競争からきている強い嫉妬の気持ちを、次の投書では詳しく述べられている。

投書6－8　「精神の十字架から自分を下ろしてください」（1986年第8号）
　　　　　編集者同志

　　　　　　私は中学生です。勉強にすべてのちからを集中させるべきなのに、私はなかなかできません。嫉妬の気持ちがあるからです。周りのクラスメートによって追い抜かれるが心配で、自分のできることがクラスメートに取られてしまうのも心配です。だから、だれとも勉強の問題について議論したくないし、自分の考えについて話をするのもいやです。毎日浮かない顔をしていて、勉強の成績もだいぶ下がってしまいました。自分の嫉妬の気持ちがあるからこうなってしまったと分かっていますが、どのようすればこの状態から脱出できるか分かりません。アドバイスをください。

　　　　　　　　　　　　　　　　　　　　　　　　　　　　淑芹より

投書6－9　「私はこの家が嫌いだ」（1986年第9号）

　　　　　　自分の家が好きだと思う人が多そうだけど、私はどうだろう。私は正反対だ。私は自分の家が大嫌いなのだ。

　　　　　　放課後に家に帰ると、私はなぜか背中に大きな荷物を背負わさ

れたようで重たく感じる。私は知識人の家庭に生まれており、父も母も幹部だ。家の中には、必要な家具以外にあるものは、本と新聞だ。このような家に生まれた私は、小説や新聞を読むのが好きになった。小説のストーリーに感動されながら育った私もセンチメンタルな子に成長した。良く、一人でさびしく将来のことを考えていた。

市の重点中学校に入ってから、勉強の成績はあまりよろしくなかった。それで、さまざまな議論が私に押し寄せてきた。普段授業以外の本や新聞を読むという唯一の趣味も捨てさせられた。いま両親の唯一の信念は、私が良く勉強することだ。三年間の緊張した勉強をしてきて、私は自分の学習状況と実際の成績を良く知っているから、時々怖く感じる。父親の厳しい顔と母の嘆き声が怖いのだ。分からないのだ。なぜ必ずそのような道を通らなければならないのかな。

たまに、夕飯を食べたあとに私が新聞を読んでいるのを見ると、母はくどくど話し出すのだ。勉強が大事だというこの肝心な時期に、新聞を読む暇があるのかと。そういわれると、思い切り喧嘩したくなる。でも、私……私はこの家が大嫌いのだ。この家は暗くて活気がない。母はいいものを食べさせて、いいものを着せてくれるが、でも「暖かく」感じさせてくれなかった。時々学校から帰ってきて、入り口まで来ても、中に入りたくない。外で数分間立っていて、自分の嘆きを外に残して入ってくる。私は、どのようにすればいいのだろうか。

湖北省芜湖市第十二中学校三年　朱敏より

このように、激しい受験戦争によって、友人関係、親子関係に亀裂が生じる生徒たちの姿があった。

その中で、最も悪質なのは、所属の学校から別格扱いされることであろう。

第六章　上昇移動における金銭の役割への目覚め（1985−1991年）　299

1992年第1号には、進学率を上げるために、成績の悪い生徒は退学を勧められるという怒りの投書があった[56]。

（3）勉強以外の余暇の時間の利用に関する悩み

きつい勉強生活によって余暇の時間がなくなったというのが、中学生の現実であった。

1986年第4号に掲載された「先生、私たちのことを理解してください」では、余暇の時間に「自由自在に自分の好きなことをやって楽しく」過ごしたいとの願いがが訴えられた。

投書6−10　「先生、私たちのことを理解してください」（1986年第4号）
　　　　14歳。これはどんなに不思議な年だろう。わがクラスのみんなはそれぞれ自分の趣味を持っていて、私も例外ではない。私は作文を書くのが好きで、読書も好きだ。授業以外の余暇の時間は、勉強用以外の本を読むのが好きだ。でも担任の先生からたくさんのルールが決められたが、その中の一つは、余暇の時間は勉強以外の本を読んではいけないということだ。勉強以外の本を読んでいたと先生にばれてしまったら、クラスの幹部によって名前がメモされてしまう。宿題を終えた後に好きな本を読んで視野を広げるのもだめなのだろうか。先生は私たちのためを思って決めたルールだと分かっているが、でも学校は知識を勉強し、趣味を育ててくれるところでもあるし、本ばかりかじっていても良い効果がないと私は思うのだ。乾燥無味な勉強生活は単調すぎるので、私たちは自由自在に自分の好きなことをやって楽しく過ごせたらどんなに良いだろうと心か望んでいる。心のバランスを、誰が取ってくれるだろうか。「先生、私たちの気持ちを理解してください」と大きな声で叫びたい。

　　　　　　　　　　　　　　　　　　　　　浙江省　陳軍より

授業以外の課外図書を読むことに関して、当時香港から入ってきて流行していた武侠小説にはまった中学生が多くいたのが社会問題となった。『中国青年』1986年第5号と第9号では、「中学生が武侠小説にはまったが、どうすれば良いのだろうか」というタイトルで特集を組んで、この問題を取り上げた。

1986年第5号では、まず北京市の読者肖樹凡氏による投書が掲載され、自分の弟が武侠小説にはまっているが、「弟のように武侠小説にはまった多くの中学生に回心してもらって、学業に専念してもらうために」、『中国青年』雑誌にこの現象に注目せよと呼びかけた。

読者の肖樹凡氏は武侠小説にはまって悩む弟が自分に当てた手紙を公開した。

投書6-11 「中学生で武侠小説にはまってしまった。どうすればよいだろうか。」（1986年第5号）

お兄さん

こんにちは。遊びばかりして、兄さんに手紙を書くのも久しぶりーです。まず兄さんが最も気になっている勉強のことから話そう。お兄さんから良い言葉を掛けられたが、実は最近僕の成績はまた下がり気味です。お兄さんがいろいろ助けてくれていたことを思うと、申し訳ない気分になりますし、苦労して育ててくれたお母さんにも頭が上がらないです。

僕は自分のことが分からない人ではないから、このまま行くと大変な目に遭うことは分かっています。だから、とても悲しく思っていました。今後はゼッタイ貴重な時間を大事に、一生懸命勉強していこうと決心しました。でも、探偵小説や武侠小説を見ると、自分の衝動を抑えることができません。授業中や自修の時間を問わずに、餓えたようにしきりに読んでいくのです。内心では読むのが今回限りだと自分を慰めたりするが、次となるとまた

読んでしまうのです。中間テストでは化学は 67 点、数学は 46 点しか取れませんでした。自分には勉強の能力がないと疑ったりして、自分が志のある、プライドのある人間だと思えません。間違っていることだと知っているのに、なぜ改めることができないのでしょうか。お兄さんは教えてくれませんか。

　ぼくは普段楽しくしていますが、今は自分以外に、笑顔に隠している悩みを知っている人がいません。もうすぐ期末テストです。どうなるか、天に任せるしかないです。こんな僕を見て、お兄さんはきっとがっかりして、怒っているでしょう。お兄さんに精神的なサポートがほしいのです。

　お手紙を読んで、兄さんが父親になったことを知りました。つまり、この世界で僕のことをおじと読んでくれる人が生まれたということですね。なのに、僕はこのざまです。将来その子を良く育ててくださいとお兄さんと義姉さんに申し上げる次第です。

弟の樹兵より

　この投書から、武侠小説にはまって勉強の成績が下がったことで、自信がすっかりなくされている若者の姿が反映されている。

　こうして、勉強以外の余暇時間の少ない中学生たちは、緊張感をほぐすひと時として、武侠小説を読んでいたが、それが勉強成績の下落につながると、大きな罪悪感を覚えて舞うことが伺えた。これに対して 1986 年第 9 号には投書 5 通が掲載され、「趣味の違う友人を作る」「関心を勉強に回そう」など、武侠小説から脱出する方法を講じた[57]。

　一方、勉強以外の時間を楽しく過ごしたいという中学生や高校生たちの気持ちを反映すべく、1986 年第 9 号には当時中高生の気持ちを代弁した歌謡曲、「私は歌いたい」の曲と歌詞を全文掲載して、隣には「大学受験もするが、歌も歌いたい」との大文字が書かれていた。

4　教育達成で失敗した若者の向かう先

上記では、この時期の学業に関する投書を見てきたが、大学受験という社会的地位の上昇移動を達成させる手段をめぐって、若者たちが大きなプレッシャーを抱えながらも努力してアプローチしていく状況が伺えた。これは前の時期の延長線上で見られた現象だと言えよう。

一方、競争の厳しさを身を持って体験した若者は、大学受験をあきらめて、それとは違う道を歩こうとし始めた。それは、場合によって、親にさまざまな形で反対された。

1985年第10号「父よ、自分の道を歩かせてくれ」では、数回も大学受験で失敗した受験生の気持ちが述べられた。

投書6-12　「父よ、自分の道を歩かせてくれ」(1985年第10号)

　　　重たくて悲しい気持ちでこの手紙を書いています。

　　　僕は1980年卒業の高校生です。その年に大学受験で失敗しましたが、学校に戻って勉強を続けました。情けないことに、5年経った今になっても、人をがっかりさせるような結果しか得られませんでした。

　　　大学受験に挑戦し続けたこの5年間を振り返ると、その苦労は一言で言えません。僕は8歳で母をなくし、父親は男手一つで育ててくれました。私のためにどれだけ心血を注ぎ、どれだけ汗を流したか分かりません。でも父親は文句一つ漏らしませんでした。初めての大学受験で失敗した後に、父親はなんとかして家まで20キロ離れた重点高校に転学させてくれました。どんなに忙しくても、父は遅れることなく食料とお金を届けてくれました。私の時間を無駄にしないために、毎回休まることもなく用事を済ませたらいつもすぐに引き返したのです。

　　　うちの経済状況は裕福とはいえません。ここ数年農村で生産請負制が実施されたため、とても忙しいです。85歳のおばあちゃ

第六章　上昇移動における金銭の役割への目覚め（1985 - 1991年）　303

んに16歳の妹、家族全員が父と一緒に、私の勉強のために、節約して質素な生活を送っています。こんなことを覚えています。ある日学校の輔ジュルーの調整で僕は予定より一日前に家に帰りましたが、家の中は真っ黒でした。私を見て父はとても嬉しかったです。どうして明かりをつけないのかと聞いたら、父は「何もしないで座っているだけから、暗くして油を節約すれば、あなたも本何冊か買えるようになるし」と言いました。父は、僕の勉強の費用を捻出するために、タバコも吸いませんし、お酒にも触れません。世の中にこんなに質素な生活を送っている父親はめったにいないでしょう。

　大学受験の失敗で、父に申し訳なく思っていました。父は、そう思いませんでした。父はいつも、「良く頑張れば、きっと受かるよ」と言ってくれています。大きな精神的ストレスを抱えているため、僕は夜不眠症になり、頭痛もするようになりました。今年の受験は、予選で落ちました。家に帰ったときに、父は何一つ責める言葉を口にしませんでした。でも村では人々が議論をしています。高校生で農民をやるなんてもったいないとか、大学に受からなかったが近視になって戻ってきて本当に使い物にならないとか言っています。みなさんよ。失敗者の気持ち、何で理解してくれないのでしょうか。ただでさえつらいのに、どうして傷口にまた傷を増やすのでしょうか。

　ここ一週間、僕はどこにも行きませんでした。出かけたくないです。人々の冷やかな言葉を聴きたくないです。（大学に受かる）そのような力、僕にはないと認めざるを得ないのかなと感じています。ある日、自転車に乗って漯河の近くまで行きました。ごうごうと流れていく川を見て、いろいろ考えました。私を学校に行かせるために、アイスキャンディを一回も味わったことのない父親、病気の祖母、天真爛漫の妹のこと、頭を離れませんでした。

川の近くで三四時間立っていて、暗くなってから村に戻りました。それから数日、頭の中で激しくもがきました。でも父は、来年もう一回試してみろと言いました。神様よ！お父さんよ！五年も立ちましたよ！このまま試験を受け続けると、僕の人生はどうなっていくのでしょうか。来年は成功するのでしょうか。お父さん、あなたももう若くない年となりました。

おととい、僕は父と話をしました。家の事情を考えて、勉強生活を終わらせて、農業をしようと言いましたが、父は賛成してくれませんでした。

皆さん、親愛なる皆さん、世の中の人たちすべてが、誰一人、大学受験で失敗した若者を軽蔑しないでほしい。

世の中の親たちよ、あなたたち自分の子どもを信じて、彼らに自分の道を歩かせてください。

河南省鄲城　李秋栄より

投書では、家の貧しい状況にありながら、父親のサポートで1980 年の大学受験に失敗した後に4 回も大学受験に挑戦していたが、いずれも失敗した農家の息子の投書があった。そこには、大学受験に落ちたことによって生じた父親への申し訳ない気持ち以外に、大学もう一回挑戦してくれと願う父親に対して大学とは違う人の道を歩かせてくれと懇願する強い気持ちがあった。投書者は農村の出身であることを考えると、投書の中の父親は、「大学に受かるのと受からないのとでは、確かに違う」結果をもたらすものであり、大学受験をまさに「運命の大作戦」「成功したら龍、失敗したら虫になる」というような考え方の持ち主であったと考えよう。農村出身者にとって、大学受験という上昇ルートの重要さの一面が伺える。

一方、このような親の懇願とは裏腹に、若者自身はこのような硬直化した認識から身を抜け出そうとして、「勉強生活を終わらせて」「自分の道」を歩こうとした。

第六章　上昇移動における金銭の役割への目覚め（1985-1991年）　305

　では、大学受験に失敗した若者たちの向う先として、何があるのだろうか。

　実際にこの時期では、教育達成以外の上昇移動のルートとして高収入が徐々に市民権を得つつあった。この中で、大学受験に失敗した一部の若者は、経済活動を始めることに目が覚めたのである。

投書6-13　「学歴はないが、理想はある」（1985年第10号）

　　　　僕は1980年に高校を卒業したが、その後も2回続けて大学受験に参加したが、いずれも数点の差で失敗した。一時かなり悩んでいた。その後先生の啓発で、私の生活にまた光が差してきて、僕の思想も飛躍的に変わった。僕は、80年代の現在における技術の重要性を認識した。

　　　　この理性的な考え方のもとで、僕は山東向陽美術工芸学校に入って、漆塗装、美術、鏡作りなどの技術を勉強したが、終了した後に故郷に帰って技術サービスの仕事を始めた。

　　　　今年の四月に、県の工程会社に採用されて太原市に配属されてきている。都市で生活をしていて、毎月100元以上の給料をいただいているが、僕は満足していない。特に著名な改革者温元凱氏の「改革の曙の光」を読んだ後は、大きく啓発された。温氏は人気のある分野と人気のない分野との話しで興味深いことを言った。つまり、何が人気のある分野か、何が人気のない分野か、よく見分けろと。流行ばかり追って今人気のありそうな分野に参入しても、先に始めた人には追い着かないだろう。でも、今は冷めているかもしれないが将来フィーバーする可能性のある分野を見極めて始めると、将来これがフィーバーする時にはあなたが人よりずっと前を歩くことになると。これは、どんなに役立つ言葉だろう。今、都市部では家庭電器がどんどん多く使われるようになったので、今から電気の修理を勉強すると、近い将来に農村で

はきっと人気のある分野となるだろう。

　　自分の前途のために、僕は奮闘するのだ。将来のために、追求をするのだ。近い将来に自分の新興事業——総合的な修理サービスのお店を始める。家具の塗装や電気の修理、同時に技術情報のコンサルティングを行う。大学受験が失敗した後の、まったく新しい道で、自分の新しい生活を切り開くのだ。

山西省定襄県　戎愛雲より

　投書の若者は、3回連続して大学受験に失敗した後に、技術を勉強して会社に入り、農村から都市への上昇移動が図られた。一方、「都市で生活をしていて、毎月100元以上の給料をいただいているが、僕は満足していない」という若者は、電気修理という「将来フィーバーする可能性のある分野」を定めて勉強を始めた。ここでいう「フィーバーする」というのは、経済的報酬が多く得られることを指す。また、大学受験以外でも、学歴がなくても「人材にある道が多くある」という説教は、70年代末から一貫してなされているが、若者自身の成功した経験をもって「学歴がなくても」「自分の前途のために、僕は奮闘するのだ」と意気揚揚に宣言するのが、この投書で初めてだと言えよう。80年代中期に経済活動の価値について唱えた学者の温元凱氏の話を引用するなど、経済活動を行うのは、「学歴がなくても人材になれる」という説教からなされたやむをえない選択というよりも、経済的な報酬が多く得られることを見込んでの、積極的な判断と言えよう。学業以外の、社会的地位の上昇移動をもたらす手段としての、経済活動を行って高収入を手に入れることが徐々に人々に受け入れられていく瞬間であった。

　大学受験をめぐって、子どもにプレッシャーを掛ける親と受験生本人との間の軋轢を反映する投書がこの時期にも少ないながらあった。1985年第3号大学受験をめぐる親との関係をめぐる文章が三本掲載され、大学受験での失敗によって父親から暴言や体罰をさせられて家出した若者（「矛さんがお父さんへの手紙」）、或いは母親から冷たくされて冷やかな言葉を掛けられた

第六章　上昇移動における金銭の役割への目覚め（1985－1991年）　307

若者（「李蓉によるお母さんへの手紙」）のことが書かれていた[58]。

　前者では、大学受験の失敗で父親から体罰を受けて家出したが、たどり着いた山村には、大学受験に三回も失敗したが自分から進んでこの山村に来た若い女性がいて、彼女はここで農民たちに白木耳やきのこ、山芋などの栽培を助けたが、一年ちょっとで収入が一万元を超えた家、「万元戸」も多く現れたと紹介した。投書で若者は、明日自分もその栽培場を見学に行くという勉強以外の道を歩く方向を両親に示唆した。

　後者の投書「李蓉によるお母さんへの手紙」では、大学受験で失敗して電機工場に入り、その後テレビ大学に入ったが、「正規大学」ではないことで母親から冷たくされたが、その後自分は家を出て工場に住み込み、テレビ大学で勉学に勤めてその後工場のある技術革新項目を請け負って成功させて、工場からその能力が認めてもらった。

投書6-14（抜粋1）「李蓉によるお母さんへの手紙」（1985年第3号）
　　　　　私は二人の同級生と一緒に、二ヶ月ほど研究を続けて、やっと成功した。工場は300元の奨金をくれただけではなく、専用の車に乗せてくれて、鳴り物入りで家まで賞品と賞状を送ってくれた。その瞬間にお母さんの目に喜びがひらめいたのを見て、私はどんなに嬉しかっただろう。

　「（技術革新を成功させたという）このような業績もできたから、あなたは基礎がしっかりしているのだ。もう一踏ん張りして、今年こそ正規の大学に受験しよう！」と懇願する母親に対して、投書の若者は次のようなことが述べられた。

投書6-14（抜粋2）「李蓉によるお母さんへの手紙」（1985年第3号）
　　　　　お母さん、もし「正規大学」の受験に参加させるだけのために家に帰っておいでと言うのならば、私は帰りたくない。テレビ大

学を卒業したら、私は工場に戻って技術革新をするのだ。これは私のやりたいことだ。私は決めた。

このように、経済活動の価値が認められつつあるこの時期になって、大学に行くだけが人生の道ではないということが、経済的高収入を得ることで、周りにその価値が認められたことによって、大学受験で失敗した若者たちにとって徐々に現実的になってきたといえよう。そのためか、投書の中では、若者はどうしても大学に行かせたいと懇願する親からのプレッシャーの被害者としてだけでなく、自分の道を歩きたいと強く反抗する気持ちも滲み出てきた。経済活動による高収入の価値が認められたことによって、若者の上昇志向を果たす手段としてもう一つ増えたことにより、大学受験に対する人々の気持ちに、ある程度ゆとりが生まれたと理解できよう。

5 小結

上記では、1985-1991年の学業に関する読者投書について、大学受験に関する情報提供、受験生の不安、大学受験による圧力の中学生へのしわ寄せ、教育達成に失敗した若者の向う先という四つの点からその内容を整理した。

では、本研究の注目点である以下の三つの方面から考える際に、何が見えて来るだろうか。

以下では、①階層ヒエラルキーの存在に関する認知、②上昇志向のあり方＝どのようにして上昇移動を果たそうとして、どのような悩みを持っていたか、③上昇移動のメカニズムに対してどのような解釈・想像を持っていたか、など三つの面から、考える際に、何が見えてくるだろうか。

1985-1991年の時期では、農村部や都市部を問わず、「大学に受かるのと受からないのとでは、確かに違う」結果をもたらすものであり、大学受験について「成功したら龍、失敗したら虫になる」ことの分かれ道であるというような認識を、人々は有していた。即ち、階層ヒエラルキーに関する認識に

第六章　上昇移動における金銭の役割への目覚め（1985 - 1991年）　309

基づいた上で、この時期の人々にとって、大学受験は依然として上昇移動を
もたらす極めて重要なルートであった。従って、若者やその親たちは大きな
心理的負担を抱えて大学受験に挑むことになる。またそれによって、中学生
までその生活が「勉強」一筋となり、彼らの自己認識も成績によって大きく
関係付けられていたのである。

　階層ヒエラルキーの上昇移動のルートの視点からこの時期を眺める際に、
前とは違う特徴があった。この時期では、教育達成以外の上昇移動のルート
として高収入を手に入れることが徐々に市民権を得つつあった。従って、大
学受験で失敗した一部の若者は、「成功したら龍、失敗したら虫になる」と
いう硬直化した認識から身を抜け出し、「自分の道」を歩こうとして、経済
活動を始めることに目が覚めたのである。それは、場合によって親にさまざ
まな形で反対されたが、経済活動による高収入の価値が認められたことに
よって、若者の上昇志向を果たす手段としてもう一つ増えたことにより、大
学受験に対する人々の気持ちに、ある程度ゆとりが生まれたと理解できよ
う。

　さらに、上昇移動の秩序に対する態度やその解釈という点から見ると、受
験生や中学生、またその親たちは、前の時期と同様に、大学受験ということ
に対して強いプレッシャーを受けており、親子関係や友人関係のねじれ、余
暇の時間の返上、成績によって自己認識が大きく決定されるなどさまざまな
悩みを持っていたが、「三つの大きな社会的隔たり」という国家の制度的な
要因による階層ヒエラルキーの存在そのものや、大学受験制度のあり方、大
学受験という上昇ルートに対して、不満を見せなかった。人々はこのような
現状を受け入れた上で、この階層ヒエラルキーの構造の中で、上昇移動を果
たしたいとさまざまな努力をしていた。その中で、教育資源の限られたこと
から、「運命の大作戦」という言葉から伺えるように、若者は厳しい競争に
さらされているという感覚を身に着けていくだろう。

第3節　職業を巡る投書に見られる上昇志向

　以下では、職業に関する投書に注目して、1985 - 1992 年の若者の上昇志向を見てみよう。

1　階層ヒエラルキーに対する認知
1.1　経済収入への関心の上昇
　この時期に入って、人々の経済活動に対する関心が急速に高まってきた。『中国青年』に経済活動に関する知識が多く紹介されるようになり、また、豊かになりたいとの願望を語る読者の投書も現れるようになった。

　80 年代中期には、「個体戸」と呼ばれる個人経営者の全体の数がまだ少なく、都市部では「外食難」、「修理難」、「宿泊難」というように生活を維持する上で必要なサービスに対する需要が満たされていない。一方、「社会主義商品経済」を発展させるとの方針の下で、国は個人経営に対してその経営範囲を広げ、規模の拡大を推奨する政策を取った。詳しく紹介すると、まずその経営範囲、経営方式などの面において規制緩和がなされ、たとえば旅館、版屋、複写、タイピングなどの特殊業種、及び金属以外のリサイクル業、短距離の旅客運輸と貨物運輸、服装の生産と販売、修理屋なら業務関連の部品の販売、などの経営が許可されている。また、定年した技術者によるコンサルティング、大学生の休暇中にアルバイトを行うなどのことが許可されている。既に営業が許可されている業種、たとえば、個人経営の工業、手工業、商業、飲食業、サービス業、家屋修繕などの業種の規模拡大が推奨された。また、個人経営者同士、また個人経営と国営、集団企業、外地の企業、外国資本との提携もなされるようになった[59]。このように、当初若者の就職難を解決することを切っ掛けに発展し始めた個人経営は、徐々にその規模が拡大され、収入が高いことにより、若者にとって魅力的な職業の一つとなりつつある。

第六章　上昇移動における金銭の役割への目覚め（1985–1991年）　311

　その中で、『中国青年』雑誌では 1985 年第 2 号に「政策の問いと回答」コラムが設けられ、「個人経済はどんな分野を含めているか」「個人経営の店の規模は、最大でどのぐらいだろうか」「個人経営の店は、ほかの店との共同経営をしていいか」などの質問に答えた。また、「ペーパーカンパニー」との文章で、ペーパーカンパニーについて紹介した。また、1985 年第 7 号の「八方」コラムが設けられ、「資金を集めて自分たちで就職の機会を作ろう」では、個人経営の店を作りたいという若者たちの投書が掲載された。同号の同コラムには、「インスタントカメラでの撮影について」「僕と僕の時計修理教室」、など、個人経営に適合する業種に関する知識が紹介された。さらに、1987 年第 12 号の「読者の廊下」コラムの「ミニ調査」サブコラムに、「個人経営者（個体戸）の青年の六大需要」と題して、知的向上心、玄人の指導、政策の安定、健全な法律、社会参加、社会にサービスし、人間関係を広くするなど、個人経営者の若者の需要を六つ紹介した。

　経済活動に対する関心の高まりにより、個人経営という経済方式も、個人経営者というグループに対する関心が少しずつ高まってきたことと言えよう。

（1）経済的に豊かになる道を模索する農村の若者

　農村の若者が「専業戸[60]」になる道を模索することに関して、1985 年第 4 号に初めて投書として掲載された。1985 年第 4 号の「答えを求む」コラムでは、編集者による前書きがあった。

記事 6–1

　　　　　豊かになりたいが、方法が分からない。多くの農村青年は編集部に手紙を書いて自分の悩みを打ち明けてくれた。若い娘の元俊さんはその中のひとりだ。実際、わが国の農村部の商品生産は始まったばかりで、豊かになる道が多いはず。専業戸や専門的技術を持っている友人の皆さん、自分たちがどのようにして豊かに

なったかに関する方法と経験、たとえばどのように科学を利用したのか、どのように情報を入手したか、どのような販路を打開したのか、或いはどのような失敗した教訓を持っているかなどなどについて、ぜひ教えてください。

このようにして、『中国青年』は経済活動を行ううえで実用的で具体的な情報を積極的に掲載したのである。同号の「答えを求む」コラムに掲載されたのは、「どのようにすれば専業戸になれるか」との質問であった。

投書6-15 「どのようにすれば専業戸になれるだろうか」（1985年第4号）
　　　　　私は20歳になったばかりの青年なのに、人生で2回も大きな挫折をした経験があり、不幸な人と言わざるを得ないかもしれません。でも、ポールや張海迪（重度の身障者）と比べれば、幸せなほうかもしれません。15歳の時に父親を病気で亡くしました。当時37歳の母は女手一つで私と三歳の弟、5歳の妹を育てて、貧しい生活をしました。村の幹部は私たちをよくしてくれましたし、お隣の皆さんも私もいろいろ助けてくれましたが、それでも大変でした。母は気の強い人で、よく「生きていくのは、負けん気でいるのが大事だ」と言っています。そのために、母は弱い体で一生懸命働いています。中学校を卒業した私は、高校に入れませんでした。これでいいと思って、家で母を手伝って働いていましたが、母はどうしてももう一回受験を試してみろと言ったので、母の言うとおりにしました。次の年に重点高校に受かったので、母はとても嬉しかったです。「もうやめさせよう。二、三年間高校に通わせても、大学に受からなかったら何にもならないよ」と、ほかの人が母にアドバイスをしました。でも、母は、「物乞いしていても娘を学校に行かせる！」と言ってくれました。私は涙が止りませんでした。どんなに良い母親でしょう。です

が、一生懸命勉強したにもかかわらず、高校受験はやっぱり失敗で終わりました。私は再度大きな挫折を味わいました。母に申し訳ないと思いました。でも母はいつも慰めてくれました。卒業して二年経ちましたが、まだ何一つ成功していなくて、働きすぎの母が背負っている重たい負担を肩代わりして恩返しすることもできていません。時には笑いたくなりますし、時には思い切り泣きたくなります。これで問題が解決できると思わないのですが。

　いま、党の政策がよくなり、多くの農民も豊かになりました。でも私の家の状況はいつまでも変わっていません。専業戸をやりたいのですが、何を専門としてやりたいのか分からなくて、すごく悩んでいます。青春時代をうやむやのままに過ごしたくありません。編集同志、私はどうすればよろしいのでしょうか。

河北省東光県胡集郷農技校　王元俊より

　投書の若い女性は、困窮な生活の中で母親のサポートで高校まで行ったが、大学受験で失敗した。その中で「多くの農民も豊かになった」という受験とは違う道を発見して、専業戸をやりたいが、情報不足で悩み、投書をしたわけである。

　投書の前に置かれた『中国青年』のメッセージや後の返答の投書を扱い方を見ると、この投書に対して『中国青年』の対応は、若者の「2回も大きな挫折をした経験」という人生の悩みに関する若者の気持ちの部分を全く触れずに、人生教訓を持ち励ましたりしていない。逆に、「豊かになる」方法という技術的な部分に重点を置いた。返答の投書は、同号掲載の「山村の娘の経験」、第5号に「専業戸をやるのに必要な条件と資質」「田親児の家庭ソックス工場」「李偉全の多種経営」など3本、第7号に「どのように商品の情報をつかむのか」「専業戸の戒めるべきこと5つ、したいこととやるべきこと5つ」「季さんの豊かになった経験」など3本、第8号に「契約書の使い方」、第9号に「豊かになるには、多くの苦労をしなくちゃ」「貧しい人を助

けて一緒に豊かになろう」など3本、計9本の投書が組まれた。そこでは、専業戸になるのに必要な条件や資質、自分が専業戸をやってきた経験、商品の情報を入手する方法、契約書の使い方などが述べられた。第9号には投書の若者の感謝状をもって議論を終了した。

一方、経済活動を行う中で失敗に遭ってしまい、どのようにすればやり直せるかにという農村の若者の投書もあった。

投書6-16 「豊かになる道の途中に挫折にあった。どうすれば良いのだろうか」（1988年第7号）

　　編集同志

　　　僕が二年間苦労して経営していた工場が、経営の不振で破産しました。今4万元の債務を背負っています。今、新婚の妻が私のそばからいなくなりましたし、債権者の人たちが毎日のように来ます。行き詰まってしまった今、私はどのようにすれば良いでしょうか。

　　　　　　　　　　　　　　　　　　　　　河南省　張保より

この投書に対して、『中国青年』は写真付でお酒の工場を作って失敗したが挫折から立ち直り、清涼飲料水を製造して成功した農村の起業家の経歴を詳しく紹介し、「自信を持って奮闘すれば、きっと失敗から立ち直れる」と励ました。

このような投書は、1993年の誌面にも現れた。時期的には少々ずれているが、ここで合わせて紹介する。1993年第1号の「読者の廊下」コラムには、酒工場の経営に関する投書が寄せられた。

投書6-17 タイトルなし（1993年第1号）

　　編集同志

　　　7年前、僕は大学受験で落ちて、郷政府で数年間青年団委員会

第六章　上昇移動における金銭の役割への目覚め（1985–1991年）　315

の副書記をした後に、郷の酒工場の工場長を任されました。当時
僕は情熱いっぱいで工具たちを引張って一生懸命頑張りました
が、でも二年間経りましたが、酒の質がなかなか工場せず、収益
が上がりません。今では給料も出せなくなったのです。僕はご飯
ものどを通りませんし、良く眠れません。編集同志、景気の良い
酒工場の工場長を招いてきて、どのようにして経営難の状況から
抜け出すことができたのか、その経験を話してもらえませんか。
感謝します。

甘粛省　潘久旺より

　この投書への返答として、山東省広饒県東営酒工場長の韓瑞祥氏による経
験談が掲載された。これに続いて、1993年第5号の「読者の廊下」コラム
には、読者のリクエスト抜きで、山東省鄒平ビール工場長の呂日東氏による
回答文として、自分の経営経験について話す文章が掲載された。

（2）収入の増加に関心を持つ都市部の若者

　経済的に豊かになることへの強い関心が、農村部の若者に限らず、都市部
の若者にも見られた。1985年第2号には、「給料では豊かになることができ
るだろうか」という問いへの回答文が掲載された。文章では、次のように述
べた。

記事6−2

　　　　　農村の経済改革が早いテンポで進められているにつれて、農民
　　　は豊かになった。城鎮の職工[61]のみなさんも考えている。給料
　　　の収入では豊かになれるのだろうかと。その答えは「はい」だ。
　　　深まりつつある都市部の経済改革は、職工の生活レベルを上げる
　　　のに頼もしい保証をしてくれるだろう。

このように述べた後に、実際の例を上げながら、企業の経済収益の増加による給料の増加、集団企業なら請け負った業務を効率よく完成することによる給料の増加、個人の労働成果が多いことによる給料の増加という三つの可能性を紹介し、都市部の収入の増加を示唆した。また、このような給料の増加を待てずに、都市部の若者たちが自分の技能でお金を稼ぐことを始めた。1987年第12号の「読者の廊下」の「小型調査」コラムには、湖南省長沙市の青年工員が勤務時間以外の時間を利用して同業種の規模の小さい工場や個人経営者に自分の技能を提供して経済的収益を図るという「第二職業」に従事するのがブームになったという報道がなされた[62]。

（3）金銭トラブルや金銭に関わる悩み

一方、経済的に豊かになりたいとのいう心持に対応するように、金銭トラブルや金銭に関わる悩みも掲載されるようになった。都市部での経済改革が行われるようになってから、個人の物質的利益への肯定によって、金銭にまつわる各種のトラブルが読者の投書に登場してきた。

まずは、家庭や友人などの親密な関係が金銭の介入によってトラブルが起きていることが投書に登場した。

1986年第8号には、「父子の共同経営と財産の所有について」との投書があった。父親との共同経営でレストランを設けたが、その後父親からレストランの経営から締め出された。倒産したレストランを売る場合、自分に一部の財産所有権を持っているかどうか、投書で聞いてきた。

また、1987年第1、2合併号では、「どのようにすれば経済的に独立できるか」では、自分の収入が全部母親に取り上げられることへの悩みが打ち明けられた。

投書6-18 「どのようにすれば経済的に独立できるか」（1987年第1-2合
　　　　　併号）

　　　　編集同志

うちでは、毎月給料をもらうと、それを全部母親に渡さないといけないのです。でないと、彼女は黙り込んだり、怒りを爆発させてあれこれと私の欠点を責めたり、人の前で僕の間違いを指摘して私がみんなの前で恥ずかしい思いをさせたりします。母の理由は、僕をここまで育てたから、私の給料は必ず全額彼女に渡すと言っています。僕は経済的な自主権を持っているのではないでしょうか。

母はほかの面では良いお母さんです。ただお金への執着はすごいです。今は独身だから大丈夫ですが、今後結婚したらこうはいかないでしょう。どのように対処すれば良いか分からなくて、悩んでいます。アドバイスをください！

貴州　劉俊より

さらには、友人関係における金銭の介入に関する投書も登場した。1992年第1号には、軍隊に入って一年足らずの新米の軍人から、班長が自分からお金を借りてから返さないのでどのようにすれば良いか悩んでいるという投書があった。

また、豊かになりたい心理を利用した詐欺に関する投書も登場した。1988年第1号には、「このような金儲けの夢、してはいけない」との投書では、連鎖詐欺に遭いそうだったという自分の経験が述べられた。

1.2　収入格差による階層区分

都市部の改革が行われるまで、人々の社会的地位を図る上で、職業の社会的威信や、都市部と農村部の隔たりが最も重要な要素であった。経済改革が行われていくにつれて、経済所得が人々の社会的地位をはかる重要な要素の一つとなった。

この時期になって、個人経営が政策的に称揚されるようになった中で、個人経営者＝「個体戸」になり商売を通して高い所得を得ていた。一方、この

経済収入という経済的資源によって階層ヒエラルキーが再編されることに対して、一部の人が不満を持っていた。

1988年第4号に、個体戸の鞄を拾ったがその中のお金を我が物にした女工によって鞄の持ち主に書いた手紙が掲載されたが、『中国青年』は、この手紙について「彼女はなぜ不平不満に思っているのだろうか」とのタイトルをつけていた[63]。手紙を書いた女性は、個体戸のお金は「不浄の財」で、「お客さんを騙したりして、われわれ貧しい労働者を搾取して得たものに違いない」と言い、自分と個体戸の間の収入の差に対して「不公平」だと強く感じて、拾ったお金を我が物にした。

『中国青年』では、「拾ったものを返さない」という行為が間違っていると指摘した上に、「社会の分配制度があまりにも不公平だ」という彼女の考え方に焦点を当て、「今の分配制度の下で個人の収入の差の拡大をどのように見るべきか、どのような公平観を持つべきか、どのようにすれば心の中の不平不満をなくすか」について1988年第4号、第7号、第8号と3号にわたって行われた。

この討論から、個体戸の収入増による経済的地位の上昇は、収入格差による階層区分が形成されつつあることが伺える。

『中国青年』1985年第9号には、第6号に用紙を掲載された職業に関するアンケート調査の結果分析が行われたが、調査では、「この後数年間、どの職業が豊かになると思いますか」という職業の経済的地位ランキングに関する問いの答えで一位に輝いたのは、多くの所得を得ることによって注目されてきた階層の「個体戸」であった。

また、時期的に少しずれているが合わせて紹介しておくと、1992年第8号に、「一人の主人[64]の戸惑い」では、工場長が工員に黙ったまま管理職だけに多くの奨金を配ったことに関して、不満を語った。

この中で、金銭に対する人々の態度も徐々に変わった。1989年第1号の「議論紛紛」コラムに、「このお金はもらうべきものだろうか」と題する問題討論が組まれた。事の経過は次のようである。職業高校の生徒二人が、偶然

第六章　上昇移動における金銭の役割への目覚め（1985－1991年）　319

迷子になったアメリカの写真家に出会い、好意で彼らをホテルまで送った
が、分かれる際にアメリカ人がチップとして少しばかりのお金をくれた。これ
に対して生徒の二人は、「このお金はもらうべきものなのかどうか」で口
論になり、一人は好意でやったのだからもらうべきではないとしてお金を学
校に納めたたが、もう一人は労働の報酬としてもらって当然だとして自分の
ものにした。学校に知られたあと、お金をもらった生徒は教員から「年のわ
りにはお金ばかりに目を取られて、職業高校生の顔に泥を塗った」と批判さ
れた。これに対してこの生徒は、お金をもらうことは商品経済の時代に相応
しい新しい観念に合っているとして譲らなかった。討論には読者の投書3通
が掲載された。①近代化に相応しい意識として、お金への恐怖心から自由に
なり、価値の符号として金銭と堂々と向き合うべきだ。②「金銭至上主義」
の考え方に気をつけるべきだ。③商品経済の下では、違法なことをしていな
ければ、物質的な利益を重要視するのは悪いことではない。

　このような討論は、建前として金銭を代表とする物質的な利益を否定する
という風向きを弱める役割を果たしただろう。

　この時代に入り、さまざまな要因によって人々の間に収入の差が拡大して
いった。またこれに対して人々は不満を持っていたのである。

職業	ランク
個体戸	1
企業幹部と技術者	2
商業サービス業従事者	3
民弁企業従事者	4
農民	5
労働者	6
行政・事業単位幹部	7
各種専門技術者	8
大学生・大学院生	9
中小学校の教師	10
待業教師	11

1.3 職業の社会的威信から見る階層ヒエラルキー

この時期では、経済収入による階層ヒエラルキーの再編という新たな現象が現れたが、これと同時に、職業の社会的威信による階層ヒエラルキーも依然として強く存在していた。では、若者は自分の従事している職業についてどのように思っていたのだろうか。この部分では、職業に関する投書をもとに確認していきたい。

（1）都市部で敬遠されると感じた肉体労働の職業

都市部では、肉体労働者の社会的地位は依然として低かった。1986年第6号に掲載された石炭採掘専攻の大学生の悩みが掲載された。この投書の一部を紹介する。

投書6-19「人々よ、私たちを理解してください！」（1986年第6号）

　　　　　祖国の四つの現代化建設に貢献するために、私たちは祖国の石炭事業を振興しようとの雄志を抱えて鉱業学院にはいった。私たちは一生懸命勉強し、技術を身につけて祖国の石炭事業のために終身奮闘したいと思っていた。しかし、冷やかな皮肉の言葉が冷たい水のように、私たち若者にぶっ掛けてきた。クラスメートの中に後悔し迷い始めた人もいるし、自分の専攻に対して自信をもてなくなり、受験の時に鉱業学院なんて受けなければ良かったと。

　　　　　私たちのいる学部は石炭採掘の工程を学ぶ学部であり、卒業後は石炭を採掘第一線で働くことになる。地下で採掘作業をするので、頭につけてある小さな明かり以外に終日日に当たることがなく、地温、地圧、水、火、ガスの爆発などの危険と職業病に襲われるかもないというリスクもあり、困難きわまる環境の中で仕事をしているといえるだろう。でも、私たちは気にしない。私たちは党によって養成された80年代の青年であり、困難な職場で自

第六章　上昇移動における金銭の役割への目覚め（1985-1991年）　321

分を鍛えたい。でも、社会では、社会の分業を上中下などのランクで見る人がいて、彼らはどんな仕事でも石炭の採掘よりましだと言っている。石炭採掘工は「石炭っこ」と呼ばわりしたり、恋人も見つからないと言っている。また、鉱業学院に入った私たちについて、やっと農業の門を出たが、瞬く間に「地獄」入りを果たし、間違った門に入ったとか、間違った道に足を踏み入れたとか、一時の衝動で魔が差したとか、言われている。また、どうしても鉱業学院に行きたかったら、せめて炭鉱採掘専攻を避けて、機械専攻など地上で作業する専攻にすればよかったとか言う人もいる。働く環境が苛酷だから、この学部は女子を募集してないから男子のみの学部だということで、「お坊さんクラス」とのあだ名を付けられた。このような冷やかな言葉を毎日聞くと、とても悲しい。

　　……

遼寧省阜新鉱業学院　侯海洋より

　投書の若者は、炭鉱学院の石炭採掘を専攻している大学生であるが、「どんな仕事でも石炭の採掘よりましだ」という石炭の採掘を見下すような冷やかに視線に苦しんでいる。「祖国の四つの現代化建設に貢献するために、私たちは祖国の石炭事業を振興しようとの雄志を抱えて鉱業学院にはいった。私たちは一生懸命勉強し、技術を身につけて祖国の石炭事業のために終身奮闘したいと思っていた。」という言葉のように、投書では、炭鉱採掘という専攻の選択について、国家のために貢献したいという建前の論理で意味づけしていたが、「社会の分業を上中下などのランクで見る」というふうに、仕事によってその人の社会的地位が決まるという個人的な視点からすると、この仕事は人々から敬遠されるような階層の低いものとされるのであった。

　石炭採掘労働者の悩みは、その後1991年第3号「私の秘密」コラムに掲載された「僕は自分が炭鉱採掘工だと堂々と言えない」との投書でも取り上

げられた。そこでは、炭鉱採掘工というだけで、裁縫店や百貨店で差別され
たりしている経験が述べられ、自分の苦悩について次ぎのように述べた。

投書6-20（抜粋）「僕は自分が炭鉱採掘工だと堂々と言えない」（1991年
　　　　　第3号）

　　　僕は炭鉱採掘工だ。なのに、自分の働いているところの名前も
　　　言えない。どうしてなのだろうか。僕は悩んでいる。戸惑ってい
　　　る。炭鉱で働くからといって、人より人格が低いことになるの
　　　か。仕事の違いは分業の違いだけであり、貴賎の区別がないとい
　　　つも言っているのではないだろうか。でも現実はこうだ。僕はど
　　　う考えても理解できない。

　　投書の若者は、炭鉱で働くことによって「人より人格が低いことになる」
と周囲のまなざしから感じせずにはいられなかった。どの職業も平等だとい
う政治的立場による国家論理がどんどん無力なものになってくることが伺え
る。近代化の過程が進む中で、伝統的工業の労働者の社会的地位の下落が伺
える。
　　また、当時において経済的収入の少ないことにより、中小学校の教員も社
会的地位が低かった。師範学校に行っていた学生が投書で自分の悩みを打ち
明けた。

投書6-21　「自分で自分のことを大事にしよう」（1989年第7号）

　　　僕は師範学校生です。師範学校生を見下す人がいるから、僕は
　　　師範学校を行っていて自分に将来がないと感じています。「前に
　　　進んでいれば、不満はない」ということわざがありますが、僕は
　　　前に進めることができなくて、悩んでいます。どうして師範学校
　　　生が人から見下されなければならないのでしょうか。

　　　　　　　　　　　　　　　　　　　　　　　　　貴州　星康より

第六章　上昇移動における金銭の役割への目覚め（1985-1991年）　323

　これと似たような投書は、獣医専攻を卒業して獣医医療所に配属された若者による投書もあった。自分が身につけた知識で仕事を頑張るが、周りから「格好いい子なのに、どうしてこのような仕事を。あまりにも無能だ。これから嫁さんももらえないよ」と冷やかに言われて悔しく思う気持ちが述べられた。

（２）農村からの出稼ぎ労働者と都市部労働者との隔たり

　このような、見下されて悔しく思う気持ちは、この時期にどんどん増えていった農村と都市部の交差によって農村部出身の人々によく訪れていた。農村の余剰労働力の都市部への移動によって、出稼ぎ労働者の悩みも登場するようになった。

　農村部と都市部の隔たりの大きさや明確な階層の存在は、都市部で契約工員として働く出稼ぎ労働者の就労環境の悪さからも伺える[65]。1989年第5号「青年の呼び声」では、契約工員として工場で働く女性からの投書が掲載された。そこでは、「全民制工員」と呼ばれる、都市部出身の男性工員によっていじめられた経験が述べられた。

投書6-22　「びくびくして怖い。どうしたらいいか分からない！」（1989年
　　　　　第5号）

　　　私たちは、農村から都市に出稼ぎにやってきた女の子で、紡織工場で契約工員[66]として働いている。農村の人々から見て私たちは幸運児だが、都市の人から見て、私たちは人の言いなりになる子羊に過ぎない。

　　　都市で働く機会をもらった農村から来た女の子は、これからずっと都市で暮らしていくことを切望しない人がいるだろうか。仕事をしてお金を稼げるだけではなく、もっと重要なのは視野を広げ見識を増やすことができるからだ。だから、人に悪い印象を与えてはいけないと思って、私たちは一生懸命働いている。特に

今回の契約工員の20%は満5年間働いたら正式の工員になれると工場長から聞いた時に、みんな焦ってきてしまって、上司や親方の満足を得られるように、自分の体にもう二つの手が増えて一日で二日間の仕事ができるといいなと思うほどだった。しかし、この情報が公開された後、全民制工員（正式の工員）の一部、私たちに対して下心を持ちはじめた。特に男性の親方、男性の組長たちが、都市に残れなくなると脅かして、農村から来て頼るところのない私たちに対して、体を触ったりいやらしいことを時々している。私たちはいやなことをされているが、大きな声を出せない。怒らせたら、都市に残れなくなるのが怖いから。

　同じ村から来た女の子王さんは、テキパキと仕事のできるひとだけど、美人さんだから、多くの男性から付きあいたいといわれている。これらの人の中に、真心で彼女を好きな人があまりいなくて、飽きたら振る衣服のように捨てられるだろうと彼女は心の中で分かっているので、誰にもはいと言っていなかった。結果、彼女の仕事は時間内に終われなかったことになってしまったり、仕事の道具も不思議となくなったりして、手当ても給料もカットされっぱなしだった。この重圧の元で、彼女は屈服した。ある全民制工員の男性は、彼女がいるのに、工場の幹部の一人が彼の親戚だから、王さんに映画や公園の散歩のお友をさせたり、夜も寮に帰らせなかったりする。夏に海で泳ぎに行くときも王さんを呼んで、王さんを彼の前で服の着替えをさせたりした。最後この王さんも我慢できなくなって、涙を流しながら田舎に戻った。

　今私もややこしいことになっている。三四人の男性から付き合えと言われている。これらの人はだれもすごいバックグランドがあるらしくて、誰の機嫌を損なってもいけないのだ。今日はこの人、明日はあの人、日替わりでぐるぐる回っているようだ。彼らがしたいのが恋愛なんかじゃない。一緒にいるとやりたい放題

第六章　上昇移動における金銭の役割への目覚め（1985-1991年）　325

だ。何回か危うく性関係を持ってしまいそうなところだった。「デート」するたびにはらはらして心配だ。

　もっとひどいのは、契約工員の内部では、誰が少しでも人より良く働くと、攻撃される的となってしまう。奨金が高いと体を売った代金だといわれたり、夜残業をすると体を売りに行ったと言われたりして、仕事を頑張っていた先進人物はこれでしょんぼりしてしまった。誰も都市に残りたい。なのになぜ、殺しあうのだろうか。何回か、ある人は私が一夜のうちに何人かの男性と寝たと言って、工場の警備処に私を訴えた。幸いなのは私にあり栄えがあったことが後の調べで分かったので、一難を逃れたが、ではないと病院に行って（処女であるかどうかの）検査する以外に自分の潔白を証明する術がなかったのだ。

　二年余りの間、このように外圧と内部のプレッシャーで100人あまりの女の子が工場を離れた。

　これからも2年あまりの時間が残っている。どのようにして耐え忍べばいいのだろうか。考えるだけで怖いのだ。田舎に戻ろうか。いや、納得がいかない。ここに残ろうか。万が一を考えたら怖い。私が気をつけているが、あの「ボーイフレンド」たちは、私の体をわれのものにしないと気がすまないだろう。今日まで怒らせないように何とかして自分を守ってきたが、もうすっかり疲れてきた。虎の巣に入っているような仕事の環境、もう耐えられなくなりそうだ。毎年農村から多くの女の子がやってきます。彼女たちが私たちと同じようなひどい目に合わないようにするために、大きな声で呼びかけたいのだ。社会の皆さん、関係の政府部門の皆さん、私たち契約工員のことを助けてください！と、叫びたい！

遼寧省大連市　蘇暁梅より

投書の女性は、都市部に残るためにセクハラの続いている仕事の環境に耐えている。この問題に関して、1988年第9号の「小型調査」コラムに「都市に入ってからの苦しみ」と題して、山東省青島市の紡織工場で働く女工たちの生活を調査して、①作業環境が悪い、②給料が低い、③余暇の時間の過ごし方が単調など実際の生活上の困難以外に、④都市住民からの差別と上司の冷淡な態度によって自尊心が傷つけられていることが上げられた。

1992年第4号には、大学受験で落ちて家政婦として都市部で働くようになった17歳の女の子の投書があった[67]。

投書6-23 「小さな家政婦の悩み」（1992年第4号）

　　大学受験、あの狭い道に私の大きな足が入れなくて、落ちてしまいました。がっかりしてつらかったです。

　　家政婦の仕事をするために北京に来た私にとって、すべてが新鮮でした。この家を自分の家のようにきれいに片付けて、仕事から帰ってきたご主人様に気分のいい空間でリラックスさせてあげたいと思いましたが、ご主人様が私のことを信頼しておらず、仕事に出ると家のドアに鍵を掛けてしまうのです。私とお子さんは一日ずっと家に閉じ込められっぱなしです。テレビを見てはいけませんし、本を読んではいけなくて、一日が本当に乾燥無味で、農村にいた頃とそんなに変わりません。ご主人様に鍵を掛けないでとお願いしたら、「お前は働くためにここに来たんだ。自由自在にいてもらったら困る」と言われました。私はもう何も言えなくて、言われるとおりにやるしかないです。毎日早く起きて、お湯を沸かして、ご飯を作って、子どもさんの世話をして、掃除をして、家事をします。ご飯の後はまた皿洗いです。

　　私はまだ17歳で、両親やクラスメートを離れたばかりで、もともと少しばかりのホームシックになっていましたが、ご主人様の軽蔑するような目つきと閉じ込められっぱなしの生活を思う

と、世の中に捨てられたような気がして強い喪失感を覚えてしまいます。

　日曜日は、私が市場に出かけて野菜を買うことになっています。でもいつも誰かが私を指差してこそこそと言っています。「ほら見て、だれだれさんのおうちの家政婦さんよ。あのダサい格好を見て」と。このような話を聞くととても悲しくなります。おしゃれに着こなしたいと思わない人、世の中にいるでしょうか。でも私にはそのような余裕がないのです。

　でも、家政婦というもは（ほかの人がしていることと）同じ、仕事の一種類だ。私はほかの人と同じように自分を奉献している。単にお金を稼ぐだけのため（にやっているの）ではない。遠い故郷を離れて働きに来た「田舎娘」を理解してくれる人がいないのでしょうか。

劉莉より

　投書の若者は、農村から出稼ぎに都市部にやってきて家政婦として働いているが、不慣れな労働環境に「ご主人様の軽蔑するような目つき」、またその他の都市部住民の冷やかな評価に強い喪失感と不満を感じている[68]。

　以上職業に関する投書で見てきたように、都市部において、３Ｋ労働にまつわる職業はその社会的地位が低い職種や、また教師などのように経済的収入の職種に従事する若者は、「見下されている」と感じている。

　また農村と都市部との隔たりが歴然として存在している中、農村から都市部に出稼ぎに来た若者も、都市と農村の狭間に置かれて、社会階層の不平等に関する不愉快な体験を多くもつことになる。

２　階層の上昇移動を果たそうする若者の悩み

　以上では、若者の投書から、この時代の人々の感じているヒエラルキーの存在を見てきた。このような階層ヒエラルキーの存在を感じた若者たちは、

強い上昇志向を持っていたため、国家の政策的誘導に敏感に対応しようとした。

2.1 強い上昇志向により高い目標を設定する若者

　一方、知識の重要性や経済活動のすばらしさというふうにたびたび変化する国家誘導の方向転換に、戸惑う若者がいた。1985年第10号には、「すばやく変化する社会に振り回されて、どのように方向を定めればよいか分からない」と題する若者の投書があった。

投書6-24　「すばやく変化する社会に振り回されて、どのように方向を定めればよいか分からない」（1985年第10号）

　　編集同志

　　遠慮せずに言うと、毎日おしゃべりばかりして、暇があればトランプをしたりみんなで外食をしたりする人たちと比べて、僕は抱負のある青年、志のある青年だと思います。

　　僕は平凡な一青年工員ですが、新聞や雑誌が立て続けて出している「時代の情報」を素早くキャッチし、一生懸命勉強して、一生懸命時代に追いつこうとしています。

　　新聞に「わが国の青年に独学で外国語を勉強するブームが起きている」を見ると、開放政策を取っている国の国民として、外国の方と交流する道具——外国語を把握しないではいけないと思いました。それで毎月10元の学費を払って、毎週二つの夜をかけて振華学校に行って英語を勉強していました。新聞では改革の先進青年の「全方位的」思考法と「立体的に」物事を処理することを聞いて、とても納得がいきました。この時に広州市の青年の中で起きている「転職」ブームが、職業を選択する上での新しい趨勢だと人から賞賛されているを聞いたのです。また、新聞から、余暇の時間を利用して本職以外の「第二の職業」をするようなこ

とが肯定されるのを聞きました。これらのことは僕にとって大きな刺激となりました。自分の本職をよくやっている以外に、余った時間とエネルギーを利用して、人と一緒に某町の小さな工場から小さなプロジェクトを請け負いました。でも、絶対お金目当てではありませんよ。もらったお金は、一部は友人をご馳走し、一部は勤め先の図書室に寄贈しました。このようなことをするのは、自分にどのような潜在力を持っているか試してみたいだけなのです。まあいっそのこと打ち明けちゃいますけど、新聞で某工場長や社長などが現代的なマネージメントの方法で企業を管理していると聞いたら、僕はまた経済体制の改革や企業のマネージメントなどの本を読み始めました。どんな工場長でも社長でも天から落ちてくるものではないから、（今のうちに勉強しておくと）歴史の流れの中で僕の番が回ってくるかもしれないと思っていますから。

　正直に言うと、めまぐるしく変化する今の時代と続出している新しい物事に対して、僕は一刻たりとも落ち着くことができません。僕の足取りもさまよっています。——経験済みのこと、いま味見していること、これからやろうとすること、などなど。「心理的な変態」だと冷やかに言う人もいますが、僕は彼らを見下しています。「社会の改革のテンポがまた速くなるんだ。ざま見ろ！お前たちを遠く後ろに見捨ててしまうぞ！」と。

　このように思っていますけれども、どうしても不安に思う部分がやっぱりあります。編集同志、若者が業績を立てるに当たって改革は確かにたくさんのチャンスをもたらしてくれましたが、でも、僕はどのようにすればこれらのチャンスを掴むことができ、どのようにすれば利用できるのでしょうか。

　めまぐるしく変化する時代の中で、志があるものだと自認する僕が、進むべき方向がなかなか決まりません。これは悲劇の前奏

曲となるでしょうか、壮大な劇の序幕となるでしょうか。

浙江　向徳楚より

　投書の若者は、「新聞や雑誌が立て続けて出している「時代の情報」を素早くキャッチし、一生懸命勉強して、一生懸命時代に追い着こうとしている」という「抱負のある青年」であり、上昇志向の強い若者であるが、外国語の勉強に工場のプロジェクトを請け負うこと、企業のマネージメントなど、彼はその時期その時期に報道機関によって伝達された、国家によって推奨される方向性を自分の目的にして努力するが、その方向性が「めまぐるしく変化する」ため、進めていく道が分からなくなり、不安だという投書であった。

　若者の強い上昇志向は、自分の「高い目標」について述べた若者の投書からも伺える。

投書 6 - 25 「フカヒレ、熊の手、玉兎、全部に手に入れることができるか」
　　　（1989 年第 5 号）

　　　編集同志、

　　　　僕は 19 歳の軍人です。自分に対して大きな要望を持っていて、高い目標を持っています。ことわざが言うには、フカヒレと熊の手を同時に欲しがるのが現実的ではないと言いますが、僕はフカヒレと熊の手だけでなく、伝説の中の玉兎も欲しいです。僕の目標は、将軍、作家、弁護士という三つの目標を同時に実現させることです。今軍事大学の入学試験を準備し、一つ目の目標をクリアしたいです。次は通信教育で法律を勉強して弁護士になります。同時に、文学創作を練習して作家になります。5 年以内でこの目標を実現したいです。

　　　　編集同志、フカヒレと熊の手、玉兎を同時に手に入れることが僕にできるでしょうか。

第六章　上昇移動における金銭の役割への目覚め（1985-1991年）　331

吉林省　王愛軍より

「将軍、作家、弁護士」という三つの目標は、豊富な政治的資源、文化的資源を伴う職業であり、当時の社会的状況の中では、一つだけを取り出してもその実現はかなり難しい目標である。これを5年以内に目標を実現したいという若者が考えていることから、並々ならぬ強い成功願望が伺える。

2.2　経済活動の高い報酬から来る教育達成への失望

前述したように、この時期において、経済的に豊かになるというのが、教育達成以外の、社会的地位の上昇を達成する重要な手段となった。

この状況は、教育達成を目指した若者に困惑をもたらした。1985年第5号に掲載された投書、「（知識や技能を修得して）人材になるより、儲けるほうが良いのか」がこのような心情の揺れを反映した。

投書6-26　「人材になるより、儲けるほうが良いのか」（1985年第5号）

　　　　編集同志

　　　　僕は、1983年に看護士トレーニング学校を卒業し、（地元）農場の病院に配属されて看護士になりました。最初の頃僕はやる気満々で、人材になることを目指して地元の医療事業に貢献しようと思いました。僕は餓えたように一生懸命勉強し、看護の技術を努力して研鑽しました。でも、最近になって僕は迷っています。

　　　　中学校の時に仲の良かったクラスメートがいて、彼らは中卒してから進学せずに、いろいろなところを回って商売をしていました。二年足らずのうちに、彼らはたくさんのお金を儲けました。彼らはたくさんの高級商品を手に入れました。私と会うたびにこのようなことを言っています。「お前は毎日勉強とか、仕事とかばかりして、毎月そんなちっぽけな給料をもらってどうするのよ。俺らと一緒に大きな商売をやらないか。今の時代は「人材」

になるより、金儲けのほうがいいよ」と。この話を聞いて僕は戸
惑いました。僕は間違った道を歩いたのでしょうか。本当に、人
材になるより金儲けのほうが良いのでしょうか。僕のこの悩みを
解いて下さい。

新疆石河子総場泉水地病院　李 江より

　改革初期において、知識や技術を習得しても仕事に就いた後の収入が、商
売を行う者より収入が少ないという、社会的地位が低いとされる個体経営者
＝「肉体労働者」が教師、医者などの職業を代表とする知識人＝「頭脳労働
者」の収入差が大きな社会問題になった。職業における社会的威信と収入の
不一致という問題でもある。この投書はこのような現象の反映となろう。

　教育達成を果たした若者が、進学せずに商売をして経済的に成功して「た
くさんのお金を儲け、たくさんの高級商品を手に入れた」同世代の人を見
て、自分の歩いた道が間違ったのかと悩む投書であった。これに対して『中
国青年』はその後4号に渡って、計17本の読者投書、個人経営の代表や中
学校教師、新聞記者を招いた対談の記録1本を掲載してこの問題について討
論を行った[69]。

　まず『中国青年』の立場を見てみよう。

　討論のはじめに、次のような編集者メッセージがついていた。

記事6−2

　　　……どのような観点を主張するかに関係なく、空洞な言葉ばか
　　り並べるのではなく、事実や具体的な事象を持って自分の観点を
　　説明する原稿になってほしい。どのようにすれば、「人材になる
　　こと」と「金儲け」について正しく理解し、彼らの関係を正しく
　　理解し、この問題を国家の富強と人民の富裕な暮らしと関連付け
　　て考えることができるか、皆さんに考えてほしい[70]。

第六章　上昇移動における金銭の役割への目覚め（1985–1991年）　333

　『中国青年』編集部は、議論に参加する原稿に対して、「空洞な言葉ばかり並べるのではなく、事実や具体的な事象をもって自分の観点を説明する」という書き方から、「この問題を国家の富強と人民の富裕な暮らしと関連付けて考える」という議論の方向まで、明確に打ち出して議論の方向性を誘導する意向が伺えるだろう。どのような意向かというと、経済活動を強調するというこの時期において、「金儲け」を「国家の富強と人民の富裕」とつなげて考えることで、それまでに物質的なものへの追求に対する批判を和らげる、少なくとも避けたいというのがその目的だといおう。

　一方、議論の最後、1985年第9号に掲載された編集部によるメッセージ「結びに代えて」では、次のようなことが述べられた。

記事6–3

　　　……大多数の読者は「人材になるより金儲けのほうがいい」という観点に賛成せず、「人材になる」ことと「金儲け」を対立させて考えるべきではないと考えている。正しい手段で金儲けした人も、都市部や農村部の経済の活性化のために重要な働きをしており、その中の一部の人も人材である。でも、覚えないといけないのは、経済の発展や国家の富強にとって、近代的な科学技術を身につけている専門的人材をたくさん必要としている。80年代を生きる志のある青年にとって、人材になる道を、迷わずに歩いていくべきだ。李江さんの歩いている道は間違いではない。皆さんは、今の青年が「理想あり、道徳あり、文化あり、紀律あり」の青年になって初めて、わが民族は振興するし、国家の富強と人民の富裕な生活も実現できると共通の意見を持っている。

　ここでは、「正しい手段で金儲けした人」について、「都市部と農村部の経済の活性化のために重要な働きをした」というふうに、限定的にとはいえ、その積極的な役割について認めた。一方、「近代的な科学技術を身につけて

いる専門的人材」が国家の発展における重要性を強調した。経済活動の価値
が無視できないほどまでに人々に認識されており、また国家戦略の一環とし
て提唱すべきであるが、しかしそれによって、教育達成に対する若者の意欲
を損ねたくないという、『中国青年』の苦心が伺える。この投書を取り上げ
たこと自体が、教育達成に成功して「人材」になったが、経済的な報酬の少
なさや個人経営との収入の差によって不公平を感じている若者の困惑や失望
に対する慰めだと言えよう。経済活動を行うことに関して、『中国青年』が
取っているアンビバレントな態度が伺える。

　教育による社会的地位の達成が成功したにもかかわらず、それに見合った
経済的な収入が得られていないことに対して、今回の討論で4通の投書が触
れた。その代表的な投書を見てみよう。

投書6-27　「上の世代のわびしい生活と私の困惑」（1985年第6号）

　　　僕の両親は南の某都市で暮らしており、二人とも大学卒業して
　　から教員になった。今日にいたるまで、30年間の教師生活を送っ
　　てきた。長い年月が両親に残したのが、日に日に増えてきた白髪
　　と満面のしわ、弱った体。総面積が16平米しかない二部屋の古
　　い平屋には、古びた木のベッド、デスクと本のほかに何もなく
　　て、まさに「家徒四壁」だ！二年前に購入した「かもめ」ブラン
　　ドのラジオと古い「赤綿」の自転車は、この家の高級家具だ。訪
　　れてきたお客さんが「近代的な生活スタイル」と全く合わない家
　　具を見て驚くと、母はいつも笑いながらお客さんにこういうの
　　だ。「そうね、こんな狭い家じゃ、高級家具を買ってきても置く
　　場所がないわね」と。つまり、内はお金がなくて高級家具が買え
　　ないのではなく、置く場所がないから買わないのだと。母はなん
　　ともないように言っているが、目の奥をよく見ると、いつも哀愁
　　と悩みが潜んでいた。

　　　あんなにわびしい生活をしながらも、両親は苦労を問わず、私

第六章　上昇移動における金銭の役割への目覚め（1985－1991年）　335

たち兄弟を育てて大学まで行かせてくれた。両親は自分たちの希望を下の世代に託したのだ。今僕も大学を卒業し、願いがかなって研究所で仕事をしている。僕も満足しているし、家族も喜んでいる。しかし意外なことに、「本をたくさん読んだ」僕も両親と同じように、困窮な生活から脱出できなかった。毎月給料をもらうと、自分の簡素な生活を維持する以外、そこから25元捻出して実家に仕送りしている。僕の二人の弟はまだ高校に通っていて、両親の給料は日常生活を維持するのに精一杯だ。

　今年の春節は、僕が就職してからの初めての春節だった。いつものように、親戚や友人に会うためのタバコを買った。昔いつも買っていた5角一箱「大前門」ブランドから5角9銭の「白金龍」に昇格した。なのに、鞄を開けたときに、父は真面目にこのように言った。「このようなタバコ、出さないほうがいいよ。じゃないと笑われるから」と。

　というのは、ここの人たちが吸っているタバコは、「白金龍」よりずっと高級なものだ。僕の友人はうちの生活は貧しいから、外で飲食したりする時にいつも勘定に入れないでくれている。僕が出そうとすると、彼らは焦ってこういうのだ。「何も恥ずかしいことはないよ。読書人は貧しいのは誰でも知っているからさ」と。

　僕のあの友人たちは、普通の工員や農民だ。彼らの前でさえ肩身が狭く感じる。「万元戸」と比べると、私たちの「知識人家庭」はもう立つ場所がないのではないのか。

　もちろん、人材はいろいろな種類がある。金儲けのできる人も人材だ認めないといけない。でも彼らの中の一部の人は、一年か数年で「儲かる」のに、私たちのような「書生型」の人材は、二つの世代続けて頑張っているのに、なかなか儲からないのかな。

　金銭の奴隷になりたいなんか思っていないが、苦行僧でいるべ

きだと主張しない。ただ思うのだ。現実の中で、どうして「人材になる」ことと「金儲け」と統一していないのかな。

　この投書は、「知識人家庭」の困窮な経済状況を訴え、両親に続き大学を卒業して研究所での就職を果たしてからも貧しさから脱出していないことに失望している気持ちが述べられた。

　教育達成は往々にして経済的な豊かさを伴わないことに対して、個人経営者、中学校管理職、青年団幹部、新聞社管理職などを参加者に招いて行われた対談でも取り上げられた[71]。対談では、個人経営者として知識への追求を大事にしているという感想や、国家の将来を考えれば生徒への教育は人材になることを強調すべきだという意見、それに個人経営の存在の必要性などが述べられた以外に、教育達成への失望感を表す当時流行りの言い方、「人材になることより金儲けのほうがいい」という意見が生まれた原因について、下記のように述べ、教育達成にはそれに見合った経済的な豊かさが伴わないことを指摘した。

記事 6-4

　　　　昔に次のような詩があった。書中自ら黄金の屋あり、書中自ら如玉の顔ありと。即ち読書して出世したら、自らに富裕な生活がついてくると。でも現実を見ていると、大学卒業生、教授、エンジニア、彼らの一月の給料は知的レベルの低い専業戸の一日の収入より低い場合がある。このような状況の下で、人材になるより金儲けしたほうがいいという見方があるのもおかしくない。

　このようにして、「人材になってからも貧乏人のままだったら、彼らにとって人材になって何のメリットがあるの。彼らは貧しい生活を楽しむ世代ではないから」というふうに、若者が進路を決める際に経済的な利益を重要な事項として考えることは、物質的な利益を求めると批判されることなく、

ある程度理解が得られていると言えよう。

一方、教育達成への強烈な失望感は、以下の投書にも明確に観察された。

投書6-28 「人材になるのは、当然お金儲けに負けている！」（1985年第7
　　　　号）

　　　目を開けて、ここ数年の現実を見てください！「金儲け」は豊
　　かな生活条件を伴っているだけではなく、新聞やテレビで報道さ
　　れてすぐに有名になるのだ。普通の人でも、一夜のうちに有名人
　　になれる。しかし、勉学で専門家になった人、たとえば教師や記
　　者、医者、エンジニアなど、勉学や独学する中でどれだけの苦労
　　をしていただろう。特に独学で技術や知識を習得した人は社会に
　　認めてもらうには、人より多くの挫折を経験し、多くの圧迫を経
　　験するだろう。勉強していた専門と関係のある仕事につけないと
　　か、人材として仕事を任せてもらえないとか、給料が低いとかの
　　問題がある。……金儲けより、人材になるほうがいいと言いきれ
　　るのか？！

　この文章には、80年代中期にメディアが経済活動を強調していることへ
の反感の気持ち、また教育達成した後に遭遇した問題点、「勉強していた専
門と関係のある仕事につけないとか、人材として仕事を任せてもらえないと
か、給料が低いとか」を取り上げ、長い期間にわたって大きな緊張感を伴っ
て苦労するにもかかわらず、それに見合った待遇を手に入れられないという
強い失望感が伺える。

　以上では、教育達成に経済的利益が伴っていないことによって、若者の中
に生じた気持ちの揺れを確認した。

　この討論に参加した投書では、「金儲けできるのも人材」、「それぞれの才
能に見合う職業に」などの投書のように金儲けを肯定的に捉える見方もある
が、「金儲けがすべてではない」というふうに教師や軍人の投書などのよう

に経済的収益で人生の価値を決めるのではないという見方や、「金儲けする
にも知識が必要」との見方のように、経済的収益ばかり強調するのではな
く、知識や国家・社会への貢献こそ重要だと強調する見方もあった。『中国
青年』は、経済的に豊かになることを人々を頑張らせる原動力として提唱す
る一方で、知識人階層の不公平感を煽らないように、その提唱は限定的なも
のにとどまっていることが伺えるだろう。

　このような時代背景の下で、「知識」を身につけることは「人材になる」
と若者の教育達成を励ました『中国青年』も、この時期においてその態度が
変わった。「読書」と「人材」との間に必然的な関連がないという、某投書
への『中国青年』の回答から伺える。

投書 6-29　「読書≠人材」（1988 年第 8 号）

　　　　編集同志

　　　　家庭の不幸により、僕は一般の子どもより早く社会に出て働く
　　　ようになった。学校を離れましたが、知識への探究心がまだ強く
　　　あります。

　　　　仕事以外の余暇の時間は、全部読書に使っています。読書を通
　　　じて、幼稚で単純な自分の心にオアシスを残しておきたいと思っ
　　　ています。

　　　　しかし、悲しいことに、周りには賛成してくれる人はあまりい
　　　ません。読書は人材への道なのではないでしょうか。僕は分から
　　　ないのです。

　　　　　　　　　　　　　　　　　　　　　　　　　　　　振省より

　本投書に対して、雑誌から次のような回答がなされた。

投書 6-29 の回答

　　　　振省さん

第六章　上昇移動における金銭の役割への目覚め（1985-1991年）　339

　「読書無用論」は間違っています。でも、読書を人材になること簡単にくっつけるのもいけないと思っています。
　本を時間つぶしの手段として読む人もたくさんいます。ご飯やお茶の後などの余暇の時間に、好きな時は少し読み、好きでなければ放っておいていいのです。
　本を飾りとする人もかなりいます。流行の本や流行の本をまず早く読んで、それを人に自慢します。
　本を逃げ場にする人も徐々に増えています。本に静かさをもとめ、本を持って俗世間から解放したいと。本の中に自らにオアシスがあるみたいに。
　以上あげた数種類の読書の人は、殆ど責められる理由がありませんが、しかし、彼らに希望を託すことが無理でしょう。
　本は知識を載せる乗り物です。知識が力になるには、支点が必要です。前人は「学んで実際に役立てる」と早くから教えてくれました。やっている以上、研鑽しなくてはならない、研鑽する以上何か成果を出さないといけない、というふうに。近水でのどの渇きを解くということを求めるべきです。竿を立てればすぐに影が生じるというふうに早い効果を求めるべきだと思っています。

　投書の若者は、「読書は人材への道」という論理をもって、周りに認めてもらえない自分の読書という行為の合理性や価値を正当化しようとしている。しかし回答者は、価値のある読者は「学んで実際に役立てる」「近水」のようものであり、「研鑽する以上に、何か成果を出さないといけない」ような、「竿を立てればすぐに影が生じる」ような「早い効果」が期待できる読書だと再定義した。即ち、「読書」の実用性を強調したわけである。この時代において、知識の習得に関して、経済的収益につながる面が強調されるようになったことが伺えるだろう。
　経済活動の高い経済収益は、教育達成への失望を生み出し、「読書無用論」

が生み出された。1989 年第 1 号の「青年の呼び声」コラムに掲載された投書、「僕に読書の権利を返して」では、親の商売への熱意によって中学生が不本意で高校を中退させられたことが紹介された。

投書 6-30 「僕に読書の権利を返して」（1989 年第 1 号）

　　　僕は 17 歳の高校生だ。同世代の人と同じように、未来に多くの夢と憧れを持っている。でも、僕が努力して勉強している時に、残酷な現実によって僕の夢は打ち砕かれてしまった。

　　　僕は農村に生まれており、小学校の時から母はいつも、良く勉強してね、お前が学校に行きたい限り、どこまでも行かせるよと言ってくれていた。両親の期待に添えて僕は優秀な成績で県の高校に入った。入学の日に父は僕の頭をなでてくれて、「お前良く勉強するんだよ。大学に入れよ。お父さんは半生を生きていたが、文字の一つや二つぐらいしか分からない。お父さんみたいにならないでよ」と言ってくれた。ぼくは涙を流しそうだった。このように僕は両親の期待を背負って、県の高校に入った。一生懸命勉強するので普段の試験はクラスの中でいつも成績の良いほうだった。

　　　しかし、一年足らずのうちに父は徐々に変わっていた。実家に帰ると、父は僕の成績について聞かなくなった代わりに、張おじさんの息子がどのようにして両親を手伝ってお金を稼いでいるか、王おじさんの息子が臨時の工具をしてどのぐらいお金を儲けたとかばかりくどくど言うようになった。父の目にはお金以外に何もなくなったみたい。父が上の話で触れた子はみんな僕の中学校の時のクラスメートで、家の困窮な経済的状況で退学させられた人もいれば、その両親が読書よりお金を稼ぐほうがいいと思って無理やり退学させた人もいる。そのとき僕は自分にはいい家族やいいお父さんがいたから、あんな目に遭わなかったと思ってい

第六章　上昇移動における金銭の役割への目覚め（1985 - 1991年）　341

た。しかし同じようなことが私にも降りかかってきた。ある日の夜、父はとうとう話しの口火を切った。まずいまやっている商売は人手が足りないと言って、それから学校に行ってもあまり役に立たないと言って、最後は学校をやめろと言い出した。前勉強頑張ってと励ましてくれたのに、どうして今頃役に立たないとかいうの、そのようなことをしたら僕の前途は絶たれてしまうよと聞き返したが、父は次ぎのように言った。前の数年間は読書をするといいことがあるとみんなが言っていたが、今となれば、また聞いてみろ。あんなもん誰が役立つというんだと。俺と一緒に商売をやっていれば一年間少なくとも 2000 元稼げるのに、お前を一年間学校に行かせるとただで 1000 元なくなってしまうよと。大学まで行っても国は仕事を配属してくれないし、俺とおふくろでは良い仕事が見つかるのかと。今政策がいいから稼げるうちにせっせと稼ぐのがなによりだ。どうしても学校にいくなら俺のお金一銭も使わないで自力で行けと。僕は悲しくて学校に戻ったが、生活費が切れて仕方なく学校を離れた。僕の青春の夢と理想とも分かれたのだ。こうして僕は涙をながしながらつらい気持ちで実家に戻った。

　一ヶ月の時間が過ぎていった。僕は夢の中にいるみたいだ。お金がすべて、本当にそうだろうか。党の良い政策は、どうして子どもを学校に行かせない口実になったのだろうか。同世代の子がみんなぼくのように勉強の権利が奪われてしまってお金を稼ぎに行ったら中国はみらいがあるのだろうか。僕は自分自身の挫折で悩み、また同じような遭遇をした同世代の人たちのことを悲しく思っている！

　投書の若者は父親に商売の手伝いをしろとのことで無理やり高校を中退させられたという投書であるが、[前の数年間は読書をするといいことがある

とみんなが言っていたが、今となれば、また聞いてみろ。あんなもん誰が役立つというんだと」という父親の話から、経済活動の高い収益によって教育達成への人々の失望感が伺える。このような風潮の元で、中小学生や高校生が学校を中退して商売を始めることが一時社会問題となった。『中国青年』は同号の同コラムに「心配させるデータの数々」と題する文章では、具体的な事例をあげ中小学生が学校を中退する状況について報道された。

2.3 「天の寵児」であった大学生の閉塞感

　教育達成の段階的な結果である「大学生」という身分は、80年代中期まで大きな社会的威信を持っていた。『中国青年』雑誌の1985年第9号には、中国経済体制改革研究所と『中国青年』雑誌社が共同で行われたアンケート調査の結果報告が掲載された。そこでは、①職業の経済的地位「数年以内、どの職業に従事する人が比較的豊かになっていくのだろうか」、②職業の社会的威信「どの職業が比較的高い社会的威信を持っていると思っているか？」との質問があったが、前者では個人経営者である「個体戸」が一番に、後者では「大学生、大学院生」が一番に輝いた[72]。

　しかし一方、80年代中期以降、「大学生バッシング」とでも呼べる動きがあり、大学生は社会から多くの不満を言われるようになった。そこには、職業の経済的地位ランキングに個体戸が一番に輝いたことによって代表された知識の習得と経済的報酬のアンバランスや、大学を出た後の進路に対して大学生自身が感じた閉塞感が背景にあると思われる。

　1988年第1号には、「私たちにはいったいどうしたのだろうか――大学生の郎郎さんの訴え」[73]が掲載され、次のようなことが述べられた。「天の寵児」と呼ばれて「エンジニア、記者、作家、企業家、科学者、社会学者、乃至は省長、総理」などの「理想の花輪」を夢見て大学に入ったが、大学での生活を実際に始めると、多くの大学生は勉強するにも目標がなく、やる気がなく、だらしない生活を送っている。投書では、大学生のだらしない生活を長々と述べたが、①学業に対して熱心ではなく、宿題をごまかしたりカンニ

第六章　上昇移動における金銭の役割への目覚め（1985-1991年）　343

ングをしたりする、②「夜の睡眠は朝の九時まで、昼寝は午後の3時まで」というやる気のなさ、③宿舎が汚いなどの日常生活のだらしなさ、④恋愛に逃げ込む、⑤学業を頑張る人もいるが、「大学院生」「留学」という個人的な目標のためだけで社会への関心がなくなっている、など大学生の生活の「堕落」した様子を訴えた。

　また、投書では、このような大学生自身の状況に対して、大学生のあるべき姿＝「大学生は本来青春の天使で、近代的文明の化身だ」、「五四運動」など歴史上の政治運動において「時代を先駆けて」「社会の発展を促進していくのに重要な役割を果たした」過去＝と比べると、今の大学生の振る舞いに不満で、不安や困惑を感じる。これを踏まえて、「『中国青年』を通して、同級生の皆さん、私たち大学生に関心を持つ皆さんに聞きたいのだ。——私たちはいったいどうしたのだろうか」との問いを出している。

　この投書について、どのように理解すれば良いのか。

　投書は、大学生のあるべき姿として、一つには「大学生は本来青春の天使で、近代的文明の化身」、もう一つには「時代を先駆けて」「社会の発展を促進していくのに重要な役割を果たした」という二つの内容を提起したが、そこには二つの投影があると言えよう。前者は大学生の「エリート」としての自分自身のあるべき姿への期待であり、後者は、『中国青年』編集部を代表とする政治的力による、大学生への社会的役割、政治的役割への期待である[74]。若者の上昇志向を主題とする本研究の視角では、後者を割愛して前者をより重要視する。大学生の自己認識という面から見ると、「青春の天使、近代的文明の化身」という自分自身のあるべき姿への期待と大学生活の現実があまりにもかけ離れていることにより、彼らたちは、失望して目標も喪失している。

投書 6 - 31 （抜粋 1 ） 「私たちにはいったいどうしたのだろうか——大学生
　　の郎郎さんの訴え」（1988 年第 1 号）

　　　これらすべてのことを見ていると、いったいどうしてだろう
　　か。私たちは、生きていくために勉強しているのか、それとも勉
　　強のために生きているだろうか。明確ではっきりとしていて美し
　　い、前進の目標を持ちたいが、しかしこの目標はどこにあるのだ
　　ろうか。
　　　……
　　　そう、私たちは「幸運児」だった。でも、それは過去のこと
　　だ。過去のことはもう過ぎ去った。未来は、いったいどうなるだ
　　ろう。心の中は真っ白だ。生きている以上、享楽のためだけに生
　　きているのは、抜け殻のような人生となるだろう。（そのように
　　なりたくないのだ。）でも、共産主義のために奮闘するのだとい
　　うのは、あまりにも果てしなくて現実味を感じられない。夜が更
　　けて人が静まった時に、私たちも反省するのだ。生きている目的
　　はいったい何だろうか。自分をどのような人間に磨き上げれば良
　　いのだろうか。答えられないのだ。いま何をすべきだろうか。将
　　来（社会に入ったら）何ができるだろうか。何も分からないの
　　だ。

　学業への意欲を失った理由について、投書では自己理解を試みた。そこに
は、知識人の所得の低さに対する失望感が述べられていた。

投書 6 - 31 （抜粋 2）

　　　時には、私たちも胸に当てて反省する。どうしてこうなるのだ
　　ろう。私たちも人材になることを切望し、社会に認めてもらいた
　　い。どうして着実に学業を頑張れないだろうと。でも、本を持ち
　　出したら茫然となるのだ。少し高い点数を取ったからって、本当

に人材になるのか。そうかもしれない。大学の教員や上の世代の知識人たちはこのように本をかじって「人材」になったのだ。でも良く考えてみたら、彼らのような「人材」は、半生苦労しても、頭の中に少しばかりの知識を持っている以外に、人にうらやまれるようなところがどこにあるのだろう。政府幹部やスター歌手、映画スター、体育スターと比べなくても、今の社会にどこにでもある（社会的地位の低い）個体戸と比べても（収入が低くて見ていて）つらい。現在の知識人は「お尻を覆う服もないまま花嫁駕籠に乗る[75]」と言われているのではないだろうか。現在の社会では「ミサイルを研究する者より茶卵を売るほうが収入が高く、メスを握る者よりかみそりを握る者のほうが収入が高い」と言われているのではないだろうか。どうして私たちは読書に没頭して、上の世代と同じような生活を送らないといけないのだろうか。このような困惑があるから、時々、どうすればいいか分からなくなってしまうのだ。

　このように、「政府幹部やスター歌手、映画スター、体育スターと比べなくても、今の社会にどこにでもある（社会的地位の低い）個体戸と比べても（収入が低くて見ていて）つらい」との言葉が述べられたように、他の階層と比べる中で、知識人の経済的報酬の低さが目立ってきており、「「天の寵児」と呼ばれて「エンジニア、記者、作家、企業家、科学者、社会学者、乃至は省長、総理」などの「理想の花輪」を夢見て大学に入った」大学生の一部にとって、この落差によって自分の将来の進路に関して幻滅感を覚えたことが伺える。大学生になることと社会的地位の高く経済的収入の多い仕事が約束されるという自分の将来への見通しが立たなくなった。一方、「共産主義のために奮闘する」という政治的力による建前の目標が彼らを引き付ける魅力もなくなり、彼らは強い閉塞感を覚えたのである。

今回の問題討論は、その後同年第5号まで5回連続で問題討論が組まれた[76]。そこでは、大学生の勉強生活のつまらなさなど共感を表したり、経済改革に起因する古い価値体系と道徳観念の倒壊、文化大革命以降の民族的理想＝「精神的ふるさと」の再構築が必要なことや、大学生の不勉強は就職の配属制による危機感のなさと惰性などの分析がなされた。ここでは、若者の「上昇志向」を究明するのが主題であり、これらの分析的文章は彼らの自己認識につながっていないため、深入りしないこととするが、大学生が抱えている目標喪失の状況が『中国青年』に取り上げられることによって、学業による教育達成という社会的地位の上昇ルートの限界が露に出た。

　大学生の閉塞感や目標喪失の状況に関しては、この後も『中国青年』に2回ほど取り上げられた。1989年第3号に掲載された「なくなった「麦わら帽子」はどこに行ったのだろうか」[77]との匿名の大学生による投書では、小さい時から勉強が得意で順風満帆に大学に入ったが、目標がないまま、麻雀や囲碁、サッカーにテニス、映画やダンス、恋愛などの享楽に逃げ場にしている自分を不安に思うことが述べられた。投書では、「追求と夢」を「少年のころに畑で遊んだ時につけていた麦わら帽子」のようだと喩えたうで、「追求と夢」がなくなった自分の現状について、次のように述べた。

投書6-32（抜粋）　「なくなった「麦わら帽子」はどこに行ったのだろうか」
　　　　　　　　（1989年第3号）

　　　　ジャージー、ブレークダンス、マイルドセブン、これら人を楽にするものが、僕の性格の特徴になった。思う存分に遊んだ後は、いつも重たい何かが胸に残されている。何回も意識したのだ。僕は少年時代の自分だったら怖がるような生活をしていると。楽しいことをして自分を見つけようとしたが、でも、逆に何回も何回も自分を見失っていった。

　このように、目標がなく茫然と「享楽」に陥っているが、この目標のない

第六章　上昇移動における金銭の役割への目覚め（1985－1991年）　347

状況に対して不安を抱えている大学生像がこの投書によって描かれた[78]。

　1992年第2号の「今日の大学生」コラムには、「校章の消失は何を意味するだろうか」との文章が掲載された。文章では、近年大学生が校章をつけなくなった現象から、「多くの知識を身につけているより、多くのお金を持っているほうが良い」という観念が大学生に浸透しつつあり、大学生という身分に持っていた誇りがなくなり、自信を持てなくなったと批判し、「各種の思潮の中で粘り強く知識を追求し、真理を追求」すべきであり、（社会が自分にどのような機会と居場所を与えたかばかり要求するという）「自分たちの欠点を解剖する勇気を持つ」すべきだと大学生に呼びかけた[79]。校章をつけることと自信との関係はさておき、この文章への見方に対してその後問題討論が行われたが、本研究では討論に参加した文章の中から分析的文章を除外して、大学生個人の具体的な思いや経験を語るような文章3本を資料に見てみると、いずれも知識と収入のアンバランスの問題に言及し、「価値観の変化の中で私たちは失敗者」との言葉もあった[80]。

　以上三つの問題討論を見てきたが、80年代中期の大学生は、社会的地位における金銭の影響力が徐々に増長していき、また教育達成と経済的報酬との間のアンバランスを経験して、勉学によって上昇志向を達成しようとする気持ちが動揺している状況が伺えるだろう。

2.4　就職後の悩み

　前述では、経済収入への重視よって大学生の学歴パワーが下がり、それによって大学生の精神的閉塞感を見てきた。一方、大学を卒業して就職した若者も、不本意な現実に出会った際に多くの困惑を感じた。

（1）不本意な就職に対する大学生卒業生の不満

　1992年第2号に掲載した「私の才能を発揮させてくれる場所がどこにあるだろうか」では、大学卒業生の就職という具体的な問題が取り上げられた。以下は投書の全文である。

投書6-33 「私の才能を発揮させてくれる場所がどこにあるだろうか」
（1992年第2号）
　編集同志

　　社会に出て大きなことをしたい青年として、学生の頃から就職
　したら縦横無尽に活躍し、大きな業績を立てたいと思いをめぐら
　していました。仕事についてから、あの輝かしい光景は私からま
　すます遠くなっていったようで、その代わりになったのは、増え
　る一方の困惑と苦悩です。

　　僕は学部の頃メディア専攻をしていて、4年間の勉強生活を通
　して僕はこの分野に対して深い愛着を持つようになりました。実
　習期間中多くのニュース原稿を書きあげ、その中で「本年度の良
　い原稿」と評価されたものもあります。実習で得られた成績で、
　自分は良い新聞記者になれると固く信じるようになりました。し
　かし、就職の際に、私が女だからといって、メディア関係の各社
　に断られてしまい、最後は仕方なく、ある政府機関で内勤の仕事
　をするようになりました。毎日ファイルの整理、電話の受付、給
　料配り、事務用品の準備、出費の清算……ちっぽけなことばかり
　ですけど、私は責任を持って真面目に処理するので、一回も間
　違ったことがなかったです。上司と周りの同僚は、こんなに早く
　仕事に慣れたのだから、将来有望だと言ってくれていますが、そ
　のような話を聞くと、泣きたくなります。今の仕事が気に入らな
　いのではなく、ただ、今まで心血を注いで勉強していたメディア
　に関する技能は、今となってはどんどん過ぎていく時間の中で埋
　もれたままになるだろうと思うと、辛くなるのです。

　　やり場のない辛さを良く感じています。志があっても実行でき
　ず、力があっても使いようがありません。そのうえ、全く興味の
　ない、乾燥無味な仕事を黙って我慢してやらなければならず、今
　後どうなるか、怖くて想像できません。こまごまとしてわずらわ

しいちっぽけなことに、私の青春を費やすしかないのでしょう
か。私は納得できません！私の才能を発揮させてくれるところは
どこにあるのでしょうか。

忠実の読者　呉築より

　投書では、「就職したら縦横無尽に活躍し、大きな業績を立てたい」とい
う理想を持っていたが、現実は「こまごまとしてわずらわしいちっぽけな」
仕事をしていることに対して、納得できなく辛い思いをしているという、大
学生卒業生の就職の悩みが述べられた[81]。
　大学生の現状に対する失望感は、下記の投書からも伺えた。1987年第1‐
2合併号「どうして生きていてつまらないと感じているのか」投書の一部を
紹介する。

投書6‐34　「どうして生きていてつまらないと感じているのか」（1987年第
　　　　　1‐2合併号）

　　　私は、改革の序曲の中で校門を出た。「いい時代に生まれた」
という感覚は、前進の血を沸かせてくれた。自分の学識、情熱と
力を持って、理想のために、立派なことのために全力を尽くして
奮闘したいと思った。「人生能有幾回博」との名言を壁に貼って、
まさにその名言の下で、勤め先の管理体制改革に関する建議書を
書いた。建議書は上司に渡してから、毎日返事が来るのを待って
いた。たまにこの上司とばったり会うと、恐れ入りながら目を合
わせようとしていて、彼の目から何かの光が見えるのを待ってい
た。しかし、私の情熱とは裏腹に、彼の態度はあまりにもれいた
んなものだった。一ヶ月過ぎても、「読んだよ」との一言もな
かった。半年過ぎたころには、もうとっくにどこかの屑箱に捨て
られただろう。かなり長い間、落ち込んでいました。自分の価値
がこんなに蔑視されるものなんだと、とても辛かった。自分が大

事にしてあげていたのが、人様には全然目に留めてもらえなかった。友人に文句を言ったら、友人は慣れた口ぶりで「君は天然だな」と言った。そうか、天然過ぎるか。では今後、このようなことに遭ったら、このような言葉で自分を慰めるしかないのだろうか。

　幹部のためのクラスで授業するという仕事が回ってきた。数十年変わらない教科書を見たら、興味が全くなくなった。大学にいた頃とは違って、「異端や邪説」も関係なく、自分の見解を発表できる。ここでは、本に書いてある通りに教えるしかない。話せるロボットのように、何回も何回も教科書を繰り返した。生徒たちは哲学に全く興味がなくて、あくびをしたり居眠りをしたり窓の外を眺めていたりばかりする。なにかの考査のためでなかったら、彼らは決してここに座らないだろう。疲れ果てて教室を出る時、思わず「命の無駄だ。つまらないな」と口にした。

　その時からかな、「つまらない」という言葉が私の口癖となった。その後の生活はもっと乾燥無味なものとなった。私は事務室の仕事に回され、毎日電話の受付、記録、各種事項の連絡、上司への新聞や書類の取次ぎなどのことぐらいだ。たまに書く仕事もあるが、どれも同じ調子のものばかりだ。やっても無駄だと分かっているのに、やらないといけなく、しかも面白そうにやらないといけなくて、本当に偽りの毎日だ。改革がすぐ近くで行われているのに、私は「余計なもの」になった。まるでサッカーファンのように、あのボールのためにどんなに心酔しても、選手じゃないから実際にボールを蹴ったりすることができない。でも、年の召した同僚たちはすべてのことに対してなれているようだ。私が「つまらない」と文句を言うと、彼らは全く同感がないというわけではないが、それでも毎回このように慰めるのだ。安心して仕事をしてとか、この仕事についたから愛着を持ちましょうと

第六章　上昇移動における金銭の役割への目覚め（1985－1991年）　351

か。このような話、もううんざりするほど聞いた。大学の時に
「国の配属に服従する」とか、もっと前の「ネジ」理論とか、こ
のような論調は、だいたいあなた一個人の価値はどうでもいいも
ので、回転のゆるいこの大きな機械のリズムに合わせて回ればい
いとばかり言っている。現状に安んじさせるために、人々はおお
よそ大義名分をかぶって脅かすのだ。例えば、「社会の需要」だ
とか。確かに、社会は掃除する人が必要だが、教授を掃除させる
必要がないだろう。多くの人に、自分に合わない、才能を発揮で
きない仕事をさせるのが、社会の需要というのだろうか。今一般
に存在している、人材を無駄にしていて、逆に才能のない人間を
重要なポストに置くという減少も社会の需要といえるのだろう
か。ぶっちゃけ、社会の需要なんて、あるところの指導部の人た
ちが自分の好きなように人を使う需要だ。人々の価値が思う存分
に実現されて始めて、社会全体の価値が最もいい具合に実現でき
ると思う。私たちを囲碁のこまのように振り回すようなリーダー
がやるべきこと派、まず私たちを独立した意思や人格、独立した
価値のある人間だと認めることではないだろうか。

　私も、同じところに勤めている大学卒業生たちとよく話しを
し、上の人のところに行って話しをして、仕事の内容を変えても
らおうとお互い励ましあったりしていた。でも、やっぱり我慢し
た。そのようにしたら、「仕事を選ぶ人間」「高望みばかりする」
という悪い印象を残して、今後の仕事人生に悪影響をもたらす以
外、何もいい結果がないだろう。大学時代の私たちは若くて才気
を隠さないように振舞ったけど、勤め始まったら言いたいことも
言えず、やりたいこともやれなく、合理的な要求を言う勇気もな
くなった。社会に抑圧されているのか、それとも自分で自分を抑
圧しているのか、分からない。とにかく、自分の不満を何一つ伝
えていないのが悔しい。相応しいところで上司に文句だけを言っ

てみてもいいが、それもなかった。私たちの要求は高いだろうか。全然高くない。平等に競争できるチャンスをくれれば、私たちは自分の才能を表現し、自分の価値を証明してみせる。競争で敗れたら、事務の仕事をしても文句がない。でも、競争はどこにあるだろうか。どこにいても「競争、競争」と叫ばれているが、手を伸ばすと届かない。

このような「つまらない」感覚は、伝染病かどうかわからない。ある時、何年間合っていなかった同級生と会った時に、「天の寵児」たちは「つまらない、本当につまらない」と連発していた。なんだか一種の錯覚が生じた。世の中の人間はみんな間違った位置におり、自分の今の勤め先を飛び出して新しいところに行きたいみたいだ。みんな「つまらない」と言いながら、お互いのことをうらやましく思う。

……（中略）

大学でたくさんの新しい思想を受け入れすぎて、社会で通用している価値観念とぶつかると激しい痛みを感じる。これは殆ど埋まらない溝と言えよう。相当多くの人が、多くの改革者も含めて、三十歳当たりで私たちと境遇が似ているが経験の違う人でも、私たちに対して偏見を持っている。「私はわたし」という個性的な呼び声は現実では通じないのだ。私たちは一歩一歩後ろに退いている。小さい頃私たちの家族の寵児で、大きくなったら社会の「寵児」だったが、今となって自分はなんでもないと気づいた。あんなに激しく中国人の忍耐、現状満足を批判したのに、自分たちも「醜い中国人」になるところだ。

私たちは一日一日と自分を失っていて、一年一年腑に落ちない思いをしている。将来のある日に、自分も腑に落ちない思いも消えたときに、私たちは誰になるのだ。

いやいや、納得がいかない。何が欲しいのか、はっきりさせた

い。社会はどの程度私たちを満足させてくれるか、私たち自身が
どのような努力をすればよいのだろうか。『中国青年』を通して、
この問題を同世代の人たちに聞いてみたい。私たちに共通してい
る呼び声だと信じている。

黎晴より

投書の若者は、就職した後の悩みを訴えた。「「いい時代に生まれた」とい
う感覚は、全身の血を沸かせてくれた。自分の学識、情熱と力を持って、理
想のために、立派なことのために全力を尽くして奮闘したいと思った」とい
う語りから、この時期の『中国青年』が唱えた人材のあり方——改革の時代
に相応しいとされる「競争」の精神を身につけて奮闘するということを受け
入れた若者であるが、就職してから地味な仕事することに対して「つまらな
い」と感じている。

このような悩みは、配属制の就職制度の不満に関するものもあった。1991
年第1号「どうして僕を保育園の保育士に配属しないのだろうか」では、保
育士専攻であったが、希望の保育士の仕事に配属してもらえなかったとい
う、不本意な就職に対する不満が述べられた。1992年第4号「私は教員に
なりたい」では、中等師範学校卒業の若者がコンクリート工場に配属された
ことに対する苦悩が述べられた。

また、80年代後半から、委託養成という制度が採られ始め、大学生の定
員が増やされた。これによって、大学生の希少価値がさらに下落した。1992
年第4号の「青少年の合法的な権益を守るための、原稿募集」コラムでは、
「大学を卒業したのに、行くところがない」との投書が掲載されて、河南省
平原大学の委託養成という身分で入学した卒業生について、委託契約では本
来卒業生の出身地である漯河市の計画委員会が彼らの仕事を配属するという
ことになっていたが、漯河市計画委員会が契約どおりに仕事の配属をしてく
れないという投書が掲載された。

「知識」を身につければ人材になり、高い社会的地位と裕福な生活が約束

されるという前の時代の教育達成の物語が、このような現実をもって終焉を
迎えたと言えよう。

（2）公的文化装置のメッセージとは違う現実に出会った時の困惑[82]

　この時期において、中国社会のあり方に対して、『中国青年』は「改革」
という角度から中国社会について再現・解釈しようとしていた。若者の上昇
志向との角度から見ると、この時期の『中国青年』は、商品経済への変容や
経済体制の改革という枠組みから若者の上昇志向を収斂させようとして、意
味づけていた。即ち、1985年以降は改革という中華振興の歴史的な流れに
身を投げ、「改革」に適応できる人材になろうとの修辞で収斂するように
なった。具体的に言えば、商品経済の発展に必要な観念を身につけて、チャ
レンジ精神や冒険精神、自立心を持って、積極的に経済活動を行ったり、ま
たは改革によって引き起こされた環境の変化に前向きに対応していくこと
が、当時の『中国青年』から若者へのメッセージと言えよう。また、改革に
よってそれまでの安定した生活に変化が起こり、「競争の時代」の到来を告
げることによって、若者の上昇志向を刺激する方向に動いていた。

　このようなメッセージの中で生きていた若者たちは、実社会に入った時
に、多くの困惑にぶつかることになった。

　これらの困惑は、一つ目に、たびたび変化する国家誘導の方向転換に対す
る戸惑いがあった。前記で触れた1985年第10号に掲載された投書6-44、
「すばやく変化する社会に振り回されて、どのように方向を定めればよいか
分からない」は、その一例であろう。そこには、80年代初頭に知識の重要
性を強調していたのが、80年代中期から経済活動のすばらしさを唱えるよ
うになったという国家の誘導に振り回されて悩む青年の姿があった。

　二つ目に、以下で取り上げられる職場の複雑な人間関係に対する戸惑いを
訴える投書のように、若者たちが就職すると、これまで受け取った国家イ
デオロギーによる上昇志向に関するメッセージとは違う論理で動いている実
社会に出合う。そこには、中華民族の振興に「改革」に適応です人材になる

べきだという雄大な目標を掲げる国家論理であまり取り上げられていない議題＝人間関係に悩む若者が多くいた。

これに対して、『中国青年』雑誌は、このような悩みを「社会化」が足りないためであると解釈しなおしたうえで、社会に貢献するには社会に適応すべきだと主張した。

1985年第10号に、若者が社会に入ってから出会った悩みに関する投書を4本掲載され、これを材料に「社会が私に適応すべきなのだろうか、それとも私が社会に適応すべきなのだろうか」との問題討論が組まれた。投書の名前はそれぞれ、「人間関係の渦の中で、私はどのように自分自身を把握すればよいのだろうか」、「どうして「みんないい人なのに、何をするにしても障害が待っているだろうか」、「社会に適応するためには、強いものにしっぽを振るようなことをしないといけないのだろうか」、「どんどん変わっていく時代によって振り回されてしまって、どのように自分の方向を定めればいいか分からない」となっている。

若者のこれらの問いに対して、『中国青年』編集部によるメッセージでは、投書の問題を「青年はどのように自分の社会化を速くさせることができるのか」という問いに収斂した。

記事6-5

　　　　青年の社会化のスピードが速まれば速まれるほど、青年が社会生活のリズムに適応するのが早くなる。青年の社会化の度合いが高ければ高いほど、社会の物質建設と精神文明の建設に早く貢献できる。

この編集部メッセージのように、『中国青年』がこの問題討論を行う目的は、青年の社会への適応＝社会化を順調に進めることにあると言えよう。その後の議論は、若者の「社会化」を進めることを中心に行われた。「青年は社会に適応し社会の発展を推し進めるべきだ」など青年の社会適応の重要性

を強調する観点や、個人の利害を重んじないで人民の利益を第一に考えるべき、強い社会的責任感を持った上で、奮闘する精神を持つべきだという青年の社会適応のポリシーを強調する観点、また、社会に適応する努力するが「適応していく過程の中で自分を見失わないように注意することが重要」なことや、人間関係の対応において他人の長所を認めるのが重要であると同時に、自分の意見を主張する際にはやり方を工夫するのが有効だという方法論のアドバイスがなされた[83]。

　一方、これらの投書で訴えられた悩みを、若者の上昇志向と関連付けて考える際に、何が言えるのだろうか。若者たちは自分たちの上昇志向を果そうとして、例えば「良く勉強して実力を身につける」ことが重要であること、また積極的に「改革」の流れに身を投じるべきだというような、これまでの公式見解によるメッセージで述べられた「良い」こと＝上昇につながるとされる「正しい」やり方を運用しようとして実際の職場に入ると、それらは必ずしも通用しないと発見して、大きな衝撃を覚えることになる。

　そのような例に、職場において、仕事をよくしようという実力による努力と、人間関係のしがらみとのジレンマが伺えたと訴える読者の声があった。

投書6-35　「人間関係の渦巻きの中でどのように自分自身を把握すべきだ
　　　　　ろうか」（1985年第10号）
　　編集同志

　　　僕は大学を出たばかりの若者です。北京市の某工場に配属され
　　て技術者として働いています。大学の在学中は、政治、哲学の理
　　論を勉強しましたし、自分なりに観察していましたし、われわれ
　　の社会は完璧なものではないことを認識しました。だから、仕事
　　についてから、人間関係をよく対応し、自分の才能を発揮して祖
　　国に力を貢献したいと覚悟していました。

　　　でも、工場に入ってから気づいたのですが、人と人の関係は私
　　が想像していたのよりずっと複雑です。工場長と党書記はそれぞ

第六章　上昇移動における金銭の役割への目覚め（1985－1991年）　357

れ派閥ができており、お互いに対して言うことを効きません。先輩のエンジニア同士の間にも隔たりがあり、お互いのことをけなし合います。若い技術者と年配の技術者ともお互いのことが気に入りません。工員と知識分子とはよく文句を言い合います。この間も、工員の人たちが僕に向かって、「私たちは十数年仕事をして54元しかもらっていないのに、君は何で来たばかりで56元もらうのか」と言いました。

　このような複雑な人間関係に牽制されている中で、仕事を頑張ることは、難しいことです。例えば、工場が新しい作業部屋を造ることになっていて、僕が出費を大幅に節約できるようなアイディアを出したら工場長が賛成してくれました。でも数日後に、工場長からこのアイディアを諦めろと言ってきました。そのアイディアを取り入れると、某部署が本来取ってはいけないお金がもらえなくなるので、その部署の長に反対されたと。工場長はこのことによって党書記との間に新たなトラブルが起きるのを避けたいです。これでそのアイディアは犠牲となったわけです。

　このことがあってから、僕は「工場長の子分」と見なされるようになりました。また、仕事の関係で某エンジニアの方との接触が少し増えたら、すぐに人から「気をつけてよ。巻き込まれないように！」との忠告をされました。

　目に見えない人間関係の渦巻きを前にして、僕は心が乱れて、戸惑っています。雄大な志を抑えて、八方美人のように円滑になり気をつけながらびくびくして生きていけと言われると、僕にはできません。でも、僕のような技術者としてこの工場で業績を立てるには、この手ごわい人間関係に巻き込まれるのが必至です。編集同志、この渦巻きの中で、僕はどのように船を漕んでいけば溺れることなく前に進むことができるのでしょうか。

　　　　　　　　　　　　　　　　　　北京　陳東平より

投書の若者は、仕事に対して「才能を発揮して」「仕事を頑張る」という「雄大な志」を持つ、上昇志向の強い若者であるが、勤め先の複雑な人間関係によって自分の努力が犠牲になったことを経験する中で、「技術者としてこの工場で業績を立てるには、この手ごわい人間関係に巻き込まれるのが必至だ」と認識して、上昇志向を果すには、実力だけではなく、回りの人間関係の斡旋も重要な役割を持っていると気づいて、悩むことになる。

また、1985 年第 10 号に掲載された投書「どうして「周りはみんないい人なのに、何をするにしても障害が待っている」だろうか」では、大学を卒業して教員になった若者が当初、「大きな志を持って大学の門を出て、改革という素晴らしい時代に恥じないように仕事において大きな業績を立てたいと思った」が、仕事についてから上司や同僚たちにとても良くしてもらっているが、自分が出したアイディアについて一切採用してもらえなかったと述べ、仕事環境に適応するための悩みを訴えた。「改革」とのイデオロギーを身につけて積極的に参入するが、その気持ちが上司に汲み取ってもらえず、悩むことになる。

2.5　女性の仕事指向に見られる若者の上昇志向

女性が仕事の向上心を持つことによって、恋人との関係に亀裂が生じたという内容の投書は、1978－1984 年の投書に見られた。

一方、1985－1992 年におけるこのタイプの投書は量的には多くないが、女性の仕事への向上心が明確に観察された。

1988 年第 1 号の「恋愛方船」コラムでは、「私の二回の恋愛」と「迷いの季節に書く」との二つの文章が掲載され、女性の口から恋愛と、学業や仕事での上昇志向との葛藤が語られた。

「私の 2 回の恋愛」では、大学二年生の時から 2 年間付き合って生活面で非常によくしてくれた社会人の恋人であったが、自分が大学院の入学試験に参加すると伝えたら、その恋人から別れの手紙が渡され、自分より学歴の高い彼女がいると周りからとやかく言われるからいやな気持ちになるとのこと

第六章　上昇移動における金銭の役割への目覚め（1985-1991年）　359

が原因だった。その後「芸術と音楽を愛し、平等と平和を愛する」大学院生の恋人に出会ったが、この恋人は自分が大学院受験に合格したことを静かに受け入れだけではなく、家事が女性の義務だということに反対であり、「前の彼氏のように一家の主婦になるとの心構えを養成しようなんて一回も言っていない」とのように普段から男女の平等を実行している。このような恋人がいるから、「昔のような孤独や疲れが今では全く感じられずに、毎日がやる気満々だ」と述べている。「（彼の様子を見ると、私が）男性と同じように（女性にとって）禁断の実（とされる仕事での成功）に向けて、彼と一緒に仕事を頑張り、「強い女」に近づいていても良いのだろうと、仕事への向上心が恋人から支えてもらっている喜びを述べている。一方、「迷いの季節に書く」との文章は、女性による別れた恋人への手紙であるが、「大学卒業している（教養がある人のはずな）のに、どうして将来の妻のことを自分に従順的な付属品でいることを望むのだろうか」と男性に従順な付属品になることを拒み、「私は弱者になるのがいやです。今後成功するかどうか分からないが、自分の努力で奮闘したい。自分の人生を無駄にしたくない」と、仕事への強い向上心を訴えた。　1988年第5号の「私の秘密」コラムに投稿した次の投書は、仕事への向上心によって恋愛相手がなかなか見つからないとの悩みを語った。

投書6-36　タイトルなし（1988年第5号）

　　　　悲しくて憂鬱な気持ちを持って、気心の知れた友人——『中国青年』雑誌に私の心の悩みを真摯に打ち明けます。

　　　　私——十年間の文革の被害者の一人ですが、文革後の入学試験を通って大学に入りました。このチャンスはたやすく手に入ったものではないことを深く知っているので、私は個人問題[84]をしばらく考えないようにしようと、一生懸命勉強していました。苦労した甲斐があって、私は良い成績を収めていました。優等生ということで、大学の推薦を得て良い勤め先に入りました。でも私

は、これで満足しませんでした。過去にあまりにもたくさんの時間を無駄にされたため、若いうちに補っておこうと思って、知的探究心と向上心を持って勉強し続けました。しかし、私も人間で、気に入った恋人がいつもそばにいてくれることを切望しています。しかしこれは、仕事上の困難を克服することよりずっと難しいです。私の要求が高いわけでもなく、あまりにも容姿が悪いわけでもなく、本当の原因と言うと、この80年代の中国では、「キュリー夫人[85]」が多いが、「キュリー」はあまりにも少ないからです。自分の彼女が大学院の入学試験に受かったと聞くと、すぐさまに恋愛関係を切ってしまう男性もいますし、彼女の仕事への向上心をあらゆる手段を使って阻止しようとする男もいます。或いは、「仕事型」の妻は要らない、「生活型」の妻がほしいと明言する男性もいました。もちろん、稀には女性の仕事での追求をサポートしてくれる男性もいるが、希少種です。

　私は、自分の選んだ道は正しいと思っています。この無情な事実を恐れたわけではありません。それで悩んでしまって意気消沈になったわけでもありません。しかし、周りの世論、人々の冷たい目、不公平な待遇（結婚していないと自分のプライベートな居場所がないのだ[86]）、それに焦っている両親の気持ち、これらのプレッシャーの中で、私はいても立ってもいられなくなったのです。このような生活を直面している私は、どのようにすればよろしいのでしょうか。

投書の女性は、「キュリー」が代表する女性の仕事への強い向上心を理解してくれる男性を恋愛相手として求めるが、なかなか出会えない悩みを語った。「周りの世論、人々の冷たい目、不公平な待遇（結婚していないと自分のプライベートな居場所がないのだ）、それに焦っている両親の気持ち」など、結婚相手が見つからないことによって大きな心理的ストレスを抱えてい

ることが伺えるが、「私の２回の恋愛」「迷いの季節に書く」の２人の女性と
共通しているのは、学業や仕事に強い向上心を持って追求することに対し
て、「私は、自分の選んだ正しいと思っている」という確信を持っているこ
とである。

　一方、学業や仕事への強い向上心を固く有しながらも、失恋という場面に
遭遇し動揺する場合もあった。次の投書を見てみよう。

投書６-37　「あなたと仕事の向上心、両方必要なのだ」（1988 年第５号）
　　波さん

　　　紅葉の季節となりました。清華大学西門の小道にそって、落ち
　　ている枯葉を踏んで園明園の湖に浮かぶ小さな島に来ました。六
　　年前のこの季節に、この静かな小島で私たち二人はお互いへの気
　　持ちを打ち明けたのを思い出さずにいられなかったです。

　　　充実した六年を過ごしましたね。波さんは工学学士の学位を取
　　り、私も医学院を卒業しました。その中で私たちの愛情も育み、
　　お互いのことについてよく知り、深く愛し合い、恋の絆で結び合
　　うようになりました。二人の将来を何度も想像していました。そ
　　してあなたは、私のことを世の中で最も幸せな人にすると言いま
　　した。しかし、大学院の入学試験に受験したいと私が言った時か
　　ら、二人の間はうまく行かなくなりました。最初あなたはそんな
　　に気にしていない様子だったし、男らしく振舞ってくれて、資料
　　を探してくれたり、一緒に本を読んでいたりしてくれました。試
　　験場から出たときにあなたはこう言いました。「受験者が 38 人い
　　る中で二人しか取らないし、女子は指導教官にとって人気ない
　　し、試験に参加していいといったのは、君の好奇心に付き合うだ
　　けだよ」と。

　　　二ヵ月後、もう無理だと思っている時に、面接のお知らせが来
　　ました。今となって分かったのだが、面接のお知らせが私たちの

絶交を知らせる手紙のようでした。面接に行くと決めた時に、あなたから強く反対されました。「苦行僧のような6年間にまだ懲りていないのか。今の時代では、学歴が高ければ高いほど、待遇が良くないのだ。金にならない学歴をとって何のためになるのか。流暢な英語を使って合弁企業でも働いていたら、きっと良い待遇がもらえるよ。どうしてそのようにしないのか」と。あの日、あなたが帰った後に、私はよく考えました。大学院に入るか、それとも会社に入るのでしょうか。科学に投身するか、それともあなたのお嫁さんになるでしょうか。確かに会社に入れば、実利が入るでしょうが、大学院に入っていれば、研究方法を系統的に学べるので、今後の仕事にしっかりとした基礎を固めることができます。勇気を振り絞って面接に行きました。その後、何度もあなたとお話をしました。キュリー夫人は世界で一流の女性科学者だが、同時に良妻賢母でもあったと私が言ったら、「仕事と生活の両立なんて永遠に不可能だ」とあなたが言いました。あなたのために試みてみたいと私は言ったら、あなたは自分が好きなのは良妻賢母型の優しい妻で、女性の統計学者ではないと言いました。あの日は結局ひどい喧嘩になりました。現実に差し出されたこの難しい選択で、私は涙を流しました。いったいどのようにすれば良いのでしょうか。戸惑っていました。女性はやっぱり月のように、男性に照られて生きていくほうが良いのでしょうか。生活と仕事での追求が火と水のように相容れないものでしょうか。いろいろ考えてつらい決断を下し、研究所に受付の登録に行きました。そのときはめまいで倒れるところでした。永遠にあなたを失ったと知っていました。

　学校が始まってから60日間は、毎日涙を流していました。あなたを失って初めて、あなたのことがどれだけ好きかが分かりました。何回もあなたの家の近くまで歩いていって、もう一回私と

私の求めている夢を受け入れてくださいと言いたかったです。昔あなたはこう言っていました。「君の好きなものは、僕も全部好きだ」と。なのに、私がこんなに大事にしている夢を、なぜあなたは受け入れてくれないでしょうか！

　波さん、ほかの人の前では、私は頭を下げることがありませんでした。でも、あなたに対して、最初で最後に頭を下げてお願いしたいです。仲直りしましょう。あなたも、自分の夢も、どちらも私には必要なのです。

　投書の女性は、大学院に入ったことで仲の良かった恋人から別れを告げられた。相手の男性は、「自分が好きなのは良妻賢母型の優しい妻で、女性の統計学者ではない」と言い、女性の仕事における追求と良妻賢母という家庭での役割との両立が困難というのが理由なようであるが、大学院に入ることによって代表される「強い女」への忌避と言えよう[87]。このような男性の態度を見て、投書から分かるように、当初の女性は悩んだ末に自分の進みたい道を選んだが、「女性はやっぱり月のように、男性に照られて生きていくほうが良いのだろうか」と大きく動揺していたことが伺える。

　一方、当時においてすべての女性が「強い女」志向であると言うわけでもなかった。1990年第4号の「答朋友問」コラムに、良妻賢母になりたいという女性の投書があった。

投書6−38　「「良妻賢母」を人生の追求にしないで」（1990年第4号）
　　編集者同志
　　　私は今年24歳で、中学校の教師で、勤め先の青年団支部の総書記を兼任しています。仕事で業績を出そうと思っていました。でも今は、幸せで温かい家庭を持ちたいと思っています。青年団の仕事をやめ、真剣になって彼氏を作り、良妻賢母になりたいのです。両親が離婚したことが、心に大きな傷を残しました。将来

の家庭の幸せのためなら、個人の前途、仕事への追求を諦めて良
妻賢母になってもいいと思っています。私のこの考え方、正しい
ものでしょうか。

寒暁より

　投書の女性は、幸せな家庭への憧れから、「個人の前途、仕事への追求を
諦めて良妻賢母に」なりたいが、これが正しい態度かどうか不安の気持ちを
訴えた。これに対して、回答者は「夫に思いやりがあり子どもに優しい妻」
になるのが良いが、「良妻賢母」を人生の追求にするのが良くないと答えた。
封建時代の女子は経済的収入がないため、男性に依存してしか生きている術
がなかったが、「20 世紀の 90 年代に入った今日では、新中国の女性は経済
的に自立しており、男性と同等の社会的地位を持っているため、「良妻賢母」
になることを人生の目標にしてはいけない」と態度を表明した。また、愛情
で目が眩み、仕事より愛情のほうが大事で、愛情のために仕事を諦めるやり
方は、本末転倒だと戒めた。『中国青年』のこの態度は、改革開放によって
もたらされた「新観念」の流れを汲んでいると言えよう。
　恋愛事情における女性の仕事への向上心に関する投書を見てきたが、この
時期の女性は、社会から経済的に人格的に男性と平等で独立した人間として
生きていこうと呼びかけられていることが分かるだろう。仕事への向上心に
よって恋愛・結婚の場面において男性からさまざまなプレッシャーを受けて
おり、彼女たちも動揺の程度に差があるが、改革開放によってもたらされた
「平等」「独立」の新たな価値観をかなりの程度受け入れており、仕事への強
い向上心を持って生きていくことを選んでいる。
　この時期の女性にとっては、「良妻賢母」を人生の目標にせず、女性の自
立が重要だというのが『中国青年』を代表とする公式見解の認識であり、彼
女たちも「キュリー夫人」を模範にして仕事への強い上昇志向を有している
が、恋愛・結婚と仕事との両立を図ろうとさまざまな苦労をしている。

3 上昇移動の秩序に対する態度及び解釈

前述では、この時期の社会上昇移動のルートとして、政治的資源による上昇移動、大学合格による教育達成以外に、多くの経済収入を得ることも可能となった。個人経営者という高所得のクループの出現によって、経済格差が拡大していき、経済収入による階層秩序の再編が始まった。一方、制度的要因による都市部と農村部の社会的隔たり、職業の社会的威信によるヒエラルキーなどもなお健在していた。

このような社会的背景の中で、上昇移動の秩序に対して、若者は肯定的か、否定的か、どのような態度を取っていたのだろうか。またそれを踏まえて、上昇移動の秩序に対して、どのような解釈を有していたのだろうか。

3.1 収入の格差に感じる不公平感

前述3－3－1「階層ヒエラルキーに対する認知」の部分では、個人経営者の台頭などによる「収入格差による階層ヒエラルキー」の存在を見てきた。教育達成、政治的資源による上昇移動以外に、高収入を得ることがもう一つのルートとなったと述べた。都市と農村の社会的格差、肉体労働と頭脳労働の格差、幹部と一般工員の社会的地位の格差というこれまでの社会階層構造に、収入の多寡という経済収入の格差という新たな要素を加えた。これによって、一部の若者は、階層の上昇移動の秩序に、不公平を感じるようになった。

(1) 教育達成の経済報酬率の低さに対する不満

まずはこれまで「登竜門」とまで言われ、最も重要視されていた大学合格＝教育達成は、社会的地位の上昇をもたらしたにもかかわらず、それに見合った多くの経済収入をもたらすことはなかったことに対して、若者は困惑した。前述で取り上げた1985年第5号の投書「人材になるより、儲けるほうが良いのか」をめぐる問題討論では、知識や技術を習得して仕事についても、その収入は、個人経営者より収入が少ないことに対する不満が述べられ

た。教育達成による社会的地位の達成が成功したにもかかわらず、それに見合った経済収入が得られてないことに対して、教育達成に対する失望感と同時に、当時の人々は強い不公平感を覚えたのである。職業の社会的威信とその経済的収入の不一致による不公平感だといえよう。

(2) 個人経営者の高収入に対する都市部労働者の不満

個人経営者層の高い所得に対して、都市部の労働者階層は多くの不満を持っていた。

1988年第4号に、個体戸の鞄を拾ったがその中のお金を我が物にした女工によって鞄の持ち主に書いた手紙が掲載されたが、『中国青年』は、この手紙について「彼女はなぜ不平不満に思っているのだろうか」とのタイトルをつけていた[88]。

投書6-39 「彼女はなぜ不平不満に思っているのだろうか」（1988年第4号）

孔さん

数日間お待たせして焦っておられたと思います。申し訳なく思っています。

あの夜の8時ごろ、バス停に友人たちを見送りに行って帰ろうとする時に、ゴミ箱のそばに黒い鞄があるのに気づいたので、近くで持ち主を待っていました。でも、バスが三台も過ぎていったのに持ち主が来ませんでした。それで、自分の家に持ち帰って、中のものをチェックしたら、現金や物など計1000元ほどの物が入っていました。そのとき、鞄が置いてあったところに行ってあなたを待とうと思ったが、でもとうとう行きませんでした。もしこの鞄が農民か労働者のものだったら、私はきっと返していたと思いますが。でも、鞄の中のものを見ると、あなたは自分のバイクを持っているし、猟銃も持っている。それから、あんなにたく

さんの日本産の高級ライターもある。などなど……私がわかった
のです。あなたはお金の儲かった個体戸だと。あなたのお金や物
は、不浄の財でしょうし、お客さんを騙したりして、われわれ貧
しい労働者を搾取して得たものに違いない。その中に私が苦労し
て稼いだお金、私の分もあるでしょう。あなたはこんなにたくさ
んのお金を持っているのに、私は一ヶ月苦労して仕事をしてせめ
て40数元しか稼げない。あなたはバイクを持っているが、私は
自転車も買えない。あなたは猟銃を持っているのに、私は数角の
お金をかけて甥っ子におもちゃの銃を買うのも我慢してしまう。
これは本当に不公平だ。私が努力しないわけではなく、われわれ
の工場が不景気なんだ。私のような町内の小さな工場の工員は収
入はもともと少なくて、鳥かごのような家に住んでいるし、病気
の母親の世話をしないといけません。私はいまだに彼氏がいない
です。こんな私のこと、誰が気に入ってくれるでしょうか。私も
人間です。いいものを食べたいし、いいものを着たい、いいとこ
ろに住みたい。でもこれらすべてのことは、お金がないといけま
せん。私にはお金もないし、お金を稼ぐ方法もありません。あな
たはお金持ちだから、これぐらいのお金はあなたにとってなんで
もないでしょうけど、私にとっては大金です。しばらくの間、私
に使わせてください。お金が入ったら、必ずお返しします。必
ず！！鞄の中のほかの物品、タバコ、ライターなどは、私はまっ
たく使いませんが、郵送で送るのも不便ですし、男性工員の同僚
に回しました。印鑑や契約書なども送るのが不便だから、壊しま
したので、安心してください。あなたの運転免許や紹介状、領収
書などは返しますので、あなたを困らせたくありません。

　孔さん、許してください。でも私も本当に仕方がないです。今
物価がどんどんあがるし、私も生きていかないといけませんか
ら。貧しい人を助けたつもりでいてください。あなたは良く出張

する人のようですけど、今度出かけるときは、このようなことにならないように、気をつけてくださいね。あなたからいただいたお金、中心より感謝します。

　お仕事が順調に進むこととご家庭の幸せを祈ります！

申し訳なくて名前を残せない人より

1987 年 12 月 20 日

　手紙を書いた女性は、個体戸のお金は「不浄の財」で、「お客さんを騙したりして、われわれ貧しい労働者を搾取して得たものに違いない」と言い、自分と個体戸の間の収入の差に対して「不公平」だと強く感じて、拾ったお金を我が物にした。

　『中国青年』では、「拾ったものを返さない」という行為が間違っていると指摘した上に、「社会の分配制度があまりにも不公平だ」という彼女の考え方に焦点を当て、「今の分配制度の下で個人の収入の差の拡大をどのように見るべきか、どのような公平観を持つべきか、どのようにすれば心の中の不平不満をなくすか」について 1988 年第 4 号、第 7 号、第 8 号と 3 号にわたって行われた。討論では、三つの立場があった。①女工の行為に深い理解と同情を示し、分配制度の不公平に対して不満を表した。ある教員の投書はその一例であるが、「もし私がこの鞄を拾ったら、この女工さんと同じことをする」と言い、「教員の私を例にしよう。一ヶ月の奨金は個体戸たちの一晩の収入より低いんだよ。私たちの労働はこんなに安いものなのか。個体戸の社会への貢献は私たちよりそれほど大きいものなのだろうか」と個体戸と教員の収入の差に対して怒りをあらわにした。②女工の行為は平均主義を核心とする公平の観念に基づいており、商品経済の発展に伴い、機会の均等を求める新しい公平の観念を身につけるべきだとして、女工の考え方を批判した。「社会から提供されたお金儲けの機会は、彼女と孔さんは平等に配られている。彼女も個体戸をやっていいよ。問題なのは彼女には開拓精神に欠けており、「大鍋の飯」を食べて安定的な生活を送りたいし、同時に大金持ち

第六章　上昇移動における金銭の役割への目覚め（1985−1991年）　369

になりたい。（当然不満に思うだろう。）これは社会が不公平だからと言えるか」という語りはその代表格である。③社会の分配制度には確かに欠陥があり、改革を順調に進めるには、効率を重要視すると同時に社会の公平も大事にしないといけない。と同時に、個人としては商品経済に相応しい公平の観念を身につけるべきだ。

　この討論から、個体戸の収入増による経済的地位の上昇は、中国社会に金銭の力を見せつけ、大きな衝撃を与えた。

　また、1992年第8号に、「一人の主人公[89]の戸惑い」では、工場長が工員に黙ったまま管理職に多くの奨金を配ったことに関して、不満を語った。

　この時代に入り、人々の間に収入の差が生じ、それに対して人々は大きな不満を持っていると言えよう。

　以上では、経済的格差に対する人々の感じる不公平感を見てきた。これ以外に、上昇移動の秩序として、同時の人々はもう一つのことに対して強い不満を持っていた。それは、上昇移動の過程において公権力の濫用である。

3.2　実力よりコネが重要という公権力の乱用に感じる不公平感

　強い上昇志向を持っているだけに、職場で不正に出遭った際に、その無念はより激しいものとなろう。以下の投書には、社会の上昇移動を果す際に、実力よりもコネがより力を発揮していることに対する不満と失望感が述べられた。

投書6−40　「どうしてそのチャンスは2回も僕にくれなかったのだろうか」
　　　　（1985年第9号）

　　　　僕は待業青年で今年23歳です。つらい気持ちで自分の心の中の不平をあなたたちに訴えます。

　　　　僕はもともと県のマッチ工場で臨時の工員をしていました。工場に入った時は15歳で、学校を出たばかりで、一生懸命働くことしか頭にありませんでした。臨時の工員だから人より地位が低

くて、汚い仕事や力のかかる仕事もみんな私に押し付けてくるの
ですが、給料は月29元です。このようにして8年間働いてきま
した。8年間、自分もいつか正式の工員になるように日夜望んで
いました。1980年に国の待業青年を就職させる政策のもとで、
バッチ工場にも、臨時の工員が正式の工員に切り換わるという枠
が何名か当てられましたが、何人かの中年の女性が夫や親戚の権
勢を頼りにそのチャンスを手に入れました。工場の党書記に理由
を聞いたら、党書記は、彼女たちが来たのは局長の意思だから、
局長の顔を立てないといけないと言いました。とても辛かったの
ですが、その後も一生懸命働き続けました。やっと、もう一つの
枠が回ってきました。工員の皆さんは、僕がこれだけ長く臨時の
工員を一筋してきたから、正式の工員の枠は私にくれるべきだと
言っていましたが、工場長は、党書記の外出を機に、自分の娘に
回したのです。これを知ってから僕は大きなダメージを受け、工
場を離れました。家に帰った後、両親は毎日僕をののしってい
て、ご飯の時に僕のお茶碗を奪ったり、食費を出せと言っていま
す。辛いから外でくるくるさまよっていたりしています。人生の
道は、どうしてこんなに辛いでしょうか。

　僕は理解できません。どうして正式の工員になるチャンスが二
回も僕から逃れていったのでしょうか。

投書6-41　「優秀な人材をとるなんて言っているが、全部うそだ！」（1988
年9月）

編集同志

　今年の初めに、わが県の警察部門で人員の募集がありました。
15人しか募集しないが、300人が応募してきました。その中で僕
は実力を発揮して一番を取り、三つの科目で229点でした。次は
健康診断の知らせを待つだけだと思ったら、大間違いでした。私

第六章　上昇移動における金銭の役割への目覚め（1985-1991年）　371

より20点も低い人が、バックグラウンドがあるため採用された
のです。僕は不採用でした。優秀な人材を取るなんて、全部うそ
です。

四川　立新より

投書6-42　「真面目に仕事をしているが、損ばかりする」（1992年第7号）
編集同志

　真面目さは人間の美徳であり、仕事や勉強、生活に対して真面
目な人間は、社会から尊重され支持されるべきだと思います。20
年来受けた教育のおかげで、僕は真面目に仕事や勉強をし、生活
面も真面目にしています。でも今、僕は「真面目」に対して戸
惑っています。僕は疑い始めたのです。

　1979年に僕は工場に入って工員になり、真面目に技術を勉強
してたった3ヶ月で独立して機械の操作ができるようになりまし
た。手当てはありませんでしたが、、僕は楽しく働いていました。
一方、僕と同期で工場に入ったもう一人の男の子は、独立操作が
できるまで一年以上かかりましたが、彼の給料は私と比べて一銭
たりとも少なくなかったのです。不合格の製品を出してしまった
場合、僕はいつも検査員に報告してから書類を記入し、廃品ボッ
クスに持っていったのですが、ほかの多くの工員は自分が出した
不良製品を報告せずにこっそりと廃品ボックスに持っていくの
で、年末になると彼らが「優良製品生産者」となり、逆に僕が不
良品を出したことで「良品奨金」をもらえなかったのです。ま
た、時には上司が「合理化のためのアイディア募集」と言うと、
ほかの人が聞いていないふりをしていますが、僕は意見を多く出
しました。時には上司と言い争ったりします。その結果、最も汚
い、最も疲れる業務を僕が当てられるようになったのです。

　僕は自費でテレビ大学を卒業し、20数種類の新聞や雑誌で100

本以上の文章を発表しています。去年工場の広報部が広報の人材を募集したら、多くの人が僕のことを推薦してくれましたが、最後広報部に行ったのが学歴もなく、能力もない幹部の子供でした。その後内情を知っている人が僕に同情の言葉を掛けてくれました。「あなたという人は、何事に対しても真面目すぎて、融通という言葉を知らないんだよ」と。

　僕は何か分かったような気がしました。確かにぼくは真面目すぎたのでしょう。今の社会では真面目な人間は通用しないのです。どうしてでしょうか。真面目な人間は逆にその真面目さによって不利を蒙ってしまうのです。逆にうそをついたり人生をゲームのように弄ぶ人間は何もかもうまく行きます。社会のメカニズムに問題があるのでしょうか、それとも現代人は物欲に目が眩み、何が是で何が非で分からなくなったのでしょうか。或いは、真面目に仕事をして真面目に生きること自体が間違っているのでしょうか。僕はいろいろ考えましたが、よく分かりません。

　上記三つの投書では、若者のそれぞれの状況は違うが、「一生懸命働く」ことや「一番を取る」など自分の実力や業績で社会の上昇移動を果たそうとしているが、権力に近いものの人間関係による不正が働いて、その努力が実らなかった。「優秀な人材を取るなんて全部うそだ」という言葉のように、若者たちが深い失望感を抱えた。

　昇進や境遇の改善などにおける人間関係の重要さについて、次の投書では明確に提起された。

投書6-43　「コネと一生懸命働くこと」（1989年第1号）
　　編集同志
　　　僕のいる連隊では、このような言い方が流行っています。「一生懸命働くことより、コネのほうが効く」と。僕も多少同感を

持っています。本当にそうでしょうか。

軍人　李快より

コネによる不正の存在は、専門技術者の職名を評価する中でも多発しており、1990年第10号「このように職名[90]の評価を行うのはあまりにもでたらめだ」という投書では、5年以内で7つの研究成果を出して「エンジニア」の職名を獲得した若者が、職名を評価する中で起こった不正について不満を表した。

上昇志向を果たす際に、実力以外の要素の存在や、その具体的なからくりは、次の投書から伺える。

投書6-44　「社会に適応するためには、強いものにしっぽを振るようなことをしないといけないのだろうか」（1985年第10号）

編集同志

　社会に合わせることは、強いものにしっぽを振らないといけないのでしょうか。これについて長く考えていたのですが、今日は、あなたという「正統的な考え方をする」友人に聞いてみたいです。厳しい顔をして「あなたは間違っている！」とおっしゃるのでしょうか。建前の話はもう聞き飽きたから、このような現象について説明してくれませんか。

　父が定年して今年で2年になりました。いま彼は何もすることなく、新聞を読む以外は椅子に座ってぼうとするだけです。昔我が家には毎日お客さんが来ていて、父に用事のある人ばかりでした。寝室や居間、廊下、階段の入り口まで「ご挨拶」或いは「ご相談」に来ている人が並んでいました。その時父は忙しくて僕たちと話す暇もなかったです。もちろん、お客さんともあまりしゃべりませんでした。いつもお客さんが事情を話したあとに、「様子を見て考えてみよう」と一言言うだけでした。なんですけど、

その時義姉の進学や仕事の配属、兄が軍隊に入ること、僕の仕事など、一度も困ることがありませんでした。多くのおじさんやおばさんが「積極的に」私たち兄弟のためにいろいろ手を尽くしてくれたのです。

今の我が家は、お客さんがまったく来なくなりました。秘書の人も書類を届けに来るのもめったにありませんし、電話のベルもあまりならなくなりました。昔良く付き合っていた古い友人も仕事が忙しいからと言って来なくなりました。さびしくしている父を見て、かわいそうだと思いました。兄が復員したのでタクシー会社で働きたいと思っているらしいのですが、父が電話で知り合いに何度も頼んだがだめでした。私も仕事を変えたいと思っていて、私のことを大事に思っている父が自ら二回も出回ってお願いに行きましたが、それもだめでした。このようなことわざがありますよね。「一等の父親は黙っているだけで OK、二等の父親は電話をかけるだけで OK、三等の父親は出回って OK、四等の父親は家で文句を言うだけ」。今となってはうちの父は四等にもなれないのですね。家で嘆くだけですから。

強いものにしっぽを振るやつらに、恨みを持っています。でも、仕方がありませんね。いい仕事に就けるために、私も裏口を利用し、不本意ながらも強いものにしっぽを振るようなことをしました。あれらのいわゆる「おじさん」「おばさん」たちに物を持ってお礼に行く前に、その鞄を地面に捨てつけたり自分を「いやらしいやつだ」と責めたり、自分の顔を叩いたりしそうでしたが、その後に笑顔を作って訪問に行きました。なんといってもお願いしたことをやってくれたのですから。兄はプライドが高くて人様に頭を下げることができませんから、代わりに僕が同じようにいろいろと「根回し」をしたら、なんと、うまく行ったのです。

まあ、そのようなことをしましたけど、心の中ではこんなことをすべきではないと思っています。私たちの社会は、このようなものでしょうか。

上海　李平より

　投書の中で若者は、重要な役職についていた父親が定年する前後に、就職や転職などのことにおいて父親や自分、兄弟らに対する関係者の態度の変化を挙げ、「強いものにしっぽを振る」行為に対して違和感があるが、自分自身も「より良い仕事に就ける」ために裏口を利用せずにいられないという悩みを訴えた。投書の文面からして、「強いものにしっぽを振る」という行為に対して不満を持つよりも、もともと「裏口」の既得権益層にいた若者が、父親が権力を失った後に人々の態度の変化に不満を持っているというのが、若者の本音の気持ちだと言えよう。ここでは、「裏口」の利用という当時一般に存在していた現象は、若者がその上昇志向を果たす際に、実力以外の要素、コネが絡んでいることを意味する、という観点で取り上げた。

4　小結

　1985 年以降、都市部での改革が本格的に行われ、「改革」という国家路線のもとで経済活動を通して多くの収入を得ることが称揚されるようになった。社会的地位の上昇ルートとして、それまでの政治的上昇、教育上昇以外に、経済的な富を手に入れることによる階層の上昇が可能となった。

　以上では、階層ヒエラルキーに対する認知の仕方、上昇志向のあり方や階層の上昇移動を果たそうする若者の悩み、上昇移動の秩序に対する態度と解釈という方面から、1985 〜 1991 年の『中国青年』に掲載された職業や自己実現に関する読者の投書を分類したうえで考察を行った。

　そこから、以下のことが発見できたと言えよう。

　まず、階層ヒエラルキーへの認知について、この時期の若者は前の時期と同様に、或いはそれ以上に、人々は職業の違いは社会的地位の違いをもたら

すと感じている。また、人々は収入を得ることに対する羞恥心から解放され、農村部の若者は「万元戸」、都市部の若者は「個体戸」というふうに、経済活動に従事して多くの収入を得ることに大きな情熱を示している。都市部の改革が行われるまで、人々の社会的地位を図る上で、職業の社会的威信や、都市部と農村部の隔たりが最も重要な要素であったが、経済改革が行われていくにつれて、経済所得が人々の社会的地位をはかる重要な要素の一つとなった。この時期になって、個人経営が政策的に称揚されるようになった中で、個人経営者＝「個体戸」になり商売を通して高い所得を得ていた。一方、この経済収入という経済的資源によって階層ヒエラルキーが再編されることに対して、一部の人が不満を持っていた。この討論から、個体戸の収入増による経済的地位の上昇は、収入格差による階層区分が形成されつつあることが伺える。このような討論は、建前として金銭を代表とする物質的な利益を否定するという風向きを弱める役割を果しただろう。

　この時代に入り、さまざまな要因によって人々の間に収入の差が拡大していった。またこれに対して人々は不満を持っていたのである。

　また、若者の上昇移動の努力と悩みから見ると、収入の格差や職業の社会的威信による階層ヒエラルキーの存在を感知した若者は、強い上昇志向を見せており、と同時にそこには強烈な不安や焦燥感が伴うことになる。その中で、経済活動による収入の増加が社会的地位の上昇の重要なルートになったとのことは、多くのことに影響を与えた。まず、前の時代において非常に美しい未来が約束されているとされた「知識」による教育達成の道に対して、若者たちは強い失望感を覚えることになる。前の時代では「天の寵児」とされた大学生が、学歴の希少価値が下がることによって「エリート」感覚を失い、不本意な就職などによって大きな閉塞感を覚えることになる。

　そして、前の時代と同様に、女性は仕事への強い向上心を持っていたが、それによって恋愛・結婚の場面で挫折に遭遇することがあり、ジェンダーによる男女の境遇の違いが見られた。

　さらに、上昇移動の秩序に対する人々の態度と解釈についてであるが、ま

第六章　上昇移動における金銭の役割への目覚め（1985 – 1991年）　377

ずは、個人経営者の高収入によって、人々の間に収入の差が生じたことに対して、不公平感が生じる。また、職場では、若者自身の強い上昇志向と職場で遭遇した「不条理」な場面との齟齬に関する投書が増えたように、自分自身の実力を持って職場で出世しようとする若者が、公権力の濫用による「コネ」の役割が実力よりも重要な要素だと感じて、戸惑ってしまい、失望や強い不満を感じた。それに対して『中国青年』雑誌は「社会への適応」との論理が持ち出され、職場に関する新たな「哲学」が講じられることになる。

第4節　恋愛・結婚に関する読者投書の分析

　この部分では、都市部での経済改革が進むにつれて、教育達成のほかに金銭の獲得も社会上昇移動を果たす重要な手段となった1985-1991年という時期に、若者の生活世界の中の、恋愛・結婚との場面においてどのような悩みがあり、そこからどのような上昇志向が見られたかを整理したうえで、階層ヒエラルキーの存在に関する認知、上昇志向のあり方、社会秩序のあり方に対してどのような解釈・想像を持っていたかなどという三つの点を手がかりに、考察していきたいと考えている。

1　恋愛・結婚に関する『中国青年』掲載内容の特徴及びその立場

まず、この時期の恋愛・結婚に関する内容の特徴を見て見よう。

1.1　教化より恋愛・結婚の作法に関するアドバイスの増加

　この時期の『中国青年』に掲載された、恋愛・結婚に関する内容を見ると、前の時期のように、プライベートの恋愛・結婚に関する生活は、「革命事業」の補助的な部分であり、従属的な部分として見る立場はなくなった。したがって、それに関する道徳教化的な文章も姿を消しており、その内容は、若者が実際の生活に出会った恋愛の悩みや恋愛・結婚の作法を多く取り上げている。個性のある結婚式にするためのアドバイス、夫婦の愛情を保つ方法、結婚適齢期を逃さないことの重要性などの内容が見られた[91]。即ち、若者の恋愛・結婚の場面に起こった実際の悩みを多く取り上げるようになったのがこの時期の特徴である。

　このことは、この時期において『中国青年』雑誌が個人の私生活を注目するようになり、真正面から取り上げられるようになったと言えよう。これは、1984年に都市部の改革が始まり、「私」の領域に関する政治的統制が緩和され、或いは私的利益への追求が公的に認められ、称揚されるようになったことと密接に関連していると思われる。

第六章　上昇移動における金銭の役割への目覚め（1985–1991年）　379

　一方、恋愛・結婚に関してこの『中国青年』に明確な指向性がなくなったのではない。婚前性行為、既婚者の不倫などは道徳的に良くないことだとされていたし、また中学生や高校生などの恋愛も学業に影響を与えるとして好ましくないことだとされた。恋愛・結婚は個人の私生活の重要な部分として認められたが、それ自体に関しては、「道徳」的な立場から保守的な姿勢を取っていた。

1.2　恋愛・結婚に関する読者の声の全体像

　この時期の恋愛・結婚に関する読者の声は、全体に占める割合が少ない。これらの文章は主に、「少年の心事」「私の秘密」、「爱情の箱舟」「結婚・家庭」コラムなどに掲載されている。投書のタイトルと掲載号等の詳細は、表2-16「1985–1991 恋愛・結婚に関する読者の声掲載文章一覧」を参照されたい。

　これらの投書は、以下のように分類できる。

(1)「早すぎる恋愛」と呼ばれる中高生の恋愛に関する投書

　1985年より中高生の恋愛という「早すぎる恋愛」に関する投書が多く掲載されるようになった。

投書 6-45 「14歳で芽生えた愛」（1985年第2号）

　　　　　　私は14歳の女の子です。中学に入ったばかりの頃は、朗らかで活発な子でした。ある日、ほかのクラスの友達に本を借りに行ったら、ぱっちりとした目をした男の子が私に優しく微笑んでいるのに気づきました。顔が真っ赤になって逃げましたが、その後ばったり会うと、彼はいつも笑顔でした。最初は少し怖かったのですが、後になってなぜか、あの子のことがどうも好きなような気がして、最後は会わないと元気がないという状態となりました。あの男の子から何も言われていませんが、でも私、自分に

何が起こっているか分かっています。中学校では恋愛が禁止され
ていることが分かっていますが、自分の感情をコントロールする
ことができません。彼を人目見るために、私は時間さえあればあ
ちこちうろうろするのです。口数が少なく、怒りっぽくなった
し、勉強もなかなか手につきません。性格が変わったと周りから
言われました。

　　編集者同志、私はどのようにすればよろしいのでしょうか。

　　　　　　　　　　　　　　　　　　　　　　　北京　何玉より

　これに対して『中国青年』は、14歳で恋愛意識が芽生えたのは正常な心
理的、生理的現象であり不安になることがないとしたうえで、「この年の青
少年はその世界観が定まっておらず、複雑な生活に対して明確な認識を持っ
ておらず、物事への見方や考え方、性格、情緒も不安定な時期にある」とし
て、中学生の恋愛禁止という学校のルールは正しいとの立場を表明した。
　当時、「早恋」は学業成績の低下だけでなく生活の乱れや家出、同棲など
の非行につながると思われており、家庭や学校では一般に許されるものでは
なかった。この時期の『中国青年』もこのような立場を取っており、上記の
ようなどのように対処すれば良いかという悩みの投書以外に、「早恋」に
よって勉強がだめになったと後悔の投書、親の啓発や自力で「早恋」から脱
出した経験談という誘導系の文章や、または正常のクラスメート同士の付き
合いのつもりだったのが周りから「早恋」ではないかと周りから誤解され、
ひどい思いをしてしまったと悩みの文章が掲載されている[92]。

(2) 性の悩みに関する投書

　まずはポルノ印刷物への警戒であるが、これらの文章ではポルノ印刷物や
映像を見て性に目覚めて淫らな行為をしたりポルノを見続けていたが、心身
の健康が損なわれたり犯罪したりしてしまったという反省的な書き方が殆ど
である[93]。

また、一般の若者の婚前の性行為を戒める目的で、1989年第11号の「青年の呼声」コラムでは、「友人よ、童貞を大事にしよう」と「未婚の妊娠について話そう」では、「結婚もしていないうちに妊娠してしまうことは、断じてあってはいけないことだ。結婚する前に性関係を持つのは、法律と道徳で断じて許さないことである」と強調したうで、未婚で妊娠する女性を取り上げ、婚前の性行為の一番の被害者は女性であり、このような行為は「本来神聖なものであった男女の愛を汚し、社会の道徳規範を違反し、社会の雰囲気を悪くしたのみならず、自分の心身の健康を損なう」と批判した。このような価値観にコミットメントし、軍隊に入る前のお別れで愛している彼女と性行為をしようとしたが、彼女から平手打ちを食わされて歯止めがかかり、そのおかげで「禁断の実」を食べた悩みに惑わされることがなく過ごしているという軍人の投書があった[94]。当時において婚前性行為や「童貞」に関して、女性の若者が「童貞」を失ったことに関して非常に大きな精神的負担を感じていた。当時の中国では優生学の観点から「婚前身体検査」が制度的に行われていたが、この検査で「童貞」であるかどうかがチェックされると聞いて心配だとの下記の投書から伺えよう[95]。

投書6-46 「従妹の憂い」（1987年第1-2合併号）

　　編集者同志

　　　　私の従妹は恋愛して5年になり、近いうちに結婚するそうです。フィアンセから早く勤め先に紹介状を書いてもらって婚姻届を出しに行こうと催促されていますが、なぜか彼女は嬉しい顔をせず、なかなか動こうとしません。気になったので何度も聞いたら、婚前身体検査が怖いのが原因だと分かりました。検査をしてきた友達から聞いた話しで、〇〇病院の産婦人科は非常に態度が大きくて、平気で人の恥をさらしていると。例えば、検査を始める前にもう大きな声で、「男性と性行為のあった人、流産歴のある人、前に出てください！」と言うらしいです。そのような経験

のある女の子たちが、人前で恥ずかしいが、それでも歯を食いし
ばって列に出ます。じゃないと、この検査を通れませんから。
もっと怖いのが検査でばれてしまうことです。医者がフィアンセ
を呼んできて、みんなの前で聞くんだ、「あなた、彼女と寝たの
か。彼女流産したことがあるよ、知っていたのか」とか。もう恥
ずかしくて顔が真っ赤になる人がいたり、怒ってそのままその場
を去る人がいたりするとか。私の従妹の場合は、前の恋人と性関
係を持ってしまいましたが、後になっていろいろな事情で別れて
しまいました。そのため、心の中でずっと後ろめたさがありまし
た。でも今のフィアンセと深く愛しているから、愛している彼に
このようことで苦しまれるのがいやです。また、いま彼が許して
くれたとしても、今後の生活に影を落としてしまうのではないか
と心配だそうです。

　従妹の話を聞いて、私は不安に震えました。これはどんなに不
条理なことでしょう。婚前身体検査は貞操を検査するものでしょ
うか。従妹と同じように悩んでいる若者のために大きな声で呼び
かけたいです。彼女らに過ちがあったにせよ、このように彼女の
ことを扱ってはいけません！

北京　王珊より

投書6-47　「恐ろしい検問所」（1987年第1-2合併号）

編集者同志

　私は大学に勤めている女性の教員です。幸運でありながら幸運
でない人です。自分は幸運な人だというのは、大学の学歴や比較
的に良い仕事を持っているからです。でも、一回の不謹慎で、尊
い貞操を失ってしまいました。後に彼は外からのプレッシャーで
私と別れました。その人のこと、もう愛していませんが、恨むこ
ともありません。しかし、うっかりして理性を失ったその一回限

りの事で、私は少女のすべてを失いました。心の傷はいまだに癒されていません。本当に後悔しても後悔しきれないです。婚前身体検査では全面的な検査をすると聞きましたが、それがばれたらどのように説明すれば良いのでしょうか。

そのことが起こってから一年過ぎました。良い若者が私のそばを通っていきますが、怖くて直視できません。理解してもらったり、許してもらったりすることが可能でしょうか。私のこと、助けてください。

武漢　孫林より

投書 6-48　「無理やりで鴛鴦（のように仲の良い私たち）を別れさせないでください」（1987 年第 1-2 合併号）

編集者同志

今、たいへんつらい気持ちで、この手紙を書いています。

昨年の 2 月に、隣の村の女性と婚約を結びました。結婚届を出しに行ったときに、婚前身体検査が求められました。彼女が検査を受けた後に、お医者さんから「異常あり」（なんと処女膜が破裂している！）と言って、私たち二人はきっと一緒に寝たとして罰金を出せとのことでした。神様よ！晴天の霹靂というのはこういうことでしょうか。知り合ってから現在に至るまで、私たち二人の間には何もいやましいことをしていません。罰金はどうでもいいことですが、彼女に降りかかる社会世論からの打撃は大きいものとなるでしょう！

お聞きしたいのですが、激しい運動、たとえば自転車に乗るとか、の運動によって、処女膜が破裂するということはありうるでしょうか。

婚前検査によって無理やり私たちを分かれさせないでほしい。仲の良い恋人が分かれさせ、ないしは行き詰まった境地に陥らせ

てしまうのをやめてほしい。

　　湖南　迷いの十字路に立ち止まっている青年の農民　清清より

　いずれも、婚前身体検査で貞操が検査される（た）事に関する悩みの投書
であった。これらの投書に対して、「人前で（童貞であるかどうか、流産歴
があるかどうかなどの情報を大きな声で言って）当事者を恥にさらしたり、
大衆の前で（性行為などの経験があるかどうかについて）当事者の二人に聞
いたり、さらに罰金を取るなどのやり方は、人の尊厳を損ねて、衛生部に公
布された「結婚の保健に関する規定」に違反しており、許されないことであ
る」と『中国青年』雑誌編集部による前書きが掲載された。また、同号に掲
載された「青年のみなさんと結婚前の健康について話そう」では、優生学の
観点から「婚前身体検査」の必要性が説かれた。

　婚前性行為に関する悩みの投書は、これ以外にもあった。1988年第2号
では「これは女性の間違いだろうか」との文章が掲載され、処女ではないこ
とで自分のこと「不潔」だと大きな心の負担を背負い、また恋愛において苦
労する女性の悩みが語られました。また、1989年第3号には、「私の潔白の
名声を返してくれ」では、彼氏と別れた後にたまたま短期間地元を離れてい
たため、人からそれは「流産」するためと噂され、潔白の名声を失って怒り
を感じたとの投書があった。

　ここからでも、本来プライバシーとして扱われるべきものとしての婚前性
行為が、当時の社会世論においていかに許されないことであるかが伺えるだ
ろう。

(3) 夫婦関係の悩みに関する投書

　この時期、夫婦の関係に悩んでいるという投書もあった。1985年第8号
「愛の悲しい歌」（夫の不倫で家庭が崩壊して心身が疲弊している）、1988年
第2号「脆弱さのために、私は名声を失った」（職場でセクハラされたが、
後にその相手と不倫関係になったため離婚させられ、今では悔しく感じてい

第六章　上昇移動における金銭の役割への目覚め（1985–1991年）　385

る）などがこのような事例である。このような投書は、既婚者の不倫を戒める目的で掲載されたと考えられよう。

（4）恋愛に関するさまざまな心理的悩みの投書

　　読者投書の中には、1985年第3号「彼はなぜ3回も恋愛で失敗したのか」、1989年第2号「告白するにはタイミングが重要だ」のように、片思いや失恋、恋愛のノウハウなど、心理的な内容に関する投書が数多くあった。
1988年第11号「35歳でいけないのか」
　　　　　　　　　（35歳で離婚歴のある男性との恋愛で周りから批判された）

（5）社会的階層などの要素が関わる恋愛・結婚の悩み

　恋愛・結婚に関する投書には、社会階層に関する要素が関わる悩みも多くあった。そこから、当時の若者の上昇志向が伺える。

　以上では、恋愛・結婚に関する投書を5種類に分けて確認してきた。そこから、恋愛・結婚に関して、『中国青年』の指向性がある程度伺えただろう。この時期の『中国青年』によって代表される価値観では、婚前性行為、既婚者の不倫などは道徳的に良くないことだとされていたし、また中学生や高校生などの恋愛も学業に影響を与えるとして好ましくないことだとされた。恋愛・結婚は個人の私生活の重要な部分として認められたが、それ自体に関しては、「道徳」的な立場から保守的な姿勢を取っていたことが伺えよう。
　これら投書は、当時の若者が恋愛・結婚に関してどのような悩みを持ち、恋愛・結婚に対する社会的雰囲気を知るのに価値ある資料であるが、本研究は社会階層に対する認知及びその認知を取り入れての人々の対応を見るのが目的であるので、これらの投書を全部考察の対象にするのではもちろんなく、社会階層への認知が反映される分類で、つまり心理的な悩みよりも、社会階層への認知が反映された投書、即ち⑤の内容のみに対して考察を行う。

2　恋愛場面における農村出身というハンディ

　この時期において、都市化の進展によって、「農村出身」は社会階層の中で相変わらず引くい階層に位置づけられていた。「農村出身」というのは恋愛においてデメリットをもたらす場合がしばしば見られる。

　まずは、前の時期と同様に、片方の教育達成による社会的地位の変化によって、恋愛関係が解消してしまう事例があった。

　1988年第2号に掲載された投書「彼は無情なことをしたが、私は背徳なことをしてはいけない」では、農村出身でシルク紡織工場で契約工員をしている女性の投書が掲載された。女性は、自分は四年前から同じ村の男性と恋愛関係を持ち婚約もしたが、男性が昆明工学院という大学に合格してから、手紙を寄こしてこのような結婚は幸せになりそうがないと別れを告げたという。周りから相手のこの不徳な行為に報復せよとのアドバイスに対して、自分は理性的に対応したというのがこの投書の落ちであるが、恋愛関係が破局となった原因を、「大学生と向上の契約社員」の社会的地位の違いに帰している。

投書6-49（抜粋）「彼は無情なことをしたが、私は背徳なことをしてはいけない」

（1988年第2号）

　　私は25歳の若者です。戈陽シルク工場で働いています。4年前に、同じ村の青年鄭さんと恋愛関係を結んでいました。彼は一生一緒にいようと誓ってくれました。その後彼は昆明工学院に合格しました。2回も三回も手紙を寄こしては、私との将来は幸せにならないと言って別れようと言っていました。つらかったです。

　　工場には同じ村から来た若い女の子が十数人いて、みんな私のために怒っていて、さまざまな方法を考えて、あのひどい人に仕打ちをしようと私を勧めていました。……（中略）……鄭さんの

恩義知らずの行為で、私の青春が損なわれたことを考えると、報復したい気持ちもありました。ですが、知識のある、理性のある青年として、元恋人を敵に回して法を犯すことをするわけにはいかないでしょう。

……（略）

江西省余干県古埠头 史淑璠より

上記の投書を通して、この時代において、恋愛関係が中断した場合、その具体的な原因が大学生と工場の契約工員という社会的地位の変化であるかどうかという事実関係とは別に、人々の想像の中では、恋人の気持ちが変わったのは、より上の社会的地位を手に入れたからだという風に、社会的地位の変化と関連付けて解釈してしまうことが多いのである。そして、このような解釈を行うことによって、道徳的な批判が成り立った。

また、農村では、片方の社会的地位がより上の位置に上がったら、恋愛関係が中断しやすいという判断は、多くの人々が持っていた。次の投書から伺えるだろう。

投書6-50 「女性たちは僕が「高加林」になってしまうのが心配」（1985年4月）

僕は大学受験に失敗した農村の若者です。大学に受からなかったことで、一時期悩みました。1982年から大学の中国言語と文学専攻を独学で勉強し、省の高等教育独学試験に合格し、その中で幾つかの課目は終了証書をもらいました。両親や村の皆さんは祝いの言葉をかけてくれた。でも、これが原因で悩ましいことも起こりました。

僕は今年21歳です。農村では、結婚して家庭を持つ年頃です。なのに、僕はまだ彼女もいません。両親は焦ってあちこちと仲人さんに頼んでいるが、男女の片方が進学できたり工場の工員にな

り農村を離れると、農村にいる恋人を捨ててしまうから、家柄や本人の社会的地位が釣り合っている人同士の恋愛のほうがいいと、古い考え方をする人がたくさんいます。ある人から面白半分で、「彼女たちは、心配しているんだよ。あなたが「高加林[96]」みたいに、将来町で仕事をするようになったら、「巧珍」を捨ててしまうが心配だから」と言いました。

　僕は80年代の青年です。ふるさとの立ち遅れた状況を改善するために、若いときに一生懸命勉強し、知識を身につけ、人生の路を開き、四つの現代化に貢献するつもりで頑張っていました。独学も成果があって、人々から尊敬されています。なのに、なぜ結婚の問題で冷たくされるんでしょうか。

山東省　孟国より

　投書の若者は、大学受験の失敗から立ち直って独学の路を選んだが、独学に成果があって「両親や村の皆さんは祝いの言葉をかけてくれた」り、「人々から尊敬されている」と周りから認められていると本人は感じている。一方、独学に成果があることは、都市部で働く可能性があると村人が判断している。「家柄も当人の社会的地位が釣り合う」もの同士の恋愛こそ実るものだという考え方のもとで、独学して成果を手にしていることは、逆に恋愛相手を見つける中で障害となってしまったケースである[97]。

　「家柄も当人の社会的地位が釣り合う」者同士の恋愛こそ実るものだという考え方とそれによって生じた心の葛藤を、次の投書で当事者の農村女性からはっきりと語られた。

投書6-51　「龍は龍、鳳は鳳、釣り合うもの同士の恋愛こそ実る」（1990年
　　　　　第6号）

　　一時期、彼が大学に受からないでくれとこっそり期待していた。大学に受からなかったら、彼も一夜のうちに普通の百姓にな

第六章　上昇移動における金銭の役割への目覚め（1985－1991年）　389

り、誰も彼のことをかまわなくなるだろう。そうしたら、私は迷うこともなく、彼のお嫁さんになれる。

　彼は受からなかった。でも、私が想像していたほど惨めなことにならなかった。工員募集の試験を通って、企業に入ったのだ。8時間の働く時間以外では、彼は本や新聞を読んでもいいし、ダンスバーに入って「青春のブレイクダンス」を踊っても良いのだ。一方私は、高卒してから村に戻って、毎日鍬を持って農作業の生活をしている。どんなに綺麗な手をしていても、どんなにやわらかい体をしていても、毎日農作業ばかりの田舎ものだ。

　彼は私のことが好きだ。私の天真爛漫で、朗らかな性格を彼は好きなのだ。私も彼のことが好きだ。知識が豊富で言うことが面白くて、男らしいところがすきだ。今でも、良く会いに来てくれる。時には畑にまで会いに来てくれる。作業している綿畑から腰を上げて、埃まみれの私を見て、彼はいたずらっぽく笑ってくれた。若い女の子なら、誰でもロマンチックなことをしたいだろう。でも私は、心から笑えない。

　彼は（二人の身分の違いなど）気にしていないが、彼の両親は（二人の付き合いを）強く反対しているのだ。彼は今の仕事をやめ、二人で一緒にどこかへ行こうと言ってくれたが、それはあまり現実的ではないと私は思っている。彼が自分の両親に冷たくされたり、農村の妻をもらったことで周りの人から嘲笑されるようなことにならないでほしい。（私との結婚によって）苦労して町と農村を通うような生活をしてほしくない。彼の将来の幸せのために、私は気持ちを固めて彼と別れよう。たぶん、やっぱり、龍は龍、鳳は鳳ということわざのように、釣り合うもの同士の恋愛こそ幸せになれるだろう。

　　　　　　　　　　　　　　　　　　　山東省　張敏霞より

好きな男性が町の工場で工具になったので、農民の自分との恋愛によって「両親に冷たくされたり、農村の妻をもらったことで周りの人から嘲笑されたり」などの社会的地位の不釣合いで受けるだろうプレッシャー、また「村と町を通う」実生活において受けるだろう苦労を考えて、自分から自主的に恋愛関係を絶とうとする気持ちを、この投書で語られた。都市と農村との間の大きな隔たりが、改革開放によって縮まっていない。

　一方、農村の出身で都市部で働くということに成功した若者も、農村の出身ということが恋愛の困難になる場合もあった。次の投書を見てみよう。

投書6-52　「愛の神様に対して自分の戸惑いを白状する」（1989年第3号）
　　　　仕事についてから4年間になるが、私はずっと独身主義という態度を持っている。このような心理状態は、世間の偏った見方と大きな関係がある。若い私は、同じ世代の若者と同じように、未来の生活に対してまぶしい夢を持って、結婚して家庭を持つことを夢見ていた。でも、怖いのだ。心配だ。
　　　　農村の人々から、私のことを時代の寵児と呼んでくれたのは、（彼らにとってこれは）言い過ぎとは言えないかもしれない。でも私は、自分こそ世の中で最も不幸な人だと思っているのだ。これが原因で、求愛してくれた多くの人を断った。このことで、両親から何度叱られたことか。思い上がりも甚だしいと言われそうだが、そうではなく、自分のほうが彼らたちに釣り合わないと思っているからだ。（都市で）仕事を持っているが、何せ実家は農村にあって、「農民」という金箍（きんこ）が頭にはめられているのだ。都市の人とお見合いすると、良く見下され、「田舎者」だと軽蔑される。逆に私も、都市の「お払い」の男性を夫にしたくないのだ。でも、農村の中で恋愛相手を見つけるとなると、口で言うのが簡単だが、難しいことなのだ。農民のすべてが愚昧で無知だと思っていないが、彼らは自分の置かれている環境、条件

及び従事している仕事によって大きく制限されている。彼らのことを理解している人がどれだけいるだろうか。否定ではないのは、80年代の青年として、おとなしく畑仕事をすればいいということではなく、身につけた科学の知識を農作業に活用したり、或いは豊かになることを一生懸命頑張り、四つの現代化に貢献すべきだろう。でも私の周りには、自分が敬服するそのようなアイドルがいない。だから、（独身主義）という悲観的な考え方をするようになった。私は今年24歳です。心の中でまだ眠っている春を覚ましたい。でも、私の理想の伴侶は、どこにいるだろうか。

四川省　宋梅より

　投書の女性は、「（都市で）仕事を持っているが、何せ実家は農村にあって、「農民」という金箍（きんこ）が頭にはめられているのだ」という内容から見ると、何らかのきっかけで都市部で働くようになったが、実家は農村部にあるという状況の中で、農村と都市の狭間に位置する彼女は、恋愛の場面において、「都市の人とお見合いすると、良く見下され、「田舎者」だと軽蔑される」と都市の人間から突き放される一方で、彼女自身も都市部で働く人間のプライドで農村の若者について「農民のすべてが愚昧で無知だと思っていないが、彼らは自分の置かれている環境、条件及び従事している仕事によって大きく制限されている」とのように、農民との社会的地位の違いを強く意識している。1992年第6号「成長の悩み」コラムには、「僕は父親を「田舎者」だと嫌っていた」との投書では、恋愛相手に自分の農村出身を偽ったことが述べられた。

　また、恋愛の場面において、農民出身ということは、時には相手に対する自信のなさにつながる。1985年第5号に掲載された大学三年生の投書「恋よ、なぜもう少し遅れてこないのか」では、自分が好きになった女性に対する、心の葛藤が述べられた。

投書6-53（抜粋）「恋よ、なぜもう少し遅れてこないのか」（1985年第5号）

　　　このような気持ちになったのが始めてだ。でも、これ以上の展開について全く考えられないのだ。彼女はすべてにおいて僕より良くて、目立つ人だ。だから、農村から来た僕のことが好きなわけがないと思っていた。その時から僕は授業も聞く気がなくなり、本も読めなくなった。彼女の一挙一動や笑顔や表情、四六時中頭の中をぐるぐる回っている。もっとつらいのは、ほかの男子学生が彼女に話しかけると、僕はすぐに心が乱れてしまうのだ。こうだから、わずかに残っている理性は、彼女を早く忘れろと言っている。勉強が大事な今の段階でこのようなことに出会うと、自分の現在と将来にとってどんなに不利だろう。……

　投書の男子学生は、好きな女性がいるが、「すべてにおいて僕より良」いとされる彼女は、農村出身の自分のことが好きになるわけがないと自信をなくしている[98]。

　このように、大学生と農村出身の工場の契約社員、農村出身で工場に就職した工員と農民、都市部住民と都市部で就職したが実家が農民出身という新都市住民、という風に、農村部と都市部という制度的要因による社会的格差の存在によって、当時の若者の恋愛・結婚の場面に階層ヒエラルキーにかかわる悩みを多くもたらした。また、農村部と都市部という制度的要因による社会的格差の持続的存在が、人々の自己認識に強く烙印して、恋愛で挫折に遭遇する際に、自分自身の農民出身という社会的地位の低さに起因するという解釈の仕方を身につけ、安易に被害者意識を持ってしまう面も観察された。このように、自分の認識や他人のまなざしの中で、若者はこのような悩みを抱えながら、恋愛・結婚と向き合っていたのである。

第六章　上昇移動における金銭の役割への目覚め（1985-1991年）　393

3　経済収入への重視によって「時代遅れの兵隊さん」とされた軍人の悩み

　改革開放によって経済に対する人々の関心が高まり、恋愛・結婚市場において高所得を有することがますます重要視されるようになった。これまで農村の若者にとって軍人になるのが農村から抜け出す重要な手段であったが、社会全体の政治的色彩が褪せていくにつれて、経済収入という新たな物差しが導入されたため、収入の少ない軍人の社会的地位が大幅に下落したのである。一方、この点について『中国青年』から真正面から取り上げられることがなく、軍人による恋愛の投書で取り上げられていた[99]。

　1986年第8号の「青年広場」コラムには、軍人の恋愛に関する文章が4本掲載され、婚約した女性から「兵隊だから収入がない」ことを理由に婚約の解消を言われたという投書があった。その中の一つを見てみよう。

投書6-54　タイトルなし（1986年第8号）

　　　　　僕は同じ県の女の子と恋愛して二年経ちました。私たちが知り合ったのは、仲人さんを通してではなく、自分たちで「目標を発見」して、「正面から攻めた」のでした。知り合って間もなく僕たちは恋愛関係が決まりましたが、ずっと仲が良かったです。軍隊に入る前に僕はレコーダーを修理する個体戸でした。しかし、僕は軍隊に入って3月も経っていないうちに、彼女から分かれようといわれたことは、夢にも見ませんでした。せっかくいい生活を無駄にしてしまったと彼女に言われました。ぼくは返信で、これは祖国の需要であり、あなたが散歩し、仕事をし、勉強をしている時に、戦士の皆さんが守ってあげているから初めてできることだと思わないのかと言いましたが、彼女は、あなたが軍人にならなくてもほかに軍人になる人がいっぱいいると言いました。本当に仕方のない人です。彼女とは仲が良かったので別れるのがつらいです。彼女から別れようと言われた今、僕はどうすれば良い

のでしょうか。

雲南省　漢栄より

　このように個体戸を辞めて軍人になったのは、「せっかくの良い生活を無駄にしてしまった」と婚約者から恋愛関係の断絶を言われた投書であるが、そこには、軍人という建前上政治的地位の高い職業より、経済的地位の高い職業である個体戸のほうが良いという評価が伺えよう。

　一方、次の投書では、大学生の恋愛相手からプロポーズされたが、軍人の自分と大学生との結婚が長続きしないのではないかと不安を感じる軍人の姿があった。

投書6-55　「喜ばしいことだろうか、悩ましいことだろうか」（1986年第8号）

　　　僕は所定期間を2年間オーバーして服役中の軍人です。軍隊に入る前に同じ村の女の子と恋愛関係を結びました。僕が軍隊に入った後、僕の両親に助けてもらいながら、彼女は大学に受かりました。それ以降、ほかの人が僕らの関係についていろいろ言ってくるようになりました。「身の程をわきまえて」とある友人から言われました。私も何回か、この関係を切ってしまおうと思いました。しかし、彼女から情熱溢れる手紙をもらうと僕は迷ってしまいました。彼女の心を傷つけたくありません。彼女の学業に悪い影響を与えたくありません。このまま5年間経ちましたが、僕はずっと消極的な態度で、彼女との文通をいいかげんに続けてきました。と同時に、いつ彼女から「別れよう」と言われてもおかしくないと覚悟しました。しかし、この間彼女から手紙が来て、「八一節」に僕のところに来て結婚したいと言いました。ぼくはこっそりと親友に相談しましたが、友人は手紙の中でこのように言いました。「あなたは時代遅れの兵隊さんで、彼女は今ど

第六章　上昇移動における金銭の役割への目覚め（1985-1991年）　395

き持てはやされる大学卒業生。あなたたちが当初どのようにして
愛し合うようになったのか分からないが、彼女はあなたを愛して
いるというより、むしろご両親に恩返ししたいと言ったほうがい
いだろう。彼女があなたへの気持ちは、同情と喜捨であり、真の
愛情ではない。このような結婚をして、君は幸せになるのだろう
か」と。彼の言ったことが正しいとは限りませんが、道理に適う
部分があると思います。だから、僕は彼女と結婚するのが彼女に
申し訳ないことをしてしまうことになるのではないかと心配です
し、彼女との結婚は本当に幸せなものになるだろうかと将来の幸
せも心配で、どのようにすれば良いか分かりません。

　「今どきもてはやされた大学卒業生」の恋人に対して「時代遅れの兵隊さ
ん」として「身の程をみきまえ」るべきだというふうに、軍人という職業の
社会的地位が低いという意識を、軍人自身もある程度認めていて、「将来の
幸せ」のために恋愛相手の選定に際して自粛してしまうほどであった。軍人
という職業によって恋愛の中で不利を蒙ったというような投書は、1988年
第9号の「バランスは、少しずつ取れるようになってほしい」も一つの例で
あった。また、1991年代第7号「私の秘密」コラムには、「失恋がもたらし
てくれたもの」では、高校中退で軍隊に入った男性が、その後大学生になっ
た彼女から「両親が反対だ」という理由に別れを告げられたが、自分はこの
失敗をバネにして文学の勉強をはじめ、多くの作品を発表したという投稿で
あったが、破局の原因について次ぎのように書いた。

投書6-56（抜粋）「失恋がもたらしてくれたもの」（1991年第7号）
　　　　彼女は手紙の中で、自分は大学に入ったレディーだと言ってい
　　た。ぼくには当然この意味が分かるのだ。彼女の心の中では、僕
　　の（社会的）地位は卑しくて低いのだ──「ばかばかしい一兵
　　士」に過ぎないのだ。

1990年第3号の「一石二鳥の良い方法はないのでしょうか」は、軍隊から退役して戻ってきて結婚しろという婚約者から手紙をもらって困ったという軍人からの投書である。

投書6-57 「一石二鳥の良い方法はないのか」（1990年第3号）
　　　編集者同志
　　　　僕は某部隊で水道や電気の工事を行う部署にいる兵士です。軍隊に入って3年となりました。新しい設備を入れることになっていたため、僕はトレーニングを受けてきたばかりで、戦力としてスケジュールのきつい次回の工事に入るところです。しかしこの間婚約者から手紙が来ました。早く家に帰って結婚しようと催促されました。しかも、軍隊から退役することが前提で、そうしないと二人は別れると言っています。
　　　　僕は困り果てました。トレーニングを受けたばかりで、まだ何一つ貢献していないのに、退役したいというのはどうして言い出せるのでしょうか。でも婚約者にも答えを出さないといけませんし。「別れる」と言われましたが、やっぱり別れたくないのです。お聞きしますが、一石二鳥の良い方法がないでしょうか。

　このように、この時代において、収入の少ない軍人は、その社会的地位の下落によって恋愛・結婚において多くの悩みを持っていた。また彼ら自身の自己認識も「時代遅れの兵隊さん」という周囲のまなざしによって影響され、相手から求愛される場合でも躊躇したり、恋愛が破局になると、「僕の（社会的）地位は卑しくて低いのだ——「傻大兵」、ばかばかしい一兵士に過ぎない」という言葉のように、自分自身の社会的地位の下落にあるという認識を持ちやすい状況があった[100]。

4　出身家庭の社会的地位の違いに起因する恋の悩み

　前では、農村出身による悩み、収入の少ない軍人による恋の悩みを見てきた。このほかに、出身家庭の社会的地位の不釣合いに起因するとされる恋愛に関する読者の声もあった。

　1988年10月の「私の秘密」コラムに、大学教師の女性による投書「彼と絶交した後に考えたこと」では、大学院受験の合格を見込んで、自分と別れて大学院教授の娘と付き合うようになった恋人への恨みと悔しさが綴られ、自分の注いだ愛情は結局「良いお父さん」にかなわなかったと嘆いた。

投書6-58（抜粋）「彼と絶交した後に考えたこと」（1988年10月）
　　　　　彼は、良い前途を手に入れるための道具として愛を利用した。<u>私の彼への深い愛は、「良いお父さん」の誘惑に勝てなかった！（このような目に合って、）心が傷つかないわけがないでしょう！」…</u>彼は、一見すれば強そうだが中身は意気地なしだ。彼は、<u>私より容姿が綺麗で、出身家庭が私より優越な女性</u>を手に入れたが、私が彼に注いだ深い愛を二度と手に入れることがないだろう。彼は幼い頃父親を亡くし、さまざまなつらい経験をしてきた。彼は理解とサポートを必要とする人間だ。愛は、尽きることのない力の源であり、一方、<u>権勢と道具は、長続きしないものだ。目的が一旦達成されると、その価値もなくなる。</u>もし彼は本当に彼女の父親の力で大学院に入るのなら、<u>彼女の優越感に、（利益のために）自分の感情を売ってしまったという良心からの自責</u>などによって、<u>彼はきっと、たっぷり苦しまれながら一生を過ごすのだろう！</u>

　投書の女性は、農村出身で自分の努力で大学教師の社会的地位を勝ち取ったという経歴の持ち主であるが、愛情を注いだ自分ではなく、「良いお父さん」を持つ女性を選んだ元彼氏に怒りを噴出していた。「良い前途を手に入れるための道具として愛を利用した」「（利益のために）自分の感情を売って

しまった」と元恋人の行為を批判した。出身家庭の社会的地位や物質的な条件をもって恋人を選ぶことに対して、「良心からの自責」に苦しまれるだろうと罪悪感の想定など、非常に悪質な行為だという認識を持っていた。

また、1986年第6号「僕のピュアな気持ちが、彼女に弄ばれた」との投書では、恋人の女性から別れを告げられたが、その女性が「社会的地位も、ほかの条件も僕より高い人」と同時に付き合っていたとして、二股をかけられたことに怒りを感じて、女性を批判した。

これらの状況では、恋愛関係が破局に終わったその具体的な原因が「社会的地位」の相違であることが強調された。

一方、1990年第7号に掲載された「（こうなったのは）だれのせいなのだろうか」との投書では、出身家庭や学歴が自分と釣り合わなく、両親が定めた結婚相手の条件とほど遠いという仕事先で出会った男性と恋に落ちたが、両親に強く反対されて別れたという女性の気持ちが綴られた。文章は次のような文章で終わった。

投書6-59（抜粋）　「（こうなったのは）だれのせいなのだろうか」（1990年
　　　　　第7号）
　　　　　彼は、何であんな家庭に生まれたのだろう！何で有名大学の学
　　　　歴をもっていないだろう！何で、人々がうらやましく思うような
　　　　仕事についていないだろう！でなかったら、内の両親が許してく
　　　　れていたはずだ。私も自分の感情を無駄にすることもなかったの
　　　　に。こうなったのは、いったい誰のせいだろうか？

投書の女性は、出身家庭や学歴、仕事などいわゆる「物質的な条件」が自分と釣り合わないとの理由で恋人と別れたが、そのことに関して「道徳的な」後ろめたさを感じていないわけではないが、さほど強いものではないのがこの投書の特徴だと言えよう。これも時代が進むにつれて、より上の社会的地位に対する追求に関して、隠すよりも徐々に平気に認められるように

第六章　上昇移動における金銭の役割への目覚め（1985-1991年）　399

なったと言えよう。この時期になって、建前の平等に蔽われていたベールが
少しずつ脱がれつつある。

　また、外見によって恋愛で不利な境地に置かれるが、教育達成によってそ
の悔しさを飛ばすことができたという以下の投書もあった。1988年第5号
の投書、「あなたに感謝、一メートル六十！」は、中東専門学校を卒業して
工場で技術者をしている22歳の男性からの投書であるが、身長が160セン
チしかないということで何度も女性に断られたという恋愛経験を持ったが、
「人の本当の美しさ（価値）は、新朝にあるのではなく、どれだけ人民に貢
献して、どれだけの代価を払ったかにある。身長が160センチ足らずでも、
自分の一生を無私に貢献したのならば、高尚なる人間と言えよう」というふ
うに考え、独学を始めたが、社会人向けの大学入学試験に受かったという。
投書の下記の部分を見てみよう。

投書6-60（抜粋）「あなたに感謝、一メートル六十！」（1988年第5号）
　　　　　僕は、実際の行動をもって彼女たちに教えてやりたいと決め
　　　　た。即ち、身長の低い人でも、精神の巨人になれる。余暇の時間
　　　　を利用して独学を始めた。一生懸命頑張った会があって、社会人
　　　　向けの大学受験にトップの成績で受かったのだ。僕は心の中で
　　　　こっそりと喜んでいた：160センチでよかった！と。
　　　　　大学に行く日の朝、工場の皆さんの大部分が見送りに来てくれ
　　　　た。皆さんの優してよく見慣れた顔や目つきに、羨望、希望、申
　　　　し訳なさなど、さまざまな感情を込めていた……僕は身長がまた
　　　　何センチか伸びたようだ。

　この部分では、大学生になったことにより、「羨望、希望、申し訳なさ」
という周りの見方で自分の価値が再確認できた喜びが述べられた。「人民へ
の貢献」が人間の価値を決める物差しと言いつつも、工具より社会的地位の
高い大学生になったことで、身長で味わった敗北感を晴らしたと言えよう。

5 戸籍や出身など制度的要因による格差を超越していく高収入の魅力

前章の分析で見られたように、80年代初期の『中国青年』は、相手の物質的な条件などによらない純粋な愛が推奨された。一方、都市部での改革開放が開始されてからのこの時期において、高収入を有することは能力があるという価値付けを持つことになり、金銭を介しての相手選びに対しての見方も変わり始めた。恋愛・結婚の場面における高収入の重視が社会的に認められつつある状況を、以下では見て行きたい。

1987年第9号には、「結婚相手募集の知らせと58名の大学生」との記事が掲載された。この記事は雑誌の記者による文章であり、読者の声ではないが、後に掲載されたこの文章に対する読者の意見が本研究の資料であるため、その関連でここで紹介しておく。

記事では、上海の地方新聞『新民晩報』に、近郊の寧波市で郷鎮企業の工場長をしている34歳で離婚歴のある男性が結婚相手募集の広告を出したら、3日間のうちに応募の手紙400通が彼のところに届いた。記事によると、多くの応募者は職業から見ると教員、医者、幹部、技術者、女優、工員、兵士、個体戸などあり、中学生もいた。また学歴から見ると、二年制大学や大学の学歴を持っているものが58人、中東専門学校の学歴を持ったものが10人いて、合わせて全体の20.8%を占めている。さらに年齢から見て、平均年齢が25.7歳であった。記事は、「なぜこんなに多くの女子大生がこの募集に興味を持って応募しに来たのだろうか」とのことを中心に、大学生の結婚相手を選ぶ際の価値観に焦点を当て、「400平米の別荘やキッチンとバスルールの付いている60平米の市内のマンションが目当てなのか、それとも一万元の年俸が目当てなのだろうか」との問いを中心に進めた。「世の中の雰囲気が悪くなり、高等教育を受けた女子大学生とはいえ、金銭の力に負けた」という見方に対して、応募した女子大生たちはどのように考えているかを知りたいということで、四人にインタビューした。記事では、この四人の答えを次ぎのように記述した。

記事 6-6（抜粋 1）

女子大生 A さん

　　6 月上旬のある日の夜に、A さんはその叔母さんに付き添って
もらって、約束した公園に来てくれた。色白で、カールの付いて
いる短髪に白いワンピース、まるで天から落ちてきた天女のよう
だった。だが話し出すと、仕事型女性の自信が滲み出ている。彼
女はこういった。「私は去年、経済管理の専攻で大学を卒業しま
した。今ある工場で職員をしている。なぜ応募に来たかという
と、率直に言うと、相手の男性が経済的に非常に裕福だというの
がもちろん重要な原因の一つですが、しかしそれよりもっと重要
なのは、仕事に対して向上心があって、業績を出している男らし
い男が好きで、自分の知識を活用して彼の力になりたいです。」
と述べた。隣にいるそのおばちゃんは、「私の父親の世代は、
三四十年代で上海で起業した実業家でした。しかし彼女たちのよ
う大学生は、大学を出てすぐに工場に配属され、自分で大きな仕
事をしたくてもなかなかそのようなチャンスがないです。ですか
ら、この広告を見て彼女を動員しました」と述べた。その後 A
さんは募集者の男性に対して、製品の種類はどうなっているかと
か、どのようなマネージメントをしているかとか、新しい構想を
持っているかとか、どのような本が好きかとか、次々と問題を出
した。……

女子大生 B さん

　　B さんは 26 歳で、ばっちりとした目をしていて、笑うと頬に
笑窪がちらっと見せる。はきはきと物事を言う。彼女は次のよう
に述べた。「私は工場で青年団支部の総書記をしていますが、余
暇の時間を利用して夜間大学に通っています。私の考えを言う
と、何のこともなく静かに一生を終えるがいやで、冒険が好き
だ。週末や休みになると、まだ観光客に開放していない風景を見

に行ったりして、ある時もう少しで崖から落ちてしまうところでした。揚子江漂流や黄河漂流をする勇士たちのことを聞くと感激して体が震えました。本当に感心しています。自分が女子だということが本当に残念です。その後たまたま新聞でこの募集の記事を見て、一人の農民企業家が上海に来て人生の伴侶を見つけようとする行為は、一種の冒険でしょう。これは私が求めたものと通じているかもしれまえん」。募集者の男性は、「僕は離婚していますが、気にされませんか」と聞いたら、Ｂさんは「知っていますよ。義理の母になることを挑戦してみるのも面白いかもしれません」と答えた。募集者は、「僕は別荘を持っていますが、建てたときにお金を借りました」と言ったら、Ｂさんは「一緒に頑張ってこのお金を返すのは、ただであなたの成功を楽しむよりもっと意義がある」と答えた。

女子大生Ｃさん

　Ｃさんのばっちりとした目から、淡い哀愁が漂っていた。彼女は自分のことについて次ぎのように語った。私は、運命の神様から突き放されていると感じている。私は、シフト制で働く平凡な工員ですが、独学の試験に参加して３年間になり、14科目の中の12科目を卒業した。若い女性の好きなことをすべて諦めて、ほかの人がコーヒーを飲んでいる時に私は時間を惜しんで勉強していた。何回かほかの勤め先から私を引き抜こうとしたが、今働いている工場がなかなか許してくれなかった。２年制大学の学歴を手に入れようとしたときに、学歴ブームが収まり、国のある規定によると、「五大[101]」を出た大学生は幹部扱いでも良いし、工員扱いでも良いとなった。私はすっかり元気が無くされてしまい、もう十分に苦労したし、疲れ切ったのだ。でも私の苦労は、無駄だったかもしれない。応募に来たのは、新しい生活につながっているかもしれないと思ったからだ。

第六章　上昇移動における金銭の役割への目覚め（1985－1991年）　403

女子大生Ｄさん

　　　……彼女は薄い化粧をしており、服や靴、靴下、バッグ、乃至
　は髪の毛を結ぶ紐でさえ、黄金色をしており、日差しの中できら
　きら光っている。喫茶店の椅子に腰をかけると、彼女は話し始め
　た。「私はある大学の大学生で、今年卒業します。機械を専攻し
　ていますが、パブリックリレーションズに関心を持っていて、こ
　れまでに自分が見つかる範囲のPR関係の本はすべて読みまし
　た。商売に必要な社交に役に立つ、秘書になれる伴侶を探してい
　るでしょう。私は本当に適任者だと思うわ」と。応募者は「ほか
　に何かできますか」と聞いたら、Ｄさんは「英語と日本語が話せ
　ます。タイピングもできます。ダンス、ブリッジもできます。書
　道もできます。文才もありますよ。あ、お酒も飲めます。大丈夫
　かな？」と答えた。どうして（電報を打って約束の時間と場所を
　伝えるという）ユニークなやり方をするのかと聞いたら、「あな
　たはとても恵まれた条件をしているから応募者が多いだろうと
　思っていたから、どのようなやり方だったら自分の社会的才能が
　伝わるかと思って、そのようにしました。自分の能力を試してみ
　たかったと言うのもあります。実践のチャンスを頂き、感謝しま
　す」と述べた。

　記事は、四人の女子大生の考え方を紹介し、それを通して、「現在の大学
生の結婚相手を選ぶ際の価値観の変化、また結婚の良し悪しを図る水準が正
されつつあることが観察された」として、次ぎのように解釈した。

記事6-6（抜粋2）

　　　募集者が経済的に非常に裕福であることは多くの若い娘を引き
　付けた大きな理由だと認めざるをえない。しかし注意すべきは、
　これらの大学生は裕福な生活にただ便乗して楽しみ、夫に頼りっ

ぱなしの付属品になりたいと思っているわけではないことだ。彼女たちは、創造の過程に参加し、共同で開拓し、相手の仕事の中に自分の学識と知恵を発揮したいと思っているのだ。今まで頑張り続けてきて疲れきった工員のＤさんでさえ、これを新しい生活にまい進する機会だと思っているのだ。

また、小学校卒業の募集者の魅力について、次ぎのように解釈した。

記事 6-6（抜粋 3）

　　　募集者は地道な田舎の出身だ。一躍して大きな財産を有する企業家になったのは、両親の権力を借りたわけでもなく、人からの賜りものでもなく、同じスタートラインから出発して競争して勝ち抜いたものだ。この点はまさに魅力のゆえんである。だから女子大生たちも率直言ったのだ。企業家は、本の虫より魅力的だと。……募集者の文化レベルは、小学校卒業でしかない。女子大生と比べたら、それは大きな差がある。でも人々が着目しているのが彼の実績だ。彼の業績は、勉強意欲の高く、切磋琢磨して研鑽することの好きな人だと意味する。自分より文化レベルの高い女性を伴侶にしたいのは、相手の長所から勉強して自分の短所を補い、一緒に成長していきたいからだ。この点から見ると、彼は「大男子主義」のような虚栄心や威張りのない、自信満々の真の男だ。

全体を見通すと、記事は、女子大生が結婚相手募集に応募に来た理由について、男性が経済的に裕福であることを否定していないが、経済的な理由よりもっと重要なのは、「裕福な生活にただ便乗して楽しみ、夫に頼りっぱなしの付属品になりたいと思っているわけではないことだ。彼女たちは、創造の過程に参加し、共同で開拓し、相手の仕事の中に自分の学識と知恵を発揮

第六章　上昇移動における金銭の役割への目覚め（1985-1991年）　405

したいと思っている」というふうに、女子大生が応募したことは、独立的で創造的精神や冒険精神に富む行為だと価値付けした。これを通して、お金目当てという世間の批判的な見方を軽々と超え、彼女たちの応募は改革の時代に身につけるべき「新観念」に相応しく、批判されるよりもむしろ賞賛されるべきだという立場を見せている。

　ここから、この時代において金銭に対して屈折した意識があると伺えよう。女性が経済的に裕福な男性に興味を持つことに対して、独立的で創造的精神や冒険精神という新たな価値観を持ってきて価値付けしないと、正々堂々とできない時代であった。また、お金の価値について、「両親の権力を借りたわけでもなく、人からの賜りものでもなく、同じスタートラインから出発して競争して勝ち抜いたもの」という奮闘過程によって価値付けられた。さらには、経済的に裕福な人間だということは、「彼の業績は、勉強意欲の高く、切磋琢磨して研鑽することの好きな人だと意味する」というふうに、能力や勉強意欲にすり替えて初めて肯定されたのである。紆余屈折でありながらも、この記事は男女の恋愛という場面における経済力の重視に対して、肯定的な態度を見せた。

　一方、改革に相応しい「新観念」という視点からの新たな価値付けに対して、異議を唱える読者がいた。1988年第2号に掲載された2通の投書、「この啓示録は、何を言いたかったのかよく分からない」と「この啓示録は、何を伝えたかっただろうか」では、それぞれ反対の立場から、「お金目当て」について議論した。投書の原文をいかに紹介する。

投書6-61　「この啓示録が何を言いたかったのかさっぱり分からない」
　　　　　（1988年第2号）
　　　　去年九月号の貴誌に掲載された「結婚相手募集と58名の女子大生」を読んで、戸惑ってしまったのだ。郷鎮企業の工場長をしている男性が、高い年俸や広いマンションを持っているから、結婚相手募集の記事を出したらすぐさまに58名の大学生が応募に

きた。記事の作者はこのことから、大学生の結婚相手を選ぶ際の価値観の変化を読み取り、「女子大生たちは男性の仕事の中に自分の知恵と学識を融けこませようとする」など、「実業家」は「役立たずの読書人」より「魅力がある」とか言いふらしている。もちろん、これらの考え方そのものは間違っていないと思う。ただ、（このケースの場合）いずれも男性が裕福な経済的条件を持っていることを前提にしているため、そんなに単純じゃなくなったのだ。この記事を読んで得られた「啓示録」というと、これらの女子大生は、自らを尊び、自らの力で強くなろうという意識が欠いており、結婚を通して仕事や人生で出会った課題を解決しようとしていることだ。

　結婚は愛を基礎にすべきだ。あの結婚相手募集の知らせはまるで「秘書募集の広告」だ。それはさておき、応募者が率直に語ったその目的を見ると、妻になるよりも、まるで工場長の秘書になりたいといわんばかりだった。彼女たちが気にしているのは、お金、仕事、冒険などなど、肝心なその男性本人を見ていなかったのだ。

　記事の作者も認めた。「男性が経済的にたいへん裕福であることは、多くの若い娘たちを引き付けた重要な原因だ」と。だから、戸籍や学歴、離婚歴などのデメリットを無視して応募したのだ。

　作者は、この男性の魅力的なところは、「同じスタートラインから出発して競争の中で勝ち取った」実績があるからと言った。確かに、この男性は人材だ。成功した人材だ。しかし、頑張っているが、さまざまな理由でその才能が社会によって認めてもらえなかった人がたくさんいる。彼らの魅力はまだ証明されていないからといって、女性に冷たくされても良いのか。

　この結婚相手募集の広告を通して作者が提示しようとした「参

加、創造」の「精神」は、愛する人と一緒に一から始まり協力して未来を開拓していく女性と比べると、ずっとランクが低いのだ。彼女たちは新観念なんて持っていない。この男性ほどの実績を持っておらず、まだ経済的にそれほど裕福ではない「貧乏小僧」とでも言える若い男性に対して、「出世しないと女に会う顔がない」というふうに、精神的にサポートしてあげるべきだ。別荘とかマンションとか（を掲げて）あまりにも現実的でないとやる気をなくしてしまうようなことをやめてほしい。この結婚相手募集のことはニュースとして聞くのはいいかもしれないが、そこから無理して「新観念」など掘り出して啓示して見せようというのは、やり過ぎだ。

陝西 曲浜雁より

　上記の投書の読者は、女子大生の応募については、「自らを尊び、自らの力で強くなるという意識が欠いており、結婚を通して仕事や人生で出会った課題を解決しようとして」おり、相手の人間性よりも、結局は相手の裕福な経済的条件を見ていると批判した。また、「作者が提示しようとした「参加、創造」の「精神」は、愛する人と一緒に一から始まり協力して未来を開拓していく女性と比べると、ずっとランクが低いのだまさに「お金目当て」的な批判といえよう。また記事の作者に対しても、「成功した人材」としての男性ばかりに注目するのではなく、「頑張っているが、さまざまな理由でその才能が社会によって認めてもらえなかった人」のことを精神的にサポートすべきだと呼びかけた。改革の時代に相応しいとされる「冒険精神」「参加精神」などを持って女子大生の応募という行為や、多くの収入やマンションを持っているなど経済的に成功している人間への価値付けに反対すると言えよう。

　一方、元記事は確かに結婚相手を選ぶ際の新観念を反映したという肯定的な投書もあった。同号の同ページの下のスペースに掲載された「この「啓示

録」は何を啓示したのだろうか」との投書は、恋愛・結婚において男性は女性より学歴が高くあるべきで、農村出身は結婚相手を選ぶ際に大きなデメリットだという古い価値観に対して、この58名の大学生は募集者の小学校レベルの学歴や農村出身を気にせずに、商品生産の中でどれだけの実績を作りどのような才能を活用したかをより重視するようになったと述べ、新たな観念をまさに反映していると指摘した。そのうえで、恋愛・結婚における金銭への態度について言及し、物質的追求は新しい生活スタイルへの追求の具体的な現れだとして、「ある程度の物質的条件を基礎とした愛を求めるのは低級なこと」とは限らないと、金銭や物質的な条件への追求が混ざった愛情を肯定し、恋愛・結婚の場面において金銭の要素を考える正当性を訴えた。

　このように、さまざまな議論を経ながらも、この時代になって、経済力は戸籍や出身などの要素を超越するだけの力を持ち始めたのである。

　1989年第12号の「私の秘密」コラムには、「私は、高級の個体戸を愛している」と明白に宣言した投書があった。投書したのはまさに湖南省の女子大学生であるが、ダンスホールで出会ったその恋人は、十数本の文学作品を発表しているという文才のある、某市の青年団支部副書記をしていた男性であるが、その男性は在職しながら大学に通っていたが、卒業してから青年団支部副書記という公務員の仕事をやめ、レストランを作り、その後芋を原材料にした食品会社を作った。経営の収益から5000元を出して、出身地の村の子どもを対象に奨学金を作った。投書では、男性が商売を起こす理由について、「僕は商売をするのは、お金を稼ぐだけのためではない。しっかりとした経済的土台をつくり、経営管理の経験を積むのだ。時機がきたらまた政治に転身するか、或いは企業を請け負うかもしれん」と語らせた。この恋愛は父親に反対されたことについて、投書の女子大生が次ぎのように語った。

投書6-62（抜粋）「私は、高級の個体戸を愛している」（1989年第12号）
　　　　　　周りには、私のことが好きな人が少なくない。私の美貌と学歴では、「理想の恋人」が見つかるだけではなく、大学卒業したら

ここ省都に残れ、良い仕事に就ける。なのに、私は彼のことを愛してしまったのだ。

このことを両親に伝えたら、「高級幹部」の父親に強く反対された。母は様子見ても良いと言ったら、父は離婚してやるとまで言い出した。父が反対する理由は、「個体戸」と付き合ってはいけないと。

両親の愛と恋人の愛、比べられないし、比べようもない。同じように魅力的な愛であり、どれも諦めたくない。この運命の十字路に立って、私はどのようにすれば良いのだろうか。

　文才、大学の学歴、青年団市支部副書記という経歴、商売でつけた経済力、慈善事業への関心などを持つこの男性は、まさにこの時代に持てはやされた「改革」の時代に相応しい、知識と冒険精神を合わせ持つ人材と言えよう。そのためか、投書の女性は、官僚である父親の男性に対する呼び方である「個体戸」にちなんで、男性のことを「高級個体戸」と名づけている。ここでは、商売の目的について「お金を稼ぐだけのためではない。しっかりとした経済的土台をつくり、経営管理の経験を積むのだ。時機がきたらまた政治に転身するか、或いは企業を請け負うかもしれない」という金銭から距離を取っていると言わんばかりの自白も、「高級」と言える重要な理由の一つであろう。経済力を持つ男性の魅力は、経済力以外の何かがあって、始めて成立できる。これもまさにこの時代における、金銭へのアンビバレントな見方が伺えるだろう。

　このように、高収入は、「能力」「冒険精神」「競争力」など改革の時期に相応しいとされる「新観念」の代名詞だというレトリックによって、人々の金銭への憧れが少しずつ表出されるようになった。そして、恋愛・結婚市場において、高収入は戸籍や政治的身分、出身など制度的要因による格差を超えていくだけの力を持ち始めたと言えよう。

6 小結

以上では、1985-1991 の『中国青年』に掲載された恋愛・結婚に関する読者の声を、恋愛市場における農村出身という精神的ハンディ、軍人の社会的地位の下落、出身家庭の違いなどに起因するとされる恋の悩み、戸籍や出身などの制度的要因による格差を超越していく高収入の魅力という整理した。

では、これらの状況を、階層ヒエラルキーの存在に関する認知、②上昇志向のあり方、即ちどのようにして上昇移動を果たそうとして、どのような悩みを持っていたか、上昇移動のメカニズムや社会秩序のあり方に対してどのような解釈・想像を持っていたか。という上昇移動に関する三つの点から考えるときに、どのようなことが言えるだろう。

まず、前の時期に引き続き、この時期においても、若者の恋愛・結婚との生活世界においては、人々は階層ヒエラルキーを認識しており、恋愛相手を選ぶ際に社会階層的な要素が非常に重要視されていた。

また、その中で、特に農村部と都市部との間に社会的な隔たりが大きく、社会階層をはかるうえで、「農村」的な要素が非常に大きなデメリットを持つとされる。したがって、農村出身である（或いは「であった」場合も含めて）ことが、若者の意識の中で、恋愛相手との間に社会的地位が釣り合わないという劣等感をもたらすことになる。このように、農村部と都市部という制度的要因による社会的格差の持続的存在が、人々の自己認識に強く烙印して、恋愛で挫折に遭遇する際に、自分自身の農民出身という社会的地位の低さに起因するという解釈の仕方を身につけ、安易に被害者意識を持ってしまう面も観察された。また、出身家庭の社会的地位も、若者の恋愛関係を影響する重要な要素の一つである。

また、時代が進むにつれて、人々の生活における政治的要素の影響が下がり、それに対して経済的な要素の影響が増大しつつあった。そこで最も大きな変化は、恋愛・結婚相手を選ぶ際に、女性が、経済力のある男性を優先的に考えるようになった。この現象に対して、『中国青年』は、物質的要素よ

りも精神的要素を重視すべきだという道徳的立場を改め、経済力があること
を改革の時代に相応しい進取の精神をもつことと解釈しなおすことによっ
て、合理化を果たした。高収入は、「能力」「冒険精神」「競争力」など改革
の時期に相応しいとされる「新観念」の代名詞だというレトリックによっ
て、人々の金銭への憧れが少しずつ表出されるようになった。そして、恋
愛・結婚市場において、高収入は戸籍や政治的身分、出身など制度的要因に
よる格差を超えていくだけの力を持ち始めたと言えよう。

その中で収入の低い軍人が、恋愛・結婚市場において非常に大きな不利を
蒙ることになり、軍人による悩みの投書が見られた。

注

55　これと関係する事実として、『中国青年』の投書コラムに「私の秘密」コラム
が登場した。ここでは、若者が自分の気持ちを表す投書を掲載するコラムであ
り、回答文をつけていないのが特徴。＝それは即ち、唯一にある正しい答えを自
分たちのほうで持っているという立場について、『中国青年』は諦めつつあると
いうことだと言えよう。

56　1992 年第 1 号「一つのクラスに 13 人の生徒が退学を勧められた！」、1992 年
第 7 号「私たちの学習の権利を侵してはいけない」

57　1986 年第 9 号 p 46－47.「リラックスして」、「趣味の違う友人を作って」、「社
会の人々に私たちのことに関心を持って欲しい」、「私はこのようにして武術の本
から離れた」、「集中力を勉強に移そう」。

58　この特集の文章「黄敏さんの日記」では、自分の好きな専攻が「社会的地位が
低いから」との理由で両親に反対され、好きでもない専攻を選ばされてしまった
と訴えられた。1985 年第 3 号 p 44－45

59　「個人経営と市場の予測」、1985 年第 2 号『中国青年』 p 37

60　養殖など特定の生産活動を行う農家。

61　国有企業や集団企業などで働く工場労働者と職員。

62　1987 年第 12 号 p 46、「長沙青年工員の第二職業ブーム」

63　手紙の出所について、『中国青年』編集部による前書きでは、「本誌特派員の趙
文涛さんによって推薦された」との説明があった。

64 社会主義国家イデオロギーの中で、労働者、農民は国家の主人であるとされる。ここでは、投書者は自分のことを指す。

65 1990年第6号「お金ばかりとって技術を教えない」との投書も、農村から郷鎮企業に出稼ぎに来た女性の投書があり、郷鎮企業の不当な待遇を訴えた。

66 1980年代第中期ごろから、全民所有制＝国営の工場が、農村部から契約工員を募集し始めた。

67 これは、1992年の投書であるが、主旨の相似性からここで取り上げることにした。

68 この中には、「ご主人様」と「家政婦」という明確な階層の上下関係が現れたが、投書の若者は、自分の怒りと不満を合理化するために持ち出した理由は、「同じように自分を奉献している。単にお金を稼ぐだけのため（にやっているの）ではない」というように、自分が出稼ぎに来た行為について「奉献」「お金のためだけではない」という自分自身の個人的な利益のためではないという国家の政治的論理を持って意味づけようとした。社会階層構造に弱者と置かれる者が不満を表す際に、彼らが唯一持ち出すことのできる論理と考えられる。

69 1985年第6号「お金儲けより人材になるほうがいい」、「上の世代のわびしい暮らしと私の困惑」、「生徒だった人の2回の来訪より」、「金儲けに成功した人も人材」；1985年第7号「金儲けも正しい手段を取るべきだ」、「李江さん、あなたの道は間違っていない」、「人生の中でお金より重要なものがある」、「金儲けも大事だし、人材になるのも良い」「若者が人材になるための条件作りをすべきだ」「人材になることより、当然金儲けのほうが断然と良い」；1985年第8号「軍人の話」、「人材と金儲けに関して」、「それぞれの才能に見合う道を」、「人材になることと金儲けについて話す」；1985年第9号「人材が金儲けする日がいつか必ず来る」、「深センの青年は、金儲けしたあとに人材になりたいと望んでいる」、「人材になったことを祝う」「考える鍵を見つけよう」「人材になることと金儲けに関する新しい認識」。

70 1985年第5号

71 1985年第8号 p 61 対談記録「人材、金儲けについて話そう」

72 1985年第9号「アンケート調査結果分析」。中には労働者、農民、商業サービス業従事者、行政幹部・事業単位幹部、私営企業従事者、その他の企業幹部と技術者、中小学校の教員、その他専門技術者（教育、科学技術、衛生部門）、大学生・大学生、個体戸、待業青年など11種類の職業を上げたが、そこに職業では

第六章　上昇移動における金銭の役割への目覚め（1985－1991年）　413

ない「大学生・大学院生」の枠を設けたが、このカテゴリーが当時の人々の意識
の中で無視できない大きな影響力を持つ存在とされることを意味するだろう。

73　投書原稿の書き出しには、「郎郎は誰か特定の人間ではなく、私たち——大学
　　生活を送っている大学生。私たちには共通の経験、共通の関心、共通の悩み、
　　共通の困惑を持っている。胸のざわめきがぶつかり合い、普段取り澄ましている
　　孤高そうなベールを決心してと取り払って、郎郎というペンネームを使い、私た
　　ち、同世代の人たちの苦悩と悩み、醜さと渇望を何も残さずに打ち明ける」との
　　言葉があった。投書者の名前や住所など具体的な情報が不明であり、また、この
　　投書が本当に普通の読者によるものなのか、それとも編集が読者の投書に自分の
　　意図を加えて編集したものなのか確定ではないが、関係の情報が足りないためこ
　　こでは投書の信頼性について不問とする。

74　大学生の政治的・社会的役割に関する理想の姿に対して、今の大学生が抱えて
　　いる問題点として次のようなことが提起された。「今のここ数日考えさせられて
　　いたのが、同じように大学生なのに、同じように人民の富裕と国家の富強を期待
　　しているのに、どうして私たちは一昨年の「学潮」でありがた迷惑なことをした
　　のだろうか。どうして多くの人々が厳しい目つきで私たちを見ているのだろう
　　か。ここ数年私たちの一部の同級生たちが卒業後社会に入っても良い評判が得ら
　　れないのだろうか」。即ち、「学潮」参加は間違っている、大学生の振る舞いに対
　　する批判、大学生卒業生の仕事の能力への質疑などが提起された。

75　知識人の従事する職業の社会的威信が高いが、所得が低いという名実の伴わな
　　い状況を指す。

76　1988年第2号「私たちは間違っていない」「思う存分に生きなければ！」「砕
　　けた花輪と理想の立て直し」「あって当然の戸惑い」など4本；1988年第3号
　　「これは私たちの本当の姿ではない」「私たちは確かに病んでいる」「「溺愛された
　　子供たち」は、どこへ向かうだろうか」「いったい誰の責任だろうか」など4
　　本；1988年第4号「どこへ向かうだろうか」「重たくて青白い理想」「大學症候
　　群」「目標の高さを下げて」など4本；1988年第5号「大学生の二律背反」「一
　　老いた大学生の反省」「挑戦に立ち向かおう」「目標のない日々から脱出しよう」
　　など4本、計16本の読者投書、読者投書の寄せ集め12段落が掲載された。

77　「麦わら帽子」との言葉は、1977年に劇場公開された角川映画の『人間の証明』
　　の主題歌の歌詞に由来する言葉。

78　この投書をめぐって『中国青年』では問題討論が行われて、1989年第3号、

414

第5号、第6号に渡って計5本の文章が掲載された。

79　この投書をめぐって『中国青年』では問題討論が行われて、1992年第3号4、第4号、第5号、第6号、第7号と5回にわたって、読者投書や編集部の文章を含めて計16本掲載された。

80　1992年第5号 p 35「校章をつける頃になったよ」、「仕方のない選択」、「価値観の変化の中で、私たちは失敗者」。

81　この投書に対して、5本の読者投書が組まれて、それぞれの意見が表明された。①平凡な仕事でも自分を鍛える機会であり、毎回の機会を大事にして経験を積んでいけば、いつかその才能を発揮する日がきっと来る。②チャンスは自分で創造するものであり、本業の仕事をしながら余暇の時間を利用して自分の得意な技能を磨ければ良い。③今の仕事が自分に合わないと判断したら、環境の変化に頼るのではなく、辞めて自分の才能を発揮させてくれる新しい仕事を見つければ良い。④社会批判：大学生の専攻を考慮しないという就職制度の配属制の欠点を指摘し、人材の無駄遣いと批判する。⑤大学生批判：大学生は、自分の才能を過大評価している。正しい職業観を樹立すべきだ。思うままに好きな仕事を選ぶことができないというわが国の現状では、平凡な仕事を従事する人が必要だ。この現実を受け入れて着実に仕事をすべきだ。

82　職場での悩みに関する投書は、以下で取り上げる投書のほかに、同僚との関係や、上司との関係に関する心理的な悩みもあった。

　　◎1991年第5号「（同僚と）一緒に遊んではいけないが、参加しないと文句を言われる」（仕事中に将棋などの娯楽活動に参加しないのが、「いい子ぶっている」と言われた）

　　◎1992年第1号、「会社の上司との関係がうまく行かなくなった。どうすれば良いだろうか」

　　◎1992年第10号「上司に認めてもらえない」

　　◎1992年第10号「上司に若いから頼りにならないと言われた」

83　1985年第11号「青年は社会に適応し社会の発展を推し進めるべきだ——人間の社会科について」、「難しい第一歩」、「幼稚から成熟まで」；1985年第12号「社会に出た前後」、「社会で磨き上げる」；1986年第4号「中国社会の大きな趨勢に適応して」。

84　当時恋愛・結婚に関することは「個人問題」という言葉を使っていた。

85　Maria Skłodowska-Curie、「キュリー婦人」の名で知られるポーランド出身の

科学者。「放射能（radioactivity）」の命名者で、放射線研究の第一人者。女性初のノーベル賞受賞者。1906年に夫が事故死した後も、研究を続け、1911年に2度目のノーベル賞（化学賞）を受賞した。80年代の『中国青年』では、失恋した女性を励ます場合に良くキュリー夫人のことを例にあげた。また、仕事への向上心の強い、働く女性の代名詞として使われていた。

86 当時の中国では住宅は勤め先からの配給制となっており、住宅の配給は「結婚」を条件の一つとする場合が多い。

87 当時大学院の進学率が非常に低かった。よって大学院生の女性は希少種とされる。

88 手紙の出所について、『中国青年』編集部による前書きでは、「本誌特派員の趙文涛さんによって推薦された」との説明があった。

89 社会主義国家イデオロギーの中で、労働者、農民は国家の主人であるとされる。ここでは、投書者は自分のことを指す。

90 中国語は「職称」であり、専門技術者に対する技能評価システムの一種。

91 1985年第3号、「個性のある結婚式を」では、ありふれたどこでも流行っている結婚式よりも個性のある結婚式について提案した。1985年第5号の「結婚・恋愛・家庭」コラムでは、「恋愛の感情と結婚後の感情はイコールではない」との文章で、恋愛と結婚生活の違いを分析しどのようにすれば結婚生活が順調に進むかについて相手の意見に妥協したり家庭のことは二人で相談して決めるのが有効だと提示した。

1988年第12号「愛を常に新鮮なものに保つためには」では、愛情を保つ方法として、相手が興味を持ってくれた部分を強化するなど四つの方法を提案した。また、同号では「このような変化は必ず起こるものだろうか」では、恋愛時はお互いに対して思いやりがあって優しかったが結婚後は些細なことで責め合い喧嘩するようになったとして、「結婚後は家族になったのですから、恋愛していたように遠慮しなくなったとの説明があるが、本当にそうでしょうか」と問いを提示した。同コラムに同時に掲載された「結婚してから始めて彼女のことが分かった」では、結婚してから強気で理不尽にけんかするという妻の本当の性格が分かったとして、「この分野の専門家にお願いして、恋愛の男女にアドバイスをしてもらえるといいな」と嘆いた。

また、1989年第8号では、「若い娘よ、結婚適齢期を逃さないで」との文章が掲載され、母親から催促されたが、「自分の聡明さ、美貌と教養のある家庭を

持って二年後でも気に入る人がきっと見つかる」と思っている24歳の働く女性
の投書に対して、「結婚適齢期」の重要性を強調し、「結婚と仕事を対立させない
で、結婚適齢期を逃してはいけない。あなたにとって、仕事ももちろん大事だ
が、しかし愛のない生活も惜しいものだ」と恋愛・結婚の人生にとっての重要性
を勧めた。

92　このような投書は、ほかにもあった。例1985年第11号「早恋——形のない
縄」、1988年第5号「あの禁断の実、食べなければよかった」、1988年第10号「早
恋の苦しみ」。

93　例1988年第3号「青年呼声」コラムに掲載された「涙で堕落した日々を海に
流そう」と「悔悟者の遺書」、1990年第3号の「青年呼び声」コラムに掲載され
た「愚昧でできた苦いお酒」と「享楽に目を奪われた結果」などがこのような投
書である。

94　1990年第5号p 45「あの時の平手打ちに感謝」。

95　1987年第1－2合併号p 77「従妹の憂い」「怖い検問所」「無理やりで鴛鴦（の
ように仲の良い私たち）を別れさせないでください」。

96　「高加林」と「巧珍」は、小説家路遥が1982年に発表された長編小説『人生』
の主人公である。小説は改革初期の陝西省北部の高原地帯の農村と町を舞台にす
るが、主人公で高校卒業後の若者高加林が都市で仕事をするようになってから、
彼のことを深く愛している恋人、同じ村の女性巧珍と分かれて大学の同級生で都
市部の女性と付き合うようになったという経歴があった。ここでは、「高加林」
は社会的地位の上昇によって恋人を捨てる男性の代名詞となっている。

97　投書では、この原因を女性たちが「将来町で仕事をするようになったら、「巧
珍」を捨ててしまうが心配だから」という男性の社会的地位の上昇を見込んでの
女性たちの心配に帰している。一方、経済活動を中心になってきた1985年以降
の改革では、社会的地位の上昇や金銭などの付加価値を生じない単なる「知識」
という武器を身につけても、女性たちにとって魅力的な恋愛相手として見ること
ができなくなったという理解もできよう。

98　この投書では、恋愛に関する若者の別の気持ちも伺えた。当時の若者にとっ
て、恋愛によって学業が妨害され、よって学業に託されている将来が台無しにさ
れるのではないかという不安がある。この投書では、恋愛の気持ちが芽生えたこ
とによって生じた不安で勉強が集中できなくなっていることに、「勉強が大事な
今の段階でこのようなことに出会うと、自分の現在と将来にとってどんなに不利

第六章　上昇移動における金銭の役割への目覚め（1985–1991年）　417

だろう」というふうに不安を感じている。勉強によってやっと社会階層の上昇を
かなえた農村出身の若者の強い向上心が見られるだろう。

99　1985年第6号にアンケート用紙を掲載し、第9号に結果分析の報告を掲載し
た職業の社会的評価の調査では、「軍人」を一つの職業として入れなかった。軍
人の社会的地位の下落という調査結果の公的発表が、軍人の志気の下落につなが
るという危惧があったと思われる。

100　1985年第11号には、「結婚詐欺に遭った軍人」との投書ではが掲載され、汽
車の駅で偶然であった女性から結婚を約束されたが、その後数度か「お金が必要
だ」と女性からの手紙をもらい、かなりの量のお金を送ったが、その女性は詐欺
師だったという内容が掲載された。これも、経済収入の少ない軍人の結婚難とい
う状況と関連しているだろう。

101　五種類の大学を指す。テレビ大学、2年制大学、通信教育、夜間大学、成人
教育、職業大学という正規大学ではない教育ルートを指す。

102　1993年に設けた「敏感話題」コラム、「首都特別報道」コラム、「社会の一
角」コラム、1994年に増えた「多種多様な世相」コラム、「ニュースフォーカス」
など社会報道のコラムが大幅に増えた。また、「人生を振り返る」コラムでは人
生について語る散文が掲載された。それ以外では1993年「多味書」では国内外
の話題に関する個人の感想、1993年「奇星異彩」（後に「芸苑風景」に変わった）
では国内外の体育や芸能界の情報、「歌曲」コラムでは当時流行っている香港歌
手を始め流行っているポップの歌が掲載された。雑誌の娯楽性を強調して読者を
引き付ける努力と言えよう。

第七章 「個人奮闘」の時代という語られ方
（1992 - 2000 年）

　本章では、1992 - 2000 年の『中国青年』の掲載記事及び読者の声を考察し、この時期における若者の上昇志向についてアプローチしていきたい。

　前述したとおり、1992 - 2000 年の『中国青年』は、メディアとして市場経済の時代を生き延びるために政治的色彩の強い機関誌から文化総合誌へ脱皮し、読者の好みを中心に誌面編成を組むようになった。

第1節　1992 - 2000 年における社会経済変動

　1992 年に入って、トウ小平の力強い指導のもとで、ひとたび停滞していた改革が再開された。1992 年の 1 月から 2 月にかけて、トウ小平は、湖北の武昌から広東省の深圳、珠海、上海を視察し、各地でのちに「南巡講話」と呼ばれる重要談話を行った。その主な内容は、改革・開放のいっそうの促進、そして計画経済も市場経済はともに手段であり、社会主義と市場経済は矛盾しないという、社会主義と市場経済の整合性を合理化するものであった。同年 10 月に開催された中国共産党第 14 回大会において「社会主義市場経済体制を経済体制改革の目標」であると提起された。これをきっかけに、中国の経済改革は第三段階に入った。

　中国共産党第 15 回大会では、「近代的な企業制度」を樹立することは国有企業改革の方向であるとされ、これを機に国有企業の改革は新しい段階に入った。企業の自主権がより拡大された。

　また、市場経済化が加速される中で、国有企業が抱える余剰労働力の問題が顕在化・深刻化した。1992 年に公布された『全民所有制工業企業経営メ

カニズム転換条例』に基づき、企業では適正人員で職場を組織することを目的とする労働組織の合理化・最適化の施策が実施された。1995年より、経営方式の転換を中心とする国有企業の体制改革のもとで、リストラされ、帰休される従業員が大量に出た。1995年以降、国有セクターの従業員の量は持続的に減少した。

国有企業の体制転換に伴って、労働力調達の市場化も起こった。1992年に始まった市場経済の加速化より、1993年、1994年に可決された『会社法』と『中華人民共和国労働法』において、従業員全員の契約制が確立された。市場を通しての労働力の合理的移動が認められ、労働者と企業の間で双方が選びあうことが可能となり、労働者の企業参入と退出の自由度が高まった。

1992年に改革が再開されてから、非公有制経済は再び大きく発展した。1997年の第15回共産党大会において個人経済、私営経済、外資経済などの非公有制経済は「社会主義市場経済の重要な部分」だと認められた。1992年に個人経営、私営経済を合わせた従業員は2468万人であったが、1995年に5441万人に増えた。その中で特に私営企業の発展は著しかった。

社会福祉システムという面も有していた「単位」制度は、その機能を失いつつあった。2000年には、北京市は公有住宅の払い下げの終了をもって、住宅の職場配給制度の終焉を告げた。「単位」制度の解体を受けて、社会保障制度の整備も開始された。

改革・開放以降、中国における所得格差は絶えず拡大している。このように20年に及ぶ経済改革によって所得格差が拡大し、人々の経済的地位の分化が生じている。

教育領域では、社会主義市場経済の建設に応じて、卒業生の就職における配属制を取り消し、大学学費の引き上げ、学生募集規模の拡大などの改革が実施された。1999年に「高等教育の大衆化」という目標が国務院によって提起され、大学の学生募集規模の拡大が開始された。1998年に全国の普通大学の学生募集数は合計108.36万人だったが、2001年になるとその数は268.28万人に上がり、1998年より1.5倍も増加した。それに伴って、中国の

第七章 「個人奮闘」の時代という語られ方（1992-2000年） 421

大学粗入学率は 1990 年では 3.4％であったが、2000 年には 11％、2002 年に 15.0％、2005 年に 21.5％上昇し、大学教育はエリート教育の段階から大衆教育の段階に入った。

　その結果、社会全体の階層構造も大きく変わった。農民層と労働者層の分解、また自営業者層、私営企業主、ホワイトカラーなど新たな社会階層の出現など、階層分化が著しく起こった。

第2節　個人の「成功」願望への注目

　これまでは、政治的色彩の強い国家目標を提示することによって人々の上昇志向のエネルギーを方向付けようとするのは、『中国青年』の一貫した姿勢であった。一方、この時期に入ってから、機関誌から文化総合誌への変身を果し、読者の好みを中心に雑誌の誌面編成を行うようになるにつれて、『中国青年』はこれまでの指導的・教化的態度を諦め、若者個人の「成功」願望に注目しはじめ、それに関係する情報を提供してサポートする姿勢を見せた。また2001年前後になってからそれに寄り添い、さらにはその願望を加熱するような姿勢も見られた。

　この時期の『中国青年』は若者の上昇志向について、どのように語られており、どのようなイデオロギーのもとで収斂されていたのだろうか。結論からいうと、「改革イデオロギー」の延長線上における若者への期待があるが、一方、政治的「正しさ」の強調に取って代わって、物質的欲望が氾濫するという解釈の枠組みの中で、若者が精神的な追求を持つことを評価するに至った。また、2000年前後から、精神的な追求への重視から徐々に「奮闘」への評価へと移り変わり、「個人として頑張って成功する」という上昇志向を強調するようになった。

　1992年春のトウ小平「南巡講話」や同年10月に開かれた中国共産党第十四回大会によって、「社会主義市場経済を建設する」との改革路線が改めて確認され強調された。そのような社会的背景の下で、政治的な説教を行う内容が大幅に減り、社会問題に関する報道や、人生の感想に関する散文などがメインの内容になっていき、政治的色彩の強い機関誌から総合文化誌への脱皮が図られていくのだが[102]、一時期、改革路線に対する宣伝は相変わらず『中国青年』の重要な役割であった。時期としては、1993年から1994年第8号の改版までである。「本誌の言論」コラムや「世紀を跨る人間の思想倉庫」コラムの一部では、市場経済の合理性を論証する内容が掲載された。

そこでは、1993 年第 1 号の「本誌の言論」コラムに掲載された「若い命に
は若い脳を——市場経済の時代での観念変革」と題する文章のように、市場
経済目標とする体制改革を積極的に受け入れようと若者に呼びかけた。
　一方、前節で述べたように、市場経済の時代において、機関誌としての政
治的な色合いを強く残したままでは生き残るのが困難だと感じ、『中国青年』
雑誌はメディアとして自分自身の位置づけを模索し始めた。このような状況
について、1994 年第 7 号の扉ページに編集者による文章が掲載された。文
章は「今号について少しお話を」と題して、雑誌内容の紹介が主であるが、
冒頭と最後では、次のような言葉があった。

記事 7−1

　　　毎号『中国青年』雑誌を印刷所に出す際に、編集者全体が宿題
　　を先生に出した生徒のように、何点もらえるかどきどきしながら
　　待つ気持ちです。今号の雑誌は友人の皆さんに力を貸すことがで
　　きるのか、友人の皆さんはどのような目で今号の雑誌を読み、評
　　価するだろうか。本当に、どきどきして不安な気持ちで胸がいっ
　　ぱいです。
　　　……

　　　市場経済が通用する環境で青年団の機関誌を作ることに関し
　　て、『中国青年』編集部は大きなプレッシャーを感じています。
　　でも、この困難に真正面から立ち向かうほかありません。真心を
　　もって人々の実生活に近づき、青年に近づくことに努めるしかな
　　い。これでしか、われわれの国、われわれの青年と向き合う方法
　　がありません。これでしか、自分たちの良心に適う方法がありま
　　せん。

　このように、「機関誌」という政治的役割を果たすと同時にどのようにす
れば読者の好みに合うような雑誌作りができるかということを中心に、『中

国青年』雑誌は改革を行ったが、その中で雑誌の内容作りの面において最も重要な変化は、「理想主義＋ロマンチックな情念」を雑誌のモチーフにしたことと言えよう。

　市場経済に適応するために行われたこの一回目の改版時のモチーフは、1995年当時は「精神服務（精神面でのサポートをする）」と表現されていた。この発想について、1995年第1号に掲載された雑誌社による新年あいさつ、「『中国青年』から中国の青年の皆さんへの約束」では、市場経済が導入されることによって社会が大きく変化する中で、「素直で美しく崇高なる魂、進歩と光明を追い求める本質」を持っている青年が、物質的なものの追求によって「無情に蔽われ、無視され、或いは悪い方向に誘導され、歪曲される」危険にさらされていると論じ、改版のモチーフを、そのような青年を「精神面でサポートをする」ことに見いだしている。この「精神面のサポートをする」というのは、社会背景に照らしていうと、「現実的な利益に駆り立てられた人々は日常生活の平凡でささいなことばかりに目を奪われており、比較的レベルの高い、純粋な精神面の生活に目を配る」ことができなくなっているため、それができるよう手助けするということだという。1997年第8号に掲載された「編集長手記」では、編集長の彭波が、初めての今回の改版のモチーフを「理想主義＋ロマンチックな情念」と定義している。そして『中国青年』が特徴として守ろうとする「理想主義」とは、「強烈な社会的責任感、国家と民族とともに生きていくという使命感、思想の旗を高く掲げ、時代の先を駆けるようなこと」であると述べる。また、「物欲が横行し拝金主義が氾濫している昨今の状況の中で、理想主義は相変わらずわれわれ『中国青年』の最も鮮明な特徴である」と紹介している。理想主義と対比されているのは、物質的欲望の氾濫である。その後、1998年第3号から第12号までの「主要内容の紹介」ページの上のスペースには、「『中国青年』を読み、人間の正道を歩もう」との言葉が印刷された。

　総じて言うと、1995年の改版は、市場経済体制の樹立によって存亡の危機にさらされた『中国青年』が、市場経済によって引き起こされた中国社会

第七章　「個人奮闘」の時代という語られ方（1992-2000年）　425

の問題点（雑誌では「物質的な欲望の氾濫」と表現される場合が多いが）に
注目して、それに対抗するという道徳的な雰囲気を醸し出しながら、市場経
済の中で取り残されたとされる「精神的なもの」を樹立し、自らの立脚点を
そこに見いだそうとするものであった。若者の上昇志向についても、ある時
期まではこのような解釈の枠組みの中で語られることになったのである。こ
れは「正しい」手段による上昇志向の提起と言えよう。

　これまでは、政治的色彩の強い国家目標を提示することによって人々の上
昇志向のエネルギーを方向付けようとするのは、『中国青年』の一貫した姿
勢であった。一方、この時期に入ってから、機関誌から文化総合誌への変身
を果し、読者の好みを中心に雑誌の誌面編成を行うようになるにつれて、
『中国青年』はこれまでの指導的・教化的態度を諦め、若者個人の「成功」
願望に注目しはじめ、それに関係する情報を提供してサポートする姿勢を見
せた。また 2001 年前後になってからそれに寄り添い、さらにはその願望を
加熱するような姿勢も見られた。

　一方、1992-2000 年までの間を見ると、若者の「成功」願望を真正面か
ら取り上げ始め、またそれをサポートするような姿勢が見られたが、『中国
青年』には、やはりある特別な指向性があった。それは、市場経済の導入に
よって人々は精神面よりも物質面の追求に目がくらんでいるという解釈のも
とで、理想主義や「ロマンチックな情念」をもって物質主義的な傾向に対抗
しようという立場である。この点から見ると、若者の上昇志向のエネルギー
を方向付けようとする際に、『中国青年』は、『中国青年』は「物質的な追
及」より「精神的追求」を、また「成功」に関わる手段の「道徳的正しさ」
を主張した。ある意味、非常にひねくれたものだと言えよう。

　このような傾向は、2001 年以降になって変化が見られた。「奮闘によって
人生は変えられる。夢があるからこそ特別な存在」との宣伝フレーズに象徴
されるように、物質的欲求に対抗する姿勢が見られなくなり、「道徳的正し
さ」に対するこだわりも解消された。手段の正しさを不問とする、人々の成
功願望への単純な加熱がなされるようになった。

また、競争の激しいメディア界を生き抜くためにさまざまな努力をする経営主体としての一面を考えると、「「理想主義」＋ロマンチックな情念」をもって物質種的な傾向に対抗しようとする姿勢や、また「奮闘」の価値を主張する姿勢も、差異化戦略の一環として見なされて良いだろう。政治社会において国家・社会の枠組みに依拠していたのは政治のためのレトリックであった言えるなら、商業社会において打ち出した、読者の心を捉えるがための社会のあり方に対するさまざまな解釈は、経営のためのレトリックと言えよう。いずれも、雑誌として生き抜くための行いと言えよう。この歴史的変化のプロセスを辿ることによって、文化装置としての性格が、明確に映し出された。

第七章 「個人奮闘」の時代という語られ方（1992-2000年） 427

第3節 学業に関する読者投書の分析

第2節では、1993年以降の『中国青年』の誌面を考察して、政治的色彩の強い機関誌から文化的総合誌に変身した『中国青年』は、文化装置としてどのような内容と特徴を持っているかを分析した。

具体的に言うと、若者個人の「成功」願望に注目しはじめ、それに関係する情報を提供してサポートする姿勢を見せたが、一方、1993年～2000年に限定してみていると、それは、市場経済の導入によって人々は精神面よりも物質面の追求に目がくらんでいるという解釈のもとで、理想主義や「ロマンチックな情念」をもって物質主義的な傾向に対抗しようという保守的な指向性が見られたのである。この点から見ると、若者の上昇志向のエネルギーを方向付けようとする際に『中国青年』は、『中国青年』は「物質的な追及」より「精神的追求」を、また「成功」に関わる手段の「道徳的正しさ」を主張した。ある意味これは、矛盾する二つのイメージが同時に入っているメッセージであり、非常にひねくれたものだと言えよう。

このような状況の中で、若者たちはその生活世界の中で、上昇志向のエネルギーを発散する場面において、実際にどのような悩みにつながっていたのだろうか。

以下第3～5節では、『中国青年』に掲載された読者の声を「学業」「職業」「恋愛・結婚」という三つの分類にしたうえで、階層ヒエラルキーの存在に関する認知、上昇志向のあり方、即ちどのようにして上昇移動を果たそうとして、どのような悩みを持っていたか、上昇移動の秩序や社会秩序のあり方に対してどのような解釈・想像を持っていたか、という三つの点を手がかりに、『中国青年』に掲載された読者の声を資料に確認していきたい。

1992年～2000年までの『中国青年』では、読者の声を掲載するコラムが同時に幾つか存在していた。本研究で資料となった読者の声の抽出の仕方及び資料として利用された投書の一覧については、前述第2章の内容を参照さ

れたい。

90年代に入ってから、大学入学率は高まったもの、大学進学を目的とする教育競争が相変わらず激しいものであった。一方、商売などの経済活動によって高所得を得るという新たな上昇移動のルートの出現によって、この時期の『中国青年』に掲載された学業に関する読者の声は、量的に減少した。読者の投書を紐解きながら確認していく。

1　幼児教育の目覚め

この時期から、幼児教育や幼児教育への関心が高まってきた。1989年第8号には、「李守民の神を造る運動」との記事が掲載され、さまざまな困難を克服して幼児教育に専念する李守民氏のことが報道された。1994年6月の「読者の廊下」コラムでは、幼児の早期教育に興味を持ち自身の子供に実施したいがそれによって子供の脳に悪影響を与えてしまうのではないかと心配する読者への、李守民氏による回答、「あなたの子どもが聡明な子となりますように」が掲載された。前書きでは、李守民氏について次のような紹介があった。

記事7-2

　　　　李守民氏は現在、中国優生優育協会優秀教育研究会の会長であり、武漢大学ゼロ歳プログラム所属の研究員である。彼が創設した太原市鋼鉄児童早期教育実験クラスは見事に成功した。その娘、8歳の李卓ちゃんは、品格と成績が共に優秀な小学校5年生となった。今李氏は北京やその他の省、地域で幼児の早期教育に関する知識を普及し、早期教育への研究を深め、早期教育をより多くの人々に興味を持ってもらうために尽力している。

李氏による回答では、科学的とされる根拠をもって、幼児の早期教育は幼

第七章　「個人奮闘」の時代という語られ方（1992 - 2000年）　429

児の脳に負担をかけることはないだけではなく、早期の教育と訓練は人間の
脳の健全な発育にとってとても重要だと力説した。そのうえ、自分が早期教
育実験を実施したクラスの中から、次のような児童の例を挙げた。

投書 7 - 1 「あなたの子どもが聡明な子となりますように」（1994 年第 6 号）
　　　　　7 才の温博くんは（クラスの）最も年少の子だ。1 歳 3 ヶ月の
　　　　時から、お母さんが彼に漢字を教え始め、3 歳の時は 2000 字以
　　　　上を習得した。4 歳の時から本を読み始め、『西遊記』『科学小博
　　　　士』『世界は奇妙なもの』『古来 5000 年』など十数冊を読んだ。
　　　　それに、観察能力や表現能力もとりわけ高い。彼が朝顔を観察し
　　　　たが、花や葉っぱだけではなく、作文の中では夢の部分や雄蕊
　　　　（おしべ）、雌蕊（めしべ）、葉脈も生き生きと描き、朝顔の茎は
　　　　「時計回りの反対方向で上に向いて巻いていく」とのことまで観
　　　　察してきた。そのうえ、「よくよく観察してこそ、多くの知識を
　　　　発見できる」とまで述べた。先生は良くここまで良い作文を書い
　　　　たと褒めたが、6 歳の子供でこんなに驚くべき観察能力を持って
　　　　いると信じられないと述べた。

　　李氏は「赤ちゃんへの教育は、その誕生して三日目に行うなら、既に二日
間遅れた」というロシアの生理学者イワン・パブロフの話を引用して、幼児
教育の重要性をアピールした。教育ルートを通した社会上昇手段に対する
人々の情熱は幼児教育への熱心さを感じさせられるこの投書から伺えるだろ
う。

2　大学入試制度の不正利用に関する訴え

　　大学受験の熾烈な競争は、大学受験制度のさまざまな隙間を上手に利用す
るさまざまな手段を生み出した。その中の一つは、全国各地の合格ラインが
不一致であるという大学受験生制度の隙を利用して、合格ラインが高いと設

定された地域から、大学受験で不合格となった高校生が、何らかの裏の手段を利用して、合格ラインの低い地域に戸籍と共に転校して、転校先で受験するという方法が多く利用された。地元の高校生より学力が高いゆえにたやすく合格ラインを超えた点数が取れることが見込まれたうえでの行為である。

　1996年第7号には、教育レベルの低い地域である貴州省のある高校生からの投書が掲載された。「私たちにとって不公平だ！」と題するこの投書では、もともと大学進学が見込まれた自分だったが、省外からたくさんの転校生が押し寄せたことによって全体の中における自分のランクが多く下がり、進学のチャンスが奪われて希望がなくなったと失望の気持ちと怒りを表した。以下では、この投書を紹介しよう。

投書7-2　「私たちにとって不公平だ！」（1996年第7号）
　　　僕は、貴州省六盘水市の高校三年生（文科系）です。本来ならば、本来、今の時期は高校受験に備えて汗水たらして一生懸命勉強すべきですが、僕にはなかなかやる気が涌いてきません。なぜかというと、僕の希望や夢はもう既に残酷な現実に無情に打ち破られてしまったのです。
　　　僕の成績はトップレベルではありませんが、前に、「よっぽどのことがなければ、四年制大学に入るのが問題ない」と先生から言われていました。それを聞いた時、どんなに嬉しかったでしょう。しかし不幸なことに、4月に行われた省範囲の模擬試験の中で、自分の実力を発揮できたにもかかわらず、僕の順位は区全体の20位前後から、わけもないのに60位以下と大幅に下がってしまったのです。これは、四年制大学に行けそうもないということを意味します。あとでいろいろ聞いていたら、貴州省の出身ではない高校生が地元の高校にたくさん押し寄せてきたとのことでした。彼らが来たから、地元の高校生の順位が下がってしまったのです。区全体のランク付けで60位までの受験生の中で、30人あ

第七章 「個人奮闘」の時代という語られ方（1992-2000年） 431

まりが今年に入ってから省外から転校してきたのです。特に、上位10位の中では、7人が省外から来たのです。

地域的、歴史的、或いはその他の原因によってわが省の教育の質はその他の省より低く、このことを鑑みて、国はわが省の合格ラインを低く設定してあります。しかし、このように国の政策の隙間を利用して自分の私利私欲を満たそうとする人がいるのです。ここに来た省外の受験生たちは、彼らの出身地ではせいぜい中ぐらいの学力しか持たないのに、私たちのところに来ると、一夜してトップレベルの優等生となったわけです。これは、私たち地元の高校生にとってどんなに不公平なことでしょう。ある同級生の話では、ここ六盤水市内の高校の中で、育英高校（私立）では80人、水鋼高校では10数人、水城鉱務局第2高校では20数名という具合に、省外からの受験生が集まっています。これらの受験生は殆ど今年に入ってからここに転校してきたものばかりです。

僕は完全に絶望しました。事態の厳しさは考えてみると分かります。本市の行政区域には3つの県と一つの区があり、鐘山区だけでこれほど多くの省外からの受験生があるならば、市全体、省全体となると、その数はどうなるでしょう。そのおかげで、本来ならば進学できそうな地元の高校生の中でどれほど多くの人が、大学受験という細い丸木橋からこぼれ落ち、苦痛の淵に落ちてしまうでしょう。

私たちも同じように全力で頑張りました。私たちも同じように数え切れない涙と汗を流した。なのに、（彼らが来ることによって）私たちの12年間の努力が丸ごと潰され、水に流されてしまいそうです。本当に悔しくてたまりません。

　　　　　　　貴州省六盤水市水城鉱務局第1高校3年　路堅より

投書では、省外から受験生が押し寄せてきたことによって、順位が下がり進学の可能性が大幅に減ってしまったことで「不公平」と感じて「悔しい」思いをする地元の高校生の気持ちが訴えられた。大学受験競争の激しさの一面を教えてくれる場面と言えよう。

3 「世界で最も疲れる親」像

激しい競争を伴う受験戦争は、大きな社会問題として注目されていた。その中で特に、子供の進学を献身的に支える親たちの姿が取り上げられた。以下では、1997年3月に始まる「今日の親たちを救ってやってください」との報道から始まる問題討論からこの問題に接近してみよう。

3.1 「わが子のためならすべてを犠牲にしてもかまわない」と語る受験生の親

子供の進学を献身的に支える親たちの姿は、既に1994年の『中国青年』雑誌に、受験戦争の問題点に関する特集記事で大きく取り上げられた。

1994年第9号の「本誌特別企画」では、「受験教育は、わが共和国の明日につながるだろうか」とのタイトルで、受験教育の現状とその問題点を取り上げた。教育学者による意見「中国はどのような教育を必要とするだろうか」、生徒の声を集めた「私たちはもうこれ以上堪えられない」、教師の声を代表する「こんなに苦痛に堪えてやっているのはなぜか」、親の声を反映した「親：わが子の（教育）ためならすべてを犠牲にしてもかまわない」、政治課目の試験の問題点を指摘した「政治課目の試験は、今後もこのまま続けていくのだろうか」、受験教育の問題点の解決につながる「素質教育」に関する「素質教育：新たな希望」という6本の文章が集中的に掲載された。ここでは、「受験教育は人間をだめにする」という問題意識を持って、受験教育の激しい競争によってもたらされ教師や生徒、親にのしかかっている重荷について詳しく描き、受験を目的とする教育に代わって、生徒の全面的な成長を目指す「素質教育」こそ教育の新たな希望だと主張した。

第七章 「個人奮闘」の時代という語られ方（1992－2000年） 433

受験教育の欠点を反省するこの報道で、わが子を進学させるために大きな
代価を払っても最後まで支えていくという親たちの姿がうかがえた。

3.2 子供の教育に身を捧げる親に関する討論の始まり

1997年第3号の「本誌特別企画」コラムでは、「今日の若い親たちを救っ
てください」との特集が組まれ、2本のドキュメンタリー記事が掲載された。

子供の教育に自分のすべてを捧げた親たちについて報道した記事、「子供
が人材になっていく道で身を殉じた親たち——北京「子どもの共をする親た
ちの集まる村」でのインタビューを元に」が掲載された。記事で取り上げた
のは、音楽教育で中国の金字塔となるべく中央音楽学院の付属中学校に子供
が入学していることによって、子どもの勉学を確実なものとするために身の
回りの世話をして勉学の補助をするために全国各地から集まってきた親たち
のことである。その殆どは職業人生や一家団欒の家庭生活を諦め、中央音楽
学院の近くで安い民家を借りて住み、数年間あるいは10年間にわたってこ
のような生活を続けていく。一般教育の道を諦め、音楽教育を通して子供を
立派な人材に育てようとするためにわが身を惜しまず支えていく親たちの姿
が描かれたが、そこから、受験教育の激しさの一面が伺える。

また、勉強によって週末の時間まで奪われた子供とその親たちを描いた記
事、「息のできない週末の二日間」では、子供の教育レベルを上げるために、
週末の時間を利用してさまざまな塾に子供を連れて行く親たちの姿が反映さ
れた。記事では、このような親たちの気持ちを、「自分の子供こそ龍になっ
てもらいたいと強く望んでいる」と分析し、次のように述べた。

記事7-3

　　　これは、まったく大げさな言い方ではない。「自分の子供こそ、
龍になってもらいたいと強く望む」というのが、中国の親たちの
最も共通している気持ちと言えよう。彼らは子供への高い期待を
自分の人生の目標と設定して、自分自身の美しい願いを元に、子

供の人生が麗しいものとなるよう一生懸命企画しデザインしてい
る。自分自身の叶わなかった夢のために、子供がまだ生まれてく
る前から胎教を施して「ゼロ歳プログラム」を実施する。子供が
学校に上がるころとなると、重点学校に入れさせるのに大金を惜
しまずに払う。それだけではなく、せっかくの週末を返上して子
供をさまざまな塾に連れて行く。その中で週末の2日間で子供に
四つの塾に行かせる親もいる。

　同号より、この報道をきっかけに「私たちは今、どのようにして親業を果
たすべきなのだろうか」との大討論が組まれ、第5号、第6号、第7号、第
8号などと続いた。以下では、この討論の概略を見ていこう。
　編集部による原稿募集の文章では、子供の受験教育を支えるために、「中
国の親はおそらく世界で最も疲れる、最も辛い親であろう」とまで言われる
親たちについて、次のような言葉で描いた。

記事7-4
　　　　子供の教育のために、彼らは子供に対して高い期待をして、ま
　　　た実際の生活で辛い思いをしている。子供の教育のためなら、彼
　　　らはどんな代価でもどんなコストでも一抹の迷いもなく払ってし
　　　まう。子供の教育のためなら、自分のすべてを諦め、職業人生も
　　　円満な夫婦生活までも犠牲に付することができる。

　また、自己犠牲してまで熱心に子供の教育に人生のすべてを賭ける親たち
の存在について、次のような問題点を指摘した。一つは、子供の受験教育に
すべての力を注いでいるために、親自分自身の人生がないがしろにされてし
まうことであり、もう一つは、「進学」と「高い点数」を子供を図る唯一の
基準とする中で、親は子どもの実際の状況を無視して、高圧の手段を用いる
ことによって子供の天性と創造性が損なわれてしまい、健康的な人格の形成

に悪影響を及ぼすことである。このような親は、「親として本当に合格的な親なのか」という問題を提起して、親のあり方を反省すべきだと指摘した。

この問題討論に参加した記事を号ごとにそれぞれ羅列すると、下記の通りである。

1997年第5号 「うちの息子は全然楽しくないみたい」
　　　　　　「母親になる資格がない」
　　　　　　「私たちも一つの夢を追っている」

これら3本の投書は、いずれも親である普通の読者によるものであり、そこでは自分の体験談に基づいて親として感じた気持ちを述べた。

1997年第6号 「若い親たちが面しているジレンマ」
　　　　　　「子供の精神を鍛えるのに全力を注ごう」
　　　　　　「功利的な教育の怖さ」
　　　　　　「子息を絶やされた者の無責任な冷かし」

これら3本の文章は、親としてではなく、「どのような親であるべきか」との問いをめぐって現状の問題点やそれに対する自分の見方や意見を述べた。

1997年第6号 「受験教育を止める人がいないのか」
　　　　　　「もうこれ以上負けられないのだ」

これら2本は、子供の教育に関する自分自身の体験に基づき、自分の立場を述べた。

1997年第7号
○読者の意見
　　　　　　「希望を待つのか、それとも判決を下るのを待つのか」
　　　　　　「子供には、龍になってもらいたいより、しっかりした人間

　　　　　　になってもらいたい」

○子供による体験談

　　　　　　「私には自由が欲しい」

　　　　　　「お父さん、離れていく私を許して」

○子どもによる意見表明

　　　　　　「親は黙って子どもを見守る天使であるだ」

　　　　　　「受験教育は、私たち生徒の根源だ」

1997 年第 8 号　読書の意見表明 5 本

　　　　　　「執着心の強い親の心は怖い」

　　　　　　「忘れられた心の教育」

　　　　　　「子供はあなたの後姿を見ている」

　　　　　　「親の希望は親自身で見つけるべきだ」

　　　　　　「親が疲れて果てる根源を絶ってしまおう」

3.3　親としてのさまざまな思い

　大学受験競争の激しさに苦しむ生徒の気持ちについては、80 年代初期、90 年代の投書分析で多く触れてきた。この討論では、『中国青年』雑誌自身の立場も含めて大半の投書は、「高圧的な教育法によって子供の天性や創造力を破壊してしまうことになる」、「親自身の人生がないがしろとされてしまう」という前に紹介した二つの理由をもって、子供の受験教育のために全力を尽くしている親のやり方に批判的であるが、一部の投書では、自分がなぜそのような親になっているか、また今はどのような気持ちでそのような親を続けているかなど、親の本当の気持ちを垣間見ることができる。以下では、大討論に登場にした投書を利用して、受験教育をめぐって重たい精神的負担を抱えて力を尽くしている親やその子どもの気持ちを確認してみよう。

(1)　積極的にわが子の受験戦争に参入する親

　さまざまな苦労をするが、子どもの教育のために力を尽くすことに対して

何の迷いもなく、積極にわが子の受験戦争に参入する親たちがいた。

　このような親の気持ちを代弁する投書は、「私たちもある種の夢を追っている」（1997年第5号）、「もうこれ以上負けられない」（1997年第6号）2通ある。

　「私たちもある種の夢を追っている」は、重点中学校に通っている12歳の子どもの母親である林芸氏という読者は、子供の教育に献身的な親に理解を示し、「白髪が早くに生えても、苦労してもかまわないのだ。成功につながる道を、子供に歩んで欲しいのだ」と自分自身の決意を表して、自身の子供が小学校に入る時から現在までの苦労を話したうえで、次ぎのように自分の考え方を表した。

投書7-3（抜粋1）「私たちもある種の夢を追っている」（1997年第5号）

　　　　私は、自分が苦労しても、子供に対しては絶対申し訳なく思うことをしてはいけないと思っている。この世に連れてきた以上、条件の許される限り、できるだけ最も良い教育を提供してあげて、最も良い人生を送って欲しい。……自分の代わりに、自分自身の夢を子供に実現して欲しいなんて思っていない。ただただ、彼女の未来を心配し、彼女に自分よりも良い生活を送って欲しいのだ。

　　　　よく彼女にこのように言い聞かせるのだ。……（進学して）いろいろなことができるようになって初めて外に出かけてこの世界を見ることができる。今から何でもできないのなら、将来大きくなっても何も業績を出せない、というように。本当に、私のネジが緩んでしまったら、子供の振り子も止ってしまうのではないかとはらはら。

「最も良い教育を提供してあげて、最も良い人生を送って欲しい」との願いと「今から何でもできのなら、将来大きくなっても何も業績を出せない」

との危機感から、子供の教育に熱心なわけを述べた。

その危機感については、さらに次のように述べた。

投書7-3（抜粋2）「私たちもある種の夢を追っている」（1997年第5号）

　　　　　今、多くのメディアでは中国教育の弊害を頻繁に取り上げ、例
　　えば受験教育によって子供たちが試験勉強ばかりに気を取られて
　　しまいその創造力が奪われていったとか言われている。だが、社
　　会を見渡すと、受験教育につながる光景ばかりが目に付く。就職
　　だって、年に年に人材の学歴に対する要求が高まっている。今年
　　は修士でないといけない、来年は博士でないといけないというふ
　　うに、学歴の要らないところなんてどこにもない。学歴がないけ
　　れど能力があると言っても、何をもってその能力を証明するのだ
　　ろうか。その能力を証明できるのが学歴だけだ。ごく稀なケース
　　以外、学歴がないと就職活動をしても門前払いされるだろう。
　　　　　また、このような風潮は、親が煽り立てたのではない。メディ
　　アだって、教育改革を叫んでいる一方で、良い学生たちがどのよ
　　うに一生懸命勉強し、どのように休日を利用して各種の塾に通い
　　自分の学力を高め、より多くの試験を通り、将来の理想のために
　　頑張っているのかとか、宣伝しているだろう。多くの大学生が履
　　歴書を持って会社訪問をして、採用してもらえなくてがっかりし
　　た表情で帰るのを見ると、なんだかはらはらして、怖く感じるの
　　だ。

　この投書では、就職における学歴の重要さが強調され、そこにはメディア
も加担していると指摘した。

　以上では、子供に「最も良い教育を提供してあげて、最も良い人生を送っ
て欲しい」との願いと就職への危機感から、親として子供の教育に最大のサ
ポートをしている親の気持ちを見てきた。次では、自分の人生の失敗の償い

第七章　「個人奮闘」の時代という語られ方（1992－2000年）　439

として、自分の夢の代わりに、子供に成功して欲しいと願っている親の気持ちを語った投書「もうこれ以上負けられない」を見てみよう。

投書7－4　「もうこれ以上負けられない」（1997年第6号）

　　10年間の文化大革命によって、学業も恋愛でも大失敗した。28歳になって始めて結婚でき、33歳になって初めて娘に恵まれた。というわけで、自分の人生でかなえなかったすべてのことを、娘に託している。私はもう、これ以上負けられないのだ！

　　娘が言葉をしゃべりだした頃、科学技術大学年少クラスの「天才少年」の話がメディアで脚光を浴びる頃で、（その影響もあり）、僕は苦労を問わずに娘に唐詩を教えたり、算数や英語を教えたりしていた。しばらくして、娘は天才ではないことに気づき、大いにがっかりしたが、僕はくじけずに、「早期教育」を続けていた。これは、娘の幼少時代を奪うことを代価とする、残酷とも言える詰め込み教育ではあるが、それなりの成果があった。同年代の子と比べると、娘はより聡明だと人々から認められていたし、僕自身もそれを自慢していた。（娘の人生という試合の）第一ラウンドを勝ったのだ。その後、娘は小学校時代や中学校時代では学年で第一位の成績を続けてくれ、重点高校に入ってからもほかの子より明らかに優位を占めていた。

　　ここ十数年来、娘に注いだ心血や苦労は、一々述べると一冊の本も書けるだろう。娘が小学生の頃ある日発熱したが、私とお母さん二人で、一人は点滴のびんを高く持ち上げてあげて、一人は娘をおんぶして教室に行って授業に出たことがある。娘が中学校の時、学校が家から5キロほど離れた市内にあるため、僕と妻ふたりで毎日自転車で送り迎えをしていた。雪の日は道が滑るため、近視眼の僕は何度も車にぶつかった。ある日ぶつかった時に、娘を守るために僕は足を骨折してしまった、などなど。

幸い、これらの苦労は報われたのだ。去年、17歳の娘は大学
受験に参加し、優秀な成績を取り、全国重点大学に受かった。こ
れでやっと、僕も肩の荷が降りた。今思い返すと、娘の教育のた
めに払ってきたすべての努力について、僕は一つも後悔していな
い。もう一回チャンスがあったら、僕はきっと、同じような選択
をするだろう。

　この事例では、「自分の人生でかなえなかったすべてのことを、娘に託し
ている」という出発点から、「天才少年」の話の影響を受け、大きな苦労を
かけて、「娘の幼少時代を奪うことを代価とする」幼児期教育を実施した親
の心境が語られた。娘が優秀な成績で全国重点大学に受かったことですべて
の苦労が報われたと感じる親は、「娘の人生という試合の第一ラウンドで
勝った！」との安堵感を述べた。
　二つの事例で共通なのは、人生を「試合」や「競争」として見ていること
であろう。さまざまな競争で勝つことは、子供の人生で非常に重要であると
いう意識が垣間見える。
　これも、中国社会には明確な階層の存在が観察できたうえで、より上の社
会的地位への移動をなんとしても子供に果してもらいたい、という強い上昇
志向だと言えよう。

(2) 受験戦争から子供を守りたいが、否応なく巻き込まれていく親の思い

　受験教育で苦労する子供を見て苦しい思いをするが、子供の将来を心配し
てついつい子供の成績に目を取られてしまう、ジレンマを感じる親もいた。
受験戦争にある程度距離を取っている。
　「息子は楽しくない」と題する投書では、著者は子供に「楽しく」人生を
送ってもらいたいと願い、「天性が思う存分に発揮でき、精神の自由が制圧
されることなく、心身ともに健やかに成長していくことこそ、子供にとって
真の楽しい人生である」という理念のもとで子供を育て、「お金をかけて子

供に楽しい思いをさせる」ことは一切せずに、幼少時代の息子は「唐詩や英語を暗唱させる」などのことをせずに、「子供に成長のリズムに合わせて子供に自由な環境を提供していて、その中で子供はやりたいことをやり、遊びたいことを遊び、楽しくしていた」。そのおかげで子供はのびのびと育ち、運動や音楽や絵画が好きで、コンピューターも得意で、歴史や地理などに興味を持っている。しかし一方、今息子は「楽しくなくなった」という。その大きな原因は、中学校に上がってから主要な課目の成績への要求が高くなり、その中で国語、算数、英語などの「主要課目」の成績が悪い息子は大きなプレッシャーを浴びることになった。また、「成績のランク付け」という学校の圧力装置のもとで、親自身も徐々に子どもの成績の順位に一喜一憂するようになった。その有様について、次のような描写があった。

投書7-5（抜粋1）「息子は楽しくない」（1997年第5号）
　　　……保護者の集いで子供のランク付けを言い渡されるが、そのぴりぴりとした雰囲気に圧倒されずにはいられなかった。私の視線も息子の成績に釘付けするようになった。成績の良し悪しが子供をはかる基準となり、家族全体の喜怒哀楽にかかる一大事となった。息子の成績が良いとその後の数日間は私も安心して暮らせが、成績が下がると、出勤していても心配でたまらない。しかしよりにもよって、息子自身は点数の重要性が分からないようで、成績がよくても嬉しい顔を見せず、悪くても悩むこともないし、本当にしょうがない。……今私自身もすごく悩んでいるのだ。息子が勉強しているのを見ると安心するし、遊んでいるのを見ると頭にくる、というふうに。しかし、彼が毎日早起きして夜遅くまで勉強しないといけないような生活を送るのをそばで見ると、このような生活は少年の送るような生活ではなく、まるで一日中働くロバのようで、全然楽しくないと、不憫にも思う。

投書の最後に、著者は自分の悩む気持ちについて、次ぎのように表した。

投書7-5（抜粋2）「息子は楽しくない」（1997年第5号）
　　　　　　生まれつき楽しい心を持つ息子は、現実によってその楽しみが
　　　　奪われていく。社会の競争が激しい今の時代では、今後も楽しく
　　　　生きることが難しいだろう。息子に楽しく生きてもらいたい。で
　　　　も、私にはこれができそうもなくなった。息子を産んだことを、
　　　　後悔している。

　このケースでは、子供に「楽しく」人生を送ってもらえば良いと思い、ま
た苦労するわが子を守れないことで、「息子を産んだことを、後悔している」
とすら感じる、子供の自由な成長を非常に重要視する母親であるが、しか
し、一方で、「成績の良し悪しが子供をはかる基準となり、家族全体の喜怒
哀楽にかかる一大事となった。息子の成績が良いとその後の数日間は私も安
心して暮らせが、成績が下がると、出勤していても心配でたまらない」とい
う言葉から、「社会の競争が激しい今の時代」という現状認識の中で、わが
子が良い成績が取れるかどうかを非常に重要視しており、学力重視の受験競
争に巻き込まれていることが伺える。
　次に「母になる資格なんてない」とする投書では、母の責任を「独立した
人格をもち、生きていくための最も基本的なルール、善良な人格を形づくる
基本的な人間性」を身につけるのを手伝うことを位置づけ、子供の将来につ
いて、「有名人になろうが、街角で焼き芋を売って暮らすような生活をしよ
うが、彼自分自身のこと」との方針で子育てをしてきたが、小学校高学年に
入ってから受験で高い点数を取るために、作文で自分の気持ちを曲げて書か
ないといけないという場面に遭遇して、大きく悩んだ母親の気持ちが述べら
れた。

投書7-6（抜粋）「母親になる資格なんてない」（1997年第5号）

うちの子供は、そろそろ中学の入学試験を受ける。（標準の答えの）言われるとおりにしないと良い成績が取れないし、それによって悪い中学校に入ったら、それは何を意味するだろう。考えるだけで怖くなるのだ。どのようにすれば良いか、母親としてもう判断不能となっている。歪んだ教育に合わせるように子供に力を貸すべきなのか、それとも子供の将来に着目して、子供が独立した個人として人生を迎えられるように子供をサポートすべきなのだろうか。目まぐるしく変わっていく現実に合わせることのほうが重要なのか、それとも人間の尊厳や価値が重要なのだろうか。

……（現実の体制と）戦う気力もない自分自身の弱さが悔しい。時々胸に手を当てて自分自身に聞くのだ。子供の健康な人格さえ守れない親は、人の母親になる資格があるだろうか、と。

このケースでは、子供の「人格」や「人間性」の発展を何より重要視して、「有名人になろうが、街角で焼き芋を売って暮らすような生活をしようが、彼自分自身のこと」との子育ての理想を述べているが、一方、良い成績が取れないことで、「それによって悪い中学校に入ったら、それは何を意味するだろう。考えるだけで怖くなるのだ」と述べたように、実際には、受験戦争で失敗した可能性については、非常に嫌がる。これは、投書３のケースと同様、子供の成長については受験の成績にとらわれないという、当時にしては非常に開明的な考え方をするが、一方、子供が受験戦争で負けることに、大きな抵抗感がある。これは、投書３と同様で、「社会の競争が激しい今の時代」という現状認識をしており、この競争で負けることに、大きな危機感を持っていると言えよう。このような複雑な心境から、学力重視の受験競争に巻き込まれているのである。

以上で紹介した二人の親は、子どもの「天性」や「健康な人格」の成長を重要視するが、一方、「社会の競争が激しい今の時代」という現状認識をす

る中で、学力重視の受験競争からなかなか身を引くことができず、結局は子供を受験教育に嵌めこんでいくという辛い思いをしている。

以上では、子供の受験戦争に加担する親たちの姿について、1997年第5号から始まった問題討論を事例に見てきたが、受験戦争の存在に対して、完全に同調するかどうかで違いを見せているが、いずれのケースにおいても、「社会の競争が激しい」という現状認識では親たちの考え方は共通しており、またそのような競争に負けることに大きな抵抗感、或いは危機感を覚えている。これは、自分自身の社会的ステータス、或いはわが子の将来の社会的ステータスの上昇に大きな関心を持っていると言えよう。

4　受験戦争に苦しむ中高生の思い

以上では親の気持ちを紹介してきたが、今回の問題討論の一部の投書では、子供の教育に熱心であるゆえに、子供の心を傷つけた親に対して、子供の立場から苦言を述べる投書もあった。

1997年第7号掲載の「自由がほしい！」と題する文章は15歳の中学生の投書であるが、「僕は一人っ子で、今流行の言い方では「小皇帝」のように暮らしていて、本当に衣食住何一つ不自由なく育ってきた。人から見れば、蜂蜜の鉢の中で育ったように幸せ者に見えるだろう」というほど恵まれた家庭に生まれ育ったが、自分の今の状況を、「全く自主権のなく、自由のない囚人のようで辛い」と述べている。「僕の一生は、趣味も何も全部（祖父や祖母を含めた）親たちに殺されてしまいそうだ。僕の運命も彼らに決められてしまいそうだ」と失望した気持を述べて、自分たち青少年の自由を返して欲しいと強く主張した。

また、1997年第7号掲載の「お父さんよ、私があなたから離れていくのを許してください」では、受験教育の父親との葛藤が述べられた。

投書7-7　「お父さんよ、私があなたから離れていくのを許してください」
　　　　　（1997年第7号）

第七章 「個人奮闘」の時代という語られ方 (1992-2000年) 445

　20数年間人の子として生きてきた中で、両親による固くて単一な教育のようなものほど人を深く傷つけるものに遭遇しなかった。父親は夢にも思わなかっただろう。彼が信じて疑わなかった教育法が、今日になって私の反面教師になったのだ。

　教師だった父の、少女時代の私への態度を述べると、次のようになるだろう。①成績の良いクラスメートを私の模範としてではなく、それ以上に、まるで偶像のように彼らのことを話していた。彼らの身だしなみが乱れていることや夜間の尿漏れも、人間の精力には限界があるからこれこそ一生懸命勉強している証拠だと。②試験のたびに、数点のミスだけでも、必ず体罰をするか、ののしったりする。③父は、勉強と関係のないことについて絶対しゃべらなかった。一緒にいるときは必ず、ほかの人がどのように努力して成功したかのことについて話す。或いは浮かない顔をして、嘆いて止まない。

　当然、このために父は、それなりの代価を払った。

　長い間私の心に溜めていた反抗心は大学受験の時に徹底的に爆発した。志願した大学は、全部地質系の大学であり、家から遠く離れれば離れるほど良い大学ばかりであった。私の願いはかなった。就職の時に、実家から離れた地域に就職したかったが、それもかなった。そのために、両親の健康状態は悪化した。一方私は、距離に制限されて、親孝行したくてもできないという現実に直面した。心が痛くて、悔しくて、夜になって静かになるといつも涙を流していた。

　投書の女性は、受験教育による両親との葛藤を述べ、その葛藤が大学受験の志願、就職を深く影響を与えたと述べたうえで、自分の子育て法の反面教師にもなったと言い、子供には、「束縛もしないし、甘やかしもしない。周りのものを壊さない限り、彼女は自由そのものだ」という方針を採っている

と言う。

　受験教育から受けたプレッシャーとそれによって生じた反抗心は、1999年第5号に掲載された、ある読者による2通の長文の手紙に最も極端な形で現れた。1999年第5号の「青年報道」コラムでは、「もう学校はうんざりだ！」と題する投書では、ある二十歳の女子大生の投書が掲載され、そこでは、自分は受験教育の中でさまざまな抑圧を受けて最後は私立の大学に入ったが、そこの抑圧的な雰囲気に飽きてしまい、大学を辞めたいとの手紙に続き、自分はもう大学を辞めたことと、小学校四年生の弟が受験教育で喘いでいる様子を見て受験教育体制により不満になったとの気持ちが述べられた。これに続き、第6号に「子供たちの想像力は誰によって殺されたのか」との特集が組まれ、受験教育から来た標準の超えた追求によって、教師や親の抑圧的な態度が子供の想像力をなくしているとの問題が報道された。

　これ以外では、学業の成績による苦悩に関する投書が後を絶たなかった。2000年第1号では、「成績が良くなくて、自殺したい」、「どのようにすれば自分をコントロールできるか」との投書、2000年第3号「私に自信を与えてください」などがそれである

投書7−8「私の成績が良くなくて、自殺したい」（2000年第1号）
　　　　　　私は高校二年生で、勉強の成績が良くなくてだいぶ前から悩んでいる。小学校から中学校まで、私はずっと成績がよくて、誰にも負けなかった。私自身も嬉しかったが、両親も、私の良い成績を家族の誇りだと思っていて、人の前でよく私を褒めていた。しかし、高校に入ってから、なぜか、前のように一心不乱に勉強できなくなった。高校一年生の一学期目に、成績が大幅に後退した。その時は、これは一時のことで、頑張ればきっと良い成績が取れるだろうと思った。しかし、その後どんなに頑張っても、落ち着いて勉強することができなくなった。いくら焦ってもだめだった。今、成績の悪い私に対して、クラスメートたちは仲良く

してくれない。もっと辛いのは、家に帰っても両親は良い顔をみせてくれないし、責めてばかりする。私は時々思うのだ。私は失敗者だ。両親の顔に泥を塗った。申し訳なく思っている。これを思うと、自殺したくなる。死んだら、成績など心配しなくても良いから。

　学業の成績の良し悪しは、「家族の誇り」という家族の社会的ステータスと関連付けて考えるこの高校生は、「失敗者」で「両親の顔に泥を塗った」と感じて、命を絶ちたいと思うほど辛い思いをしている。良い成績を取れないことによって、自分自身を過酷なほどに追い詰めていることが伺えるだろう。

投書7-9「どのようにすれば、自分をコントロールできるだろうか」（2000年第1号）

　　私の両親は、普通の工員で、うちの経済的な状況はあまり良くありません。だから、小さい時から、強くならなきゃと自分に言い聞かせていました。勉強では、私は飲み込みが速くて理解の能力が高く、そして、知的向上心も高いです。でも、致命的な弱点もある——大雑把でいい加減なところがあり、自分自身をコントロールする能力が低いのです。時間が足りないと感じつつも、いつも時間を節約することができません。小さい時からテレビが好きで、今では毎日少なくとも数十分見るでしょう。また、試験では毎回自分の大雑把さで点数を失っている。あなたたちのアドバイスが欲しいです。

江西新余　鄭顥より

　この投書では、若者は家庭の社会的地位や経済的条件に不満を抱き、「小さい時から、強くならなきゃと自分に言い聞かせていた」と頑張っている。

成績の悩みを訴えていなかったことにより、それなりの良い成績が取れていることが考えられるが、しかしそれでも、この若者は自分自身に不満で、毎日数十分の、テレビを見る時間を減らし、自分の大雑把な性格によって試験で減点されてしまうことを避けるために、アドバイスを求めている。成績による悩みの投書とは相違点があるが、一方、もっと良い成績を取り、より上の社会的階層に這い上がるために、自分自身に更なる改善を求めていることでは、同じ様な緊張感が滲み出ている。

　成績を重要視する態度は、大学受験という場面でなくても、大きな力を有している。以下のケースでは、専門学校という受験戦争から距離のある場面においても、「成績の最も良い人ではなくなった」ということで大きく悩む生徒の姿があった。成績は、その人の人格のほぼ全体を代表するというイデオロギー性さえ持つようになったと言えよう。

投書7-10「自分自身の作った落とし穴から出てください」（1994年第8号）
　　尊敬する編集者
　　　僕は技術学校の生徒です。僕の中学校の生活はとても楽しくて、三年間の中で僕はずっと班長を担当しておりました。勉強の成績も良かったです。進学で僕は良い成績で炭鉱技術学校に入りました。でも、新しいクラスでは、僕は普通の生徒です。これで僕は悩んでおり、毎日いらいらします。とても辛いのですが、このような状態から抜け出すことができません。何かアドバイスをください。

　　　　　　　　　　　　　　　　　　　　　　読者　盛潔より

投書7-11　「私に自信を与えてください」（2000年第3号）
　　　　私は、内向的な性格の女子で、成績はクラスで真ん中くらいです。中学校の時、私の成績はいつも第一位で、先生によく褒められました。クラスメートからいつも羨ましい目で見られました。

第七章 「個人奮闘」の時代という語られ方（1992－2000年） 449

でも、今の専門学校に入ってから、同級生らの中で成績の良い人が多くて、私はもう、成績の最も良い人ではなくなったのです。私なりに一生懸命勉強しましたが、でも、どうしてもトップにはなれませんでした。自分は勉強が得意ではないと感じました。その後、勉強だけではなく、ほかのことも苦手だと気づきました。試験の前になると、合格点を取れないのではないかと心配になります。同級生と付き合いたくありません。クラス全体の前で話をするのが怖いです。恥をかきたくないから、団体の活動に参加したくないです。誰かに話を聞かれると喉を詰まらせることもあります。ほかの人が自由自在に付き合っているのを見るととても羨ましいです。あんなに自信満々だった私が、今こうなったのはどうしてでしょうか。

　回答では、この投書に対して心理学の視点から、自分自身に対してなぜ自信を持ってないのか、どのようにすれば良いか、などの内容を持って答えた。

　また、2000年第9号の「青年信箱」コラムでは、「どのようにすれば、受験前の自分を万全の状態に整えることができるだろうか」との投書では、高校三年生で受験生の読者は、「身につける知識の量に差がなく、心理状態も大体同じような状態でも、体調によって成績に大きな差が出るときがある」と気づいたと言い、どのようにすれば、自分の状態を万全に整えることができるかと投書で聞いた。答えでは、飲食、情緒の安定、むやみに栄養剤を濫用しないなど、3点のアドバイスがあった。

　これらの投書から、若者たちは受験競争で強いプレッシャーを受けており、ゆえに、彼らの自己認識は成績によって大きく規定されていることが伺えるだろう。

5　教師と生徒の権力関係に関する悩み

成績重視の受験教育の元では、生徒の成績に最も近くで関与している学校と教師側と生徒やその親との間では、不平等な権力関係が形成されてしまった。その中で、職務を利用して自分の私利私欲を満足するという悪者の教師の存在が取り上げられた。

1997年第10号では、「先生、どうしてあなたはこんなに卑怯な人なのか」との投書では、背の低い中学生が、前の列に調整してもらいと担任の先生に数度も申し出て、承諾してもらったのになかなか動いてもらえなくて、待ちきれなくなった際に、自分の担任の教師が生徒から一箱のりんごを受け取る場面を目撃し、翌日担任の教師がその背の高い同級生の席を前の列に移動させたとのことが述べられたが、投書の最後は、「先生、どうしてこんなことをするのか！先生、どうして僕を騙すのか！先生、あなたは本当に卑怯な人だ！」と怒りの気持ちをあらわにした。

またある大学生からの投書では、教師のプロフェショナルとしての質、学生から物品を受け取るという行為について不満を述べた。

この2通の投書をきっかけに、1997年第10号の「第一視点」コラムでは、「帰ってきてよ、教師としての道徳観！」との報道がなされて、「教師の道徳観」をめぐってさまざまな視点から議論され、「教師の道徳観がどうして下がる一方なのか、どのようにすれば、教師を本来の職能に戻すことができるのか」を中心に議論がなされた。報道では、ほかのメディアで報道された教師が生徒に対して物品を献上するように働きかける場面、体罰を受けたことで心身ともに大きなダメージを受けた場面、などをちりばめて、教師による生徒への体罰、日常的に発する劣悪で冷やかな態度（精神的な虐待）、生徒の宿題を見るという本来教師の責務を半強制的に親へ加担させること、休憩時間を利用して自分の商品を生徒相手に売るなどという職務違反などについて、批判的な態度で描かれた。そこでは、教師のあるべき姿とその実際の有り様のギャップについて、次ぎのように批判した。

第七章 「個人奮闘」の時代という語られ方（1992－2000年）　451

記事7-5

　　　古来、教師は高潔な存在であるべきで、知識の象徴で、道徳の
　　代表である。教師という職業の特殊性と重要性によって、彼らは
　　どんな状況であれ、利益を得ようと躍起になるのではなく、おの
　　れの身を捧げて人々の尊敬を得るべきだと思われてきた。人々が
　　教師を評価する際も、その金銭的な富の多寡を見るのではなく、
　　その献身ぶり、文明の継続と社会の進歩にどれだけの人材を育て
　　たかを見る。これこそ教師としての人生の「義」である。この大
　　きな義を捨てて、目の前の「利」だけを追求するばかりでは、自
　　分本来の高尚なる人格を裏切ることであり、神聖な教育事業に泥
　　を塗ることになる。

　ここでは、問題となる教師の行為の発生を「教師の道徳観」の下落に原因
を求め、物質的な利益に心を動じず、教育に献身するという道徳的な教師の
あるべき姿を提起したが、実際には、80年代前半から生じた、肉体労働従
事者と頭脳労働従事者との間の収入の格差の問題に大きな原因があり、これ
についてはここでは深入りしないが、ただ、教師に対して、生徒やその親ま
でたいへん弱気であり、悪者の教師に「苛められている」という被害者像の
形成は、受験教育において、成績への重視によって学校や教師の態度への依
存度が高まっていることと深く関係あると言えよう。

6　小結

　以上では、幼児教育の目覚め、大学受験制度の隙間の利用法、わが子の受
験戦争に参入する親たちの思い、受験戦争に苦しむ子供たち、受験教育体制
のもとで悪者とされた教師などの面から、1993－2000年の『中国青年』に
掲載された学業に関する読者の声を見てきた。
　では、本研究の主眼である上昇志向の視点、特に階層ヒエラルキーに関す
る認知、上昇志向のあり方及びそれによる苦悩、上昇移動のメカニズムや社

会秩序に関する人々の態度及び解釈と関連付けて見る際に、どのようなことが伺えるだろうか。

まずは、この時代に入って、大学合格率への上昇が見られたものの、受験生たちは大きな精神的プレッシャーを抱えている。

また、子供たちは幼児期から受験戦争システムに組み込まれはじめたことや、わが子の受験戦争に対する親たちの献身的な関わりなどから観察できるように、大学受験という教育達成は、受験生やその家族を身分に関する不安から解放し、より上の社会的ステータスの上昇につながるという人々は信じており、社会上昇移動を果すルートとして極めて重要視されている。

さらに、受験教育の元では、成績への重視によって、もともと社会階層の中で収入の低いランクにいるとされる教師側と生徒やその親との間では、新たな不平等、権力関係が形成されつつある。

これらの背景には、「社会の競争が激しい今の時代」という現状認識による強い危機感や身分に関する強い不安などが、社会階層の上昇移動を目指している人々の原動力となっていると言えよう。

第七章 「個人奮闘」の時代という語られ方（1992－2000年） 453

第4節 職業・自己実現に関する読者投書の分析

　この時期に入って、学業や恋愛・結婚、職業人生における自己実現に関する投書が掲載された以外に、収入の差による社会的格差の拡大や、「単位制度」の解体などによって、人々は自分自身の社会における位置づけ＝身分に対する不安に関する投書も登場してきた。この部分では、これらの投書を合わせて考察することとする。

　また、これまで続いてきた読者の投書を専門的に掲載する「読者信箱」などのコラムは、1996年の改版によってコラムとしてなくなり、2000年になって回復された。その代わりに、「われわれの精神家園」などのコラムに読者自身の気持ちを述べる文章が多く掲載されているため、ここで利用する投書の資料の一部は、「われわれの精神家園」コラムに由来する。

　以下では、この時期の職業や身分の不安に関する読者について、階層ヒエラルキーの存在に関する認知、上昇志向のあり方、上昇移動のメカニズムや社会秩序に対してどのような解釈・想像を持っていたか、という三つの点を手がかりに、考察していきたいと考えている。

1 階層ヒエラルキーに対する認知
　この時期の若者は、何を持って階層ヒエラルキーの存在を感じていたのだろうか。以下では、投書を通じて確認していきたい。

1.1 経済格差による階層ヒエラルキーの存在に対する認知
　この時期に入ってから、人々の間に収入の差が徐々に拡大されるにより、経済的な困難を持つ「貧困」大学生の存在が社会問題としてメディアで取り上げられるようになり、貧困のよる悩みを訴える投書も現れた。

(1) 経済的な困難に悩む大学生

　出身家庭の経済的状況の困難によって、若者は実際の生活で経済的不自由を体験することになり、それが同時に自信を喪失して、人間関係に関する悩みを引き起こすことになる。　このような投書の例は1993年の「読者長廊」に初めて掲載された。その後『中国青年』のコラム調整によって読者の悩みに関する投書のコラムがなくなったため、2000年までこのような投書が見られなくなったが、雑誌の＜われわれの精神家園＞＜本誌特別企画＞などのコラムには、貧困学生たちが直面している困難な状況や彼らの悩みがたびたび取り上げられ報道された。2000年に読者投書を掲載するコラム「青年信箱」が回復され、そこには貧困に若者、特に大学生の悩みが何度も登場した。以下では、これらの投書を例に、貧困による若者の悩みを確認しよう。

投書7-12　「ある「貧困生」の告白」（1993年第2号）

　　　　みんないなくなった。宿舎には私一人だけベッドに横になっている。僕は天井を見上げながら、ぼっとしている。「建華、映画見に行かない？」外から親友の胡雪輝の声がした。映画か。上着の袋を触ると、かわいそうなことに、2元しか残されていない。学校による配給の食券をもらえるまで、あと二日間もある。この2元のお金は、とても重要なんだ。今晩の映画はもう無理だ。しょうがないよ。僕が貧乏学生だからな。僕は仕方が無く、頭を横に振った。

　　　　僕は確かに貧しいかもしれない。小学校の時は学費を払えなくて、中学校の時になると、家が学校から5キロも離れているから、ほかの人が学校の宿舎に住むのに、僕一人だけ毎日通っていた。今中等専門学校に入ったが、貧しいことは変っていない。ほかの人が格好いい背広を着ているのに、僕はぼろぼろの服しかなくて毎日肩身の狭い思いをしている。ほかの人がダンスホールやバーにしょっちゅう通っているのに、僕は一度も行ったことがな

第七章 「個人奮闘」の時代という語られ方（1992-2000年）　455

い。

　貧しい日々は辛い。ある日、体育の授業の後に僕は靴をグラン
ドに忘れてきた。急いで探しに戻った時に、同じクラスの何人か
の「ぼっちゃん」が火に燃えている靴を竹竿で持っていながら、
「見ろよ、誰の靴だ。ぼろぼろの靴だよ」と叫んでいる。「ぼろぼ
ろの靴」と聞いて僕はびっくりした。ちょうど僕の靴には数個の
穴が開いているのだ。何もかまわずに走って行き、燃えている靴
を手に取った。見てみたら、焼かされて履けるものではなくなっ
た。その瞬間に僕は涙が出た。この靴は、進学できたお祝いに親
がわざわざ買ってくれたのだ。頭を上げて、まだ大きな声で僕を
嘲笑している「ぼっちゃん」たちを見て、僕は自分の怒りを抑え
きれなくなり、爆発した。最も大きな声で笑っている「ぼっちゃ
ん」の顔面にむけて、拳骨を思い切り打った…

　向こうは人数が多いため、僕は傷を負った。「ぼっちゃん」た
ちは何も無かったように行ってしまった。事後処理する時に、先
生は私という「貧困学生」を前にして、何も力になれないような
顔をしていた。僕は大きな声で叫びたかった。「貧困学生」だか
ら、差別されても良いのだろうか。苛められても仕方が無いとい
うのだろうか。

　一部のクラスメートの嘲笑、一部の先生たちの冷淡に遭った
が、僕はくじけなかった。僕は、貧しくても志はある。自分自身
が強くなるしかないと思っている。今僕は２回も「優秀学生」と
なり、成績の優秀な学生にだけ授賞する30元の奨学金を２回も
もらった。僕はやっと自分の頭を上げて、人々に見直してもらう
ことができた。貧困学生のみなさん、私たちの頭を上げよう！

　　　　　　　　　　　　　　湖南炭鉱学校　劉建華より

　この投書の著者は、自分のことを「貧困学生」と自称して文章を書いたこ

とより、学校生活では「貧困学生」とのレッテルが常に彼に貼っており、この呼び方が彼自身の自己認識の一部となっていることが伺えるだろう。家の経済的な状況の制限で、幼少時よりほかのクラスメート並みの生活が送れず、それによって無力感を感じたり、被害者意識をもたらしたりする。一方、「貧しくても志はある」「自分自身が強くなるしかない」というように、このような心理状態から脱出しようと自分自身を励ましながら生きることとなる。

　この投書に見られるように、収入の格差という社会問題が、徐々に人々の日常生活に影響をもたらしており、階層の存在を明確に意識させている。これは、時には大きな苦痛を伴う過程となるだろう。この苦痛は、この若者の場合、無力感となって現れた。貧困はある意味では「肩身の狭い」ことであり時には大きな苦痛を伴うが、それがゆえに「一部のクラスメートの嘲笑、一部の先生たちの冷淡に遭ったが、僕はくじけなかった。僕は、貧しくても志はある」との語りから見られるように、若者はこの苦痛に価値を付与することによってある種の道徳的優越感を醸成し、せめてその苦痛から自分を守ろうとする。これは、この若者にできる精いっぱいの、貧困による苦痛への防衛だと言えよう。

　貧困によってもたらされた悩みについて、2000年以降に読者の投書を掲載するコラム「青年信箱」が回復された後に、また見られるようになった。2000年第21号には、「僕は学校とさようならしたくない」との投書が掲載された。

投書 7-14　「僕は学校とさようならしたくない」（2000 年第 21 号）
　　　　　　　僕は新楽一中の高校生であり、ふるさとは河北省新楽市鳳鳴村。新しい学期が始まり、僕の学校生活はまた始まった。
　　　　　　学校に行くのは百の利があって一つの害もないことだが、村では多くの中学一年生、二年生が退学して、家の農作業を手伝ったり、ほかの人の土地を借りて農作業をしたりしている。僕は彼ら

のことを残念に思っている。でも僕は、一月おきに百元ちょっと、四、五ヶ月おきに五、六百元かかるような生活は、彼らから見れば驚くべきことであるようだ。彼らはこれらのお金をもったいなくに思っている。

　当然、新学期の始まりはいつものように雑費250元、宿舎代120元、暖房費10元、生活費を入れると、計500元以上になる。僕は大まかに計算した。高校二年生になって半年も経っていないうちに、僕にかかったお金は1000元になった。僕にとってこれは十分に大きい数字だが、大學でかかる費用と比べると、まるで牛の毛一つのようだ。

　8月12日に僕は友人のうちに遊びに行った。友人は今年大學受験に参加した卒業生だが、ちょうどその日に合格通知書が届いたのだ。友人は震える手で封筒を開封して、○○○大學の合格通知書を見ると、狂ったように喜んだ声で、「受かった！僕は大學に受かったのだ！」と叫んだ。全世界に彼の喜びを共に感じてもらいたいようにすっかり興奮していた。しかし、つかの間の喜びの後に、彼は通知書をよく読むと、次第に落ち込んでいった。雑費は毎年4500元で、宿舎代は毎年800元で、保険代20元であり、計6430元になる。このほかに毎年3000元から4000元の生活費を入れると、毎年少なくとも1万元かかる。4年間続くと4万元となるわけだ。友人とその家族は呆然となった。数度の話し合いの後に、友人はやっと、大學生活とさようならするというがけっぷちから安全になった。でもそれ以降、友人の両親に残されたのは、一生懸命お金を貯めることだ。

　8月27日に家に帰ると、母親から家の事情を知った。今は早熟の落花生の収穫期になり、（今の時期にしては新落花生はまだ少なく、高く売れるので）農家のみんなは市場に売りに押し寄せた。しかし市場自体が小さいので、両親は市の前の日の夜7時、

8時ごろにロバに落花生を乗せて市場に行った。それより遅れていくと、場所がなくなるので。人が多いので、両親は一晩少しも寝なかった。不眠の夜を明かすと、眠たい中で頑張って市を始めたが、売れ行きが悪くて、8時や9時になっても、いや12時、13時になっても売り切れなかった。仕方がなく疲れきった体で品を持ち帰ってくる。それだけではなく、落花生の値段もまあまあで、毎キロ3.70元だったり、3.84元だったり、3.66元だったりして。時には0・01元の値段の差で農家は買いに来るバイヤーと30分間も交渉したりする。彼らは声を高くして争わないといけないのだ。雨風の中で汗水をたらして一年間働いて収穫した落花生は、こんな安い値段で売ってしまうのだから。中国はもうすぐWTOに入るのだが、農産物の値段はどんなふうに下がっていくか考えるだけでもぞっとする。だから、農家のみんなは今、一銭たりとも、一円たりとも大事にするのだ。10銭でアイススティックが買えるが、でも彼らにとってそれは、たいした贅沢なのだ。

　でも現在では、中学校や大學の学費はどんどん高騰しており、生徒の親の財産を一銭も残らずに我が物にしそうだ。中にはたくさんの借金を抱える親もいる。一般の中学校では毎年2000元から3000元、大學は毎年9000元から1万元という具合だが、わたしたち農家の子はどこからそんなにたくさんのお金を手に入れようか。実家に帰る度に、父は開口一番にいつも、半分冷やかしに聞いてくるのだ。「お帰り。今度はいくら欲しいのだ？」と。このような言葉を聴くと、お金をくださいということを言えなくなってしまうのだ。心の中でなんとも言えない辛さを感じるのだ。

　高い学費を前にして、貧しい生徒の私は言いたい。中学校や大学などは勉強を主要な目的にすべきで、学生の居住条件や食生活

ばかり改善しようとしないで、寝るところさえあれば、お腹を満たすことができれば、それだけでいいのだ。そうしたら、村出身の子供としての私たちが、自分を責めずに済むのかな。そうしたら、私たちには、苦労する親に恩返しする機会が少し早く来るのかな。そうしたら、私たちの親は必死にお金をためることなく済む。そうしたら、村の子供たちがしょうがなく学校とさようならせずに済むでしょう。

新楽一中 186 班　高立坂より

　投書では、学費が家計にかかっている重たい負担や、農民である両親がどんな苦労をしてお金を稼いでいるのか、大学学費の高騰によって進学することが自分にとって心理的な負担になっていることが述べられた。最後になって、学費の軽減をしてほしいと呼びかけた。経済的な困難が高校生の心にかかっている負担が伺える。

(2) 経済格差の存在による人間関係の悩み

　経済的困難による生活苦そのものよりも、経済的な格差によって若者が感じた人間関係の悩みに関する投書が掲載された。そこには、収入の格差や地域による階層の様相が見られた。

　1992 年第 2 号には「けちん坊の気持ち」という投書が掲載され自分の経済的な悩みを訴えた。

投書 7-15「けちん坊の気持ち」（1992 年第 2 号）

　　　　僕は大学生だが、ほかの「天の寵児」とは違って、内向的で話すのがあまり得意ではない人だ。何かある時も心にしまっておくだけなので、ほかの人からなかなか理解してもらえない。

　　　　実家の貧乏な状況やそれによってトラブルが起きていたことなどによって、僕は小さい頃から生活苦を経験し、節約の習慣を身

につけた。両親の負担を軽減するために、大学に入ってから僕は仕送りが要らないと言った。でも大学生として、在学中はなかなか収入が得られないし、この辺鄙な大学ではもっと難しいことだ。大学からの20数元の生活費だけでひとりの生活を維持するのがどんなに難しいことか想像できるだろう。食費や服を買うお金を節約したり、自分の好きな学術活動（申し込みするにはお金がいる）を我慢したり、遠足に行くのをやめたり、このように暮らさざるを得なかった。このようにしていくうちに、趣味のないつまらない人間だとクラスの皆さんに思われるようになった。ほかの人の自由自在な生活を見て、心に血が出るほどうらやましいのだ。でも、誰も理解してくれる人がいない。

　また、今の大学生の中ではお互いの大学に出かけて旅行するのが流行っているらしい。今日は長沙市から武漢市に、明日は武漢の人が長沙へ、というふうに。もちろん僕の昔の同級生たちもやっている。でも、僕が向こうに行かないけど、彼らは僕のところに来るのだ。「友あり 遠方より来る また楽しからずや」、昔の同級生が来て、それは嬉しいよ。招待をする。でも、僕はほかの人のように、すぐに数十元のお金を出してご馳走することができない。あまりよく世話できなかったことで、無意識のうちに彼らの機嫌を損ねてしまったことがよくある。この間、ある同級生が帰った後に、僕のところに葉書を贈ってきたが、そこには、「けちん坊、あなたはきっとお金持ちになる！」なんて書いてあった。このような冷やかな言い方、本当に耐えられないぐらいつらかった。でも僕はもう自分のできる限りのことをしたのに、それでも「けちん坊」と言われてしまった。天に向かって嘆くしかないのだ。僕の心を誰がわかってくれるだろうか。

このように、経済的な要因によって貧乏な大学生活を送り、友人づきあい

第七章 「個人奮闘」の時代という語られ方（1992−2000年）　461

もマイナスな影響を受けたという投書であった。人々は生活の中で、金銭の影響力をひしひしと感じるようになったと言えよう。

投書 7−16 「クラスメートの要求に対して、僕は満足することができない。どのようにすればよいだろうか」（2000 年第 5 号）

　　　僕は農村から大学に入ったが、クラスメートの大多数が都市部の出身で、彼らと一緒にいると、僕はよく無力に感じる。時には、彼らが私に要求を差し出してくる。　これらの要求は彼らにとって非常に普通なことかもしれないが、僕には非常に無理だ。彼らとの良い関係を保つために、私はいつも承諾してしまう。問題は、約束したことに対して、僕はやり遂げることができない。そうしたら、約束を守らないから、信頼に当たらないと彼らが僕を責めてくる。でも、僕は彼らを断りたくないのだ。一度断ったら、その後彼らはもう二度と僕を助けてくれないだろう。どのようにして良いか分からないのだ。誰とも仲良くしたいが、そのようなことは自分にはとても無理だと感じる。どのようにすれば良いだろうか。

　都市部出身のクラスメートとの関係を保つために要求されることを約束してしまうが、その約束を果たせなくて結果的に関係が悪くなってしまうという局面に深く悩んでいる若者の気持ちが語られた。投書では、どのような「要求」なのか書かれていないが、都市部と農村部の地域差で第一に考えられるのは、経済格差である。

　これと似たような悩みは、2000 年第 11 号の投書にも見られた

投書 7−17 「どのようにすればご馳走ごっこから脱出できるのか」（2000 年第 11 号）

　　　毎回クラスメートや友人と一緒に豪華なバーに入るときに、ご

馳走を口にしながら、自分を責めている。僕はこうしたくないのだが、こうせずにはいられない。

　僕は農村の出身で、「錦の鯉が龍門を跳び越えよう」との両親の期待を背中に、この美しい町の大学に入ってきた。自分の貧しい家庭経済事情を一刻も忘れたことがない。入学した当初から、ここは、クラスメート同士でよくお互いにご馳走し合ったり、品物を送り合ったりするとの噂を聞いた。精緻な葉書を買わずに済むように、僕は自分を閉じ込めた。でも時間が経つと、もともと外向的な性格だったので、徐々に数人の友人ができた。これは良いことだが、今は悪いこととなった。友人からよく葉書を送られてくるのだ。僕は頭が悪いせいか、友人をがっかりさせないためか、或いは自分の虚栄心のためか、毎回断ることができなかった。でも、毎回物質的な享受をした後に、僕はいつも悔しい涙を流している。

　何回か決心して自分のやり方を変えようとした。でも、噂が立つことが心配で、毎回諦めた。でも、僕は、これらのことが気になってしょうがない。真っ暗な夜に起きているときに、両親が苦労して畑を耕す場面を思い出すと、クラスメート同士でお互いご馳走しあうのは本当にもったいないし、心が痛いと思っている。教えてください。どのようにすれば、このようなアンビバレントに陥らずに済むのだろうか。

王建躍より

　投書では、友人との関係を保つために、お互いにご馳走し合ったり葉書を送りあったりするが、農作業で苦労している両親を思うと、そのためにお金をかけるがもったいなくて自分自身を責めているという若者の悩みが語られた。ここにも、農村部と都市部の収入の格差によって、若者の世界で階層の構造ができていることが伺えるだろう。

(3) 経済格差によってもたらされた苦痛と「心のバランス」をとるための努力

　収入の格差の拡大は、人々に大きな苦痛をもたらしてきた。この時期のコラム「われわれの精神家園」には、このような痛みに激発されたさまざまな感情が語られ、その痛みを癒すためには、「富」によって人の心や恋愛も汚染されたと批判したり、「お金より心に志気があることこそ重要」と怒りを鎮めたり、今の生活に満足せよとつじつま合わせをしたりなど、さまざまなレトリックが述べられた。詳細は「われわれの精神家園」コラムの分析にあり、ここでは割愛するが、事例として次の文章をあげよう。

投書 7 - 18（抜粋）「財布にはお金がないけれど、心の中には志気がある」
（1994 年第 1 号）

　　　財布にはお金がないけれど、心の中には志気を持つべきだ。志気をもってわれわれの心を完全のものにしてはじめて、金銭の力が横行する世界の中で、尊く立つことができる。

　　　このよう考えたり実行したりすれば、ほかの何かをもって証明しなくても、われわれはおのずと金銭より高貴な存在になるのだ。

　　　そこで、大金を手にしたり大儲けをしたりする機会は僕にはめぐり合えなかったけれど、これで心が卑屈になったり落ち込んだりする理由がない。違うのだ。僕は別の、気力を奮い起こして、自分の生活を開拓しようとして、心を静かにして自分の送るべき生活を送ると決めた。真理というものは、もともと平淡そのもので、質素そのものだと僕は考える。

　著者は、「大金を手にしたり大儲けをしたりする機会は僕にはめぐり合えなかった」という収入の格差に対する不平や不満は、一言も述べなかったが、「志気」さえ持っていれば、「金銭の力が横行する世界の中で、尊く立つ

ことができ」、「われわれはおのずと金銭より高貴な存在になる」との言葉からして、収入の格差によって非常に大きな喪失感を覚えたと考えられる。「卑屈になったり落ち込んだりする」などという精神的苦痛につながるから、「志気」を持って「心を静かにして」「平淡」で「質素」な生活を送ることこそ「真理」だという、非常に屈折した気持ちが伺えるだろう。

　このような「心のバランスを取り戻す」ための努力は、ほかにもさまざまな手法がとられたが、時間が立つにつれて、人々は収入の格差に対する自分自身の不平不満な気持ちを持っていることに素直になっていく。1998年第5号の「われわれの精神家園」では、「何を持って失った心のバランスを取り戻すことができるのか」というタイトルが付けられて、収入の格差に対する不平不満への対処法を語るようになった。これはある意味、収入の格差の存在を、一種の現実として受け止めるようになったと言えよう。

　徐々に、収入の格差という現実をそのまま受けとめるような姿勢は、『中国青年』に明確に現れた。2000年第17号の「われわれの精神家園」コラムには、「今日において、われわれはどのようにしてお金持ちとして生き、どのようにして貧しい人間として生きるべきだろうか」との文章が掲載されるようになった。

(4) 「貧困」に対する『中国青年』の態度の変化

　これ以降、経済的な貧困の状況によって若者たちが直面するさまざまな困難について、数度か取り上げられた。そして、時期の下るにつれて、『中国青年』の態度にいくつかの変化が見られた。

　以下では、これらの報道を紹介すると共に、その態度の変化を整理してみよう。

　まず、ある時期までは、貧困に負けず、懸命に頑張る大学生という理想像を持って「貧困」を価値づけていた。

　1995年第1号の＜本誌特別企画＞では、「貧困の学生」に関する報道がなされ、5本の文章が掲載された[103]。

第七章 「個人奮闘」の時代という語られ方（1992－2000年） 465

　この報道で『中国青年』は、経済的な困難に遭遇している大学生の存在を社会問題として取り上げている。この立場の延長線上、1995年第4号には、「私たちの愛で祖国の人材を支えよう」とする後続の報道がなされ、貧困大学生へのエールを送る読者の投書11通が掲載されたと同時に、「「特別貧困大学生援助サービスセンター」の成立」に関する報道がなされ、第1号の報道を読んだ読者が多くの援助金を寄せてきたことをきっかけに、『中国青年』雑誌社が「特別貧困大学生」をより良く援助できるように、援助サービスセンターを成立させたことが掲載された[104]。

　この時期の報道では、「貧困」をどのように見ていただろうか。「貧困」は、確かに大学生にさまざまな経済的生活上の困難をもたらしている。一方、このような報道では、どこかで悲壮な基調が漂っており、「貧困」は恥ずかしがるべきことではない以上に、家庭のさまざまな困難な経済事情に対して屈服せずに志しを通そうと懸命に頑張っている大学生という理想の像が描き上げられ、貧困大学生自身の体験談との間に温度差が見られた。『中国青年』で強調されたのは、「貧困」という「困難」にめげずに志しを通そうと頑張る精神を賞賛した。これによって「貧困」の生活は価値付けられたのである。これは、突如現れた収入の格差、階層の存在を顕示させる現象に対して、表向きだけにしても道徳的な立場を続けてきた『中国青年』としては、どのような態度を取るべきか良いか迷う中で、最も手慣れな手法、即ち「道徳的意味づけ」をしたと考えられよう。

　次に、貧困は精神的歪みをもたらしかねないとその問題点を指摘するというクールな態度を取り始めた。

　以上述べた『中国青年』の態度は、1996年の報道では微かな変化があった。1996年第9号、「われわれの精神家園」では、「経済的に苦労している若い子の精神世界」とのテーマが掲げられ、生活上経済的な困難を有する若者が精神面で掲げている、自信喪失などの問題に注意を向けた。編集部による言葉では、次のような言葉が語られた。

記事7-6

　　　貧困は、ある意味で学校であり、貧しい環境の中にいてもめげ
　　ずに根気良く頑張る人を養成する学校である。だが、物質的な貧
　　しさは、必然的に精神的な豊かさをもたらさない。貧しくて、
　　「志」「強さ」しか残されていない状態が続いていれば、その精神
　　世界には、愚昧、自信喪失、自己閉鎖、人付き合いが悪いなどと
　　いう、単調で畸形の雑草が生えてくるかもしれない。経済的な困
　　難に直面している人たち、経済的に苦労している若者たちの精神
　　に眼を向けよう。

　当号では、「17歳の女の子よ、希望を失わないで」、「冬の夜、冷たい月の
明り」、「灰色気持ち」、「貧しさと豊かさ」など読書による文章4通が掲載さ
れ、貧しい少年少女時代に家庭の貧しい経済事情によって学校生活をやめさ
せられた辛さ、貧しいゆえに経験した人に軽蔑された時に感じる屈辱、自分
が出会った貧しい苦学生の身に起こった辛い出来事などが述べられた。それ
ぞれの文章の最後には、編集部による短い言葉が添えられているが、これら
の言葉を見ていると、書き手が文章で表した辛い気持ちに付き添うより、む
しろそれを冷たく突き放すような態度が滲み出ている。
　コラムの冒頭に掲げられた編集部の言葉、「物質的な貧しさは、必然的に
精神的な豊かさをもたらさない。貧しくて、「志」「強さ」しか残されていな
い状態が続いていれば、その精神世界には、愚昧、自信喪失、自己閉鎖、人
付き合いが悪いなどという、単調で畸形の雑草が生えてくるかもしれない」
では、経済的な貧しさと精神的な豊かさ、意志の強さとの間に必然的なつな
がりが無いと指摘した。掲載された文章に添えた言葉も、貧しい生活をする
中で遭遇した辛い出来事に対する怒りや不満、被害者的な意識に対して、自
分自身の責任に眼を向けて反省してほしいとでも言うようなメッセージが述
べられた。
　ここから、「貧困」に対して、『中国青年』編集部の態度の変化が伺えるだ

第七章 「個人奮闘」の時代という語られ方（1992-2000年）　467

ろう。「苦労」をしている面に着眼して全面的にバックアップするような態度から、「貧困」によって精神面に歪みが生じるかもしれないとの可能性への注目に転じた。このように、「貧困」に付与された道徳的な「美しさ」が剥がされてしまったのである。『中国青年』は、「貧困」に付与された道徳的な「美しさ」を剥がすことによって、収入の格差や、「貧困」の反面としての「豊かさ」への肯定に徐々に転身したのである。

　さらに、貧困の若者の不満を鎮めるような態度が『中国青年』に現れた。

　1997年第3号「われわれの精神家園」コラムでは、『中国青年』はまた別の態度を表した。コラムでは、「貧困による困難に立ち向かえれば、すべての困難に負けることはない」、「苦境を経験した青春は格別な美しさがある」「太陽の無い朝もまぎれなく立派な朝」、「強い心で絶望と戦おう」などのタイトルから、貧困によって生活上多くの困難を抱えているが、これら人生の苦難に負けずに頑張ろうという、励ましのメッセージが込められている。

　1996年の報道で取った態度、「貧困」によって精神面に歪みが生じるかもしれないとの可能性に注目することによって、「貧困」に付与された道徳的な「美しさ」が剥がされてしまったのである。しかしここではまた、貧困な生活にもそれなりの「美しさ」があるというような価値付けの仕方をするようになった。これをどのように考えるだろうか。

　1997年前後になり、経済改革の進行により経済格差に対する人々の不満も徐々に高まってきた。中国青年のこの姿勢は、貧困の差が社会問題として顕在されるようになった中で、「貧困」に孕んでいる何らかの意味を若者に提示して、経済的困難を持つ若者の社会に対する不満を鎮めることが目的だと考えられる。

　そして、続いて、『中国青年』雑誌は貧困の中の大学生への実用的アドバイスをするようになった。

　一方、1997年第12号＜われわれの精神家園＞コラムにも、貧困大学生の話題を取り上げ、「貧困に面して：自分の心の居場所を見つけて」と題する。そこでは、某貧困大学生援助基金の授賞式に参加する貧困大学生へのインタ

ビューを通して、貧困によって生じる心理的な問題を取り上げた。「貧困だけではお金があれば埋まるが、人情に借りがあったら、心の中でずっとずっとその負担を負っていかなければならない」、「自己閉鎖してしまうと、社会貢献するどころか、は自分の可能性と発展を殺してしまうことになる」、「人間はできる限りの範囲で自分自身を完成させる努力をすべきだ」などのサブタイトルから見るように、若者にとって、貧困という困難が、心理的な歪みをもたらすことなく大学時代を過ごせるかという点が重要だという提起した。

　これまでの３種類の態度と比べると、経験者の体験談をもってこのような境遇にいる若者に実用的なアドバイスを送るという姿勢は、「貧困」や収入の格差に関する自身の不安や当事者にあると考えられる不満などの緊張感から解放され、冷静的に対応するようになったと考えられる。これはある意味、収入の格差を、一種の現実として受け入れたことを意味するだろう。

　以上では、経済格差による階層ヒエラルキーに対する若者が感知して、またそれによって経済的困難、人間関係のねじれなどさまざまな悩みにぶつかっていた事を見てきた。

1.2　出稼ぎ労働者と雇う側という階層区分

　この時期になり、階層間の不満、特に出稼ぎ労働者と資本の持ち主である「ボス」に対する不満が明確に現れるようになった。

　1999 年第１号の「青年の代言者」コラム[105] には、ある工場で働く女工たちによる手紙形式の投書が掲載され、そこには、「ボス」への強い怒りが噴出された。以下はその全文である。

投書 7-19　「ボスよ、あなたは人間を食べる鬼だ！」（1999 年第１号）
　　　　ボスさん
　　　　　私たちは前からあなたの文句を思い切り言いたかった。でもこの小さな服製造工場にはどこにでもあなたの目があり、何かあれ

第七章 「個人奮闘」の時代という語られ方（1992-2000年） 469

ば大変な目に合うと恐れていた。今日は機会があり雑誌の一角を
借りて、私たち、あなたから「田舎から来たばか娘め！」と呼ば
わりされた数人の女の子が、あなたのことを思い切って罵りた
い。良く聞いておけ！

　まず、あなたは人間とは呼べないやつだ！当初私たちははるば
る他の省から広州に出稼ぎにやってきた時、あなたの歯車に乗せ
られて騙されて、この「魔窟」の工場にやってきた。私たちの身
分証や未婚証明などの身分証明は全部あなたに取り上げられてし
まい、当時わずかに持っていた数十元の現金も頭金との名目で取
り上げられた。なので、私たちは仕方がなく、この工場で一年間
働かないといけないとのことを受け入れた。まさに小説で言われ
た「包身工[106]」のようだ。

　またあなたはあまりにも人間性を失っている。もっと多く稼げ
るように、昼間の9時間労働以外に、私たちに深夜の2時まで残
業を強制した。毎日毎日。たまに残業するならまだ良いが、毎日
深夜まで残業するというのは、鉄鋼でなく、血肉で作られた人間
にできるものだろうか。あなたは知っているだろうか。毎日睡眠
不足のため、私たちは毎日ご飯の味も感じられず、手足に力が入
らないし、一日の多くの時間はふらふらしている。あなたは知っ
ているだろうか。あなたがカラオケバーで思う存分に歌ってい
る時、あなたがホテルで宴席を楽しんでいる時、夜の歓楽街で夜
遊びしているときに、眠たくて眠たくて仕方のない出稼ぎの娘た
ちは、疲れきった体を引きずって工場で働いており、あなたのた
めにごくわずかに残された体力を、また尊い青春を、ひいては若
い命を消耗している。

　さらに、私たちのトイレの時間は5分内、ご飯の時間は30分
内に制限されており、一分間遅れると50元の罰金が取られるし、
一日欠勤すれば一月の給料が取り上げられるなど、これらの厳し

い規定を前にして、私たちは大きな怒りを感じるが、怖くて意見が言えず、この怒りを胸にしまうほかない。

ボスよ。私たちが働いている時、出荷する時など、あなたは命をとりに来た鬼のようだ。給料日になると、あなたは亀のように頭をひっくるめて、しぶしぶとお金を出したがらない。三ヶ月間給料をもらっていないので、私たちはナプキンを買うお金がなくて困っている。ボスよ。この点だけ見ても、あなたは骨も出さずに人間を食べる鬼だ。あなたという人間を食べる鬼よ！

広東省東莞市にいる出稼ぎの女性数人より　（執筆者肖錦萍）

投書では、出稼ぎに来た女性は過酷な労働を強いられていることを訴え、工場の持ち主への怒りを爆発させた。この怒りには、自分たちがこのような境遇に置かれていることに対して、反抗の術をもてず、受け入れるしかないという無念さが伺えるだろう。

出稼ぎの女性によるもので、雇い主への不満を訴える資料はほかにもあった。2000年第17号に、実家を離れてある都市の美容室でバイトをしている出稼ぎの17歳の少女の手紙、「ある出稼ぎの少女からの手紙」が掲載された[107]。客との肉体関係を雇い主に再度勧められたことに対する強烈な屈辱感から自殺を試みた経験が述べられたが、そこには人生そのものへの失望感が滲み出ている。

また、以下の投書では、出稼ぎの女性は、「貧しい」ことで周りの人に見下されているとの悩みを訴えた。

投書7-20　「郵便局でバイトをする出稼ぎ女性の訴え（2000年第13号）

親愛なる編集者の方

こんにちは！私は貧しい家庭に生まれた女の子です。男尊女卑の考え方のため、幼いときから両親は私に冷たかった。辛かったです。なんとかして小学校時代、中学校時代を過ごし、17歳に

第七章　「個人奮闘」の時代という語られ方（1992-2000年）　471

なった私は社会に入ったとたんに、お金と身分の重要性がつくづく分かった。今私は、郵便局でアルバイトとして仕事を始めたが、周りの人は相変わらず冷たい目で私のことを見ています。死にたいです。死んで、私の居場所のないこの世界を離れて、鳥になって翼を羽ばたき、私の天国に飛んでいきたいです。ただ知りたいのです。「貧しいという理由だけでお金持ちに冷たくされ、からかわれなければならないのでしょうか。

代玉より

　投書の女性は、「17歳で社会に入ったとたんに、お金と身分の重要性がつくづく分かった」として、人間関係で感じた苦痛を、「貧しい」ことに帰している。

　上記で見てきたように、経済所得による格差、出稼ぎ労働者と雇う側の格差を、人々は明確に感じるようになった。

2　若者の上昇志向のあり方及びその悩み

　以下では、この時代において若者はどのように上昇移動を果たそうとして、またそれによってどのような悩みを持っていたか、見てみよう。

2.1　「知識の価値」の下落と金銭の価値の上昇に対する違和感

　前の時期では、経済改革が進むにつれて、「個体戸」の収入増に代表されるように、経済力を持つことが人間の価値の上昇をもたらす重要な手段となったとされるため、若者の間には知識の価値の下落について迷いを見せたと観察された。一方、1992年以降に始まった市場経済の経済体制の改革が進む中で、知識に付与された価値が縮小して、金銭の重要性がますます増していったため、それに起因する戸惑いも見られた。

投書7-21　「知識の価値が下がったのか」（1993年第1号）

私は読書が好きで、知識の重要性もつくづく感じている。文化大革命のときでさえ、小学生の私は勉強をほったらかしにせず、いつも良い成績が取れていて、クラスの中ではトップレベルだった。隣の顧おじさんは五、六十年代の中等専門学校の卒業生で、当時私が知っている最も高い学歴を有する人だ。彼が設計した橋があるが、それはとてもきれいな形をしていて、私は彼のことをとても尊敬していた。良く勉強して、顧おじさんのように才能のある人になりたいと思っていた。

　大学に入ってから、課された学業の内容が少なくなったが、僕は自分自身への要求はさらに高くなった。専攻の授業以外には、毎日哲学や社会科学を6時間も独学していて、2000字の読書ノートを取っていた。西安で実習している期間中に、学校の手配で華山での旅行があったが、僕は一人で陝西省図書館に二日間も籠もっていた。

　仕事をしてからも、僕は知識の勉強への旺盛な情熱を保っていた。勉強してきた知識を実践に使い、上司に手助けして、職場の管理をした。それが上司に認められて、ぼくは管理職に抜擢された。仕事が忙しくなったが、僕は勉強をおろそかにしなかった。数年間の間、僕が書いた論文の中で、20数本が中央クラス、省クラスの機関に採用されたり、授賞されたりした。

　僕も髪の毛が日に日に少なくっていく年頃となったが、でも僕の精神生活は充実している。苦労して書いたものが出版物に載せられたり、授賞されたりすると、とても嬉しくて、誇りと幸福感で胸がいっぱいになる。

　しかし、ここ数年、社会は大きく変り、人々の考え方も徐々に変り始めた。書いたもの授賞によってもたらされた幸福感も前みたいに強くなくなった。時には、自分はとてもかわいそうだと思う時がある。肩書きで言うと、ぼくはここ数年昇進していない

第七章 「個人奮闘」の時代という語られ方（1992-2000年） 473

が、クラスメートや同僚は、課長になったりマネージャーになっ
たりしている。収入から言うと、ぼくは原稿代とかの収入がある
けど、ほかの人たちもそれぞれ何かで給料以外の収入があるか
ら、それと比べたら、全然たいしたものではない。身分から言う
と、ほかの人は誰の家だって電話もあるし、出かける時は車もあ
るし、どこに行っても尊敬されてお辞儀されるし。一方、僕は、
前書いた文章が授賞される時、たくさんの人から注目されてよ
かったね、おめでとうと言われたが、今では誰も気にしてくれな
い。『人民日報』の巻頭文字のローマ字表記と同じように、誰も
見向きしない。もちろん、このようなことは気にすべきではない
けど、でもそれが社会に認められることの証拠だから、ある意味
では社会で何が重要視されるかを表すし、人の社会的価値を表
す。（だから、気にしている。）実は、彼らのどこが強いか、僕も
観察してみた。正直、彼らの中には、頭がよくて、話すのも上手
で、気の利く人もいて、確かにそれはすごいところだと思う。で
も、媚びることばかりしている人もいる。総じて言うと、一生懸
命頑張る人、自分の実力で頑張る人がほぼいない。周りの企業を
見ていると、知識を軽視する現象も良くある。勉強してもしなく
ても同じで、能力が高い人は必ずしも評価されないし、堅実に頑
張る人は評価されない。
　市場経済の発展によって、「気の利く」人がどこでももてる。
本当に才能のある人はよく無視される。知識の価値は本当に下
がったのだろうか。

投書7-22 「「すべての道はローマに通ず」、ではなくなったのだろうか」
　　　　（1993年第5号）
　　　　編集同志
　　　　「すべての道はローマに通ず」というのは、昔は若者の信条

だった。頑張って、こつこつ一生懸命やれば、自分の価値が実現できる。自分の人生の目標が実現できると。でも今の時代では、すべてが変った。大勢の人がお金を稼ごうと商売に集中するし、研究したり文化的なことをしたり、教育事業を起こしたりするなどのことは、将来がないとされている。本当にそうなってしまったのだろうか。

湖北　何林より

投書7-23　「僕の歩んできた道は、間違っただろうか」（1994年第5号）

　14年前、僕は小涛さんとは、同じ中学校で勉強しており、クラスメートだし、教室では同じ勉強机で隣同士であった。後になって（事情があって）私たちは未練がましく分れて、違う学校で勉強を続けた。

　二年の中で、私たちはそれぞれお題の海の中で泳いでいたが、岸辺にたどり着いた頃、「黒い七月」は僕に対して輝かしい笑顔を見せたが、小涛には鉛のような固い表情を見せた。あの時代では「読書こそ最高」だと人々は思っており、大学生は当然、天の寵児であった。だから、自分と小涛と一緒にいると、なんとなく、私たち二人はまるで閏土と都市に入って偉くなったマスターとしての「私」のようだと感じる[108]。

　でも、神様は時々いたずらをするものだった。中等師範専門学校を卒業した僕は、母校に配属されて教師になった。ちょうどその年に、落第した小涛はコネを頼ってでこの学校に入った。彼がいる教室と僕の事務室は壁一つで隣あっている。仲秋の夜、僕は彼と酒を飲みながら月見をしながら、僕らの友情と人生を語り合ったが、彼は非常に落ち込んでおり、悲しそうだった。僕は遠慮せずに率直にこのように言った。「輝かしい人生を手に入れるにはさまざまな方法があり、（学業という）狭い道に拘らなくて

第七章　「個人奮闘」の時代という語られ方（1992-2000年）　475

もいいのではないか」と。

　翌年、県には建築会社を成立した時に、小涛も申し込んだ。彼
はその会社に入って、工員になった。出発の時小涛は感情が高
ぶって、誓った。千キロも離れた勤務地で、自分の青春の価値を
披露したいと。後になって、小涛の仕事ぶりが認められて、破格
で天津のある大学に推薦され、建築の技術を勉強しに行ったと噂
で聞いた……

　時の立つのは早くて、その時から十年の月日がたった。今年の
雨季のある日の夕方に、町の野菜売り場の近くで、僕はすれ違う
人ごみの中で、良く知っているようだがなんだか変わった姿を発
見した。彼だーー小涛だ！二人は驚いた同時に喜んだ。ほぼ同じ
瞬間に、相手のことを「変わったな！」と言った。変わったか。
どんな風に変わったのかな。僕は背中に鳥肌が立って、針で猛烈
に刺されたように痛く感じた。10年前の僕と10年後の僕とでは、
あまり変わっていないのだ。昔は教育分野で、今は県の宣伝部
で、同じように物書きをしており、たいしたお金もなく、何の財
産もないのだ。その時、僕の頭にはある人の姿が浮かんだ。良く
見ると、魯迅が小説で書いた孔乙己だ。口では之乎者也ばかり
言っており、その体に着ているのは古びれた灰色の長い服だ。一
方、小涛はと言うと、顔色は白くてふくよかな体つきをしてお
り、その背広はおしゃれで豪華だ。彼は今は某会社のボスをして
いて、個人経営をしている。その財産は何十万もあるのだ。彼は
一つのプロジェクトを完成すると、その報酬は僕の数年もの給料
の総和になる。僕はこのままでいいのか。金額の決まりきった給
料で、ずっとこのまま行くか。この給料では、実際の生活の需要
は到底満足できないのだ。しかし、人はみんな商売をして金儲け
に行ったら、今僕のやっているようなことは、だれがやるのだろ
うか。僕はよくわからず。神様はまた、僕と小涛との間で、結構

ないたずらをしたのだ。

　時代の変化はこんなにも早いものだね！私たちはむかし、「時代の寵児」との美しい言葉で呼ばれて、どんなに多くの人から羨ましく思われ、敬服されただろう。私たちは精神的に満足され、心も満たされる中で、尊い青春を少しの保留もせずに仕事に捧げた。しかし今となっては……

　これら３通の投書には共通するものがある。それは、「市場経済」への時代の移り変わりへの違和感である。その違和感とは、具体的に言うと、「知識の価値」が前の時代ほど評価されなくなり、その代わり、金銭の価値＝経済力がますます人々に重要視されるようになったということである。「知識の価値」の下落について、「知識の価値が下がったのか」「書いたもの授賞によってもたらされた幸福感も前みたいに強くなくなった。時には、自分はとてもかわいそうだと思う時がある」、「収入から言うと、ぼくは原稿代とかの収入があるけど、ほかの人たちもそれぞれ何かで給料以外の収入があるから、それと比べたら、全然たいしたものではない」、「前は、書いた文章が授賞される時、たくさんの人から注目されて、よかったね、おめでとうといつも言われていたが、今では誰も気にしてくれない。『人民日報』の巻頭文字のローマ字表記と同じように、誰も見向きしない」などの言葉で最も良く現れた。社会的な名声よりも、金銭的なものがより重要視されるようになり、またそのような現象に対して、人々は戸惑ったのである。

　また、以下で紹介する投書では、このような風潮の中で、勉強の意欲をなくして、経済的な成功を夢見るようになった若者の心の葛藤が表された。

投書７‒24　「書籍の中には黄金の屋敷がある」（1994 年第 8 号）

　編集同志、小さい頃僕は何かの領域の最も権威的な人物になりたかったです。そのために頑張りました。衛生学校に入ったばかりの時に、志を胸に、一生懸命勉強していて、良い成績も取れて

いました。しかし今、勉強に興味がなくなったのです。本も読み
たくないし、集中できなくなりました。毎日市場経済ばかり考え
るし、どのようにすればお金を稼げる課ばかり考えています。そ
のわりにはたいした知識を身につけていません。心の中に、葛藤
があります。どのようにすれば良いのでしょうか。

湖北崇陽衛校　孔慶章より

このように、この時期になって市場経済への過渡によって、知識に付与さ
れた価値が下落して、一方、社会的評価の基準には金銭的な要素がますます
重要な位置づけを占めるようになった。この変化に対して、一部の人は大き
な違和感を覚えることになる。

2.2　「次のステップ」を確実なものにしたいと進路で迷う若者

競争で優位に立つことを手に入れるために、若者たちは自分の理想的な進
路にアプローチしている。

現在の仕事そのものの現状に対して明確な不満がないが、なんとなく、
「次のステップ」を確実なものにしたいと願う投書があった。

投書7-25　「次のステップ、どのように踏めばよろしいのだろうか」（2000
　　　年13号）

　　　僕は仕事を始めてそろそろ一年間になる中等専門学校の卒業生
　　で、炭鉱で仕事をしている。同じ産業では、うちの炭鉱はまあま
　　あ良いほうだ。でも、このような生活では、僕の内心の欲求が満
　　たされていない。特に、僕の知的探究心は特に強い。でも、どの
　　ようにすれば、心が満たされると感じるのだろうか。独学試験に
　　参加するというのは一つの手だが、でもそれは学歴だけのために
　　やることで、一方僕が重視するのはより多くの知識を身につける
　　ことだ。社会人向けの大学入試もあるが、僕とはほど遠い存在で

あり、私もあまり興味を持っていない。独学も考えたが、しかし、毎日 12 時間働く今の生活では、余暇の時間で勉強するのがあまりにも時間が限られている。時には、仕事をやめて大学に行って傍聴しようとも思ったことがあるが、それはある程度経済的な実力があってからと待たなければならない。戸惑っている。人生の道をここまで歩いてきたが、僕が逃してしまったことはあまりにも多い。これ以上時間を無駄遣いしてはいけないのだ。確かに、僕はこれ以上間違ってはならないのだ。次のステップを確実なものにしないといけない。でも、僕はどのようにすればよろしいのだろうか。

戸惑っている賈建峰より

　投書では、若者は現実の生活にある程度満足しているが、「多くの知識を身につける」という「内心の欲求」が満たされなくて、人生のステップをどのように踏めば良いかと悩んでいる。具体的な事情が書かれていないが、「人生の道をここまで歩いてきたが、僕が逃してしまったことはあまりにも多い。これ以上時間を無駄遣いしてはいけないのだ。確かに、僕はこれ以上間違ってはならないのだ。次のステップ、確実なものにしないといけない」という語りを見れば、若者の意識では、その人生で多くの失敗を味わい、または機会を逃してしまったことがあるだろう。その喪失感があるから、はっきりとした理由がないが、なんとなく、人生の次のステップで「多くの知識」を身につけて、競争で優位に立つことを追い求めている。競争に駆り立てられている焦燥感が滲み出ている。

　上記の投書では、今の生活に満足しているが、内心では欲求が満たされていないと感じて、人生の次のステップをどのように踏めば良いか悩んでいる若者の姿が映し出されたが、以下の投書では、勤め先での地位や給料の多寡など非常に現実的な要素で悩んでいる例が取り上げられた。

第七章　「個人奮闘」の時代という語られ方（1992-2000年）　479

投書7-26　「僕の居場所はどこにあるのだろうか」（2000年第1号）

　　　僕は、短期大学から出た後に、市の文化局に配属された。一生
懸命働いていたが、人脈がないため、僕より遅く来た人も昇進し
たのに、ぼくはまだ平だ。頑張ってものを書いたら、市テレビ局
の人に気に入られて、一時的に借りるという意味で、僕をテレビ
局に引張ってきた。ここでの仕事は、給料も文化局より高いし、
仕事自体もはるかに面白い。ただ、やはり、人脈がないから、こ
こに来てそろそろ2年になるのに、まだ正式の社員ではない。
今、文化局から戻って来なさいと声がかかってきた。しかも小さ
な昇進を約束してくれた。文化局に戻るべきかどうか、良く分か
らないのだ。戻ってしまうと、この人生二度と出てくるチャンス
が無いだろう。テレビ局に残ってしまうのも良いが、ここに来て
相当長い期間、僕はあまり仕事が無かった。僕は、自分の人生は
全然ついていないと思っている。僕の居場所はいずれも、ほかの
人が座っているのだ。

　　　　　　　　　　　　　　　　　　山西　何向宏より

　投書では、若者は、「一生懸命」仕事をするが、「人脈がない」という同じ
理由で、前後二つの勤め先ではいずれも思うとおりの待遇をもらえず、自分
の人生を「ついていない」「僕の居場所はいずれも、ほかの人が座っている」
と大きな挫折感を覚えている。どのような勤め先を選ぶかという選択を前に
して、給料や昇進の機会、勤め先での身分（「正社員」かどうか）などとて
も現実的な要素がかかっている。
　一方、このような、進路に関する悩みは、出稼ぎの若者に見られた。以下
では、都市に残るか田舎に帰るか悩む女性がいたのである。

投書7-27　「故郷に帰るべきなのか、それとも都市に残るべきなのか」
　　　（2000年第1号）

私は故郷から出てきて４年になるが、保母さん、エレベーター
　　ガール、ホテルの清掃員などの仕事をしてきた。都市での生活は
　　とても面白い。ここで私は、一緒に仕事をしている彼と恋に落ち
　　た。彼は、お金を稼いで早く田舎に帰り、田舎で結婚して暮らし
　　たいと言っている。彼は、二度と都市に戻りたくないと言ってい
　　る。でも私は、田舎に帰りたくないのだ。今、実家から手紙が来
　　ると、早く戻って結婚しなさいと言っている。私はどうすれば良
　　いのだろうか。

四川安岳　李翠花より

　以上の投書は、その身分はそれぞれ違うが、より良い未来を手に取るため
に、次に踏むべき人生のステップを迷っているという心境は共通している。
そこには強い上昇志向が観察できるだろう。

2.3　競争で淘汰されるという危機感

　社会全体に取り残されてしまうとの恐怖感は、いずれの社会においても観
察される感情であろう。社会の体制が大きく変わる中国のこの時代では、こ
の恐怖感はより強烈な形で表された。

(1)　競争から脱落しないためにより良い自分を求める若者

　その表現としては、個人としての自分自身に対して強い不満を感じ、「よ
り良い自分」を求めずにいられないことである。以下の投書では、競争で勝
ち、競争から脱落しないために、より身長の高い自分、より話し上手の自
分、人に良いイメージを残せる自分を求める強い気持ちが伺えた。

投書７-28　「話が下手です。どのようにすれば良いのだろうか」（1994年第
　　　　　9号投書）

　　こんにちは。

僕は炭鉱で働く工員です。自分の努力で大学卒業の証書を手に入れて、幸運にも課のリーダとなりました。僕が得意なのは現場の仕事であり、話が下手です。どんなに重要な場面でも、大規模な会議であれ、数人の会議であれ、僕がスピーチする番となると、心臓の鼓動が速くなり、体内の血が急に頭に上がる感じで、用意していた言葉もスピーチの段取りもすべて忘れてしまうのです。そして、慌ててしまう中で、咽喉が詰まってしまい、何も言葉を発することができなくなります。

僕はとても悩んでいて、とても辛いです。卑怯なやつだと自分を責めています。情けないです。でも、僕はまだ若いです。競争の中で勝ちたいです。僕のこの病、何とかしても治していただけないのでしょうか。

傷心の金山より

投書7-29 「僕の身長、何とかして速く高くなれるだろうか」（2000年第15号投書）

こんにちは。

僕はそろそろ卒業を迎える大学生です。身長が低いため、ずっと、自分自身に対して自信を持てなくて悩んでいます。そのせいで、勉強の成績もなかなか上がれません。今、卒業という厳しい現実を前にして、焦っています。僕は山の地域の貧しい家庭の出身で、南寧（という大きな町）の大学に進学できたことは、輝かしい人生を手に入れるためのとてもとても重要な布石です。僕はこの機会を失いたくありません。絶対、絶対失いたくないです。だから、身長を伸ばす薬を紹介してくださいませんか。僕に必要なのは、短い期間で最も理想的な効果が達成できるものです。お願いします。

大学生　小寧より

投書7-30 「どのようにすれば、自己コントロールが上手になるだろうか」
（2000年第1号）

　　僕の両親は一般の工具で、家の経済的条件はあまり良くありま
せん。なので、小さい頃から僕は、強くならなくちゃと思って
育ってきました。勉強において僕は飲み込みが速く、理解の能力
も高いし、知的探究心も強いです。でも、致命的な欠点もありま
す。つまり、――大雑把で、自分を上手にコントロールできない
のです。今では、いつも時間が足りないと感じていますが、その
割には時間を節約することもできません。小さい時からテレビが
好きで、今では毎日少なくとも数十分見ています。また試験で
は、毎回必ず、うっかりして間違ったりします。あなたたちの助
けが欲しいです。

江西新余　程顥より

投書7-31 「おとなしいので苛められています。（機会を掴むには）どのよ
うにすれば良いのだろうか」（2000年第19号）

　　こんにちは。

　　私は山東省胶南市の農民の家に生まれました。家庭の影響で小
さい時から性格が弱くて、話も下手で、人と競争する自信があり
ません。中学校を卒業すると、北京のホテルに来て働いています
が、一年経った今でも、あまり進歩がありません。外見はまあま
あ良いので、良い機会にも恵まれましたが、でも、「おとなしく
て、一人でこつこつやることしか知らない」などの理由でそれら
の機会とすれ違ってしまいました。例えば、ホールで働く人は、
気がつき、口のうまくて人との話が上手な人でなければならない
ので、高い表現力や臨機応変の能力が必要です。だから、「おと
なしくてこつこつやる」だけでは足りないのです。

　　何回も機会を逃してしまいまして、自分をひどく恨んでいま

す。どうして私はもっと話し上手になれないのでしょうか。どうして私はもっと口のうまい人間になれないのでしょうか。どのようにすれば、もっと自信を持つ人間になれるでしょうか。私は社会に適応したいのです。社会に淘汰されたくないのです。おとなしいと、苛められてばかりです。深い無力感を覚えています。どなたか、アドバイスをしてくれる人がいないのでしょうか。

　　暖かい手を差し伸べてくれることを期待している、無力を感じる者より

　これらの投書では、炭鉱の中間管理職、卒業直前の大学生、中学生、出稼ぎにレストランで働く若者というように、投書した若者の境遇はそれぞれ違うが、似たような心境を訴えている。「僕はまだ若いです。競争の中で勝ちたいです」、「僕はこの機会を失いたくありません。絶対、絶対失いたくないです」、「私は社会に適応したいのです。社会に淘汰されたくないのです。おとなしいと、苛められてばかりです」などの言葉に見られるように、彼らにとって機会を捉え競争に勝つことを大変重要な目標としており、この目標に対して深く渇望していると同時に、「社会に淘汰され」ることが怖くて、自分自身のありのままの状態では目標の達成が困難だと見込まれる場合、深い「無力感」を覚えており、自分自身に対して嫌悪感を覚えている。この恐怖から出発して、「身長」を伸ばす方法、話し上手になる方法など、自分自身を変えるさまざまな方策を探している。

　ここから、この時期に社会全体の競争が厳しくなり、競争から脱落する恐怖によって人々に強い圧迫感を感じていると言えよう。

　このような状態では、若者は自己認識について大きな迷いを抱え、悩んでいる。2000年第1号の投書、「どうして私はこんなにも人に噂されるのが怖いのでしょうか」では、他人に自分の能力が疑われることが心配で、他人の見方に神経質になっている状態を語っている。

投書7-32 「どうして私はこんなにも人に噂されるのが怖いのでしょうか」
（2000年第1号）

　　　私は中等専門学校生で、中学の時からこのような習慣を身につ
　　けました。つまり、何をするにしても、ほかの人から悪く言われ
　　るが怖くて、どんな時でも人々に良い印象を与えようと必死にな
　　ります。例えばクラスのパーティで何も披露したくないのは、出
　　来が悪ければ、ほかの人からほかの面もだめだと言われるのが怖
　　いから。私は毎日、同級生や先生の私に対する見方をあちこち聞
　　いていて、心の中でも、何が本当か、何がうそかをあれこれと詮
　　索します。時間がたつと、私は一日中そわそわして落ち着かなく
　　て、精神的な負担が重たい。勉強もこの影響で、悪い成績になっ
　　ています。お聞きしますが、これは、精神的な病気でしょうか。
　　私はどうすればよいでしょうか。

福建省古田市　黄暁茹より

　より良い機会を手に入れるために、若者たちは自分自身の「欠点」とされ
るところに目をつけて、社会の基準に合わせてそれを修正しようと必死に
なっている。また、周りの自分に対する印象を操作しようとして、精神的に
大きな不安を抱えることになる。

(2) 就職難を前にして無力を感じる大学生

　一方、この時期になって、大学入学率の向上によって、大学生の希少価値
が下がり、就職難などが起きた。就職競争から脱落する可能性が大いにある
中で、大学生は競争に勝つ自信をなくして、無力感を覚えることになる。
　『中国青年』では、このような大学生の挫折感や苦悩も反映された。2000
年第13号「われわれの精神家園」コラムでは、「龍門を跳び越えた私たち
は、本当に楽しくなったのだろうか」とのテーマに関して、3通の投書が掲
載された。

第七章　「個人奮闘」の時代という語られ方（1992-2000年）　485

投書7-33　「天の寵児の今現在」（2000年第13号）

　　　高校の時、一生懸命勉強して大学に入れば良いと思っていた
が、まだ卒業していない今では、学歴の頼りなさをつくづく感じ
た。20歳の僕は、人生を無駄に過ごしたくないし、大きなこと
をしたい。心躍る恋愛も美しい未来も手にしたい。でも、時代が
変わった。薄っぺらな学歴だけでは、もうこれらのものと引き換
える時代ではなくなった。大勢の人がにぎわう人材交流会では、
僕はきっと成功できないだろうと分かっている。だって、そこで
僕は、人より優れるものは何も無いから。

投書7-34　「昔より道が増えたが、逆に方向が分からなくなった」（2000年
　　　第13号）

　　　大学院生に入りたいと勉強する人、外国に行きたいと英語を勉強
している人、アルバイトする人、起業する人…毎日忙しくしてい
る人がたくさんいる。でも、僕は何をすればいいか分からなく
なっている。実家が貧しい状況では、大学院に入るのも留学に行
くのも無理だ。頭が良くないから、自分の力でお金を稼げるよう
なアイディアも浮かんでこない。アルバイトをしたいが、でも勉
強はどうなるだろう。苦学でようやく大学に入れた僕は、苦学で
こそ人並みの成績が取れるのだ。アルバイトをすることで単位が
取れなくなるのは損だろう。両親は「よく勉強しなさい」とだけ
言っているが、今の社会では実利ばかり重視するので、良い成績
はもう誇れる資本ではなくなった。Aクラスの成績が取れても、
創造力がなく、迫力がないと言われるし、あまり人気がないらし
い。企業は総合的な能力や、社会実践の経験を持っている人がほ
しいと言っているが、僕の時間が限られているし、力も限られて
いる。

　　　限られた時間の中で、どのようにすれば最も良い配置を備え、

社会で通用する履歴を蓄えることができるか、何も指導がない。僕はとても戸惑っている。迷っている。大きな苦痛に耐えながら選択肢を決めないといけないし、選択をするのはとても大きな苦痛だ。葛藤に苦しんでいる心は、故郷を離れた頃の強さと自由を、感じることができなくなった。

「天の寵児の今現在」、「道が増えた今では、方向が分からなくなった」との2通は、卒業を前にする大学生による投書で、就職難という競争の激しい状況に対して苦悶の気持ちが述べられた。以下で紹介する投書は、中等専門学校卒業して地元で就職したが、独学で四年制大学の学歴を手にした若者によるもので、就職のために故郷を離れたが、社会の厳しさを体験した経歴を述べ、学歴の価値の低さを嘆き、辛酸な気持ちが述べられた。

投書7-35 「僕は故郷の誇りだが、僕のプライドは異郷で砕かれた」(2000年第13号)

　　三年前、中等師範学校を卒業した僕は、なんと、子供の頃ここから出て行きたいと夢見ていた故郷の黒渓溝に戻らされてしまった。僕は、師範学校に入った2年目に独学で高等専門学校の学歴を取れた。これは、この地域で始めてのことで、僕自身も非常に誇りに思っていた。しかし、悪夢のごとく、僕は黒渓溝に戻されてしまった。そこでも、僕は一生懸命勉強していて、しばらくして、四年制大学の学歴を取れた。外の世界で戦ってみる自信がついてきた。その頃の僕は、外で物乞いをしても、黒渓溝で悶々とするより増しだろうと思っていた。

　　大晦日の日に、朝、母が荷造りしてくれた荷物を持って、南に行く汽車に乗った。汽車に乗った瞬間、山奥で経験した苦悶の気持ちが、汽車の車輪に砕かれてしまったように、全部なくなった。二日間後、僕は番禺市にある欖核という小さな町にやってき

第七章 「個人奮闘」の時代という語られ方（1992 - 2000年）　487

た。

　そこに着いたのはまだお正月お休みの最中で、町にある会社は
まだ工員募集をしていなかったから、僕は待っていた。新聞を読
んで募集の情報を集める以外、目的もなくあちこち回っていた。
会社を数軒回っていたが、待遇について合意しなかったため、決
めることができなかった。

　ある日の朝、ある木材会社に行ったが、午後まで待ってすべて
の書類を提出したが、断られてしまった。彼が必要なのは、体力
だった。枯れた枝のように痩せている自分の手指を見て、僕は
がっかりして宿に戻って寝てしまった。真夜中に、激しいノック
の音に目が覚めて、まどからまぶしい光が僕の顔に射している。
慌てて起きて電気をつけて門を開けたら、制服を着ていない若者
数人がどっと部屋に入ってきて、ほぼ同じ瞬間に厳しい声で聞い
てきた。「この地域に住んで良いとの暫定居住許可証を出して！」
と。僕は慌てた。就職先が見つからなかったため、暫定居住許可
証を出してもらえなかった。だって就職先がないから、必要な書
類がそろわなかった。身分証、教師証、未婚証明書など自分の身
分を証明するすべての証明書を出して見せた。しばらく見た後
に、手錠を手に持っている背の高い人がさげすみのまなざし（軽
蔑するような）まなざしで僕を見ていて、「暫定居住許可証が無
いので、僕らについて来い！」と言った。何か言いたかったが、
そのような余裕すらなく、若者らに「支えられ」外に出らされて
しまった。バイクに乗らされた後に、手を出してと言われた。
「公務だから」と言われた。なんとなく後ろめたさがあるためか
（暫定居住許可書がないから）、なんと、僕は言われたとおりに、
手を出してしまったのだ。瞬く間にある小さな部屋に押し込まれ
多が、そこには既に多くの人がいた。あの夜、僕は夜通しで寝ら
れなかった。あの冷たい手錠の存在は、自分が侮辱され、プライ

ドが踏まれてしまったことを教えてくれていた。僕のプライドも
あの手錠に捕えられたようで、何も言うことができなくなった。

　次の日、同じ出身地の知人が300元の罰金を変わりに出してく
れて、僕は自由になった。罰金の領収書を持って僕は泣いた。
粉々に千切った。罰金の領収書が僕の手から漂って行った。

丁暁勇より

　上記の投書では、独学で大学の学歴をとったが、社会に出たら、この学歴
が通用しないと失望した気持ち、また故郷以外の外地に仕事を探した時に、
当時必要とされる「暫定居住許可証」がないために遭遇した「警察沙汰」に
よって、自尊心が深く傷つけられた気持ちが述べられた。「あの冷たい手錠
の存在は、自分が侮辱され、プライドが踏まれてしまったことを教えてくれ
ていた。僕のプライドもあの手錠に捕えられたようで、何も言うことができ
なくなった。」との言葉は、奮闘する中で遭遇した挫折感が滲み出ている。

　また、競争で思うとおりの結果が得られず、残念に思う若者もいた。

投書7-36　「人生は残念なことばかりだ」（2000年第7号）

　　大学受験では、2点が足りなかったせいで、親に数万元余計に
出してもらってようやく受け入れてくれる大学を見つけた。大学
卒業の頃、優秀な成績と各種の資格の証書を持っているが、1300
度の近視眼が原因で有名な外資系企業に入り損ねた。私は実力の
ない人ではないが、毎回いつも少しの差で良い結果にたどり着け
ない。近視のメガネの分厚いガラスで自信をなくしてしまうまで
にはならないが、良い機会を目の前から逃がしてしまうのが辛
い。本当に完璧なことは無いのだね。

遼寧省　李斌より

　このように、多くの代価を払って大学を出たが、心の中で思う「良い機

第七章　「個人奮闘」の時代という語られ方（1992‐2000年）　489

会」になかなかたどり着けなくて、「辛い」と思っている若者の気持ちが訴えられた。社会的ステータスの上昇につながる「良い機会」を非常に重要視することが伺える。

(3) 競争から脱落した際の絶望感

　競争から脱落するとの危惧が現実となった時に、若者たちは大きな苦痛を味わうことになり、それまでの自分自身の努力や、自分の存在価値を疑うこととなる。

　以下の投書では、農村にいる若者の将来に対する不安が述べられた。

投書7-37　「傷づかれて粉々になった心」（1994年第4号）

　　　　　僕は農村の青年だ。幼い頃を振り返ると、僕はとても楽しかった。どこに行っても面白いことがあった。中学校に入ってから、一生懸命勉強して、成績もトップクラスだった。先生や親に褒められて、愛されていると感じていた。

　　　　　その時たくさんの夢を持っていた。作家になって人々に精神の糧を提供したい。歌手になって、みんなを楽しませてあげたい。

　　　　　高校受験になった。受からないのはおかしいと思っていた。でも、その後、落ちたとの知らせが来た。村では人に軽蔑された。家では、親の怒りの的となった。でも僕はくじけなかった。運命の良し悪しは自分の努力にかかっていると信じて、学校に戻って再び挑戦してみた。ある時期まで自信満々だった。

　　　　　受験直前の肝心な時に、学校の指導部が郷の幹部に媚びるため、それまで進学の試験に落ちた多くの郷幹部の子供たちを、新卒の中学生だと偽って受験させようとした。クラスメートたちが怒って、このことを市の教育委員会に告発した。その結果、校長先生は処分を受けた。告発者をやっつけようと校長先生は「疑わしい人」を探したみたいで、それで僕は犯人だとされた。結果、

校長先生と郷幹部たちが連携して、僕と僕の実家に猛烈な仕打ち
をしてきた。家族全員が不安に襲われた。僕は、関係の政府部門
にこのことを訴えた。でも、地位の無い農民の子の話を、誰も聞
いてくれなかった。僕の心は冷めた。この辺鄙な田舎では、正義
な行為は報復されるばかりだ。このまま対抗していたら、自分自
身を潰すことになる。両親が言ったように、「卵を持って石にぶ
つかるみたいなもんだよ。もうやめて。結局は石を持って自分の
足を打ってしまうから」と。このような生活を前にして、僕は方
向を迷った孤独な船のように、自分の前に横たわっている、未知
に満ちているが必ず通らないといけない領域がとても怖い。時に
はいっそのこと死んでしまおうと考える時もある。

　昨年の高校進学試験で僕はまた落ちた。毎日悩んでいる。進学
はだめだった。郷鎮企業は多いが、入れない。学校には臨時の教
員が必要だが、僕はその可能性がない。そのまま両親のように農
作業をするのは、悔しくてできない。大工さんや左官とかには興
味がない。僕はどうすれば良いのだろうか。いっそ髪の毛を切っ
て僧侶になって、生活のいろいろな悩みから逃れたい。でも、悔
しくてできない。編集同志、僕の心、救ってください！

　これは、事情により進学が断念され、就職の機会も見つからなかったが、
農作業するのが「悔しい」という思いから自らその可能性を断った農村青年
の投書であった。「進学」とどこかに「就職」するという、社会の上昇移動
を意味する進路が絶たれた状況、即ち競争からの脱落という状況を前にし
て、若者は「悔しい」との一言で述べたように、落胆している。
　一方、このような競争からの脱落に対する悩みは、就職できない大学生に
も見られた。

投書7-38　「大学に行ったのは本当に無駄だったのだろうか」（2000年第

19号）

編集同志

　私は卒業したばかりの大学生で、人脈がないから、税務専攻の私は、まだ仕事が見つかっていません。とてもとても辛いです。私の学費のために、両親は一万元前後の借金を借りました。仕事を探しに南に行きたいのですが、失敗が怖くて、自分に自信がありません。時には、家の近くで臨時の仕事に着き、月に三、四百元の給料をもらって、まあまあ何とか一生を送ればと思ったりします。

　どのようにすれば良いのでしょうか。今の生活の中で、自分のやる気がどんどん無くなってしまいそうで、幼い頃の夢は永遠に適わないことが怖くて。村人の異様な目線に合うと、どんな意味か良く分かります。きっと、「大学に行ったのは無駄だった」と思っているのでしょう。毎日忙しくしていて徐々に年を取っていく両親の姿を見るたびに、私の心は痛みます。十数年の勉強は、本当に無駄だったのでしょうか。

忠実の読者　孔海燕より

　投書では、農村出身で、両親が借金までして大学の学費を出してくれたが、大学卒業した後にうまく就職できなかった若者が、自分の将来が不安で、深い挫折感を味わっている。

　さらに、このような絶望感は、起業した若者に見られた。

投書7-39　「ビジネス失敗からどのようにすれば立ち直れるだろうか。」
　　（2000年第9号）

　　　僕は今年30歳で、最近アラレル関係のビジネスで失敗して、10数万元のしゃきんをしてしまいました。家庭生活にも大きな影響があって、精神的にもショックでした。時には生きていく勇

気もなくなり、死ぬことも考えていました。今では何かあるとすぐに落ち込みますし、よく緊張感に襲われてしまいます。僕の問題に答えてください。

どうすれば、ビジネスの失敗のショックから立ち直れるのでしょうか。

どうすれば、感情を穏やかにすることができるのでしょうか。

どうすれば、人生の困難や挫折に負けずにいられるのでしょうか。

どうして、体に病気はないのにいつも疲れていると感じるのでしょうか。

これらの問題にアドバイスをください。

陳小雄より

以上で見てきたように、社会的地位の上昇移動に関する競争から脱落した際に、若者たちは激しい絶望感に襲われることになる。

(4)「成功しない」焦燥感

一方、自分自身の能力を頼りに「奮闘」し「強者」になる＝「成功」すれば良いという解決策は、同時に別の困難を生み出した。「奮闘」による「成功」という信条を手にしている者には、すべての人が「強者」になれるとは限らないという現実がある。「成功」しないことの苦痛、焦燥感である。

1996年第10号の「われわれの精神家園」コラムには、「私は奮闘し続けてきたが、なぜ成功はますます私から遠ざかって行くのだろうか」どの読者投書が掲載され、その後1996年第12号、1997年第1号、1997年第2号と4号にわたって読者による討論がなされた。この読者投書及びそれに対する読者の反応には、成功への焦燥感が滲み出ている。

「私は奮闘し続けてきたが、なぜ成功はますます私から遠ざかっていくのだろうか」と題する投書は、読者李明益氏が10数年前に付き合い始めた

第七章 「個人奮闘」の時代という語られ方（1992-2000年） 493

『中国青年』元編集者である張世明氏に送った、悩みを打ち明ける手紙であるが、既に退職した張氏は、李氏の疑問に答え切れず、この手紙を『中国青年』に寄こして、「答えを出してあげる」ようにお願いしたという。以下では、李氏の手紙全文を紹介しよう。

投書7-39 「私は奮闘し続けてきたが、なぜ成功はますます私から遠ざかっていくのだろうか」

　　張おばさん、あなたからの手紙や雑誌2冊、200元のお金も届きました。お気持ちどうもありがとうございます。張おばさんは年を召されており、私のほうから気持ちの品を差し上げるべきなのに、いろいろご迷惑をおかけして、恥ずかしい限りです。筆を執って手紙を書く前に、涙を流しました。——もしも来世、あなた様は再び母親になるのなら、私があなた様の子供であるようにと、私はイエスさまにお願いします。私は、あなた様の子であったらどんなに幸せでしょう。

　　母親は神聖で崇高な呼び名です。でも、お母さんという呼び名は、私の口から消えて既に16年になります。母は貧しい生活の中で疲れきってこの世を去ってから、私たちの家族に笑い声と幸せは再び訪れることはありませんでした。父親は長年家にいないため、家の中は、気性の激しいお兄さん夫婦の天下です。毎日疲れを知らないように、邪悪と暴力の世界を作り出しています。二人のお姉さんはいずれも結婚生活が辛くて、特に上のお姉さん、人より一倍負けん気の強いお姉さん、家を立てる時に自分でレンガを焼きかわらを運び、また田植えの時に自分で機械を操作するほどの強いお姉さんは、若くして白血病になくなりました。父はというと、心の優しくて一生苦労した父は、長年一人暮らしの生活を過ごした後に、不思議にも女の詐欺師に出会い、毎日大変な生活をさせられて、今は少しずつぼけてしまいそうです。……こ

れはどんな家族でしょう。

　ご存知のように、1977年に私の通っていた高校は解散させられたため、貧しくて社会的背景のない私は仕方なく家に戻りました。でも私は、この時代では、自分自身の人生にしても、自分の身が置かれているこの社会にしても、知識がないといけないと知っていたので、昼間に農作業をして、夜は独学していました。私は、「精卫填海」の精神を持って自分を励ました[109]。数年間のうちに私は独学で『中国近代史』『当代文学史』『大學国語』『弁証唯物主義と歴史唯物主義原理』を勉強しました。その後採用試験で合格して諏市の紡績工場に入りましたが、私は大學のカリキュラムを独学し続けていました。時期が来たら、湖南省高等教育独学試験に参加すると考えていました。

　ここ数年来、私はさまざまな苦労を味わいましたが、幸せな生活は私に一度も訪れませんでした。憧れを持って彼と結婚しましたが、結婚後の彼はそれまでとはまるで別人のように豹変しました。詳しいことはここで申し上げませんが、とにかく、突然訪れた結婚生活は、日に日に続く争いごとと彼らの止らない拳骨の中で終焉を迎えました。それと共にいなくなったのは、お腹の中に宿った赤ちゃんです。

　私の心の中はもう傷だらけです。張おばさん、ここ十数年来、あなた様は時には友人のような、時には母親のような慈愛の心を持って私を支えてくださいました。辛い人生を送っている私に勇気を与えてくださり、力を与えてくださいました。「災難の忠実な姉妹──希望は、暗い地の底に潜っている」と言われるように、私は命を大事にして、頑張って生きようと思っています。遥かなるあそこに、偉大なる祖国の首都に、この私のことを思っているあなた様がいると思うと、中国青年雑誌社の皆さんが私のことに関心を持ってくれていると思うと、生きる力が涌いてきま

第七章　「個人奮闘」の時代という語られ方（1992−2000年）　495

す。「道のりは遠いが、探求しつづける気持ちが大事だ」ということわざの言うように。

　1989年に私と70数人の女の子と一緒に、憧れを胸いっぱいに、桃源県初めての出稼ぎ者として南の珠海まで行き、アモイと隣り合う湾仔鎮の万事達おもちゃ工場に入りました。けちん坊で厳しいアモイから来た監督者は一日4元の給料をくれた。一年後この工場は管理問題のため倒産しました。一緒に働いていた女の子たちはばらばらになり、私も珠海の別の小さいな町、南屏に行き、一年余り働きました。1991年7月に戻ってきてからは、二度と行くことはありませんでした。

　出稼ぎをした三年間は、感慨深かったです。その間、盲目的に南に来た隣人やクラスメートたちは、ご飯を食べるところがない時や、寝るところのない時は私に会いに来てくれました。彼女たちは珠海に来るために、こっそりとあちこちを遠回りして冒険をして、さまざまな苦労をしたため、私は、ほうっておくわけにはいかなかったです。でも数ヶ月経っても彼女たちは仕事が見つからないと、もともと給料の高くない私は、彼女たちの生活を負担できなくなります。そのほかにも、同じ部屋に住んでいる子たちが緊急時に私にお金を借りたりすることもよくあります（その殆どは返してもらえなかたのですが）。こうして三年間働いていても、大金を持ち帰ることはできませんでした。（出稼ぎに）行った時は手ぶらで行ったが、戻ってきた時も財布のなかなかはガラガラ。500元しか貯めなかったのです。実家の状況はというと、恐妻家のお兄さんは血を吐いていました。山村に嫁いだ上のお姉さんは日夜を問わずに牛のようにはたらいていました（結果から見れば、その後の死のために条件を整えるためのようなものです）。棉産地に嫁いだ二番目のお姉さんは息子の学費を払った後に食料は底を尽きていました。……私はこの500元をお兄さんと

お姉さんたちに上げました。数はちいさいのですが、私からの気持ちでした。でも私はどうなったのでしょうか。さまざまなところを転々してバイトをしていました。当初出稼ぎのところから苦労して帰ってきて、髪の毛もどんどん抜けてしまい、体中にさまざまな不調があったほどだったのに……

　張叔母さん、がっかりさせてごめんなさい。憧れを胸に出かけていきましたが、失敗して帰ってきました。女強人になれなくて、誇りを持って祖国の首都にあなた様に会いに行けなくて、恥ずかしいです。唯一あなた様を慰められることは、離婚して8年間経ちましたが、それでも私は落ちこぼれなかったことです。気性の狂った人たちのように、金銭を獲得するために羞恥心のない、自分自身をいけにえするようなことをしませんでした。珠海にいたときも、戻ってきた時も、私は人々に良い印象を与えてきました。私は終始して勤勉に勉強していました。ここ数年、私はバイトをしながら湖北師範大學秘書部、海南希望通信学院「国語と秘書」専攻の教材を勉強しました。このほかにも万年筆書道の速成訓練を受け、パソコンも勉強しました……ですが、これらのテクニックを勉強したことは勉強しましたが、実際にそれを使う機会にめぐり合えなかったです。……私は戸籍は農村にあるので、プライドは天より高くても、私の運命は紙より薄いのです。身の回りの人たちを見ると、やっぱり一人で生きるほうがマシだと思います。さまざまな理由で、私はレベルの高い人たちに知り合う機会がないです。だって私は、社会の最底辺に生きているから。張叔母さん、人口の多いわが国では、農民はその大多数を占めており、この大多数の農民の世代が、この運命から抜け出して出世するのがどんなに難しいことでしょう。このような話はもうやめましょう。これは、私たちが抗しがたい宿命ですから。

　でも、これは私の本心ではありません。私はこの影から出てい

第七章 「個人奮闘」の時代という語られ方（1992-2000年）　497

き、ほかのひとのように幸せにお日様の下で生きていけるように一生懸命頑張っていました。前の手紙で申しました公務員になる夢は泡となりました。張おばさん、あなた様は見聞が広いので、複雑な人間関係のコネのサポートがないこの私の困難をきっとお分かりでしょう。あの人たちは私よりどのぐらい頭が良いか、またどのぐらい才能があるかなどの問題ではなく、ただ彼らは何もしなくても、この私が一生かけても手には入れない高貴な身分とそれによる社会的な位置づけを、生まれたときから持っているのです。今私は仕方がなく、県の町の市場で日用雑貨を売って、生計を維持しています。でも、中国伝統文化の影響で、これまでに私は、商売人に対して敬遠しており、商売を行うことに対して興味がなかったです。でも今は、生きていくために、我慢して商売を始めたのです。ここの商売人は素質が低くて、なかなかコミュニケーションが取れません。一日中人の噂をしたり、お金ばかり気にしていいます。私は落ち込んでいます。自分の身にわずかに残っている才気が、この汚い環境によって汚されてしまうのではないかと心配です。

　今は毎日お年寄りのように、自分の売り場を前にして、通っていく人々をじっと見ています。つまらないです。自分のものをしっかりと守らないといけませんし、トイレに行くにしても走っていくしかないし、どこに行っても心配したりして、つまらないです。このような具合で、一日一日が過ぎ去っています。命の無駄遣いのように感じて、もう耐え切れません。何せ、このような小さな商売をやっても、たいして儲かりません。

　いやな気分です。いつになったら私は、李白のように「大笑いして出かけていく」のだろうか。また孟郊のように「春風の中、得意な気持ちで長安の花を見回っていく」のだろうか。また蘇東坂のように「大江が東に向かって流れていく。千年の風流な人物

は、波に淘汰されていく」と歌うことができるのでしょうか[110]。

ここ十数年以来、私は人生において高遠な追求を諦めることがなく、運命に逆境に頭を下げることがありませんでした。私は努力しました。頑張りました。でもどうして、家の困窮な経済的状況が少しも変わっていないのでしょうか。どうして私は、明るくて暖かいあの世界に到達することが一度もなかったのでしょうか。十数年間苦労して頑張ってきましたが、どうして私の努力の意味を証明してくれる成果は一つもなかったのでしょうか。どうして私の奮闘の価値を証明してくれる喜びを一度も感じたことがなかったのでしょうか。挫折感はますます強くなってきました。私はいったい、どこが間違ったのでしょうか。「結果の実らない」運命をどうして背負っているのでしょうか。生命にこんなにも真摯な気持ちで向き合って、理想にこだわり堕落の道を拒絶した苦難の女性に、どうして幸せが訪れないのでしょうか。

　張おばさん、明益のこのような辛い気持ちは、あなた様にだけと話すときに、初めて言えるのです。さまざまな困難の中で私を支えたのは、あなた様の慈愛に満ちた手です。来世があるのなら、この明益はほかに何の願いもありません。ただただ、あなた様の子供であるように望むだけです。あなた様の幸せと平安を、毎日祈ってやみません。また、孫娘の健やかな成長を心からお祈りします。

　長くなりましたが、今回はここまでにいたしましょう。

　それでは、失礼いたします。

あなた様に会いたいが不安でいっぱいの明益より

5月26日

　以上は李明益氏の手紙である。李氏の手紙の隣に、手紙で「張叔母さん」と呼ばれた、『中国青年』元編集者張世明氏による、『中国青年』編集部への

第七章　「個人奮闘」の時代という語られ方（1992-2000年）　499

手紙が掲載された。『中国青年』に李氏の手紙を回した理由として、彼女は
次のように述べた。

記事7-7　　彼女の戸惑いを知って、私は不安になりました。彼女と11年
　　　　　間も文通していた「おば」、「編集先生」として、明益に対して私
　　　　　は年長者として彼女の人生に関心を持って、励ましてあげて、慰
　　　　　めてあげてきました。でもどうして彼女の人生はこんなにも多く
　　　　　の不遇があるのでしょうか。私はこれまで、「人生の意味は奮闘
　　　　　にある」と心から真摯に思っていましたが、でも彼女の人生には
　　　　　挫折感が影のように付きまとっています。彼女の苦痛に満ちた質
　　　　　問を前にして、私はどうして、心を硬くして、真摯の気持ちによ
　　　　　るものですが、しかし痛くもかゆくもない人生の意味なんかの教
　　　　　化の言葉をこの苦痛に満ちている魂に押しつけることができるで
　　　　　しょうか。これは物質主義の時代であり、きっと多くのことが変
　　　　　わったかもしれませんが、名利に対する追求はますます輝かしい
　　　　　理由を持つようになり、人々がもともと持っていた価値体系も動
　　　　　揺し始めました。でも、成功や理想、また現実への理解に対し
　　　　　て、ともあれ、『中国青年』は明益や明益のような人たちに何か
　　　　　の答えを足してあげるべきだと思っています。

　この語りから、これまでの文通の中で張氏は、「人生の意味は奮闘にある」
との言葉をもって李明益を励ましてきたが、李明益氏による上記の手紙で訴
えられた挫折感は強いもので、「痛くもかゆくもない人生の意味なんかの教
化の言葉をこの苦痛に満ちている魂に押しつけること」ができなくなると感
じて、『中国青年』に助けを求めたという経緯が推察できる。
　李明益氏の人生経歴の基本的な事実から李明益氏の「挫折感」の原因を整
理すると、幾つかのことが言えるだろう。
　まず、「文化知識」の社会的効用への過度な期待という思い込みで、「勉

強」を続ければ良い結果が得られると思って勉強していたが、自分自身の社会的地位の上昇につながらなかった。これは、知識の習得による社会的地位の上昇の試みが失敗したと言えよう。

　また、金銭の獲得による社会的地位の上昇による試みも失敗した。これは、広東省への出稼ぎや不本意ながらも始まった商売という二回の挑戦を含む。

　さらには、政治的資源を入れるための試み（公務員試験に参加したこと）も、農村戸籍による「高貴な身分」の欠如という彼女の想像の中の理由で公務員試験で落ちた。

　このように、より上の社会的地位を入れるための試みがいずれも失敗したほかに、恋愛・結婚においても「農村戸籍」であることにより、良い再婚相手を見つけるのにデメリットをこうむってしまっている、と彼女の想像の中で成立している。即ち、結婚による社会的地位の上昇という試みもなかなか実現しにくいわけである。

　社会的地位の上昇のためのさまざまな試みがいずれも失敗した李氏の挫折感は、尋常ではないものだろう。しかし、李氏の手紙で最も強く表した感情は、失敗したという結果そのものへの残念さや悲しさではなく、重たくて、すっきりしない何がある。その何かを命名すると、無念さ、悔しさ、或いは「裏切られた感」、即ち、何かの「被害者」になったという感情だと言えよう。また、被害者であることによる何かの悲壮感との余韻もある。このような感情は李氏の中でどのようにして可能となったのだろうか。

　上記のように、李氏の挫折の事件そのものを確認すると、李氏が手紙の中で述べた、各種の思い込みが散見されることが分かる。即ち、自分の失敗について彼女が思っていた原因が真の原因ではない可能性がある。しかしそれより、彼女の想像によって成り立った「裏切られ」感、何かの被害者になったという感覚自体は、彼女本人にとってはこの上ない真実なのであろう。このような「裏切り」感は、都市部と農村部の社会的隔たりに対する不満＝国家による裏切り、また本研究で触れた70年代末〜80年代初期に公式イデオ

ロギーとなった知識の習得による社会的地位の上昇という国家による裏切り、また公務員試験などの競争では、能力を見るよりも「高貴な身分」が何よりも重要だという裏切りなどの内容を含むが、自分の失敗はこのようなさまざまな不公平から来たのだという彼女の想像は、彼女自身の身に起こったことの真の原因ではないかもしれないが、そのような想像が成り立ったのは、中国社会の現実にそのような「不公平」が存在しているからこそであろう。これは、公式の文化装置とは違う、彼女は自分の生活世界の中で体感した、別の種類の文化装置であろう。そのような文化装置によって、失敗の理由を外の世界に帰することによって、彼女は自分の失敗による苦痛から少し自由になったのである。彼女の心理的部分について分析するのは本研究のテーマとして相応しくないが、しかし彼女の思い込みや想像の存在は、中国社会のある姿を映し出していると言えよう。社会のさまざまな不公平、公式イデオロギーの一面が指摘されたと考えられる。

　李明益氏の手紙の中に満ちている「思い込み」による論理の破綻はあまりにも明らかであるため、李明益氏に対しては、時代遅れであまりにも不器用な「変わり者」という見方がある。この点は、「感謝することを学ぼう」「あなたは自分の人生でいったい何をつかみたいのだろうか」「商売をやるのはどこが悪いのか（今の職業を受け入れろ）」など説教の匂いさえする読者の反応に確認できる。

　しかし一方、このような李氏の独自の人生経験を超えて、「私は奮闘し続けてきたが、なぜ成功はますます私から遠ざかって行くのだろうか」という文から滲み出た、やりようのない悔しさや「裏切られた感」は一部の読者の心を打った。1997 年第 2 号に掲載された「奮闘と成功は必ずしも正の比例ではない」とする文章では、次のようなことが述べられた。

投書 7 - 40 「奮闘と成功は必ずしも正の比例ではない」(1997 年第 2 号)
　　　　　『中国青年』雑誌で、「私は奮闘し続けてきたが、なぜ成功はますます私から遠ざかっていくのだろうか」とのタイトルを見て、

思わず涙がこぼれてきた。これは、まるで私の血と涙でできた心の声である。

投書の作者は、「炭鉱の鉱務局」という国営企業の職員をしているが、12年間こつこつ仕事をしてきたにも変らず、昇進した4人の中には自分がいなかったことで、悔しい気持ちを覚え、人生の不公平を経験したと言う。しかし、都会出身で都会の戸籍、都会の国営企業の職員をしているという身分は、李明益氏にとってはまさに「高貴な身分」の持ち主であろう。このように、社会の違う階層に位置するにもかかわらず、「成功」に対して相似した挫折感や焦燥感を覚えている。これは、努力や奮闘は必ずしも報われないという現実に対する失望感から由来するものであろう。

2.4 職場における上昇志向と競争の場面
この時期の若者の強い上昇志向は、職場での同僚や上司との関係にも反映されている。

投書7−41 「さまざまな仕事を渡り歩くことは良くない」（1994年第10号）
　　　　編集同志
　　　　　1992年に僕が職業高校を卒業してから、ホテルのウェーターの仕事を配属されました。マネージャーのきつい態度に我慢できなくて、転職してある会社に入りました。でもここは同僚同士でこっそりと競争ばかりしていて、人間関係がとても複雑で、結局辞めました。今まで転職を6回もしましたが、理想の仕事を見つかっていません。自分の転職に自信がなくなりました。どのようにすれば良いでしょう。

　　　　　　　　　　　　　　　　　　　　　　ハルピン　林超より

投書7−42 「悪いことをチャンスに変えよう」（2000年第15号）

第七章　「個人奮闘」の時代という語られ方（1992−2000年）　503

こんにちは。

　私は仕事を始めてそろそろ一年になります。仕事ができると評価されたため、もう一人の同僚と共同で一つのプログラムを管理していました。職位で誰が上か誰が下か関係なく、二人で共同作業をするという約束でしたが、この同僚は仕事ではなく、個人でやっている商売ばかりしていて、あまり会社に来ません。上司が来るときだけちょっと頭を出すだけで、業務はほぼ私一人ですべてをやっています。私は内心では怒っていますが、彼に自分の気持ちを打ち明けられないでいます。これで彼の機嫌が悪くなるのではないかと心配です。どうすれば良いのでしょうか。

錦州　暁米より

投書 7−43　「心の火を消して」（2000 年第 3 号）

　私と珊珊さんは小さい頃の友人で、大学卒業した後、意外にも同じ会社に入ってきました。同じように実家が離れているから、共同でマンションを借りて、仕事に行くのも帰るのも毎日一緒にいます。楽しかったです。でも、ここ最近、会社のボスが珊珊のことを私より評価しているようで、時には直接彼女に仕事を頼んでいました。それに、珊珊は仕事で特別ボーナスをもらっていました。珊珊がこのように評価されて、私は嬉しいのですが、同時に、変な気持ちもあります。この感覚はあまり言葉ではうまく言えませんが、二人で一緒にいる時は、前のような軽やかな雰囲気がなくなりました。今ではわざと珊珊を遠ざける時もあります。時には、珊珊としゃべる時はぎこちなくなっていると感じたりします。時にはわざと変なことを言ったりします。そうしたら、気持ちが楽になります。私と珊珊は、昔のように仲がよくなくなったのです。表面上礼儀正しくしていますが、心の中ではいやな気持ちでいっぱいです。私はどうかしているのでしょうか。健康な

人でありたいです。

陝西　南彬より

投書7-44　「どうして同僚と僕との間に不仲なのだろうか」（2000年第5
　　　号）

　　仕事をして2年になります。一生懸命仕事をするし、上司も僕
のことをよくしています。でも、一部の同僚とはなかなか仲良く
なれません。上司とよく一緒にいるのを見ると、僕が評価される
のは、上司に媚びているからだと、一部の同僚はこそこそ言って
います。上司との間に距離を置こうとも思いましたが、でもこれ
で上司に不満に思われてしまうのではないかと心配です。人に噂
されることで自分の昇進が影響されたくありません。どのように
していいでしょうか。困っています。

　以上三つの投書では、職場での同僚との関係に関する投書であるが、自分
より上司に認められている同僚への嫉妬、または同僚からの噂で昇進に悪い
影響が及ぼしてしまうとの危惧などの気持ちが述べられた。
　一方、このような仕事の業績をめぐる職場のトラブルは、上司との間にも
生じたとの投書があった。

投書7-45　「相手にちゃんと説明したほうがいい」（1994年第4号）
　　編集同志
　　うちの学校では、できる人、才能のある人を目に置けない上司
がいます。ある時仕事で彼の機嫌を損ねた以来、彼は何度も報復
してきました。特に私が青年団委員会書記に就任してから、狂っ
たように仕事の邪魔をしてきました。どうしても気が済まないよ
うな構えをしています。どうすれば良いのでしょうか。

瀋陽　馬麗卓より

第七章　「個人奮闘」の時代という語られ方（1992-2000 年）　505

投書 7-46　「転職したほうがいいかもしれない」（1994 年第 10 号）

　　編集同志

　　　教師になってから、そこそこの業績を上げてきたつもりでいます。今までうちの学校で達成できなかった業務の空白を幾つかも埋めました。それで同僚や生徒に認められて、評価されています。でも上司には嫉妬されてしまいました。ある時、上の機関の推薦で省の成果発表会に参加することになりましたが、その上司は僕に、「君が若いからこれからも機会がたくさんあるでしょう。論文を私に譲って、あなたの代わりに私が出席してあげましょう。派手にやると、君の前途に障るから」と言いました。レベルの高い人たちに学ぶ機会を失いたくないから、断った。それきり、僕に当てられた勉強の機会はすべて彼のところで止められました。「君の知識は足りています。また勉強に行くのはお金の無駄遣い」と言っています。

　　　友人は、もうこんなところさっさと辞めておこう、じゃないとあなたの一生がそこなしになってしまうよと言っています。でも僕は負けたくないのです。多くの業績を上げて、その人をもっと痛めつけたいです。分からなくなりました。こんなことをされているのに、何で事実をもって反抗せずに、逃げないといけないのでしょうか。どうすればいいとお考えでしょうか。

　　　　　　　　　　　　　　　　　　　　　　　雲南　武虎より

　　上記二つの投書はいずれも、仕事で業績を出したことで上司にハラスメントを食わされたという悩みの気持ちが述べられた。職場での競争の激しさが伺える一場面だと言えよう。

2.5　改革によってもたらされた不安──「個人奮闘の時代」への幕開け

　この時期に拡大していく経済体制の改革によって、雇用制度、就職制度、

教育制度、医療制度など個人の実生活に関わる重要な局面に大きな変化が起こった。このような改革の「陣痛」の中で、どんどん変化していく生活に対して、人々はさまざまな不安や焦燥感を覚えた。『中国青年』では、このようなテーマを扱う内容は、＜われわれの精神家園＞や「特別企画」などのコラムで扱われていた。以下では、関係する内容を資料にこの点を確認しよう。

(1) 変化に対する心細さ

国有企業の改革は、従業員たちに大きな精神的不安と不満をもたらした。これを扱う内容として、1995 年第 1 号の＜われわれの精神家園＞コラムは、「なぜ心細く感じるだろうか」と題する内容が掲載され、その後第 2 号、第 4 号、第 6 号と 4 号続いて、連載がなされた。

以下では、その内容を大まかの紹介しよう。

◎第 1 号「なぜ心細く感じるだろう」では、工員、失業者、新聞社記者、タクシー運転手に対するインタビューの内容、「心細く感じる」かどうかに関する読者 4 人の見方が掲載された。

◎第 2 号「良い機会は完璧ではない状況に孕んでいる」では、「ご飯茶碗が無くなるのを怖がらない人こそご飯茶碗を失わない」、「明日になったら、私はもっと人間らしく生きられる」「良い機会は完璧ではない状況に孕んでいる」など 3 本の文章が掲載され、社会の変化を機会に捉えて前向きに奮闘している若者の投書 2 つとインタビュー 1 つが掲載された。そのうえ、著名な社会学者孫立平氏の、「心細く感じる」原因に対する分析の文章が掲載された。

◎第 4 号「「心細く感じる」と「心細く感じない」に関する討論」では、読者の体験談と見方 6 本が掲載された。「秤をもって理想を実現するしかないのだろうか」「次はまた私たち（の世代）から始まるのだろうか」「貧しいが、心細く感じない」、「心細いかどうか、自分自身にかかっている」「心細く感じたら、それを「太く」しよう」「心細く感じるのはわるいこと

ではない」。

◎第6号では、読者の投稿、「心細く感じない。できるわけ無いだろう！」
「若者よ、自分の旗を上げよう」が掲載された。

　上記の内容から見れば、今回のテーマを取り上げた『中国青年』の思惑
は、次ぎのように理解することができる。改革による社会の変化を前にする
際の人々の不安に焦点を当て記録すると同時に、このような不安に対する
人々のさまざまな態度やそれぞれ違う対応の仕方を並べることで、困難な状
況を切り抜け、危機を機会に逆手とって奮闘することを励ます。だが、本研
究にとっては、これらの記録に残された当時の人々のさまざまな気持ちが重
要な要素である。したがって、インタビュー資料や読者投書に見られる人々
のさまざまな気持ちや違う対応を確認しよう。

　社会の変化に対する感じ方の相違は、社会構造に置かれる位置の違いに来
る場合が多い。

　まずは心細く感じる「負け組」の存在である。

　1995年第1号には、国有企業に勤めていた工員2人のインタビューが掲
載された。その中の一つを事例の代表にする。1990年代中期ごろ、国有企
業の中で大規模なリストラが行われ、多くの工員がレイオフされた。このイ
ンタビューの対象者である天津市某国営企業で働く30歳の工員は、そのよ
うな状況の最中にいた。「僕は契約工で、契約はもうすぐ切れる。少し前に
工場全体で1000人ほどがリストラされた。僕もすごく不安だ。来年の契約
が取れるかな。考えるのが怖い」との言葉から、仕事が続けられるかどうか
に対して、国有企業で働いていた妻が失業中の彼にとって、強い不安感を覚
えている。また、契約が取れていても、工場自体の経営が悪化しているた
め、仕事が少ないと給料がカットされる。これも常に対面する大きな不安。
給料が少ないため、絵画の才能が認められた娘を塾に行かせてあげられない
ことで、娘に申し訳なく感じる。

　このように、仕事の不安や家庭に対する責任を十分に果たせないと感じる

申し訳なさなど、これらの気持ち以外に、この工具には、なぜ一生懸命働いていた自分がこのような状況に陥ったのか、やり場の無い不満を持て余している。以下の叙述を見てみよう。

記事7-8（抜粋）

　実を言うと、ぼくは工具をやるのが好きなんだ。僕がやっている技術の仕事で、この職場で使われているすべての技術、僕全部やりこなしているのだ。20歳前後で党員になっているし、青年団支部の書記もしていたし、最後はどうしてこうなったのだろう。友人にも言われた。いつも忙しくやっているけど、何か良いことがあったのだろうかと。昔はあまり気にしなかったけど、最近は考え始めた。なるほどな、友人がそう聞くのも不思議ではないな。そうだな。これまでずっと人より頑張っているのに、どうしてなかなか人のようにうまく行っていないだろうか。同窓会なんかに行くと、道端で商売をやっている人も、就職待ちの人でさえ僕よりうまくやっているようだし、同じ工具で同じように技術の仕事をしている人でも、合弁会社で働く人は月2000元の給料をもらっている。どうして僕は200元しかもらえないのかな。

　今、いくら考えても納得いかないことが二つある。どうして、改革が深まれば深まるほど、労働者の私たちがご飯も食べられなくなるのだろうか。一生懸命仕事してお金を稼いでいる人こそきつい生活をしている。逆に運の良い人は大金を稼いで格好良く生きている。僕はこつこつ働くほうだろうか。格好良くやるほうだろうか。また、うちのような大きな工場は、つぶれることはないが、あまり利益も上げられない。死なないが、活力もない。国にとっては、捨てられないが、お金もかけられない存在だ。出口はどこにあるだろうか。上司はいつも、「若い人は奮闘すべきだ」と言っているが、どのように奮闘すれば良いのだろうか。こ

れらのことは考え始めたらキリがない。考えれば考えるほど心細くなるし、考えれば考えるほど、心が空っぽになる。

　今はもう考えるのを辞めた。誰も頼りになれないから、若いうちに少しでもお金を稼いで、家族を養うことが大事だ。毎日仕事が終わると急いで家に帰って、さっさとご飯を食べてすぐに近くの理髪店に行く。そこで美容師の仕事をやっているんだ。毎日遅くまでやるから疲れるが、でもこれで月300元の余分の収入がある。あの日仕事が終わったときに、同じ職場で働く同僚が工場の外から荷物入れを自転車をにくっつけて、鈴を鳴らしながら駅に行ったのを見かけたんだ。一瞬涙が出そうになった。それと比べると僕はまだ増しのほうだ。美容師は人力車より少しは体面が良いだろう。

　以上の語りから、1990年代中期のこの時期では、社会の変化によって、国有企業の工員にとっては、これまで基準にしていたものが通用しなくなったと気づき、非常に苦しい時期であることと思われる。

　国有企業で勤めるこの工員には、二つの自慢があった。一つは「技術」であり、「この職場で使われているすべての技術、僕は全部やりこなしている」という。二つは、政治的な資源を手にしていることであり、国有企業で「20歳前後で党員になっているし、青年団支部の書記もしていた」という。しかし、1990年代に入ってから、経済改革が進むことによって、それまでに社会的資源を手に入れるのに非常に重要だと思われていた政治的要素の重要性が下がり、また国有企業の経営悪化によって、自慢だった技術の能力も、それ相応の収入をもたらさなくなった。一方、社会を見渡すと、「道端で商売をやっている人も、就職待ちの人でさえ僕よりうまくやっているようだし、同じ工員で同じように技術の仕事をしている人でも、合弁会社で働く人は月2000元の給料をもらっている」などの光景が目に入る。このような状況に対して、この工員は「どうして改革が深まれば深まるほど、労働者のぼくた

ちがご飯も食べられなくなるのだろうか」と「納得行かない」思いをしていて、どうして「一生懸命仕事してお金を稼いでいる人こそきつい生活をしている。逆に運の良い人は大金を稼いで格好良く生きている」だろうかと大きな不満を持っている。時代の変化に対するこの「納得の行かな」さ＝理解不能と、勤め先である国有企業の活力の無さを前にする際の無力さ、この二つが合わされ、「心細さ」が生まれたのだと言えよう。今まで頼っていた「技術」も「党員」などの政治的資源も、国有企業という勤め先自体の安定さもこの時期になってすべて通用しなくなったのである。

　この工員の場合、この「心細さ」から抜けていく道も代表的と言えよう。苦しい中で「考えるのをやめて」、「誰も頼りになれないから、若いうちに少しでもお金を稼いで、家族を養うことが大事だ」ということで、退勤後に美容師をして兼職を始めた。「誰も頼りになれないから」、逆に金銭の重要性を再認識したと言えよう。個人の中に、「個人奮闘」＝という個人の努力によってより多くの収入を得ることこそ最も大事だという新たな認識が出来たことを意味すると思われる。

　国有企業の失業に関して、1995 年第 2 号の＜書記信箱＞に掲載された投書、「工場は閉鎖してしまうらしい。僕はどうすればいいだろうか」が労働者＝工員の不安や不満がより集中的に表された。

投書 7‐47　「工場が閉鎖してしまうらしい。僕はどうすれば良いだろうか」
　　　　（1995 年第 2 号）
　　編集同志
　　　こんにちは。僕は国営企業で働く工員です。1993 年うちの工場は約 400 万元ほどの損を出し、1994 になってさらに多くの損益を出しました。結局、産業構造の調整の結果、うちの工場は取り壊され、別の地域に引越しすることになり、労働者は全員解散となりました。このことを耳にした時、多くの人が泣きました。分かっているのです。改革をするということは、「大鍋飯」を囲

みながらみんなで一緒に美味しいものを食べるということではなくなります。でも、分からないこともあります。このような改革の中で、労働者階級の主人公としての地位が、政治においても経済においても、前のように高いものではなくなりました。それが今、工場も閉鎖されることになりました。改革が深まれば深まるほど、われわれ労働者は生きる術も無くなってしまうのでしょうか。もしかして、私の考え方が間違っているかもしれません。でも、私はどのようにすれば良いのでしょうか。

北京　潤華より

　投書では、改革に対して一定の理解を示しているとともに、改革によって「労働者階級の主人公としての地位」の下落について戸惑っていることや、改革が深まっていくにつれて、労働者の生活が脅かされることに対して、非常に慎ましい言い方をしながらも、不安と不満を示している。

　経済体制の改革は、それまで体制と一体化されている人々にとって、大きな挑戦となり、大きな不安をもたらしている。

　次に、変化の中で個人奮闘の機会を捉える勝ち組という立場もあった。

　第1号では、国有企業からタクシー運転手に転職した30歳の男性のインタビューがあった。上記の工員とは違って、この男性は職業の変化によって大きな満足を感じている。

記事7-9（抜粋）

　　　僕はあなたとは違って、毎日目を開けると、会社に100元の借りがある。死んでいても生きていても、何がともあれ、まずは人から借りた分の利益を上げないといけない。でもまあ、僕はやっていく自信があるのだ。企業にいたときは、どれだけ一生懸命やっても月200元ちょっとだった。それが今となっては、毎日200元。二三年で昔の工場で20年間働くのと同じぐらいのお金

が稼げる。もう一つ、昔は物乞いして食べているみたいなもので、ご飯をくれたら、ラーメンを食べるわけにはいかない。今は自分でメニューが選べるんだ。少し力を掛ければ食べたいものが食べられる。実は最もかわいそうなのは工場で働いている年寄りと中年の工員だ。昔はこつこつ一生懸命仕事だけやってきたから、ほかにできることもないし、いたずらのやりようも知らない。彼らたちが言ったんだ。大躍進の時は命がけで仕事をしていた。自然災害のときはお腹がすいていながら仕事をしていた。文化大革命の頃はスローガンを呼びながら仕事をしていた。全部国家のためだった。国家が頼りになると思ってやった。国の基礎は、彼らでできたのだ。それが今となったら、（国に）さっさと捨てられたのだ。彼らの運命を見て、僕は考えるんだ。早く外に出て自分のために仕事をしないといけない。自分で何かの能力を身につけて、自分で稼いだほうがいい。自分で責任を持て自分を養って、ほかの誰も頼りにすることができない。僕に言わせれば、今の世間では、競争がないとやっていけないのだ。これだけは分からないといけない。

　このインタビューの対象者である30歳のタクシー運転手は、工場の仕事をやめてタクシー運転手に転職したが、「二三年で昔の工場で20年間働くのと同じぐらいのお金が稼げる」というように収入が大幅に増加し、また自由度の高い仕事であるため、今の状態に満足している。この男性は、自分が転職を決めた理由について、「昔はこつこつ一生懸命仕事だけやってきた」「全部国家のためだった。国家が頼りになると思ってやった。国の基礎は、彼らでできたのだ。それが今となったら、（国に）さっさと捨てられたのだ。」という年上の工員の運命が戒めとなり、「早く外に出て自分のために仕事をしないといけない」と決めたという。「自分で何かの能力を身につけて、自分で稼いだほうがいい。自分で責任を持て自分を養って、ほかの誰も頼りにす

第七章 「個人奮闘」の時代という語られ方（1992-2000年）　513

ることができない」というように、それまで国有企業に抱っこおんぶされて
いた人たちが、「国」から剥がされて、個人で「競争」に身を投げる瞬間の
本音を語ったと言えよう。個人奮闘の時代につなぐ。

　このように、変化を機会に捉えて人生を切り替えた態度は、1995年第2
号の「良い機会いつも完璧ではない状況にある」に掲載された読者の自分の
体験を綴った文章、「ご飯茶碗が無くなるのを怖がらない人こそご飯茶碗を
失わない」、「明日になったら、私はもっと人間らしく生きられる」に見られ
た。前者では、技術学校を卒業してから地元の会社で就職したが、不当な扱
いをされたとのことで外の世界に飛び込んだ若者だが、最初は「繁華街の人
ごみ、止らない車の流れ、高いビルの列、瞬くネオン」を前にして、「古い
服を入れてある鞄を背に掛けていて、心身ともに疲れた自分を見ると、まる
で難民のようだ」と「怖かった」が、「刺激ももらった」という。知り合い
の助けと自分自身の努力で新しい勤め先で評価され、臨時雇用から正式の職
員に抜擢されたが、住居が提供されていないことが原因で、若者は仕事をや
めた。その思いについては、次の語りを見てみよう。

記事 7-10（抜粋）
　　　　　いろいろ考えたが、僕は残らなかった。ここで正式の職員にな
　　　　ることを断って仕事をやめた。当時僕は地元から出かけたのは、
　　　　自分の尊厳を守るためだった。でも今回は違う。コネがなくて
　　　　も、賄賂をしなくても、自分の能力だけで十分に良い仕事が見つ
　　　　かると信じるようになった。（知り合いの）先生に長期的に住む
　　　　のがとても不便なので、住居が提供される仕事を見つけないとい
　　　　けないのだ。完全に、自分の力で、生きていかねばならないの
　　　　だ。
　　　　　もう一回新しい都市にやってきた。もう一回、人ごみの中に
　　　　入った。止らない車の流れ、密集するビル、瞬くネオン、町の光
　　　　景には変わりがないが、でも僕は変った。もう自分のことを難民

のように思っていないのだ。僕は、この美しい町の創造者、労働
者になっていくのだ。

　数日のうちに、僕は何のコネも頼らずに、ある会社に採用され
た。小さいが、僕一人だけの宿舎も当てられた。真新しい試用期
間が始まった。これに対して僕は自信があるのだ。今までの人生
は、僕に教えてくれたのだ。ご飯茶碗がなくなるのを怖がらない
人こそ、ご飯茶碗がなくならないと。

　上記の文章の主人公の若者は、地元を離れて大都市で仕事を見つけてまた
その仕事ぶりが評価されたことによって、自分の能力に自信を持つようにな
り、「もう自分のことを難民のように思っていないのだ。僕は、この美しい
町の創造者、労働者になっていくのだ」とのように、前向きな態度を持って
人生の変化を捉えている。

　「明日になったら、もっと人間らしく生きられる」は、経済状況の困難な
農村の実家から 18 歳未満で都市に出稼ぎに来た若い女性による体験談であ
る。家政婦として働き始めていろいろ苦労したが、善良な雇い主に出会い、
その紹介で夜間学校で勉強し始めたという。

記事 7-11（抜粋）

　　　今日、あなたたちに手紙を書く一時間前に、私はやっと、北京
のこの教室に座ることができた。まだ 20 歳になっていないが、
今までの人生でずっとずっと、疲れきっていると感じていた。今
日は、今までに一度も体験したことのないほど、とてもとても嬉
しい。そして今日ほど、自分が人間らしく生きていると感じる日
がない。

　　　実を言うと、今日先生が何を教えたかあまりよく分からなかっ
た。黒板を見て、涙ばかり流れていた。一生懸命仕事をして、勉
強も頑張るつもりだ。将来は自分の力で切り開かなければならな

い。知識を身につけて、何かの能力を身につけたいです。明日に
なったら、もっと人間らしく生きられると私は信じている。

　このように、改革によってさまざまな機会が生まれ、それまで不満だった
生活状態から抜け出す機会がもたらされた。この二つの文章の主人公である
若者は、この変化を機会に、自分の能力や将来の人生に自信が持てるように
なった。1995年第1号に掲載された上海某病院で実習している若者は、自
分の人生に自信があると次ぎのように語った。

記事7-12

　　　僕は自信があるよ。次のステップをどのように踏めば良いか、
　　どのような目標に到達するのか、非常に良く分かる。できると信
　　じている。

　このように、この変化によって将来の人生に自信や希望が持てるかどうか
は、「心細く感じる」かどうかの分かれ道だろう。
　一方、心細さは、「勝ち組」にもあった。1995年第1号に掲載された記者
のインタビューでは、新聞社に入って高収入の安定的な生活をしているが、
それでも心細く感じるという。それは、収入の格差に由来する焦燥感であっ
た。

記事7-13（抜粋）

　　　給料だけでは足りないので、その他の収入が無いといけないと
　　思っている。大学時代には毎日詩を書いたばかりの人間でも、今
　　ではどのようにすればお金が稼げるかだけに関心がある。仕事を
　　して一年あまりになり、毎月の固定収入は1000元ほどある。あ
　　なたたちの世代が仕事を始めたばかりの時、どんなに能力があっ
　　ても一概に月16元と比べれば、天と地の差があるし、同世代の

人たちから羨ましく思われているが、それでも私は、心細い。人間には本能があって、より良い生活のできる方向に動くだろう。私より良い生活をしている人に触れると、もっと良い生活をしたいという思いを止められなくなる。ここ北京では、気持ちよく暮らすには最低限2000元ほど必要だと私は思う。ある日バスに乗っていた時に、ある女性同士の会話を耳にした。「知り合いの旦那さん、毎月4、5千元もらえるらしいよ」とある女性が言うと、別の女性が反発した。「それは別にたいしたことはないよ。月7、8千元あったら、まあ不自由なく暮らせるだろう」と。びっくりした。でも考えたら一理もある。だって、医療保険、自家用車、マンション、インフレなどなど考えれば、それぐらいは必要だろう。

　私も月4、5千元、或いは月7、8千元の収入に向かわないといけないみたいだ。ある日友人に言った。「この人生で40万元の貯金があれば利息で食べていけるから、仕事をやめて文学作品を書きたい」と。友人は「40万元じゃ無理よ」と軽蔑しそうに言った。それもそうだろう。40万元だって、将来になったら紙屑同然かもしれないし。

　その時は個人でマンションや自家用車を買う時代となるだろうし、これがそろったら、そのレベルの生活を維持するのに頑張らないといけないだろう。わたしだったら、人のために仕事をするのではなく、自分で社長になって起業するかもしれない。

　でも、社長になったら、また別の問題に出会うだろう。社長には大小もあるし、強弱の争いもあるだろう。赤いダンスシューズを履いたように、私の一生は、踊り続けるしかないだろう。落ち着く日が永遠に来ないかもしれない。

このように、高収入で安定的な仕事をしている「勝ち組」の当の若者は、

第七章　「個人奮闘」の時代という語られ方（1992-2000年）　517

周りに見かけられる収入の格差で競争心が刺激され、より「良い生活」をしたいという強い希望がある。この競争のもたらす苦痛について、「赤いダンスシューズを履いたように、私の一生は、踊り続けるしかないだろう。落ち着く日が永遠に来ないかもしれない」という心細さがある。

　一方、何かの競争に駆り立てられながらも、その向かう方向が明確に感じず、心細く感じる場合もある。1995年第1号に掲載された北京大学の学生は次ぎのように語った。

記事7-14

　　　　僕は良く分からなくなるのだ。社会が発展すればするほど、社会の発展の早くなればなるほど、自分を把握できなりそうで、何がすべきか何がすべきではないか分からなくなりそうだ。自分のどんな考えでも、それが正しいと思えるような自信がなくて。一旦間違えたらたいへん危険なことになりそうだから。自分自身に対して、これで大丈夫だと言えないんだ。人から見れば僕は頑張っているし、勉強もよくしているし、将来性があると思われているらしい。最初文学活動に積極的に参加していたが、その後TOFELの試験を挑戦し、今はGREを通るのが目標。まるですべて事前に設計されていたようだ。でも自分自身で分かっているんだ。留学に行くべきかどうかもわからないし、卒業後にどんな仕事をすべきか良く分からない。いろいろしてきたのは、時代の無駄遣いをしたくないだけだから、何かをせずにいられなかった。ではないと、あまりにも空しいから。でも何を持ってその空しさを埋めるかとなると、これ自体が大きな問題だ。

　上記の若者は、勉強などいろいろ努力しているが、その向かう先が明確に見えず、自分自身に対して自信が持てないという気持ちを語った。「自分を把握できなりそうで、何がすべきか何がすべきではないか分からなくなりそ

うだ。自分のどんな考えでも、それが正しいと思えるような自信がなくて。一旦間違えたらたいへん危険なことになりそうだから。自分自身に対して、これで大丈夫だと言えないんだ」という語りから、この時期になって改革によってそれまでに社会全体で共通の目標がなくなり、一部の若者にとって指針となるものがなくなり、目標喪失による空しさで「心細い」と感じていることが伺える。

　このように、「心細く」感じるかどうかに関する語りを通して、体制改革に対する人々の違う態度や対応を確認してきたが、国家による保障という傘下から抜け出す際に、自分自身の将来に希望や自信が持てるか、個人で目標が設定できるかどうかで大きく違ってくることが伺えた。国家や何かに自分自身を捧げるのではなく、自分の人生は自分の手にかかっているという判断が徐々に形成されていく過程でもある。1995 年第 4 号に掲載された「自信は自分の手の中にこそある」では、次のような言葉が述べられた。

記事 7 - 15
　　　　　真に頼りになるのは何だろうか。私が考えるには、個人にとって、それはやっぱり自分自身の手にあると思う。自分の自信、自分の才能、自分の労働にあると思う。

　このような心細さや不安を経て、中国の人々は「個人奮闘」の時代に向かったのである。

(2) 個人奮闘の時代への幕開けという『中国青年』の解読

　このように徐々に国家体制の囲い込みを離れて、人々は原子となって社会に離されていく。このような新しい生き方をする個人について、『中国青年』1995 年第 7 号の＜本誌特別企画＞コラムでは、「新しい生存状態で生きている」と題する文章で取り上げられた。編集長の彭波による前書きでは、次ぎのようにこの「新しい生存状態」について解説した。

第七章 「個人奮闘」の時代という語られ方（1992-2000年）　519

記事7-16

　「理解力がないから分からなくなったのではない。この世界は
あまりにも目まぐるしく早く変わっていくから、分からなくなっ
たのだ」。周りのすべてがあまりにも早く変ることは、この時代
を生きている中国人なら、誰でも感じているだろう。その中で最
も深く感じるのは、私たち一人ひとりの生存状態がすでに変化し
ていること。或いは変化済みで、或いはこれからも変化し続ける
ことだ。

　ある時期まで私たちは巨大な保護の傘下に暮らしており、「単
位」をとして国や政府の暖かい懐に守られて、「安全」で「落ち
着いていた」。またこれが「当たり前」だった。それがある日に
なって、私たちの頭上の傘には亀裂ができ初めて、私たちの足元
の大地は震え始めた。多くの「単位」の懐は、温情溢れるもので
はなくなった。生きていくために必要なさまざまなものを授けて
くれるところがなくなった。自分の力で勝ち取ってこなければな
らなくなった。この生存環境の変化について、不安を感じたり、
気力を失ったり、延いては恐怖を感じる人もいるだろう。また興
奮を感じたり、刺激を感じたり、それまでの長い間体内に蓄積さ
れてきた活力が火山のように爆発させようとする人もいる。この
社会は、「能力」「刷新」「奮闘」をますます重要視するようにな
り、「強者」をますます重要視するようになった。ますます多く
の中国人が気づいた。社会の競争がどんどん激しくなってきた
し、多くの不公平が存在しているが、それと同時に、機会もどん
どん多くなってきた。自分で生きようとすると、或いは人より良
く生きようとすると、他人に頼ってばかりしてはいけないのだ。
自分の能力で勝ち取らないといけないのだ。（もちろん、真の弱
者なら、われわれの社会制度は彼らの必要な保護をあげるが）。
これが、この社会の今の現実だ。これも、この社会がより美しい

未来へと歩んでいく原動力である。

　この世代の中国の若者は、興奮させるほどのいい時代、思う存分に自分を才能を発揮できる時代を迎えた。目を逸らさずに、生存の危機、残酷な競争を直面して、自分自身の力を頼りに、自分自身の価値を発見して、美しい生活を手に入れよう。——これは、友人としての忠告だ。

　新しい生存状態の中で、よく生きてください！

　同コラムでは、「北京で夢を見つけよう」と題する文章が掲載され、より良い人生を求めて外地から北京にやってきた俳優や女優、作家、芸能関係のプロデューサーなど芸術と関係する人々の人生を描いた。夢を追うためにさまざまな困難に耐えて頑張っている、というストーリーに仕上げられている。また、「運命で待機している人よ、この後に漂流するのだろうか——生き方を変えていない若者の考えていること」では、さまざまな不満があるが、元の「単位」に居続けている若者（地質研究所の研究者、製薬工場の技術者、工場の労働者、大学の教員、国家公務員など５人）の考え方のインタビューであったが、現在の勤め先で働くメリットや「単位」を離れていく勇気が足りないなどさまざまであったが、これらの行為には、「運命の待機者」という言葉から伺えるように、どこか消極的な評価がかかっているように思われる。「待機」することは、「目を逸らさずに、生存の危機、残酷な競争を直面して、自分自身の力を頼りに、自分自身の価値を発見して、美しい生活を手に入れよう」という『中国青年』の呼びかけとは反対の方向に向いているからであろう。

　ここでは、改革によって人々の「単位」とのつながりの弱化という変化に対する『中国青年』の解読、立場に注目しよう。これを解読するには、総編集長である彭波氏による前書きが有力な資料となるだろう。文章では、体制改革によって個人が国家や「単位」との強固なつながりから分離していくという時代の変化を取り上げ、変化した後の状況について、「多くの「単位」

の懐は、温情溢れるものではなくなった。生きていくために必要なさまざまなものを授けてくれるところがなくなった。自分の力で勝ち取ってこなければならなくなった」「自分で生きようとすると、或いは人より良く生きようとすると、他人に頼ってばかりしてはいけないのだ。自分の能力で勝ち取らないといけないのだ」と描いた。その中で、個人にとって重要なのは、「この社会は、「能力」「刷新」「奮闘」をますます重要視するようになり、「強者」をますます重要視するようになった」というルールの再認識であろう。この変化について、彭波氏は、「この世代の中国の若者は、興奮させるほどのいい時代、思う存分に自分を才能を発揮できる時代を迎えた」とのように、自由に個人の才能が発揮できるという角度から、大いに評価するという肯定的な態度を取っている。

　このような立場は、徐々に『中国青年』の雑誌としての立脚点となり、2002 年から起用舌キャッチフレーズ「奮闘によって運命が変えられる。夢があるから特別な存在になる」という「中国夢」を訴える位置づけにつながっていくだろう。

　このように、体制改革に引き起こされた生活のさまざまな変化に対して人々はさまざまな不安を感じているが、このような不安に対して『中国青年』のようなメディアが施した「思う存分に自分を才能を発揮できる時代」と再解釈されており、この再解釈の中で、「強者」になれば良いとの出口が用意された。

2.6　上昇志向から自由になり自己実現したい若者の悩み

　若者自身にそのような強い上昇志向がなくても、より良い「上」の社会的地位を目指せと子供に期待している親とそのような強い願望を持っていない子供の間に、葛藤が生じる。以下の投書では、この状況を反映した。

投書 7-48　「両親を仮の敵に見なさないで」（2000 年第 15 号）

　　　　　　こんにちは。僕は軍人で、入隊して 3 年目になります。春節の

休みに実家に帰った時、親はどうしても軍校[111]に入るように説
得しました。自分はあのような材料ではないことを良く知ってい
ますし、そもそも好きではありませんし、受けたくありません。
でも両親はとても面子が大事で、僕に対しても厳しくて、何事で
も彼らの言うことを聞かないと済まないのです。僕は両親を傷つ
けたくありませんが、人に支配されながら生きるのがいやです。
両親の態度を見ていると、僕は生きるのがとても辛くて、疲れた
と感じています。落ち着けなくて、そわそわしています。時に
は、いっそのこと死んでしまおうと考えたりします。でも、この
気持ちを彼らに打ち明けられず、爆発しそうで、よく怒るし、自
分を責めたりします。どのようにすれば良いでしょうか。

より「上」へ目指せと軍事大学に受けることを子供に望む親の前で、自分
の意志で生きたいが、そのような両親の気持ちを無視できず、ひどく悩んで
いる若者の気持ちが訴えられた。これに対して、雑誌の回答では親を敵とし
て見なさないで、穏やかにコミュニケーションすべきだとアドバイスした。

投書7-49 「理想と現実との狭間に挟まれて辛いです。僕の未来がどこに
あるだろうか」（2000 年第 5 号）

　　理想と現実との狭間に挟まれて、僕の未来がどこにあるだろう
か。
　　大學三年生の僕は最近とても悩んでいる。──両親は手紙を寄
こすと、いつもこのようなことを言う。大学の最後の一年を利用
して先生との関係を良いものにして、それで良い仕事を見つけな
さいとか、或いは大学院に入るとか、外国に留学に行くとかばか
り言うのだ。でも僕は違うことを考えている。卒業したらすぐに
仕事を始めたくないし、学校生活を続けたくも無い。僕は趣味の
同じな友人数人と一緒にバンドを組んで、自分たちの音楽を作り

第七章　「個人奮闘」の時代という語られ方（1992 - 2000年）　523

たいのだ。僕は両親を愛しているし、彼らの苦心も分かっている
つもり。でも、自分の理想を捨てたくないのだ。現実と理想との
間に、明日がどこにあるか見えないのだ。人生の中で、どのよう
にすれば自分の風景を見つけるだろうか。

南京　仲翔より

　若者の将来の進路に対して親は強い上昇志向を見せており、「大学の最後
の一年を利用して先生との関係を良いものにして、それで良い仕事を見つけ
なさいとか、或いは大学院に入るとか、外国に留学に行くとかばかり言う」
が、若者自身は「自分たちの音楽を作りたい」という理想を持っており、そ
の葛藤で悩んでいる。
　一方、次の投書には、このような葛藤は、若者とその親との間ではなく、
若者自身の中での対立という形をしている。

投書 7 - 50　「大學に入らなくても、自己実現できるのではないだろうか」
　　　　　（2000 年第 9 号）
　　　僕は高校 2 年生です。そろそろ大学受験です。今の社会では人
　　材が求められているし、高校生なら誰でも大學に入ることを夢見
　　ています。今の社会では、いろんなところで「学歴をもって人材
　　を選抜」しているから、大学に行かないと、面白いことをたくさ
　　ん逃してしまうのでしょうか。
　　　あなたはこういうかもしれません。「大丈夫、大學に行くのが
　　唯一の進路ではないから」と。このような言葉はもう聞き飽きま
　　した。でも、「大学に行く」ことをどのように考えれば良いので
　　しょうか。
　　　僕の成績は良くないし、良い大學に行くなどの贅沢を言うつも
　　りがありません。でも、一般の大學は……行きたくないのです。
　　でも、僕の理想は、大学に行くことではありまあせん。僕は小さ

い頃文芸活動が好きですし、小さい頃から文芸活動に良く参加します。文芸活動の面で大きなことをしたいです。でも僕は辺鄙なところに生まれ育っていますし、僕の考えは「うぬぼれている」と笑われるかもしれません。でも、このように考えているから、勉強にあまり集中しなくなり、成績も下がる一方です。卒業を前にして、どのようにすれば良いか分かりません。

内モンゴル杭錦旗奮闘中学高校 218 クラス　郭広より

大学に入るという「人材」になる道を前にしているが、若者自身は、「文芸活動の面で大きなことをしたい」との道を選びたくて、進路の選択で迷っている。

この三つの投書では、社会的地位に対する上昇志向とは違う方向に、若者のエネルギーが向けているという現象が反映されている。一方、周り（親）の上昇志向の強い介入、或いは自身の中の、社会全体の上昇志向に取り込まれている部分の介入によって、若者は大きく迷うことになる。ここから、社会には、社会的地位に対する上昇志向の強さを伺えるだろう。

3　階層上昇移動のメカニズムに対する解釈

前述では、経済格差による階層ヒエラルキーや出稼ぎ労働者と雇う側の階層区分などのこの時期における階層秩序への若者の認識について、またこのような認識に基づきさまざまな手段を通して上昇移動をしようとする若者の上昇志向及びそれによる悩みを見てきた。では、この時期において、上昇移動の秩序に対して、若者はどのような解釈を持っていたのだろうか。

3.1　上昇移動において実力よりもコネ＝人脈重視という状況に対する危惧

この時期は前の時期同様に、上昇移動の過程において、実力よりもコネ＝人脈が重要視されるという状況に対して若者は危惧しており、また不満を

持っていた。

投書7-50 「僕の居場所はどこにあるのだろうか」（2000年第1号）

　　　　　僕は、短期大学から出た後に、市の文化局に配属された。一生懸命働いていたが、人脈がないため、僕より遅く来た人も昇進したのに、ぼくはまだ平だ。頑張ってものを書いたら、市テレビ局の人に気に入られて、一時的に借りるという意味で、僕をテレビ局に引張ってきた。ここでの仕事は、給料も文化局より高いし、仕事自体もはるかに面白い。ただ、やはり、人脈がないから、ここに来てそろそろ2年になるのに、まだ正式の社員ではない。今、文化局から戻って来なさいと声がかかってきた。しかも小さな昇進を約束してくれた。文化局に戻るべきかどうか、良く分からないのだ。戻ってしまうと、この人生二度と出てくるチャンスが無いだろう。テレビ局に残ってしまうのも良いが、ここに来て相当長い期間、僕はあまり仕事が無かった。僕は、自分の人生は全然ついていないと思っている。僕の居場所には、どれも、ほかの人が座っているのだ。

　　　　　　　　　　　　　　　　　山西　何向宏より

　投書では、若者は、「一生懸命」仕事をするが、「人脈がない」という同じ理由で、前後二つの勤め先ではいずれも思うとおりの待遇をもらえず、自分の人生を「ついていない」「僕の居場所はいずれも、ほかの人が座っている」と大きな挫折感を覚えている。どのような勤め先を選ぶかという選択を前にして、給料や昇進の機会、勤め先での身分（「正社員」かどうか）などとても現実的な要素がかかっている。

投書7-51 「僕には再度大学に入る機会があるだろうか」（2000年第19号）

　　　　　友友さんへ

僕は軍人で、故郷は四川省中部の貧しい山村にありますが、今
は山東省にきています。去年僕は高校を卒業して、成都理工学院
のコンピューター専攻に受かりましたが、貧しい我が家にとって
天文学的な数字の高い学費を前にして、僕は合格通知書を家族に
隠しました。同年の 12 月に、軍隊に入って山東省に来ましたが、
大学に行くという、かなわなかった夢を軍隊で叶えたらいいなと
当時考えていました。でも、軍隊に入ってから、事は僕が考えて
いたほど簡単ではないことが分かったのです。毎年、入学試験に
参加できる軍隊の枠が減り続けているのです。また先輩の話で
は、人脈がなければ、点数だけが足りても軍隊の大学に行けない
と聞いています。これは、大学に行くという僕の夢は永遠に実現
できないことを意味しているのではないでしょうか。今僕は大き
なストレスを抱えていて、訓練中でも集中できず、よく叱られて
います。その中で僕は、まずは今の訓練に集中しようと思ってい
ます。でも、大学のことを考えると、何かと焦ってしまいます。
　　何かアドバイスをください。

濰坊駐在の軍人　張君より

　家の経済的な原因で大学に行くことを諦めたが、軍人になって軍隊の大学
に行こうと自分の夢を実現しようとした若者が、現実の厳しさを見聞して、
大学に行くことができるかどうかが確実ではないと分かって、不満と焦りを
感じている。

3.2　金銭による不正のもたらした怒りと無力感

　この時期では、金銭による不正が増加した。これに対して、人々は多くの
怒りを持っている。1994 年第 5 号の「われわれの精神家園」コラムには、
金銭と権力による不正の増加などの現象に対して、「社会の転換期に特有の
価値の喪失感、道徳の喪失、地所の混乱」と称して、に対する人々の不満や

第七章 「個人奮闘」の時代という語られ方（1992 – 2000年） 527

戸惑いを取り上げた。

投書 7 – 52 「必要なのは金銭か、公正か？」（1994 年第 5 号）

　　　　今日になって、お金によって人々の財布が膨らんだが、人々の精神は萎縮した。

　　　　幾つかの例を挙げよう。僕の知り合いの高校生は大學に入った。でも彼の成績はまあまあで、一公尺はイコール二尺だというぐらいのレベルだ。多くのお金を使って、「自費生」として入学したそうだ[112]。ある会社の事務職員は公金を横領したことで三年間の刑を言い渡されたが、でも実際には牢獄に入っておらず、今では自分で毎月多くの収入を稼いでいる。ある元同僚は自分で数年間商売をした後にお金持ちになり、もともとの住宅を引き払って、某市でマンションを買って、その妻と子の戸籍もその市に移ったそうだ。張おじいさんの娘がある運転手にリンチされたが、張おじいさん一家は訴えるのではなく金銭で和解にした。……お金は万能のものになり、人々のさまざまな欲求を満たすことができる。お金があれば、学歴も買えるし、戸籍も買える。また官僚のポストも買えるし、殺し屋を買えることもできる。お金があれば、犯罪した人でも「無罪で釈放」される。多くの報酬がもらえると聞いたら、偽物の販売も平然とする。一般人から国の幹部まで、高級幹部でさえ、お金のために、お金に頭を下げて、醜い劇を上演している。不完全な政策や規定には隙間があるので、ある人たちは底に付け込んで、お金と権力の交易をしている。お金を持っている人、権力を握っている人、お金も権力もない人、それぞれが自分で方策でやっている。

　　　　　　　　　　　　　　　　　河北省安新市　王英年より

投書 7 – 53 「どうして彼らは恥とせずに、光栄とするのか」（1994 年第 5

号）

　最近幾つかのことを見聞して、びっくり仰天した。

　その一。ある青年は彼の本人の公費医療証書を持って、その母親のために薬を買いにきた。医者は、「お母さんは公費医療なのか」と聞いたら、彼は「いいえ」と答えたので、その医者は断った。彼はまったく気にしない様子で、「大丈夫だから、出してください。僕は某財政局で働いているから、（薬代は）そこが出してくれるので」と平然と言った。

　その二。ある日僕は理髪店で順番を待っていたら、あるおしゃれな女性が入ってきた。美容師は「亜娜さん、お久しぶりだ。どこかに旅行に行ったのか」と聞いたら、その女性は、「ある外国人の商人に雇われて[113]、二ヶ月間彼の共をして旅行に行って来た」と答えた。「いっぱい稼いだだろう」との質問に彼女は、「もちろん、勤めていた時よりずっと多いよ」と答えた。

　その三。二人の中年の人がレストランで話しをしている。

　Ａ：「いい家を建てたそうだが、いくらかかったの。

　Ｂ：「たいしたことはないよ。10万元ちょっとかな」。

　Ａ：「官僚でいいね。気分の良いおうちを早くに立てておいて。
　　　　ぼくのような一般人はなかなかできないよ。」

　Ｂ：「たいしたことはないよ。今の仕事にちょっとした権力を
　　　　持っているから。自分の給料だけでは、家族全員食べずに
　　　　飲まずにしてもこのような大金はなかなか　溜まらない
　　　　よ。」

　Ａ：「気をつけたほうがいいよ。」

　Ｂ：「何も怖いことはないさ。僕の使ったこれらのお金、ほか
　　　　の人はなかなか見つからないよ。」

　以上であげた三人の当事者はこんなに率直な態度をとっているとは、正直びっくりした。戸惑った。私利私欲のために権力を濫

用したり、肉体を売るような醜い行為などは、本来人間としての
恥であろう。だがこの三人は、気が狂ったわけでもないのに、得
意そうにそれを人前で自慢している。しかも平然と。どうして彼
らは、恥と思わずに光栄なことと思っているのだろうか。

山東省聊城市　劉桂蘭より

　この二つの投書は、お金のために公序良俗に反することでも敢えてやるよ
うな現象に対して、自分の不満な気持ちを表した。そこで取り上げられたこ
とは主に二種類あるだろう。一つ目はお金目当てで男性と肉体関係を持つと
いう行為であるが、もう一つはお金があれば成績が悪くても大學に入れるこ
と、お金があれば戸籍を移すことができること、また権力に近い人は公金を
横領することなど、金銭の力によって公平に関わるさまざまな社会的ルール
が破壊されることである。この二つのことはいずれも金銭の介入があるた
め、その原因を「お金」に帰して、人々の「精神の萎縮」や「恥と思わずに
光栄だと思う」という道徳観のなさにその批判の的を向けた。しかし一方、
投書1のタイトル「必要なのはお金か」という言葉のように、金銭の力に
よって公平に関わる社会的ルールが破壊されることによってもたらした無力
感がその背景にあると思われる。

3.3　公権力の濫用に対する無力感

　このように「能力」「成功」がますます重要視されるようになったが、一
方、『中国青年』は簡単に道徳的な正しさに関する立場を捨ててはいなかっ
た。この葛藤は、「成功」までの手段はどのようなものであるべきかという
議題につながった。

　1997年第7号には、「サバイバルして発展するには、自分を醜いものに変
身しないといけないのだろうか」との読者の投書が掲載された。

投書7-54　「生存するためには、サバイバルして発展するには、自分を醜

いものに変身しないといけないのだろうか」（1997年第7号）

『中国青年』編集部のみなさま

　僕は今、あなたたちに助けを求めています。

　ある外国人の作家はこのようなことを言いました。「世の中で最も苦しむ人は、心の中で申し訳なく思っている人だ」と。良く言ってくれたと思います。僕はそのような人の一人です。ここ最近、僕はほぼ毎日眠れません。あれこれ考えたり、頭の中はごちゃごちゃです。

　僕は農村の出身で、実家はある辺鄙な村にあります。一生懸命苦学して大學に入りましたが、1987年に卒業した際に、社会的なバックグランドがないため、郷の中学に配属されました。教育は高尚なる職業で、僕はチョークの粉を食べて一生を過ごすという覚悟をしていましたが、現実の生活は僕に大きな衝撃を与えくれました。お見合いを二回もしましたが、どれも失敗しました。彼女たちははっきりと言いました。教師はあまりにも貧しいし、郷での生活はあまりにも困窮であり不便だと。それで僕は県での仕事に転職したくて、人を頼んだりし始めました。お金もない権力もない人が県の町で仕事をしたいと言うと、たやすくできることではないのです。県教育局弁公室の主任の冷淡な態度を食わされた後に、僕はやるせなくて辞職をした。

　1992年のことでした。社会では「市場経済」が声高く叫ばれており、僕の心も喧騒になりました。大儲けするのだと僕は誓いました。父を説得して実家で飼っている豚一頭と唐辛子を売り、その代金を持って、ロバに引かれた車やバスや汽車に乗り継いで、南の深セン特区にやってきました。深センは人々が思っていたような、黄金のいっぱい敷かれているところではなかったのです。僕は地元の出身ではないし、お金もないし、田舎っぽいし、親戚もないので、2ヶ月間あちこち走りまわっても仕事が見つか

第七章 「個人奮闘」の時代という語られ方（1992－2000年） 531

りました。あの時は本当は行き詰りました。故郷に帰って教師を続けるのはもう不可能だったし、人に嘲笑されるのもいやだったし、仕事を探し続けるしかなかったです。わずかに持っていたお金はそろそろ使いきれ、数角で一袋のインスタントラーメンも買えなくなりそうなときに、木器工場に雇われ、販売の仕事をすることに。販売員は給料そのものは低かったですが、売り高の10％か15％がボーナスの収入となります。僕は百貨店やさまざまな企業、政府機関を回っていました。最初は辛かったです。人々は目をくれずに、僕は門前払いばかり食っていたのです。あの数ヶ月間は、僕はこの人生で最も多くの優しい言葉を言いました。あちこちどれだけ走り回っていたでしょう。平均して一月で革靴一足が壊れる具合でした。僕の苦心が神様に届いたのか、数ヶ月後のある日、お得意様の一人が電話をかけてきて、事務机を数台欲しいと頼んできました。それきり、お客さんがどんどん増えて、僕は大忙しとなりました。僕の販売業績が急激に高くなり、工場の持ち主の気に入りの人となりました。このボスは腹黒で、注文が多くなって間に合わないと、不良品を入れたり、手をぬいたりするように工員に命令します。商売をやるからには信用を守るべきだとアドバイスをしましたが、彼は聞き入れてくれなかったです。お客さんを騙すようなことは僕はしたくないと言ったら、彼は、辞めるなら、今月の給料はないこととすると言いました。僕は怒りました。くれないのならそれでいい。僕は汚いお金は要らないと。その工場を辞めた後、僕は雑誌社の発行部主任をしたり、広告会社の販売員をしたりしましたが、3年間一生懸命頑張って、僕は200万元を手に入れました。実を言うと、僕は不誠実なことをしたことがあります。例えば、広告主を説得するために、ある雑誌の発行量が2万部なのに僕は10万部とうそをつきました。今思い出すと、恥ずかしく感じるのですが。

改革開放と市場経済がなければ、山里出身の貧しいこの僕が200万元儲けるどころか、そのように夢見ることさえなかったでしょう。このお金を前にして、僕は興奮していろいろ考えました。僕も起業してボスになってみるのはどうかなと。全国各地を回って考察して、深セン、大連、杭州、ふるさとの省都との四つの都市に興味を持ちました。ふるさとの省都は最も条件が悪かったのですが、最後はそこに決めました。やはり、ふるさとへの情があったと思います。

1995年5月1日、僕は省都で百貨店を開きたいと決めました。場所を決めて融資して、さまざまな手続きをして、10日間で全部完成しました。スピードがとても速かったです。5月10日に、営業面積が1000平米で400万元投資した百貨店が開業しました。開業のセレモニーはとてもにぎやかで、市の指導者やさまざまな官僚がお祝いに来てくれて、宴席だけでテーブル20個でした。宴席の間、指導者は地域経済を振興するためによく貢献しろと何度も励ましてくれました。僕は心温まる思いで、百貨店をよく経営して、この次は工場を作り、ふるさとと社会に恩返ししたいと、お酒を飲んだ勢いで言いました。

しかし、その後の経営の状況はあまりうまく行かなかったです。偽物が出回ったせいで僕は大きな損をしました。偽物は本物そっくりで、仕入れの値段も低くて、僕は競争に勝てるわけがなかったです。僕は部下に対して、商売をやるには信用を守るべきで、うちの百貨店は絶対偽物を売ってはいけないと言いました。こうは言ったものの、偽物を売って儲かっている人を見ると、心の中は悔しかったです。ですが、それよりもっと悔しく思わせるようなこともあります。幾つかの例を挙げましょう。

──店員に「年末セール」の横幕をかけさせたら、モーター数台がどんどん店の前にやってきて、市街管理隊の者だと自己紹介

した後に、横幕をかける許可を取っていないので、5000元の罰金を出せと言ったのです。隣の店が掛けたのを見てうちも掛けたと言ったら、来た人は、今日はあなた目当てだと威張りながら言いました。ぼくは笑顔を作り、タバコやお茶で接待して、仕方なく5000元を出しました。

　——消防部門の人が来たので、昼食の接待をしている最中に、税務の×さんと×さんがやってきました。二人が入ってきて開口一番に、文さん、あんたところにVCDプレーヤーを新しく仕入れたと聞いたので、借りて使ってみたいなと言ったのです。店員に2台を運んでもらって、渡して、何とか無事に終わりました。

　——工商部門の人が来ました。来てすぐに「どうして責任者学習班に参加しないのか」と僕に聞いてきたのです。あなた様のところの出している教材を買ってきましたが、時間がなかったので行かなかったと僕は答えました。工商の人は、参加しなくても学習費は払わないといけない、そうしないと点検の合格書を出してあげない、点検に間に合わない場合は1万元罰金するなどと言われました。

　——品質検査の人が来ました。省から来た人もいるし、市から来た人もいて、区の人もいます。商標を見たり音響を見たり、あちこち触った後に、品質検査費を出せと言ってきました。彼らが言うには、消費者に責任があるからと。品質検査を出したら、全部合格となりました。

　——テレビ局の記者×さんは電話を掛けてきて、18000元の広告費をくれたら、うちの店の広告を出してくれると。僕はちょっと迷いを見せたら、彼はうちの店の「黒幕を暴露する」と暗示してきました。僕はすぐに彼の要求を了承しました。

　……

　僕は本当に疲れきりました。ここ一二年、電話が鳴ったり、僕

に会う人が来ると、ぼくは反射的にすぐ不安になります。商売を
やる人にとってお客さんが多ければ多いほど商売繁盛となるので
良いことのはずですが、僕は多くのお客さんが怖いのです。彼ら
に来て欲しくありません。このような客の買い物記録をメモした
ノートがあるが、幾つかの例を挙げましょう。

　——×局長の息子が結婚するとなり、うちの店がその管轄内の
×所長に、買い物のリストの持ってきてもらいました。計38860
元だ。×所長は、×局の息子だから、い知れの値段にしようと言
いました。広東省からここまで運んできた輸送費を除くと、仕入
れは25630元でしたが、僕は承諾しました。その時に×ぼっちゃ
んから電話が来て、僕はせいぜい18200元しか出さないと言いま
した。この件で僕は8650元の損をしました。

　——××さんは×主任の運転手で、15800元の品を買ったのに、
9500元しか払ってくれなくて、僕は3010元の損をしました。

　——××弁公室×主任は、娘の結婚式のために16800元の商品
を買いましたが、口では6800元払ってくれると言ったのに実際
に払ったのが2000元だけ。11000元の損をしました。

　——消防隊×副隊長は自家用のパソコンを買いたいと言って、
品を持って出かけて2000元を置きました。僕は追っていったら、
彼は二日後に消防の検査に来ると答えました。僕は仕方なく口を
閉じました。この件で6000元以上損しました。

　　……

　僕は我慢するしかないのです。これらの部門の幹部の大多数は
良い人間だと僕は終始して信じています。でも、数十の部門ある
ので、一つの部門で一人や二人ぐらいお金に目のないやつがい
て、毎年うちの店で一回だけ「買い物」すれば、店の経営にとっ
てはかなり痛い損失をもたらすのです。

　400万元の投資をしましたが、二年たらずで160万元の損を出

第七章　「個人奮闘」の時代という語られ方（1992－2000年）　535

しました。このまま行くともう二年すれば僕は破産してしまうのです。もともと貧しいやつだったので、ぼく本人はどうでもいいのだが、友人から借りた200万元はどうしましょう。

　僕は焦っていて死にそうです！

　偽物が出回っていることや、お客さんの少ないこと、それに以上であげたような横領のことなど、店の経営は悪化しました。友人はアドバイスをしてくれました。一般人からお金を取るのが難しいので、それより、政府に物を売るのが儲かると。再度考えが末に、僕は試してみると決めました。

　あの日の午後、友人から電話が来て、××局は20万元の事務用品を仕入れるが、どの店にするか×副局長はまだ決めていないと言いました。僕は（話の余韻を）心得て、お礼にいくらお渡しすれば良いかと聞いたら、友人はその×局長はお金が要らないと言ったと答えました。意味が分からなくて考えている時に、友人は××クラブのことについて聞き始めたので、僕はすぐに承諾しました。夜、×副局長はそのクラブにきて、直接中に入って、最後は貸切専用の部屋に入りました。僕は商売を始めて数年立ちましたが、クラブに入ったのは始めなので、その後ろに次いで、×局長の行くところに付き合いました。ある女の人がお酒を持って入って、局長と飲み始めました。そうこうしているうちに、その女性は×局長のひざに座りました。僕はそばでいてもたってもいられないほど恥ずかしかったですが、×局長は平然としていました。しばらくした後に、別の女性がお茶を運んできました。綺麗な人だったが、×局長が手を差し伸べると、その女性も彼のひざに座りました。三人はあれこれと醜態を見せました。僕は顔を背けて別のところを見るしかなかったです。この副局長は僕の父よりも年上なのに、私たち若い人よりも開放的でした。彼に手が三つあったら、三人の女性を呼ぶでしょう。深夜まで遊んで、勘定

に行くと、3320元でした。このようなことが三回も繰り返すと、あんた所の店にしたと×副局長はやっと決めてくれました。20万元の品で、利益は5万元ちょっとでしたが、接待費と友人への紹介費を除くと、僕はこの件で3万元儲けたのです

　少し前に、別の商売の機会があった。××は人づてにたずねてきて、××局が新しく設置されるので、300万元の品を購入する予定だと言いました。××はその肩書きからしてたいした官僚ではありませんが、実権を握っている人です。この商売をとるために、僕は彼のさまざまな要求を満足させました。深センや広州に行って毎日さまざま享楽を彼に提供しました。あの夜、××は宴席をよく楽しんだ後に、とんでもない要求を出してきて、利益の40％を彼に譲ろと言ってきました。でないと、この商売はないこととすると。300万元の品で、その利益は40万元ほどありますが、彼に渡した40％の利益、また彼のために使った10万元の接待費や各種の税金を除くと、まだ10万元前後の利益があるので、僕は歯を食いしばって承諾しました。しかし××はまたどんでもない要求を出してきました。商売の成立を祝うために、楽しんでみたいと。はっきりいうと、歓楽街の女性（日本語を調べる）と寝たいのだと。僕はそのような女を知らないと言ったら、あなたには誠意がないと彼は言いました。僕は仕方がなくあつかましく友人に頼んで、○○クラブからある女性を探してきました。××はその女と上の部屋に入ったが、また出てきてこう言いました。文さん、上に上がってきてよ、今は警察の取り締まりが厳しいから、僕のためによく見てくれよと。僕は一瞬、頭が爆発しそうになりました。「いやだよ、僕をなにだと思っているんだ！」と言ったら、××は、「僕が捕まったら、商売がだめになるだけでなく、君も一緒につかまるよ」と言いました。この商売のために、既に10万元の接待費を使ったを思うと、僕は強いことを言

えなくなりました。頭の中は真っ白になって、鬼につかれてしまったように、彼と上に上がって、番犬のように階段のところに立っていました。あの時の気持ちは、言葉で言えるようなものではありませんでした。

　家に帰って、顔色の悪い僕を見て、妻はどうしたのかなと聞いてきましたが、僕はごまかして、すぐ横になりました。ひどく疲れて、無力感に襲われました。吐き気がしました。生まれて初めて、心、魂の苦痛とは何かを感じました。僕は自分の髪の毛を力いっぱい引張り、自分を責めずに入られなかったです。あなたはいつから、こんな醜い人間になったのか！たかが10万元の汚いお金のために、ああいうことをしてしまった！先祖の顔は丸つぶれだよ！教師をしたところ、生徒に真善美を求め、醜いものを抵抗べきだと教えていたのに、今のあなたは生徒たちに会う顔があるのか？！僕は心の中で叫びました！××のやろう！もうやめるわ！あなたの宴席や賭博、女遊びに使ったお金は捨てたことにする！10万元の利益はもう要らない！40％の利益も何も要らないことにする！

　翌日の朝、お客さんの少ない店に入って、元気の無い部下を見ると、自分を責めていたことや、一晩溜めていた良心と怒りは、瞬く間に消えて、僕は無力感に襲われました。昨日ホテルにいた自分自身を同情し始めました。自己弁解を繰り返し始めました。今の社会はこういうものだから、僕にはこうするしかなかったと。サバイバルして発展していくためには、醜悪なことを容認して、それで身を染めるほかにないと。あなたが××に40％あげなくても、ほかにあげる人がいるでしょう。この10万元の汚いお金が要らないと言っても、ほかに要る人がいるでしょう。その時その人がどんどん儲かるのに、あなたを待つのは破産です。あなたには良心を持って正義を信じた時があると言っても、破産し

てしまったら、あなたの言うことを聞き入れる人がいるでしょう
か。あなたに同情する人がいるでしょうか。

　ここ最近、僕はなかなか心を落ち着かせることができません。
騙し合って、良心を問わないような今の生活が嫌いになりまし
た。ぼくのような人間は商売に合わないとあなたは言うかもしれ
ませんが、でも、今の僕は負債をしています。商売をやめてし
まったら、どのようにしてこれらのお金を返せばよいのでしょう
か。

　編集者先生、心の中の戸惑いを回答してくれませんか。生存し
て発展しくためには、自分を醜くしなければいけないのでしょう
か。

儲かりたいが良心を失いたくない小老板より[114]

1997 年 3 月 10 日

　この投書を掲載した経緯について、中国青年は「編集者のメッセージ」と
の前書きでの紹介による、著者本人が編集部の所在地である北京から何千キ
ロ離れたところから、編集部に手紙を届けたそうで、「面と向かって意見を
聞きたい」とのことであった。掲載の目的については、次ぎのように話し
た[115]。

記事 7 - 7

　投書の著者が泊まっているホテルに電話をして、編集部のアド
バイスと忠告を伝えたが、彼は電話の向こうでありがとうと言っ
て笑った。皆さんの忠告については彼自身も同じように考えてい
たと言った。この手紙を書いた目的は、もっと「深い」ことを明
確にしたいからだと。例えば、商売をしてきた数年間の中で、彼
が人間として守るべきルールと思うものと、経営とがいつも衝突
してしまうのだろうか。実際の生活の中で、その二つを融和し

て、良心を保つと同時に金儲けもできるというのが可能だろうか。また良心と金儲けとの間に衝突が起きたら、彼はどうすべきだろうか。

　私たちは言葉に詰まった。これらの問題は簡単そうだった、市場経済という環境の中で、私たち若い人はどのように人生の信条と行為の基準を選ぶべきかを意味する。読者の皆さんの知恵を借りて、投書したこの若者をサポートしたいし、読者の皆さん自身をサポートしたいと望んでいる。

　投書の大まかな内容を紹介しよう[116]。農村出身の若者が1987年に大學を卒業した後に、郷の中学校で教師をしていたが、「教師は貧しいしいし、郷の環境も良くない」との理由で二回もお見合いの女性に断られて、県の中学校への転職を試みたが、「社会的バックグランドがないため」失敗した。その後教職を辞めて、深圳特区に行き家具工場の販売員や雑誌社の広告販売をやって200万元の資金を手に入れた。1995年に地元に戻ってデパートを経営する。その過程でさまざまな政府部門と関わるようになり、税務署や消防などの官僚、テレビ局の記者などに物品を横領されたり格安の値段で持っていかれたり、また政府に物を売るためには物や性的賄賂を提供せざるを得ないなど、自分の人生の信条と抵抗するようなことをしなければならないようになり、「「サバイバルして発展するには、自分を醜いものに変身しないといけないのだろうか」と悩む。

　この投書には、地方政府による公権力の濫用によって公平に関わる社会的ルールの破壊に対する強い怒りが滲み出ている。

　この投書について、1997年第8号、第9号、第10号で引き続き議論がなされてきたが、「もう少し我慢して」とのように投書した若者の悩んでいる気持ちに付き添う論点もあるが、大多数の論点は、「独立した人格は最大の資本」「生存や発展するには、良心が必要だ」「心にきれいな場所を残しておこう」という論調のように、読者した若者の利益への追求について理解を示

しているが、「良心」や「人間としての尊厳」を大事にすべきだと訴えている。

一方、読者の保守的な姿勢に対して、逆に『中国青年』は「さまざまな選択肢は時には絡まっており、一概に言えない。醜い現象に対して「ノー」と言ったら、一生に一度しかない重要な発展の機会を失うかもしれない。幾つかの選択肢から一つを選び、決定しなければならないのは、悩ましいことである」と投書の若者の気持ちに理解を示した。ここでは、道徳的な価値判断することを禁欲して、「奮闘」「機会」を掴むことの重要さを認めた。

ここでは、「道徳的価値判断」と「奮闘」という二つの立場の衝突が始めて『中国青年』に登場したのではない。道徳的価値判断を下すことに迷いを示したという『中国青年』の態度は、始めだと言えよう。それまでは、道徳的価値判断を最も重要な指針だと一貫して主張してきた。

投書7-55 「私は「非我」になるべきだろうか」（1994年第9号の投書）

　　　編集同志

　　　　私は大學一年生であり、小さな町から繁華な大都会にやってきました。大学に入ったばかりの頃友人は次ぎのようにアドバイスしてくれました。「大學は社会の縮図だから、クラスメートと言ってもいろいろな人がいるのです。表面上笑顔で迎えてくれても、後ろではひそかに悪いことをすることも良くあるから、気をつけてよ」と。でも僕は、仮面をかぶって人と付き合うのが苦手で、上にゴマを引いて媚びるような人が大嫌いです。でも現実では、そのようなひとこそ、上手に自分の目的を達成できます。

　　　　お伺いします。僕も、環境に適応して、別の自分＝「非我」になるべきでしょうか。

これに対して、1995年第2号に掲載された読者の反応では、「自分自身を変えて社会に適応したほうが得だ」という主張もあったが、大多数は「本当

の自分をもって人と付き合うべきだ」と主張している。

　1998年第7号の「われわれの精神家園」コラムには、「18年間の時間を掛けて公平な説明を求めるのは、価値のあることだろうか」と題する読者の討論が組まれた。その切っ掛けは、国家財産を守るために冤罪を掛けられ、仕事もその影響で取り上げられたたが、18年間の時間を掛けて訴訟を起こして公平さを求めたが、官僚同士の庇い合いでなかなか良い結果が得られていないという読者蔣万全の手紙である。その後の編集者メッセージでは、「彼の遭遇には深く同情するが、一方、もっと心配なのは彼の将来だ。彼はもう30歳を過ぎているし、仕事も家庭も恋愛もない。青春は日に日にとお座って行くのに、彼は人生の美しさを楽しむ暇もない」という蔣氏のやり方に「価値があるのだろうか」異議を唱えた。一方、その後1998年第9号の同コラムではこの討論に関する読者の意見が寄せられたが、これに対して編集者メッセージは、蔣のやり方の「精神気節」を肯定した。

記事7-18

　　　　本誌第7号に蔣万全「18年間掛けて公平な説明を求めるのは、価値のあることだろうか」との手紙を掲載した後に、短い時間で大量の読者の手紙が届いた。手紙の中では、大多数の読者は、蔣さんが18年間掛けて公平な説明を求めたことに対して賛同を示した。一部の読者は、蔣の行為は「価値がない」と指摘し、善意を持ってこのことから目を逸らしてもっと有意義なことに力を注ごうと説得する。

　　　　だが、その中で最も心を打たれたのは、蔣さんの行為に賛成するかしないかを問わず、過去18年間の中で蔣さんが表した、不屈で失敗を認めないという精神的気節についてすべての読者が肯定的な態度を見せていることだ。それは力を入れて広めるべきたいへん尊い人格だと皆さんが考えているのだ。ここから、公理と正義の光は、中国青年の心の中で永遠にあると深く感じた。

......

　「千万人の心が、あなたの不屈魂を歌っている」と題して掲載された読者の反応では、上記のように、蔣の行為には賛否両論あるが、編集者メッセージから見える『中国青年』は、その行為に「不屈で失敗を認めないという精神的気節」「公理と正義の光」という道徳的な価値を付与する意図が伺えるだろう。

　このように、「道徳」の価値へのこだわりは、別の場面にも見られた。1999年15号では、「これからも誠実な人であり続けるのだろうか」、1999年代19号「善良は木の枝の鳥の巣（のように脆いもの）だろうか」に掲載された読者の文章は、「誠実」「善良」など道徳的価値の意味を、社会批判の形で強調した。

　このように、改革が進むことにつれて、最も評価された価値が「道徳的正しさ」から「奮闘」「成功」「個人の価値」に移っていくのである。『中国青年』の姿勢に見られるこのような迷いは、この転換期の迷いの象徴であろう。

4　小結

　この時期の若者は、何を持って階層ヒエラルキーの存在を感じていたのだろうか。まずは、経済格差による階層ヒエラルキーの存在を明確に感じるようになった。この時期に入ってから、人々の間に収入の差が徐々に拡大されるにより、経済的な困難を持つ「貧困」大学生の存在が社会問題としてメディアで取り上げられるようになり、貧困のよる悩みを訴える投書も現れた。また、階層間の不満、特に出稼ぎ労働者と資本の持ち主である「ボス」に対する不満が明確に現れるようになり、出稼ぎ労働者と雇う側という階層区分が明確にみられるようになった。

　この時期の若者の上昇志向のあり方及びそれによる悩みでは、まずは「知識の価値」の下落と金銭の価値の上昇に対する違和感が提起されるだろう。

第七章 「個人奮闘」の時代という語られ方（1992 - 2000年）　543

1992年以降に始まった市場経済の経済体制の改革が進む中で、知識に付与された価値が縮小して、金銭の重要性がますます増していったため、それに起因する戸惑いが見られた。また、仕事の場面において、競争で優位に立つことを手に入れるために、若者たちは自分の理想的な進路にアプローチしている。さらに、競争で淘汰されるという危機感は、社会の体制が大きく変わる中国のこの時代では、より強烈な形で表された。若者の投書から、競争で勝ち、競争から脱落しないために、より身長の高い自分、より話し上手の自分、人に良いイメージを残せる自分を求める強い気持ちが伺えた。一方、この時期になって、大学入学率の向上によって、大学生の希少価値が下がり、就職難などが起きた。就職競争から脱落する可能性が大いにある中で、大学生は競争に勝つ自信をなくして、無力感を覚えることになる。一方、競争から脱落する恐怖や「成功しない」焦燥感も投書から強く滲み出た。さらに、この時期に拡大していく経済体制の改革によって、雇用制度、就職制度、教育制度、医療制度など個人の実生活に関わる重要な局面に大きな変化が起こった。このような改革の「陣痛」の中で、どんどん変化していく生活に対して、人々はさまざまな不安や焦燥感を覚えた。「個人奮闘の時代」の到来につれて、「思う存分に自分を才能を発揮できる時代」と再解釈されており、人々は改革のもたらした希望と不満と向き合うことになる。

　一方、上の世代の成功願望とは違い、上昇志向から自由になり自己実現したい若者の悩みも登場した。より良い「上」の社会的地位を目指せと子供に期待している親とそのような強い願望を持っていない子供の間に、葛藤が生じる。

　この時期において、上昇移動のメカニズムに対して、若者はどのような解釈を持っていたのだろうか。まず、上昇移動において実力よりもコネ＝人脈重要視という状況に対する危惧があった。　この時期は前の時期同様に、上昇移動の過程において、実力よりもコネ＝人脈が重要視されるという状況に対して若者は危惧しており、また不満を持っていた。また、この時期では、金銭による不正への訴えが増加したが、これに対して人々は多くの怒りを

持っている。さらに、公権力の濫用に対する無力感が強く反映された。公平に関わる社会的ルールが権力の濫用によって破壊されるという場面に直面した時の無力感も滲み出た。上昇移動の秩序という視点から見ると、この時期の人々の不満が強くあったと思われる。

第5節　恋愛・結婚に関する読者投書の分析

以下では、この時期に掲載された恋愛・結婚に関する読者投書を見てみよう。

1　恋愛・結婚に関する投書の概況

この時期の投書では、前の時期に続き、さまざまな恋の悩み相談に関する投書が見られた。恋愛のノウハウ、恋愛の中断の問題、不倫問題、性的な悩みに関する問題などが中心である。

　一方、これらの社会的な要素の関わりが観察された投書も少なからずあった。以下では、社会的要素の関わりが観察された読者の声を中心に、階層ヒエラルキーの存在に関する認知、どのようにして上層移動を果たそうとしてどのような悩みを持っていたか、社会秩序のあり方に対してどのような解釈・想像を持っていたか、という三つの点を手がかりに、考察していきたいと考えている。

2　「お金によって汚された本当の愛」との批判

この時期において、若者は恋愛・結婚相手を選ぶ際に、感情よりも、相手の社会的地位を重要視するとの傾向が依然として強くて、それによって、恋愛関係を持つことが困難になり、結婚適齢期が過ぎてしまうのではないかとの心配が生まれる。

投書7-56　「結婚適齢期がそろそろ過ぎていくが、すぐに婚活を始めるか
　　　　　それともゆっくり待ちつづけるほうが良いだろうか」（2000年第
　　　　　3号）

　　　　私は、感情より理性のほうが強い人だと自分のことを思っています。伴侶を選ぶことに対しては、いろいろこだわりがあって、

うるさいほうです。素質の高い人には、個人の仕事の環境の制約でなかなか知り合うことができません。基準を下げようかとも思いましたが、なかなか腑に落ちないのです。でも、周りの友達たちは立て続けて結婚にゴールイン。決断すべきか、それとも待ち続けるべきなのか、良く分かりません。

広東省　素素より

　ここでは投書者は、「素質の高い」との意味について明確に指摘していないが、この時代の文脈で言えば、学歴が高く、職業の社会的地位が高いという二つの指標が入っていると考えられる。

　一方、80年代後半から、社会的地位の上昇における金銭的な要素の重要性の増加によって、恋愛・結婚の場面における金銭的な要素の関わりを訴える投書はこの時期にも表れた。その数は多くないが、金銭に関わる原因で恋愛関係が消失することによる悩みは強いものであった。

　恋愛・結婚の場面における金銭的な要素の関わりに対する失望感や怒りなどの気持ちは、「われわれの精神家園」コラムの文章でよく見られたものである。1998年第5号「恋愛の季節、もうにぎやかではなくなった」、1998年第8号「私たちはどうしてロマンチックではなくなったのか」などの特集では、金銭などの物質的な要素の介入によって恋愛は純粋なものではなくなったという若者失望の気持ちが述べられた。

　以下では投書の事例を挙げながら、恋愛・結婚における金銭的な要素の介入に対する若者の態度や気持ちを見てみよう。

（1）軍人劉祥氏の手紙と『中国青年』編集部の記事

　1997年第7号の「軍人の思い」コラムでは、「恋の戦場の、ある兵士の反撃」という軍人からの手紙が掲載された。そこには、「総経理」である妻子持ちの某男性に追い求められ、自分の恋人だった女性から分かれられた軍人の怒りがあらわになった。そこには、「愛は、金銭、物質的なもの、或いは

第七章 「個人奮闘」の時代という語られ方（1992－2000年） 547

実利をもたらしてくれるほうに傾いている」とのように、金銭的な要素の介入を批判した。これに対して、『中国青年』も、迷わず「正義の味方」のように振る舞い、この軍人にサポートを与え、その手紙を全文掲載した。

　以下では、その手紙を紹介しよう。

投書7－57 『中国青年』に、軍人のために「ノー（ＮＯ）！」と言って欲しい！」

　　編集同志

　　　こんにちは。

　　　これは、ある軍人の身に起こった本当の話です。上司や皆さんに励まされて、僕は『中国青年』を思い出して、あなたたちにこの手紙を書いたわけです。

　　　たくさんの軍人と同じように、突如としてこのようなことに遭遇したときに、私にできることはただただ、心の痛みに耐えて、昔の恋人に祝福し、私から彼女を奪ったあいつを忘れることのみです。これは別に、心が広いわけではなく、私にはほかの選択肢がないだけです。

　　　ここ数年、社会が大きく変わり、経済の発展によって人々の価値観、とくに恋愛・結婚に関する考え方が大きく変わりました。愛は、徐々に金銭、物質的なもの、或いは実利をもたらしてくれるほうに傾いています。精神的なものへの憧れが徐々に弱くなりました。その中で、軍人の恋愛や結婚も、市場経済によって大きな衝撃を受けました。軍人の存在の価値や軍人の献身ぶりは、メディアにおいて相変わらず宣伝されているが、恋愛や結婚の場面における軍人の苦境は改善されていません。軍人の恋愛に関する辛い話ばかりが増えています。長期的に服役して、経済的な待遇の良くないプロフェショナルな軍人に対して、この職業を選んだことは、好きな女性と一緒になる機会の少なさを意味します。

僕には、このような現状を変えるちからはありません。ただ、僕のやることによって、このような軍人たちに少しでも理解してもらえたと感じてもらえるのなら、また、多くの「総経理」やこの「総経理」と似たような品行を持つ人たちが、理性的な態度と良心をもって、軍人の身になって自分のしたことを反省してもらえるのなら、僕は自分の努力が報われたと感じるでしょう。

　『中国青年』から「ノー！」と言ってもらいたい！

　　　　　　　　　中国人民解放軍某部無錫駐在　劉祥より

投書7-58　軍人劉祥氏の手紙「私の前であなたは、「公平」という言葉を使う資格がない」

　馬総経理

　あなたの名前を聞いて、私は突然として、ロマンティックで甘い愛の世界から、苦しみと困惑の辛い世界に落とされました。

　あなたが妻に愛人と両手に花の時に、私は失恋の苦しみにもがいています。あなたがいなければ、どんなに美しい世界だったでしょう。

　私と彼女は四年間恋愛しました。遠距離恋愛で一緒にいる時間が少なかったのですが、だからこそ、毎回会えることをとても大事にしていました。休みがあって彼女と会う時、お互いの心臓の鼓動が聞こえるようでした。手紙と電話によって、二人の心はつないでいました。彼女は聡明な女性で、何かあるとすぐに自分の心を裏切る人ではないと僕は信じていました。彼女も僕の穏やかな性格が好きで、軍人の紀律と僕の教養によって外からの誘惑が防がれると信じてくれていました。お互いへの気持ちが本当のものであれば、毎日一緒にいなくても平気だと信じていました。僕たちは二人の将来を考えていました。前回彼女が会いに来てくれた日は、予定していた結婚の日までわずか18日間だったのです。

第七章　「個人奮闘」の時代という語られ方（1992-2000年）　549

だが、彼女が来て伝えたのは、彼女はあなたに恋してしまったということでした。まさに青天の霹靂でした。

別れました。帰っていく彼女を見送りました。僕は黙りっぱなしでした。敵の前で志を曲げないというのは軍人の勇敢な行いとするならば、このような時に涙を流さないと言うのは軍人の強さです！苦しみに耐えて、太湖の風景を一緒に見に行ったのです。平然として、彼女からあなたのことを聞いていました。思い返ると、あの時間は世の中で最も短くて長い、最も苦しくて無力な時間でした。

彼女はあんなにたやすくあなたのことが好きになったと信じません。何と言ってもあなたはもう34歳で、美しいラジオ・キャスターの夫で、可愛い女の子の父親です。あなたが最初から彼女に自分の憂鬱な気質と独特さを一生懸命顕示して、自分の不幸な結婚生活を何度も訴えて彼女の善良な心と同情心を利用し、妻とは絶対離婚すると誓わなければ、彼女はあなたのために心を開くことはないでしょう。

携帯電話や車を持つ商売人や経理なら、誰でも女性の目を惹くことが出来ると思いません。でも、大学卒業生で二軒の会社の総経理をしている若い「ボス」が、わざと自分の魅力を見せるなら、またその女性に思いを寄せていると見せて、その上で自分の不幸な結婚を演じるなら、どのような女性に対しても誘惑的なものになります。彼女はまだ21歳で、社会についてあまり知らなくて、あなたの会社で仕事をしている農村の女の子で、彼女の抵抗力には限界があるのです。前の彼女について言うと、どんなに僕のことを愛していても、自分の生活の利益を考え、軍人と結婚してから直面するであろうさまざまな困難について考えていれば、あなたに傾くのも理解できるでしょう。彼女を責める気がありません。

若い女性なら、誰でも男性に優しくしてもらいたい気持ちがあるでしょう。貧しい家庭出身の女性なら、誰でも強い男性に守られたい気持ちがあるでしょう。あなたの適切な賛美、至りつくせりの優しさによって、彼女の心の寂しさが満たされ、彼女はあなたに好感を持ってしまいました。それでも彼女は頑張ったのです。あの間、彼女は頻繁にぼくに電話をかけました。ある日一日で６回も掛けたのです。だが、当時僕が担当していた仕事が忙しくて、彼女の電話に出ることができなくて、彼女は僕の存在や僕からのサポートを感じることができなかったでしょう。最も弱っている時に、誰かに優しくされると、それは致命的になるでしょう。二人が会えなくて一年になる時期で、彼女は僕に会いたくて最も辛い時期でした。その隙間を見て、あなたはやっと、僕の領地に侵入したのです。

　不思議なことに、彼女は最初から会社で、僕と彼女の関係をみんなに公開しました。皆さんも、彼女には優秀な軍人の彼氏がいて、とても彼女のことを思っていると知ったのです。なのに、彼女から断られた時に、あなたは僕と「公平」に競争すると言いました。あなたには僕と「公平」なんかを言う資格がない。あなたの口から「公平」という言葉が言い出されたのは、軍人の侮辱に聞こえてしまいます。

　僕はただ普通の軍人ですが、僕の時間と力は、軍隊での仕事に注いでいます。僕が経理なんかになっていないのは、なれないのではなく、国家は平和と安定が必要で、自分の力を捧げてその需要に満たす人が必要だからです。国家や人民に対して、胸を張ってやるべきことをやっています。あなたはどうでしょう？国家によって養成された大学生であり、会社のリーダである人が、自分の力を企業の管理や市場の競争に使うのではなく、一生懸命軍人の彼女を誘惑しようと躍起になっているざまです。結婚して妻が

第七章 「個人奮闘」の時代という語られ方（1992-2000年）　551

いるのに、愛人が欲しいと。あなたにはぼくと「公平」なんか言う資格があるのでしょうか。世の中の総経理が全部あなたのようなら、企業の利益はどこから来るでしょうか。国家はどうして強くなれるでしょうか。経理やボスたちがみんなあなたのようなら、軍隊ではどれほど単身の人が増えるでしょうか。同時に、恋愛で受けるダメージは、軍隊の戦闘力の下落につながるので、あなたは国家に対して申し訳なく思わないのでしょうか。

　あなたはきっと、軍人はこのような大義名分ばかり言うとおっしゃるでしょう。では、大義ではなく、小さな義について話しましょう。

　僕の彼女の父親は5年前になくなり、今彼女の母親は一人で働きながら彼女の弟を育てています。そのお母さんの唯一の願いは、娘が幸せになることです。もしあなたは本当に彼女のことが好きなら、彼女のために、彼女の家のために考えたことがあるでしょうか。もし彼女の母親が、自分の大事な娘が妻子持ちの男性に不倫の恋をしていると知ったならば、そのような打撃は数年前に夫を亡くしたときと変わらないでしょう。百歩下がって、あなたは本当に離婚できたとしても、その離婚はあなたの家庭にとっても悲劇となるでしょう。彼女にとってはどうなるでしょうか。あなたは一回目の結婚を守る興味がないのなら、どうして2回目の結婚を全うすることができるのでしょうか。結婚後彼女が幸せになるかどうか、全く期待できないです。あなたが離婚できなければ、彼女はこのような不倫の恋をつづけていくしかありません。周りの同僚や故郷のみんながどのように彼女を見るでしょうか。あなたは彼女に災いをもたらしているのです！

　同時に、あなたのラジオ局で働いている妻は、彼女に理解を示し、優しくする夫が必要であり、あなたの娘も責任を持って育ててくれる父親と安定的な家族が必要です。あなたの愛情は、彼女

たちに取っておくべきではないでしょうか！

　あなたは、自分には愛する権利があると言っています。あなたの愛の権利を否定するつもりがありません。ただ、あなたの愛の対象が間違ったと言いたいのです！

　あなたの会社のかわいそうな社員たちは、毎月300元の給料でさえ期日どおりにもらえていないのですよ。どうして彼らたちにあなたの愛を分けずに、たくさんの時間とお金を賭けて、人の女を我が物にしようとするでしょうか。

　一人の男が一人の女に、特にきれいな女に恋心を抱くのが罪ではありません。この点は認めます。だが、人間は動物とは違います。欲望のままに動き、欲望を少しでも抑制せずに欲望に支配されるがままに動くことこそ罪です。人間の欲望は無限にあります。お金と地位さえあれば、欲しいものがすべて手に入ると思ったり、何をしても良いと思うのが、腐敗や醜い現象の増加に導くでしょう。愛すべきわが国では、「腐敗」と「醜悪」はいずれ罰されると固く信じています。

　失った愛は再び戻ってくることはないでしょう。だが、一人の軍人として、あなたに「ノー！」と言いたいです。ここでは、軍人全体を代表してあなたに告げます。あなたの「愛」なんて理性的なものではなく、真面目なものではなく、また不道徳で無責任なものです！あなたの「愛」（それが愛と呼べるなら）は、ほかの人の犠牲と苦しみを土台としており、あなたはいつか、申し訳なく思う日が来るでしょう。

　総経理たちよ、あなたたちの愛を少し取っておいて、社会や軍人たちに分けよう。

　最後になりますが、あなたには私の敬礼受ける資格がない（のでやめておきます）！

解放軍軍人　劉祥より

第七章 「個人奮闘」の時代という語られ方（1992-2000年）　553

　軍人劉祥氏のこの手紙に対して、『中国青年』はただちに「社会が変わっていく中で、われわれは肩を並べて立っている──『中国青年』編集部より劉祥さんへ」との編集部メッセージを出して、サポートするとの立場を表明した。以下はその記事の全文である。

記事7-18

　　　劉祥同志、こんにちは。

　　　あなたが書いたあの総経理である人への手紙を読んで、われわれがまず感じたのは何だと思いますか。それは、感動です。力強く情熱があり、そのうえ寛容なあなたという軍人と出会って、誇りに思います。あなたの苦しみは良く分かります。それは、自分の青春時代の最も美しいものが人に無情に砕かれた時に感じる痛みは、同情的な言葉で描けるものではありません。失ったものは失いました。どんな言葉でも現実を変えることができません。ですが、軍人であるから、愛する人が離れて行っても、涙を隠して、愛と理解を持って彼女を見送りました。愛する人を奪っていった人に対して、あなたの反撃の言葉は力強く、そのうえ穏やかな雰囲気があります。これこそ軍人で、これこそ真の男です。

　　　これは戦いですが、勝負は得たか得なかったかということにかかっていません。アンフェアな競争の終わりに愛の悲劇が待っていますが、と同時に、これを機会に私たちは敬服すべき軍人に出会えました。

　　　愛は金銭を持つ者に傾くようになっているかどうか、まだ分かりませんが、あなたの手紙を読んで、喧騒たる現実の中で清い心を持つことの重要さを語ってくれました。社会が変わっていき、人々の考え方が変わっていきますが、しかしこれは、私利私欲ばかり求める人の口実になりません。美しい愛に金銭の欲望を交わるのが良いことでしょうか。愛する人への忠誠が金銭によって動

いてしまうのが良いことでしょうか。幸福を追求すると言って人を苦しみの中に陥れるのが道徳的なことでしょうか。

これらの問いにはっきりと答えられる人がいないでしょう。今日になって、人々には、して良いこととそうでないことの間に、はっきりとした境界線がなくなりました。でも、本当に変わらないものがないのでしょうか。

あるのです！

変わらない職務があります。変わらない精神があります。それは、軍人は国家を守る責任で、軍人の無私な献身精神です。

これは、議論する必要がないでしょう。あなたとあなたの戦友たちが国の辺境で雨風に負けずに、自分の青春を賭けて私たち（あの総経理も含めて）のために、平和と安定を守ってくれることが最大の証明ではないでしょうか。

これが、男の証明です。この背景の中で、愛を失った軍人がどんなに脆い一面を見せてくれても、どんなに失望した顔を見せてくれても、私たちから見て、とても悲壮に見えるのです。

では、劉祥さん、逃げずに、苦しみに直面しましょう。昔の恋人を祝福し、敵を忘れましょう。これしかないのです。でも、これはしょうがなく逃げるのではなく、涙を拭いて気を取り直して進撃することです。私たちには辛い過去だけではなく、長い未来があります。恋愛で挫折しても、すべてを失ったことを意味しません。あなたがしっかりと立っていれば、この挫折はあなたの栄養分になり、あなたのやる気を振るいださせるでしょう。あなたが横になってしまったら、挫折は泥沼になり、いつかあなたを沈没させます。

あなたは「ノー！」と言いました。あなたは立っています。私たちは、あなたの敬礼を受け取りました。私たちにとって、これはどんなに尊い敬礼でしょう。では、私たちもあなたに、あなた

の戦友に、青春の敬礼をします。

　　社会が変わっていく中で、私たちは肩を並べて立っています。

『中国青年』編集部より

　以上では、軍人劉祥氏による手紙二つと『中国青年』による返事の記事を
見てきた。

　本節では、投書をした若者の感情や態度を主なる考察の対象にしている
が、それを明確にする目的で、ここでは、『中国青年』編集部の立場を補助
線にしてみよう。

（2）「お金と地位」などの社会的資源の違いに起因することで合理化した
　　軍人の不満

　「馬総経理」への手紙の紙面には、経済力の強い男性に恋人を奪われたこ
とに対する軍人の怒りに満ちている。しかし一方、その手紙の最初から最後
まで、恋人が略奪されたことに対して、「怒り」という言葉が一つも見当た
らない。では、その怒りはどのように表現されたのだろうか。それは、当事
者の「馬総経理」に対して、さまざまな面から道徳的批判を展開することに
よって行ったのである。文中の批判は、次のような内容を含めているだろ
う。妻子もちの男性として若い女性に手を出すという「不道徳」的な行為、
真心を持って真に「彼女の幸せ」を考えていないという責任感のなさ、人の
恋人を奪う不道徳さ、また「欲望を少しでも抑制せずに欲望に支配されるが
ままに動く」という理性のなさ、軍人の恋人を奪うという行為の、国家・社
会への関心のなさ、自分の企業も良く管理できないという経営能力の低さな
ど、さまざまな角度から批判をした。注意すべきは、これらの批判の殆どの
名目は、「道徳的」な見地から行われたことである。即ち、恋人が別の男に
奪われたということに関して、この軍人の批判の中で最も有力な道具といて
持ち出されたが、「不道徳」という言葉である。この軍人の中では、「馬総経
理」の行為はさまざまな「不道徳」な点があり、例えば、「国家に対して申

し訳なく」思うべき、自分の妻や子供に申し訳なく思うべき、また、彼女や彼女の家庭に申し訳なく思うべきなどがある。また、これらの「不道徳的」な行為の後ろにあるのが、「お金と地位さえあれば、欲しいものがすべて手に入ると思ったり、何をしても良い」という考え方だとしている。真相がどうなっているかよりも、ここで軍人は、「お金と地位」などの社会的資源を持つ量の違いによって、自分の身にこのようなことが起こったのは何らかの間違いで不公平だと思っているのである。ここで重要なのは、真相がどうなっているかよりも、この軍人がこのように考えていることによって、初めて自分の怒りを表現できたことである。

　軍人は、「お金と地位」などの社会的資源を持つ量の違いにより、このような怒るべきことが起こったとして、初めて自分の怒りを合理化することができたのである。そして、これが、この軍人に自分の怒りを発散する最も有力で、周りに最も認めてやすい論理にもなっている。彼が自分の手紙を『中国青年』に送ったのも、自分は何をおいても道徳的な立場にあると固く信じていることによるだろう。また彼は自分のことに対して、迷いがあってアドバイスが欲しいというほかの投書のようにではなく、「のー！と言ってもらいたい」という語り方からも、『中国青年』が自分と同じ立場に立っていると信じていることが分かるが、そこには、自分の道徳的な立場にゆるぎない自信があると言えよう。その後ろには、改革開放以降に起こった階層構造の再編における金銭的な要素の重要性の増加への人々の不満、各階層の間の収入の差に対する人々の不満が隠されるだろう。このような不満は、この時期の『中国青年』の「われわれの精神家園」では良く見られた感情である。

（3）道義的に同情するが、金銭的要素に対する批判を見せない『中国青年』の姿勢

　「理想主義」を掲げる『中国青年』は、ただちに劉祥の呼びかけに答え、「感動」、「敬服すべき」「社会が変わっていく中で、私たちは肩を並べて一緒に立っている」などの言葉をもって、劉の行為に敬意を示した。また、「美

しい愛に金銭の欲望を交わるのが良いことだろうか。愛する人への忠誠が金銭によって動いてしまうのが良いことだろうか。幸福を追求すると言って人を苦しみの中に陥れるのが道徳的なことだろうか」と「馬総経理」や軍人のもと恋人を批判して、軍人を道義的な立場からサポートを表した。

しかし、『中国青年』の返事は、劉祥氏の言い分とは微妙にずれがあった。『中国青年』は劉氏の軍人である身分や彼らの献身ぶりや社会への貢献に敬意を示し、恋人を奪われた劉の対応の仕方を肯定し、また劉の再出発を励ました。愛情に金銭の要素が交わることについても触れたが、「愛は金銭を持つ者に傾くようになっているかどうか、まだ分かりませんが、あなたの手紙を読んで、喧騒たる現実の中で清い心を持つことの重要さを語ってくれました」という文から見えるように、非常に慎ましい言い方をしている。道徳的な観点から批判を行なわずに、社会階層の上昇移動における金銭的な要素の重要性の増加や収入の差に対する怒りを、これ以上煽りたくないとの意図が伺えるだろう。むしろ、「あなたがしっかりと立っていれば、この挫折はあなたの栄養分になり、あなたのやる気を振るいださせるだろう。あなたが横になってしまったら、挫折は泥沼になり、いつかあなたを沈没させる。」との文のように、若者の怒りを鎮めようとする意図が伺える。

『中国青年』の態度と対照してみると、「お金と地位」などの社会的資源を持つ量の違いによって恋人が略奪されたというのが道徳的に間違っており不公平なことであるという当事者の軍人の態度はより明確に観察されただろう。この時期において、収入の差や社会階層の上昇移動における金銭的な要素の重要性の増加という現象に対する、人々は強い不満を持っているのである。

3　金銭の重要性を巡る若者のアンビバレントな気持ち

上記の軍人同じように、失恋の原因を金銭的な要素に帰する投書は2000年第7号「青年信箱」コラムに掲載された「彼女はもう二度と私のもとに帰ってこなくなった」では、次のような内容が述べられた。

投書7-59 「彼女はもう二度と私のもとに帰ってこなくなった」（2000年第
　　　　7号）

　　　　　僕は彼女と付き合って3年になった。彼女こそ人生の伴侶だと
　　　　ずっと前から思っていた。なのに、先月、何の予告もなしに、彼
　　　　女は突然、分かれたいと言ってきた。その後分かったのだが、彼
　　　　女は私よりお金を持っている男と一緒になった。このようなこと
　　　　になるとは、どうしても思わなかった！

　投書では、恋人が自分と分かれた原因を、自分よりお金のある人に出会え
たと帰した。一方、これに対して、編集部による答えは、金銭的な要素に関
しては全く触れずに、「世の中には、意外なことはいつでも起こる。自分こ
そ自分自身のものである」というふうに、諦めることを薦めた。ある意味に
おいて、恋愛における金銭的要素の介入に対して、『中国青年』はより現実
的な態度を取るようになり、道徳的な見地から批判を行うことを、諦めたと
言えよう。
　一方、次の投書では、恋人が自分と分かれた理由について、その恋人が明
確に金銭的な要素の介入に言葉で提示したが、投書した本人は、金銭的な要
素ではなく、自分の行為に妥当ではなかったことにこそ原因があると言い続
ける。

投書7-60 「人の前でキスしただけで、僕と別れた。これで良いのだろう
　　　　か」（2000年第13号）
　　　　編集部の方
　　　　　こんにちは。僕は軍人で、6年前に駐在地の学校で軍事訓練を
　　　　実施した時に、ある女の子と出会いました。その軍事訓練が終
　　　　わった三年間の中で、お互いに連絡したことがなかったのです
　　　　が、ある日彼女から手紙が来ました。それ以降、手紙を交わすよ
　　　　うになりました。少しずつですが、彼女は純潔で優しく、聡明で

第七章　「個人奮闘」の時代という語られ方（1992-2000年）　559

才能のある女の子だと知って、彼女に恋心を持ちました。彼女も僕に好感を持っていたので、一年前から僕たちは付き合いはじめました。彼女との幸せな恋愛に没頭している時に、突然彼女から分かれたいと言われたのです。原因は、今年の春に会いに行き、汽車の駅で別れた際に、お酒を飲んだ勢いで大勢の前で彼女にキスしたからです。彼女からの別れを告げられた手紙の中では、僕にはお金がないことや、私たちは遠距離恋愛であることなどが書かれましたが、でも僕は、彼女が別れたい本当の理由は、あの日の僕の、荒い行為にあると分かっています。僕は彼女のことがとても好きで、どうしても忘れられません。ここ数日いつも彼女のことを思っていて、夢の中の寝言も彼女の名前を呼んでしまうほどでした。僕はすっかり落ち込んでいてい、仕事にも良くない影響を与えています。どうすれば良いでしょう。アドバイスをお願いします。

山東省　陽子より

　この投書では、恋人が自分と別れる理由について、その元恋人が明確に金銭的な要素の介入について言葉で提示したが、金銭などの現実的な要素ではなく、自分の不当の行為にあると言っている。これに対して、『中国青年』の回答では、恋愛の女性は恋人にキスされただけで分かれることはないと分析して、文通の中で育った恋と「現実」のギャップや、彼女が分かれた本当の理由は手紙の中で言った金銭などの現実的な要素であると認めて欲しいと説得した。「あなたはあまりお金を持っていない。これは事実である。でもこの事実は何も意味しない。あなたは軍人だから。あなたがこの職業を選択したので、この選択によってあなたの金銭の現状を決めた。でも、自分の能力を信じて欲しい」と、有する金銭の多寡とその「能力」との間に必ずしも正比例の関係があるとは限らないと主張し、投書した若者を慰めた。

　恋人に分かれを言われた原因について、若者がどのような理由をもって金

銭的要素の介入という可能性をはずしたのだろうか。公衆の前で恋人にキスした自分の言動を非常に許さないものだという思い込みに起因する可能性もあるが、回答文では、「軍人だから」「あまりお金を持っていない」ということは、能力がないこととイコールするということは、あまりにも痛い現実であり、意図的に認めたくないという可能性も推測できるだろう。

この二つの事例から、金銭に対する若者の中のアンビバレントが伺える。金銭的な要素の介入によって恋愛が破綻したと思うことによって、自然と道徳的に優越的な立場に立つことになり、自分の怒りを合理化し、周りの道義的なサポートを得ることができる。だが、社会的地位を図るうえで、経済力の重要性がますます高まっていく中で、経済力を持っていないことはイコール能力がないことという現実＝同時に彼らの自己認識もある。身が裂かれるようなこのアンビバレントな気持ちほど人を苦しむものはないだろう。

4　道徳的な立場を大々的に強調しなくなる『中国青年』

以上の分析では、当事者と『中国青年』との間に、恋愛における金銭的な要素の介入に対する温度差も明確に観察できた。

男女の関係における金銭的な要素の介入について、1999年第3号から始まった問題討論、「「お金を持った男は悪い男になる」とよく言うが、本当か」でも取り上げられた。そこでは、道徳的な立場を諦めつつある『中国青年』の姿勢も非常に明確であった。

まず、問題討論を呼びかける編集部の文章は、次のように語った。

記事7-19

　　　　ここ数年、われわれは良く次のような嘆きを耳にする。「お金のある男は真の男、お金のない男は何も動けない」と。この言い方は多少極端すぎるという嫌いもあるが、だが、金銭への愛を表現することを憚らない今の時代では、「一銭でも足りなければ、どんな英雄でも困り果ててしまう」という肩身の狭さを、誰も感

じたくないだろう。特に男として。

　お金がないといろいろ困ることがあると同じように、お金のある男にもそれなりの悩みがある。ことわざには、「男たるものは、お金を持つと必ずワルになる」という言い方があるように、お金のある男は、人々にとって、見方によっても非常にアンビバレントな存在でもある。

　この言い方も極端すぎるかもしれないが、現実を見てみると、お金を持っている男たちは、確かに「従順」ではなくなった。お金を持つと、男たちはわがままになってしまうみたい。

　お金を持つ男は、女性にとってもアンビバレントな存在だ。若い女の子は「この人は貧しいから、彼と一緒になったら一生苦労するよ」と両親によく言われる。数年後その旦那がお金持ちになったら、その母親はまたこっそりと娘に忠告してきた。「お金を持った男は、頼りないよ。……何事にも気をつけてよ」と。

　「男たるものはお金を持つと必ずワルになる」とよく言われるが、結婚相手募集の広告では、男性のみなさんは自分の富や持っている財産を憚らなく披露している。

　男はお金を持つと必ず悪い人間になるだろうか。

　それは男のせいなのか、それともお金のせいだろうか。

　これは男性に関する話題だが、男たち、お金のある男たちとお金のない男たちを含めて、それから興味のある女性のみなさん、ぜひ一緒に話し合おう。

　このメッセージでは、「金銭への愛を表現することを憚らない今の時代」にいて人々の生活における金銭の重要性や、男女の恋愛・結婚関係における金銭の要素が非常に重要視されるようになった状況が語られて、道徳的な批判はなされていないのである。

　続いて1999年第11号では、これに関する読者の投書が掲載された。投書

は計 5 本で、それぞれ金銭と悪との間に必然的な関係がない（2 本）、男性がワルになる中での女性の責任（1 本）、男性として自粛すべきだ（1 本）、などの角度からそれぞれの責任が述べられた[117]。その中で特徴的なのは、「男たるものはお金を持つとワルになる」という言い方に同調的な見方がなかったことである。

「良い人間であるか悪い人間であるかお金と関係がない」との文章では、次のような見方が語られた。

記事 7-20

　　良い人間になるか、悪い人間になるか、その人自身の責任だ。お金は関係ないのだ。お金は怖いものではない。怖いのは人間自身だ。長年、私たちは「君子は利を語らない」というのを良いこととしてきた。お金に対して、敵視するか、恥ずかしくて口にしないかのどっちだった。今日になって、欲望が解放されて、人々はお金にたいする追求を赤裸々に表せるようになったが、一方、大多数の人はお金についてどこかで不自然な感情があるだろう。「男たるものはお金があればワルになる」という言い方はその例であろう。「富を持つ人間は仁義亡き人たちだ」とよく言う人たちのことを、「金持ちを敵視するひとたち」と呼ばれるが、そのような人はまだたくさんあるだろう。事実が証明されてきた。つまり、金持ちは必ずしも仁のない人たちではなく、逆に人間は貧しいといろいろ社会破壊のことをしでかすかもしれない。多くの富を持つのがよくないとしたら、腹を満たすこともできず、毎日辛いことをするのが良いことだろうか。良い男になるには、貧しい生活をすることを代価とするならば、その「良い」は、何を指すのだろうか。

　　私は逆に、天下の男はすべてお金持ちになってほしい。お金を持っている男こそ、良い男になる可能性が高いのだ。

第七章　「個人奮闘」の時代という語られ方（1992-2000年）　563

　ここでは、お金と「悪」を関連づけて、道徳的な見地による批判的な視点が見られなかった。逆に、「悪い人間」になるかどうかはお金と関係がないというふうに、金銭そのものの潔白を主張。この時代になって、お金と「悪」との関連に対して、冷静に見られるようになったといえよう。これは、『中国青年』の姿勢の変化と言えよう。

5　小結

　以上では、恋愛・結婚に関する投書について、上昇志向の視点、特に階層ヒエラルキーの存在に関する認知、若者の上昇志向のあり方及びそれによる悩み、上昇移動のメカニズムに関する若者の態度及びその解釈、との面から考察した。

　では、どのような結論を発見したのだろうか。

　まずは、階層ヒエラルキーにおける経済的資源の役割の増大につれて、この時期の若者の恋愛は、経済的要因によるトラブルが多発している。そして、若者が恋愛における金銭的要素の介入に対して、アンビバレントな気持ちを持っている。即ち、金銭的な要素の介入によって恋愛が破綻したと思うことによって、自然と道徳的に優越的な立場に立つことになり、自分の怒りを合理化し、周りの道義的なサポートを得ることができる。だが、社会的地位を図るうえで、経済力の重要性がますます高まっていく中で、経済力を持っていないことはイコール能力がないことという現実＝同時に彼らの自己認識でもあり、大きなプレッシャーを受けている。

　次に、このような当事者の感受性と『中国青年』の立場との間に、温度差が感じられる。経済力を持つ第三者に恋人が奪われることに対して、悩みの当事者は、金銭を持つものが行う不道徳な行為であるとして、道徳的な批判に訴えることによって自分の怒りを合理化することができた。しかし一方『中国青年』は、「お金＝悪」という道徳的な立場を諦めつつあり、当事者には気持ちの上では寄り添うが、お金と「悪」を関連づけて道徳的な見地による批判的な視点が終始見られなかった。これは、雑誌社自身も自力で経営収

益を出してはいけないという市場経済のど真ん中にいる雑誌としての『中国
青年』の立場の揺れと見られよう。

注

103　これら5本の文章の大まかな内容は下記の通りである。

◎「特別貧困の大学生よ、しっかりしろ」では、経済的な発展が遅れている地域
　出身の「貧困大学生」の存在を取り上げ、その家庭の経済的状況、「貧困大学
　生」たちが学校生活の中でどのようにして最低限の経済的支出をしているか、
　国家の政策などの面から「貧困大学生」の状況を紹介して、「自分自身から強
　くなれ」と励ました。

◎「未名湖畔、天の寵児の悲しみ」では中国屈指の名門大学北京大学の貧困大学
　生の状況を紹介した。

◎「木を切る刀は、まるで僕の心を切っている」では、西南民族学院物理学部の
　大学生王順鳳氏による文章で、自分の家の貧困きわまる家庭の事情や学費を集
　めるために苦労した経験、担任の教師の援助などを述べ、貧困生活の中でさま
　ざまな困難にぶつかりあい、学生生活を続けるために必要な金銭を集めること
　の困難さが非常に痛ましい経験となっていることを伝えている。

◎「特別貧困大学生の申し込み書の一部」では、四川師範大学の関係部署に出し
　ている援助金を申請するための、貧困大学生による申し込み書が掲載され、そ
　れぞれの家庭の困難な経済状況が紹介された。

◎「困難な状況の中で人に愛を」では、「特別貧困学生」ではあるが、自分より
　より困難な人を助ける経験が述べられた。

◎「今までご恩をいただいたすべての人たちに恩返ししたい」、「歯を食いしばっ
　て続けよう」では、「特別貧困学生」本人による自己紹介文であり、困難な仮
　定の経済状況やそのような困難な状況に負けない自分の生活態度などが述べら
　れた。

104　当時どのぐらいの「特別貧困大学生」がいるかについては、「特別貧困大学
　生、しっかりしろ」によると、全国大学生全員の8％、約20数万人いるという。

105　このコラムの主旨は、「正義をもって直言し、青年の神聖な権利を守る」こと
　とする。1999年第1号「青年の代言者」コラムの誌面より。

106　「包身工」とは社会主義中国が成立する前の時代に、身体の自由を失った貧し

い労働者のことを指す。

107　この手紙を掲載した経緯について、『中国青年』の編集者メッセージによる紹介によれば、この手紙は、女性が知り合いの男性への手紙であるが、その男性は『中国青年』の投書欄で、「金持ちによる貧しい人への苛め」を訴える投書を見て、その投書を寄こした女性を励ましたくて、この手紙を雑誌編集部に寄こしたという。また、編集者メッセージには、手紙を書いた少女の「社会に汚染されていない赤子のような心」を賞賛し、また少女のような「私たちより脆弱な命」に注目してこなかったことに対する、申し訳ない気持ちが述べられた。

108　ここでいう「閏土」と「私」はいずれも魯迅の小説の中の人物で、それぞれ農村の男の子と都会人の男の子であった。

109　「精衛填海」とは、東海でおぼれ死んだ炎帝の娘が精衛という鳥に生まれ変わり、毎日西山の木や石をくわえて来て東海を埋め ようとした物語から、困難にたじろがず奮闘努力することの喩えである。

110　ここで引用されたのは唐や宋時代の有名な詩人の詩で、高い志や成功した時の喜ぶ気持ちを歌うものである。

111　軍隊系の大学

112　「自費生」とは、合格ラインに達さなかったため、本来国によって負担するとなっていた分の学費も実費で負担する大学生を指す。

113　原文ではお金を通してある期間にわたってその女性と契約関係を結んで、彼女と肉体関係を持つことを意味する言葉を使った。原文では、この女性はお金のために自分の体を売ったという意味を持っている。

114　「小老板」とは規模の小さい店や会社の経営者という意味。

115　『中国青年』1997年第7号 p 42

117　それぞれのタイトルは「良い人間であるか悪い人間であるかお金と関係がない」、「全部メディアのせいだ」、「男の間違いには、女の責任はないのか」、「女性は水のような存在だが、絶対泥を混ぜるような水になってはいけない」、「お金を持つようになってからも僕はワルになっていないよ」である。そのほかも読者によるメッセージ5つの寄せ集めがあった。

終章　欲望の理由（わけ）

　改革開放後の中国は、急速な経済発展を遂げ、高度成長への道をまい進している。——が、そこに、拝金主義、公害・環境破壊、食の安全問題、公権力の濫用など、多くの歪みと不安を露呈するに至った。これらの問題の発生については、一部では個人の私的利益のみに指向する「欲望の氾濫」という個人のモラルの低下に原因を帰している。

　このように、「（私的利益に指向する）欲望の氾濫」との現象に対して、多くの中国人自身は、「欲望のために、われわれの人間性そのものが後ろに退いている」という中国中央テレビの著名なコメンテーターである白岩松の言葉のように、この「醜い欲望」に対して厳しい自己批判を展開している。このような自他による道徳的批判は「人間性の後退」など個人のモラルの低さに原因を求めているが、それに対して筆者はしっくりいかなかった。いったいなぜ、今日の中国社会はこのような状態になってしまったのか、という素朴な疑問を持った。

　このような疑問に答えるには、おそらく中国何千年の歴史や文化的状況と絡むことになるが、本研究は、時代を1978年以来のここ20数年来の歴史に限定し、研究対象を人々の上昇志向という点に絞った。「（私的利益に指向する）欲望の氾濫」というような現象を、改革開放以来の社会的、歴史的な文脈に戻して見る際に、個人のモラルの低さという批判的な態度に基づく説明以外の、何が見えてくるだろうか。

　このような問いを持って、筆者が注目しているのは、人々の意識や精神世界＝人々は自身の生活世界の中で体感した社会に対する解釈（認知の仕方）とそれによって涌いてくる感情の部分である。いわゆる、改革開放の20数年間を、人々の内側からとらえることにすることである。即ち、改革開放以降の中国社会を生きる人々は、社会に対してどのような解釈をしており、ま

たどのような感情を持って社会的地位の上昇を志向するだろうか。

同時に、1978年以降の中国社会の歴史を見る際に、もう一つの補助線が重要だと思われる。それは、国家やメディアなど人々の外側に立って発信する文化装置である。この文化装置には、時代の違いにつれて、社会に対して違う解釈や意味づけをしており、人々の上昇志向に対して違う誘導や方向付けを絶えず行ってきた。この文化装置の発するメッセージと生活世界で体感した社会に対する想像・解釈・意味づけとの間に、どのような距離や関係があったのだろうか。その関係性のあり様は、人々の意識の表出にどのような影響を与えたのだろうか。

本研究は、異なる時期における文化装置と生活世界の論理のそれぞれのあり方及びその関係性という枠組みをもとに、1978－2000年までの『中国青年』雑誌の記事と読者の声を一次資料として、改革開放後の中国を生きる人々の上昇志向について考察を行っていく。

本研究の考察は、次の二つの作業を進めてきた。

一つ目に、1978年から始まった路線転換以降の中国社会において、文化装置としての公式見解がその時代の社会のあり方についてどのように解釈して、身分の不安を解消するためのエネルギー＝人々の上昇志向についてどのようにして方向付けようとして、またどのように規制していたのかについて分析する。これは主として雑誌の特徴的なコラムの内容分析、表紙の考察などを通して行う。1978年以来、『中国青年』雑誌は政治的色彩の強い機関誌から徐々に文化総合誌に脱皮していったが、その中で、雑誌が読者に提示した社会のあり方の解釈枠組みも何度か変化した。雑誌の表紙や主要コラム、雑誌の位置づけなどについて考察することによって、その時代において人々が身を置かれている社会の公式イデオロギー、文化装置を明らかにする。

二つ目に、社会・経済的状況が変化していく中で、それぞれの時代の中で人々はどのような身分の不安に直面していたかを究明する。これは、主として『中国青年』雑誌の投書欄に掲載された読者の声を資料にして行う。雑誌に掲載された、若者の上昇志向を反映し、人々が生活世界で何を感じてどの

ような欲求を充足したいのかを反映する読者の声を考察し、人々が自分自身の位置づけや上昇志向について実際にどのように感じているのかを考察する。この二つの作業は、それぞれ 1978 〜 1984 年、1985 〜 1992 年、1993 〜 2000 年という時代区分のもとで行われた。その中で、生活世界の論理と文化装置の論理の内実とその関わり合いがこの三つの時期にそれぞれどのような様相をしていたかが、明確に観察することができた。

　以下では、上記で行われてきた議論を踏まえ、本研究の結論をまとめたいと考えている。

第 1 節　それぞれの時代における公的文化装置と生活世界の論理、及びその関係

　本研究は、「上昇志向」という主題をめぐる以下二つの要素を取り上げる。一つは文化装置の発信した言説とその論理であり、即ち文化装置が意味づけしようとした論理、文化装置による言説である。もう一つは、生活世界の論理であり、一般の人々が体感した、生活世界で生まれた言説である。本研究では、1978 年以降 2000 年までの中国社会において、「上昇志向」をめぐってこの二つの要素がどのように表象してきたかを歴史的な視点から浮き彫りにして、そのうえで、二つの要素の関係性の変化について考察した。

　これらの作業を通して筆者が目指すのは、1978 年以降の 20 数年間を生きてきた人々の内側＝精神世界をとらえることによって、高速の経済成長という光の部分の裏に、「欲望の氾濫」と言われる中国社会の影や歪みとなるさまざまな社会現象の底部に潜む社会的要因を考察することであり、またや「人間性の後退」、「精神の困難」などのような人間性批判につながるこれらの言い方そのものがどのような時代背景・コンテクストのもとで現れたのかについて、理解を試みることである。

　以下では、これまでの議論をもとに、三つの面から考察しよう。

1 1978年以降における公的文化装置の変化

人々を取り囲み、上昇志向につながるエネルギーに対してその表出の仕方に影響を与える重要な要素として、その当時の社会で流布されているイデオロギー、文化的状況がある。即ち、本研究の中で総じて文化装置と呼ぶものである。

『中国青年』という雑誌は、中国共産党中央の下位組織である中国共産主義青年団中央の機関誌であり、「改革開放」の国策がとられ始めた1978年以降においても、その政治的色彩が色濃く続いていた。1990年代中期に始まった度重なる改版によって、文化総合誌への脱皮が遂げられたなかで、当誌は国家・政府の意志を代弁する宣伝道具としての役割が弱められ、読者の好みや考え方に徐々に近づき一般メディアとしての側面が目立ってきたが、読者の人生の指針になるという雑誌の自意識が長らく存在し続けており、またこの位置づけがメディア市場の中で自らの価値を高めるための差異戦略にも反映された。この点から見ると、国家的イデオロギー、政府による意志の伝達者であったという、政治的伝統を汲んだ流れとしての『中国青年』雑誌の発するメッセージは、20数年間の社会変動を通して政治社会から商業主義の社会に変わってきた中国社会に備わっていた文化装置の一つとして見るのが適切だと思われる。

文化装置としての『中国青年』雑誌は、人々の上昇志向をめぐって、どのような論理をメッセージとして発信してきただろうか。ここまでは、1978年～2000年までの歴史を三つの時代に分けたうえで、どのような社会のあり方や未来像を作り上げようとしたのか、どのようにして若者の上昇志向というエネルギーを方向付けしようとしたのか、その文化装置の枠内からはみ出した部分についてどのように規制・批判していたのか、という三つの側面を見てきた。

この三つの時代を通して、『中国青年』雑誌の公的文化装置の論理がどのように変化してきただろうか。一言でいうと、社会階層の上昇移動という個人の上昇志向、即ち個人の欲求の充足に対して理解とコミットメントを示す

ようになった、という特徴が観察されたのである。以下では、これまでの考
察を振り返り、整理したい。

1.1 1978−1984年

　この時期の『中国青年』は中国共産主義青年団中央の機関誌として国家や
政府の指針を忠実に伝えていた。「四つの現代化」という新たな国家目標が
提示された中で、若者は四つの現代化という「新たな長征」に青春を貢献し
ようと呼びかけられた。貢献の仕方や具体的な作法としては、これまで同様
に党と国家への忠誠＝「赤」であることが相変わらず要求されると同時に、
専門的な知識を有すること＝「専」であるというこの時代特有の要求もなさ
れた。

　一方、この文化装置にはもう一つの側面があった。「四つの現代化」に貢
献するためには「専門的な知識」を身につけることが必要だという論理を通
して、個人の努力が正当化され、またそのような方向に収斂さようとした
が、その論理からはみ出しそうな若者の、自我実現を目指す上昇志向という
エネルギーを前にして、国家や民族のための「遠大な理想」と個人のプライ
ベートな生活との対立という構造の中で、その努力の動機は「公」＝国家の
ためなのか、それとも「私」＝個人の私的生活のためなのかという選別、い
わゆる動機の選別、管理が常に行われたのである。この時期の公的文化装置
では、自身が方向付けようとした枠からはみだしたエネルギーについては、
常に規制を行おうとしたのである。

　このように、1978〜1984年に『中国青年』に観察された公的文化装置の
論理では、「四つの現代化」という新たな目標が提起され、「科学」や「知
識」の力によって個人も社会も輝かしい未来が獲得できるという社会のビ
ジョンが作り上げられていた。その中で若者は、知識の習得によって国家や
社会に貢献するという役割が期待され、上昇志向が認められたが、と同時に
その動機が国家や社会のためであるか、それとも個人の私的生活のためか常
に管理されていた。

572

1.2 1985-1991 年

　この時期の『中国青年』は、読者の好みに近づくように雑誌の表紙や誌面の内容について微調整を行い、また社会問題を取り上げるコラムを新たに設置するなど、文化総合雑誌への変身が観察されたが、一方、総じていうと「機関誌」としての政治的色彩が依然として濃厚であり、国家の政策や方針を若者に伝達し誘導することが相変わらずこの時期の『中国青年』の中心的な任務であった[118]。このような基調のもとで、若者の上昇志向に関しても、国家的視点からから取り扱っていた。

　この時期において、1984 年に経済改革が深まることによって、人々は商業活動を通して収入を得ることに多大な興味が涌き、大学入試という教育達成のほかに、社会的地位の上昇を果たす重要な手段として、金銭の獲得が重要視されるようになった。その中で、若者の上昇志向に関わるエネルギーも非常に強い度合いで触発された。

　1984 年 10 月に開かれた 12 回 3 中全会において、「中共中央による経済体制の改革に関する決定」が可決され、都市部を中心とする経済体制の改革が国家の中心任務と提起され、「計画性のある商品経済」という、計画経済体制の中に市場経済のシステムを部分的に導入する試みが始まった。このように中国社会の政治は、人々に改革という名の国家目標を提示した。この時期から長い間、『中国青年』の誌面において、計画経済から商品経済への「改革」というものが、中国社会のあり方を再現し、解釈する際に依拠する主な枠組みとなり、人々の言行に価値判断を行う際に最も良く用いられる支配的な論理となった。

　1984 年までには「四つの現代化」の実現のために科学技術を身に付けようと呼びかけていたが、この時期に入ってから、計画経済から商品経済への「改革」という論理の元で、若者に経済活動に投身しようと呼びかけた。経済活動の提唱及び新しいモデルとしての「企業家型人材」が推奨されるようになり、経済体制の改革に伴い科学的なマネージメント＝「管理」の知識を新たに強調し、「若い工場長や社長、エンジニア、経済の専門家、会計士な

ど各種の専門家」などの「経営と管理の人材」を強調するという変化があった。また、改革に相応しい「意識」の変革を要求し、現状に安んじるのではなく、「改革」に対応する進取精神や革新意識を持つべきだと強調する。改革に相応しい「新観念」を身につけ、積極進取する人間性が推奨された。若者の上昇志向を方向付ける文化装置との角度から見ると、この時期の『中国青年』は、商品経済への変容や経済体制の改革という枠組みから若者の上昇志向のエネルギーを方向付けようとしたと言えよう。商品経済の発展に必要な観念を身につけて、チャレンジ精神や冒険精神、自立心を持って、積極的に経済活動を行い、または改革によって引き起こされた環境の変化に前向きに対応していくことが、当時の『中国青年』から若者へのメッセージと言えよう。また、改革によってそれまでの安定した生活に変化が起こり、「競争の時代」の到来を告げることによって、若者の上昇志向を刺激した。国家や民族の振興のために経済体制の改革が行われ、競争が導入されはじめたその時代において、古いしきたりを打破し失敗を恐れず新しいことにチャレンジするというように、理想の男性像が求められたわけである。

　この時期の中国社会では、計画経済から商品経済への改革が新たなイデオロギーとして強調され、若者の上昇志向に関わるエネルギーに対しても、進取精神などの「新観念」を身につけた、改革に適応できる人材になろうとの論理で方向付けようとした。

　これと関係して、この文化装置論には大きな変化があった。前の時代においては、若者に対して、プライベートな領域／家庭生活での享受と「奮闘」とを対立させて、「仕事」などの公の領域での「奮闘」こそ意義があるとのことが強調されたが、「改革」による経済発展という新しい論理・イデオロギーの元で、個人の日常的な暮らしというプライベートな領域での享受が認められるようになった。「より美しいものを着、より豊かなものを食し、より楽しく遊ぶ」べきだと明言し、近代的な生活様式をしようと提唱していた。国家や企業などいう「公」の場面と個人の生活領域というプライベートな領域での享受との対立は、改革の名のもとで問題視されなくなり、経済発

展や消費への称揚によって正当化された。個人の私生活への統制が緩くなり、私的領域での享楽や消費、それに関係する個人の物質的利益への追求が合理化された。このようにして、物質的に豊かになることは、「社会主義商品経済」への改革、経済発展という背景の中で、社会上昇手段の一つとして政治的に完全に市民権が得られた。

　一方、改革という国策のもとで、人々の物質的利益の追求が合理化されたものの、機関誌としての役割が雑誌の重要な任務であったこの時期の『中国青年』は、若者たちが個人的利益を重要視することによって社会主義的なイデオロギーから外れてしまうことを警戒し、常に政治教育を行っていた。政治的忠誠＝政治的「正しさ」が相変わらず常に要求されており、人々の上昇志向につながる「個人としての奮闘」は、相変わらずあまり使用されていなかった。若者の奮闘を「個人至上主義」につながることを警戒し、彼らの上昇志向を「民族、国家の前途と運命」という枠組みで収斂させようとした。

1.3　1992−2000 年

　この時期の『中国青年』は、度重なる改版を通して、メディアとして市場経済の時代を生き延びるために、政治的色彩の強い機関誌から文化総合誌へ変身して、メディアとしての自覚を持ち始め、若者に対して指導的・教化的立場から脱皮した。

　この過程におけるその宣伝フレーズの変化から、『中国青年』で用いられた社会に対する解釈の枠組みの変化が確認された。1995 年の改版時は、市場経済の導入によって人々は精神面よりも物質面の追求に目がくらんでいるという時代解釈のもとで、理想主義や「ロマンチックな情念」をもって物質主義的な傾向に対抗しようという姿勢を示していた。その後も、「中国青年を読み、人生の正しい道を歩む」というフレーズを提起する。即ち、ある時代の流れの中で、『中国青年』はある方向が「正しい道」であると決めて、若者をその方向へと誘導しようとしていた。そこでいう「正しさ」とは、それまでの政治的指向性を基本とする「正しさ」ではなく、物質的な追求に

終章　欲望の理由　575

よって人々に忘れられている精神的なものへ指向する、ある道徳的な「正しさ」であると言えよう。

このような立場は、2000年前後から変化を見せた。「青年中国に注目し、中国の青年に注目する」（2000年第5号より）「青年の生存状態に注目し、青年の人生の需要に服務する」（2001年第13号より）などの宣伝フレーズが登場したが、市場経済が社会の各領域に浸透してゆく中で『中国青年』も少しずつ「正しさ」の代表という自意識から離れ、現状肯定の立場を強めて市場経済を生きている若者の真の需要に目を向け始めた。その結果として、2002年第14号から「奮闘によって運命が変えられる。夢があるからこそあなたは特別な存在」を掲げ始めた。これは、ある意味では、『中国青年』にとって、道徳的「正しさ」を諦める過程でもあった。「理想主義」や「人生の正道」などの言葉に見られたような、奮闘の手段が正しいものであるかどうかという視点は、ここでは不問とされた。「奮闘」そのものに価値を置くようになったのである。そして、この時期の時代状況については、奮闘すれば自分自身の運命を変えられるという解釈の枠組みをもって臨んでいた。いわゆる「チャイナ・ドリーム」を打ち出したのである。この枠組みの中で、指導するのではなく、また迎合するのでもなく、自分自身の運命を変えるために奮闘する若者に、ただただ付き添うという姿勢を見せていた。

これまでは、「四つの現代化」や「改革」など、政治的色彩の強い国家目標を提示することによって人々の上昇志向のエネルギーを方向付けようとするのが、『中国青年』の一貫した姿勢であったが、この時期に入ってから、機関誌から文化総合誌への変身を果し、読者の好みを中心に雑誌の誌面編成を行うようになるにつれて、『中国青年』はこれまでの指導的・教化的態度を諦め、若者個人の「成功」願望に注目しはじめ、それに関係する情報を提供してサポートする姿勢を見せた。

上昇志向に関しては、依然として国家・社会への貢献を重要視して評価をするが、「ゼロから、おのれの力で、努力と奮闘を通して」成功にたどり着くことの価値を評価しはじめ、「個人奮闘の時代の到来」と時代の状況を意

味づけした。これは、前の時代と大きく違うところだと言えよう。

一方、1993 年〜 2000 年までの間を見ると、若者の「成功」願望を真正面から取り上げ始め、またそれをサポートするような姿勢が見られたが、『中国青年』には、やはりある特別な指向性があった。それは、市場経済の導入によって人々は精神面よりも物質面の追求に目がくらんでいるという解釈のもとで、理想主義や「ロマンチックな情念」をもって物質主義的な傾向に対抗しようという立場である。この点から見ると、若者の上昇志向のエネルギーを方向付けようとする際に、『中国青年』は、『中国青年』は「物質的な追及」より「精神的追求」を、また「成功」に関わる手段の「道徳的正しさ」を主張した。ある意味、これは、矛盾する二つのイメージが同時に入っているメッセージであり、アンビバレントな姿勢を見せていると言えよう。

このような傾向は、2001 年以降になって変化が見られた。「奮闘によって人生は変えられる。夢があるからこそ特別な存在」との宣伝フレーズに象徴されるように、物質的欲求に対抗する姿勢が見られなくなり、「道徳的正しさ」に対するこだわりも解消された。手段の正しさを不問として、人々の成功願望へのコミットメントを表現するようになった。「奮闘すれば自分自身の運命が変えられる」などの言葉に見られるように、若者の上昇志向について、個人の自分自身の「運命」や社会的地位の改善への関心＝個人的欲求の充足への関心に対して、完全にコミットメントを示したのである。

以 上 では、1978 年 〜 1984 年、1985 年 〜 1991 年、1992 年 〜 2000 年、2000 年以降という時代区分に沿って、それぞれの時期の『中国青年』が文化装置として依拠していた社会のあり方に対する解釈の枠組み、若者の上昇志向に関するエネルギーの方向付け、またそれに対する規制を見てきた。このような歴史的流れを見ると、個人の上昇志向をめぐるエネルギーについて、文化装置による論理が徐々に個人の感覚に接近してきた、という現象が観察された。これは、以下の二つの点に見られる。一つ目は、個人の上昇志向に対する方向付けは、国家・民族本位から徐々に「運命」を変えること、即ち個人の社会的地位の改善という個人レベルの欲求の充足に降りてきたこ

とである。即ち、国家・民族・社会の需要＝「四つの現代化」や「改革」などから、道徳的に「正しい」存在になるという段階を経て、個人の欲求の充足＝「運命」を変えて「特別な存在」になるという点に落ち着いてきた。二つ目は、この過程の中で、個人の上昇志向に関するエネルギーの規制も弱まり、さらには「規制」から「寄り添う」へという立場の逆転があった。

　以上まとめたように、上昇志向にまつわるエネルギーに関して、社会的地位の向上という個人的欲求の充足という私的動機に対して、断固とした否定から承認と肯定、サポートと寄り添い、という文化装置による言説の流れの変化が確認された。個人の上昇志向のエネルギーをめぐる1978年以降における文化装置の論理について、国家・社会の需要の充足から降りてきて、個人の欲求の充足に徐々に寄り添うようになってきた、という現象が観察された。

　この結論そのものが一見してありふれたものではあるが、先行研究ではこのような変化を個人の意識の変化」として捉えるのに対して、本研究では、社会的地位の向上という個人的欲求の充足に対する態度の変化との補助線を取ることによって、このような変化は、「個人の意識」の変化ではなく、あくまで文化装置による言説の変化にすぎないと強調したい。

　また、本研究では、このような変化は具体的にどのような過程を経て、どのような様相を呈しながら行われたのかが明らかにされた。これは、本研究のさらなる貢献の一つと言えよう。

2　1978−2000年における生活世界の論理の変化

　改革開放以降2000年までの生活世界の論理の変化を見るには、学業、職業・自己実現、恋愛・結婚という三つのタイプの読者の声によって提示された状況をそれぞれ見てみよう。以下では、階層ヒエラルキーの存在に関する認知、上昇志向のあり方、即ちどのようにして上昇移動を果たそうとして、どのような悩みを持っていたか、また上昇移動のメカニズムや社会秩序のあり方に対して人々はどのような解釈・想像を持っていたか、という三つの面

から、1978 - 1984 年、1985 - 1991 年、1992 - 2000 年という三つの時期にお
ける学業、職業・自己実現、恋愛・結婚についての読者の声に提示された状
況の変遷をまとめよう。

2.1 1978−2000 年の学業についての読者の声の変遷

（１）1978 - 1984 年の学業に関する読者の声

1978 〜 1984 年の時期において、農村部の人々は大学受験を「農業の門を
出る」ための「登竜門」とみなして、都市部の若者が大学受験を「誰もが羨
む大学生になる」か「一介の待業青年に落とされてしまうか」の分かれ道と
みなしていることから、人々は、農村部と都市部の間に存在する超えがたい
制度的な隔たり、また都市部の中においても職業などによるさまざまな階層
ヒエラルキーの存在を明確に認識していた。

また、まさにこの階層ヒエラルキーの存在という認知から、人々はより上
の階層に移動したいという上昇志向のエネルギーに強く触発されており、大
学進学という手段に大きな熱望をもって取り組んでいる。4％の大学進学率
という教育資源が極めて限られている中で、受験生や中学生、また生徒の親
たち、教育現場全体にさまざま不安や緊張感を感じることとなる。このよう
に「知識」を身につけることによって社会的地位の上昇が果たされるという
夢の中で、「大学進学」という場面に、人々から大量のエネルギーが注入さ
れていることが伺えよう。

さらに、この時期の学業に関する投書を概観すると、受験生や中学生、ま
たその親たちは、受験戦争の熾烈さに圧倒され苦しい思いをしているが、農
村部と都市部の制度的要因による格差の存在、また大学受験制度や知識によ
る上昇移動の秩序に対して不満を持っておらず、逆にそれを逆手にとってこ
の制度の中で上昇移動を果たしたいと考えていた。

その中で、「ほかの人の成功の機会が一分増えていれば、自分の機会が一
分減ってしまう。この一分の機会こそが、自分と友人の分かれ道になるかも
しれない」との言葉のように、非常に厳しい競争に満ちている社会だとい

う、社会のあり方に対する解釈が形成されてしまうのである。総じて言うと、上昇移動する方向が明示されて、希望もあるが、それを手にするには、非常に厳しい競争で勝たなければならないというものだと言えよう。

（2）1985 - 1991年の学業に関する読者の声

　この時期では、農村部や都市部を問わず、前の時期同様、「大学に受かるのと受からないのとでは、確かに違う」結果をもたらすものであり、大学受験について「成功したら龍、失敗したら虫になる」ことの分かれ道であるというような認識を、人々は有していた。即ち、階層ヒエラルキーに関する認識に基づいた上で、この時期の人々にとって、大学受験は依然として上昇移動をもたらす極めて重要なルートであった。従って、若者やその親たちは大きな心理的負担を抱えて大学受験に挑むことになる。またそれによって、中学生までその生活が「勉強」一筋となり、彼らの自己認識も成績によって大きく関係付けられていたのである。

　上昇移動のルートの視点からこの時期を眺める際に、前とは違う特徴があった。この時期では、教育達成以外の上昇移動のルートとして高収入を手に入れることが徐々に市民権を得つつあった。教育達成の報酬率の低さから、失望感も強くあった。それと同時に、大学受験で失敗した一部の若者は、「成功したら龍、失敗したら虫になる」という硬直化した認識から身を抜け出し、自分の道」を歩こうとして、経済活動を始めることに目が覚めたのである。

　さらに、上昇移動のメカニズムや秩序に対する態度やその解釈という点から見ると、受験生や中学生、またその親たちは、前の時期と同様に、大学受験ということに対して強いプレッシャーを受けており、親子関係や友人関係のねじれ、余暇の時間の返上、成績によって自己認識が大きく決定されるなどさまざまな悩みを持っていた。その中で、教育資源の限られたことから、「運命の大作戦」という言葉から伺えるように、若者は厳しい競争にさらされているという感覚を身に着けていくだろう。

（3）1992 - 2000年の学業に関する読者の声

この時代に入って、大学合格率への上昇が見られたものの、受験生たちは大きな精神的プレッシャーを抱えている。子供たちは幼児期から受験戦争システムに組み込まれはじめたことや、わが子の受験戦争に対する親たちの献身的な関わりなどから観察できるように、大学受験はますます熾烈な競争になってきた。

これらの背景には、「社会の競争が激しい今の時代」という現状認識による強い危機感や身分に関する強い不安があり、これが、学業による教育達成という社会階層の上昇移動を目指している人々の原動力となっていると言えよう。

2.2 1978-2000年の職業・自己実現についての読者の声

（1）1978-1984年の職業・自己実現に関する読者の声

この時期において、国家イデオロギーによる文化装置の公式見解ではすべての職業は四つの現代化に貢献するもので平等であるとされていたが、若者は職業の違いは社会階層の違いをもたらすことに、敏感に感知していた。若者はその職業によって、社会的地位が低いことを理由に尊重されないことや、恋愛相手に振られてしまうことなどさまざまな現実の壁にぶつかっており、職業による社会的地位の差異の存在がはっきりと映しだされたのである。

そして、職業による階層ヒエラルキーの違いを感知した若者たちは、「自分の社会的地位を高め、自分の存在価値を高めよう」として、自分自身の階層ヒエラルキーの上昇につながるさまざまな試みをしたのである。

農村の若者たちが、農村と都市の隔たりを越えて農民の身分からから抜け出そうと、教育達成以外の限りある社会上昇ルートを試みて、自分の理想とする職業に就こうと力を尽くして、女優や軍人、文学者などになろうとする。

また、都市部の若者にとって、「知識重視」の風潮の中で、より良い仕事やより良い境遇を得るためには、最も多くの若者にとって最も有効なルート

は、知識を身につけることであった。彼らは「独学」を通じて職業の上昇移動を試みるが、仕事をしながら独学をすることになるので、仕事との兼ね合いや勤め先との調整など、いろいろな問題が発生していた。

また、教育達成以外に、政治的資源を手に入れて社会的上昇移動を果たすという上昇移動のルートも用意されていたが、それはそれぞれの職場で「先進人物」に評価されることが重要視されていた。これをめぐって競争が生じ、嫉妬などの気持ちが生まれたのである。

さらに、仕事と恋愛の狭間に苦しむ「女強人」の姿もあった。強い上昇志向に突き動かされた女性の場合を見ると、男性をサポートすべきだという女性に対する社会的期待と彼女たち自身の上昇志向の間に、大きな葛藤が生じた。彼女たちは、この時代を生きる中で、一方で仕事への強い向上心が触発されるが、もう一方で、仕事で立派な業績を出していることは必ずしも良い人生につながらないという場面にしばしば遭遇する。女性は男性の若者とは違う悩みを持っており、「強く」なることによって恋愛や結婚の場面において逆に不利をこうむることであった。ジェンダーによる男性と女性の境遇の相違が観察された。

最後に、上昇移動のメカニズムに対する不満及び社会のあり方に対する解釈・想像という点においては、社会的上昇移動を果たす際に「良いお父さん」という言葉に代表される政治的権力の濫用への訴えが、この時期に就職の場面に見られた。努力することと「理想的な前途」＝良い仕事や社会的地位とは必ずしもつながっていないことに気づいた時に、若者は落胆し強い怒りと不信感を覚えるのであった。

（2）1985－1991年の職業・自己実現に関する読者の声

それまでの教育達成、政治的資源による地位達成以外に、この時期に入って、人々の経済活動に対する関心が急速に高まってきたのが特徴である。

経済改革が行われていくにつれて、経済所得、収入格差が人々の社会的地位をはかる重要な要素の一つとなった。個人経営が政策的に称揚されるようになった中で、個人経営者＝「個体戸」になり商売を通して高い所得を得て

いた。経済的資源によって階層ヒエラルキーが再編されことになった。これとは裏腹に、高い収入をもたらさない職業が階層ヒエラルキーが下がっていた。例えば炭鉱採掘、獣医、教員志望の師範学校の学生などによって悩みを訴える投書が見られた。また、このような経済的収入による階層ヒエラルキーの出現以外に、農村の余剰労働力の都市部への移動によって、出稼ぎ労働者と都市部の人間という、階層ヒエラルキーの存在も認知されるようになった。

　このような状況の中で、若者は上昇志向のあり方はどのようなもので、どのような悩みにぶつかっていただろう。まず、このような階層ヒエラルキーの存在を感じた若者たちは、強い上昇志向を持っていたため、国家の政策的誘導に敏感に対応しようとして高い目標を設定するが、一方、知識の重要性や経済活動のすばらしさというふうにたびたび変化する国家誘導の方向転換に、戸惑ってしまう。

　また、この時期において経済的に豊かになることが、教育達成以外の、社会的地位の上昇を達成する重要な手段となった。この状況は、教育達成を目指した若者に困惑をもたらした。「（知識や技能を修得して）人材になるより、儲けるほうが良いのか」がこのような心情の揺れを反映した。経済活動の高い経済収益は、教育達成への失望を生み出し、「読書無用論」が生み出された。

　さらに、教育達成の段階的な結果である「大学生」という身分は、それまでに大きな社会的威信を持っていたが、80年代中期になると、社会的地位の達成ににおける金銭の影響力が徐々に増長していき、学業による教育達成という社会的地位の上昇ルートの限界が露になるにつれて、また経済収入への重視によって大学生の学歴パワーが下がったことで、大学生の自己認識に大きな影を落とすことになり、強い閉塞感を覚えることになる。一方、大学を卒業して就職した若者も、不本意な就職など現実に出会った際に多くの困惑を感じた。また、80年代後半から、委託養成という制度が採られ始め、大学生の定員が増やされた。これによって、大学生の希少価値がさらに下落

した。「知識」を身につければ人材になり、高い社会的地位と裕福な生活が約束されるという前の時代の教育達成の物語が、このような現実をもって終焉を迎えたと言えよう。

さらに、女性の仕事志向を見ると、仕事の面で強い向上心を持つことによって、恋人との関係に亀裂が生じたという内容の投書は、この時期にも見られた。「女性はやっぱり月のように、男性に照られて生きていくほうが良いのだろうか」と仕事と恋愛・結婚の間で悩む女性の姿がが観察された。この時期の女性は、社会から経済的に人格的に男性と平等で独立した人間として生きていこうと呼びかけられているが、仕事への向上心によって恋愛・結婚の場面において男性からさまざまなプレッシャーを受けており、彼女たちも動揺の程度に差があるが、改革開放によってもたらされた「平等」「独立」の新たな価値観をかなりの程度受け入れており、仕事への強い向上心を持って生きていくことを選んでいる。この時期の女性にとっては、「良妻賢母」を人生の目標にせず、女性の自立が重要だというのが『中国青年』を代表とする公式見解の認識であり、彼女たちも「キュリー夫人」を模範にして仕事への強い上昇志向を有しているが、恋愛・結婚と仕事との両立を図ろうとさまざまな苦労をしている。

階層区分の現状及び上昇移動のメカニズムや秩序に対して、若者はどのような態度を取っていたのだろうか。まずは、収入の格差に対して強い不公平感があった。これには二つの状況があるが、一つは教育達成の経済報酬率の低さに対する不満である。まずはこれまで「登竜門」とまで言われ、最も重要視されていた大学合格＝教育達成は、社会的地位の上昇をもたらしたにもかかわらず、それに見合った多くの経済収入をもたらすことはなかったことに対して、若者は困惑した。教育達成による社会的地位の達成が成功したにもかかわらず、それに見合った経済収入が得られていないことに対して、教育達成に対する失望感と同時に、当時の人々は強い不公平感を覚えたのである。もう一つは、個人経営者の高収入に対する都市部労働者の不満である。個人経営者層の高い所得に対して、都市部の労働者階層は多くの不満を持っ

ていた。個体戸の収入増による経済的地位の上昇は、中国社会に金銭の力を見せつけ、大きな衝撃を与えたわけである。

また、上昇移動のメカニズムや秩序として、当時の人々はもう一つのことに対して強い不満を持っていた。それは、上昇移動の過程において公権力の濫用である。また、職場での昇進に、実力よりコネが重要な役割を果たすことになるという場面に対して、人々は不公平感を持ってしまう。「一生懸命働く」ことや「一番を取る」ことなど自分の実力や業績で社会の上昇移動を果たそうとしているが、権力に近いものの人間関係による不正が働いて、その努力が実らなかった投書がよく見られたが、「優秀な人材を採るなんて全部うそだ」という言葉のように、若者たちが深い失望感を抱えた。

（3）1992～2000年の職業・自己実現に関する読者の声

この時期の若者は、何を持って階層ヒエラルキーの存在を感じていたのだろうか。まずは、経済格差による階層ヒエラルキーの存在を、前の時期より一層明確に感じるようになった。人々の間に収入の差が徐々に拡大されるにより、経済的な困難を持つ「貧困」大学生の存在が社会問題としてメディアで取り上げられるようになり、貧困による悩みを訴える投書も現れた。また階層間の不満、特に出稼ぎ労働者と資本の持ち主である「ボス」に対する不満が明確に現れるようになり、出稼ぎ労働者と雇う側という階層区分が明確にみられるようになった。

この時期の若者の上昇志向のあり方及びそれによる悩みとしては、まずは前の時期同様に、「知識の価値」の下落と金銭の価値の上昇に対する違和感が提起されるだろう。1992年以降に始まった市場経済の経済体制の改革が進む中で、知識に付与された価値が縮小して、金銭の重要性がますます増していったため、それに起因する戸惑いが見られた。また、競争で淘汰されるという危機感は、社会の体制が大きく変わるこの時代では、より強烈な形で表された。若者の投書から、競争で勝ち、競争から脱落しないために、より身長の高い自分、より話し上手の自分、人に良いイメージを残せる自分を求める強い気持ちが伺えた。一方、この時期になって、大学入学率の向上に

よって、大学生の希少価値が下がり、就職難などが起きた。就職競争から脱落する可能性が大いにある中で、大学生は競争に勝つ自信をなくして、無力感を覚えることになる。一方、競争から脱落する恐怖や「成功しない」焦燥感も投書から強く滲み出た。さらに、この時期に拡大していく経済体制の改革によって、雇用制度、就職制度、教育制度、医療制度など個人の実生活に関わる重要な局面に大きな変化が起こった。このような改革の「陣痛」の中で、どんどん変化していく生活に対して、人々はさまざまな不安や焦燥感を覚えた。「個人奮闘の時代」の到来につれて、「思う存分に自分の才能を発揮できる時代」と再解釈されており、人々は改革のもたらした希望と不満と向き合うことになる。

　一方、上の世代の成功願望とは違い、上昇志向から自由になり自己実現したい若者の悩みも登場した。より良い「上」の社会的地位を目指せと子供に期待している親とそのような強い願望を持っていない子供の間に、葛藤が生じる。

　この時期において、上昇移動のメカニズムや秩序に対して、若者はどのような解釈を持っていたのだろうか。まず、上昇移動において実力よりもコネ＝人脈重要視という状況に対する危惧があった。前の時期同様に、上昇移動の過程において、実力よりもコネ＝人脈が重要視されるという状況に対して若者は危惧しており、また不満を持っていた。また、金銭による不正のもたらした怒りが観察された。この時期では、金銭による不正が増加した。これに対して、人々は多くの怒りを持っている。さらに、公権力の濫用に対する無力感が強く反映された。権力によって公平に関わる社会的ルールが破壊され、利益が公的権力の濫用による剥奪を受けているという状況に対する無力感も観察された。上昇移動の秩序という視点から見ると、この時期の人々の不満が強くあったと思われる。

2.3　1978－2000 年の恋愛・結婚についての読者の声

（1）1978－1984 年の恋愛・結婚に関する読者の声

この時期、『中国青年』によって代表されている政府の公式見解では、恋愛・結婚というプライベートな領域は、あくまでも公的領域＝仕事や勉強の従属的補完的部分であると強調され、また恋愛・結婚に対するあるべき態度として、相手の「政治的思想的品質や労働態度を重要視すべきであり、金銭や物質的なものを重要視すべきではない」とする。

　しかし一方、若者やその親たちは、戸籍制度による都市部と農村部の社会的隔たり、また都市においては一般労働者と幹部の社会的地位の違いなど階層ヒエラルキーの存在を明確に感知しているため、このような認知から、恋愛や結婚相手を選ぶ際に、相手の出身家庭や物質的条件を見ることが多く、時には世代間の激しいバトルにつながる。これは、恋愛・結婚関係に身を置く若者の親、延いては当事者の若者本人の考え方によく見られた。

　社会区分の存在を感知した人々にとって、さまざまな要素の中で最も敏感なのは、戸籍制度による農村部と都市部との超えがたい隔たりであろう。片方が都市戸籍で、片方が農村戸籍である場合、この恋愛はしばしば親から反対されていた。農村では恋愛・結婚相手を選ぶ際に相手の社会的地位が重要視されていることにより、婚約した場合でも、一方の社会的地位に変化があると、その関係が切れてしまうことも当時良く見られる現象であった。

　また、70年代末80年代初めの中国社会では、階級闘争を重要視する雰囲気から脱皮したばかりで、政治的出身が重要視されていた。よって、恋愛相手の政治的出身で迷う場面が見られた。

　さらに、戸籍が農村か都市かという出身の要素以外に、職業などの物質的な条件も恋愛相手を選ぶ際の重要な条件であった。恋愛の双方が都市部の人間の場合、一般労働者か幹部家庭かなどの階層区分が重んじられていた。その中で、恋愛相手の「政治的思想的品質や労働態度を重要視すべきであり、金銭や物質的なものを重要視すべきではない」という公式見解の虚偽さを見抜き、「自分の前途や今後の生活」を考えて物質的条件を重要視しながら恋愛相手を選ぶ都市部の女性がいた。一方、職業や外見などの物質的な条件を重要視すぎて、なかなか意中の人が見つからない人もいた。

これ以外に、恋愛・結婚の場面における人々の社会的地位の執着は、豪華な結婚式を行うことにも表されるのである。社会階層の存在に対する認知から、「人から低く見られたくない」と豪華な結婚式にこだわる都市部の青年工員がいた。

公式見解と個人の考え方の間に大きな隔たりがあるというこの時代背景の中で、出身や職業によって代表される物質的な条件を重視すべきか、それとも精神的な要素を重要視すべきかに関して、80年代初頭においては議論を呼びやすい話題であった。

（2）1985 - 1991 年の恋愛・結婚に関する読者の声

前の時期に引き続き、この時期においても、若者の恋愛・結婚との生活世界においては、人々は階層ヒエラルキーを認識しており、恋愛相手を選ぶ際に社会階層的な要素が非常に重要視されていた。

また、その中で、特に農村部と都市部との間に社会的な隔たりが大きく、社会階層をはかるうえで、「農村」的な要素が非常に大きなデメリットを持つとされる。したがって、農村出身である（或いは「であった」場合も含めて）ことが、若者の意識の中で、恋愛相手との間に社会的地位が釣り合わないという劣等感をもたらすことになる。このように、農村部と都市部という制度的要因による社会的格差の持続的存在が、人々の自己認識に強く烙印となって、恋愛で挫折に遭遇する際に、自分自身の農民出身という社会的地位の低さに起因するという解釈の仕方を身につけ、安易に被害者意識を持ってしまう面も観察された。また、出身家庭の社会的地位も、若者の恋愛関係を影響する重要な要素の一つである。

また、時代が進むにつれて、人々の生活における政治的要素の影響が下がり、それに対して経済的な要素の影響が増大しつつあった。そこで最も大きな変化は、恋愛・結婚相手を選ぶ際に、女性が、経済力のある男性を優先的に考えるようになった。この現象に対して、『中国青年』は、物質的要素よりも精神的要素を重視すべきだという道徳的立場を改め、経済力があることを改革の時代に相応しい進取の精神をもつことと解釈しなおすことによっ

て、合理化を果たした。高収入は、「能力」「冒険精神」「競争力」など改革の時期に相応しいとされる「新観念」の代名詞だというレトリックによって、人々の金銭への憧れが少しずつ表出されるようになった。そして、恋愛・結婚市場において、高収入は戸籍や政治的身分、出身など制度的要因による格差を超えていくだけの力を持ち始めたと言えよう。

　その中で収入の低い軍人が、恋愛・結婚市場において非常に大きな不利を蒙ることになり、軍人による悩みの投書が見られた。

（3）1992 ～ 2000 年の恋愛・結婚に関する読者の声

　この時期では、まず、階層ヒエラルキーにおける経済的資源の役割の増大につれて、この時期の若者の恋愛は、経済的要因によるトラブルが多発している。そして、若者が恋愛における金銭的要素の介入に対して、アンビバレントな気持ちを持っている。即ち、金銭的な要素の介入によって恋愛が破綻したと思うことによって、自然と道徳的に優越的な立場に立つことになり、自分の怒りを合理化し、周りの道義的なサポートを得ることができる。だが、社会的地位を図るうえで、経済力の重要性がますます高まっていく中で、経済力を持っていないことはイコール能力がないことという現実＝同時に彼らの自己認識でもあり、大きなプレッシャーを受けている。

2.4　1978－2000 年までの中国社会のあり方に対する人々の認知・解釈

　以上では、本研究で取り上げたもう一つ重要な側面、生活世界で生まれた論理＝社会のあり方に対する感覚や認知・想像の世界について、学業、職業・自己実現、恋愛・結婚という三つの面における上昇志向のあり方に集中して見てきた。これは、公的な文化装置とは違う論理で動いている若者の生活世界である。そこには、人々の生活世界での感受性、用いられる論理が観察された。

　第一段階の 1978 － 1984 年では、どんな職業に従事するにしてもその社会的地位は平等であり、「四つの現代化」という国家目標の実現のために知識を習得して貢献すべきだという公的文化装置の論理による上昇志向に対する

誘導や方向付けに対して、都市部と農村部の戸籍の違い、筋肉労働の職業と頭脳労働の職業の隔たりなど、若者たちは実際に恋愛・結婚、職業などの実生活のさまざまな場面で社会的地位の不平等を体感し、社会階層の存在を明確に感知し、自分自身の社会的身分に関して不安や多くの苦痛を味わった。その中で、「三大社会的不平等」と称する都市部と農村部、肉体労働と頭脳労働、一般工員と幹部と称される既存の社会階層システムの中で社会的地位を向上して社会的優位に立つことを果すために、学業、恋愛、職業などの面において強い上昇志向を表した。

その中で、大学入試制度の再開という社会上昇ルートの制度的条件の整備によって、知識の習得を通じて教育達成を遂げることが、社会的地位の向上を果す最も有力な手段とされた。そこでは、激しい競争が繰り広げられていたのである。

第二段階の 1985-1991 年では、国家・民族の振興を目的とする計画経済から商品経済への「改革」のために、進取精神などの「新観念」を身につけた改革に適応できる人材になろうとの論理で、公的文化装置が若者の上昇志向のエネルギーを方向付けし、社会主義イデオロギーからはみ出た個人主義に対して警戒し続けてきたのに対して、恋愛・結婚、学業、職業に関する投書から滲み出た若者たちの悩みを見ると、若者の上昇志向のエネルギーを突き動かしているのは、自分自身の社会的地位に対する関心によるものであった。

その中で、このような社会階層の存在を感じさせるのは、それまでの「三大社会的不平等」と称する都市部と農村部、肉体労働と頭脳労働、一般工員と幹部と称されるもの以外に、経済的富の多寡が独自な要素として人々に強く意識されるようになった。金銭の力による社会階層の再編が行われようとしたのである。

第三段階の 1992-2000 年では、『中国青年』はこれまでの指導的・教化的態度を諦め、若者個人の「成功」願望に注目しはじめ、「個人奮闘の時代の到来」という時代解釈の元で、社会的地位の向上という個人的欲求の充足を

肯定し、それに関係する情報を提供してサポートする姿勢を見せるようになった。一方、1992-2000年までの間を見ると、市場経済の導入によって人々は精神面よりも物質面の追求に目がくらんでいるという解釈のもとで、理想主義や「ロマンチックな情念」をもって物質主義的な傾向に対抗しようという立場ゆえに、若者の上昇志向のエネルギーを方向付けようとする際に、『中国青年』は、『中国青年』は「物質的な追及」より「精神的追求」を、また「成功」に関わる手段の「道徳的正しさ」を、一時期、極めて曖昧な意味合いで主張したが、90年代後半からこの道徳的立場を徐々に諦め、現状肯定に転じた。

このような『中国青年』の態度の変化とは無関係に、経済的富による社会階層構造の再編、収入の差による社会的格差の拡大、国有企業の改革による「単位制度」の解体、貧困問題の顕著化などによって、人々は自分自身に社会における位置づけ=身分の不安もよりいっそう強まった。

この時期に入ってから、これまでに明るい未来に向かう様相だった上昇志向が、社会に淘汰される恐怖に追われているという形で現れたのである。これが、この時期の強い特徴だと言えよう。その原因には、前の時期に見られるような競争の激化という人々の現実に対する解読が考えられるが、収入の格差や公権力の濫用などによる社会的不公平感、社会に対する不信感の増長があると思われる。

一方、これまでにないタイプ、上昇志向によるプレッシャーから自由になり自己実現したいと願う若者が現れたが、社会全体の不安感やその上昇志向の強い親のプレッシャーの前で、彼らは自身の向かいたい方向に対して非常に心細く感じている。

以上の整理から見られるように、三つの段階のいずれにおいても、人々の上昇志向のエネルギーにつながる生活世界の論理は、公的文化装置とは違うものであった。この整理を通して、次のような発見があった。

まず、「四つの現代化」の実現や「改革」などの国家的目標、また物質的追求よりも精神的追求という道徳的な誘導という公的文化装置とは無関係

に、人々はいずれの時代においても、社会階層の存在、社会的地位の上下の差を明確に感じている。より上の社会階層に上がりたいという強い上昇志向を持っており、教育達成や経済的富による社会的地位の達成を求めている。

第二に、時代の違いによって、このような上昇志向の内実には、幾つかの層が観察された。

1978－1984 年までは、「農村と都市、頭脳労働と筋肉労働、一般工員と幹部」を内容とする「三大社会的不平等」という社会的不平等の存在に気づきつつも、この不平等を孕んでいる構造そのものには現状肯定しており、この構造の中でもがき、教育達成を通して、より上の社会的身分を手に入れるために、競争に身を投じている。自身の努力を通して、今既存の構造の中で、見通しの出来る美しい未来を手に入れようする、憧れを持つものだと言えよう。既存構造を現状肯定したうえでの努力。競争自体は非常に激しいが、既存の構造に対して現状肯定しており、美しい未来との見通しがつく。より上の社会的地位を手に入れるためには激しい競争で勝ち抜かなければならないという認識を有するが、この競争は見通しのつく明るい方向に向かっているものだと言えよう。

次に 1985－1991 年までは、経済的富の入手は、社会的地位を達成する新たな手段として市民権を得ることにより、それまでの「三大社会的不平等」を孕んでいた社会階層構造を大きく撹乱して、階層構造の再編が起こった。収入の格差の発生によって、人々は大きく動揺し、上昇志向のエネルギーも激しく刺激された。

さらに、1992－2000 年では、これまで見られた、既存の社会構造の中でより社会的地位を手に入れるための競争が依然として大きな部分を占めているが、一方、「個人奮闘の時代」と称されるこの時期の競争は、別の二つの性格を現すようになった。一つ目は脱落の恐怖と名づけよう。国有企業の改革、単位制度の解体や学歴の希少価値の下落による大学生の就職難などの状況により、個人が一原子として社会に放出されたことの不安と緊密に絡んでいるだろう。社会保障制度の整備が立ち遅れている状況では、競争で負ける

ことのリスクがいっそう大きくなった。二つ目は、この時期に公権力の濫用などが目立ってきて、社会的秩序の公正に対する不信感が徐々に醸成された。このような背景の下で、社会のあり方に対して「弱肉強食」とでも言えるような解読・認識・想像が生じた。このような社会的秩序に対する不信感によって、「競争の激しいこの社会」で生き残るために勝たなければならないという感覚がより強化された。

　以上でまとめてきたように、1978年以降の中国社会では、「四つの現代化」でもなく、「改革」でもなく、道徳的正しさなど公的文化装置の言説とは関係なく、社会のあり方に対して人々は自分自身の生活世界で作り上げていたのである。生活世界で生まれた言説は、いずれの時代においても、身分に対する不安や切迫感に満ちていた。その中で、経済力や社会的地位などより多くの社会的資源を手に入れるために、わが身を守る行為が生じるだろう。

　さまざまな社会問題の発生に対して、これまでの研究では、「欲望の氾濫」「人間性の後退」などモラルの低下に原因を求めたが、本研究では、1978～2000年の激しい社会変動の中で、「競争の激しいこの社会」という解読によって生じた身分に対する不安、延いては「弱肉強食」という生活世界の論理によって、人々の上昇志向のエネルギーを突き動かしたというのが、本研究の結論である。

3　上昇志向をめぐる文化装置と生活世界の論理の関係

　1978年以降の中国社会においては、上昇志向をめぐって、文化装置のメッセージと生活世界の認知との距離関係は、絶えず変化してきた。以下で示していくと、

終章　欲望の理由　593

| 四つの現代化 | 改革 | 道徳的正しさ | 個人奮闘、運命を変える |

『中国青年』に見られる上昇志向をめぐる公的文化装置の論理の変容

「三大社会的不平等」という主観的認知を踏まえ、既存の
階層構造の中で激しい競争を勝ち取って上昇移動を遂げる

既存の制度的不平等と収入格差の併存するという認知を
踏まえ、階層社会の中で勝ち取って上昇移動を遂げる

「個人奮闘」の時代という競争の激しい階層社会とい
う認知を踏まえ、「弱肉強食」の社会を生き抜き、運
命を変える。

『中国青年』に見られる上昇志向をめぐる生活世界の論理の変容

　以上で見たように、三つの時代における上昇志向をめぐる生活世界の論理
は、いくつかの内実の変化が見られたが、その根底には、社会的階層構造に
おける個人の位置づけの確保という個人的欲求が突き動かしていると言えよ
う。一方、上昇志向に関する文化装置の論理は徐々に変化してきて、民族・
国家イデオロギーから徐々に「運命を変える」こと、「チャイナ・ドリーム」
の実現という個人的欲求の充足に理解とコミットメントを示すようになっ
た。文化装置と生活世界の論理の関係が、精神分裂の状態から、距離的に
徐々に近づいてきた過程を辿ってきた。
　文化装置は、生活世界の言説／認知を否認していた時代において、人々は
生活世界で体感した、ルサンチマンに満ちたさまざまな感情は、公に表現す
ることができず、より陰湿な形で現すしかなかった。この二つが徐々に近づ
いたことによって、個人の中で抑圧されていたさまざまな感情が噴出したと
いう部分があったと考えられる。

第2節　本研究の発見と課題

1　本研究の発見

　改革開放以降の中国社会の人々の意識の変化に関して、集団本位から個人本位に変わったという言い方が一般的である。しかし本研究の知見から見えるように、集団本位から個人本位に変化したのは、個人の意識ではなく、文化装置の論理そのものである。それに対して、文化装置の論理の変化に関係なく、いつの時代においても人々が自分自身の生活世界での経験を通して「この社会には社会的地位の違いがある」というふうに社会のあり方を解読して、自身の社会的地位の向上に対して強い関心を持って、強い上昇志向を表してきた。

　なぜ今日の中国社会は「（私的利益に指向する）欲望の氾濫」という状態になってしまったのかという疑問に対して、「上昇志向」に関する本研究での考察を通して、以下二つのことが答えられるのではないかと思われる。

　まず、「欲望の氾濫」という言い方自身は、本質主義的な意味合いを含んでおり、1978年以降の中国人は、民族・国家のイデオロギーがより多く強調された時代より多くの個人的欲求を抱くようになったとの含意があるが、しかし、『中国青年』の投書に対する考察から分かるように、公的文化装置が強く機能していて、国家への政治的忠誠が強調された1980年代初頭においても、人々は自分自身の社会的地位の向上に対して、多くの「欲望」を持っていたのである。社会階層の不平等を感知しており、社会的地位の改善を図り上昇したいという個人的欲求が非常に強い度合いで観察されたのである。「欲望」＝個人的欲求の充足が発見されるようになったのは、個人的欲求を強く抑制していた公的文化装置のメッセージが国家・民族物語から徐々に「運命を変える」「チャイニーズ・ドリーム」という個人的欲求の充足との願望に理解とコミットメントを示すようになるに従って、人々は自分自身の欲求を表に表現するようになったにすぎない。社会的地位を向上したいと

いう個人的願望が目に見える形で表現されるようになった。これは、あたかも欲望＝個人的欲求が、量的に増えたように、一部の論者に見えただろう。

次に、「人間性の後退」などモラルの低下は、現在の中国社会で起こっているさまざまな社会問題の原因ではなく、その表象の一つに過ぎない。その原因は別にあるのである。即ち、こんなにも強い欲望、「欲望の氾濫」＝こんなにも強い上昇志向を持っているのは、「人間性の後退」という言い方ではカバーできない深層の理由があるのである。一言でいうと、それは、社会的階層構造における自分自身の位置づけに対する不安だと言えよう。『中国青年』の読者投書から見えるように、このような社会的位置づけに対する不安・焦燥感が、時代によってその強度や形が違うものの、1978年以降の中国社会を生きる人々に、一貫して見られた感情である。その深層には、社会主義国家であり人々は平等で公平に社会の利益を享受すると訴える公的文化装置のメッセージとは裏腹に、競争に満ちているこの世界のルールは弱肉強食であるという階層上昇システムのあり方、社会構造そのもののあり方に対する人々の主観的な解読・想像がある。

社会のあり方に対する「弱肉強食」という解読及びそれによって引き起こされる深い不安や戸惑い、ひいては脱落の恐怖などの感情を省みずに、「人間性の後退」「欲望の氾濫」「精神の困難」など個人のモラルの低下を指摘するのみでは、90年代中期の『中国青年』が一時期主張していた「道徳的正しさ」の論理と同じように、人々の心に届くことのない、生産性のない発言となるだろう。個人の内心のモラルの問題というより、むしろ、1978年以降の社会変動という大きな時代の流れに巻き込まれている人々の避けられない境遇だと言ったほうが適切であろう。それを問題視して解決策を提示するというやり方ではなく、本研究はなぜこのような状況になったのかという部分を掘り起こして表現することに、意義があると考える。

中国の経済学者茅于軾は、2013年の著書『中国人の焦りはどこから来ているのか』の中で、中国の人々に見られる焦燥感の原因について、次のように指摘した[119]。

直感的には、それは社会的正義の欠乏から来ていると思う。簡
　単に言うと、それは、道理の合わないことがよく起こることだ。
　道理の合わない人間は、どの社会においても存在すると思うが、
　中国の場合、道理の合わないことをするのは、一部の政府の官僚
　だ。彼らが正義の規則を守らないから、民衆の怨みを招いてしま
　うのだ。

　ここで「中国人の怨み」や焦りの原因とされる「社会的正義の欠乏」とい
う茅于軾氏のその「直観」に基づく指摘は、階層上昇システムに対する人々
の主観的解読・想像というものが、公的文化装置の提示するビジョンとは関
係なく、生活世界の経験から勝手に暴走する可能性を物語っている。

　このような考察に基づき、筆者は、公権力の濫用を規制し、社会福祉制度
を整備し、戸籍制度を含む制度的な不平等を軽減することによって、人々
の、社会のあり方に関する「弱肉強食」との解読を社会的公平に対する信頼
感に変えさせることが中国社会の健全な発展にとって一大事だと考えられ
る。

2　本研究の意義と今後の課題

　最後に、本研究の学術的意義に関して、次のような点にあると考える。

　まずは、『中国青年』雑誌の関係記事の考察を通して、1978 年以降の中国
社会における公的文化装置による言説の歴史的流れの一つを明らかにした。
と同時に、一般の人々が生活世界において用いられる論理というもう一つの
言説を、読者投書への考察を明らかにした。

　また、本研究では、社会的地位の向上という個人的欲求＝「上昇志向」に
焦点を絞って考察することによって、人々の「欲望」に潜む原動力にアプ
ローチすることができた。1978 ～ 2000 年までの三つの時期における上昇志
向の内実の層的変化を明らかにした。

さらに、文化装置の論理と生活世界の論理の関係に注目した。個人的欲求の充足に関する個人の論理と、それを取り囲む公的文化装置による言説の関係性に注目することによって、改革開放以降の社会意識の変化という動きの内実・真相を明らかにした。改革開放以降の中国社会の人々の意識の変化に関して、集団本位から個人本位に変わったという言い方が一般的である。しかし本研究の知見から見えるように、集団本位から個人本位に変化したのは、個人の意識ではなく、文化装置の論理そのものである。それに対して、文化装置の論理の変化に関係なく、いつの時代においても人々が自分自身の生活世界での経験を通して「この社会には社会的地位の違いがある」というふうに社会のあり方を解読して、自身の社会的地位の向上という個人的欲求の充足に強い関心を持っていた。

　本研究の延長線上、次のような課題に関心を持った。本研究では、政治指向や道徳指向の公的文化装置による言説がその姿勢を低め、社会的地位の向上という個人的欲求の充足に理解とコミットメントを示すようになり、公的文化装置による言説と生活世界による論理の距離が無限に近づくことを明らかにした。しかし、この二つの距離が徐々に縮まることによって、文化装置の論理が個人の想像と等身大になったとたんに、人々にとって、このような文化装置はもはや必要な存在とされなくなる。事実として『中国青年』は発行部数と共に、その社会的影響はどんどん減っている。

　個人的欲求の充足という欲望の存在が、公的文化装置の言説の枠組みの中で、認められるようになったわけである。そこで初めて、個人は外の批判と戦うことなく、個人的欲求の充足という欲望と向き合えるようになった。しかし一方、この欲の充足は、常に挫折感や無力感など、さまざまな精神的圧力を抱えることになる。人々はその精神的圧力を処理しようとして、さまざまな試みをしている。キリスト教徒の増加や仏教の再興、育児思想の転換、「新時代運動」の流れを汲んだスピリチュアル関係のセミナーのブームなどがその兆候だと言えよう。

　人々はどのような状況から何を求めてそのような活動に熱心に参加するの

か、また目的達成は意図通りにできるのだろうか。中国社会に生まれたこのような新たな動向の社会学的意味はどのようなものであろうか。この課題を調べることによって、ポスト「大きな物語」の現代中国を生きる人々の意識の深部により近づくことができるのではないかと考える。

注

118　1984年7月に『中国青年』の別冊として、共青団中央によって雑誌『農村青年』が創刊された。このことに象徴されるように、1984年以降の『中国青年』は、主に都市部の若者向けの内容が多くなった。

119　茅于軾 2013『中国人の焦りはどこから来ているのか』群言出版社

後書き

　本書は、2015 年に立教大学に提出した博士論文をもとにできたものであり、今回の出版に当たって、まずは、修士時代からずっとお世話になり、研究の面白さを一から教えてくださった指導教官の奥村隆先生に心より感謝申し上げたい。立教大学博士後期課程に在学中はもちろん、筆者が島根に赴任してからも、また中国に帰国してからも、研究のご相談をさせていただいた際に、常に親身になって時間をかけてじっくりと話し合ってくださった。奥村先生のご指導とご鞭撻がなければ、このテーマと最後まで向き合うことが決してできなかった。

　改革開放前夜に生まれた世代として、筆者は計画経済の名残が色濃く維持されていた雰囲気の中で少年時代を過ごした。輝かしい言葉でできている大文字の「イデオロギー」と実際の生活世界での体験——さまざまなルサンチマンに近い感情ではあるが——多くの場合相反するこの二種類のメッセージが同時にわが身に流れてくる中で、多くの矛盾を感じながら育った。そのような状態の中で、大学院に入り社会学に出会うまでは、自分自身を囲む社会的文化的環境、社会学的にいうと自分自身の社会化過程については、全く無反省の状態であったと言えよう。

　修士論文「現代日本サラリーマンの会社との関係」を作成する中、人々の意識や行動を規定する文化装置の理論に触れ、自分自身の生まれ育った環境にある政治的、文化的イデオロギーの存在に対して、自覚を持つようになった。本書のテーマである社会的位置づけの上昇移動に関する意識＝上昇志向について考察する際に、政治社会から脱皮してきた中国社会であるからこそ、人々の意識や行動に対して多大な影響力を持つ文化的構築物＝文化装置という要素の存在が大きいと考えるようになった。そして、同時に、公的文化装置の論理を取り立てて考えることによって、その対置にある人々の自分

自身の体験に基づき感知した生活世界の論理というもう一つの世界も浮かび上がってくるわけである。この二つの論理を同時に視野に入れて考えることによって、改革開放以降の中国社会を生きる人々の意識に近づきたいというのは、このテーマを取り上げた最初の出発点であった。

　本書のタイトルは、「理由ある欲望」と題しており、ここでいう「欲望」は、社会階層の上昇志向という限定的な意味で使われているが、本書のベースとなる博士論文を書き上げてそろそろ十年経つ現在、筆者の関心は社会学的研究そのものよりも、フランスの精神分析家ジャック・ラカン（Jacques Lacan）の精神分析理論や臨床実践に転向している。「欲望」は、ラカンの理論において核心となる言葉で、よく知られる言い方として、「欲望は大他者の欲望である」というのがあり、人間の欲望は大きな大他者 the big Other ——その人が組み込まれた象徴領野——によって構造化されているとの意味がある。この点で考えると、このテーマで取り上げたのは、まさに、その時代を生きる中国の人々の欲望が、「大他者」＝公的文化装置や生活世界の論理によってどのように生み出され、そして構築されたか、という問いである。筆者の関心が研究領域としての社会学そのものからが遠のいたように見えるが、根底にある問題意識は依然として、——むしろ前よりも強く、静かな音を立てながら鼓動していると自分では感じている。この意味では、筆者自身にとっても、本書で取り上げた研究が、生まれ育った社会的文化的環境という大他者の欲望に無自覚的に振り回される状態から、特異的な何か新しい生き方に向かう出発点であったと考えられる。恩師奥村隆先生から教わったことは、今後においても筆者の中に生き続けていくと固く信じている。

　また、本書のベースとなる博士論文を提出してからまた十年近く経ち、2021 年には激しい競争に参入しないという意味での「寝そべり現象（躺平）」との言葉が流行語になったように、中国社会の競争意識や上昇志向も本書で対象とする時期とはまた大きく変わった。この意味では、現在のそれといった現象が実際にどのような歴史的文脈を持っていたのかについて振り返ったものであると、本書の内容を位置付けることもできると考えるのでは

ないかと考える。力不足で不備な点が多々あるが、この書籍が同じテーマに関心を持つ方々にとって何らかの助けとなることを心から願っている。

なお、本研究は、ほかにも多くの方々の支えによって成し遂げられた。島根県立大学北東アジアセンターに勤めさせていただいた時にお世話になった先生方及び同僚の方々に感謝申し上げたい。李暁東先生には研究会での発表の機会を設けていただき、また本書の出版に際してもご指導をいただき、貴重なご助言をいただきました。福原裕二先生には、当時この課題に関連するテーマの文科省科研プロジェクトの申請書の作成に当たって、ご多忙な中貴重な時間をさいてご相談に乗ってくださいました。唐燕霞先生、坂部晶子先生など諸先生方には、日頃より貴重なアドバイスをいただきました。心より感謝申しあげたい。

そして、本研究を進めていくうえで、2009－2011 年に日本文科省科研プロジェクト若手（B）の支援があった。この支援により、必要な調査や資料収集を行うことができ、研究を進める上での重要な基盤となった。

また、出版の機会を与えてくださった国際書院の石井彰社長に感謝申し上げたい。

最後に、プライベートの話になり恐縮であるが、このテーマで博士論文を書くと決めてから今日まで、本当に長い月日が経った。研究者として満足できる成果を収めたというような人生ではまったくないが、長い間ずっと変わらなく心の支えとなってくれた両親、家族に感謝したい。そして、精神分析の実践という人生の新たな出会いにおいて、多大なる影響を与え、今も与え続けてくださっている分析家の江佩英、竜家睿両氏に心から感謝したい。

本書の出版は、浙大寧波理工学院科研費計画（経費 No.1143957G20230327）の助成により実現したことをここに明記いたす。

王　鳳

寧波市．大学園区図書館にて

2024 年 12 月 29 日

参考文献

日本語文献（アルファベット順）

L. アルチュセール（西川長夫・大中一弥・山家歩・伊吹浩一・今野晃訳）2005『再生産について——イデオロギーと国家のイデオロギー諸装置』平凡社

P. ブルデュー（石井洋二郎訳）1990『ディスタンクシオン——社会的判断力批判』藤原書店

R. ジラール（古田幸男訳）1971『欲望の現象学——ロマンティークの虚像とロマネスクの真実』法政大学出版局

長谷正人 1991『悪循環の社会学』ハーベスト社

辺静 2009『中国の歴史変動と「共和国同齢人」のライフコース』立教大学博士論文

神田高志・山村正一 2004「中国における出版・雑誌事情」日本雑誌広告協会第 15 回国際委員会セミナー

宮穎麗 2005「中国の雑誌出版と雑誌広告市場——高度成長期を中心に」『出版研究』2005 年第 36 号

E.H. キンモンス（広田照幸ら訳）1995『立身出世の社会史』玉川大学出版社

黄昇民 2005「中国の活字メディアの現状—— 2002 年〜 2002 年」山本武利 2005『新聞・雑誌・出版』ミネルヴァ書房

C.W. ミルズ（本間康平・青井和夫訳）1984『政治・権力・民衆』みすず書房

見田宗介 2008『まなざしの地獄』河出書房新社

村田雄二郎編 2000『「婦女雑誌」からみる近代中国女性』研文出版

奥村隆 1997「文化装置論に何ができるか」『社会学に何ができるか』八千代出版

作田啓一 1981『個人主義の運命』岩波書店

園田茂人 2001『現代中国の階層変動』中央大学出版社

園田茂人・菱田雅晴 2001『経済発展と社会変動』中央大学出版社

竹内洋 1995『日本のメリトクラシ——構造と心性』東京大学出版会

—— 2005『立身出世主義—近代日本のロマンと欲望』世界思想社

富永健一 1996『近代化の理論』講談社

中国語文献（アルファベット順）

艾偉 2009「中国当下的精神疑難」『当代作家評論』2009 年第 2 号

程文超 2005『欲望的重新叙述—— 20 世紀中国的文学叙事与文芸精神』広西師範大学

出版社

陳鋼 2001「精英文化的衰落与大衆文化的興起」『南京師範大学学報（社会科学版）』
2001 年第 4 号

陳剛 2004「青年期刊発展的分析与展望」『新聞知識』2004 年第 1 号

陳笑 2003「2003―中国期刊大裂変」『招商週刊』2003 年第 1 期

陳思和 1993『理解九十年代』人民文学出版社

陳意新 1999「从下放到下崗 1968-1998」『21 世紀』第 56 号

戴錦華 1999『隠形書写――大衆文化の隠型政治学』『天涯』1999 年第 4 号

戴錦華 1999『隠形書写：90 年代中国大衆文化研究』江蘇人出版社

鄧小平 1994『鄧小平文選』（第二巻）人民出版社

董補礽 1999『中華人民共和国経済史』経済科学出版社

方漢奇 1994『十四大以来的中国新聞事業』『鄭州大学学報（哲学社会科学版）』1994
年 02 期

方厚枢 1991「新中国出版事業四十年」『中国出版年鑑』（1990-1991 年巻）

馮蘭瑞 1988「中国青年の就業問題」『マルクス主義研究』1988 年第 7 号

範国平 2010「新媒体環境下対伝統青年類刊的反思」『青年記者』2010 年第 6 期

高江波 1992 年「青年期刊述評」『出版発行研究』1992 年第 5 号

葛紅兵 2006「小説与当代生活―上海大学文学周円卓会議紀要」『当代作家評論』2006
年第 6 号

何沁 1999『中華人民共和国史』高等教育出版社

胡守文 2009「『中国青年』的改刊思路」『編集之友』2008 年第 1 号

洪子誠 1999『中国当代文学史』（2008 修訂版）

晋雅芬 2008「『整体滑坡 生存艱難』青年類期刊迷茫前行」『中国新聞出版報』2008 年
4 月 28 日付

李春玲 2004「社会政治変遷与教育機会不平等」『中国社会分層』陸学芸編著 2004 社科
文献出版社

　　―― 2005『断裂与碎片』社科文献出版社

　　―― 2006「当前中国人的社会分層想像」『当代中国社会分層』社会科学文献出版社

李静 2005「曾経的輝煌：青年期刊発展的反思」『中国青年研究』2005 年第 9 号

李林栄 2002『1990 年代中国大陸散文の文化品格』『海南師範学院学報』2002 年第 5 号

李巧寧 2004「1950 年代『中国青年』塑造的革命青年形象」『経済与社会発展』2004 年
第 11 号

李強 1993『当代中国社会分層与流動』中国経済出版社

―― 1999『生命的歴程――十大社会事件与中国人的生命軌跡』浙江人民出版社

―― 2000『社会成層与貧富差別』鷺江出版社

李清霞 2006『沉溺与超越――用現代性審視当今文学中的欲望話語』蘭州大学博士論文

李興武・王大路 1993『社会転型与人格再造』

李培林 2005「城市公众的階層認同及其影响因素」李培林・張翼等共著 2005『社会衝突与階級意識――当前中国社会矛盾問題研究』社会科学文献出版社

李陀 1999『隠形書写―90 年代中国文化研究』序言，江蘇人民出版社

劉欣 2001「転型期中国大陸城市居民的階層意識」『社会学研究』2001 年第 3 号

呂海燕 2004「対『中国青年』雑誌五十年読者来信的内容分析」『中国青年研究』2004 年第 7 号

陸建華 1992『来自青年的報告――当代青年価値観及其取向的演変』

陸学芸 2002『当代中国社会階層報告』社科文献出版社

陸学芸 2004《当代中国社会流動》社科文献出版社

陸玉林 2002『社会転換期的青年文化研究』『当代青年研究』2002 年第 3 号

孟繁華 1997『衆神狂歓』人民文学出版社

馬航飛 2005『90 年代以降中国小説的欲望叙事研究』南京大学博士論文

蘇宝俊 2007「従『中国青年』看建国初的青年理想教育」『広西青年幹部学院学報』2007 年第 9 号

蘇樹厚 2006『新中国労働制度発展与創新研究』

蘇頌興・胡振平 2000『分化与整合――当代中国青年価値観』上海社会科学出版社

石海兵 2007『青年価値観教育研究』安徽人民出版社

世界銀行 1999『知識与発展：1999 ／ 2000 年世界銀行発展発展報告』中国財政経済出版社

単光鼐 1994『偏離与吸納――中国青年発展報告』遼寧人民出版社

佘双好 2002「当代青年大学生価値観念基本特徴及発展走向透析」『当代青年研究』2002 年第 2 号

孫嘉明 1997『観念代差――転型社会を背景に』上海社会科学院出版社

孫立平・王思斌・楊善華・王漢生・林彬 1994「改革以来中国社会結構的変遷」『中国社会科学』第 2 期

孫立平 2003『断裂―20 世紀 90 年代以来の中国社会』社科文献出版社

―― 2004a『失衡――断裂社会的運作邏輯』社科文献出版社

―― 2004 b 『転型与断裂――改革以来中国社会結構的変遷』清華大学出版社

―― 2006『博弈：断裂社会的利益冲突与和諧社会』社科文献出版社

肖海鵬 2002『価値観念と現代化』広東人民出版社

湯擁華 2007「文化批評視角下的文学本質与価値――王暁明、陶東風、呉炫，対当代中国文化批評的個案考察」,『文芸争鳴』2007 年第 9 号

王春光 2003「階層的リアリティをめぐる意識と現実」『中国研究月報』2003 年 2 月号

王宏図 2005『都市叙事与欲望書写』,広西師範大学出版社

王暁明 1996『人文精神尋思録』人民文学出版社

―― 1999「半張臉的神話（謎の横顔）」『上海文学』1999 年第 4 号

―― 2000a「90 年代与新意識形態」林大中編 2001 年『90 年代文存』

―― 2000b「在新意識形態的籠罩下」王暁明編『半張臉的神話』南方出版社

―― 2002「従 " 淮海路 " 到 " 梅家橋 "」『文学評論』2002 年第 3 号

―― 2004「人文精神討論十年祭」『上海交通大学学報』2004 年第 1 号

―― 2008a「面対新的愚民之陣」,『当代作家評論』2006 年第 1 号

―― 2008b「尋找新的批判方法」、『文匯報』2008 年 6 月 4 日

王朔 1993「王朔自白」『文芸争鳴』1993 年第 3 号

文化部・国家工商管理局 1986「公安部関与加強報刊出版発行管理工作的通知」『中国出版年鑑』1986 年巻

呉新宇 2005「青年期刊：低徊中的奮起」『MEDIA 伝媒』2005 年第 4 号

許紀霖 2007「世俗社会的中国人精神生活」『天涯』2007 年第 10 号

薛毅 1999「関与個人主義話語」『上海文学』1999 年第 4 号

向海欣 2008「由政治領袖到娯楽明星」中国青年政治学院 2008 年学部論文

徐昇国 2006「期刊品種結構分類研究」張伯海、田勝立編 2006『中国期刊年鑑（2005-2006）』中国期刊年鑑出版社

厳翅君 1993『第二次裂変――市場経済与中国人的文化価値観念』江蘇人民出版社

楊東平 2003『中国現代教育的 20 世紀』文匯出版社

中国社会科学院 1993『中国青年大透視――関与一代人的価値観演変』北京出版社

周国文 2002「榜様与偶像的錯位――従偶像的変遷看現代城市部青年的価値観」『当代青年研究』2002 年第 3 号

朱合歓 2004「中国当代文学批評史上的「中間物」――王暁明、葛紅兵、謝有順為例」『塩城師範学院学報』（人文社会科学版）2004 年第 1 号

張志忠 2000「90 年代：市場化時代的文学」『青年思想家』2000 年第 5 号

張光芒 2005「従「啓蒙弁証法」到「欲望弁証法」――20 世紀 90 年代以来中国文学与文化転型的哲学脈絡」『江海学刊』2005 年 2 月号

張頤武 1992a「詩的選択：面対新時期」『天津社会科学』1992 年第 6 号

―― 1992b「後新時期文学：新的文化空間」『文芸争鳴』1992 年第 6 号

―― 1993「対「現代性」的追問」『天津社会科学』1993 年第 4 号

―― 1994「新保守精神：価値転型的表征」『中国文化研究』

鄭鳳媚 2007「網絡時代青年期刊発展的挑戦与対策思考」『決策管理』2007 年第 3 号

張弘 2006「『中国青年』：あの時の人生観大討論」、『新京報』2006 年 11 月 23 日付

趙人偉等編 1999『中国居民収入再分配研究：経済改革和発展中的収入分配』中国財政経済出版社

趙楠 2003「時代的先鋒、精神的家園――新時期『中国青年』解読」河南大学 2003 年修士論文

鄭杭生・李路路 2004『当代中国城市社会結構』中国人民大学出版社

中央宣伝部 1986「関于整頓内容不健康報刊的請示」『中国出版年鑑』1986 年巻

《中国出版年鑑》編集委員会 2009『中国出版年鑑 2009』中国出版年鑑出版社

中華人民共和国国家統計局『中国統計年鑑』（1985 年巻、1990 ～ 1991 年巻、2003 年巻、2005 年巻）中国統計出版社

中華人民共和国国家統計局 1987『中国統計摘要 1986』中国統計出版社

『中国期刊協会通信』2010 年第 4 号

索 引

欲望　11

階層研究　11

中国体験　11

社会意識　12

文化装置論　13

社会的位置づけ　13

階層の上昇移動　13、200、241

上昇志向　13

新イデオロギー　34

チャイナ・ドリーム　34、41-43

欲望弁証法　39

階層意識　44-49

社会秩序に関する解釈と想像　49、159

メリトクラシーしゃかい　49、51

選抜システム　49

立身出世　50

属性要因に差別　50

『中国青年』雑誌　57-88

市場化　77

読者投書　77、158

学業に関する読者投書　158、200、423

職業に関する読者投書　203、241

恋愛・結婚に関する読者投書　242

大学入試制度の再開　153

教育達成　153、208

四つの現代化　158

階層ヒエラルキーに関する認知　159、
　200、202、241、276、286、306-309、
　373-375、409、424、448-449、559、574-
　584

上昇志向のあり方　159、200、241、285、
　373-375、409、424、448-449、467、520、
　538、559、574、578-581

上昇移動のメカニズムに対する解釈
　200、241-242、286、306-309、373-375、
　409、424、448-449、520、537、539、
　559、574-581

個人奮闘の時代　417

市場経済化　417

高等教育の大衆化　418

個人の「成功」願望　419

［著者略歴］

　王鳳（Wang Feng）、中国山東省出身。浙大寧波理工学院外国語学部専任教員、副教授。社会学博士。山東師範大学で日本語を学び、北京外国語大学日本学研究センターで修士号を取得。NHK中国総局北京支局にて現地スタッフとして2年間勤務した後、立教大学社会学研究科博士後期課程に進学。島根県立大学北東アジア研究センター、浙江越秀外国語学院での勤務を経て、現職に至る。

理由ある欲望

雑誌『中国青年』からみる中国社会の階層上昇志向

著者　王　鳳

2025年5月1日初版第1刷発行

・発行者――石井　彰　　　　　　　　・発行所

印刷・製本／モリモト印刷株式会社

© 2025 by Wang Feng

定価（本体9,000円＋税）

ISBN978-4-87791-332-8 C3031 Printed in Japan

KOKUSAI SHOIN Co., Ltd.
3-32-5, HONGO, BUNKYO-KU, TOKYO, JAPAN.

株式会社 **国際書院**

〒113-0033 東京都文京区本郷3-32-6 ハイヴ本郷1001

TEL 03-5684-5803　　FAX 03-5684-2610

Eメール：kokusai@aa.bcom. ne.jp

http://www.kokusai-shoin.co.jp

本書の内容の一部あるいは全部を無断で複写複製（コピー）することは法律でみとめられた場合を除き、著作者および出版社の権利の侵害となりますので、その場合にはあらかじめ小社あて許諾を求めてください。

国際政治

玉井良尚
制水権：
軍は水を資源化する
87791-301-6　C3031　　　　A5判　289頁　4,200円

「制水権」概念を導入し、軍による制水権をアメリカ軍および旧日本軍の事例を分析し、水が世界的に軍事資源化することによる平和的な制水権、市民による水管理が縮小することがあってはならないことを警鐘する。　　　　　　　　　　（2021.3）

西海洋志
保護する責任と国際政治思想
87791-311-3　C3031　　　　A5判　381頁　5,400円

「保護する責任」概念の展開に焦点を合わせ、国際政治思想研究に新たな可能性を開くことを展望しながら、国際立憲主義から機能主義的な国際秩序構築への変遷を通して、国際政治の動態を分析・考察する。　　　　　　　　　　（2021.3）

杉田米行
国際関係の変動と日本医療保険制度史
87791-315-1　C3031　　　　A5判　303頁　3,800円

19世紀末以降のアメリカ的行動原理が東アジアにおける国際政治舞台で台頭し、ドッジ・ラインの実施により、1950年代までには日本における戦後医療保険医療制度の外枠が定まったことを実証する。　　　　　　　　　　（2022.2）

渡邉智明
有害廃棄物に関するグローバル・ガヴァナンスの研究
—政策アイディアから見たバーゼル条約とその制度的連関—
87791-316-8　C3031　　　　A5判　359頁　5,400円

有害廃棄物の輸出入国のアンバランス関係に新たな政策アイデアを共有していく過程でバーゼル条約を超えて新しい制度設計を国際社会レベルで進展させてゆくさまざまな議論を俯瞰しつつ課題解決に迫る。　　　　　　　　　　（2022.6）

陳　立行
現代中国は何を失ったか
87791-315-1　C3031　　　　A5判　303頁　3,800円

混迷する世界情勢のなかで果たすべき役割の多い中国。その中国の迷走を止め、中国社会を正道に復帰させるための力作である。　　　　　　　　　　（2022.8）

徐青
近代日本におけるシャンハイ・イメージ 1931〜1945
87791-324-5　C3031　¥6400E　　A5判　403頁　6,000円

近代東アジア史をたどるとき、日本軍国主義による中国侵略は「日本人民には罪はない」と言えるのか。日本国民大衆自身に「責任」があり、その観念が希薄であることがシャンハイ・イメージの残像に反映されている。　　　　　　（2023.9）

宮島美花
中国朝鮮族のトランスナショナルな 移動と生活
87791-284-0　C3031　　　　A5判　247頁　3,400円

国際的な社会保障の枠組みの不在・不備を補うために国境を越えて移動先を自ら選び取り日常を生きる移動者・移民の実態を中国朝鮮族のトランスナショナルな移動と生活を通して追究する。

（2017.9）

宇野重昭／鹿錫俊編
中国における共同体の再編と内発的自治の試み
—江蘇省における実地調査から
87791-148-0　C3031　　　　A5判　277頁　2,800円

現代中国における権力操作との関係のなかで、民衆による自治・コミュニティというものの自発的・内発性がどのように成長しているか、合同調査チームによる江蘇省における実地調査を通して追跡する。　　　　　　　　　　（2004.6）

江口伸吾
中国農村における社会変動と統治構造
—改革・開放期の市場経済化を契機として
87791-156-1　C3031　　　　A5判　267頁　5,200円

改革・開放期における市場経済化を契機とする農村地域の社会変動に対応して、基層政権が下位の社会集団、利益集団といかなる関係を再構築しつつあるかを跡づけ、農村地域の統治構造の再編のゆくへを考察する。　　　　　　　　（2006.3）

国際政治

張　紹鐸

国連中国代表権問題をめぐる国際関係 (1961-1971)

87791-175-1　C3031　　　　　　A5判　303頁　5,400円

東西冷戦、中ソ対立、ベトナム戦争、アフリカ新興諸国の登場などを歴史的背景としながら、蒋介石外交の二面性に隠された一貫性に対し、アメリカ外交政策の決定過程を貴重な一次資料にもとづいて跡付けた。
(2007.12)

宇野重昭・別枝行夫・福原裕二編

日本・中国からみた朝鮮半島問題

87791-169-3　C1031　　　　　　A5判303頁　3,200円

課題を歴史的・世界的視野からとらえ、軍事的視点より政治的視点を重視し、理念的方向を内在させるよう努めた本書は大胆な問題提起をおこなっており、こんごの朝鮮半島問題解決へ向けて重要なシグナルを送る。
(2007.3)

宇野重昭／増田祐司編

北東アジア地域研究序説

87791-098-0　C3031　　　　　A5判　429頁　4,500円

北東アジア地域の経済開発と国際協力の促進を目ざし、出雲・石見のくにから発信する本書は、全局面でのデモクラシーを力説し社会科学を中心に人文・自然諸科学の総合を実践的に指向する北東アジア地域研究序説である。
(2000.3)

増田祐司編

21世紀の北東アジアと世界

87791-107-3　C3031　　　　　A5判　265頁　3,200円

北東アジアにおける国際関係の構造、世界経済、経済開発と中国、豆満江開発の事例研究さらに市民交流・文化交流などを論じ、21世紀における北東アジアの地域開発と国際協力の具体的可能性を探る。
(2001.3)

宇野重昭編

北東アジア研究と開発研究

87791-116-2　C3031　　　　　A5判　581頁　5,800円

北東アジア研究、中国研究、開発研究、国際関係・国際コミュニケーション研究といった角度から、本書ではグローバリゼーションの開放性とローカリゼーションの固有性との調和・統合の姿を追究する。
(2001.6)

宇野重昭編

北東アジアにおける中国と日本

87791-121-9　C3031　　　　　A5判　273頁　3,500円

日本、中国それぞれのナショナル・アイデンティティ及び北東アジアを中心とした国際的責務を再認識する観点から日中間を、世界史・人類史の一環として位置づけることが重要となる視点を様々な角度から提示する。
(2003.3)

宇野重昭／勝村哲也／今岡日出紀編

海洋資源開発とオーシャン・ガバナンス
―日本海隣接海域における環境

87791-136-7　C1031　　　　　A5判　295頁　3,400円

海の環境破壊が進む今日、本書では「オーシャン・ガバナンス」として自然科学はもとより社会科学の諸分野も含め、課題をトータルに取り上げ、人間と海との共存という変わらない人類のテーマを追究する。
(2004.6)

宇野重昭・唐　燕霞編

転機に立つ日中関係とアメリカ

87791-183-3　C3032　　　　　A5判　375頁　3,800円

中国の台頭により、北東アジアにおける旧来からの諸問題に加え、新たな諸課題が提起され再構成を迫られている今日の事態を見すえ、アメリカの光と影の存在を取り込んだ日中関係再構築の研究である。
(2008.5)

宇野重昭編

北東アジア地域協力の可能性

87791-199-7　C3031　　　　　A5判　273頁　3,800円

日中の研究者により、「グローバライゼーション下の『北東アジア地域協力の可能性』を模索する」。「歴史認識問題」認識の重要性を確認し、アメリカの存在を捉えつつ「国際公共政策空間の構築の可能性」を探る。
(2009.10)

国際政治

飯田泰三・李暁東編
転形期における中国と日本
——その苦悩と展望

87791-237-6　C3031　　　　A5判　321頁　3,400円

東アジアにおける近代的国際秩序を問い直し、中国の市場主義の奔流・日本の高度成長の挫折、この現実から議論を掘り起こし「共同体」を展望しつつ、日中それぞれの課題解決のための議論がリアルに展開される。　　　　　　　　　　（2012.10）

環日本海学会編
北東アジア事典

87791-164-2　C3031　　　　A5判　325頁　3,000円

国際関係、安全保障、共同体秩序論、朝鮮半島をめぐる課題、歴史問題とその清算、日本外交、学術交流、局地経済圏構想、市場経済化と移行経済、人の移動と移民集団、文化・スポーツ交流など現代北東アジアが一望できる。　　　　　　　　　（2006.10）

飯田泰三編
北東アジアの地域交流
—古代から現代、そして未来へ

87791-268-0　C3031　　　　A5判　299頁　3,800円

文明論的論争・歴史認識など、歴史と現在について具体的知恵が創出されてくる具体的事例から学びつつ、グローバル・ヒストリーとしての現在・未来への鍵を見出し、北東アジアの今後の協力・発展の道をさぐる。　　　　　　　　　　（2015. 7）

宇野重昭・江口伸吾・李暁東編
中国式発展の独自性と普遍性
—「中国模式」の提起をめぐって—

87791-273-4　C3031　　　　A5判　391頁　3,800円

国家と市民社会および市場経済と格差といった視角から、「中国模式論」の独自性・普遍性を探究する。人民を組織して当事者にできるのか、さらに国際秩序との相互作用によってどのように荒波を乗り切るのか。　　　　　　　　　　（2016. 3）

佐藤　壮・江口伸吾編
変動期の国際秩序と
グローバル・アクター中国：外交・内政・歴史

87791-288-8　C3031　　　　A5判　323頁　3,500円

国際政治理論・中国政治論・東アジア国際政治史の角度から、中国の「大国外交」に内在する論理および外交政策の基盤となる内政上の諸課題、東アジアの大国の興亡の歴史的教訓を明らかにしようと試みる。　　　　　　　　　　（2018.3）

新藤宗幸監修、五石敬路編
東アジア大都市のグローバル化と二極分化

87791-163-4　C3031　　　　A5判　237頁　3,200円

［東京市政調査会都市問題研究叢書⑩］東京、ソウル、香港、上海を素材に低所得住民個々人の生活実態に着目し、二極分化に至る多様性の追究をとおして、グローバル化というものが東アジアに与える影響だけでなく本書は、世界が二極分化する警鐘を乱打する。　　　　　　　　（2006.10）

三宅博史・五石敬路編
膨張する東アジアの大都市
—その成長と管理

87791-174-4　C3031　　　　A5判　291頁　3,600円

［東京市政調査会都市問題研究叢書⑪］東アジアの大都市での人口変動の推移、不動産価格の変動などによる住民生活への影響を検討し、政府・自治体による対応を整理する。さらにインナーエリアの実態、環境改善、コミュニティーの対応などを課題として提起する。　　　　　（2007.11）

五石敬路編
東アジアにおける公営企業改革

87791-187-4　C3031　　　　A5判　345頁　3,800円

［東京市政調査会都市問題研究叢書⑫］水不足が深刻化されはじめた今日、本書では水道事業における中国・韓国・プノンペン・マニラ・日本での改革の変遷を主に扱いながら、近年登場した民営化論とのかかわりで、公営企業の今後の展開を追究する。　　　　　　　　　　（2008.9）

五石敬路編
東アジアの大都市における環境政策

87791-200-0　C3031　　　　A5判　281頁　3,800円

［東京市政調査会都市問題研究叢書⑬］住宅、食べ物、リサイクル、景観といった課題に、それぞれ利害関係を持ちながら地域住民や自治体が法的・制度的・財政的にどのように対応しようとしているのか、東京、ソウル、上海などを事例に論ずる。　　　　　　　　　（2009.10）

国際政治

五石敬路編

東アジアにおける都市の貧困

87791-214-7　C3031　　　　　A5 判　264 頁　2,800 円

［東京市政調査会都市問題研究叢書⑭］自立を促す福祉の仕組みを考慮しつつ中国・上海に注目しその貧困と社会保障のあり方を論じ、稼働層と非稼働層の違いに着目しつつ日本、韓国、台湾における貧困問題および社会保障の特徴と有効性について分析する。
(2010.12)

五石敬路編

東アジアにおける都市の高齢化問題
—その対策と課題

87791-223-9　C3021　　　　　A5 判　203 頁　2,800 円

［東京市政調査会都市問題研究叢書⑮］高齢化問題にかかわり都市行政、介護の課題、所得分配に及ぼす影響、税法との関連さらに少子高齢化などの対策、中国における戸籍人口・常住人口の高齢化、流動革命と都市「郡祖」現象など事例研究をとおして論ずる。
(2011.12)

五石敬路編

東アジアにおける
ソフトエネルギーへの転換

87791-251-2　C3033　　　　　A5 判　233 頁　3,200 円

［東京都市研究所都市問題研究叢書⑯］新エネルギー問題を共通テーマに、日本からは原発問題から自然エネルギーへの模索を、韓国では温暖化防止の観点から、中国は産業化に伴う環境問題に焦点を当て論じている。
(2013.7)

宇野重昭

北東アジア学への道

87791-238-3　C3031　　　　　A5 判　395 頁　4,600 円

［北東アジア学創成シリーズ①］北東アジアという表現は「地域」に表出される世界史的課題を改めて捉え直そうとする知的作業である。その上で北東アジアの現実的課題を浮き彫りにするきわめて現代的作業なのである。
(2012.10)

福原裕二

北東アジアと朝鮮半島研究

87791-270-3　C3031　　　　　A5 判　267 頁　4,600 円

［北東アジア学創成シリーズ②］グローバル化した世界状況にあって普遍性を追究する立場から、「朝鮮半島問題」としての韓国・北朝鮮における秩序構想・統一・民族主義を論じ、竹島／独島問題を通して課題解決への展望を模索する。(2015.7)

李　暁東

現代中国の省察：
「百姓」社会の視点から

87791-290-1　C3021　　　　　A5 判　389 頁　4,600 円

［北東アジア学創成シリーズ③］中国史を原理的・構造的に問い返し、中国における基層社会の百姓（ひゃくせい）をはじめとする民の「自治」に応えるための「法治」。この「自治」「法治」の多元的取り組みを追究する。
(2018.7)

松村史紀・森川裕二・徐顕芬編

東アジアにおける二つの「戦後」

87791-225-3　C3031　　　　　A5 判　285 頁　2,800 円

［WICCS 1］総力戦および冷戦という二つの戦後が東アジア地域につくり上げた構造を、アジア太平洋国家としての米・ロ・中・日をはじめとした東アジアの政策変容を追究し国際政治学の原点に立ち返って考察した。
(2012.3)

鈴木隆・田中周編

転換期中国の政治と社会集団

87791-253-6　C3031　　　　　A5 判　255 頁　2,800 円

［WICCS 2］エリートと大衆、都市と農村の断層などを抱えながら、中国は劇的変化を続けている。本書ではさまざまな専門領域・問題意識から集団の変化の実態を明らかにしながら、社会の側から国家・社会関係の変容を考察する。
(2013.10)

国際政治

中兼和津次編

中国経済はどう変わったか
―改革開放以後の経済制度と政策を評価する

87791-255-0　C3033　　　　A5判　467頁　4,800円

[WICCS 3] 市場制度・多重所有制への転換による高度成長によって、経済制度・政策、社会組織、政治体制はどのような変化をし、そうした政策・制度の新展開をどう評価すればよいのか。本書はその本質に迫る。　　　　　　　　　　（2014.2）

新保敦子編

中国エスニック・マイノリティの家族
―変容と文化継承をめぐって

87791-259-8　C3036　　　　A5判　285頁　2,800円

[WICCS 4] 中国におけるモンゴル族、回族、朝鮮族、カザフ族、土族など少数民族における民族文化の伝承あるいは断絶といった実態を教育学の視点から実証的に検証した。アンケート調査、口述史をもとにした調査・研究である。　　（2014.6）

松田麻美子

中国の教科書に描かれた日本：
教育の「革命史観」から「文明史観」への転換

87791-280-2　C3031　　　　A5判　355頁　3,800円

[WICCS 5] 中国における歴史教科書の記述内容の変遷を年代別に整理し、抗日戦争および戦後日本を分析。中国の教科書に描かれた日本を素材に、教育の世界での「革命史観」から「文明史観」への転換を検証する。　　　　　　　（2017.3）

阿古智子・大澤肇・王雪萍編

変容する中華世界の教育とアイデンティティ

87791-282-6　C3031　　　　A5判　307頁　4,800円

[WICCS 6] グローバル、地域、国際、国家、文化などに関わるアイデンティティおよびナショナリズムを中国はどのように形成しているのか、それらは相互にどのように関連付けられているのか。歴史と現在を見据えて追求する。　　（2017.3）

村上勇介編

「ポピュリズム」の政治学：
深まる政治社会の亀裂と権威主義化

87791-287-1　C3031　　　　A5判　297頁　3,500円

［アジア太平洋研究叢書①］政党政治の力学を創造することが民主主義体制を発展させ、ポピュリズム勢力の台頭を抑制する道を拓くことに繋がる。本叢書は学問的営為の軌跡を記し21世紀世界のありようを構想する。　　　　　　（2018.3）

浜口伸明編

ラテンアメリカ所得格差論：
歴史的起源・グローバル化・社会政策

87791-291-8　C3031　　　　A5判　257頁　3,500円

［アジア環太平洋研究叢書②］ラテンアメリカが抱える「構造的問題」としての"所得格差論"を前提として、各国における歴史的起源、グローバル化、社会政策を再検討し、政府と市民社会との連携・創造的発展を模索する。　　（2018.8）

中山大将

サハリン残留日本人と戦後日本：
樺太住民の境界地域史

87791-296-3　C3031　￥3500E　　A5判　389頁　3,500円

［アジア環太平洋研究叢書③］サハリン残留日本人とはいかなる経験をした人々なのか。境界変動は住民にいかなる影響を与えるのか。外交文書、市民団体資料、聞き取り調査を基に［国境と国民の時代］を住民の視点から再考する。　　（2019.2）

貴志俊彦

アジア太平洋戦争と収容所：
重慶政権下の被収容者の証言と国際救済機関の記録から

87791-308-3　C3031　￥3500E　　A5判　261頁　3,500円

［アジア環太平洋研究叢書④］20世紀のアジア太平洋戦争と収容所をテーマとする。重慶政権下の捕虜政策の推進者、日本人を含む被収容者、国際救済機関の動向を検証し、人間の命と尊厳を21世紀の今日考究する。　　　　　（2021.3）

王柳蘭・山田孝子編

ミクロヒストリーから読む越境の動態

87791-320-5　C3031　￥3500E　　A5判　341頁　3,500円

［アジア環太平洋研究叢書⑤］移民・難民など越境者が受入国で生み出す社会的結びつきと相互の差異をとおして、故郷と帰属をめぐる重層性の課題を追究し、「個をめぐる生の物語」をたどり「人間存在」を見る。　　　　　　　　（2023.3）

国際政治

磯貝真澄・帯谷知可 編
中央ユーラシアの女性・結婚・家庭
—歴史から現在をみる

87791-321-2　C3031　¥3500E　　A5判　289頁　3,500円

［アジア環太平洋研究叢書⑥］女性・結婚・家庭をキーワードに「中央ユーラシア」における人々がどのような社会生活を送り、人々が現在どのように暮らし何を課題としているのかを明らかにする作業である。

村上勇介 編
現代ペルーの政治危機：
揺れる民主主義と構造問題

87791-236-7　C3031　¥3500E　　A5判　229頁　3,500円

［アジア環太平洋研究叢書⑦］90年代のフジモリ政権期を経た21世紀のペルー政治をその根幹である国家−社会関係、地方分権化という二つに焦点をあて分析し、今後のゆくへを展望する。

(2024. 2)

佐藤幸男編
世界史のなかの太平洋

906319-84-×　C1031　　A5判　290頁　2,800円

［太平洋世界叢書①］本叢書は、太平洋島嶼民の知的想像力に依拠しながら、太平洋世界における「知のあり方」を描く。第一巻の本書では、16世紀からの400年に亘る西欧列強による植民地支配の歴史を明らかにし、現代的課題を提示する。

(1998.7)

佐藤元彦編
太平洋島嶼のエコノミー

近刊

［太平洋世界叢書②］（目次）①太平洋島嶼経済論の展開② MIRAB モデルの持続可能性③植民地経済の構造と自立化④ソロモン諸島における近代化⑤フィジーにおける輸出加工区依存戦略の問題性、その他

春日直樹編
オセアニア・ポストコロニアル

87791-111-1　C1031　　A5判　235頁　2,800円

［太平洋世界叢書③］本書はオセアニア島嶼地域の「植民地後」の状況をいくつかの視点から浮かび上がらせ、「ポストコロニアル研究」に生産的な議論を喚起する。人類学者、社会学者、文学者、作家が執筆メンバーである。

(2002.5)

小柏葉子編
太平洋島嶼と環境・資源

906319-87-4　C1031　　A5判　233頁　2,800円

［太平洋世界叢書④］気候変動、資源の乱獲などにより、環境や資源は限りあるものであることが明らかになり、こうした状況に立ち向かう太平洋島嶼の姿を様々な角度から生き生きと描いている。

(1999.11)

佐藤幸男編
太平洋アイデンティティ

87791-127-8　C1031　　A5判　271頁　3,200円

［太平洋世界叢書⑤］フィジーのパシフィクウエイという生き方、ソロモン諸島における近代化のディスコース、現代キリバスでの物質文明の再考そして太平洋と結ぶ沖縄などの考察を通し、南太平洋から未来の海を展望する。

(2003.9)

南山　淳
国際安全保障の系譜学
—現代国際関係理論と権力／知

87791-131-6　C3031　　A5判　299頁　5,800円

［21世紀国際政治学術叢書①］権力／知概念を導入し、国際関係論という知の体系の内部に構造化されている「見えない権力」を理論的に解明するという方向性を探り、日米同盟の中の沖縄に一章を当て現代国際安全保障の意味を問う。

(2004.5)

国際政治

岩田拓夫

アフリカの民主化移行と市民社会論
―国民会議研究を通して

87791-137-5　C3031　　　　　A5判　327頁　5,600円

[21世紀国際政治学術叢書②] アフリカ政治における「市民社会」運動を基礎とした「国民会議」の活動を「グローバル市民社会論」などの角度からも検討し、民主化プロセスを問い直し、21世紀アフリカの曙光の兆しを探る。
(2004.9)

池田慎太郎

日米同盟の政治史
―アリソン駐日大使と「1955年体制」

87791-138-3　C3031　　　　　A5判　287頁　5,600円

[21世紀国際政治学術叢書③] アメリカにとっては、55年体制の左右社会党の再統一は保守勢力を結集させる「最大の希望」であった。日米の資料を駆使し、対米依存から抜けきれない日本外交の起源を明らかにする。
(2004.10)

堀　芳枝

内発的民主主義への一考察
―フィリピンの農地改革における政府、NGO、住民組織

87791-141-3　C3031　　　　　A5判　227頁　5,400円

[21世紀国際政治学術叢書④] ラグナ州マバト村の住民組織・NGOが連携を取り、地主の圧力に抗し政府に農地改革の実現を迫る過程を通し伝統の再創造・住民の意識変革など「内発的民主主義」の現実的発展の可能性を探る。
(2005.4)

阪口　功

地球環境ガバナンスとレジーム発展のプロセス
―ワシントン条約とNGO・国家

87791-152-9　C3031　　　　　A5判　331頁　5,800円

[21世紀国際政治学術叢書⑤] ワシントン条約のアフリカ象の取引規制問題に分析の焦点を当て、レジーム発展における具体的な国際交渉プロセスの過程に「討議アプローチ」を適用した最初の試みの書。
(2006.2)

野崎孝弘

越境する近代
―覇権、ヘゲモニー、国際関係論

87791-155-3　C3031　　　　　A5判　257頁　5,000円

[21世紀国際政治学術叢書⑥] 覇権、ヘゲモニー概念の背後にある近代文化の政治現象に及ぼす効果を追跡し、「越境する近代」という視点から、国際関係におけるヘゲモニー概念への批判的検討をおこなう。
(2006.4)

玉井雅隆

CSCE少数民族高等弁務官と平和創造

87791-258-1　C3031　　　　　A5判　327頁　5,600円

[21世紀国際政治学術叢書⑦] 国際社会の平和をめざす欧州安全保障協力機構・少数民族高等弁務官（HCNM）の成立に至る議論の変化、すなわちナショナル・マイノリティに関する規範意識自体の変容をさまざまな論争を通して追究する。
(2014.7)

武者小路公秀監修

ディアスポラを越えて
―アジア太平洋の平和と人権

87791-144-8　C1031　　　　　A5判　237頁　2,800円

[アジア太平洋研究センター叢書①] アジア太平洋地域の地域民族交流システムを歴史の流れの中で捉える「ディアスポラ」を中心テーマにし、単一民族という神話から開放された明日の日本の姿をも追究する。
(2005.3)

武者小路公秀監修

アジア太平洋の和解と共存
―21世紀の世界秩序へ向けて

87791-178-2　C1031　　　　　A5判　265頁　3,200円

[アジア太平洋研究センター叢書②] 第二次世界大戦の再評価をめぐって、60年前の失敗と教訓を探りだし、戦後の欧州の経験、アジアでの軌跡をたどりつつ21世紀の新世界秩序へ向けて白熱した議論が展開する。
(2007.3)

武者小路公秀監修

ディアスポラと社会変容
―アジア系・アフリカ系移住者と多文化共生の課題

87791-168-3　C1031　　　　　A5判　295頁　3,200円

[アジア太平洋研究センター叢書③] 人種主義の被害を受けながら、移住先の国々でさまざまな貢献をしている何世代にわたるアジア系、アフリカ系移住者たちの不安、願望といった人間としての諸相を明らかにしようとする暗中模索の書である。
(2008.3)